Shell-Skript-Programmierung

Patrick Ditchen

Shell-Skript-Programmierung

mitp

Die Deutsche Bibliothek –
CIP-Einheitsaufnahme

Ein Titeldatensatz für diese Publikation ist
bei Der Deutschen Bibliothek erhältlich.

ISBN 3-8266-0883-6
1. Auflage 2003

Printed in Germany

Lektorat: Hans-Joachim Beese
Satz und Layout: mediaService, Siegen
Korrektorat: mediaService, Siegen
Druck: Media-Print, Paderborn

Inhaltsverzeichnis

Über den Autor

Patrick Ditchen ist seit 1998 als freier Trainer tätig. Er gibt Schulungen auf den Gebieten der UNIX-System-Administration, UNIX-Shell-Skript-Programmierung und Perl. Für Sun Microsystems Deutschland erstellte er die Unterlagen des Perl-Kurses, welchen er auch regelmäßig selbst hält. Nebenbei realisiert er kleinere Web-Server.

Vor seiner Tätigkeit als Kursleiter arbeitete er sechs Jahre lang am Max-Planck-Institut für Psychiatrie in München. Dort baute er als System- und Netzwerk-Administrator ein komplexes heterogenes Netzwerk mit über 300 Rechnern auf, das er in den folgenden Jahren gemeinsam mit seinen Kollegen betreute. Er implementierte Firewall-Funktionalitäten, half bei der Einführung von SAP und wirkte an vielen weiteren Vernetzungs-Projekten mit.

Gleich nach seinem Hochschulabschluss als Diplom-Physiker wechselte er 1992 in die EDV. Bereits während der letzten Studienjahre hielt er an einer MTA-Schule einen selbst geschriebenen EDV-Kurs, eine Mathematik-Vorlesung, deren Unterlagen er sogleich neu gestaltete, und war Leiter eines Physik-Praktikums, das er ebenfalls an die Bedürfnisse der MTA-SchülerInnen anpasste.

In all seinen Lehrtätigkeiten, gleich ob auf Papier oder bei Schulungen, orientiert er sich in erster Linie an praktischen Fragen und der konkreten Anwendung des Lehrstoffes. Er hofft, dass er auch den Charakter des vorliegenden Buches in dieser Richtung prägen konnte.

Hinweise und Termine zu den Schulungen finden Sie unter

www.pditchen.de oder *www.saruman.de.*

1 Einführung

1.1 Die Shell als User-Interface

Die UNIX-Shell wurde als Schnittstelle zwischen dem Benutzer auf der einen und dem UNIX-Kernel auf der anderen Seite geschaffen. Sie nimmt die Wünsche des Benutzers in der Form von Kommandos entgegen und reicht sie an den Kernel – in dessen Sprache – weiter. Die Antworten des Kernels präsentiert sie dem Benutzer im Gegenzug wieder in für ihn verständlichen Meldungen.

Die Shell spielt den Übersetzer zwischen beiden Welten. Wie eine Muschel ihre Perle, schirmt sie den Kernel vor uns ab. Oder uns vor dem Kernel? Auf jeden Fall ist diese Funktion als User-Interface die eigentliche Aufgabe der Shell.

Die UNIX-Pioniere der ersten Stunde erkannten, dass man die Shell mit gewissen Schlüssel-Funktionalitäten ausstatten muss, um dem Benutzer ein effektives Arbeiten zu ermöglichen. So erhielt sie die Fähigkeit, die Ausgabe beliebiger Kommandos in Dateien umzuleiten (>) oder direkt in die Eingabe eines weiteren Befehls zu schleusen (|). Sie für eine gewisse Zeit zu speichern (Variablen) und mit anderen Werten zu vergleichen (`test`), die Ausführung eines Befehls von gewissen Bedingungen abhängig zu machen (`if`) oder ihn wiederholt auszuführen (Schleifen).

Natürlich merkte man auch sofort, dass es sich lohnen kann, Befehle abzuspeichern, um sie am nächsten Tag erneut ausführen zu können. Man hatte aber niemals eine Programmiersprache vor Augen. Hierfür gab es ja C. Es ging immer in erster Linie darum, dem Benutzer ein Interface zur Verfügung zu stellen, über das er bequem und effektiv mit dem System interagieren kann.

1.2 Die Shell als Programmiersprache

Die UNIX-Shell ist in erster Linie ein Interface zwischen Benutzer und UNIX-Kernel, ein Kommando-Interpreter. Aber sie bietet auch einige Möglichkeiten und Konstrukte, die einer Programmiersprache nachempfunden sind. Sie taugt zwar nicht dazu, klassische Programmier-Aufgaben zu lösen, wie etwa schnelle Grafiken zu erzeugen oder große Datenbanken aufzubauen. Aber sie ist beinahe unschlagbar, wenn es um Fragestellungen in ihrem angestammten Terrain geht, dem Vereinfachen, Koordinieren und Automatisieren von UNIX-Kommandos.

Die Shell ist hervorragend dazu geeignet, komplexe Ablauf-Steuerungen für eine Vielzahl verschiedener Programme und UNIX-Befehle zu realisieren. Mit Leichtigkeit startet sie fremde Programme, leitet Ein- und Ausgaben um, interagiert mit dem Dateisystem und greift in die Prozess-Verwaltung ein.

Sie startet einen Befehl, mit dem sie den Inhalt eines Verzeichnisses ausliest (`ls`, `find`) und erlaubt uns anschließend, mit jeder einzelnen der gefundenen Dateien eine beliebige Abfolge von Operationen durchzuführen (`for`). Sie ermittelt die Liste aller Benutzer (`grep`), durchstöbert ihre Homeverzeichnisse oder bestimmt das Datum, wann sie zum letzten Mal ihre Mail gelesen haben.

Die UNIX Shell liefert uns eine Art Werkzeugkasten mit einer Menge Nägel und Schrauben, damit wir aus unserem Baumaterial – das sind die vielen UNIX-Kommandos – komplexe und leistungsfähige Steuerungen konstruieren können. Allerdings finden wir auch einige Hämmer und Sägen in der Kiste, also Vorsicht! ;-)

Wir können die unterschiedlichsten Programme starten und Shell-Mittel dazu benutzen, ihre Ein- und Ausgaben zu verarbeiten. Mit Shell-Befehlen stellen wir Abhängigkeiten her, testen Größe und Art von zurückgelieferten Daten und konstruieren Schleifen und raffinierte Steuerungen. Wir speichern wichtige Werte in Variablen und führen einfache Berechnungen durch. Wir ermitteln Parameter des Datei- oder Prozess-Systems, interagieren mit dem Benutzer und machen von seinem Verhalten den weiteren Verlauf abhängig.

Die meisten Programmiersprachen wären mit solchen Aufgaben hoffnungslos überfordert. Die Shell ist dazu prädestiniert. Wie Sie derartige Programme schreiben, um komplexe Abläufe zu koordinieren und zu automatisieren, lernen Sie in diesem Buch!

1.3 Einsatzgebiete von Shell-Skripten

Die UNIX-Shell-Skript-Programmierung hat ihren festen Platz im Alltag der Systemadministration. Hier dient sie dazu, Tätigkeiten zu vereinfachen und Abläufe zu automatisieren. Das bekannteste und vielleicht auch größte Areal beschäftigt sich mit der Überwachung von Servern, Diensten oder ganzen Netzwerken.

"Proaktives System-Management" ist ein Schlagwort, das die Situation auf diesem Gebiet beleuchtet. Es besagt, dass es sich lohnt, ein umfassendes Überwachungs-System zu etablieren, das es ermöglicht, *vor* dem Eintreten von Fehlern und Katastrophen aktiv zu werden, um nicht von ihnen überrascht zu werden und Ausfallzeiten zu riskieren.

Doch nicht nur in der System-Überwachung spielen Shell-Skripte eine wichtige Rolle. Die Auswertung von Logdateien gewinnt zunehmend an Bedeutung, da rechtliche Vorschriften und die juristische Absicherung es zunehmend erfordern, große Mengen an Verbindungs- und Service-Daten mitzuprotokollieren. Sei es nun, dass die Daten ausgewertet werden sollen, in ein vorgeschriebenes Format konvertiert oder einfach nur ausgedünnt werden müssen; fast immer sind es Shell-Skripte, mit denen man solche Arbeiten erledigt.

Neben den großen Anwendungen in der System-Überwachung und der Logdaten-Analyse finden sich Shell-Skripte in allen Bereichen des Administrations-Umfeldes. Sie dienen als kleine Helferlein, wenn es darum geht, Benutzer einzurichten oder Drucker zu installieren, automatisieren Backups und Archivierungen, fungieren als Mail-Filter und verrichten Aufräum-Arbeiten. Und nicht zu vergessen: In Form von Start-Skripten machen sie aus einem nackten Kernel ein komplettes UNIX-System.

Auch der gewöhnliche Benutzer kann von Shell-Skripten profitieren, in dem er sie zum Sichern seiner Daten oder zur Automatisierung immer wiederkehrender Datei-Operationen verwendet. Er kann sie einsetzen, um Daten zwischen Formaten verschiedener Programme zu konvertieren oder seine Arbeits-Umgebung optimal an seine Bedürfnisse anzupassen.

Die Anwendungsmöglichkeiten von Shell-Skripten haben zwar ihren Schwerpunkt auf dem Gebiet der System-Administration, gehen aber weit über dieses Feld hinaus.

1.4 Shell-Skripte, Perl und C-Programme

Wie lassen sich Shell-Skripte gegenüber Perl- und C-Programmen einordnen bzw. abgrenzen? Welche Sprache hat wann die Nase vorn?

Wie bereits dargestellt, besitzen Shell-Skripte den großen Vorteil, unterschiedliche UNIX-Kommandos integrieren und kombinieren zu können. Die UNIX-Tools wiederum sind auf bestimmte Aufgaben spezialisiert. Immer dann, wenn die anvisierte Arbeit zum größten Teil von solchen UNIX-Kommandos erledigt werden kann und es nur noch darum geht, die einzelnen Tools zu koordinieren, werden Sie ein Shell-Skript schreiben.

Allerdings lässt die Performance von Shell-Skripten häufig zu wünschen übrig oder ist einfach inakzeptabel. Dies kann durch sehr große Datenmengen verursacht werden oder weil die Prozedur, der die Daten unterzogen werden, zu aufwändig ist.

Wie wir noch sehen werden, verfügt die Shell an sich über relativ geringe Mittel zur Verarbeitung von Daten. Sie ist darauf angewiesen, externe Programme aufzurufen. Geschieht dies zu häufig, z.B. innerhalb von Schleifen zur Verarbeitung jeder einzelnen Zeile, bricht die Performance dramatisch ein.

Hinzu kommt, dass die Shell ein Programm *interpretiert* und nicht *kompiliert*. Sie analysiert jede einzelne Zeile, checkt die Syntax, führt zahlreiche Ersetzungen durch und startet erst dann die eigentliche Funktion. Das dauert! Zumal in Schleifen.

In diesen Fällen muss das Design des Shell-Skriptes gründlich unter die Lupe genommen werden. Müssen die Tools unbedingt innerhalb der Schleife gestartet werden? Entweder man kann das Skript umschreiben oder man weicht auf Perl aus.

Je mehr die Komplexität der Datenverarbeitung in den Vordergrund tritt und der Nutzen spezieller UNIX-Tools abnimmt, desto stärker kommen die Vorteile von Perl zum Tragen. Im Gegensatz zur Shell besitzt es zahlreiche mathematische- und Stringverarbeitungs-Funktionen, sodass es keine externen Tools starten muss und daher um Größenordnungen schneller ist.

Auf ein C-Programm müssen Sie immer dann ausweichen, wenn die Verarbeitung von Daten höchsten Performance-Anforderungen genügen soll und gleichzeitig die gesamte Verarbeitung in einem einzigen Programm erfolgen kann. Grafik-Programme sind ein Paradebeispiel für diesen Fall. C-Programme machen hingegen eine schlechte Figur, wenn ein Zusammenspiel mit mehreren UNIX-Tools gefordert ist.

1.5 Die Shell und ihre vielen Varianten

Die Mutter aller heute verwendeten Shells ist die Bourne-Shell (sh). Sie wurde relativ früh entwickelt (1978) und etablierte sich schnell als Standard-Shell auf den meisten UNIX-Systemen.

UNIX-Anwender oder Administratoren, die intensiv mit der Shell arbeiten mussten, bemängelten aber schon bald den fehlenden Komfort der Bourne-Shell, dass sie die tägliche Arbeit nur schlecht unterstütze.

Bill Joy entwickelte daraufhin die C-Shell (csh), der er nur wegen der C-ähnlichen Syntax einiger Konstrukte diesen Namen gab. Er implementierte in ihr folgende Features: Einen Kommandozeilen-Editor, der es ermöglicht, Tippfehler bequem zu korrigieren, eine History, über die man bereits verwendete Befehle erneut hervorzaubern kann, eine Dateinamen-Vervollständigung, die automatisch teilweise geschriebene Dateinamen ergänzt, eine Jobkontrolle zur Verwaltung mehrerer parallel laufender Prozesse, ein Alias-System, mit dem komplexe Befehle abgekürzt werden können, und arithmetische Fähigkeiten, damit zum Rechnen nicht mehr auf den externen `expr`-Befehl zurückgegriffen werden muss.

Das war toll und viele, viele UNIX-Anwender wurden Fans der C-Shell. Leider war sie aber in ihrer Syntax gänzlich inkompatibel zur Bourne-Shell. Man musste sich also zwei Syntax-Varianten merken. Dies blieb so, bis David Korn 1986 seine Shell vorstellte (ksh), die die neuen Features der C-Shell aufgriff und gleichzeitig die Syntax der sh bewahrte. Leider war sie anfangs kostenpflichtig und stand daher lange Zeit nicht auf allen UNIX-Systemen zur Verfügung.

In den Neunzigerjahren wurden schließlich zunächst die tcsh[1] als Nachfolgerin der C-Shell und später die Bash als weitere Nachfolgerin der Bourne-Shell entwickelt. Sie unterscheiden sich in erster Linie dahin gehend von C-Shell bzw. Korn-Shell, dass der Kommandozeilen-Editor, die History und die Dateinamen-Vervollständigung nun über die Pfeil- und Tabulatortasten anstatt über kryptische Befehle funktionieren. Seit einigen Jahren gibt es außerdem die zur ksh kompatible zsh.

Wenn Sie Shell-Skript-Programmierung erlernen wollen, sollten Sie sich für die Bourne-Shell-Familie entscheiden, da in C-Shell und tcsh einige wichtige Programmier-Konstrukte fehlen und sie deshalb zunehmend an Bedeutung verlieren. Innerhalb der Bourne-Shell-Familie benötigen Sie wahrscheinlich alle drei Varianten, da die Boot-Skripte als sh-Skripte geschrieben sind, die meisten heutigen Projekte in ksh-Syntax vorliegen und die Bash mehr und mehr an Beliebtheit gewinnt. Allerdings sind die Unterschiede zwischen diesen Shells meistens nicht gravierend.

Der Grundlagen-Teil dieses Buches ist so geschrieben, dass Sie entweder gemeinsam sh, ksh und bash oder gemeinsam csh und tcsh studieren können, wobei die Shells so lange wie möglich parallel und erst bei individuellen Unterschieden getrennt behandelt werden. Der komplette Praxis-Teil ist dann in Korn-Shell-Syntax geschrieben, in der Syntax der verbreitetsten Shell.

1.6 LINUX, SOLARIS, HP-UX, AIX, IRIX .....

Ein Shell-Skript-Programmierer hat nicht nur mit der Vielfalt an Shells zu kämpfen, sondern teilweise auch mit den vielen verschiedenen UNIX-Versionen.

Die Programmier-Konzepte, die wir in diesem Buch behandeln, sind natürlich unabhängig von dem zugrunde liegenden UNIX-System. Ebenso fast alle Bestandteile der Shell selbst, wie die unterschiedlichen Builtin-Befehle, Schlüsselwörter oder Schleifen-Konstrukte.

Was uns allerdings das Leben schwer macht, sind die externen UNIX-Kommandos. Wenn auf dem einen System `pkgadd` verwendet wird, um Software zu installieren, benutzt das zweite System `rpm` und das dritte `installp`. Teilweise werden zwar die gleichen Befehle verwendet, diese kennen aber unterschiedliche Optionen für dieselbe Aktion, wie etwa `'ps -ef'` und `'ps aux'`.

Für dieses Problem gibt es keine wirklich befriedigende Lösung. Wenn man ein Buch über Shell-Skript-Programmierung schreibt, muss man sich zwangsläufig für ein oder zwei Systeme entscheiden. Es ist nicht möglich, in jedem Skript auf die Unterschiede unter den einzelnen UNIX-Varianten einzugehen.

Wir haben uns hier dazu entschlossen, Solaris 2.8 als Betriebssystem zu verwenden. Alle Erläuterungen und Demonstrationen, Tipps und Tricks werden immer an der Solaris-Version vorgenommen und gezeigt. Alle fertigen Skripten wurden aber zusätzlich auf SUSE LINUX 8.0 getestet. Falls Veränderungen notwendig sind, ist diese in den Anwendungs-Kapiteln als Fußnote oder am Ende des jeweiligen Kapitels vermerkt. Sie finden die Solaris- und die LINUX-Varianten der Skripte getrennt auf der beiliegenden CD.

Wenn Sie mit einem anderen UNIX-Betriebssystem arbeiten, wie z.B. HP-UX, AIX oder IRIX, können Sie dennoch beruhigt sein. Gerade im ersten Teil des Buches, in dem die Grundlagen erklärt werden, wurden fast ausschließlich gängige UNIX-Kommandos verwendet. Sie stimmen in der Regel auf allen Systemen überein, zumal die meisten UNIX-Derivate inzwischen System-V-Abkömmlinge sind.

Was nicht übereinstimmt, wird Ihnen wahrscheinlich sofort ins Auge fallen, da Sie diese Befehle selbst häufig benutzen. Sie haben aber wirklich nur an diesen Stellen mit Schwierigkeiten zu rechnen. Die Hinweise für LINUX können da vielleicht auch für Ihr UNIX-Derivat von Nutzen sein. 80% aller Skripte sollten ohne Veränderungen auf *allen* gängigen Systemen laufen. Bei den restlichen Skripten müssen an wenigen Stellen die entsprechenden UNIX-Kommandos durch Versionen Ihres Systems ersetzt werden.

1. sprich ti-ci-shell (Tenex-C-Shell, manche sagen auch Turbo-C-Shell).

1.7 Aufbau des Buchs

Das Buch ist in einen Grundlagen- und einen Anwendungs-Teil gegliedert.

Im ersten Teil werden die Grundlagen der Shell-Skript-Programmierung behandelt, getrennt für die Bourne-Shell- und die C-Shell-Familie. Es wird bereits in diesen ersten Kapiteln viel Wert auf einen engen Praxisbezug aller Befehle, Techniken und Konzepte gelegt. Der Lehrgang ist sehr umfangreich und gründlich angelegt, es werden alle interessanten Themen behandelt und viele Details angesprochen.

Kapitel 4 gibt anschließend einen Überblick über die wichtigsten UNIX-Kommandos. Mehr als 130 Befehle werden teils kurz, teils ausführlich vorgestellt. Die Benutzung wichtiger Tools wie `find`, `sort`, `tar` oder `cpio` wird anhand einer Fülle von kleinen Beispielen demonstriert. `grep` wird vollständig, `sed` immerhin sehr ausführlich und `awk` wegen seiner Wichtigkeit wieder vollständig behandelt. Außerdem finden Sie eine umfangreiche Einführung in das Grafik-Tool `gnuplot`, mit dessen Hilfe Sie Ihre Messdaten hervorragend grafisch darstellen können.

Der zweite Teil des Buches beschäftigt sich mit umfangreichen, realistischen Anwendungen von Shell-Skripten. Die drei Kapitel widmen sich interessanten Gebieten aus dem Alltag der System-Administration und scheuen keine noch so komplexe Fragestellung.

Mehr als zehn Skripte befassen sich in Kapitel 5 alleine mit unterschiedlichen Aufgaben rund um die Logfile-Analyse, wobei mit einfachen Auswertungen begonnen wird und man schließlich bei der Behandlung von Logdateien landet, die schneller Daten produzieren, als sie die Festplatte speichern kann.

In Kapitel 6 werden eine Reihe von Skripten zu verschiedenen Themen wie Benutzerverwaltung, Archivierung und Backup geschrieben. Wir gönnen uns auch einige Spielereien und schreiben Funktionen für Direct Access-Datenbanken und die Behandlung von assoziativen Arrays in der Shell. Interessant ist sicherlich auch unsere Lösung eines Papierkorb-Systems, das durch `rm` gelöschte Dateien rettet.

In Kapitel 7 wagen wir uns an das vielleicht komplexeste Administrations-Thema heran, die System-Überwachung. Wir versuchen, viele einzelne Skripte, die die unterschiedlichsten Werte erfassen, in einem gemeinsamen großen Konzept zusammenzufassen. Wir schreiben Module zur Ausgabe von gesammelten Daten im zeitlichen Verlauf, zur Auslösung von Alarmen bei Grenzwert-Überschreitungen und zur Anzeige von Daten in flexiblen und leistungsstarken Grafiken.

Der Anwendungsteil endet und gipfelt schließlich in der Erstellung eines Web-Interfaces, über das wir alle unsere Überwachungs-Skripte von einem beliebigen Browser aus anwenden können.

1.8 Buch-CD und Web-Server

Die beiliegende CD enthält alle im Buch vorgestellten Skripte in einer Solaris- und einer LINUX-Fassung, sortiert nach Kapitel-Nummer. Wenn die Skripte auf Dateien mit Messdaten zurückgreifen müssen, sind auch diese hinzugefügt. Sie können also parallel zu dem Studium des Buches alle Skripte gleich testen.

Einige Skripte können direkt von der CD gestartet werden, andere benötigen eine bestimmte Verzeichnisstruktur auf der Festplatte und müssen deshalb zunächst an den richtigen Ort kopiert werden. Informationen hierzu finden Sie immer in den Fußnoten zu den betroffenen Skripten.

Tools, die nicht zum eigentlichen Umfang einer UNIX-Distribution gehören, wie `gnuplot` oder `netpbm`, sind ebenfalls auf der CD enthalten, außerdem einige Protokoll-Dateien, die aus Platzgründen im Buch nur auszugsweise abgedruckt sind.

Wir beabsichtigen auch, einen Web-Server zu pflegen, der Ihnen die Möglichkeit gibt, an die Skripte des Buches zu gelangen, wenn Sie Ihre CD nicht griffbereit haben. Zudem möchten wir dort interessante Skripten aus dem Internet sammeln und Links zu Servern präsentieren, die ihrerseits Shell-Skript-Sammlungen beherbergen. Außerdem ist es die richtige Stelle für Kritik und Anregungen.

Da zu dem Zeitpunkt, da diese Zeilen geschrieben werden, der URL zu unseren Seiten noch nicht feststeht, bleibt uns nur der Hinweis, dass man über

www.mitp.de

auf die Hauptseite des Verlages gelangt und von dort aus ohne Schwierigkeiten den Eintrag für unser Buch findet. Alternativ gelangen Sie über

www.pditchen.de

auf die Homepage des Autors, wo Sie ein Link wieder auf die Webseite des Buches führt.

Die vielleicht wichtigste Quelle für Shell-Skripte aus dem Internet ist zurzeit :

www.freshmeat.net

Ebenfalls nicht schlecht ist

www.shelldorado.de

Schulungen zu den Themen Shell-Skript-Programmierung und Perl bietet der Autor unter

www.pditchen.de oder

www.saruman.de an.

2

Shell-Skript-Programmierung in sh, ksh und bash

2.1 Einführung

Shell-Skript-Programmierung wird heute in erster Linie mit Korn-Shell und Bash betrieben. Während die Korn-Shell im klassischen UNIX-Bereich seit Jahren etabliert ist, wird die Bash von Jahr zu Jahr beliebter und droht der Korn-Shell langsam den Rang abzulaufen. Grund hierfür ist einerseits die Tatsache, dass die Bash auf LINUX-Systemen als Standard-Shell eingerichtet ist, was ihr naturgemäß viel Popularität beschert. Andererseits ist sie durch ihren leicht zu bedienenden Kommandozeilen-Editor auch wirklich hervorragend für die tägliche interaktive Arbeit geeignet – weitaus besser als die Korn-Shell.

Was die Skript-Programmierung betrifft, sind die Unterschiede jedoch minimal. Die eine der beiden Shells hat hier einen kleinen Vorteil zu bieten, die andere dort. Es gibt für ein Unternehmen kaum einen Grund, bei der Programmierung auf die Bash zu wechseln, wenn bisher mit der Korn-Shell gearbeitet wurde. Andersherum wäre es zwar genauso, da die Korn-Shell aber wesentlich älter ist, stellt sich die Frage in dieser Richtung praktisch nicht.

Wenn Sie die freie Wahl haben, sollten Sie die Syntax beider Shells erlernen, denn in Zukunft wird es sicherlich mehr und mehr Projekte im LINUX-Bereich geben, die in Bash-Syntax geschrieben sind; andererseits arbeiten die meisten Projekte heutzutage nach wie vor mit der Korn-Shell. Im Übrigen sind die Unterschiede nicht so gravierend, dass man sich darüber Sorgen machen müsste.

Die Syntax der Bourne-Shell bekommen Sie gleich gratis mitgeliefert, denn Korn-Shell und Bash sind Erweiterungen der Bourne-Shell. Letztere ist also quasi in den beiden anderen enthalten. Lediglich die Abgrenzungen müssen Sie sich merken, also welche der verschiedenen Features die Bourne-Shell beherrscht und welche nicht. Die Bourne-Shell ist deshalb interessant, weil sie nach wie vor als Basis-Shell dient. Sie ist die erste Shell, die auf UNIX-Systemen gestartet wird. Boot-Skripte sind deshalb in Bourne-Shell-Syntax geschrieben!

Wir werden in unserem Programmier-Kurs alle drei Shells parallel behandeln, denn die wichtigsten Konzepte und Techniken sind allen dreien gemeinsam. Erst da, wo die Syntax oder zusätzliche Features dies erfordern, werden wir in eine Beschreibung der individuellen Shells verzweigen. Auf diese Art werden Sie deutlich die Unterschiede zwischen den individuellen Shells erkennen und in *einem* Schwung den Umgang mit allen drei Shells erlernen.

In den folgenden vierzig Kapiteln erwartet Sie ein umfassender, detaillierter und praxisorientierter Kurs über die Kunst der Shell-Skript-Programmierung. Für jeden Befehl und jedes Konstrukt werden Sie ausführliche Erläuterungen und eine detaillierte Beschreibung der Syntax finden. Alle Kommandos und wichtigen Optionen werden in Mini-Beispielen demonstriert und in jedem Kapitel erwarten Sie längere konkrete Beispiele, die zeigen, wie man die vorgestellten Methoden in der Praxis einsetzt und wie man mit den dabei auftretenden Schwierigkeiten fertig wird.

Wir wünschen Ihnen viel Freude beim Erlernen der Shell-Skript-Programmierung mit Bourne-Shell, Korn-Shell und Bash.

2.2 Ein erster Streifzug

UNIX-Shell-Skript-Programmierung ist einfach und kompliziert zugleich. Einfach, weil man es mit einer simplen Skriptsprache zu tun hat, mit wenigen Befehlen, Variablen-Typen und Schlüsselwörtern. Kompliziert, weil man in diesem kleinen Repertoire oft vergeblich nach einem passenden Kommando oder Konstrukt für die gestellte Aufgabe sucht und daher ständig Umwege gehen und raffinierte Tricks anwenden muss.

Bevor wir uns diesen Details zuwenden, begeben wir uns auf einen kleinen Streifzug durch die wichtigsten Elemente dieser Sprache. Wir werden sehen, wie man Werte in Variablen speichert, UNIX-Befehle aufruft, if-Konstruktionen und Schleifen einsetzt, Daten einliest und einiges mehr.

Das Allerwichtigste wird sozusagen auf einen Blick präsentiert. Einerseits, um Ihnen einen ersten Überblick zu geben und Sie davor zu bewahren, in den Einzelheiten verloren zu gehen, und andererseits, um Ihrer verständlichen Ungeduld ein wenig entgegenzukommen, endlich UNIX-Shell-Skripte verstehen und schreiben zu können.

- #!/bin/sh — In der ersten Zeile steht die aufzurufende Shell.
- mars# ./myscript — Skript im aktuellen Verzeichnis ausführen.
- befehl >datei — Ausgabe eines Befehls in eine Datei umlenken.
- befehl >>datei — Ausgabe eines Befehls an eine Datei anhängen.
- befehl1 | befehl2 — Eine Pipe aus zwei Befehlen bilden.
- file* * ? [] — Sonderzeichen im Umgang mit Dateien.
- alter=47 — Werte in Variablen speichern.
- echo $alter — Auf Variablen zugreifen.
- datum=`date` — Ausgabe von Befehlen in Variablen speichern.
- if [*bedingung*] ; then *befehle* ; fi — if-Verzweigung
- for var in *Liste* ; do *befehle* ; done — for-Schleife
- while [*bedingung*] ; do *befehle* ; done — while-Schleife
- echo "Name: $name \t Alter: $alter" — echo: Einfache Ausgabe
- printf "*format*" *var1 var2* ... — printf: Formatierte Ausgabe
- read zeile — Zeile von Tastatur lesen.
- read zeile < datei — Zeile aus Datei lesen.
- $1, $2, $3 — Beim Aufruf übergebene Argumente.

Skripte schreiben und ausführen

Ein Shell-Skript zu schreiben bedeutet, Befehle, die man sonst auf der Kommandozeile eingibt, in einer Datei zu speichern. Die Datei wird abgespeichert und anschließend ausgeführt.

In der ersten Zeile vermerkt man normalerweise, welche Shell das Skript ausführen soll.

```
#!/bin/sh
echo "Datum:"
date
```

```
echo "Rechner:"
hostname
```

Das Skript erhält Ausführungsrechte und wird anschließend wie ein gewöhnliches UNIX-Kommando aus dem aktuellen Verzeichnis heraus aufgerufen.

```
mars# chmod 744 myscript
mars# ./myscript
Datum:
Tue Feb 11 16:25:27 MET 2002
Rechner:
mars
```

Befehle umlenken

Die Ausgabe von Befehlen, die in einem Shell-Skript aufgerufen werden, erfolgt normalerweise auf dem Bildschirm. Sie können diese Ausgabe aber auch in eine Datei umlenken, sowohl für einzelne Kommandos wie auch für das gesamte Skript.

```
date > datei
```

oder

```
mars# ./myscript >datei
```

Der Inhalt der Datei wird dabei überschrieben. Möchte man ihn bewahren und die neue Ausgabe an das Ende der Datei anhängen, wählt man die Umlenkung >>.

```
echo "Fehler 13: keine Leserechte"  >> datei
```

Ihre Eingabe beziehen Befehle normalerweise von der Tastatur. Soll stattdessen aus einer Datei gelesen werden, lenkt man die Eingabe um.

```
befehl < datei
```

Man sieht diese Konstruktion eher selten, da man bei den meisten Befehlen die Datenquelle auch als Argument angeben kann.

Wenn wir nun die Ausgabe eines ersten Befehls statt in eine Datei auf die Eingabe eines zweiten Befehls umleiten, erhalten wir eine Pipe.

```
tail[1] -100 file.log | grep[2] "error"
```

In diesem Beispiel liefert der erste Befehl die letzten 100 Zeilen einer Logdatei; der zweite Befehl sucht aus diesen dann diejenigen heraus, die das Wort "error" enthalten.

Dateien

Im Umgang mit Dateien setzt man häufig Sonderzeichen ein, die dafür sorgen, dass die Shell nach allen Dateinamen sucht, die auf das beschriebene Muster passen. Diesen Vorgang nennt man Dateinamen-Expansion.

1. tail gibt die letzten (hier 100) Zeilen einer Datei aus.
2. grep sucht aus einer Datei oder der Standardeingabe Zeilen heraus, die einen bestimmten String enthalten.

```
ls file*
grep error file?.log
cat file[a-d].log >log.tmp
```

Das Metazeichen * steht dabei für eine beliebige Zeichenkette, sodass im ersten Beispiel alle Dateien aufgelistet werden, die mit "file" beginnen.

Das Fragezeichen ? steht für genau ein Zeichen. `grep` sucht also nach "error" in allen Dateien, die nach "file" genau ein Zeichen vor dem folgenden Punkt besitzen.

In eckigen Klammern `[]` kann man einen Bereich von Zeichen angeben. Statt eines beliebigen Zeichens muss deshalb im dritten Beispiel entweder ein a, b, c oder d vor dem Punkt stehen. Alle hierauf passenden Dateien werden aneinander gehängt und nach `log.tmp` geschrieben.

Variablen

Variablen dienen dazu, Werte zu speichern, damit man sie wiederholt verwenden oder weiterverarbeiten kann. Das Speichern erfolgt über eine einfache Zuweisung.

```
name="Peter Lustig"
alter=47
dir="/etc"
```

Es wird zunächst nicht zwischen Zeichenketten und Zahlen unterschieden, schon gar nicht zwischen Zahlen unterschiedlichen Typs. Alle Werte werden als Zeichenketten gespeichert. Enthält eine Zeichenkette Leer- oder Sonderzeichen, muss sie in Anführungszeichen eingeschlossen werden.

Der Zugriff auf Variablen erfolgt über ein $-Zeichen, das vor den Variablennamen geschrieben wird.

```
echo $name
ls -l $dir
```

Mit dem Befehl `echo` geben Sie Daten jeglicher Art auf die Standard-Ausgabe aus, also normalerweise auf den Bildschirm. Um einen längeren Text zu produzieren, setzen Sie ihn in Anführungszeichen. Wählt man hierbei Double Quotes, wird das $-Zeichen innerhalb der Anführungszeichen erkannt und der Wert der Variablen eingesetzt.

```
echo "Ihr Name lautet: $name. Sie sind $alter Jahre alt."
```

Nun teilt sich der Inhalt von Variablen üblicherweise in Zahlen und Zeichenketten und jede vernünftige Programmiersprache bietet Befehle, um mit Zahlen rechnen und Strings manipulieren zu können. Nicht so die Shell, zumindest nicht die ursprüngliche Bourne-Shell. Hier müssen externe UNIX-Kommandos die Arbeit verrichten. Über das `expr`-Kommando werden z.B. Berechnungen durchgeführt, über `tr`, `sed` oder `awk` String-Verarbeitungen.

```
expr $alter + 3
expr $alter / 3
expr \( $alter - 40 \) \* 3
```

Die Ergebnisse würden folgendermaßen aussehen:

```
50
15
21
```

`expr` beherrscht ausschließlich Integer-Arithmetik. Außerdem müssen Sonderzeichen, die für die Shell eine spezielle Bedeutung besitzen, mit einem Backslash (\) geschützt werden.

Sehen wir uns einige String-Manipulationen an.

```
echo $name | tr 'a-z' 'A-Z'
echo $name | sed 's/Lustig/Ernst/'
echo $name | awk '{print length($0)}'
```

Man erhält folgende Ausgaben.

```
PETER LUSTIG
Peter Ernst
12
```

Korn-Shell und Bash bieten einige eingebaute Fähigkeiten im Umgang mit Zahlen und Zeichenketten. Mit diesen werden wir uns ausführlich in den Kapiteln 2.9 und 2.10 beschäftigen.

Kommando-Substitution

Wenn wir das Ergebnis solcher Operationen, wie wir sie gerade besprochen haben, nicht einfach auf dem Bildschirm ausgeben, sondern in einer Variablen speichern möchten, verwenden wir eine Technik, die Kommando-Substitution genannt wird. Dabei wird der Befehl in rückwärts gerichteten Anführungszeichen geschrieben.

```
datum=`date`
zahl=`expr $alter + 3`
name=`echo $name | sed 's/Lustig/Ernst/'`
```

if-Verzweigungen

Wenn Sie Befehle nur dann ausführen möchten, wenn eine bestimmte Bedingung zutrifft, verwenden Sie eine if-Verzweigung.

```
if [ "$name" = "Peter Lustig" ]
  then
  zeilen=`wc -l lustig.dat`
  echo "Ihre Datei enthaelt $zeilen Zeilen."
fi
```

Die zu testende Bedingung wird in eckige Klammern geschrieben. Die Test-Operatoren = != < und > kann man allerdings in gewohnter Form nur für String-Vergleiche verwenden. Möchte man stattdessen Zahlen vergleichen, benötigt man speziellen Operatoren, wie z.B. `-gt` für "größer als" oder `-lt` für "kleiner als".

```
if [ $filesize -gt 1000 ]
  then
  kilo=`expr $filesize / 1000`
  echo "Die Datei ist $kilo KB gross."
fi
```

Neben einfachen `if`-Konstruktionen verfügt die Shell auch über `elif`- und `else`-Erweiterungen sowie über den `case`-Befehl für Mehrfach-Verzweigungen.

Schleifen

Schleifen werden benötigt, um eine Reihe von Befehlen mehrmals zu wiederholen. Dabei wird so lange fortgefahren, wie eine bestimmte Bedingung zutrifft bzw. bis eine Liste von Argumenten abgearbeitet ist.

Die `for`-Schleife dient dazu, Listen abzuarbeiten, also einen Block von Befehlen auf eine Reihe von Dateien, Rechnernamen, Benutzer oder andere gleichartige Einheiten anzuwenden.

```
for datei in file1 file2 file3 file4
do
  cp $datei /backup/$datei.old
  ls -l /backup/$datei.old
done
```

Dabei wandert jedes Element der Liste sukzessive in die angegebene Variable (hier `datei`), auf welche die Befehle dann innerhalb der Schleife zugreifen können.

Die `while`-Schleife funktioniert anders. Sie prüft wie die `if`-Abfrage eine Bedingung und führt einen Block von Befehlen so lange aus, wie diese Bedingung wahr ist.

```
zahl=1
while [ $zahl -lt 10 ]
do
  cp file$zahl /backup/file$zahl.old
  ls -l /backup/file$zahl.old
  zahl=`expr $zahl + 1`
done
```

Wir lassen also die Variable `zahl` von 1 bis 9 laufen und sprechen die Dateien über einen Namen an, der sich aus "file" und dieser Zahl zusammensetzt. Das Hochzählen erledigen wir über den `expr`-Befehl.

Neben den beiden hier erwähnten Schleifen gibt es in der Shell außerdem eine `until`- und eine zum Aufbau von Menüs gedachte `select`-Schleife. Wie man die verschiedenen Schleifen-Typen bei typischen Problemstellungen einsetzt, erfahren Sie dann in den entsprechenden Kapiteln. Freuen Sie sich drauf!

Eingabe- und Ausgabe-Operationen

Das Ausgeben von Daten aus einem Skript heraus geschieht meistens mit Hilfe des `echo`-Befehls.

Möchten Sie die Ausgabe in Spalten schreiben, hilft oft das Einfügen eines Tabulator-Sprungs, ausgedrückt als `\t`. Eine neue Zeile erhalten Sie durch `\n`.

```
mars# echo "Name: $name \t Alter: $alter"
Name: Peter Lustig       Alter: 47
```

Manchmal genügt einem diese Art der Formatierung aber nicht. Gerade bei unterschiedlich langen Elementen erhält man leicht einen Flattersatz. In solchen Fällen muss man auf den Befehl `printf` ausweichen, der allerdings so komplex ist, dass wir hier nur ein kleines Beispiel ohne Erklärungen bringen möchten.

```
mars# printf "Name: %15s Alter: %3d  \n" $name $alter
Name: Peter Lustig    Alter:  47
```

Möchte man Daten in ein Skript einlesen, verwendet man entweder die bereits erwähnte Eingabe-Umlenkung oder man benutzt den `read`-Befehl.

```
echo "Geben Sie bitte einen Benutzernamen ein: "
read name
```

Das `read`-Kommando liest eine Zeile ein und speichert sie in der angegebenen Variablen (hier `datei`).

Um eine Zeile aus einer Datei zu lesen, leitet man `read` in diese Datei um.

```
read zeile < datei
```

In Kapitel 2.24 werden wir sehen, wie man ganze Dateien auf diese Weise ausliest oder den Benutzer so lange Daten von der Tastatur eingeben lässt, bis er z.B. mit "quit" das Ende signalisiert. Außerdem werden wir lernen, Daten gleichzeitig aus mehreren Dateien auszulesen, und und und ...

Argumente verarbeiten

Als Letztes wollen wir in unserem Streifzug darauf eingehen, wie Sie Argumente verarbeiten können, die dem Skript beim Aufruf übergeben werden.

```
mars# ./myscript montag.dat 300
```

Die übergebenen Argumente, hier der Dateiname `montag.dat` und die Zeilen-Anzahl `300`, landen innerhalb des Skriptes in den so genannten Positionsparametern `$1`, `$2`, `$3`, etc. Auf diese Variablen können Sie nun wie gewohnt zugreifen.

```
datei=$1
anzahl=$2
tail -$anzahl $datei | grep error
```

Wir suchen nach dem String "error" in den letzten 300 Zeilen der Datei `montag.dat`. Wie Sie sehen, erhöhen wir die Flexibilität unserer Skripte enorm durch den Einsatz und die Verarbeitung von Argumenten.

Nun sind wir am Ende unserer kurzen Übersicht angekommen. Wir hoffen, Ihnen wenigstens eine ungefähre Idee von UNIX-Shell-Skripten vermittelt zu haben, sodass Sie zum Beispiel bereits existierende Skripte, die von Ihnen betreut werden sollen, in ihren Grundzügen verstehen können. Außerdem hoffen wir natürlich, Sie neugierig gemacht zu haben auf konkrete Anwendungen, die über die Beschäftigung mit Peter Lustig hinausgehen.

Auf den folgenden Seiten werden Sie die UNIX-Shell-Skript-Programmierung grundlegend und in allen Einzelheiten erlernen und in vielen konkreten Fällen einsetzen.

2.3 Shell Skripte schreiben

In diesem Abschnitt lernen Sie Schritt für Schritt, ein einfaches Shell-Skript zu schreiben und auszuführen. Außerdem beschäftigen wir uns eingehend mit den Regeln, die es beim Schreiben zu beachten gilt.

- ❑ Shell-Skripte sind ausführbare ASCII-Dateien, die Befehle enthalten.
- ❑ Sie können mit einem beliebigen Editor erstellt werden.
- ❑ Der Name sollte aus den Zeichen a-z 0-9 . – und _ zusammengesetzt sein.
- ❑ Ein Shell-Skript erhält Ausführungs-Rechte.
- ❑ Es wird wie ein gewöhnlicher UNIX-Befehl aufgerufen.
- ❑ Kommentare werden durch # gekennzeichnet.
- ❑ Überlange Zeilen bildet man durch ein \ vor dem Zeilenende.
- ❑ Einrückungen sind jederzeit erlaubt.

Befehle abspeichern

Ein Shell-Skript zu schreiben bedeutet schlicht, die Befehle, die man normalerweise auf der Kommandozeile ausführt, in eine Datei zu schreiben. Die Datei wird anschließend unter einem sinnvollen Namen mit Ausführungsrechten abgespeichert, sodass man sie in Zukunft bequem und beliebig oft aufrufen kann.

```
echo "Datum und Uhrzeit:"
date
echo "Rechnername:"
hostname
```

Listing 2.1: Inhalt einer Skript-Datei

Der geeignete Editor

Sie können Ihre Shell-Skripte mit einem beliebigen Editor erstellen. Geübte Administratoren verwenden oft den berüchtigten `vi`, da er überall zur Verfügung steht und keine grafische Oberfläche benötigt. Je größer das Skript, desto mehr lernt man aber den Komfort zu schätzen, den modernere Editoren wie `xemacs` oder `nedit` in Sachen Navigation und Übersichtlichkeit mit sich bringen. Zur Not genügt aber auch der einfache Texteditor Ihrer grafischen Oberfläche.

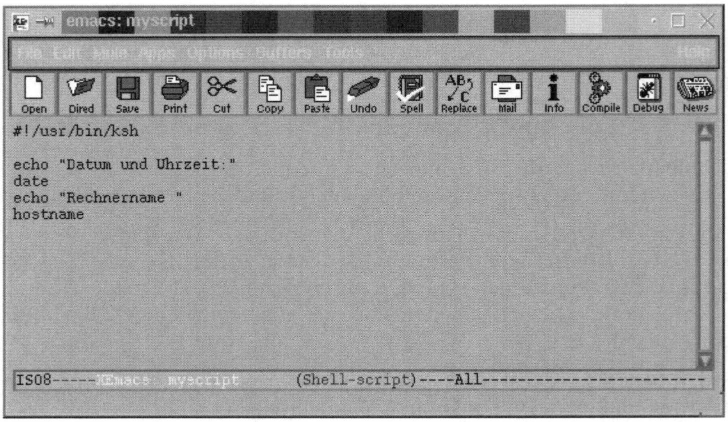

Abbildung 2.1: xemacs – ein mächtiges Werkzeug

Der `emacs` und seine grafische Variante `xemacs` sind wegen ihrer enormen Vielfalt an Features in der UNIX-Welt weit verbreitet. Für Neueinsteiger ist seine Mächtigkeit allerdings eher eine Hürde denn eine Hilfe.

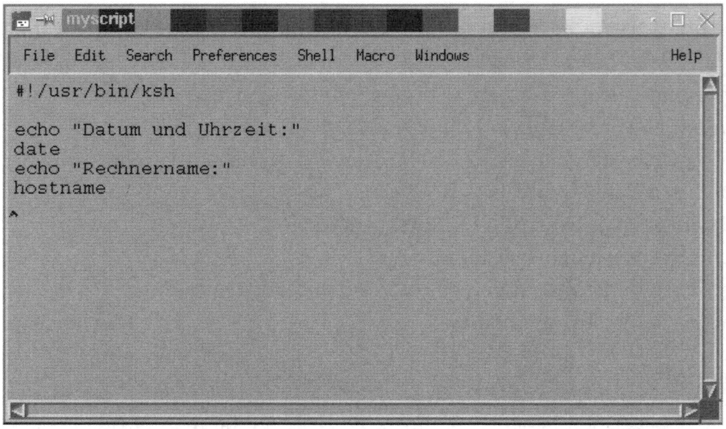

Abbildung 2.2: nedit – hervorragend geeignet, um Shell-Skripte zu schreiben

nedit bietet ebenfalls die Möglichkeit der grafischen Navigation, Cut&Paste, Syntax-Highlighting (Schlüsselwörter, Daten, Befehle, etc. jeweils in einer eigenen Farbe) und einiges mehr. Im Gegensatz zum emacs sind hier die Befehle jedoch intuitiver und damit für einen Neuling leichter zu merken.

Der richtige Namen

Nachdem Sie einen passenden Editor gewählt haben, können Sie Ihr erstes Shell-Skript schreiben. Versuchen Sie es einfach mit den Zeilen, die Sie oben im Nedit abgebildet sehen. Anschließend speichern Sie Ihr Skript ab.

Was gilt es bezüglich des Namens zu beachten?

- ❑ Der Name sollte die Funktion des Skriptes andeuten.
- ❑ Verwenden Sie nur die Zeichen a-z 0-9 - _ . und vermeiden Sie Sonderzeichen.
- ❑ Nennen Sie Ihr Skript nicht `test`. Es gibt bereits ein Kommando, das so heißt.
- ❑ Es sollte keinen gängigen Befehl gleichen Namens geben.

Mit `which myscript`, `whence -v myscript`, `type myscript` oder `man myscript` können Sie testen, ob es bereits einen Befehl gleichen Namens gibt.

Das Skript ausführen

Nun erhält das Skript noch Ausführungsrechte.

```
chmod 744 myscript
```

oder

```
chmod u+x myscript
```

Fertig! Führen Sie es aus.

```
mars# ./myscript
Datum und Uhrzeit:
Tue Feb 12 15:19:01 MET 2002
Rechnername:
mars
```

Wie Sie sehen, ist es sehr einfach, kleine Shell-Skripte zum Laufen zu bringen. Wenn wir aber professionelle Skripte schreiben und pflegen wollen, müssen wir genau verstehen, was bei der Ausführung eigentlich geschieht, welche Shell aktiv wird, wie sie mit den einzelnen Befehlen umgeht usw. Außerdem benötigen wir Testwerkzeuge, die uns beim Aufspüren von Fehlern helfen.

Mit diesen Fragen werden wir uns in einem eigenen Kapitel gleich im Anschluss beschäftigen. Zunächst wenden wir uns noch einigen Aspekten zu, die beim Schreiben des Skriptes eine Rolle spielen.

Kommentare einfügen

Kommentare fügen Sie mit Hilfe eines Hash-Symbols (#) ein. Das #-Zeichen kann am Anfang oder mitten in einer Zeile stehen. Alles hinter einem # wird von der Shell ignoriert.

```
# procanz   Gibt die Anzahl der laufenden Prozesse aus
#           Hans Meier  25.07.2001
```

oder

```
ls -l | awk '{print $5}'   # Dateigroesse
```

Es empfiehlt sich, seine Skripte reichlich zu kommentieren. Das spart eine Menge Zeit, wenn man selbst oder die Kollegen es später wiederverwenden oder weiterentwickeln möchten.

Üblicherweise fügt man Kommentare am Anfang des Skriptes hinzu, um den Skriptnamen, den Autor, das Datum der Erstellung, eventuelle Versionsnummern und die Zielsetzung des Skriptes zu erläutern. Außerdem sollten Sie logische Abschnitte und schwierige oder trickreiche Stellen kommentieren.

Zeilen richtig formatieren

Sie dürfen mehr als einen Befehl in eine Zeile schreiben. Befehle werden durch ein Semikolon voneinander getrennt. Bedenken Sie jedoch, dass hierdurch oft die Übersichtlichkeit Ihres Skriptes leidet.

```
echo "Geben Sie den Dateinamen ein: \c" ; read file
```

Einrückungen sind jederzeit erlaubt. Vor allem bei Verzweigungen oder Schleifen dienen Einrückungen zur besseren Strukturierung.

```
if [ $1 -gt $zahl ]
   then
   echo "Ihre Zahl ist zu gross."
fi
```

Zeilen können durch einen abschließenden Backslash verlängert werden. Die Shell arbeitet ein Skript Zeile für Zeile ab; aus ihrer Sicht muss jede Zeile eine abgeschlossene Einheit bilden. Was tut man jedoch bei überlangen Befehlen? Entweder man schreibt einfach über das Zeilenende, oder man nimmt dem *Newline* seine Bedeutung als Zeilen-Trenner, indem man ihm einen Backslash \ voranstellt. Mit der zweiten Variante erreicht man eine deutlichere Formatierung.

```
ls -l /data/docs/2002/*.txt | \
   awk '{print "Groesse:" $5, "\t", "Name: ", $NF}'
```

2.4 Shell-Skripte ausführen und testen

Wie Sie bereits wissen, ruft man Shell-Skripte wie gewöhnliche UNIX-Befehle auf. Doch welche Shell führt unser Skript eigentlich aus? Wie stellt man sicher, dass es sich um die richtige Shell-Variante handelt? Was heißt es, ein „Korn-Shell-Skript“ zu schreiben? Mit diesen Fragen müssen wir uns nun befassen. Anschließend werden wir einige einfache Methoden kennen lernen, die uns beim Testen der Skripte und bei der Fehlersuche helfen können.

- `./myscript` — Aufruf durch Angabe des Namens.
- `ksh myscript` — Aufruf durch Übergabe als Argument.
- `. myscript` — Öffnen einer Subshell verhindern.
- `#!/bin/sh` — Ausführende Shell in der ersten Zeile festlegen.
- -n — Skript nur auf Syntax prüfen, nicht ausführen.
- -v — Zeilen vor der Ausführung unverändert anzeigen.
- -x — Zeilen vorher, doch nach Substitutionen anzeigen.
- echo $var — Ausgabe von Variablen an interessanten Stellen.
- exit — Skripte vorzeitig verlassen.

script

Sehen wir uns die einfachste Aufruf-Methode noch einmal näher an. Wir können den Skriptnamen mit absolutem Pfadnamen angeben, oder relativ. Das Präfix `./` steht für das aktuelle Verzeichnis.

```
mars# /var/scripts/myscript
```

oder

```
mars# ./myscript
```

oder

```
mars# myscript
```

Geben wir überhaupt keinen Pfad an, wird das Skript in allen Verzeichnissen gesucht, die in der Variablen PATH gespeichert sind. Das aktuelle Verzeichnis ist in dieser Liste übrigens nicht automatisch enthalten.

> **WICHTIG**
>
> Hinzufügen des aktuellen Verzeichnisses zur Variablen PATH:
> `PATH=.:$PATH ; export $PATH`

Es ist wichtig zu verstehen, dass die aktuelle Shell, die unseren Befehl entgegennimmt, das Skript nicht selbst ausführt. Stattdessen startet sie eine neue Shell, eine so genannte Subshell, die dann ihrerseits das Skript ausführt.

Unterschiede zwischen sh, ksh und bash

Die sh ruft immer auch eine sh als Subshell auf, die bash eine bash und die ksh je nach Version eine ksh oder eine sh (testen Sie es einfach durch ein `ps` in ihrem Skript).

sh script

In der Regel möchte man selbst festlegen, von welcher Shell-Variante ein Skript ausgeführt werden soll. Das Skript ist in der Syntax einer bestimmten Shell-Variante geschrieben, also soll es auch unter dieser Shell laufen.

Es gibt zwei Wege, den Typ der ausführenden Subshell festzulegen. Der erste besteht darin, sie direkt aufzurufen und ihr das Skript als Argument zu übergeben. Auf diese Weise ist es außerdem möglich, Shell-Optionen mit anzugeben.

```
mars# ksh /var/scripts/myscript
```

oder

```
mars# ksh -x /var/scripts/myscript
```

#!/bin/sh

Der zweite Weg besteht darin, die ausführende Shell im Skript selbst festzulegen. Sie muss hierfür mit dem Präfix `#!` versehen und gleich in der ersten Zeile mit vollem Pfad angegeben werden. Dies ist die üblichere Methode, da man das Skript nun wieder auf einfache Art aufrufen kann.

```
#!/usr/bin/ksh
echo "Datum und Uhrzeit:"
date
```

Listing 2.2: Skript myscript: Korn-Shell in der ersten Zeile festgelegt

```
echo "Rechnername:"
hostname
```

Listing 2.2: Skript myscript: Korn-Shell in der ersten Zeile festgelegt(Fortsetzung)

```
mars# ./myscript
```

Wieso funktioniert das? UNIX-Shells schauen bei einer Datei, die man ihnen zur Ausführung direkt übergibt, grundsätzlich in die erste Zeile. Finden sie dort den Anfang `#!` , starten sie das im Folgenden angegebene Programm und übergeben diesem die Datei als Argument.

. script

Manchmal möchte man das automatische Öffnen einer Subshell verhindern. Um ein Skript direkt von der *aktuellen* Shell verarbeiten zu lassen, benutzt man den einfachen Punkt als Befehl. Das Skript übergibt man als Argument.

```
mars# . /var/scripts/myscript
```

oder

```
mars# . ./myscript
```

Ein solches Vorgehen wird nötig, wenn das Skript Veränderungen an der aktuellen Shell vornehmen, also z.B. Variablen setzen oder verändern soll. Ohne den Punkt wären die Veränderungen nur in der Subshell bekannt. (Mehr hierzu in Abschnitt 2.13)

> **WICHTIG**
>
> Wenn man ein Shell-Skript als Argument übergibt oder durch einen Punkt in der aktuellen Shell ausführt, braucht es keine Ausführungs-, sondern lediglich Leserechte. Jeder Benutzer kann also beliebige Shell-Skripte ausführen, solange er wenigstens Leserechte besitzt.

Testen und Debuggen

Bevor wir mit dem konkreten Programmieren beginnen, widmen wir uns noch kurz einem unangenehmen Thema. Wir werden unweigerlich Fehler in unsere Skripte einbauen und wahrscheinlich viel Zeit mit der Fehlersuche verbringen. Deshalb lohnt es sich, die Hilfsmittel kennen zu lernen, die die Shell hier bietet. Von einem echten Debugger, wie ihn C-Programmierer kennen, kann allerdings keine Rede sein.

```
mars# sh -n myscript
```

Die Shell-Option `-n` (noexec) schaltet die Ausführung ab und testet ausschließlich auf die Korrektheit der Syntax. Dies hilft, wenn man zum Beispiel die richtige Verwendung von geschachtelten Strukturen wie Verzweigungen und Schleifen prüfen möchte.

```
mars# sh -v myscript
```

Die Option `-v` (verbose) führt dazu, dass vor der Ausführung jeder Zeile diese zunächst ausgegeben wird, exakt so, wie sie im Skript steht. Um den verbose-Schalter nicht für das ganze Skript, sondern nur für einen bestimmten Teil zu aktivieren, fügen Sie den Befehl `set -v` an der gewünschten Stelle direkt im Skript ein. Mit `set +v` schalten Sie den Modus wieder ab.

```
mars# sh -x myscript
```

Die Option `-x` (xtrace) arbeitet ähnlich wie `-v`. Wieder wird jede Zeile vor ihrer Ausführung zunächst ausgegeben. Hier werden jedoch bereits Variablennamen wie `$user` durch konkrete Inhalte (z.B. `otto`) und Sonderzeichen wie `*.dat` durch passende Dateinamen (z.B. `hosts.dat`) ersetzt sowie Kommandosubstitutionen durchgeführt (hierzu mehr in Abschnitt 2.12). Die resultierende Zeile wird dann mit vorangestelltem + ausgegeben und anschließend ausgeführt.

```
#!/usr/bin/ksh
# showdbg
echo $LOGNAME
ls -l *.txt
mars# sh -x showdbg
+ echo root                <- -x
root                       <- ausgeführt
+ ls -l brief.txt          <- -x    unten: ausgeführt
-rw-r--r--   1 root  root   856 Feb 12 15:31   brief.txt
```

Die Optionen `-v` und `-x` können auch gemeinsam verwendet werden: `-vx`

Wenn unser Skript nicht an Syntaxfehlern krankt, sondern an logischen, läuft es anscheinend fehlerfrei ab, liefert aber falsche Ergebnisse. In diesem Fall ist es oft sinnvoll, sich an kritischen Stellen den Inhalt von Variablen anzusehen.

```
echo $var
```

Komplizierte Zeilen vorrübergehend auszukommentieren oder das Programm durch den Befehl `exit` vorzeitig zu verlassen sind ebenfalls einfache Hilfen zur Fehlersuche.

In Abschnitt 2.37 werden wir uns noch eingehender mit dem Thema Debugging beschäftigen. Für unsere ersten Shell-Skripte werden die vorgestellten Methoden aber sicherlich genügen.

Shell-Skripte beenden

Ein Shell-Skript beendet sich automatisch, nachdem die letzte Zeile ausgeführt worden ist. Andererseits können Sie Ihr Skript auch vorzeitig beenden, wenn wichtige Dateien nicht gefunden werden, Rechte nicht ausreichen oder andere notwendige Bedingungen nicht gegeben sind oder, wie gerade erwähnt, zum Testen. Zum vorzeitigen Abbruch des Skriptes benutzen Sie den Befehl `exit`.

```
exit
```

oder

```
exit 1
```

Man kann `exit` eine ganze Zahl von 0 bis 255 als Argument mitgeben, um einen bestimmten Fehler zu signalisieren. `exit 0` heißt "alles OK". `exit 1` bedeutet Fehler Nr. 1, etc. Dieser exit-Status kann dann von außen über die Variable $? abgefragt werden, doch dazu mehr in Abschnitt 2.17.

2.5 Befehle

Wenden wir uns endlich dem eigentlichen Programmieren zu! Wir haben viel über den Umgang mit Skripten erfahren, wie man sie schreibt, ausführt und testet, doch nun wird es Zeit, sich mit den Befehlen innerhalb der Skripte zu beschäftigen.

- Befehle werden normalerweise nacheinander ausgeführt.
- Jeder Befehl wird zuerst syntaktisch geprüft, dann ausgeführt.
- Hintergrundprozesse werden parallel zu anderen Prozessen ausgeführt.
- Hintergrundprozesse startet man durch &.

Einfache Befehle

Ein Shell-Skript wird Zeile für Zeile von oben nach unten abgearbeitet. Dabei wird jeder Befehl zunächst auf seine syntaktische Korrektheit geprüft und anschließend ausgeführt. Stehen mehrere Befehle mit Semikolon getrennt in einer Zeile, werden auch diese nacheinander ausgeführt.

```
befehl1 ; befehl2
```

Hintergrundprozesse

```
befehl &
tail -f db.log &
tail -f error.log
```
[3]

In der Regel wartet die Shell auf das Ende eines Befehles, bevor sie mit dem nächsten fortfährt. Wird ein Befehl jedoch mit einem nachfolgenden Ampersand (&) gestartet, führt die Shell ihn im Hintergrund aus, das heißt, sie wartet nicht auf sein Ende. Dadurch wird in unserem Beispiel der zweite `tail`-Prozess unmittelbar nach dem *Start* des ersten ausgeführt; beide werden also parallel verarbeitet.

Eine weitere Möglichkeit, Prozesse parallel verarbeiten zu lassen, besteht in der Bildung einer Pipe. Diese werden wir im nächsten Abschnitt kennen lernen.

WICHTIG

Bei einer Kette von Hintergrundprozessen `befehl1 & befehl2 & ...` dient das &-Zeichen selbst bereits als Trenner, sodass kein zusätzliches Semikolon geschrieben wird.

2.6 Umlenkungen und Pipes

Normalerweise erwartet ein Befehl seine Eingabe von der Tastatur und gibt seine Ausgabe und eventuelle Fehlermeldungen auf dem Bildschirm aus. Diese so genannten Standard-Kanäle werden dem Befehl beim Aufruf von der Shell automatisch zugewiesen. Häufig möchten Sie die Daten jedoch nicht auf dem Bildschirm bewundern, sondern lieber in einer Datei speichern. Wie Sie dies erreichen und auf welche Details Sie dabei achten müssen, erfahren Sie im folgenden Kapitel.

- cmd > datei — Umlenkung von `stdout` in eine Datei.
- cmd >> datei — Umlenkung von `stdout` an das Ende einer Datei.
- cmd 2> datei — Umlenkung von `stderr` in eine Datei.
- cmd 2>> datei — Umlenkung von `stderr` an das Ende einer Datei.
- cmd >datei 2>&1 — Umlenkung von `stdout` und `stderr` in die gleiche Datei.
- cmd < datei — Umlenkung von `stdin` in eine Datei.
- echo Text — Ausgabe nach `stdout`.
- echo Text >&2 — Ausgabe nach `stderr`.
- read var — Einlesen aus `stdin`.
- { ... } — Befehle in aktueller Shell gruppieren.
- (...) — Befehle in `Subshell` gruppieren.
- cmd | tee datei — Ausgabe auf `stdout` und in Datei lenken

3. tail liefert die letzten Zeilen einer Datei. tail -f beobachtet das Dateiende und liefert neu entdeckte Zeilen.

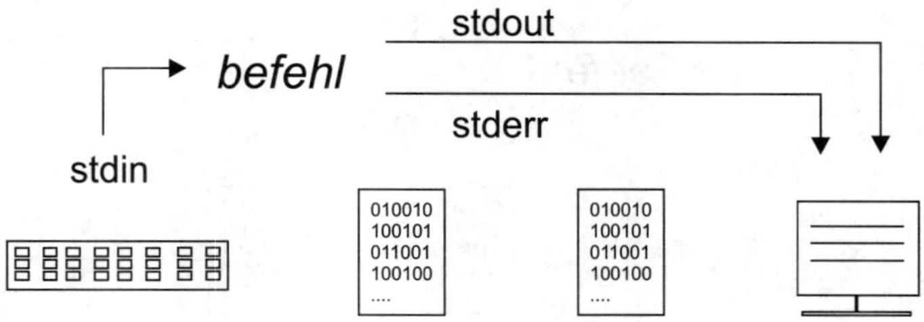

Abbildung 2.3: befehl (ohne Umleitung)

Umlenkung der Standard-Ausgabe

```
df -k > filesys.dat
myscript > myscript.out
```

Die Standard-Ausgabe (`stdout`) eines Befehls oder eines Skriptes lenken Sie durch ein > -Zeichen in eine Datei um. Die Daten, die Sie ansonsten auf dem Bildschirm sähen, landen stattdessen in der angegebenen Datei. Wenn die Datei bereits existiert, wird ihr bisheriger Inhalt überschrieben. Gab es die Datei noch nicht, wird sie neu angelegt.

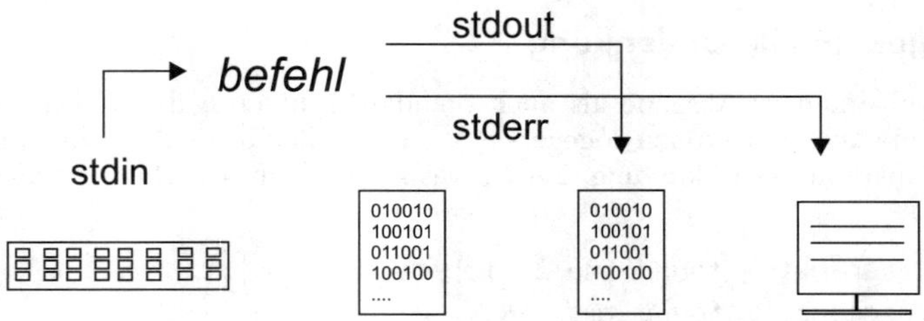

Abbildung 2.4: befehl >datei

```
df -k >> filesys.dat
```

Auch durch >> wird die Standard-Ausgabe umgeleitet, dieses Mal wird sie jedoch an das Ende der Datei angehängt, sodass deren ursprünglicher Inhalt unversehrt bleibt.

Die Standard-Ausgabe wird auch als Kanal 1 bezeichnet. Wenn Sie selbst etwas auf Kanal 1 ausgeben möchten, verwenden Sie einfach den echo-Befehl.

```
echo "Start des Programms"
```

Umlenkung der Standard-Fehlerausgabe

```
rm *.txt 2> error.log
```

Durch die Syntax 2> lenken Sie die Standard-Fehlerausgabe (`stderr`) eines Befehls oder eines Skriptes in eine Datei um. Im obigen Beispiel werden wir keine Fehlermeldung auf dem Bildschirm finden, wenn z.B. keine Dateien `*.txt` existieren.

Jedes Programm hat die Möglichkeit, seine Fehler getrennt von den eigentlichen Daten auszugeben. Hierfür öffnet die Shell den Standard-Fehlerkanal, auch Kanal 2 genannt. Normalerweise zeigt er wie Kanal 1 auf den Bildschirm. `2> datei` bedeutet also: Lenke Kanal 2 in `datei` um. Ebenso wie bei Kanal 1 kann die Ausgabe auch hier an eine bestehende Datei angehängt werden.

```
rm *.txt 2>> error.log
```

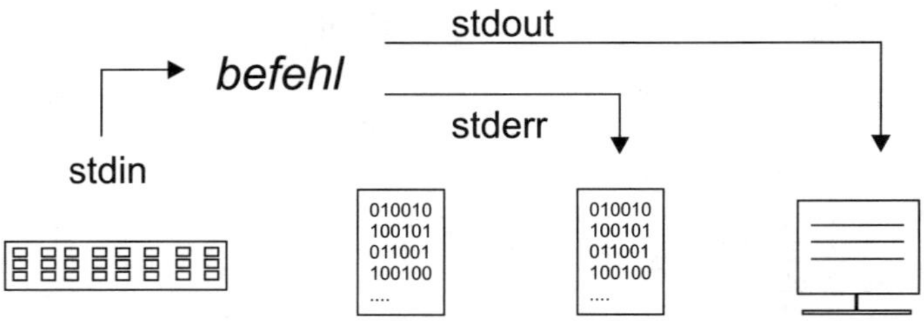

Abbildung 2.5: befehl 2>datei

Möchte man störende Fehlermeldungen aus der eigentlichen Daten-Ausgabe herausfiltern, ohne sie ausgeben oder abspeichern zu wollen, kann man sie auf `/dev/null` umlenken. Daten, die dort landen, werden einfach verworfen.

```
rm *.txt 2> /dev/null
```

Wenn Sie selbst aus ihrem Skript heraus eine Fehlermeldung ausgeben möchten, verwenden Sie den `echo`-Befehl mit Angabe des Fehler-Kanals.

```
echo "Fehler beim Öffnen der Datei." >&2
```

Getrennte und gekoppelte Umlenkung

Wenn Sie sowohl Standard-Ausgabe als auch Standard-Fehlerausgabe in Dateien umlenken möchten, müssen beide Umlenkungen explizit angegeben werden. Sollen beide Ausgaben in der gleichen Datei landen, verwendet man oft die Abkürzung `2>&1`, was so viel heißt wie: Lenke Kanal 2 auf das gleiche Ziel wie Kanal 1 um.

```
grep meier acc.dat > found.tmp 2> found.err
grep meier acc.dat > found.tmp 2>&1
```

Im ersten Beispiel werden die Ausgaben getrennt, im zweiten gekoppelt umgeleitet.

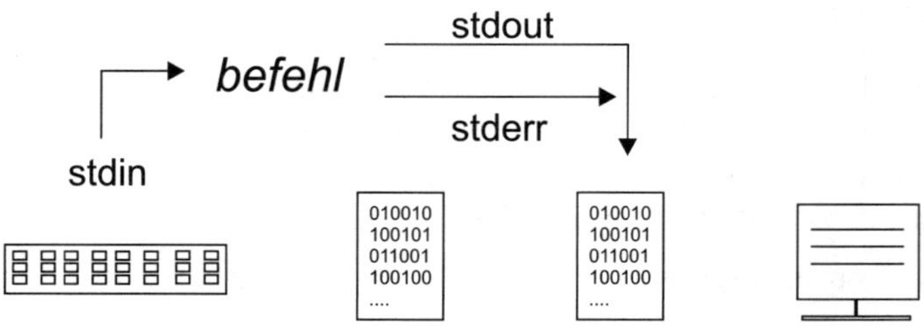

Abbildung 2.6: befehl >datei 2>&1

Auf diese Weise bekommen Sie übrigens auch die Programme in den Griff, deren Ausgaben über den Bildschirm rauschen, ohne sich durch `more` regulieren zu lassen. Es sind die Ausgaben auf den Fehler-Kanal, die `more` nicht zu fassen bekommt! Versuchen Sie statt

```
befehl | more
```

doch einmal

```
befehl 2>&1 | more
```

Umlenkung der Standard-Eingabe

Auch die Standard-Eingabe (`stdin`), Kanal 0, kann umgelenkt werden. Hierfür verwenden Sie ein < -Zeichen. Den Text für einen automatischen Alarm, den wir als E-mail versenden wollen, werden wir sicherlich nicht per Tastatur eingeben. Stattdessen lesen wir ihn aus einer Datei.

```
mail root < alarm.txt
```

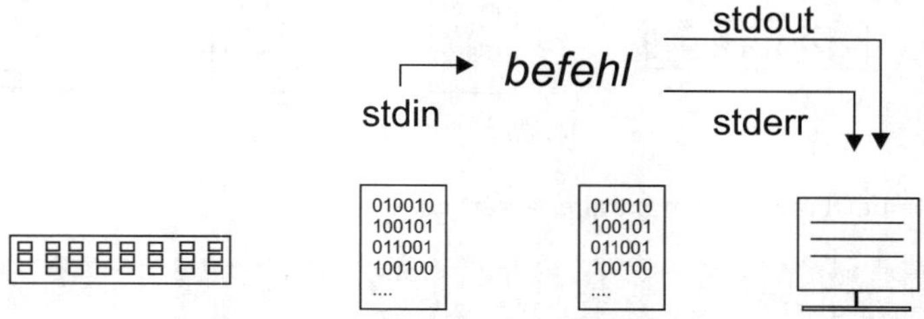

Abbildung 2.7: befehl <datei

Um aus einem Skript heraus von der Standard-Eingabe zu lesen, verwendet man den Befehl `read`. In Abschnitt 2.24 werden wir mehr darüber erfahren.

```
echo "Geben Sie bitte Ihren Namen an: " ; read name
```

Alle Umlenkungen auf einen Blick

Kanal	Bezeichnung	Voreinstellung	Umlenkung
0	Standard-Eingabe	Tastatur	cmd <datei
1	Standard-Ausgabe	Bildschirm	cmd >datei cmd >>datei
2	Standard-Fehlerausgabe	Bildschirm	cmd 2>datei cmd 2>>datei cmd >datei1 2>datei2 cmd >datei 2>&1

Tabelle 2.1: Umlenkung der Standard-Kanäle

Die drei Standard-Kanäle werden von der Shell automatisch geöffnet. Darüber hinaus können wir selbst zusätzliche Kanäle öffnen, sog. File-Descriptoren. Da man sie eher selten benötigt, werden wir uns erst in Abschnitt 2.25 mit ihnen beschäftigen. Die Umlenkung << hat ebenfalls eine Sonderbedeutung und wird in Abschnitt 2.24 besprochen.

Pipes

```
tail -f db.log | grep error
```

Pipes entstehen, wenn Sie mehrere Befehle durch ein Pipe-Symbol (`|`) miteinander verbinden. Dabei wird `stdout` des ersten mit `stdin` des zweiten Prozesses verbunden. Die Ausgabe des ersten Prozesses wird also direkt vom zweiten gelesen, ohne in einer Datei zwischengespeichert zu werden.

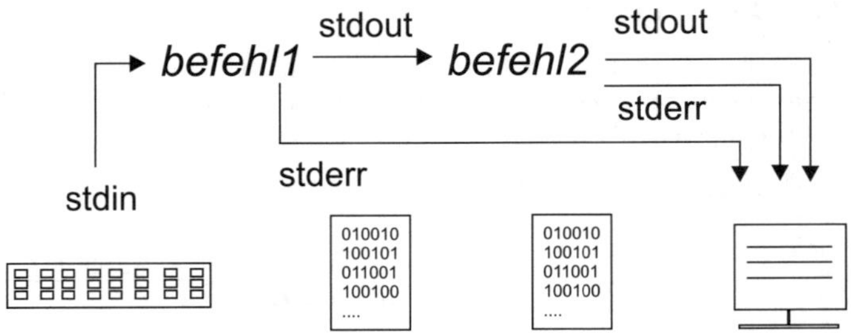

Abbildung 2.8: befehl1 | befehl2

Alle Prozesse in einer Pipe werden parallel verarbeitet.

WICHTIG

Eine Pipe leitet ausschließlich die Standard-*Ausgabe* an den nächsten Befehl weiter. Die Standard-Fehlerausgabe wird nicht berücksichtigt.

In unserem Beispiel "hängt" sich `tail -f` an das Ende der Datei `db.log` und liefert uns alle Zeilen, die dort neu hineingeschrieben werden. `grep` filtert aus dieser Ausgabe Zeilen heraus, die "error" enthalten. `tail` läuft so lange, bis wir es mit `ctrl-c` abbrechen, es beendet sich also nicht von selbst. Nur weil beide Prozesse sofort parallel gestartet werden, erhalten wir einen Output.

Pipes können aus beliebig vielen Befehlen gebildet werden.

```
tail -200 db.log | grep error | wc -l
```

Gruppierung

Sollen mehrere Befehle in die gleiche Datei umgelenkt werden, kann man sie zu einer Gruppe zusammenfassen und die gesamte Gruppe umleiten. Dies ist übersichtlicher, als die Umlenkung hinter jeden einzelnen Befehl zu setzen.

```
{
  date
  df -k
  ps -ef
} > status.out
```

oder

```
(
  date
  df -k
  ps -ef
) > status.out
```

Bildet man die Gruppe durch umschließende *geschweifte* Klammern, werden die Befehle von der aktuellen Shell ausgeführt. Benutzt man stattdessen *runde* Klammern, wird eine Kopie der aktuellen Shell als Subshell gestartet, die sich dann um die Befehle kümmert.

Bei Verwendung von runden Klammern können Fehler entstehen, da Veränderungen an Variablen, die in einer Subshell durchgeführt werden, auf die aktuelle Shell keinen Einfluss haben (mehr zum Export von Variablen in Subshells erfahren Sie in Abschnitt 2.13).

Mit dieser Methode können auch die anderen Standard-Kanäle für ganze Gruppen von Befehlen umgeleitet werden.

Wenn Sie {...} in Einzeilern benutzen möchten, müssen Sie darauf achten, dass hinter der öffnenden Klammer ein Leerzeichen folgt und vor der schließenden Klammer ein Semikolon steht. `{ befehl1 ; befehl2 ; } >datei`

WICHTIG

Durch `(...;...)&` oder `{ ...;...; }&` können Sie ganze Gruppen von Befehlen in den Hintergrund stellen.

Output duplizieren mit tee

Manchmal möchte man die Ausgabe eines Befehls sowohl auf dem Bildschirm sehen als auch in einer Datei speichern. Oder man möchte ihn gleich in zwei verschiedene Dateien schreiben, eine Tages- und eine Wochen-Logdatei zum Beispiel. Hierfür gibt es das Kommando `tee` (T-Stück).

```
befehl | tee datei [datei ...]
df -k | tee status.log
df -k | tee day.log week.log >year.log
df -k | tee -a week.log
```

Im ersten Beispiel erhalten wir Ausgaben auf den Bildschirm und nach `status.log`. Im zweiten erhalten wir ausschließlich Ausgaben in die drei Dateien. In Beispiel Nr. 3 wird die Ausgabe an `week.log` angehängt (`-a` für append), statt es zu überschreiben.

`tee` verarbeitet ausschließlich `stdin`. Um auch Fehlermeldungen zu duplizieren, müssen diese zunächst auf `stdin` umgeleitet werden:

```
grep meier acc.dat 2>&1 | tee found.out
```

Wenn Sie sich nun fragen, wie man die Fehler alleine, ohne die Standard-Ausgabe an `tee` weitergeben kann, sind sie auf einen der wenigen Fälle gestoßen, in denen File-Descriptoren benötigt werden. (s. Abschnitt 2.25)

2.7 Dateinamen-Expansion

Viele Befehle, die wir in unseren Skripten verwenden, arbeiten mit Dateien. Oft geben wir die gewünschten Dateinamen nicht explizit an, sondern verwenden Platzhalter wie `*.txt`. Es ist wichtig, die genaue Bedeutung dieser Wildcards zu kennen, um nicht versehentlich falsche Dateien zu verarbeiten.

- Die Shell ersetzt Wildcards durch eine Liste von Dateinamen.
- Die Dateinamen-Expansion findet vor der Ausführung des Befehls statt.
- * steht für beliebig viele beliebige Zeichen.
- ? steht für genau ein beliebiges Zeichen.
- [ ] stehen für genau ein Zeichen aus einer bestimmten Gruppe.
- \ hebt die Sonderbedeutung von Metazeichen auf.

Wildcards

```
grep meier *txt
```

Wenn die Shell bei der Analyse eines Befehls auf eines der Zeichen * ? [] stößt, interpretiert sie die entsprechende Zeichenkette als Muster für Dateinamen. Sie sucht im aktuellen Verzeichnis nach Dateien, deren Namen auf das gewünschte Muster passen, und ersetzt in der Befehlszeile die Zeichenkette durch die Liste der gefundenen Dateien.

Die Dateinamen-Expansion erfolgt *vor* der Ausführung des Befehls. Dieser bekommt das Metazeichen nicht zu sehen. In unserem Beispiel könnte die Shell die Befehlszeile z.B. folgendermaßen expandieren:

```
grep meier apr.txt feb.txt jan.txt mar.txt
```

Wie Sie sehen, werden die Dateinamen in alphabetischer Reihenfolge geliefert. Das gilt genauso für Listen, die durch ? oder [] gebildet werden. Es ist wichtig zu verstehen, dass es sich hier wirklich nur um Muster für Dateinamen handelt. Der Parameter `meier` in unserem Beispiel könnte nicht etwa durch `m*` angegeben werden!

> **WICHTIG**
>
> Mit der Debugging-Option -x sehen Sie Ihre Befehlszeilen, nachdem die Dateinamen-Expansion durchgeführt worden ist.

```
mars# set -x
mars# grep meier *.txt
+ grep meier apr.txt feb.txt jan.txt mar.txt
feb.txt: 14.02.2002 16:00-17:15 meier
```

* eine beliebige Zeichenkette

Das Spezialzeichen * ist die am häufigsten verwendete Wildcard und steht für eine beliebige Anzahl beliebiger Zeichen im Dateinamen. Ausgenommen ist der führende Punkt für versteckte Dateien, den muss man explizit angeben. Die Angabe "beliebig" beinhaltet auch die Option, dass eventuell kein Zeichen passt. Entspricht überhaupt keine Datei dem gewünschten Muster, wird die Zeichenkette unverändert, also inklusive des Sternchens zurückgegeben.

```
mars# echo *dat
drucker.dat monitore.dat rechner.dat
mars# echo *dat .*dat
drucker.dat monitore.dat rechner.dat .config.dat
mars# echo *.datt
*.datt
```

? genau ein beliebiges Zeichen

Das Metazeichen ? steht für genau ein beliebiges Zeichen im Dateinamen. Genau eines bedeutet auch, dass an der betroffenen Stelle ein Zeichen stehen muss! So passt `file?.txt` zwar auf `filea.txt` oder `file2.txt`, nicht aber auf `file.txt`. Wie bei * muss auch hier der führende Punkt für versteckte Dateien explizit angegeben werden. Auch hier wird die Zeichenkette unverändert zurückgegeben, wenn kein passender Dateiname gefunden wird.

```
mars# echo file*.txt
file.txt file1.txt file23.txt filea.txt fileb.txt
mars# echo file?.txt
```

```
file1.txt filea.txt fileb.txt
mars# echo ?config.dat
?config.dat
mars# echo .?onfig.dat
.config.dat
```

[ ] Bereich für genau ein Zeichen

Mit Hilfe der eckigen Klammern geben Sie ebenfalls ein Muster für genau ein Zeichen im Dateinamen an. Im Gegensatz zum Fragezeichen darf an der entsprechenden Stelle jedoch nicht ein beliebiges Zeichen stehen; vielmehr muss es aus der angegebenen Gruppe stammen.

`file[abx].txt` liefert z.B. `filea.txt`, `fileb.txt` und `filex.txt`, wenn es solche Dateien im aktuellen Verzeichnis gibt. Nicht jedoch `filey.txt`, `file.txt` oder `fileab.txt`.

Auch hier gilt die Ausnahme für den Punkt bei versteckten Dateien, auch hier wird das Muster unverändert gelassen, wenn ihm keine Datei entspricht.

Anstatt die möglichen Zeichen in den eckigen Klammern aneinander zu reihen, können Sie mit Hilfe eines Minus-Zeichens auch einen Zeichen-Bereich angeben, vorausgesetzt die Zeichen liegen in einem fortlaufenden Bereich der ASCII-Tabelle.

`file[0-9].txt` oder `file[a-zA-Z].txt`

Es ist auch möglich, an der gewünschten Stelle des Dateinamens bestimmte Zeichen auszuschließen, indem man ein ! an den Beginn der Zeichenklasse setzt:

`file[!ab].txt` liefert Dateien, die auf das angegebene Muster passen, jedoch kein a oder b als fünftes Zeichen besitzen.

```
mars# echo file*.txt
file.txt file1.txt file23.txt filea.txt fileb.txt
mars# echo file[123].txt
file1.txt
mars# echo file[0-9][0-9].txt
file23.txt
mars# echo file[!0-9].txt
filea.txt fileb.txt
```

\ Sonderbedeutung aufheben

Setzt man einen Backslash vor * ? `[]` oder !, verliert das Zeichen seine Sonderbedeutung und wird wie jedes andere Zeichen behandelt. Das gilt nicht nur für Wildcards, sondern für alle Sonderzeichen. Wozu benötigt man eine solche Maßnahme?

Zum einen kann man auf diese Weise Dateien finden, die Metazeichen im Namen enthalten (was unbedingt vermieden werden sollte).

```
mars# echo *dat
drucker.dat monitore.dat rechner.dat scan*.dat
mars# echo scan\*dat
scan*.dat
mars# mv scan\*.dat scanner.dat
```

Andererseits ist es manchmal nötig, Sonderzeichen an Kommandos zu übergeben. Durch \ kann man die Shell daran hindern, das Zeichen zu interpretieren, sodass es überhaupt erst bei dem gewünschten Kommando ankommen kann. Das Sternchen hat zum Beispiel auch bei `grep` eine Sonderbedeutung, allerdings eine andere als in der Shell. Nur durch ein vorangestelltes \ erhält `grep` den Stern. Ohne den Backslash erhielte `grep` stattdessen alle Dateinamen aus dem aktuellen Verzeichnis.

```
mars# set -x
mars# grep user.\*02 backup.log
grep user.*02 backup.log
userdat_koeln_02   gesichert   12.01.02
userdat_koeln_02   gesichert   16.01.02
userdat_koeln_02   gesichert   20.01.02
```

Muster-Alternativen

Korn-Shell und Bash

Nur in Korn-Shell und Bash gibt es die Möglichkeiten, Alternativen für Namens-Muster zu formulieren. Zur Angabe von *Datei*-Namen werden sie allerdings eher weniger gebraucht. Wir werden solchen Konstruktionen noch einmal in Abschnitt 2.15 begegnen, wo wir sie für Muster-Vergleiche von Zeichenketten verwenden werden.

Konstruktion	Bedeutung
@(*muster1*|*muster2*|...|*mustern*)	genau eines der Muster
+(*muster1*|*muster2*|...|*mustern*)	mindestens eines der Muster
*(*muster1*|*muster2*|...|*mustern*)	keines, eines oder mehrere der Muster
?(*muster1*|*muster2*|...|*mustern*)	keines oder eines der Muster
!(*muster1*|*muster2*|...|*mustern*)	keines der Muster

Tabelle 2.2: Konstruktionen für Muster-Alternativen in der Korn-Shell

WICHTIG

Falls Ihre Bash diese Muster nicht erkennt, ist die erweiterte Option `extglob` ausgeschaltet. Um sie zu aktivieren, gibt man ein: `shopt -s extglob`

Bash

Die Bash verfügt über eine weitere Form, mit der alternative Muster formuliert werden können:

```
praefix{alt1,alt2,...}suffix
```

Man schreibt die Alternativ-Ausdrücke also in geschweifte Klammern und trennt sie mit Komma. Die Shell generiert daraus die Dateinamen `praefixalt1suffix`, `praefixalt2suffix` oder `praefixalt3suffix`, falls diese existieren.

Die Bourne-Shell kennt keine Syntax für Alternativ-Muster.

Tilde-Expansion

Nur Korn-Shell und Bash

In ksh und bash spielt die Tilde ~ eine spezielle Rolle im Umgang mit Dateinamen. ~ wird von beiden Shells zum Home-Verzeichnis des aktuellen Benutzers erweitert.

```
cp datei ~/db
```

würde beispielsweise bei eingeloggtem Benutzer Meier die Datei in das Verzeichnis `/home/meier/db` kopieren. In Kombination mit einigen anderen Zeichen gibt es weitere spezielle Ersetzungen:

Tilde-Muster	Bedeutung
~	Home-Verzeichnis des eingeloggten Benutzers
~benutzername	Home-Verzeichnis des angegebenen Benutzers
~+	Das aktuelle Arbeitsverzeichnis
~-	Das vorherige Arbeitsverzeichnis

Tabelle 2.3: Tilde-Expansion in ksh und bash

Tilde-Muster können nur als eigenes Wort oder in Kombination mit nachfolgendem Slash benutzt werden, also um Pfadnamen zu erzeugen. Bei allen anderen Kombinationen führt die Shell keine Ersetzung durch.

2.8 Variablen

In den nächsten Abschnitten werden Sie viele Details zum Gebrauch von Variablen kennen lernen. Variablen benötigen Sie, um Zahlen und Zeichenketten sowie das Ergebnis von Befehlen zu speichern, sodass Sie sie in einem späteren Befehl wieder verwenden können.

- ❑ var=5 ; var="Text" — Variablen belegen.
- ❑ echo $var ; ls $var — Variablen auslesen, Variablen-Interpolation.
- ❑ set –u — Fehlermeldung bei nicht definierten Variablen.
- ❑ ${varname}string — Variablennamen innerhalb von Strings abgrenzen.
- ❑ echo "...$var..." — Variablen-Interpolation in " ".
- ❑ echo '...$var...' — Keine Variablen-Interpolation in ' '.
- ❑ echo "...\$var..." — Aufhebung von Sonderzeichen durch Backslash.
- ❑ set — Anzeige aller Variablen.
- ❑ var= ; unset var — Variablen zurücksetzen bzw. löschen.
- ❑ readonly var — Konstanten kennzeichnen.
- ❑ HOME PATH etc. — Umgebungsvariablen
- ❑ $? 0-9 # * @ ! - — Spezialvariablen

Werte in Variablen speichern

Zum Abspeichern eines Wertes in einer Variablen verwenden wir die Syntax:
`variable=value`

```
name="Hans Meier"
stadt=Koeln
group=gr1
alter=26
groesse=1.85
```

Um das Gleichheitszeichen herum darf kein Leerraum stehen, da die Shell sonst die Zeile nicht als Zuweisung, sondern als Befehl mit Argumenten interpretieren würde.

Es gibt zunächst nur einen gemeinsamen Variablen-Typ für Zeichenketten, Integer- und Fließkomma-Zahlen. Daher gibt es auch keine Deklaration von Variablen. Zahlen werden als Zeichenketten abgespeichert.

Zeichenketten, die Leerzeichen oder Sonderzeichen enthalten, müssen Sie in Anführungszeichen schreiben (mehr zu Quotes weiter unten).

Variablennamen können aus Buchstaben, Ziffern und Unterstrichen bestehen, dürfen aber nicht mit einer Zahl beginnen. Auf manchen Systemen dürfen sie 256 Bytes lang sein, auf anderen sogar noch länger.

Variablen sind nur während der Laufzeit unseres Skriptes definiert und belegt. Ist das Skript beendet, werden sie wieder verworfen. (Zum Export von Variablen siehe Abschnitt 2.13)

Werte aus Variablen auslesen

Um an den Inhalt einer Variablen zu gelangen, verwendet man ein $-Zeichen vor dem Variablennamen. Mit dem Befehl `echo` kann man sich den Inhalt anzeigen lassen.

```
mars# tag=23
mars# echo $tag
23
```

Meist geht es nicht darum, den Variableninhalt anzuzeigen, sondern ihn in Befehlen zu benutzen. Hierfür verwendet man den mit einem $ versehenen Namen der Variablen im betroffenen Befehl. Die Shell ersetzt dann zunächst die Variable durch ihren Wert und führt den resultierenden Befehl anschließend aus. Dieser Vorgang wird "Variablen-Interpolation" genannt.

```
tag=23
cp file file.$tag

tag=23
file=account.dat
grep $tag $file
```

WICHTIG

Wenn Sie kontrollieren möchten, wie Ihre Befehlszeile nach der Variablen-Interpolation aussieht, können Sie wieder den Debugging-Schalter `-x` benutzen.

Sie können den Wert einer Variablen natürlich auch einer anderen Variablen zuweisen. Dabei wird besonders deutlich, wo ein $ stehen muss und wo nicht.

```
newfile=$oldfile
```

VORSICHT

Verwendet man Variablen, die noch nicht definiert wurden, wird eine leere Zeichenkette "" ausgegeben. Über die Shell-Option `-u` (`set -u`) kann eingestellt werden, dass in solchen Fällen stattdessen eine Fehlermeldung angezeigt wird.

```
mars# echo $xyz

mars# set -u
mars# echo $xyz
xyz: parameter not set
mars# set +u
```

Variablennamen abgrenzen

Problematisch wird das Einsetzen von Variablen in Befehlen, wenn der Variablennamen innerhalb eines Strings stehen soll. Die Shell kann den eigentlichen Namen dann nicht von dem umgebenden String unterscheiden. Hier benutzt man geschweifte Klammern, um den Variablennamen abzugrenzen.

```
${varname}string
```

Im folgenden Beispiel wollen wir eine Datei nach `newdata` oder `olddata` kopieren, je nach Inhalt der Variablen `time`.

```
mars# time=new
mars# mv file $timedata
mv: Insufficient arguments
```

Wir erhalten eine Fehlermeldung, weil die Shell die Variable `timedata` sucht und nicht findet, stattdessen eine leere Zeichenkette einsetzt und `mv` somit der zweite Parameter fehlt. Wir erreichen unser Ziel, indem wir `time` in `{}` setzen. Geschweifte Klammern um den Variablennamen brauchen wir immer, wenn Buchstaben, Ziffern oder ein Unterstrich folgt.

```
mars# time=new
mars# mv file ${time}data
mars# ls
newdata
```

WICHTIG

Viele Shell-Programmierer verwenden der Übersichtlichkeit halber grundsätzlich die Schreibweise `${varname}`, selbst wenn kein String folgt.

Quotes

Strings, die Leerzeichen oder Sonderzeichen enthalten, müssen Sie in Quotes setzen. Wenn Sie dazu einfache Anführungszeichen verwenden (Single Quotes) verlieren alle Metazeichen ihre Spezialbedeutung.

```
name='Hans Meier'
ausgabe='* ACHTUNG *'
frage='Wie alt sind Sie?'
```

Verwendet man stattdessen doppelte Anführungszeichen (Double Quotes) , behält das Sonderzeichen $ seine Bedeutung. Auf diese Art ist es möglich, Variablen in einer Zeichenkette einzusetzen.

```
name="$vname $nname"
echo $name
echo "Name: $nname    Vorname:$vname"
```

Sofort entsteht ein neues Problem: Wie kann man innerhalb von Double Quotes ein einfaches $-Zeichen ausgeben? Man benutzt einen Backslash, der, wie wir bereits gesehen haben, alle Sonderzeichen entkräftet.

```
mars# anz=17
mars# echo "Variable: \$anz     Wert: $anz"
Variable: $anz   Wert: 17
```

WICHTIG

Auch Backticks `...` behalten in Double Quotes ihre Sonderbedeutung, sodass die Kommando-Substitution auch in "..." erkannt wird.

Somit entkräften "..." alle Sonderzeichen bis auf $ `` \ und ".

Variablen anzeigen

`set` zeigt die Liste aller Variablen an. Dabei werden nicht nur die von Ihnen gesetzten Variablen ausgegeben, sondern auch die vom System voreingestellten.

```
mars# set
HOME=/
HZ=100
IFS=
LOGNAME=root
MAIL=/var/mail/root
MAILCHECK=600
MANPATH=/usr/share/man:/usr/dt/man:/usr/openwin/share/man
OPTIND=1
PATH=/usr/sbin:/usr/bin:/usr/dt/bin:.
PWD=/scripts/kap2.6
SHELL=/bin/ksh
TERM=AT386
TZ=MET
_=/usr/bin/sh
anz=17
file=account.dat
name="Hans Meier"
tag=23
```

Variablen löschen

```
unset var
```

Wird eine Variable nicht mehr benötigt, kann sie durch `unset` wieder gelöscht werden.

```
mars# set -u[4]
mars# year=2002
mars# echo $year
2002
mars# unset year
mars# echo $year
year: parameter not set
```

Um den Wert einer Variablen zu löschen, die Variable an sich aber definiert zu lassen, schreibt man:

```
year=""    oder
year=
```

4. Die Option -u sorgt dafür, dass bei der Verwendung nicht definierter Variablen ein Fehler gemeldet wird.

Konstanten

```
readonly variable
```

Variablen, die ihren Wert während der Ausführung nicht ändern sollen, können wir als "schreibgeschützt" markieren. Auf diese Weise verhindert man, dass man die Variablen versehentlich überschreibt. readonly-Variablen können auch nicht mehr gelöscht werden. Sie werden erst wieder verworfen, wenn das Skript beendet ist.

```
mars# preis=12.30
mars# readonly preis
mars# preis=12.40
preis: is read only
mars# unset preis
preis: is read only
```

Umgebungs- und Spezialvariablen

Es gibt einige von der Shell verwaltete Variablen, die wir in unseren Skripten gut gebrauchen können. Manche von ihnen werden beim Login gesetzt und gelten, sofern man sie nicht verändert, für die gesamte Sitzung. Sie werden praktisch immer in Großbuchstaben geschrieben. Von diesen Umgebungsvariablen greifen wir nur die heraus, die in der Shell-Programmierung interessant sind. Die komplette Liste finden Sie in Abschnitt 2.38 oder in der Manpage zur jeweiligen Shell.

Die zweite Gruppe, die so genannten Spezialvariablen, bezieht sich auf das gerade laufende Programm, aus unserer Sicht also auf unser Shell-Skript. Die Variablennamen bestehen hier zum großen Teil aus Sonderzeichen.

Variable	**Bedeutung**
HOME	Homeverzeichnis des Benutzers
LOGNAME	Loginname
PATH	Verzeichnisse für Kommandosuche
PWD	aktuelles Arbeitsverzeichnis
PS1	Kommandozeilen-Prompt
0	Name des laufenden Programms
$	Prozess-ID des laufenden Programms
1 2 3 ...	1. 2. 3. ... übergebener Parameter
#	Anzahl der übergebenen Parameter
* oder @	alle übergebenen Parameter
?	Exit-Status des letzten Kommandos
!	Prozess-ID des letzten Hintergrundprozesses
-	gesetzte Shell-Optionen

Tabelle 2.4: Die wichtigsten Umgebungs- und Spezialvariablen

Über `pid=$$` erhält man also die Prozess-ID des laufenden Skriptes, eine wertvolle Hilfe, wenn man eindeutige Namen für temporäre Dateien festlegen möchte. `name=$0` liefert uns den Namen, mit dem das Skript aufgerufen wurde, `$1` den ersten übergebenen Parameter usw. Von den Spezialvariablen werden wir im Laufe dieses Buches regen Gebrauch machen.

Variablen indirekt aufrufen: eval

Es gibt die Möglichkeit, einen Variablennamen in einer zweiten Variablen zu speichern und über diese zweite Variable auf den Inhalt der ersten zuzugreifen. Diese Methode bietet zwar große Flexibilität, führt aber gleichzeitig zu unleserlichen Skripten.

```
wert=17
var="wert"
eval echo \$$var
```

Der Befehl `eval` führt ein übergebenes Argument als Befehl aus. Dadurch kommt es zur zweimaligen Ersetzung von Variablen, einmal bei der Übergabe an `eval` und einmal, wenn `eval` den Befehl ausführt. Damit das erste $-Zeichen die erste Ersetzung überlebt, wird es durch \ geschützt.

```
eval neuwert=\$$var
```

weist eine indirekt aufgerufene Variable einer anderen zu.

Bash

Die Bash (nicht aber sh und ksh) besitzt eine zusätzliche, einfachere Syntax, um Variablen indirekt anzusprechen. Man schreibt einfach den Variablennamen mit vorangestelltem Ausrufezeichen in geschweifte Klammern.

```
echo ${!var}
neuwert=${!var}
```

2.9 Zahlen

Wie wird in der Shell gerechnet? Wie können Sie eine Zählvariable um 1 erhöhen? Wie Sie gleich sehen werden, ist die Antwort auf diese Frage alles andere als trivial. Die Erfinder der Shell wollten ein Interface zur Kommando-Eingabe entwickeln und keine vollwertige Programmiersprache. Daher kann die Bourne-Shell selbst auch nicht rechnen, nicht einmal 1 + 1! Wer in der Bourne-Shell rechnen will, verwendet deshalb umständlich den externen UNIX-Befehl `expr`.

Bei der Entwicklung von Korn-Shell und Bash hat man das Problem erkannt und arithmetische Fähigkeiten eingebaut. Doch diese beschränken sich auf den Umgang mit Integer-Zahlen, wie übrigens der `expr`-Befehl auch. Wer mit Fließkommazahlen rechnen möchte, muss auf ein weiteres Tool ausweichen, den Rechner `bc`.

- typeset –i var — ksh und bash: Integer-Variable deklarieren.
- z=$x+$y — ksh und bash: Rechnen mit Integer-Variablen.
- let z=$x+27 — ksh und bash: Rechnen ohne Integer-Deklaration.
- ((z=$x+27)) — ksh und bash: Rechnen ohne Integer-Deklaration.
- z=\`expr $x + $y\` — alle Shells: Rechnen mit Hilfe von `expr`.
- z=\`echo "$x * $y" | bc\` — alle Shells: Fließkomma-Arithmetik mit `bc`.

Integer-Arithmetik

Korn-Shell und Bash

In Korn-Shell und Bash kann relativ einfach mit Integer-Zahlen gerechnet werden. Sie verwenden hierzu die üblichen Symbole + - * / und % für Addition, Subtraktion, Multiplikation, ganzzahlige Division und Modulo (Rest bei der ganzzahligen Division).

Soll mit Variablen gerechnet werden, kennzeichnen Sie diese am besten mit Hilfe des `typeset`-Befehls zunächst als Integer-Variablen:

```
typeset -i variable [variable ...]
```

VORSICHT

Der `typeset`-Befehl steht nur in Korn-Shell und Bash zur Verfügung. In der Bourne-Shell gibt es keine Integer-Variablen.

```
typeset -i x y z

x=4 ; y=5
z=$x+$y                    # z=9
z=$x-$y                    # z=-1
z=$x*$y                    # z=20
z=7/$y                     # z=1   (ganzzahlig!)
z=7%$y                     # z=2   (Rest von 7/5)
```

Integer-Zahlen werden mit einer Breite von 64 Bit verwaltet. Damit können Zahlen von $-2^{63}+1$ bis $+2^{63}-1$ dargestellt werden.

Das $-Zeichen kann beim Rechnen mit Integer-Variablen (und in der unten gezeigten Syntax) entfallen (`z=x+y`).

Das Sternchen (`*`) wird als Rechen-Operator erkannt und nicht mit einer Dateinamen-Expansion verwechselt.

Zahlen *müssen* nicht in Integer-Variablen gespeichert werden. Das Kennzeichnen einer Variablen durch das `integer`-Flag ist ein Komfort, der dazu dient, die Syntax beim Rechnen zu vereinfachen. Ohne die Benutzung von Integer-Variablen kann man entweder den `let`-Befehl oder doppelte runde Klammern benutzen, um der Shell den mathematischen Kontext zu signalisieren.

```
let z=x+27
```

oder

```
((z=x+27))
```

oder

```
z=$((x+27))
```

Die runden Klammern `((...))` und `let "..."` (mit Quotes) besitzen den Vorteil, dass man Leerzeichen zur besseren Lesbarkeit der Ausdrücke verwenden darf.

Außerdem versteht die **Bash** auch eine Syntax der Form

```
z=$[x+27].
```

VORSICHT

Achtung bei Klammern im mathematischen Ausdruck!

Die Shell interpretiert runde Klammern als Anweisung, eine Subshell zu öffnen. Damit runde Klammern mathematisch gesehen werden, müssen sie durch Backslash geschützt werden. Nur in `let` oder der ((..))-Syntax ist dies nicht nötig.

```
z=6*\($x+$y\)
let z=6*($x+$y)
((z=6*($x+$y)))
```

Variablen dürfen in mathematischen Ausdrücken auch indirekt angegeben werden, d.h. eine Variable enthält den Namen einer anderen, die ihrerseits erst den eigentlichen Wert enthält. Solche Konstrukte werden automatisch aufgelöst.

```
x=5
y=x
z=$((y+2))     # 7
```

Beide Shells verfügen über eine Reihe weiterer arithmetischer Operatoren. Hier die komplette Liste.

Operator	Bedeutung
+ - * /	Addition, Subtraktion, Multiplikation, Division
%	Modulo, Rest bei ganzzahliger Division
<< *n*	Links-Shift um *n* Stellen
>> *n*	Rechts-Shift um *n* Stellen
var1& *var2*	Bitweises UND
var1| *var2*	Bitweises ODER
var1^ *var2*	Bitweises exklusives ODER (XOR)
~	Bitweise Negation
+= *n*	Kurzform für *var=var+n*
-= *n* *= *n* /= *n* %= *n*	Entsprechende Kurzformen für - * / %
<<= >>=	Entsprechende Kurzformen für << und >>
&= |= ^=	Entsprechende Kurzformen für & | und ^

Tabelle 2.5: Arithmetische Operatoren in Korn-Shell und Bash

Bourne-Shell

Möchten Sie in der Bourne-Shell mit Integer-Zahlen rechnen, benötigen Sie den Befehl `expr`. Aus Kompatibilitätsgründen verwendet man `expr` aber auch oft in ksh- oder bash-Skripten, solche Skripte würden dann zur Not eben auch unter der Bourne-Shell laufen.

```
expr mathematischer_ausdruck
```

```
mars# expr 7 + 8
15
mars# x=3 ; y=4
mars# expr $x + $y
7
```

Der Befehl `expr` erhält einen mathematischen Ausdruck als Argument und gibt das Ergebnis auf die Standardausgabe aus. Leerzeichen zwischen `$x` + und `$y` sind absolut erforderlich.

Doch was nutzt uns die Ausgabe auf dem Bildschirm? Wir hätten das Ergebnis gerne in einer Variablen gespeichert. Hierzu verwenden wir vorab eine Technik, die in Abschnitt 2.12 ausführlich erklärt wird: die

Kommando-Substitution. Setzen wir den gesamten expr-Befehl in rückwärts gerichtete Anführungszeichen, erhalten wir sein Ergebnis in einer Variablen.

```
var=`expr mathematischer_ausdruck`
```

```
mars# z=`expr 7 + 8`
mars# echo $z
15
mars#
mars# x=3 ; y=4
mars# z=`expr $x + $y`
mars# echo $z
7
```

Auch expr arbeitet ausschließlich mit Integer-Zahlen. Wieder können die Operationen + - * / und % ausgeführt werden. Bei Multiplikationen muss der * durch einen Backslash geschützt werden, damit keine Dateinamen-Expansion ausgelöst wird. Bei Klammerung muss jede Klammer ebenfalls einzeln durch \ geschützt werden, damit keine Subshell geöffnet wird.

```
z=`expr $x \* 5`
z=`expr \( $x + $y \) \* 5`
```

Fließkomma-Arithmetik

Weder das Kommando expr noch die in ksh und bash eingebauten mathematischen Funktionen bewältigen Fließkomma-Zahlen. Für solche Fälle müssen Sie auf das Programm bc ausweichen.

```
echo mathematischer_ausdruck | bc
mars# echo "3.5 * 3" | bc
10.5
```

bc kann auch interaktiv betrieben werden, rufen Sie es einfach einmal auf. Es erwartet mathematische Ausdrücke auf der Standard-Eingabe und liefert wie expr seine Ergebnisse auf stdout. Wir müssen den gesamten Befehl also wieder in `...` einschließen, um das Ergebnis in eine Variable zu leiten. Um die Standard-Eingabe zu füttern, bedienen wir uns einer Pipe.

```
var=`echo mathematischer_ausdruck | bc`
```

```
mars# a=10.2 ; b=4.6
mars# flaeche=`echo "$a * $b" | bc`
mars# echo $flaeche
46.9
```

Die Genauigkeit der Berechnung kann mit Hilfe des Parameters scale angegeben werden.

```
mars# a=10.2 ; b=4.6
mars# flaeche=`echo "scale=2 ; $a * $b" | bc`
mars# echo $flaeche
46.92
mars# anzahl=34 ; gesamt=120
mars# prozent=`echo "scale=2 ; 100 * $anzahl / $gesamt" | bc`
mars# echo $prozent
28.33
```

WICHTIG

Neben + - * / und % beherrscht `bc` z.B. auch Exponenzieren (`^`), Quadratwurzel (`sqrt`), Sinus (`s`), Cosinus (`c`), das Rechnen mit unterschiedlichen Basen (`ibase/obase`) und die Definition eigener Funktionen.

Zufallszahlen

Korn-Shell und Bash

Korn-Shell und Bash verfügen über einen Zufallszahlen-Generator. Bei jedem Zugriff auf die Umgebungsvariable RANDOM wird eine neue zufällige Zahl zwischen 0 und 32767 geliefert. Benötigt man eine Zufallszahl zwischen 0 und einem kleineren Maximalwert `max`, wendet man den Modulo-Operator auf den gelieferten Wert an.

```
z=$RANDOM
z=`expr $RANDOM % $max`
```

Weist man RANDOM einen Wert zu, wird der Generator neu gestartet.

```
RANDOM=127
```

Bourne-Shell

In der Bourne-Shell steht kein Zufallszahlen-Generator zur Verfügung. Entweder wir benutzen den der Korn-Shell

```
z=`ksh -c 'echo $RANDOM'`
```

oder den von awk

```
z=`echo | awk '{srand; print int(rand*100)}'`
```

oder den von Perl

```
z=`perl -e 'print int(rand(100))'`
```

oder wir basteln uns eine eigene, allerdings nicht besonders zufällige Zufallszahl.

```
z=`date +%H%M%S`                    # Stunde/Minute/Sekunde
z=`expr $z % 100`
```

Oktal- und Hexadezimalzahlen

Mit dem Rechner `bc` ist es möglich, Dezimal-, Oktal- und Hexadezimalzahlen ineinander umzuwandeln. Mit `ibase=16` teilt man `bc` mit, dass es sich bei den eingegebenen Zahlen um Hexadezimalzahlen handelt, mit `obase=8` z.B., dass Zahlen als Oktalzahlen ausgegeben werden sollen.

```
mars# echo "2F im Dezimalsystem:" `echo "ibase=16; 2F" | bc`
2F im Dezimalsystem: 47
mars# echo "63 im Oktalsystem:" `echo "obase=8; 63" | bc`
63 im Oktalsystem: 77
```

Korn-Shell

Wie viel ist 27 im 13er-System? Die Antwort finden Sie in der Korn-Shell (und nur dort) durch die Deklaration einer Integer-Variablen mit Basis 13!

```
mars# typeset -i13 zahl
mars# zahl=27
```

```
mars# echo $zahl
13#21
```

Sie können in der Korn-Shell eine beliebige Basis zwischen 2 und 36 wählen, in der eine Variable gespeichert werden soll. Die Darstellung bei einer Ausgabe entspricht dann der Form *basis#wert*. Sie können Integerzahlen auch direkt in dieser Form angeben.

```
mars# zahl=2#1000+3#210
mars# echo $zahl
13#23
```

Verblüfft? 1000 im 2er-System entspricht einer dezimalen 8, 210 im 3er-System einer dezimalen 21. 8+21 sind 29 und das schreibt man im 13er-System als 23!

Wirklich gebrauchen kann man dieses Feature wiederum, wenn es darum geht, Oktal- Hexadezimal- und Dezimalzahlen ineinander umzuwandeln. Auch die Verdeutlichung von IP- und Netzwerkadressen im Binärformat klappt damit ganz gut.

2.10 Zeichenketten

Ähnlich interessant wie der Umgang mit Zahlen ist für einen Shell-Skript-Programmierer die Frage, wie er Zeichenketten verarbeiten kann. Natürlich geht es nicht um komplexe Textverarbeitung, doch das Handling mit Dateinamen, Benutzereingaben oder extrahierten Zeilen aus Logdateien gehört zur täglichen Arbeit.

Wieder werden Sie feststellen, dass gerade in der Bourne-Shell komplett auf Funktionen zur String-Verarbeitung verzichtet wurde, sodass wieder spezielle Tools herangezogen werden müssen. In Korn-Shell und Bash hat man einige Funktionen eingebaut, doch auch diese beschränken sich auf wenige Fragestellungen.

- ❑ new=${string1}${string2} — Zeichenketten aneinander hängen.
- ❑ laenge=${#variable} — Länge einer Zeichenkette in ksh/bash.
- ❑ laenge=`echo $text | awk '{print length($0)}'` — Länge eines Strings mit awk.
- ❑ teil=${variable:start:laenge} — Teilstück in der Bash.
- ❑ teil=`echo $string | cut -c liste` — Teilstück eines Strings mit cut.
- ❑ teil=`echo $text | awk '{print substr($0,start,len)}'` — Teilstück mit awk.
- ❑ wort=`echo $string | cut -f [-d *char*] liste` — Wort eines Strings mit cut.
- ❑ wort=`echo $string | awk '{print $*n*}'` — Wort eines Strings mit awk.
- ❑ str=`echo $string | tr 'gruppe1' 'gruppe2'` — Zeichen ersetzen mit tr.
- ❑ str=`echo $string | tr -d 'gruppe'` — Zeichen löschen mit tr.
- ❑ str=`echo $string | sed 's/old/new/g'` — Teile ersetzen mit sed.
- ❑ str=`echo $string | sed 's/old//g'` — Teile löschen mit sed.
- ❑ newtext=`echo $text | awk '{print gsub(old, new, $0)}'` — Teile ersetzten mit awk.

Strings verketten

Strings verkettet man einfach, indem man sie hintereinander schreibt. Acht geben muss man lediglich auf die Abgrenzung von Variablennamen, wie wir bereits gesehen haben.

```
mars# jahr=2002 ; monat=April ; tag=23
mars# datum=der${tag}ste${monat}${jahr}
mars# echo $datum
der23steApril2002
```

Die Länge eines Strings

Nur Korn-Shell und Bash besitzen eine eigene Syntax, um die Länge eines Strings zu ermitteln. In der Bourne-Shell muss man auf awk zurückgreifen.

Korn-Shell und Bash

```
${#variable}
```

```
mars# text="Ulrike Mayer"
mars# echo ${#text}
12
```

Die Länge des ersten Positions-Parameters (s. 2.27) `$1` ist entsprechend `${#1}`.

Bourne-Shell

```
laenge=`echo $text | awk '{print length($0)}'`
```

Das gesamte awk-Kommando muss in Anführungszeichen und der awk-Befehl `print` in geschweiften Klammern stehen. $0 enthält den übergebenen String. Mehr zu awk am Ende dieses Kapitels.

```
mars# wort="abcdefghij"
mars# echo $wort | awk '{print length($0)}'
10
```

Teil-Strings extrahieren, ersetzen oder löschen

Häufig benötigt man ein bestimmtes Stück einer Zeichenkette, die in einer Variablen gespeichert ist, z.B. um aus einem alten Dateinamen einen neuen zu erstellen. Wie gehen wir vor?

Bash

Lediglich die Bash verfügt (ab Version 2.0) über eine vernünftige Syntax für dieses simple Problem. Um aus einer Variablen ein Teilstück der Länge `len` ab einer bestimmten Position `start` herauszukopieren, schreibt man:

```
${variable:start:len}
${variable:start}
```

```
mars# text="abcdefghi"
mars# teil=${text:2:4}
mars# echo $teil
cdef
```

Berücksichtigen Sie bei der Positionsangabe, dass hier bei 0 gestartet wird. Wird *len* weggelassen, erhält man die Variable ab Position *start* bis zum Ende.

Ganz ähnlich kann man vorgehen, wenn man einen Teil aus der ursprünglichen Variablen entfernen möchte.

```
mars# text="abcdefghi"
mars# text=${text:0:2}${text:6}
mars# echo $text
abghi

mars# text="abcdefghi"
mars# text=${text:0:2}CDEF${text:6}
abCDEFghi
```

Korn-Shell

In der Korn-Shell weicht man entweder auf externe Tools aus, wie es unten für die Bourne-Shell gezeigt wird, oder man verwendet recht umständliche, dafür aber shellinterne Konstruktionen.

Die Korn-Shell (und nur sie) verfügt über die Möglichkeit, Variablen zu deklarieren, die Zeichenketten lediglich bis zu einer vorher festgelegten Länge aufnehmen können. Ist der zu speichernde String zu lang, wird er – je nach Variablen-Typ – links oder rechts abgeschnitten. Über den Befehl `typeset` können solche Variablen deklariert werden.

```
typeset -Ln var          Variable der Länge n, linksbündig
typeset -Rn var          Variable der Länge n, rechtsbündig
```

Mit Hilfe dieser Variablen kann man nun Teilstücke von Zeichenketten extrahieren, löschen oder ersetzen.

```
mars# text=abcdefghi
mars# typeset -L6 text
mars# echo $text
abcdef
mars# typeset -R4 text
mars# echo $text
cdef

mars# text=abcdefghi
mars# typeset -L2 teil1
mars# teil1=$text                # ab
mars# typeset -R3 teil2
mars# teil2=$text                # ghi
mars# neu=$teil1"CDEF"$teil2     # abCDEFghi
```

Korn-Shell und Bash

Korn-Shell und Bash besitzen außerdem folgende, recht gewöhnungsbedürftige Funktionen, mit denen man bestimmte Muster aus einem String entfernen kann.

Funktion	Bedeutung
${variable%muster}	entfernt **rechts** kleinstes passendes Stück
${variable%%muster}	entfernt **rechts** größtes passendes Stück
${variable#muster}	entfernt **links** kleinstes passendes Stück
${variable##muster}	entfernt **links** größtes passendes Stück

Tabelle 2.6: Stringbearbeitungsfunktionen von ksh und bash

Metazeichen	Bedeutung
*	beliebige Zeichenkette
?	genau ein beliebiges Zeichen
[gruppe]	genau ein Zeichen aus der angegebenen Gruppe

Tabelle 2.7: Metazeichen für Zeichenketten-Muster

Das Wort "entfernt" in der ersten Tabelle bezieht sich wieder auf den resultierenden String; die Original-Variable bleibt unversehrt. Möchte man die ursprüngliche Variable verändern, muss man das Ergebnis der Operation an sie zurückgeben. Die möglichen Metazeichen zur Bildung von Mustern kennen wir bereits von der Dateinamen-Expansion her; hier gelten sie für normale Zeichenketten.

Diese Konstruktionen sind vor allem für den Umgang mit Dateinamen gedacht. So können Sie von einer vollen Pfadangabe auf diese Art geschickt den eigentlichen Pfad einerseits und den Dateinamen andererseits entfernen:

```
mars# name="/var/data/docs/overview.html"
mars# echo Pfad: ${name%/*}
Pfad: /var/data/docs
mars# echo Datei: ${name##*/}
Datei: overview.html
```

Die schöne Bash-Funktion `${var:pos:len}` kann man auf diese Weise leider nicht nachbilden. Immerhin ist es aber möglich, links oder rechts eine bestimmte Anzahl von Stellen abzuschneiden:

```
echo ${variable#?????}      schneidet links 5 Stellen ab
echo ${variable%?????}      schneidet rechts 5 Stellen ab
variable=${variable%?????}  veraendert die urspruengliche Variable
```

Bourne-Shell

Die Bourne-Shell verfügt nicht über spezielle Stringverarbeitungsfunktionen. Man weicht daher auf die UNIX-Tools `awk`, `sed`, `cut` und `tr` aus. Selbstverständlich können Sie dies auch in ksh und bash tun; externe Tools aufzurufen bedeutet aber auch immer eine erhöhte Laufzeit Ihres Skriptes.

awk

Um aus einem String ein Stück der Länge `len` ab einer Startposition `start` zu extrahieren, schreiben wir:

```
awk '{print substr($0,start,len)}'
teil=`echo $text | awk '{print substr($0,start,len)}'`
```

```
mars# wort="abcdefghij"
mars# echo $text | awk '{print substr($0,4,2)}'
de
```

Um ab einer Startposition den gesamten restlichen Teil zu erhalten, schreibt man:

```
awk '{print substr($0,start)}'
```

Um ein Teilstück `old` durch `new` zu ersetzen:

```
awk '{print gsub(old, new, $0)}'
newtext=`echo $text | awk '{print gsub(old, new, $0)}'`
```

cut

Mit Hilfe des UNIX-Kommandos `cut` kann man einzelne Zeichen (Option `-c`) oder Felder (Option `-f` mit Trenner `-d`) eines Strings extrahieren.

```
cut -c liste
teil=`echo $string | cut -c liste`
cut -f [-d char] liste
```

Wir interessieren uns hier für das Extrahieren von Zeichen. In `liste` geben wir entweder eine kommaseparierte Liste von Positionen oder einen Bereich an.

```
mars# text="abcd efgh:ijkl"
mars# echo $text | cut -c 3-6
cd e
mars# echo $text | cut -c 1,6,8
aeg
```

tr

Mit dem UNIX-Befehl `tr` kann man *einzelne* Zeichen innerhalb von Strings durch andere ersetzen oder löschen.

```
tr 'gruppe1' 'gruppe2'
tr -d 'gruppe'
```

`tr` liest einen String von `stdin` und ersetzt jedes Zeichen, das in der ersten Gruppe vorkommt, durch das Zeichen an der gleichen Position innerhalb der zweiten Gruppe. Wird die Option `-d` verwendet, löscht es alle angegebenen Zeichen.

```
mars# text=abcdefghij
mars# echo $text | tr 'a-z' 'A-Z'
ABCDEFGHIJ
mars# echo $text | tr -d  'ace'
bdfghij
```

sed

`sed` ist ein mächtiges Tool, das auf ganze Texte angewendet werden kann, um aus diesen bestimmte Teile herauszukopieren, zu löschen oder zu ersetzen. Auch `sed` wird im Rahmen der wichtigsten UNIX-Tools in Kapitel 4 ausführlich besprochen. Hier sehen Sie, wie man mit `sed` einzelne Zeichenketten verarbeiten kann.

```
echo $string | sed 's/old/new/g'
str=`echo $string | sed 's/old/new/g'`
echo $string | sed 's/old//g'
```

Man kann also ein Teilstück `old` durch einen String `new` ersetzen (`s` für „substitute"). Ohne Angabe von `new` wird das Teilstück gelöscht. Das Suffix `g` (global) sorgt dafür, dass bei mehrmaligem Vorkommen von `old` auch wirklich alle Teile ersetzt werden.

```
mars# text=abcdefghij
mars# echo $text | sed 's/cde/-----/g'
ab-----fghij
```

Statt eines festen Strings `old` kann in `sed` auch eine so genannte Regular Expression angegeben werden, ein nach bestimmten Regeln gebildetes Muster für Zeichenketten. Auch hierzu mehr bei der Besprechung der Kommandos `grep` und `sed`.

Worte oder Felder extrahieren

Zum Extrahieren einzelner Worte oder Felder aus Zeichenketten kann man nicht wie oben gezeigt vorgehen, da man normalerweise nicht weiß, welche Länge die Worte besitzen. Stattdessen muss der String nach Trennzeichen durchsucht werden. Wir zeigen hier die Lösung dieses Problems über `cut` und `awk`. In Abschnitt 2.27 werden wir sehen, wie wir über den shellinternen Befehl `set` das Gleiche erreichen können.

```
cut [-f] [-d char] liste
wort=`echo $string | cut [-f] [-d char] liste`
```

Die Option `-f` steht für "field"; hinter `-d` wird das gewünschte Trennzeichen angegeben.

```
mars# text="abcd efgh:ijkl"
mars# echo $text | cut -d " " -f 2
efgh:ijkl
mars# echo $text | cut -d ":" -f 2
ijkl
```

Bei der Trennung in Felder muss man allerdings sicher sein, dass jeweils genau ein Trennzeichen zwischen den Feldern steht. Toleranter ist da `awk` – zumindest solange man den ursprünglichen Trenner (beliebiger Leerraum) nicht verändert.

```
awk '{print $n}'
awk -F char '{print $n}'
wort=`echo $string | awk '{print $n}'`
```

```
mars# text="abcd efgh:ijkl"
mars# echo $text | awk '{print $2}'
efgh:ijkl
```

Zeichenketten auf Muster testen

Sie werden sich wahrscheinlich die Frage stellen, wie man z.B. Benutzer-Eingaben oder Dateinamen auf bestimmte Muster testet, beispielsweise ob es sich um eine Zahl oder um ein korrektes Datum handelt. Dieses Thema werden wir ebenfalls ausgiebig erörtern, es scheint jedoch sinnvoller, es erst später im Rahmen von `if`-Konstruktionen in Abschnitt 2.15 zu besprechen.

Brace-Expansion der Bash

Die Bash (und nur sie) besitzt die Fähigkeit, Strings aus einem Muster zu generieren. Wir hatten diese Form von Alternativ-Mustern bereits bei der Dateinamen-Expansion kennen gelernt.

```
string1{alt1,alt2,alt3}string2
```

Diese Syntax erzeugt drei Worte der Form `string1alt1string2` `string1alt1string2` und `string1alt1string2`. Die Teile vor und hinter der Klammer werden also mit den Alternativen innerhalb der Klammer kombiniert.

Wenn Metazeichen wie * ? und `[]` in der Klammer vorkommen, werden sie einfach unverändert in die entstehenden Strings übernommen. Erst wenn im nächsten Schritt die Dateinamen-Erweiterung stattfindet, werden die Metazeichen interpretiert.

Stringverarbeitung mit awk

`awk` ist wohl das mächtigste aller UNIX-Tools, man könnte es auch als eigene Programmiersprache bezeichnen. Wie `expr`, `tr`, `cut` und `sed` ist es von der verwendeten Shell unabhängig, steht also immer zur Verfügung. `awk` bietet eine ganze Reihe von Funktionen, von denen wir bereits einige kennen gelernt haben. Hier noch einmal alle Stringfunktionen im Überblick.

```
echo string | awk '{print string_funktion($0)}'
```

`$0` beinhaltet den übergebenen String.

Funktion	Bedeutung
length (string)	Länge eines Strings
index (string, substr)	Position, ab der ein Substring enthalten ist
substr(string, start, [len])	Liefert Teilstück der Länge `len`, startend bei `start`
gsub(old, new, string)	Ersetzt `old` durch `new`
sub(old, new, string)	Ersetzt erstes Vorkommen von `old` durch `new`
match(string, regexp)	Testet, ob `regexp` enthalten ist
split(string, array, sep)	Splittet einen String in einzelne Felder auf und liefert sie an ein Array
tolower string	Liefert String in Kleinbuchstaben
toupper string	Liefert String in Großbuchstaben

Tabelle 2.8: String-Funktionen in awk

2.11 Arrays

Korn-Shell und Bash

Sie benötigen Arrays, auch Feldvariablen genannt, um mehrere Werte gleicher Art in einer einzigen Variablen zu speichern. Es gibt sie nur in Korn-Shell und Bash, nicht aber in der Bourne-Shell. Die einzelnen Werte stehen in so genannten Feldern, die Sie über eine Nummer, man sagt "einen Index" ansprechen können.

Der wichtigste Unterschied zwischen einem Array und einer Anzahl von einzelnen Variablen ist der, dass man alle Werte eines Arrays in einer Schleife verarbeiten kann, indem man den Index von 0 bis zu seinem Maximalwert laufen lässt.

- ❏ array[n]=wert — Zuweisung
- ❏ set -A *array wert1 wert2 wert3* ... — ksh: Zuweisung einer Liste von Werten.
- ❏ *array*=(*wert1 wert2 wert3* ...) — bash: Zuweisung einer Liste von Werten.
- ❏ typeset -i arr1 — Typ Integer für Array-Elemente festlegen.
- ❏ echo ${array[*n*]} — Zugriff auf ein Element.
- ❏ echo ${array[*]} — Alle Elemente auslesen.
- ❏ set -A *arr2* ${*arr1*[*]} — ksh: Array kopieren.
- ❏ arr2=(${arr1[*]}) — bash: Array kopieren.
- ❏ unset *array* — Array löschen.
- ❏ ${#arr[*]} — Anzahl der Elemente.
- ❏ ${#arr[*n*]} — Länge eines Elements.

Arrays belegen

```
array[n]=wert
```

Um einen Wert in ein Array-Feld zu schreiben, geben Sie den Index des Feldes in eckigen Klammern an.

```
hosts[0]="mars"
hosts[1]="luna"
```

VORSICHT

Ein Array und eine normale Variable dürfen nicht den gleichen Namen besitzen. Sobald ein Array `var` durch die Zuweisung `var[n]=wert` gebildet wird, interpretiert die Shell die normale Variable `var` als var[0].

Arrays dürfen "Löcher" enthalten. Es müssen also nicht alle Indizes lückenlos belegt werden.

Arrays sind immer eindimensional. Die Shell kennt keine mehrdimensionalen Arrays.

Unterschiede zwischen ksh und bash

Die Indizes dürfen von 0 bis zu einem maximalen Wert laufen. Dieser Wert und damit die maximale Anzahl von Elementen ist in der Bash praktisch beliebig, bei der Korn-Shell jedoch von Version zu Version unterschiedlich (z.B. 512, 1024, 4096).

Um mit einem einzigen Befehl eine ganze Liste von Werten in einem Array zu speichern, schreibt man

in der Korn-Shell:

```
set -A array wert1 wert2 wert3 ...
z.B.
set -A hosts mars luna jupiter
```

und in der Bash:

```
array=(wert1 wert2 wert3 ...)
z.B.
hosts=(mars luna jupiter)
oder
hosts=( [1]=mars luna jupiter)
```

Normalerweise beginnt der Index in automatischen Zuweisungen bei `0`.

In der Bash (und nur dort) ist es jedoch möglich, über den Präfix `[n]=` einen bestimmten Index anzugeben. Nachfolgende Werte landen in den darauf folgenden Indizes.

Arrays deklarieren

Ein Array muss nicht deklariert, das heißt, vor seiner Verwendung bekannt gegeben werden. Man kann dies aber tun, wenn man den Typ der Werte innerhalb des Arrays als Integer oder Readonly festlegen möchte. In diesem Fall verwendet man den `typeset`-Befehl.

```
typeset -i arr1
typeset -r arr2
```

Der deklarierte Typ gilt für alle Elemente des Arrays.

Bash

Nur in der Bash gibt es auch die Möglichkeit, über `typeset -a arr` ein Array ohne spezielle Variablen-Typen zu deklarieren, was aber definitiv nicht nötig ist, da Arrays automatisch erstellt werden.

Auf Arrays zugreifen

```
echo ${array[n]}
```

Bei einem Zugriff auf einzelne Elemente eines Arrays müssen Sie Name und Index in eine geschweifte Klammer einschließen. Ohne {} würde die Shell die eckigen Klammern im Sinne einer Dateinamen-Expansion interpretieren ([] für Zeichengruppen).

```
mars# echo ${hosts[1]}
luna
mars# echo ${hosts[0]}
mars
```

Um alle Werte auf einmal zu erhalten, kann ein * oder ein @ anstelle des Indexes angegeben werden.

```
echo ${array[*]}
```

Es gibt nur einen minimalen Unterschied zwischen * und @, der sich ausschließlich innerhalb von Double Quotes zeigt. Während bei Verwendung von * in Double Quotes ein einziges Wort entsteht, das alle Elemente enthält, bildet @ aus jedem Element ein eigenes Wort, sodass eine Liste von Wörtern entsteht. Mehr dazu bei der Behandlung von Positionsparametern in 2.27.

```
mars# echo ${hosts[*]}
mars luna jupiter
```

Arrays kopieren

Arrays können nicht durch einfache Zuweisung mit "=" kopiert werden. Stattdessen müssen Sie dem neuen Array explizit die Ausgabe des anderen zuweisen.

Korn-Shell

```
set -A arr2 ${arr1[*]}
```

Bash

```
arr2=(${arr1[*]})
```

Arrays löschen

Um Arrays wieder zu entfernen und den belegten Speicherplatz wieder freizugeben, verwendet man einfach den Befehl `unset`.

```
unset array
```

Man kann auch einzelne Elemente aus einem Array herauslöschen:

```
unset arr[n]
```

Länge eines Arrays

Die Länge eines Arrays, was so viel heißt wie die Anzahl der belegten Felder, erhält man über:

```
${#arr[*]}
mars# echo ${#hosts[*]}
3
```

Es spielt keine Rolle, welche Indizes belegt wurden. Ist also z.B. lediglich `arr[100]` besetzt, wird 1 als Länge ausgegeben und nicht 100.

Die Länge eines einzelnen Elementes erhält man, indem man statt * den entsprechenden konkreten Index angibt.

```
${#arr[n]}
```

Strings in Arrays

Die Konstrukte ${*variable#muster*}, ${*variable##muster*}, ${*variable%muster*}, ${*variable%%muster*} und (nur in der Bash:) ${*variable*:*start*:*len*} können so, wie Sie sie bereits kennen, auch auf einzelne Array-Elemente angewendet werden.

```
mars# echo ${hosts[2]#??}
piter
```

Die Bash hat zusätzliche Funktionalitäten für die Pseudo-Indizes * und @ implementiert:

Nur Bash

```
${arr[*]#muster}
```

liefert alle Elemente des Arrays, nachdem die entsprechende Zeichenketten-Operation für jedes einzelne Element ausgeführt wurde. Statt # kann jeweils auch ##, % oder %% stehen. Statt * kann auch @ benutzt werden.

```
${arr[*]:start:len}
```

führt keine String-Operation aus, sondern liefert den angegebenen Bereich des Arrays, d.h. eine Anzahl von *len* Elementen ab dem Index *start*.

```
mars# echo ${hosts[*]:1:2}
luna jupiter
```

Arrays in Schleifen

Auch wenn Schleifen erst später behandelt werden, sei hier kurz gezeigt, wie Arrays mit Hilfe der beiden wichtigsten Schleifen-Typen verarbeitet werden. Es ist gerade die Fähigkeit, gut mit Schleifen zu harmonieren, die Arrays gegenüber einem Satz von einzelnen Variablen auszeichnet.

```
for var in ${array[*]}
do
  echo "Feld: $var"
done
```

```
typeset -i i=0
while (( i < 10 ))
do
  echo "Feld Nr $i: ${array[$i]}"
  i=i+1
done
```

Wie Sie sehen, kann man über eine `for`-Schleife alle Elemente eines Arrays einzeln ansprechen, ohne dass man die Anzahl der Elemente kennen muss.

2.12 Kommando-Substitution

Die Kommando-Substitution ist eines der raffiniertesten Features der Shell-Skript-Programmierung. Mit ihrer Hilfe können Sie das Ergebnis eines Befehls in einer Variablen speichern, anstatt es auf dem Bildschirm oder in eine Datei auszugeben.

- var=\`cmd\` — Ausgabe eines Befehls in Variable speichern.
- grep error \`cmd\` — Ausgabe eines Befehls in Kommando verwenden.

Ergebnisse speichern

```
datum=`date`
```

Immer wenn Sie einen Ausdruck in rückwärts gerichtete Anführungszeichen setzen, sog. Backticks, wird er von der Shell als Befehl interpretiert. Dieser Befehl wird ausgeführt und sein Ergebnis zurückgeliefert, sodass es in einer Variablen gespeichert werden kann. Der Befehl darf beliebig komplex sein.

```
line15=`head -15 file.log | tail -1`
errors=`cat data_mo data_di data_mi > data.tmp ; \
        sort -u data.tmp | grep error`
```

Im ersten Beispiel filtern wir Zeile 15 aus einer Logdatei heraus, im zweiten hängen wir drei Tages-Dateien aneinander, sortieren sie eindeutig und isolieren die enthaltenen Fehlerzeilen.

Wenn Sie Shell-Skripte für die System-Administration schreiben, werden Sie die Kommando-Substitution exzessiv verwenden. Sie ist eines unserer mächtigsten Mittel, eine Art Klebstoff, mit dem wir die verschiedensten UNIX-Befehle in unsere Skripte einbinden können.

Hier ein typischer Block aus einem Skript, das den Zustand eines Rechners festhält.

```
#!/bin/ksh
# status_report

datum=`date`
rechner=`hostname`
os=`uname -s`
ip_addr=`grep $rechner /etc/hosts | awk '{print $1}'`
# ...
# Hier wuerden Befehle folgen, die CPU, Festplatte
# und Memory betreffen
# ...
echo "Statusbericht      $datum"
echo "Rechner: $rechner     OS: $os    IP: $ip_addr"
echo "=============================================="
```

```
mars# ./status_report
Statusbericht      Sun Feb 17 14:33:32 MET 2002
Rechner: louis     OS: Linux    IP: 192.47.17.9
===============================================
```

Ergebnisse verwenden

Bisher haben wir die von den Befehlen gelieferten Ergebnisse immer in Variablen abgespeichert. Der Mechanismus der Kommando-Substitution ist jedoch allgemeinerer Natur. Wo auch immer Backticks auftauchen, wird stattdessen die Rückgabe des entsprechenden Befehls eingesetzt.

```
echo "Datum: `date`   Jahrestag: `date +'%j'`"
grep `date +'%D'` file.log
```

Oben werden aktuelles Datum und Jahrestag ausgegeben. Darunter werden alle Zeilen des aktuellen Tages aus einer Logdatei herausgefiltert.

Die Kommando-Substitution wird ebenso wie Variablen-Interpolation und Dateinamen-Expansion *vor* der eigentlichen Ausführung des Befehls durchgeführt. Innerhalb von " " wird die besondere Bedeutung von ` ` erkannt. `set -x` zeigt das Ergebnis einer Zeile nach allen drei Ersetzungen.

WICHTIG

Bei der Kommando-Substitution wird nur die Standardausgabe des Befehls geliefert, eventuelle Fehlermeldungen erhält man nicht.

Möchte man zwei Kommando-Substitutionen ineinander schachteln, muss man die inneren Backtics durch \ vor der Interpretation der ersten Shell schützen.

```
` befehl \`befehl\` `
```

$(...)-Syntax

Korn-Shell und Bash

Korn-Shell und Bash verstehen die in diesem Kapitel vorgestellte Syntax tadellos. Aber vielleicht ist Ihnen auch schon aufgefallen, dass die Verwendung dreier verschiedener Anführungszeichen recht verwirrend sein kann, zumal `` eine völlig andere Bedeutung hat als '' und "". Deshalb bieten ksh und bash eine alternative Syntax für die Kommando-Substitution an.

```
datum=$(date)
grep $(date +'%D') file.log
```

Von Vorteil ist sicher die bessere Lesbarkeit, von Nachteil allerdings die fehlende Kompatibilität zur sh und die zusätzliche Syntax, die man sich merken muss.

Nur Korn-Shell

Nur in der Korn-Shell gibt es eine spezielle Variante für die Substitution `` `cat datei` ``, die den Inhalt einer Datei zurückgibt:

```
var=$(<datei)
```

2.13 Variablen exportieren

Variablen, die Sie in Ihrem Skript definieren, sind in der Regel nur innerhalb desselben gültig. Nach Beendigung des Skriptes werden sie wieder verworfen. Wir werden uns in diesem Abschnitt detailliert mit dem Geltungsbereich von Variablen befassen. Sie lernen, wie man Variablen in Subshells exportiert und erfahren, wie man Variablen zwischen verschiedenen Skripten überträgt.

- Ein Shell-Skript wird normalerweise in einer eigenen Subshell ausgeführt.
- Selbst definierte Variablen sind zunächst nur in der aktuellen Shell sichtbar.
- Exportierte Variablen sind auch in allen Subshells sichtbar.

- ❏ export var — Exportieren (Globalisieren) einer Variablen.
- ❏ env — Alle exportierten Variablen anzeigen.
- ❏ Variablen können nicht in die übergeordnete Shell exportiert werden.
- ❏ . myscript — Das Öffnen einer Subshell vermeiden.

Der Geltungsbereich von Variablen

Bezüglich ihres Geltungsbereiches kann man drei Arten von Variablen unterscheiden: Umgebungs-Variablen, einfache benutzerdefinierte Variablen und exportierte Variablen.

Ungebungsvariablen werden immer wieder automatisch neu gesetzt, wenn eine neue Shell startet. Jede Shell verfügt daher über Variablen wie `$HOME`, `$PATH`, `$SHELL`, usw.

Benutzerdefinierte Variablen werden in einer bestimmten Shell durch eine Zuweisung *`var=wert`* definiert und sind zunächst nur in dieser Shell gültig. Wird eine neue Shell, z.B. ein neues Skript gestartet, sind die Variablen dort nicht zu sehen.

Exportierte Variablen sind Variablen, die man in neue Shells übertragen möchte und diesbezüglich gekennzeichnet hat. Beim Start einer neuen Shell werden sie von der alten Shell übernommen. Um eine Variable zu exportieren, verwendet man den Befehl `export`.

```
export var
```

Was bedeutet das für die Programmierung von Shell-Skripten?

- ❏ In unserem Skript existieren Variablen, die wir nicht selbst definiert haben. Es handelt sich teils um Umgebungsvariablen, die beim Start automatisch von der Shell gesetzt wurden, und teils um Variablen, die aus der Vater-Shell in unser Skript exportiert wurden.

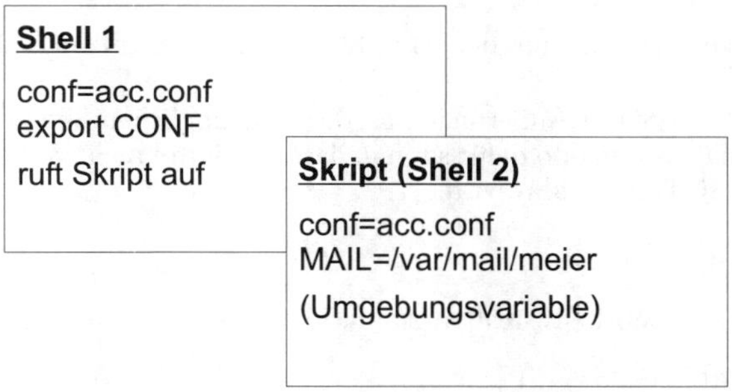

Abbildung 2.9: Umgebungsvariablen

- ❏ Wenn wir aus einem Skript heraus ein weiteres Skript aufrufen, müssen wir diejenigen Variablen des ersten Skripts exportieren, die im zweiten Skript benötigt werden.

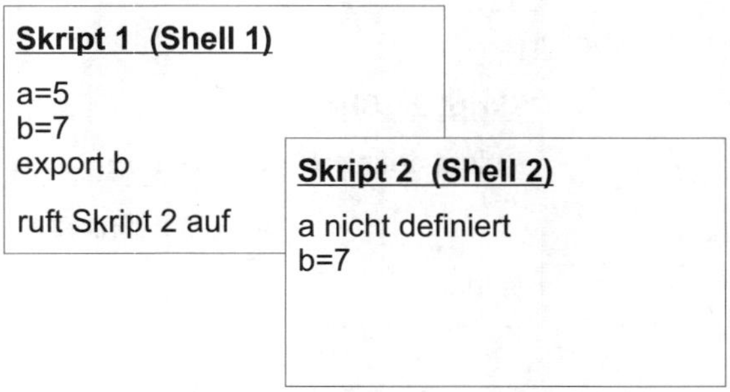

Abbildung 2.10: Variablen-Export

- Eine Subshell, die durch die Gruppierung `(...)` von Befehlen oder die Auswertung einer Kommando-Substitution `` `...` `` geöffnet wird, entsteht aus einer Kopie der Vatershell. Hier sind *alle* Variablen der Eltern-Shell auch ohne Export sichtbar.
- Wir können in einem Skript normalerweise keine Änderungen an Variablen durchführen, die auch nach dem Ende des Skriptes gültig bleiben. Der Export funktioniert nur in eine Richtung. Nach dem Ende des Skriptes werden normale Variablen verworfen, exportierte Variablen besitzen in der Vater-Shell wieder ihren alten Wert.

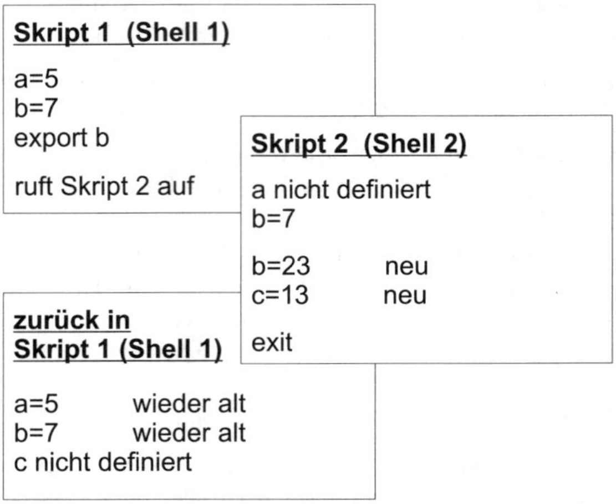

Abbildung 2.11: Keine Veränderung in der Eltern-Shell

- Diese Unmöglichkeit, Variablen in der Vater-Shell zu ändern, gilt auch für Subshells, die durch `(...)` und `` `...` `` entstehen.
- Um dennoch über ein Skript Änderungen an der ursprünglichen Shell durchführen zu können, muss man mit dem Punkt-Kommando dafür sorgen, dass das Skript nicht von einer Subshell, sondern direkt von der aktuellen Shell ausgeführt wird.

Variablen exportieren

Um eine Variable auch in Subshells sichtbar zu machen, müssen Sie sie exportieren.

```
export var [ var2 var3 ... ]
```

Der `export`-Befehl setzt für die betroffene Variable ein Flag, das sie als "zu exportierend" markiert. Dieses Flag vererbt sich an alle sukzessiven Subshells. Eine Variable wird also an weitere Subshells exportiert, ohne dass man erneut `export` aufrufen muss.

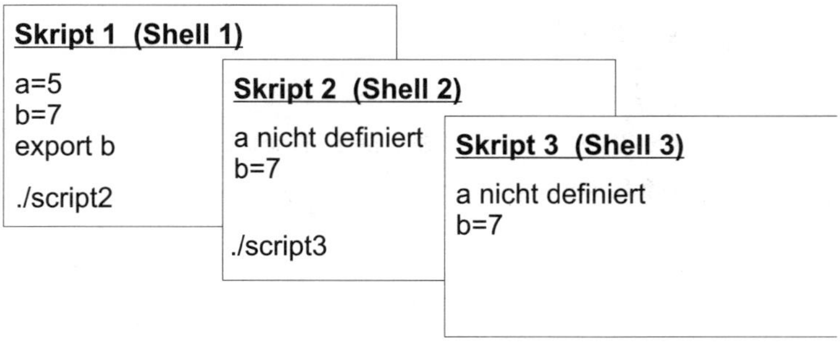

Abbildung 2.12: Das Export-Flag bleibt gesetzt

Korn-Shell und Bash

In der Bourne-Shell müssen Sie Zuweisung und Export trennen, in Korn-Shell und Bash können Sie beides zusammenfassen.

```
var=17 ; export var                    # sh, ksh, bash
export var=17                          # nur ksh, bash
```

In Korn-Shell und Bash gibt es neben `export` noch den Befehl `typeset`, mit dem man ebenfalls Variablen exportieren kann. `typeset` ist ein Allround-Befehl, der Attribute von Variablen setzt oder entfernt. Um Variablen zu exportieren, verwendet man die Option `-x`:

```
typeset -x var [ var2 var3 ... ]
```

oder

```
typeset -x var=val [ var2=val2 ... ]
```

In Korn-Shell und Bash ist es auch möglich, das export-Flag wieder zu entfernen, was man allerdings kaum jemals benötigt. Die Bourne-Shell kann das nicht.

```
typeset  +x var [ var2 var3 ]
```

Umgebungsvariablen

Unterschiede zwischen sh, ksh und bash

Umgebungsvariablen werden bei jedem Aufruf einer neuen Shell wieder neu erzeugt. Zusätzlich werden sie in der Korn-Shell und der Bash automatisch exportiert, in der Bourne-Shell nicht.

In der Bourne-Shell muss man veränderte Umgebungsvariablen explizit exportieren, wenn ihr Wert in eine neue Shell übernommen werden soll. Nehmen wir z.B. die Variable `Mail`, in der die Maildatei des Benutzers steht. Wenn wir diese verändern und anschließend eine neue Shell aufrufen, ist sie wieder auf den alten Wert zurückgesetzt.

```
mars# sh
mars# echo $MAIL
/var/mail/root
mars# MAIL=/var/mail/ditchen
mars#
mars# sh
mars# echo $MAIL
/var/mail/root
```

Wir müssen sie exportieren!

```
mars# sh
mars# echo $MAIL
/var/mail/root
mars# MAIL=/var/mail/ditchen
mars# export MAIL
mars#
mars# sh
mars# echo $MAIL
/var/mail/ditchen
```

Dieses Mal funktioniert es, da zunächst die Umgebungsvariablen und anschließend die exportierten Variablen gesetzt werden, sodass Erstere von Letzteren überschrieben werden.

Um dieses verwirrende Spielchen zu vereinfachen, sind in Korn-Shell und Bash vorsorglich alle Umgebungsvariablen als "zu exportieren" markiert. Hier werden sie zwar auch immer wieder neu gesetzt, werden aber sofort durch die exportierten Varianten aus der Vater-Shell überschrieben.

```
mars# ksh
mars# echo $MAIL
/var/mail/root
mars# MAIL=/var/mail/ditchen
mars#
mars# ksh
mars# echo $MAIL
/var/mail/ditchen
```

WICHTIG

Umgebungsvariablen werden normalerweise in Großbuchstaben geschrieben.

Sie können selbst Umgebungsvariablen definieren, indem Sie die entsprechende Zuweisung *vor* den Aufruf der Shell oder eines Programms setzen.

```
X=15 sh
X=15 Y=27 script
```

Durch diese Syntax erreichen Sie, dass X und Y in die Liste der Umgebungsvariablen aufgenommen werden. Sie werden automatisch in allen Shells gesetzt, die vom aufgerufen Skript aus gestartet werden. In ksh und bash werden sie wieder als exportierte Variablen gekennzeichnet, in sh nicht.

Exportierte Variablen anzeigen

Mit dem Befehl `env` erhalten Sie die aktuelle Umgebung aufgelistet. Sie setzt sich aus den automatisch erstellten Umgebungsvariablen und den exportierten Variablen zusammen.

```
env
```

Zur Erinnerung: `set` liefert eine Auflistung *aller* Variablen.

```
mars# a=3 ; b=5 ; x=7 ; y=9
mars# export a b
mars#
mars# env | sort
HOME=/
HZ=100
IFS=
LOGNAME=root
MAIL=/var/mail/root
MAILCHECK=600
MANPATH=/usr/share/man:/usr/dt/man:/usr/openwin/share/man
OPTIND=1
PATH=/usr/sbin:/usr/bin:/usr/dt/bin:.
PWD=/scripts/kap2.6
```

```
SHELL=/bin/ksh
TERM=AT386
TZ=MET
_=/usr/bin/sh
a=3
b=5
```

```
mars# set | sort
HOME=/
HZ=100
IFS=
LOGNAME=root
MAIL=/var/mail/root
MAILCHECK=600
MANPATH=/usr/share/man:/usr/dt/man:/usr/openwin/share/man
OPTIND=1
PATH=/usr/sbin:/usr/bin:/usr/dt/bin:.
PWD=/scripts/kap2.6
SHELL=/bin/ksh
TERM=AT386
TZ=MET
_=/usr/bin/sh
a=3
b=5
x=7
y=9
```

Unterschiede zwischen sh, ksh und bash

Mit dem Befehl `export` (ohne Argumente) erhalten wir nur die exportierten Variablen. In ksh und bash sind darin immer auch die Umgebungsvariablen enthalten, da diese automatisch exportiert sind.

```
export
```

Korn-Shell und Bash

In Korn-Shell und Bash kann man alternativ zu `export` wieder den Befehl `typeset -x` verwenden, dieses Mal aber ohne Argumente.

```
typeset -x
```

Das Punkt-Kommando

Wollen wir unbedingt Variablen einer Shell über ein Skript ändern, müssen wir dafür sorgen, dass das Skript von der aktuellen Shell ausgeführt wird statt von einer Subshell.

```
. script
```

Konfigurations-Dateien

Eine typische Anwendung für diesen Fall ist das Einlesen von Konfigurations-Dateien. Soll ein Skript unter unterschiedlichen Bedingungen oder auf unterschiedlichen Systemen laufen, empfiehlt es sich oft, Variablen-Zuweisungen getrennt vom eigentlichen Skript in einer Konfigurations-Datei vorzunehmen.

Diese müssen dann in der aktuellen Shell des Skriptes eingelesen werden, da eine zusätzliche Subshell bei ihrem Ende alle Variablen wieder verwerfen würde.

```
#!/usr/bin/ksh
# myscript
#
# Config-Datei einlesen
. myscript.conf

# Start des eigentlichen Skriptes
echo $level $srclang $destlang
```

```
# myscript.conf
# Config-Datei zu myscript
level=2              # Schwierigkeitsgrad
lang=fr              # Sprache des Quell-Textes
destlang=de          # Sprache des zu erstellenden Textes

mars# ./myscript
2 fr de
```

Bitte verwechseln Sie die hier vorgestellte Methode, Variablen der Vater-Shell zu beeinflussen, nicht mit der Fragestellung, wie man Daten an die Vater-Shell zurückgeben kann.

WICHTIG

Um Daten aus einem Programm heraus an ein übergeordnetes Skript zurückzugeben, werden Kommando-Substitution oder temporäre Dateien verwendet.

Übersicht über den Variablen-Export

Aufruf-Methode	Variablen der ursprünglichen Shell sichtbar?	Variablen der ursprünglichen Shell veränderbar?
. script	alle	alle
(...) oder \`...\`	alle	keine
script oder `shell` script	nur exportierte	keine

Tabelle 2.9: Variablen-Export

2.14 Die if-Verzweigung

Immer wenn wir eine Bedingung testen, wie die Existenz eines Dateinamens, die Korrektheit einer Zeichenkette oder den Erfolg eines Befehles, möchten wir in Abhängigkeit vom Testergebnis bestimmte Aktionen durchführen. Genau zu diesem Zweck wurde die `if`-Verzweigung geschaffen. In diesem Kapitel widmen wir uns zunächst vor allem der richtigen Anwendung der `if`-Konstruktion, in den folgenden Kapiteln werden wir dann sehen, wie man konkret Zahlen, Zeichenketten, Dateien und den Erfolg von Befehlen testet.

- if: beliebige Bedingungen oder den Erfolg von Befehlen testen.
- if [*bedingung*] ; then *befehl* ; ...; fi
- if [*bedingung*] ; then *befehl* ; else *befehl* ; fi
- if [*bedingung*] ; then *befehl* ; elif [*bedingung*] ; then *befehl* ; else *befehl* ; fi

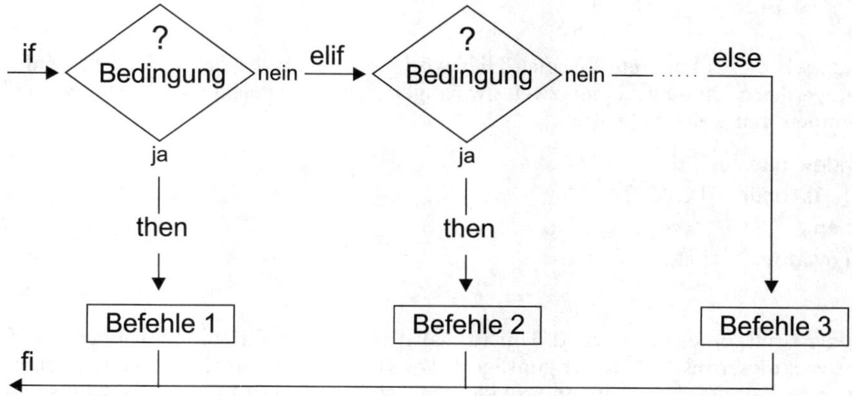

Abbildung 2.13: if-Verzweigung

Die Syntax

Um mit Hilfe einer `if`-Abfrage eine beliebige Bedingung zu testen, schreibt man:

```
if [ bedingung ]
  then
  befehl
  ...
fi

if [ bedingung ]; then befehl ; ... ; fi
```

Die Bedingung beinhaltet dann die eigentliche Abfrage, also den Test nach der Größe einer Zahl, die Korrektheit eines Strings etc.

Genau genommen handelt es sich bei den eckigen Klammern um einen eigenen Befehl, den Befehl `test`. Wenn Sie sich die exakte Syntax der `if`-Konstruktion in den Manpages der Shells ansehen, werden Sie feststellen, dass sie anders lautet, als oben beschrieben, nämlich:

```
if testbefehl
  then
  befehl
  ...
fi
```

Statt der Bedingung in eckigen Klammern haben wir nun einen Testbefehl. `if` ist ursprünglich so konstruiert, dass es den Erfolg eines Befehls überprüft. Das macht Sinn, wenn man bedenkt, dass die Shell in erster Linie ein Kommando-Interface ist und keine Programmiersprache. Mit dem Testen von Befehlen befassen wir uns in Abschnitt 2.17. Um nun beliebige *Bedingungen* zu testen, benutzen wir den Befehl `test` oder seine symbolische Form `[...]`. `test` beendet sich erfolgreich, wenn eine Bedingung wahr ist, und erfolglos, wenn sie falsch ist.

```
if [ $option = "-c" ]
  then
  cp db.dat db.dat.bck
  cp db.idx db.idx.bck
fi
```

Betrachten wir dieses konkrete Beispiel. Hier wird getestet, ob der String `$option` auf `"-c"` gesetzt ist. Wenn ja, werden Sicherheitskopien zweier wichtiger Dateien angelegt. Wenn nein, wird überhaupt nichts unternommen. Ein weiteres Beispiel:

```
stunde=`date +'%H'`
if [ $stunde -lt 18 ]
  then
  provider="firma1"
fi
```

Hier wird geprüft, ob es noch vor 18 Uhr ist. Falls ja, wird die Variable `provider` auf `"firma1"` gesetzt, vielleicht weil dieser bis 18 Uhr der günstigere ist. Wir stellen uns vor, dass dann an einer späteren Stelle im Skript eine Verbindung zu diesem Provider hergestellt wird. Der Operator `-lt` (less than) prüft, ob eine Zahl kleiner als eine andere ist (siehe nächstes Kapitel).

Auf folgende syntaktische Kleinigkeiten müssen Sie achten: Zwischen der Bedingung und `then` muss ein Trennzeichen stehen, also ein Zeilenvorschub oder ein Semikolon. Zwischen `then` und dem ersten Befehl darf ein Zeilenvorschub (muss aber nicht), jedoch kein Semikolon stehen. Zwischen dem letzten Befehl und `fi` muss wieder ein Trenner stehen. Folgende Varianten sind demnach ebenfalls korrekt geschrieben:

```
if [ bedingung ] ; then befehl ; fi
if [ bedingung ] ; then
  befehl
  befehl
fi
```

VORSICHT

Häufig wird der Trenner vor `then` vergessen und fälschlicherweise ein Semikolon hinter `then` eingefügt.

elif und else

Bisher leiten wir nur Aktionen ein, wenn die Bedingung erfüllt ist. Häufig ist es aber auch im negativen Fall sinnvoll, aktiv zu werden. Hier haben Sie zwei Möglichkeiten: mit `elif` prüfen wir eine weitere Bedingung ab und reagieren, wenn diese positiv verläuft; mit `else` legen Sie Aktionen fest für den Fall, dass *keine* Bedingung erfüllt ist.

```
if [ bedingung ]
  then
  befehl
  ...
  elif [ bedingung ]
    then
    befehl
    ...
```

```
    else
    befehl
    ...
  fi
```

Wenn wir unser Beispiel von oben noch einmal aufgreifen, können wir nun den Provider in Abhängigkeit von der Tageszeit noch genauer bestimmen.

```
  stunde=`date +'%H'`
  if [ $stunde -lt 18 ]
    then
    provider="firma1"
    elif [ $stunde -lt 20 ]
      then
      provider="firma2"
    else
    provider="firma3"
  fi
```

- Ist eine Bedingung erfüllt und sind die dazugehörigen Befehle ausgeführt, springt die Shell aus der gesamten `if`-Konstruktion heraus. Weitere `elif`-Zweige und `else` werden nicht mehr geprüft.
- Es dürfen mehrere `elif`-Zweige benutzt werden.
- `else` darf auch ohne `elif` stehen.
- `if`-Abfragen dürfen beliebig ineinander geschachtelt werden.

2.15 Zahlen- und String-Tests

Was genau muss zwischen den eckigen Klammern einer `if`-Anweisung stehen, wenn Sie Zahlen oder Zeichenketten testen wollen? Wie Sie sehen werden, besitzt das `test`-Kommando für alle erdenklichen Prüfungen einen eigenen Operator. Zu viele, haben sich die Erfinder von Korn-Shell und Bash gedacht und wählten einen etwas einfacheren Weg. Wir werden hier beide Konzepte kennen lernen.

if [$zahl –gt 20] ; then ...	Zahlen testen: -eq –ne –lt –gt –le –ge
if (($x == $y)) ; then	Zahlen testen in ksh und bash: (( ))
if ["$string" = "quit"] ; then ...	Strings testen: = != < > -n –z
if [["$a" == "$b"]] ; then ...	Strings testen in ksh und bash: [[ ]]
if [["$a" = "$b" && "$c" = "$d"]]	Logische Operatoren: && || !
if ["$a" = "$b" –a "$c" = "$d"] ...	Logische Operatoren von test: -a –o !
if [["$a" == 20??]] ; then ...	Strings auf Muster testen in ksh und bash.
if echo $eingabe | egrep 'muster' ; then ...	Mustervergleich in der Bourne-Shell.

Unterschiedliche Konzepte

Alle Shells brauchen einen eindeutigen Hinweis, der klärt, ob sie die übergebenen Werte numerisch oder alphabetisch vergleichen sollen. Sie benötigen diese Information deshalb, weil sie alleine anhand der Variablen noch nicht entscheiden können, ob es sich um eine Zahl oder eine Zeichenkette handelt, andererseits die beiden Vergleiche aber unterschiedliche Ergebnisse liefern. So können 4711 und 99 sowohl Zahlen als auch Strings darstellen, numerisch rangiert 4711 natürlich hinter, alphabetisch jedoch vor 99.

In der ursprünglichen Bourne-Shell-Syntax verwendet man unterschiedliche Operatoren, um zu signalisieren, welche Art von Vergleich gewünscht ist. Will man beispielsweise zwei Werte numerisch auf Gleichheit testen, verwendet man den Operator `-eq`, will man sie alphabetisch vergleichen, den Operator = .

```
if [ $anzahl -eq 20 ] ...
if [ "$wort" = "quit" ] ...
```

In Korn-Shell und Bash verwendet man hingegen für beide Vergleiche die gleichen Operatoren. Die Information, ob man numerisch oder alphabetisch vergleichen soll, übergibt man hier durch die Wahl der Klammern. Im ersten Fall wählt man doppelte runde `((` im zweiten Fall doppelte eckige [[.

```
if (( $anzahl == 20 )) ...
if [[ "$wort" == "quit" ]] ...
```

Wie wir sehen werden, bietet uns diese Syntax auch eine Möglichkeit zur Mustererkennung, was sie weitaus performanter macht als die alte sh-Schreibweise. Da Bourne-Shell und Bash jedoch immer auch die Syntax der Bourne-Shell verstehen, ist es durchaus erlaubt, auch hier die einfachen eckigen Klammern zu verwenden.

Zahlen testen

Bourne-Shell-Syntax

Zahlen vergleichen	Operator	Bedeutung
`[ $x -eq $y ]`	`-eq`	ist gleich (equal)
`[ $x -ne $y ]`	`-ne`	ungleich (not equal)
`[ $x -lt $y ]`	`-lt`	kleiner als (less than)
`[ $x -gt $y ]`	`-gt`	größer als (greater than)
`[ $x -le $y ]`	`-le`	kleiner gleich (less or equal)
`[ $x -ge $y ]`	`-ge`	größer gleich (greater or equal)

Tabelle 2.10:Zahlen-Vergleiche in der Bourne-Shell

VORSICHT

`test` ist sehr empfindlich, was die Leerzeichen in den eckigen Klammern angeht.

Um jedes Token gehört ein Leerzeichen, also auch hinter die öffnende `[` und vor die schließende `]`. Innerhalb der eckigen Klammern können beliebig komplexe mathematische Ausdrücke durch `expr` oder `bc` und `` `...` `` eingebunden werden.

Gelegentlich findet man statt der Klammern auch die ausgeschriebene Form des test-Kommandos.

```
if test "$x -eq 20" ; then ...
```

Korn-Shell- und Bash-Syntax

Zahlen vergleichen	Operator	Bedeutung
`(( $x == $y ))`	`==`	ist gleich
`(( $x != $y ))`	`!=`	ungleich

Tabelle 2.11:Zahlen-Vergleiche in Korn-Shell und Bash

Zahlen vergleichen	Operator	Bedeutung
`(( $x < $y ))`	<	kleiner als
`(( $x > $y ))`	>	größer als
`(( $x <= $y ))`	<=	kleiner gleich
`(( $x >= $y ))`	>=	größer gleich

Tabelle 2.11:Zahlen-Vergleiche in Korn-Shell und Bash (Fortsetzung)

Leerzeichen um alle Tokens sind bei Zahlen-Tests optional (bei den gleich folgenden Zeichenketten-Tests aber notwendig).

```
if (($a<$b)) ; then ... ; fi
```

Das $-Zeichen kann bei Zahlen-Vergleichen entfallen. (Bei String-Vergleichen muss es stehen.)

```
if (( a < b )) ; then ... ; fi
```

Statt der doppelten runden Klammern kann auch das Kommando `let` eingesetzt werden:

```
if (( $a < $b )) ; then ... ; fi
if let "$a < $b" ; then ... ; fi
```

Zeichenketten testen

Bourne-Shell-Syntax

Zahlen vergleichen	Operator	Bedeutung
`[ "$x" = "$y" ]`	=	ist gleich
`[ "$x" != "$y" ]`	!=	ungleich
`[ "$x" < "$y" ]`	<	alphabetisch kleiner als (ev. nicht vorhanden)
`[ "$x" > "$y" ]`	>	alphabetisch größer als (ev. nicht vorhanden)
`[ -z "$x" ]`	-z	ist leer oder existiert nicht
`[ -n "$x"  ]`	-n	ist nicht leer

Tabelle 2.12:Zeichenketten-Vergleiche in der Bourne-Shell

Als Operator für "ist gleich" dient ein einfaches Gleichheitszeichen `=`.

Variablen, die Zeichenketten enthalten, setzen Sie innerhalb des `test`-Kommandos am besten in Double Quotes. So vermeiden Sie einen Syntaxfehler, wenn die Variable leer ist oder nicht existiert. Ohne "" erhält `test` bei leerer Variable eine falsche Bedingung, z.B. `[ = "quit" ]`, und meldet einen Fehler. Mit "" ergibt sich jedoch `[ "" = "quit" ]`, was syntaktisch OK ist.

Das Gleiche erreicht man übrigens durch ein vorangestelltes Zeichen.

```
if [ X$var = "Xquit" ] ; then ...
```

Es gibt keine Operatoren für "größer gleich" und "kleiner gleich". Die Operatoren < und > werden nicht von allen Shell-Versionen erkannt.

Korn-Shell- und Bash-Syntax

Strings vergleichen	Operator	Bedeutung
`[[ "$x" == "$y" ]]`	`==`	ist gleich
`[[ "$x" != "$y" ]]`	`!=`	ungleich
`[[ "$x" < "$y" ]]`	`<`	kleiner als
`[[ "$x" > "$y" ]]`	`>`	größer als
`[[ -z "$x" ]]`	`-z`	leer oder existiert nicht
`[[ -n "$x" ]]`	`-n`	nicht leer
`[[ "$x" == muster ]]`	`==`	entspricht Muster
`[[ "$x" != muster ]]`	`!=`	entspricht nicht Muster

Tabelle 2.13:Zahlen-Vergleiche in Korn-Shell und Bash

Als Operator für "ist gleich" dient ein doppeltes Gleichheitszeichen `==`.

Leerzeichen um alle Tokens sind bei Stringvergleichen notwendig.

Das $-Zeichen muss bei String-Vergleichen stehen.

Es gibt keine Operatoren für "größer gleich" und "kleiner gleich".

Auf Muster-Vergleiche, wie sie in den beiden letzten Zeilen der Tabelle beschrieben werden, gehen wir weiter unten ein.

Logische Operatoren

Um mehrere Bedingungen über UND und ODER miteinander verknüpfen zu können, benötigen wir logische Operatoren. Die logische Auswertung kann entweder innerhalb oder außerhalb der Klammern erfolgen. In Korn-Shell und Bash ist die Schreibweise der Operatoren innerhalb und außerhalb der Klammern die gleiche. Das `test`-Kommando der Bourne-Shell – also die einfachen eckigen Klammern – besitzt jedoch eine spezielle Syntax.

Operator	Logischer Wert	Bedeutung
&&	UND	Ist erfolgreich, wenn beide Befehle erfolgreich sind.
||	ODER	Ist erfolgreich, wenn wenigstens ein Befehle erfolgreich ist.
!	NICHT	Ist erfolgreich, wenn der Befehl fehlgeschlagen ist. **ACHTUNG: eventuell nur ksh und bash**

Tabelle 2.14:Logische Operatoren der Shell

VORSICHT

Die Original-Bourne-Shell kennt kein !-Zeichen für die logische Verneinung (außerhalb der eckigen Klammern).[5]

5. Unter LINUX wird nicht die eigentliche Bourne-Shell, sondern die Bash in einem Bourne-Shell-kompatiblen Modus eingesetzt. Diese beherrscht das ! zur logischen Verneinung.

test-Kommando der Bourne-Shell

Operator	Logischer Wert	Bedeutung
-a	UND	Ist wahr, wenn beide Operationen wahr sind.
-o	ODER	Ist wahr, wenn wenigstens eine Operation wahr ist.
!	NICHT	Ist wahr, wenn die Operation falsch ist.

Tabelle 2.15:Logische Operatoren des test-Kommandos

```
if [ $zahl -ge 10 -a $zahl -lt 20 ] ...
if [ $zahl -ge 10 ] && [ $zahl -lt 20 ] ...

if (( $zahl -ge 10 && $zahl -lt 20 )) ...
if (( $zahl -ge 10 )) && (( $zahl -lt 20 )) ...

if [[ "$wort" == "quit" || "$wort" == "q" ]] ...
if [[ "$wort" == "quit" ]] || [[ "$wort" == "q" ]] ...
```

Klammerung

Mit Hilfe von runden Klammern können Sie Prioritäten bei der Auswertung von logischen Ausdrücken festlegen, solange Sie sich innerhalb von doppelten runden (( )) oder doppelten eckigen Klammern [[ ]] oder ganz außerhalb von Klammern befinden. Innerhalb der einfachen Klammern [ ] des `test`-Befehls gibt es jedoch Schwierigkeiten.

Trifft die Shell auf ungeschützte runde Klammern, öffnet sie nämlich eine Subshell, um den innerhalb der Klammern stehenden Ausdruck auszuwerten. Innerhalb einfacher eckiger Klammern muss man die runden Klammern daher durch einen Backslash schützen.

```
if [ \( $num -gt $min -a $num -lt $max \) -o $num -eq 0 ] ; then ...
if (( ( $num > $min && $num < $max ) || ( $num == 0 ) )) ; then ...
```

Außerhalb des `test`-Kommandos können Sie runde Klammern immer ohne Backslash benutzen. Bedenken Sie aber, dass dann eine eigene Shell zur Verarbeitung des Ausdrucks geöffnet wird. Alternativ könnten sie geschweifte Klammern einsetzen `{ ... ; }` wodurch Sie in der aktuellen Shell verbleiben.

Muster-Vergleiche in Korn-Shell und Bash

Neu hinzugekommen bei den Operatoren von ksh und bash ist der Vergleich mit einem Muster. Er besitzt für die praktische Arbeit große Bedeutung und macht eine der Stärken der neuen Shells aus.

```
if [[ string == muster ]]
  then befehle
fi
```

Auf der rechten Seite des Vergleiches (nicht auf der linken!) kann außer einem gewöhnlichen String oder einer Variablen auch ein Muster angegeben werden. Das Muster darf nicht in Anführungszeichen stehen. Der Ausdruck wird dann wahr, falls sich der String oder die Variable auf der linken Seite durch das Muster beschreiben lässt.

Zur Beschreibung von Mustern stehen Ihnen die Sonderzeichen `*` `?` und `[]` zur Verfügung. Sie lernten ihren Gebrauch bereits in Abschnitt 2.7 kennen. Außerdem existieren Konstruktionen, die eine Beschreibung von alternativen Strings oder alternativen Mustern ermöglichen.

Metazeichen	Bedeutung
*	beliebige Zeichenkette (eventuell auch nichts)
?	genau ein beliebiges Zeichen
[gruppe]	genau ein Zeichen aus der angegebenen Gruppe

Tabelle 2.16: Metazeichen für Zeichenketten-Muster in der Korn-Shell

Konstruktion	Bedeutung
@(*muster1*|*muster2*|...|*mustern*)	genau eines der Muster
+(*muster1*|*muster2*|...|*mustern*)	mindestens eines der Muster
*(*muster1*|*muster2*|...|*mustern*)	keines, eines oder mehrere der Muster
?(*muster1*|*muster2*|...|*mustern*)	keines oder genau eines der Muster
!(*muster1*|*muster2*|...|*mustern*)	keines der Muster

Tabelle 2.17: Konstruktionen für alternative Muster in der Korn-Shell

WICHTIG

Falls Ihre Bash diese Muster nicht erkennt, ist die erweiterte Option `extglob` ausgeschaltet. Durch `shopt -s extglob kann man sie aktivieren.`

Die Muster oder Alternativ-Konstruktionen müssen den zu vergleichenden String *komplett* beschreiben, also anders als bei der Verwendung von regulären Ausdrücken, falls Sie mit solchen bereits gearbeitet haben.

Beispiel: Schaltjahre testen

Ein typisches Beispiel, bei dem man jede Menge Ausdrücke miteinander verknüpfen muss, ist die Überprüfung, ob es sich bei einem Jahr um ein Schaltjahr handelt. Ein Schaltjahr besteht bei allen durch vier teilbaren Jahreszahlen, außer sie sind durch hundert teilbar, jedoch dann wieder, wenn sie durch vierhundert teilbar sind.[6]

```
year=`date +%Y`

if [ `expr $year % 400` = 0 ] || \
( [ `expr $year % 4` = 0 ] && [ `expr $year % 100` != 0 ] )
  then  tage=366
  else  tage=365
fi
```

Listing 2.3: Schaltjahr (sh-Syntax)

6. Alle Skripte und Hilfs-Dateien, die Sie zum Testen benötigen, finden Sie auf der Buch-CD. Kopieren Sie sich die dortige Verzeichnis-Struktur (für Ihre UNIX-Version) auf Ihren Rechner unter /scripts, damit die verwendeten Pfade funktionieren.

Beispiel: Anzahl Tage im Monat

Wie viele Tage hat ein Monat? Die Variable `tage` stammt aus dem Beispiel von oben.

```
monat=`date +%m`

if [[ $monat == 02 ]]
  then
  if [[ $tage == 365 ]]
    then mtage=28
    else mtage=29
  fi
  elif [[ $monat == 04 || $monat == 06 || $monat == 09 || $monat == 11 ]]
    then mtage=30
    else mtage=31
fi
```

Listing 2.4: Anzahl Tage im Monat (ksh/bash-Syntax)

Beispiel: Zahl korrekt eingelesen?

Eine der häufigsten Problemstellungen, was Vergleiche betrifft, ist die Frage, ob es sich bei einem – oft vom Benutzer eingegebenen – String um eine Zahl handelt.

Hier genügt es nicht mehr, einzelne Fälle abzuklären und miteinander zu verknüpfen, es gibt einfach zu viele mögliche Kombinationen. Wir benötigen den Vergleich mit einem Muster. Korn-Shell und Bash erledigen die Aufgabe mit links, die Bourne-Shell muss auf externe Kommandos ausweichen.[7]

Einstellige Zahl

```
if [[ $eingabe == [0-9] ]] ; then ....                    # ksh/bash

if echo $eingabe | egrep '^[0-9]$' ; then ...      8       # sh
```

Mehrstellige Zahl

```
if [[ $eingabe == +([0-9]) ]] ; then ....

if echo $eingabe | egrep '^[0-9]+$' ; then ...
```

Mehrstellige Zahl, führende Null verbieten

```
if [[ $eingabe == [1-9]*([0-9]) ]] ; then ...

if echo $eingabe | egrep '^[1-9][0-9]*$' ; then ...
```

7. Außerdem benötigt man Regular Expressions, eine in vielen Tools verwendete Syntax zur Mustererkennung. Wir behandeln sie in Kapitel 4 in Zusammenhang mit grep.
8. Wir verwenden egrep, da grep die Quantifier + und ? nicht beherrscht, die wir in den nächsten Beispielen benötigen.

Nur ein- oder zweistellige Zahlen erlaubt

```
if [[ $eingabe == [1-9]?([0-9]) ]] ; then ....

if echo $eingabe | egrep '^[1-9][0-9]?$' ; then ...
```

Die Eingabe einer Null kann am einfachsten über einen separaten, mit `||` verknüpften Test hinzugefügt werden.

In allen Bourne-Shell-Beispielen wurde darauf verzichtet, die Standardausgabe der verwendeten Befehle zu verwerfen. Dadurch erhält man unerwartete Ausgaben auf dem Bildschirm. Wie wir in Abschnitt 2.17 sehen werden, kann man diese vermeiden, indem man sie mit `egrep 'muster' > /dev/null` umleitet.

Beispiel: Datum korrekt eingelesen?

Wenden wir die gleichen Methoden an, um zu testen, ob ein korrektes Datum eingegeben oder eingelesen wurde.

Jahreseingabe: 2000-2099 erlaubt

```
if [[ $eingabe == 20[0-9][0-9] ]] ; then ...          # ksh/bash

if echo $eingabe | egrep '^20[0-9][0-9]$' ; then ...  # sh
```

Monateingabe: 1-12 erlaubt

```
if [[ $eingabe == @([1-9]|[1][012]) ]] ; then ...

if echo $eingabe | egrep '^([1-9]|([1][012]))$' ; then ...
```

Tageseingabe: 1-31 erlaubt

```
if [[ $eingabe == @([1-9]|[12][0-9]|3[01]) ]] ; then ...

if echo $eingabe | egrep '^([1-9]|([12][0-9])|(3[01]))$' ; then ...
```

Ganzes Datum prüfen

2.3.2002 erlaubt, in dieser Variante der Einfachheit halber aber nicht 02.03.2002.

```
if
[[ $eingabe == \
@([1-9]|[12][0-9]|3[01]).\
@([1-9]|[1][012]).\
20[0-9][0-9] ]]
then ...

if
echo $eingabe | egrep '^\
([1-9]|([12][0-9])|(3[01])).\
([1-9]|([1][012])).\
20[0-9][0-9]$'
then ...
```

2.16 Datei-Tests

Den Zustand von Dateien zu überprüfen gehört genauso zum Alltag der Shell-Programmierung wie der Umgang mit Zahlen und Zeichenketten. Immer wieder werden Sie sich Fragen stellen wie: Ist die Konfigurations-Datei am vorgesehenen Ort zu finden? Darf ich aus dieser Datei lesen, darf ich in sie schreiben? Besteht das Verzeichnis bereits oder muss ich es anlegen?

- if [-f $file] ; then ... Testen, ob Datei existiert.
- if [-d $file] ; then ... Testen, ob Directory existiert.
- if [-w $file] ; then ... Testen, ob Datei schreibbar ist.
- if [[-w $file]] ; then ... Spezielle Syntax für die ksh.

Die Syntax

Alle Shells akzeptieren Datei-Tests mit Hilfe des `test`-Kommandos.

```
if [ -operator file ] ; then ...
```

Um zu testen, ob es im aktuellen Verzeichnis eine Datei namens `data.tmp` gibt, schreibt man beispielsweise:

```
if [ -f data.tmp ] ; then ...
```

Um zu testen, ob sie für das laufende Programm schreibbar ist:

```
if [ -w data.tmp ] ; then ..
```

Nur Korn-Shell

In der Korn-Shell kann man auch für Datei-Tests alternativ doppelte eckige Klammern verwenden, die Operatoren innerhalb der Klammern ändern sich nicht.

```
if [[ -f data.tmp ]] ; then ....
```

Datei-Test-Operatoren

Das `test`-Kommando ist in die jeweilige Shell eingebaut und daher etwas unterschiedlich realisiert. Während dieser Aspekt bei der Kontrolle von Zahlen und Zeichenketten keine Rolle spielte, stehen für Datei-Tests in ksh und bash wesentlich mehr Operatoren zur Verfügung als in der Bourne-Shell.

sh	ksh und bash	Bedeutung
-f	-f	ist eine reguläre Datei *
-d	-d	ist ein Verzeichnis
-L oder -h	-L oder -h	ist ein symbolischer Link **
-e	-e	existiert (egal ob Datei, Link oder Verzeichnis) ***
-s	-s	existiert und ist nicht leer
-r	-r	ist lesbar
-w	-w	ist schreibbar
-x	-x	ist ausführbar
-b	-b	ist ein block special device (Gerätedatei)
-c	-c	ist ein character special device (Gerätedatei)
-p	-p	ist eine named pipe (Pseudodatei)

Tabelle 2.18:Filetest-Operatoren des test-Kommandos

sh	ksh und bash	Bedeutung
-t	-t	ist ein serielles Terminal
-u	-u	das setuid-Bit ist gesetzt
-g	-g	das setgid-Bit ist gesetzt
-k	-k	das sticky Bit ist gesetzt
	-S	ist Socket (Gerätedatei, Netzwerk)
	-O	Benutzer des Skriptes besitzt die Datei
	-G	Benutzer des Skriptes hat gleiche GID wie Datei
	-o *option*	Option *option* gesetzt
	file1 –nt *file2*	*file1* neuer als *file2*
	file1 –ot *file2*	*file1* älter als *file2*
	file1 –ef *file2*	*file1* und *file2* sind Hardlinks

Tabelle 2.18:Filetest-Operatoren des test-Kommandos(Fortsetzung)

* auf einigen Systemen liefert `-f` in der sh auch bei symbolischen Links `true`.

** `-L` und `-h` gibt es nicht auf allen Systemen in der sh.

*** `-e` existiert ebenfalls nicht auf allen Systemen in der sh.

Bitte beachten Sie vor allem den letzten Hinweis. `-e` ist ein sehr beliebter Operator, da man bei ihm keine Aussage über den Dateityp machen muss; er ist jedoch nicht immer verfügbar.

Alle Operatoren, die Rechte an einer Datei überprüfen, beziehen sich auf die User-ID des laufenden Prozesses. Anders ausgedrückt: Es wird immer überprüft, ob das Skript im Augenblick des Tests das Recht besitzt, eine Datei zu lesen, zu schreiben etc. Dies ist genau das, woran man bei der Ausführung eines Programms interessiert ist. Wenn unterschiedliche Benutzer ein Skript starten, können diese Tests daher auch unterschiedliche Ergebnisse liefern. Über Dateitest-Operatoren gelangt man weder an die objektiven Rechte noch an uid oder gid einer Datei.

Datei-Tests anwenden

Meistens werden Dateitests in den Skripten in Form von Ausschluss-Kriterien verwendet. Man beendet das Skript vorzeitig, wenn die Datei nicht existiert oder sie nicht schreibbar ist.

```
#!/bin/sh
# filetests

config="/etc/myprog.conf"
tmpdir="/opt/myprog/tmp"
tmpfile="myprog.tmp"

if [ ! -f $config ]
  then
  echo "Konfigurations-Datei existiert nicht."
  exit 1
```

Listing 2.5: filetests

```
fi

if [ ! -d $tmpdir ]
  then
  echo "Verzeichnis fuer temporaere Dateien existiert nicht."
  exit 2
fi

if [ ! -w $tmpdir ]
  then
  echo "Kann keine temporaeren Dateien anlegen."
  exit 3
fi

if [ -f "$tmpdir/$tmpfile" ]
  then
  echo "Entferne alte temporaere Datei."
  rm "$tmpdir/$tmpfile"
fi
```

Listing 2.5: filetests (Fortsetzung)

Wie Sie sehen, testet man Schritt für Schritt, ob es überhaupt Sinn macht, das Programm fortzusetzen, und widmet sich erst anschließend dem Hauptteil des Skriptes. Dieses Vorgehen ist das Übliche. Alternativ könnte man mit `if-elif-else`-Konstruktionen arbeiten, doch das würde zu einer unnötigen Verschachtelung führen, die man normalerweise vermeidet.

Die Dateigröße testen

Stellen Sie sich vor, Sie möchten Logfiles zyklisch kopieren, je nachdem ob die aktive Logdatei eine bestimmte Größe erreicht hat. Wie gelangen Sie an die Dateigröße?

```
maxsize=1000000
logsize=`ls -l $logfile | awk'{print $5}'`
if ( $logsize > $maxsize )
  then
  mv $logfile.2 $logfile.3
  mv $logfile.1 $logfile.2
  mv $logfile $logfile.1
  touch $logfile
fi
```

2.17 Kommando-Tests

Mit einer `if`-Abfrage können Sie auf einfache Weise testen, ob ein Befehl erfolgreich war. Genau zu diesem Zweck ist `if` ursprünglich konstruiert worden.

❏ if *`testbefehl`* ; then ...	Den Rückgabewert eines Befehls testen.
❏ exit-Status 0	Befehl war erfolgreich.

- ❑ exit-Status 1-255 — Befehl endete mit Fehler.
- ❑ echo $? — exit-Status abfragen.
- ❑ if *testbefehl* >/dev/null 2>&1; then ... — stdout und stderr verwerfen.

Die Syntax

An die Stelle der eckigen Klammern des `test`-Kommandos tritt ein beliebiger Befehl, dessen Erfolg wir überprüfen wollen.

```
if testbefehl
  then
  befehl
  ...
fi

if testbefehl ; then befehl ; ... ; fi
```

Unterschiede zwischen sh, ksh und bash

In Korn-Shell und Bash kann man mit "`if ! testbefehl`" Kommandos ausführen, wenn ein Befehl *nicht* erfolgreich war. Die Original-Bourne-Shell[9] kennt das !-Zeichen außerhalb des `test`-Kommandos nicht. Hier muss man stattdessen mit einem `else`-Zweig arbeiten.

```
#ksh/bash:
if ! testbefehl
  then
  befehl
  ...
fi
#sh:
if testbefehl
  then
  :
  else
  befehl
  ...
fi
```

WICHTIG

Der Doppelpunkt ist ein Pseudobefehl, der eingesetzt wird, um syntaktisch richtig schreiben zu können, ohne dass etwas ausgeführt wird.

Exit-Status von Befehlen

Was bedeutet überhaupt "erfolgreich"? Jeder Befehl gibt bei seiner Beendigung einen so genannten exit-Status zurück, ausgedrückt in einer ganzen Zahl zwischen 0 und 255. Wird eine 0 zurückgegeben, signalisiert der Befehl, dass alles wie geplant funktioniert hat, er also erfolgreich war. Wird eine Zahl größer 0 zurückgegeben, signalisiert der Befehl einen Fehler.

9. Unter LINUX wird nicht die eigentliche Bourne-Shell, sondern die Bash in einem Bourne-Shell-kompatiblen Modus eingesetzt. Diese beherrscht das ! zur logischen Verneinung.

Aus einem Shell-Skript heraus gibt man den exit-Status mit Hilfe des `exit`-Befehls zurück, eine Methode, die wir bereits ausgiebig genutzt haben. Fehlt ein expliziter Aufruf von exit, wird der exit-Status des *letzten* Befehls zurückgegeben.

```
exit 1
```

Dieser exit-Status wird nun von `if` überprüft. Bei 0 werden die Befehle hinter `then` ausgeführt, bei 1-255 nicht. Die Shell speichert den Rückgabewert in der speziellen Variablen ?, den man sich über `$?` ausgeben lassen kann.

```
mars# ls *.txt
file1.txt file2.txt
mars# echo $?
0
mars# ls *.xyz
*.xyz: No such file or directory
mars# echo $?
2
mars# grep jupiter /etc/hosts
193.234.29.7     jupiter
mars# echo $?
0
mars# grep JUPITER /etc/hosts
mars#
mars# echo $?
1
```

Im letzten Beispiel war `grep` einmal erfolgreich, einmal nicht. Wenn wir `grep` nun in eine `if`-Abfrage einbauen, wird sein exit-Status *direkt* ausgewertet.

```
#!/bin/sh
#hostsuche

host=jupiter

if grep $host /etc/hosts
  then
  echo "Rechner $host bekannt."
  if ping $host
    then
    echo "Rechner $host erreichbar."
    else
    echo "Rechner $host nicht erreichbar"
  fi
  else
  echo "Rechner $host existiert nicht."
fi
```

Standard-Ausgabe verwerfen

Wenn Sie den Rückgabewert eines Befehls testen, werden Sie oft mit unerwünschten Ausgaben auf dem Bildschirm konfrontiert. Um diese zu vermeiden, leiten Sie sie am geschicktesten nach `/dev/null` um, einer Pseudo-Datei, die Daten einfach verwirft. Manchmal genügt es, `stdout` umzuleiten, manchmal muss man dies aber auch für `stderr` explizit tun.

```
if befehl >/dev/null ; then ...
if befehl >/dev/null 2>&1 ; then ...
```

In unserem Beispiel würden sich die relevanten Zeilen verändern zu:

```
if grep $host /etc/hosts >/dev/null 2>&1  ...
...
if ping $host >/dev/null 2>&1
```

Exit-Status explizit abfragen

Oft ist man zwar an dem Rückgabewert eines Kommandos interessiert, möchte den Befehl aber nicht als Testbefehl von `if` aufrufen, da eventuell – vor allem bei langen Befehlen – die Übersichtlichkeit des Skriptes darunter leidet. In diesen Fällen ist es sinnvoll, direkt mit `$?` zu arbeiten. Allerdings muss dann wieder mit eckigen Klammern getestet werden.

```
mv $file $archdir/$file
if [ $? -ne 0 ]
  then
  echo "Dateien verschieben fehlgeschlagen"
  exit 2
fi
```

2.18 Short Circuit-Tests

In Shell-Skripten wird häufig ein Konstrukt verwendet, das wie `if` arbeitet, dem man es aber nicht gleich ansieht: && oder ||. Man verwendet es vor allem, um Fehlerbedingungen mit möglichst wenig Aufwand abzufragen.

- ❑ *befehl1* && *befehl2* — Kurzform für if *befehl1* ; then *befehl2* ; fi
- ❑ *befehl1* || *befehl2* — Kurzform für if ! *befehl1* ; then *befehl2* ; fi
- ❑ *befehl1* && *befehl2* && *befehl3* — Befehlsketten durch &&

if-Abfragen durch && und ||

Die Shell kann mehrere Befehle durch && und || logisch verknüpfen. Wir haben so etwas bereits im Rahmen des `test`-Kommandos gesehen. Dort wurden mit `[...] && [...]` zwei Bedingungen logisch verknüpft. Das Gleiche geht für beliebige Befehle und wird gerne als Kurzform einer `if`-Anweisung genutzt.

```
befehl1 && befehl2
```

entspricht

```
if befehl1
  then
  befehl2
fi
```

```
befehl1 || befehl2
```

entspricht

```
if ! befehl1
  then
  befehl2
fi
```

oder in der Bourne-Shell, wo es kein ! gibt:

```
if befehl1
  then
  :
  else
  befehl2
fi
```

WICHTIG

Der Doppelpunkt ist ein Pseudobefehl, der eingesetzt wird, um syntaktisch richtig schreiben zu können, ohne dass etwas ausgeführt wird.

Wie Sie sehen, ist die Schreibweise mit && und || bei weitem eleganter. Sie wird gerne benutzt, um einfache Gültigkeits-Tests durchzuführen und das Programm still zu verlassen, wenn der Test schief geht.

Doch wieso funktioniert diese Konstruktion überhaupt? Alle Shells werten logische Ausdrücke "intelligent" aus, sie brechen die Auswertung ab, sobald der Wahrheitsgehalt des gesamten Ausdruckes feststeht.

Ein mit && verknüpfter Ausdruck ist nur wahr, wenn beide Teile wahr sind. Ist der erste Teil als falsch evaluiert, spart sich die Shell den Rest, weil das Gesamtergebnis sowieso falsch wird. Somit führt sie den zweiten Teil nur aus, wenn der erste *wahr* ergab. Eine `if`-Konstruktion!

```
befehl1 && befehl2
befehl1 wahr        → Ergebnis noch unklar   → befehl2 ausführen
befehl1 falsch      → Ergebnis bekannt       → befehl2 nicht ausführen
```

Ein mit || verknüpfter Ausdruck ist wahr, wenn wenigstens ein Teil wahr ist. Nur wenn beide falsch sind, wird das Ergebnis falsch. Ist also der erste Teil als wahr evaluiert, spart sich die Shell den Rest. Nur wenn der erste Teil *falsch* ergab, muss der zweite Teil ausgeführt werden. Eine `if-not`-Konstruktion!

```
befehl1 || befehl2
befehl1 wahr        → Ergebnis bekannt       → befehl2 nicht ausführen
befehl1 falsch      → Ergebnis noch unklar   → befehl2 ausführen
```

Auf diese Art dürfen auch ganze Ketten von Befehlen gebildet werden. Die Shell wertet sie von links nach rechts aus, bis der Erfolg des gesamten Ausdrucks feststeht.

```
befehl1 && befehl2 && befehl3 && ...
```

Eine typische Anwendung von Short-Circuit-Tests besteht darin, das Starten eines Programms davon abhängig zu machen, ob seine Konfigurations-Datei gefunden wird.

```
[ -f /etc/http.conf ] && httpd
```

Sehen wir uns an, wie wir in unserem früheren Skript *filetests* Short-Circuit-Konstrukte verwenden können.

```
#!/bin/sh
# filetests2

config="/etc/myprog.conf"
tmpdir="/opt/myprog/tmp"
tmpfile="myprog.tmp"

[ ! -f $config ] && exit 1
[ ! -d $tmpdir ] && exit 2
[ ! -w $tmpdir ] && exit 3

if [ -f "$tmpdir/$tmpfile" ]
  then
  echo "Entferne alte temporaere Datei."
  rm "$tmpdir/$tmpfile"
fi
```

Listing 2.6: filetests2

Offensichtlich ist diese Methode wirklich nur für Schnellverfahren geeignet. Lange Fehlermeldungen würden deutlich zulasten der Lesbarkeit gehen. Gerade noch erträglich sind vielleicht kurze Hinweise, etwa in der Form:

```
[ ! -f $config ] && echo "Fehler: $config" && exit 1
[ ! -d $tmpdir ] && echo "Fehler: $tmpdir" && exit 2
[ ! -w $tmpdir ] && echo "Fehler: $config" && exit 3
```

2.19 Die case-Verzweigung

Die `case`-Anweisung ist eine elegante Alternative für verschachtelte `if`-Abfragen. `case` können Sie immer dann einsetzen, wenn Sie eine einzige Variable auf verschiedene Muster hin testen wollen. Es ist zwar auf genau diesen Spezialfall beschränkt, bietet aber deutlich mehr Klarheit in seiner Struktur als verschachtelte `if`s.

- ❑ case "*$var*" in ..... esac
- ❑ Überprüfung einer einzigen Variablen auf verschiedene Muster
- ❑ Muster: a|b * ? [] @( ) +( ) *( ) ?( ) !( )
- ❑ *) letztes Muster
- ❑ Ablauf-Steuerung eines Skriptes durch case

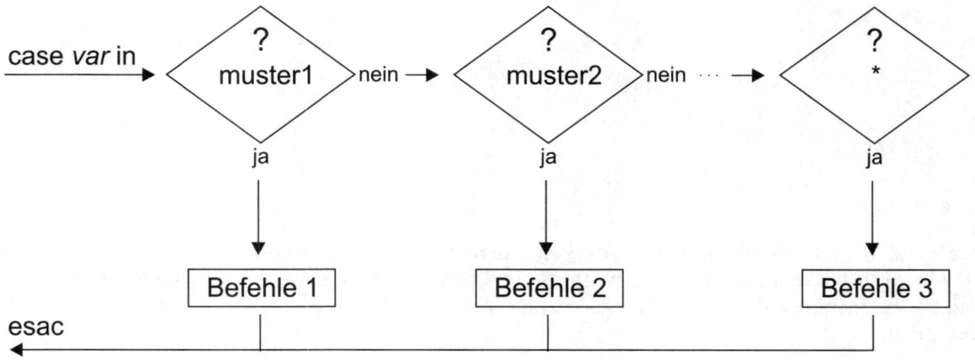

Abbildung 2.14: case-Verzweigung

Die Syntax

```
case "$variable" in
  muster)
  befehl
  ...
  ;;
  muster)
  befehl
  ...
  ;;
esac
```

Die Shell testet den übergebenen String in `"$var"` sukzessive von oben nach unten auf die verschiedenen Muster, bis sie eines findet, das auf den String passt. Dann führt sie die Befehle aus, die hinter dem betroffenen Muster angegeben sind. Hat sie das abschließende doppelte Semikolon `;;` erreicht, springt sie aus der `case`-Anweisung heraus, ohne weitere Muster zu testen. `case` funktioniert also wie eine Abfolge von `elif`-Anweisungen.

Jedes Muster wird durch eine einzelne runde Klammer) abgeschlossen, jeder Befehlsblock durch `;;`.

Vor ein Muster darf auch eine öffnende runde Klammer gesetzt werden, sodass im Endeffekt das Muster in runden Klammern eingeschlossen ist. Bei Verwendung von `case` innerhalb der Kommando-Substitution `$(...)` ist dies die einzige Möglichkeit, einen Syntaxfehler zu vermeiden.

Jedes Muster kann aus einfachen Strings, den bereits bekannten Metazeichen * ? und `[]` sowie aus Alternativen gebildet werden. Werden solche Sonderzeichen im Mustern eingesetzt, darf das Muster nicht in Anführungszeichen stehen.

Alternativen werden angegeben in der Form: *muster1*|*muster2*|...|*mustern*

Um Syntaxfehler bei leerer oder nicht gesetzter Variable `$var` zu vermeiden, schließt man sie in Double Quotes ein: `"$var"`

WICHTIG

Anstelle der Variablen `$var` kann auch ein komplexer Ausdruck stehen, der nach seiner Verarbeitung einen String liefert.

```
case "$var" in
  ...
  ...
  *)
  befehl
  ;;
esac
```

Das letzte Muster soll oft alle Fälle abdecken, die nicht auf eines der vorherigen Muster passen, es soll also wie ein `else` wirken. Hierfür wird meistens ein * benutzt. Achten Sie darauf, den Stern wirklich erst zum Schluss zu bringen, da er ja auf alle Strings passt, wodurch er die `case`-Anweisung auf jeden Fall abschließt.

Korn-Shell und Bash

In ksh und bash können auch die speziellen Alternativ-Muster `@(...|...|...)`, `+(...|...|...)`, `*(...|...|...)`, `? (...|...|...)` und `!(...|...|...)` in `case` verwendet werden, die wir bereits in den Abschnitten 2.7 und 2.15 kennen gelernt haben.

case anwenden

Wenden wir die `case`-Anweisung auf unser Skript an, das die Anzahl der Tage im Monat berechnet.

```
monat=`date +%m`

case "$monat" in
  02)           mtage=28
                ;;
  04|06|09|11)  mtage=30
                ;;
  *)            mtage=31
                ;;
esac
```

Listing 2.7: Tage im Monat, Variante 2

Hier fehlt natürlich der Test auf ein Schaltjahr. Man sieht an dieser Kurzversion aber deutlicher, worauf man mit einer `case`-Anweisung hinauswill: ein klares Layout. Bei der exakten Berechnung eines Schaltjahres kann man `case` übrigens nicht sinnvoll einsetzen, da dort nicht eine einzige Variable, sondern mehrere arithmetische Ausdrücke überprüft werden.

Hier eine Variante, die immerhin fast 100 Jahre richtig funktioniert und unserem `case` seine Ästhetik nicht raubt.

```
monat=`date +%m`
jahr=`date +%Y`

case "$monat" in
  02)           mtage=28
                [ `expr $jahr % 4` = 0 ] && mtage=29
                ;;
```

Listing 2.8: Tage im Monat, Variante 3

```
  04|06|09|11)  mtage=30
                ;;
  *)            mtage=31
                ;;
esac
```

Listing 2.8: Tage im Monat, Variante 3(Fortsetzung)

Oft wird der Ablauf des gesamten Skripts über eine `case`-Anweisung gesteuert.
Sehen Sie sich einmal die Startskripts Ihres Systems an. Je nachdem, mit welcher UNIX-Umgebung Sie arbeiten, liegen diese in `/etc/init.d` oder `/sbin/init.d`. Die meisten arbeiten mit einer Struktur wie

```
case "$1" in
  start) start-befehle
         ...
         ;;
  stop)  stop-befehle
         ...
         ;;
  *)     Fehlermeldung
esac
```

Listing 2.9: Schema eines Startskripts

Die Variable `$1` beinhaltet das erste Argument, das dem Skript beim Aufruf übergeben wurde (siehe 2.27). Es wird also erwartet, dass Startskripte in der Form

`script` `start` oder *`script`* `stop`

aufgerufen werden. Je nach Argument wird dann der eine oder der andere Block von Befehlen ausgeführt.

Sie können Ihre eigenen Skripte auf die gleiche Art und Weise strukturieren, wenn Sie unterschiedliche Funktionen ausführen möchten, je nachdem welcher Parameter übergeben wurde. Auf die Verarbeitung von Parametern gehen wir in Abschnitt 2.27 noch genauer ein, hier beschränken wir uns zur Illustration auf $1. Nehmen wir ein kleines Skript zur Ausgabe von Informationen über unseren Rechner.[10]

```
#!/bin/bash
#status  Status-Informationen

case $1 in
  info|i)   echo "Datum:   `date`"
            echo "Rechner: `hostname`"
            ;;
  fs|f)     echo "Filesysteme:"
            df -k
            ;;
  mem|m)    prtconf| grep Memory                          # Solaris-Version
            ;;
```

Listing 2.10: status – Steuerung durch case

10. LINUX: Nehmen Sie 'free' statt 'prtconf': free -m | grep Mem | awk '{print "Memory:",$2," KB"}'.

```
  *)        echo "Aufruf: status [info|fs|mem]"
            ;;
esac
```

Listing 2.10: status – Steuerung durch case(Fortsetzung)

```
mars# status info
Datum: Thu Feb 21 09:36:26 MET 2002
Rechner: mars
mars#
mars# status m
Memory Size: 32 Megabytes
```

2.20 Die for-Schleife

Immer wenn Sie die gleichen Aktionen wieder und wieder auszuführen möchten, benötigen Sie eine Schleifen-Konstruktion. Die Shell verfügt über vier verschiedene Schleifen-Typen, die `for`-, `while`-, `until`- und die `select`-Schleife. Die ergiebigste und in der System-Administration am häufigsten verwendete ist die `for`-Schleife. Mit ihr wird ein Block von Befehlen für eine ganze Liste von Parametern – oft Dateien, Rechner oder Benutzer – durchgeführt. Sie beendet sich, wenn das letzte Element der übergebenen Liste abgearbeitet ist.

❑ for *variable* in *parameter_liste* ... do ... done	Syntax
❑ $IFS	Trenner zur Aufsplittung der Liste
❑ for *variable* in x y z	Liste explizit angegeben
❑ for *variable* in *.bck	Dateinamen-Expansion
❑ for *variable* in `find ...`	Kommando-Substitution
❑ for *variable* in $userlist	Variablen-Expansion
❑ for *variable* in ${*array*[*]}	Arrays
❑ for *variable* in $*	Kommandozeilen-Argumente

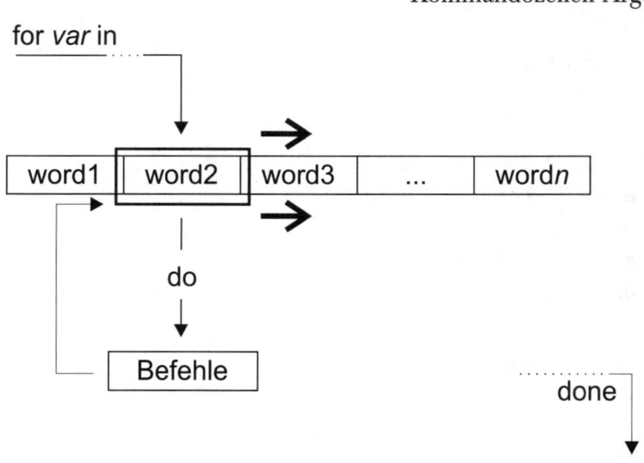

Abbildung 2.15: for-Schleife

Die Syntax

```
for variable in parameter_liste
do
  befehl
  ...
done

for variable in parameter_liste ; do befehl ; ... ; done
```

Die for-Schleife benötigt eine Liste von Parametern. Bei jedem Durchlauf der Schleife lässt sie einen Parameter aus der Liste in die Laufvariable variable wandern und führt anschließend alle Befehle zwischen do und done aus. Wenn diese Befehle die Laufvariable als Argument benutzen, bedeutet das, dass sie nacheinander auf alle in der Liste enthaltenen Parameter angewendet werden. Die Parameter-Liste wird streng von links nach rechts durchlaufen, bis alle Parameter benutzt worden sind.

Wenn Sie die for-Schleife aus anderen Programmiersprachen kennen, werden Sie festgestellt haben, dass sie in der Shell eine völlig andere Bedeutung besitzt. Insbesondere ist sie hier nicht in der Lage, eine längere Liste von Zahlen zu erzeugen. Dies wird in der Shell über eine while-Schleife erledigt.

```
for file in datei1 datei2 datei3 datei4
do
  cp $file $file.bck
done
```

Dieses Beispiel macht den Nutzen einer for-Schleife deutlich. Der cp-Befehl selbst bietet keine Option, mit der man das Gleiche erreichen könnte. Es bliebe nur der wiederholte Aufruf des immer wieder neu editierten Befehls. Noch deutlicher wird der Vorteil, wenn man es mit sehr vielen Dateien zu tun hat, denn in der Parameterliste dürfen Wildcards benutzt werden.

```
for file in *
do
  cp $file $file.bck
done
```

Parameter-Liste und IFS

Die Parameter-Liste ist der Dreh- und Angelpunkt jeder for-Schleife. Neben einer expliziten Angabe von mehreren einzelnen Argumenten können Sie alle Mechanismen der Shell benutzen, die eine Liste erzeugen. Dadurch ergeben sich folgende Varianten für Parameter-Listen:

- arg1 arg2 arg3 — Explizite Liste einzelner Argumente.
- *.txt — Liste von Dateinamen durch Dateinamen-Expansion.
- \`befehl\` — Liste erzeugt durch Kommando-Substitution.
- $worte — Liste erzeugt durch Variablen-Interpolation.
- $* — Liste der Argumente beim Skript-Aufruf.

Beachten Sie bitte, dass die for-Schleife die Art und Weise, wie eine Parameter-Liste erzeugt wurde, nie zu sehen bekommt. Die Shell führt zunächst die gewünschte Ersetzung von Metazeichen aus und liefert erst dann die entstandene Liste an for.

for zerlegt die übergebene Liste in einzelne Wörter anhand der Trennzeichen, die in der Umgebungsvariable IFS, dem Internal Field Separator, hinterlegt sind. IFS ist voreingestellt auf "beliebig viele Leerzeichen oder Tabs oder Newlines". Die so erhaltenen Wörter wandern anschließend nach und nach in die Laufvariable.

Sie können IFS überschreiben und mit anderen Trennzeichen belegen. Ein Doppelpunkt wäre das geeignete Trennzeichen, um Zeilen aus der /etc/passwd zu verarbeiten.

```
mars# grep meier /etc/passwd
meier:x:203:12:Ute Meier:/home/meier:/usr/bin/bash
#!/usr/bin/ksh
# ifstest
IFS=':'
line=`grep meier /etc/passwd`
for field in $line
do
  echo $field
done
mars# ./ifstest
meier
x
203
12
Ute Meier
/home/meier
/usr/bin/bash
```

Die Verwendung einer expliziten Listen haben wir bereits gezeigt. Die Verarbeitung der Kommandozeile werden wir uns für ein eigenes Kapitel aufsparen. Mit den anderen drei Möglichkeiten, Parameter-Listen zu erzeugen, werden wir uns nun im Detail beschäftigen.

Dateinamen-Expansion in for

Am häufigsten werden Sie for wahrscheinlich benutzen, um eine Reihe von Dateien mit einem Satz von Befehlen zu bearbeiten. Mit den Metazeichen * ? und [] können Sie dabei die Möglichkeiten der Shell zur Dateinamen-Expansion nutzen.

Wenn man viel mit dem Anlegen von Benutzern beschäftigt ist, lohnt es sich, alle Dateien, die neu angelegte User erhalten sollen, in einem separaten Verzeichnis zu sammeln, damit man sie beim Anlegen des Benutzers in dessen Verzeichnis kopieren kann. Das folgende Skript übernimmt diese Kopier-Aktion. [11]

```
#!/bin/sh
# copyprofs
# Kopiert Startprofile und andere Dateien in das
# Homeverzeichnis eines Benutzers
# Benutzername wird auf der Kommandozeile uebergeben

user=$1
profdir=/etc/userprofs
homedir=/export/home
cd $profdir
```

Listing 2.11: copyprofs – Profil-Dateien kopieren

11. LINUX: homedir=/home

```
for file in * .*
do
  if [ -f $file ] ; then
    cp $file $homedir/$user/
    chown $user $homedir/$user/$file
  fi
done
```

Listing 2.11: copyprofs – Profil-Dateien kopieren(Fortsetzung)

Bitte beachten Sie, dass Profil-Dateien oft versteckt sind und das Sternchen keine versteckten Dateien auflöst. Daher das zusätzliche Muster `.*`

Kommando-Substitution in for

Durch Kommando-Substitution kann die Ausgabe eines beliebigen Befehls als Parameter-Liste einer `for`-Schleife dienen. Auch hier handelt es sich oft um eine Liste von Dateien, die generiert wird, im Gegensatz zum obigen Beispiel jedoch über kompliziertere Zusammenhänge. Aber auch Benutzer- und Rechner-Listen kann man über `...` hervorragend erzeugen.

Die Namen von Rechnern, die wir überwachen möchten, sollen in einer Datei `watchhosts` stehen. Wie speisen wir diese Datei in die `for`-Schleife ein?

```
for rechner in `cat watchhosts`
do
  ping $rechner
  ...
done
```

Listing 2.12: for-Schleife über den Inhalt einer Datei

`cat` liefert die Liste der Dateien durch Newlines getrennt. Das ist OK für `for`, da in `IFS` auch Newlines vorhanden sind.

Im folgenden Beispiel verschieben wir alte Dateien in ein dafür vorgesehenes Verzeichnis. So etwas macht Sinn für Daten, die bei der täglichen Arbeit als Zwischenprodukte entstehen und vergessen werden. Wie verwenden `find` mit der Option `-atime`, um die Dateien rekursiv in allen Unterverzeichnissen zu finden. Die Verzeichnisstruktur soll erhalten bleiben, daher erzeugen wir bei Bedarf Verzeichnisse durch `mkdir`.

```
#!/usr/bin/ksh
# moveolds
# Sucht nach Dateien, die schon lange nicht mehr
# gelesen wurden, verschiebt sie nach /archive/olds
# und vermerkt sich die Aktion in einer Logdatei.

startdir=$1
alter=365           #Tage, seitdem nicht gelesen wurde
olddir=/archive/olds
logfile=/archive/olds/olds.log

for datei in `find $startdir -type f -atime +$alter -print`
```

Listing 2.13: moveolds – alte Dateien verschieben

```
do
  dir=`dirname $datei`
  [ -d $olddir/$dir ] || mkdir -p $olddir/$dir
  mv $datei $olddir/$datei
  echo "$datei verschoben `date`" >> $logfile
done
```

Listing 2.13: moveolds – alte Dateien verschieben(Fortsetzung)

Variablen-Interpolation in for

Wenn die Befehlszeile, mit der Sie eine Liste für `for` erzeugen wollen, zu komplex ist, erhalten Sie eine sehr unübersichtliche `for`-Konstruktion. In diesem Fall bietet es sich an, die Ausgabe des Befehls zunächst in einer Variablen zu speichern und anschließend diese Variable `for` zu übergeben. Im vorigen Beispiel ergäbe das

```
liste=`find $startdir -type f -atime +$alter -print`
for datei in $liste
do
  ...
```

Will man die Liste der Benutzer aus der `/etc/passwd` extrahieren, um für jeden einzelnen eine Aktion durchzuführen, geht man wie folgt vor.

```
userlist=`awk -F: '{print $1}' /etc/passwd`
for user in $userlist
  do
  ...
```

Listing 2.14: for-Schleife über eine Liste der Benutzer

Wir haben `awk` benutzt, um das erste Feld jeder Zeile zu isolieren. Mehr zu `awk` in Kapitel 4. Eine Alternative bestünde darin, sich im Verzeichnis `/home` oder `/export/home` alle Home-Directories auflisten zu lassen.

```
cd /home
for user in *
  do
  ...
```

In der ersten Version haben wir mit zu vielen Benutzern zu kämpfen, da auch die System-Benutzer `root`, `sys`, `bin` etc. aufgelistet werden, in der zweiten Version dürfen sich wirklich nur Home-Directories in dem entsprechenden Verzeichnis befinden.

Arrays in for

Korn-Shell und Bash

Auch Arrays können Sie wunderbar mit `for` abarbeiten. Dabei sind nicht einmal Indizes nötig. Man verwendet einfach die Auffächerung des Arrays in seine Elemente durch die Syntax `${array[*]}`.

```
for var in ${array[*]}
do
  befehl
  ...
done
```

```
#!/usr/bin/ksh
# zahlentest1
# Achtung: Korn-Shell-Syntax
# Zeigt die Verwendung von Arrays in for

typeset -i zahlen zahl
set -A zahlen 2 4 6 12 14

# Alle Zahlen des Arrays verarbeiten
for zahl in ${zahlen[*]}
do
  zahl=$zahl*2+1
  echo $zahl
done

# Was ist mit dem Array geschehen?
echo "---"
for zahl in ${zahlen[*]}
do
  echo $zahl
done
```

Listing 2.15: zahlentest1 – Arrays in for-Schleifen

```
mars# ./zahlentest1
5
9
13
25
29
---
2
4
6
12
14
```

Wie zu erwarten, wurde in der ersten Schleife zwar die Laufvariable `zahl` verändert, nicht jedoch das jeweilige Array-Element selbst. Um Letzteres zu erreichen, verwendet man eine `while`-Schleife.

2.21 Die while- und die until-Schleife

Während die `for`-Schleife speziell für die Verarbeitung von Listen konstruiert ist, handelt es sich bei der `while`- und der `until`-Schleife um die klassischen Schleifen-Typen: Wiederhole eine Aktion so lange, wie eine Bedingung erfüllt ist. Dabei ist die `while`-Schleife bei weitem häufiger in Shell-Skripten anzutreffen als `until`, da sie der eigentliche Schleifen-Typ ist. `until` ist nichts weiter als eine alternative Formulierung von "`while not`".

❑ while *befehl* ; do ... ; done	Syntax, Befehl testen.
❑ while [...] ; do ... ; done	Syntax, Bedingung testen.
❑ while [$n -lt 77] ; do ...	Zahlenbereiche durchlaufen.
❑ while ["$eingabe" != "q"] ; do ...	Schleife um Benutzereingabe
❑ read eingabe	Benutzereingabe einlesen.
❑ while ((i <= $nmax)); ...${arr[$i]} ...	Arrays bearbeiten mit while.
❑ while true ; do ...	Endlosschleife
❑ until *befehl* ; do ...	statt while ! *befehl*
❑ until [$eingabe = "q"] ; do ...	Schleife um Benutzereingaben
❑ until false ; do ...	Endlosschleife

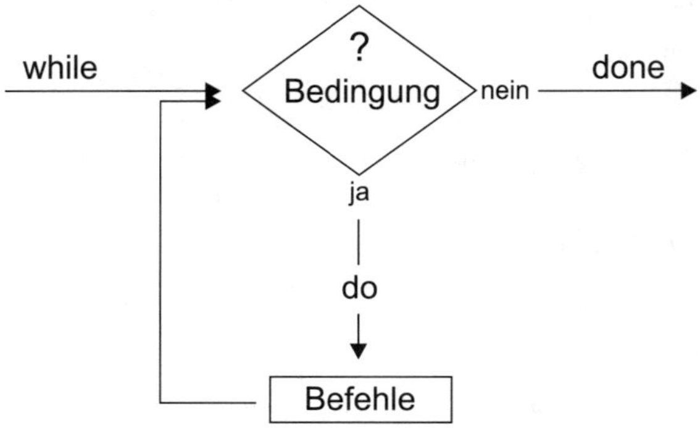

Abbildung 2.16: while-Schleife

Die while-Schleife

Die `while`-Schleife ist der gängigste Schleifen-Typ neben `for`.

```
while [ bedingung ]
do
  befehl
  ...
done

while testbefehl
do
  befehl
  ...
done

while testbefehl ; do befehl ; ... ; done
```

```
while [ bedingung ] ; do befehl ; ... ; done
```

`while` führt den Block von Befehlen zwischen `do` und `done` so lange immer wieder aus, wie die Bedingung wahr ist. Die Bedingung wird *vor* jedem Durchlauf getestet. Wenn die Bedingung von Anfang an falsch ist, wird der Befehls-Block überhaupt nicht ausgeführt.

Ebenso wie `if` sieht die allgemeine Syntax von `while` einen beliebigen Test-Befehl vor, der ausgeführt wird, und dessen exit-Status entscheidet, ob der folgende Befehls-Block ausgeführt wird. Das Testen von Bedingungen ist syntaktisch gesehen also ein Spezialfall, da hier das Kommando `test` bzw. seine symbolische Form `[...]` als Test-Befehl genommen wird.

Die komplette `while`-Schleife gilt als *ein* einziges Kommando. Umleitungszeichen < >, Pipes | und & (zur Ausführung im Hintergrund) werden daher erst hinter `done` gesetzt. Das Gleiche gilt übrigens auch für die `for`-Schleife und die noch folgenden `until` und `select`.

Zahlenbereiche mit while

Eine typische Anwendung für `while`-Schleifen ist das Durchlaufen eines Zahlen-Bereiches. Nehmen wir an, wir wollen alle Rechner in einem bestimmten IP-Adressbereich auf ihre Erreichbarkeit hin testen. [12]

```
#!/bin/bash
# pingscope
base=193.234.29
start=120
stop=240
zahl=$start

while [ $zahl -lt $stop ]
do
  ip=$base.$zahl
  ping $ip 3 >/dev/null 2>&1 || echo "$ip nicht erreichbar"
  zahl=`expr $zahl + 1`
done
```

Listing 2.16: pingscope – Bereich von IP-Adressen anpingen

Das Argument 3 für ping bedeutet, dass 3 Pakete gesendet werden.

Das Hochzählen erfolgt innerhalb der Schleife entweder mit `expr` oder mit `[[ ]]` oder Integer-Typen in ksh und bash.

Benutzer-Eingaben mit while

Ein weiteres typisches Einsatzgebiet für `while`-Schleifen ist das Einlesen von Benutzereingaben. Auch wenn wir Eingabe-Operationen erst in einem späteren Kapitel en détail behandeln werden, wollen wir hier bereits einen ersten Blick darauf werfen.

Immer wenn Sie User-Interfaces für komplexere Aktionen erstellen, wie zum Beispiel Archivierung- oder Backup-Skripts, müssen Sie Benutzer-Eingaben verarbeiten.

```
echo "Welches Verzeichnis moechten Sie archivieren?"
read eingabe
```

12. LINUX: Statt 'ping $ip 3': 'ping -c 3 $ip'

WICHTIG

Der Befehl read liest eine Zeile von der Standardeingabe und speichert sie in einer Variablen (hier: eingabe).

Manchmal möchte man zwar nur eine einzelne Frage an den Benutzer stellen, sodass ein einziger Aufruf von read genügt, oft soll aber so lange gefragt werden, bis der User mit "quit" oder Ähnlichem die Abfrage beendet. Hierzu ist eine while-Schleife bestens geeignet.

```
#!/bin/bash
# archive1     Archivierung mit Schleife fuer Benutzer-Eingabe

archdir=/archive
frage="Welches Verzeichnis moechten Sie archivieren?"

echo
echo $frage
read eingabe

while [ "$eingabe" != "quit" ]
do
  dir=$eingabe
  if [ -d $dir ]
    then
    mkdir -p $archdir/$dir
    find $dir | cpio -pdm $archdir
    echo "$dir archiviert  nach $archdir/$dir"
  else
    echo "Verzeichnis $dir nicht gefunden"
  fi
  echo
  echo $frage
  read eingabe
done
```

Listing 2.17: archive1 – Archivierung mit Schleife für Benutzereingabe

```
mars# ./archive1

Welches Verzeichnis moechten Sie archivieren?
mydata1
2368 blocks
mydata1 archiviert  nach /archive/mydata1

Welches Verzeichnis moechten Sie archivieren?
mydata1
2368 blocks
mydata1 archiviert  nach /archive/mydata1
```

```
Welches Verzeichnis moechten Sie archivieren?
quit
mars#
```

`cpio -pdm` sichert alle Dateien, die durch `find` gefunden werden, in ein Verzeichnis, `$archdir`. Der Befehl `mkdir -p` erstellt das nötige Verzeichnis, falls es noch nicht existiert.

Der Benutzer muss exakt "quit" eingeben, sonst kommt er nicht raus. Das kann nicht gut gehen! Wie geht man typischerweise vor, wenn man mehr Komfort anbieten möchte? Man wandelt die Eingabe in Kleinbuchstaben um und akzeptiert den Anfangsbuchstaben `q`!

```
read eingabe
eingabe=`echo $eingabe | tr 'A-Z' 'a-z'`
.....
while [ "$eingabe" != "quit" -a "$eingabe" != "q" ]
```

Die entsprechende Variante unseres Skriptes finden Sie auf der CD unter dem Namen `archive2`.

Sicherlich stört es Sie, dass die Abfrage zusätzlich einmal vor der `while`-Schleife erfolgen muss. Würden wir dies nicht tun, müssten wir die Abfrage innerhalb der Schleife an den Anfang statt an das Ende stellen. Doch dadurch würde beim Verlassen der Schleife auch ein Verzeichnis "quit" gesichert. Daher also unser Entschluss, zweimal zu fragen. Eine Alternative hierzu werden wir in Abschnitt 2.22 über Schleifen-Abbrüche kennen lernen.

Arrays mit while

Korn-Shell und Bash

Im letzten Abschnitt hatten wir gesehen, wie bequem man mit Hilfe einer `for`-Schleife an alle Elemente eines Arrays herankommt. Möchte man das Gleiche mit Hilfe einer `while`-Schleife erreichen, wird es etwas aufwändiger, da man sich um das Hochzählen der Indizes kümmern muss. Doch die Mühe lohnt sich: anders als bei einer `for`-Schleife können wir hier die Array-Elemente direkt verändern.

```
while (( i <= $arraylaenge ))
do
  befehl
  ...
done
```

```
#!/usr/bin/ksh
# zahlentest2
# Achtung: Korn-Shell-Syntax
# Zeigt die Verwendung von Arrays mit while

typeset -i zahlen idx=0 maxidx=0
set -A zahlen 2 4 6 12 14

# Loecher entfernen
set -A zahlen ${zahlen[*]}

# Der hoechste Index
```

Listing 2.18: zahlentest2 – Arrays in while-Schleifen

```
maxidx=${#zahlen[*]}-1

# Alle Zahlen des Arrays verarbeiten
while (( idx <= maxidx ))
do
  let zahlen[$idx]=${zahlen[$idx]}*2+1
  echo ${zahlen[$idx]}
  idx=idx+1
done
```

Listing 2.18: zahlentest2 – Arrays in while-Schleifen(Fortsetzung)

```
mars# ./zahlentest2
5
9
13
25
29
```

Wie man sieht, wurde das Array direkt verändert.

`maxidx` wurde aus der Anzahl der Elemente berechnet, wobei noch 1 subtrahiert wurde, da der Index üblicherweise bei null beginnt.

Vorher wurde das Array auf sich selbst kopiert, um Löcher, also nicht besetzte Indizes zu entfernen. Ohne diese Maßnahme ist es kaum möglich, die Indizes vernünftig von einem Start- bis zu einem Ziel-Wert laufen zu lassen. Enthält Ihr Array keine Löcher, können Sie sich diese Maßnahme sparen. Sind hingegen die Positionen der Elemente von Bedeutung, sodass Löcher erhalten werden müssen, müssen Sie den höchsten Index auf irgend eine andere Art mitführen oder bestimmen.

Endlos-Schleifen, true und sleep

Wenn die Bedingung einer while Schleife immer wahr ist, ergibt sich eine Endlosschleife. Zum einen benutzt man Endlosschleifen, um wirklich dauerhaft zu arbeiten, was zum Beispiel alle Dämonen Ihres Systems tun. Zum andern sind manche Abbruchbedingungen zu komplex, als dass man sie in den Kopf der Schleife schreiben möchte. Solche Fälle behandeln wir im nächsten Abschnitt. Hier sehen Sie zunächst wirklich endlose Endlosschleifen, die nur durch den Tod des Programms ein Ende finden.

```
while true ; do ...
while : ; do ...
while [ 1 ] ; do ...
while [ a = a ] ; do ...
```

Vier verschiedene und durchaus gängige Möglichkeiten, eine Endlosschleife zu erzeugen! `true` ist ein Kommando, das immer den Wert 0, also Erfolg zurückgibt. Der Doppelpunkt ist ein Befehl, der ebenfalls nichts tut außer 0 zurückzugeben. Der schlichte Wert 1 ist in den Augen von `test` immer wahr und `"a = a"` natürlich auch.

Versuchen wir uns an einem Programm, das einen wichtigen Dienst überwacht. Nehmen wir als Beispiel *httpd*, den Web-Server. Wenn unser Skript feststellt, dass *httpd* nicht mehr läuft, soll es uns per E-mail alarmieren. Das Skript soll ständig laufen und den betroffenen Dienst alle 2 Minuten checken. [13]

```
sleep 120
```

WICHTIG

Mit `sleep` können Sie ein Skript eine gegebene Anzahl von Sekunden anhalten.

```
#!/bin/sh
#dienstchk          Testet alle x Sekunden, ob ein Dienst noch laeuft.

dienst=httpd
intervall=120

while true
do
  if ps -ef | grep $dienst | grep -v grep >/dev/null 2>&1
    then
    :
    else
    echo `date` | mailx -s "Achtung: $dienst ausgefallen!" root
  fi
  sleep $intervall
done
```

Listing 2.19: dienstchk – testet permanent, ob ein Dienst noch läuft

```
mars# ./dienstchk &
```

Ein solches Skript sollte von `cron` automatisch alle paar Stunden aufgerufen werden, falls es noch nicht oder nicht mehr läuft. Wir haben wieder `:` verwendet, um der Syntax zu genügen, obwohl wir keinen Befehl für den `then`-Teil haben.

Korn-Shell und Bash

In ksh und bash kann man dies auch eleganter regeln, indem man ein ! vor den Testbefehl setzt:

```
if ! ps -ef | grep $dienst | grep -v grep >/dev/null 2>&1
```

`grep` sieht so kompliziert aus, weil wir sicherstellen müssen, dass es sich nicht selbst findet und nur deswegen keinen Alarm gibt. Achtung beim Einsatz von `mail`! Nicht alle Versionen verstehen die Option `-s` zur Übergabe des Subjekts. Alternativ können Sie `mailx` verwenden – wie hier geschehen – oder das Subjekt mit "Subject: ..." in die `echo`-Anweisung mit aufnehmen.

Die until-Schleife

Die `until`-Schleife ist das Äquivalent zu `"while not"`. Sie wiederholt den Befehlsblock so lange, bis der Testbefehl erfolgreich ist, also eine 0 zurückgibt. Anders ausgedrückt: Sie läuft so lange, wie der Testbefehl fehlschlägt.

```
until testbefehl
do
  befehl
  ...
done
```

13. Ältere LINUX-Varianten benötigen statt 'ps -ef' 'ps aux'.

```
until testbefehl ; do befehl ; ... ; done
```

Natürlich kann auch hier wieder eine Bedingung über `[...]` getestet werden.

Wenn ein Prozess beim Start wichtige Ressourcen per NFS von einem anderen Rechner bezieht, dieser Rechner gerade aber nicht verfügbar ist, kann der Start fehlschlagen. Das ist umso ärgerlicher, als der NFS-Server vielleicht einige Minuten später wieder läuft. In solchen Fällen lohnt es sich, das Starten des Prozesses in eine until-Schleife zu packen. [14]

```
#!/usr/bin/ksh
#dienststart          Startet einen Dienst nachdrücklich

dienst="/etc/init.d/lp start"
proc="lp"
intervall=300
waittime=30
systemlog="/var/adm/messages"

$dienst
sleep $waittime

until ps -ef | grep $proc | grep -v grep >/dev/null
do
  echo "`date` Start von $dienst fehlgeschlagen." >> $systemlog
  sleep $intervall
  $dienst
  sleep $waittime
done

echo "`date` $dienst gestartet." >> $systemlog
```

Listing 2.20: dienststart – startet einen Dienst nachdrücklich

Wir lassen dem Prozess also 30 Sekunden Zeit, bis wir ihn mit `ps` suchen. Erscheint er nicht, warten wir 5 Minuten, bevor wir ihn erneut starten. Wir haben `$dienst` und `$proc` getrennt, weil man Dienste ja oft über Skripte startet, `ps` aber den nackten Dämon zeigt.

Schleifen um Benutzereingaben werden oft lieber mit `until` statt mit `while` formuliert, da es etwas intuitiver ist zu sagen: "Wiederhole, bis der User q eingibt" statt "Wiederhole, solange der User nicht q eingibt".

```
echo $frage
read eingabe
until [ "$eingabe" = "q" ]
do
  ...
```

Auch mit `until` können Sie eine Endlosschleife formulieren. Hierzu benötigen Sie einen Befehl, der nie 0 zurückgibt, wie z.B. `false`, das Gegenstück zu `true`.

14. LINUX: dienst="/etc/init.d/lpd start" (ältere Versionen: dienst="/sbin/init.d/lpd start") systemlog="/var/log/messages"

up ...

Unterschiede zwischen sh, ksh und bash

Für die Korn-Shell und die Bash ist `until` nur eine gleichwertige Variante zu

```
while ! testbefehl
do
  befehl
  ...
done
```

Für die Original-Bourne-Shell [15] hat sie jedoch eine größere Bedeutung, da hier ein Befehl nicht negiert werden kann. Sie selbst kennt kein `!`. Lassen Sie sich nicht durch Ausdrücke wie `[ ! -f datei ]` täuschen. Die Bourne-Shell verwendet `test`, und dieses erkennt `!`. In der Bourne-Shell macht die Verwendung von `until` also Sinn, wenn das Fehlschlagen eines Befehls als Bedingung benutzt werden soll.

2.22 break und continue

`break` und `continue` sind zwei Befehle, mit denen man Schleifen von innen, aus ihrem Befehls-Block heraus steuern kann. Einer `for`-Schleife übergeben Sie im Schleifenkopf lediglich eine Liste von Argumenten, die abgearbeitet werden soll, eine zusätzliche Abbruchbedingung können Sie nicht formulieren. Möchte man die Bearbeitung dennoch vorzeitig unterbrechen, benötigt man `break` oder `continue`. Bei `while`- und `until`-Schleifen verwendet man diese beiden Befehle, wenn die Abbruchbedingung im Schleifenkopf zu kompliziert wird oder zu viele `if`-Schachtelungen im Befehlsblock drohen.

❏ if [bedingung] ; then break ; fi	Syntax
❏ [bedingung] || break	Syntax
❏ for var in liste ; ..... break	for-Schleifen frühzeitig verlassen.
❏ while true ; ..... break	Endlosschleifen beenden.
❏ while true ; read ... ; break	Elegante Benutzereingaben.
❏ for var in liste ; ..... continue	Zum nächsten Listen-Element springen.
❏ break 2 ; continue 2	Aus geschachtelten Schleifen springen.

for-Schleifen abbrechen

Mit `break` brechen Sie eine `for`-Schleife vorzeitig ab, sodass die restlichen Parameter unberücksichtigt bleiben und das Programm hinter der Schleife fortgesetzt wird. `break` ist also nicht mit `exit` zu verwechseln, das statt der Schleife das gesamte Programm beenden würde. Sinnvoll ist der Abbruch durch `break` immer dann, wenn man sein Ziel vorzeitig erreicht hat und unnötige Arbeit vermieden werden soll.

```
for variable in parameter_liste
do
  befehle
  ...
  if [ bedingung ]
    then break
  fi
  ...
done
```

15. Nicht für die sh unter LINUX. Diese kann Befehle negieren.

oder

```
for variable in parameter_liste
do
  befehle
  ...
  [ bedingung ] && break
  ...
done
```

Wir möchten herausfinden, wann eine bestimmte Fehlermeldung in einer Reihe von Logdateien zum ersten Mal auftaucht. Sind die Dateien hunderte von Megabytes groß, kann die Suche mit `grep` Minuten dauern, sodass wir auf keinen Fall unnötig weitersuchen wollen, wenn die Meldung bereits gefunden ist.

```
#!/usr/bin/bash
# breaktest
# Springt aus einer for-Schleife heraus

fehler="ftpd: too many connections"

for file in `ls -rt *.log`
do
  grep "$fehler" $file
  if [ $? = 0 ]
    then
    echo "Fehler zum ersten mal gefunden in: $file"
    break
  fi
done
```

Listing 2.21: breaktest – Mit break aus einer for-Schleife springen

`ls -rt` liefert die Dateien in umgekehrter zeitlicher Reihenfolge, d.h. die älteste zuerst. `$fehler` steht in " ", damit nach der Variablen-Ersetzung die Leerzeichen in `$fehler` nicht zum Verhängnis für `grep` werden.

Endlos-Schleifen beenden

Endlos-Schleifen sind viel beliebter, als Sie vielleicht annehmen. Der Grund dafür ist, dass sie wunderbar mit `break` harmonieren und diese Kombination oft eleganter ist als eine normale `while`- oder `until`-Schleife.

```
while true
do
  befehle
  ...
  if [ bedingung ]
    then break
  fi
  ...
done
```

oder

```
...
[ bedingung ] && break
```

Erinnern Sie sich an unser Skript, das einen Dienst überwacht? Unten haben wir das gleiche Skript noch einmal ausgedruckt, doch diesmal setzen wir `break` ein, um aus der Endlosschleife auszusteigen. Dadurch vermeiden wir, dass bei Ausfall des Dienstes fortlaufend alle 2 Minuten eine Mail versendet wird.

```
#!/bin/sh
#dienstchk2          Testet alle x Sekunden, ob ein Dienst noch laeuft.

dienst=httpd
intervall=120

while true
do
  ps -ef | grep $dienst | grep -v grep >/dev/null 2>&1 || break
  sleep $intervall
done
echo `date` | mailx -s "Achtung: $dienst ausgefallen!" root
#... hier nun weitere Befehle moeglich
```

Listing 2.22: dienstchk2 – testet permanent, ob ein Dienst noch läuft

break in Warteschleifen

Eine leichte Variation des oben besprochenen Themas ist die Warteschleife. Manchmal soll der Fortgang eines Skriptes einfach nur verzögert werden, bis eine bestimmte Bedingung eintritt.

```
while true
do
  [ -f file1.tmp ] && break
  sleep 60
done
...
```

break bei Benutzer-Eingaben

Oft muss man Zeilen, die eigentlich Teil des Befehls-Blocks sind, noch einmal vor der Schleife wiederholen, um mit richtigen Bedingungen in den ersten Schleifen-Test zu gelangen. Ein Parade-Beispiel hierfür ist das Einlesen einer Benutzer-Eingabe. Diese unschöne Situation kann man mit `break` und einer Endlosschleife vermeiden.

```
while true
do
  read eingabe
  [ $eingabe != "q" ] || break
  ...
done
```

oder mit `until`

```
until false
do
  read $eingabe
  [ $eingabe = "q" ] && break
  ...
done
```

Im Fall unseres Archivierungsprogramms sieht das wie folgt aus:

```
#!/bin/bash
# archive3     Archivierung mit Schleife fuer Benutzer-Eingabe
#              Gross/Kleinschreibung und q erlaubt
#              Schleifenabbruch durch break

archdir=/archive
frage="Welches Verzeichnis moechten Sie archivieren?"

while true
do
  echo
  echo $frage
  read eingabe
  eingabe=`echo $eingabe | tr 'A-Z' 'a-z'`
  [ "$eingabe" != "quit" -a "$eingabe" != "q" ] || break
  dir=$eingabe
  if [ -d $dir ]
    then
    mkdir -p $archdir/$dir
    find $dir | cpio -pdm $archdir
    echo "$dir archiviert  nach $archdir/$dir"
  else
    echo "Verzeichnis $dir nicht gefunden"
  fi
done
```

Listing 2.23: archive3 – Archivierung, Schleifenabbruch durch break

continue

Während `break` gleich die ganze Schleife verlässt, bricht `continue` nur den aktuellen Durchlauf ab und setzt die Schleife mit der nächsten Iteration fort. `continue` funktioniert für alle Schleifen-Typen, am häufigsten findet man es aber innerhalb von `for`.

Bearbeitet man mit einer `for`-Schleife eine Liste von Dateien, kann man mit Hilfe von `continue` bestimmte Dateien überspringen, für die man den Schleifen-Block nicht durchführen möchte.

```
for variable in parameter_liste
do
  befehle
```

```
   ...
   if [ bedingung ]
     then continue
   fi
   ...
done
```

Das folgende Diagramm veranschaulicht noch einmal den Unterschied zwischen `break` und `continue`.

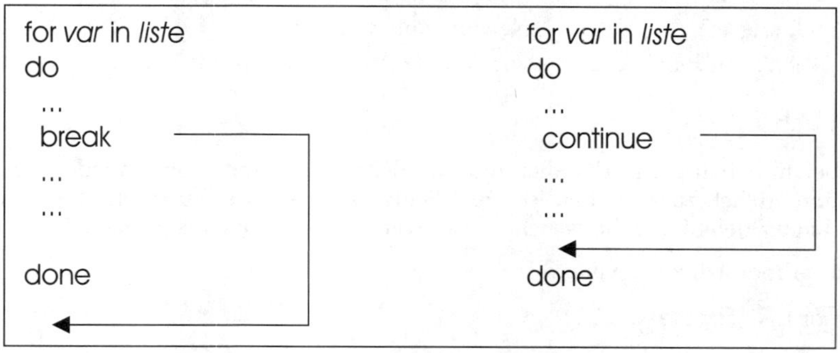

Abbildung 2.17: Funktionsweise von break und continue

```
for file in *
do
  [ -f $file ] || continue
  anzahl=`grep -c $fehler $file`
  echo "Datei: $file  Anzahl Fehler: $anzahl"
done
```

Dieses Code-Schnipsel sucht in allen Dateien des aktuellen Verzeichnisses nach Zeilen, die eine Fehlermeldung enthalten, und zählt diese (`grep -c`). Durch `continue` werden Verzeichnisse, Links etc. übersprungen. Statt `continue` zu verwenden, hätte man den Block auch in `if` schachteln können.

Geschachtelte Schleifen

Innerhalb von geschachtelten Schleifen beziehen sich `break` und `continue` auf die innerste Schleife. In seltenen Fällen ergibt sich die Notwendigkeit, gleich mehrere der geschachtelten Schleifen zu verlassen. Hierfür kann man den beiden Befehlen ein Argument mitgeben, das besagt, auf welche der Ebenen man sich bezieht.

```
break n
continue n
```

Hat man es beispielsweise mit zwei geschachtelten `for`-Schleifen zu tun, kann man mit einem normalen `break` oder `break 1` aus der innersten springen und mit `break 2` aus der äußeren.

2.23 Ausgabe-Operationen

Praktisch in allen Skripten werden Sie früher oder später etwas ausgeben: gefundene Dateien, übertragene Megabytes, extrahierte Fehlermeldungen etc. Welche Möglichkeiten bietet Ihnen hierbei die Shell-Skript-Programmierung? Gibt es mehr als das einfache echo-Kommando, das wir bisher kennen gelernt haben? Diesen Fragen gehen wir im folgenden Kapitel nach.

- echo arg1 arg2 — Daten ausgeben.
- \t \n — Escape-Sequenzen für Tabstop und Newline.
- echo "$meldung \c" — Newline unterdrücken.
- printf "... %8.2f...\n" var1 var2 — Formatierte Ausgabe mit printf.

Ausgabe mit echo

Den echo-Befehl haben wir in fast allen unseren Beispielen benutzt, da ihn jeder kennt und er in seiner Grundfunktion einfach zu verstehen ist. Doch leider gibt es bei echo einen Haken: echo ist ein in die Shells eingebauter Befehl und die verschiedenen Versionen sind nicht kompatibel.

Zunächst zur grundsätzlichen Syntax.

```
echo [-opts] arg1 arg2 ...
```

echo akzeptiert mehrere Argumente, schreibt sie durch ein Leerzeichen getrennt auf die Standard-Ausgabe und schließt mit einem Newline ab. Sind keine Argumente angegeben, wird nur ein Newline ausgegeben.

Unterschiede zwischen sh, ksh und bash

Die Unterschiede zwischen den verschiedenen echo-Versionen beziehen sich auf die möglichen Optionen und das Auswerten von Escape-Sequenzen wie \n \t etc., die zur Ausgabe von Steuerzeichen wie Newline oder Tabulatoren verwendet werden.

Shell	Optionen	Escape-Sequenzen \n \t etc.
sh	keine	ja
ksh	-n in einigen Versionen -e in einigen Versionen	ja
bash	-n -e	nur mit Option -e

Tabelle 2.19:echo in sh, ksh und bash

Wie man sieht, ist es unmöglich, einen einfachen echo-Befehl, der einen Tabulator enthält, portabel für alle drei Shells zu formulieren. Die Bash benötigt immer den zusätzlichen Schalter -e, wenn sie Escape-Sequenzen verstehen soll.

```
mars# sh
mars# echo "aaa\taaa"
aaa     aaa
mars# ksh
mars# echo "aaa\taaa"
aaa     aaa
mars# bash
```

```
mars# echo "aaa\taaa"
aaa\taaa
mars# echo -e "aaa\taaa"
aaa      aaa
```

Die Option `-n` unterdrückt die Ausgabe des abschließenden Newline. Wenn Sie diese Option wählen, läuft Ihr Skript nur in der bash und einigen Versionen der ksh. Nehmen Sie lieber die Escape-Sequenz `\c`.

```
mars# sh
mars# echo "Name: " ; read name
Name:
patrick
mars#
mars# echo "Name: \c" ; read name
Name: patrick
mars#
mars# bash
mars# echo -e "Name: \c" ; read name
Name: patrick
mars#
```

Alle Shells

Escape-Sequenzen sind Sonderzeichen, die vom Ausgabegerät als Steuer-Anweisungen interpretiert werden. Sie werden immer durch einen Backslash eingeleitet und müssen innerhalb von doppelten Anführungszeichen stehen. Wir arbeiten normalerweise mit den folgenden Sequenzen:

`\n` erzeugt ein Newline

`\t` erzeugt einen Tabulator-Sprung

`\c` unterdrückt das abschließende Newline

Die Sequenz `\c` wird vor allem in Zusammenhang mit Benutzer-Abfragen verwendet. Durch `\c` erreicht man, dass der Cursor direkt hinter dem ausgegebenen Text stehen bleibt.

Escape-Sequenz	Bedeutung
\a	alarm, beep, Piepser
\b	backspace, eins zurück (früher bei Druckern für fett)
\c	continue, unterdrücke Newline
\f	form feed, einige Zeilen vorwärts
\n	newline
\r	return, zurück an den Zeilenanfang
\t	tabulator
\v	vertical tabulator, eine Zeile vor, gleiche Spalte
\\	einfacher Backslash
\0xxx	nur sh und ksh: ASCII-Zeichen der oktalen Nr. xxx, z.B. \0101 (dezimal 65) ergibt A
\xxx	nur bash: Wie oben. \101 ergibt A

Tabelle 2.20:Escape-Sequenzen

Zum Abschluss noch ein Beispiel, das uns den begrenzten Nutzen des Tabulators zeigen und uns zum nächsten Befehl `printf` überleiten soll.

```
for string in kurz langlang kurz langlang
do
  print "$string\t$string\t$string"
done
```

ergibt

```
kurz    kurz    kurz
langlang        langlang        langlang
kurz    kurz    kurz
langlang        langlang        langlang
```

Wenn Sie eine formatierte Ausgabe benötigen, hilft Ihnen `echo` nicht viel weiter. Der Tabulator versagt als Formatierungshilfe, sobald die Elemente, die untereinander ausgegeben werden sollen, zu unterschiedlich in ihrer Länge sind.

Ausgabe mit printf

Zur formatierten Ausgabe steht Ihnen der Befehl `printf` zur Verfügung. Mit ihm legen Sie ein festes Ausgabe-Format für eine Zeile fest und geben dann die gewünschten Daten in diesem Format aus.

```
printf format arg1 arg2 arg3 ...
```

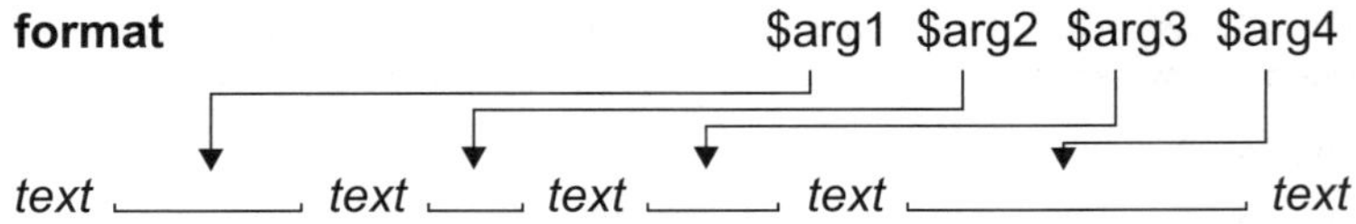

Abbildung 2.18: printf

Der *format*-String enthält das Zeilen-Format in symbolischer Form. Er besteht aus einer normalen Zeichenkette, in die Platzhalter für die nachfolgenden Elemente eingebaut sind.

```
printf "Name: %-20s login: %10s \n" $user $login
```

ergäbe z.B. in einer entsprechenden `for`-Schleife

```
Name: Hans Meier           login: hmeier
Name: Renate Schulze       login: rschulze
Name: U. Braun             login: ubraun
Name: Herrmann Hagenstein  login: hmeier
```

Der angegebene String wird so ausgegeben, wie er in "..." steht, mit Ausnahme der Platzhalter, die jeweils mit einem %-Zeichen beginnen. In diese werden stattdessen nacheinander die übergebenen Argumente eingesetzt. Wie Sie sehen, versteht `printf` auch Escape-Sequenzen im Format-String.

VORSICHT

`printf`-Formate benötigen `\n` um einen Zeilenvorschub zu erzielen; er erfolgt nicht automatisch.

Platzhalter müssen in einer der folgenden Formen aufgebaut sein:

%`z` oder %`mz` oder %`m.nz` oder %-`...z`

z steht für den Variablen-Typ. %s bedeutet zum Beispiel, dass dieser Plathalter für einen String steht, %d steht für eine Dezimal-Zahl.

Platzhalter	Variablen-Typ
%s	String
%c	ASCII-Zeichen
%d	Dezimalzahl (wie %i)
%i	Integer (wie %d)
%f	Fließkommazahl, z.B. 3.142
%e	Fließkommazahl in e-Notation, z.B. 1.32e+04
%g	automatische Wahl von %f oder %e, je nachdem ob der Exponent > oder <= -4 ist.
%u	unsigned integer, Integer ohne Vorzeichen
%o	unsigned octal, Oktalzahl ohne Vorzeichen
%x	unsigned hex, Hexadezimalzahl ohne Vorzeichen
%X	wie %x, nur dass ABCDEF statt abcdef verwendet werden

Tabelle 2.21:printf – verfügbare Variablen-Typen

%*mz* minimale Feldbreite

Jeder Platzhalter kann mit einer zusätzlichen Zahl versehen werden, z.B. %8s oder %6f, die die minimale Feldbreite der Variablen angibt. Diese Länge wird auf jeden Fall reserviert. Ist das auszugebende Argument aber breiter, wird es nicht abgeschnitten, sondern das Feld erweitert, das Format also quasi gesprengt.

%*m.nz* Präzision

Zusätzlich zur minimalen Feldbreite kann noch eine Angabe über die Präzision erfolgen. Sie ist vor allem für Fließkommazahlen (%f, %e, %g) gedacht, bei denen sie die Anzahl der Stellen hinter dem Komma bestimmt. Ohne Angabe der Präzision werden 6 Nachkommastellen ausgegeben. Bei Strings gibt sie an, wie viele Zeichen von links gesehen ausgegeben werden sollen. Man kann damit also Strings abschneiden und das Sprengen des Formats verhindern. Für die anderen Zahlen-Formate (%d, %i, %u, %o, %x, %X) spielt sie kaum eine Rolle. Ist die Präzision hier größer als die Zahl der Ziffern, werden entsprechend viele Nullen vorangestellt. Bei %c wird die Präzision nicht ausgewertet.

%-*m.nz* Linksbündigkeit

Normalerweise werden die Argumente rechtsbündig in ihre Felder geschrieben. Durch ein vorangestelltes Minus kann man stattdessen Linksbündigkeit erzielen.

%+*m.nz* % m.nz +/--Formatierung

Ein vorangestelltes Plus erzwingt, dass bei positiven Zahlen das Plus-Zeichen ausgegeben wird, sodass das Format zu dem für negative Zahlen passt. Ein vorangestelltes Leerzeichen erzielt den gleichen Effekt über ein Leerzeichen vor positiven Zahlen.

%#mz Oktal- und Hex-Formatierung

Ein #-Zeichen hat nur für %o, %x oder %X eine Bedeutung und bewirkt dort das Voranstellen von 0 bzw. 0x.

Sehen wir uns diese Theorie anhand einiger Beispiele näher an.

```
mars# printf "%10s %25s \n" $rechner $ip_addr
   jupiter                  193.234.29.7
mars# printf "%-10s %-20s \n" $rechner $ip_addr
jupiter    193.234.29.7
mars# printf "%10s %5s %5.5s \n" $rechner $rechner $rechner
   jupiter jupiter jupit
mars# printf "%10.2f %10.5f \n" $zahl $zahl
    415.13  415.12876
mars# printf "%+5d \n" $zahl
  +23
  -87
mars# printf "%o \n" 65
101
mars# printf "%x \n" 65
41
```

Ausgabe mit print

Nur Korn-Shell

Die ksh und nur diese verfügt über den Befehl `print`, mit dem man praktisch das Gleiche erreicht wie mit `echo`. `print` erkennt Escape-Sequenzen, außer man benutzt sie Option `-r`.

print [-opts] arg1 arg2 ...

-n	Unterdrücke Newline.
-r	Ignoriere Escape-Sequenzen.
-	Interpretiere mit - startende Argumente nicht als Option.
-R	Interpretiere mit - startende Argumente nicht als Option, außer -n.
-u *n*	Schreibe auf Filedescriptor *n*.
-p	Schreibe auf Co-Prozess.

2.24 Eingabe-Operationen

Daten können auf drei unterschiedlichen Wegen in Ihr Skript gelangen. Sie können sie entweder aus einer Datei auslesen, von der Standard-Eingabe vom Benutzer erfragen oder beim Aufruf als Argumente übergeben. In diesem Abschnitt werden wir uns mit dem Befehl `read` beschäftigen, mit dessen Hilfe es möglich ist, sowohl von der Standardeingabe als auch aus Dateien zu lesen.

❑ read *var1 var2 var3*	Lesen von der Standard-Eingabe.
❑ while true ; read *var*	In einer Schleife von Standardeingabe lesen.
❑ read *var*< *datei*	Erste Zeile aus einer Datei lesen.
❑ while read *var* ; do ... ; done < *datei*	Ganze Datei auslesen.
❑ while read arr[$i] ; do ...	ksh und bash: Direkt in ein Array einlesen.
❑ << MARKE	Here-Dokument
❑ read *var*?"*Frage-Text*"	ksh: Frage-Text in read integriert.
❑ read -p Frage-Text var1 ...	bash: Frage-Text in read integriert.

Mit read von stdin lesen

Wenn Sie eine Benutzer-Eingabe benötigen, lesen Sie mit `read` eine Zeile von der Standard-Eingabe ein und speichern sie in einer Variablen ab. Wir haben diesen Befehl bereits in einigen Beispielen verwendet.

```
read var
```

Es ist auch möglich, gleich mehrere Variablen über einen `read`-Befehl einzulesen.

```
read var1 var2 var3
```

Hierbei liest `read` eine Zeile ein und splittet sie in Worte auf, wobei es den von der `for`-Schleife her bekannten Trenner `$IFS` benutzt. Wurden mehr Worte eingegeben, als Variablen vorgesehen sind, erhält die letzte Variable den Rest der Zeile.

```
mars# read name vorname alter
Patrick Ditchen 36 Jahre
mars# echo $name
Patrick
mars# echo $vorname
Ditchen
mars# echo $alter
36 Jahre
```

Mit `$alter` sollte man also nicht unbedingt rechnen.

Benutzer müssen wissen, was sie eingeben sollen, also benötigen wir in aller Regel eine Text-Ausgabe vor einer `read`-Abfrage. Meistens genügt hierfür ein einfaches `echo`. Soll der Prompt nicht in die nächste Zeile springen, sondern hinter dem Ausgabe-Text stehen bleiben, fügt man `\c` an die Ausgabe an.

```
echo "Welcher Rechner soll untersucht werden? \c"
read rechner
```

Mit Hilfe einer `while`- oder einer `until`-Schleife kann so lange von der Standard-Eingabe gelesen werden, bis der Benutzer die Eingabe abbricht. Auch diese Methode haben wir bereits kennen gelernt.

```
while true
do
  echo "Ausgabe-Text \c"
  read eingabe
  [ "$eingabe" = "q" ] || break
  ...
done
```

Mit read aus einer Datei lesen

Der `read`-Befehl wird aber nicht nur dazu verwendet, Benutzer-Eingaben einzulesen, er ist weit mächtiger, als Sie vielleicht annehmen. Lenkt man die Eingabe von `read` um, gelangt man mit den gerade gezeigten Methoden an den Inhalt von Dateien.

```
read var < datei
```

liest die erste Zeile aus einer Datei ein. Das bringt noch nicht viel. Um eine ganze Datei einzulesen, greift man wieder auf eine Schleife zurück.

```
while read var
do
  ...
done < datei
```

Wir verwenden `read` nicht im Befehls-Block, sondern als Testbefehl. Wie kann das funktionieren? Solange `read` eine Zeile lesen kann, gibt es 0 zurück. Ist es jedoch am Ende einer Datei angekommen und kann keine Zeile mehr lesen, gibt es 1 zurück, sodass die `while`-Schleife sich beendet!

Die Umlenkung muss wirklich hinter `done` stehen, denn nur so wird für das komplette while-Konstrukt die Standard-Eingabe umgelenkt. Setzt man stattdessen die Umlenkung direkt hinter den `read`-Befehl, wird bei jedem Durchlauf `"read <datei"` ausgeführt und somit würde immer wieder nur die erste Zeile gelesen werden.

Stellen wir uns eine große Logdatei vor, in der alle Kontaktversuche registriert werden, die fremde Rechner auf unseren E-mail- FTP- oder Web-Server unternehmen. Nun würden wir vor die Aufgabe gestellt, für eine Liste von Rechnern die betreffenden Zeilen aus dieser Logdatei herauszufiltern.

Wir gehen das Problem am geschicktesten an, indem wir die Liste der Rechner in eine eigene Datei schreiben und diese mit `read` in einer Schleife einlesen. Für jeden Durchlauf der Schleife suchen wir mit `grep` dann die Logdatei nach dem aktuellen Rechner ab.

Auszug aus der Logdatei:

```
...
Mar 23 16:34:28 mars ftpd [52653]: connect host=134.67.237.15
Mar 23 16:34:45 mars ftpd [52672]: disconnect host=188.191.45.32
Mar 23 16:35:12 mars ftpd [52698]: connect host=199.234.32.67
Mar 23 16:35:38 mars ftpd [52724]: connect host=205.12.65.221
Mar 23 16:37:12 mars ftpd [52741]: disconnect host=134.67.237.15
Mar 23 16:37:21 mars ftpd [52753]: connect host=118.223.87.34
Mar 23 16:37:54 mars ftpd [52789]: disconnect host=205.12.65.221
Mar 23 16:38:03 mars ftpd [52812]: disconnect host=199.234.32.67
Mar 23 16:39:28 mars ftpd [52868]: connect host=199.234.32.67
Mar 23 16:40:19 mars ftpd [52883]: connect host=211.34.241.17
Mar 23 16:40:33 mars ftpd [52885]: disconnect host=199.234.32.67
Mar 23 16:40:34 mars ftpd [52886]: connect host=129.165.45.99
...
```

Datei mit interessanten Rechnern:

```
199.234.32.67
129.165.45.99
244.26.251.177
...
```

Unser Skript:

```
#!/bin/sh
# findip1
# Sucht nach einer Liste von IP-Adressen in einer Logdatei
# und speichert gefundene Zeilen in separaten Dateien.
```

Listing 2.24: findip1 – Durchsucht eine Logdatei nach einer Liste von IP-Adressen

```
hostfile=./daten/hostctrl.dat
logdatei=./daten/ftpd.log

while read host
do
  grep $host $logdatei > $host.log
done < $hostfile
```

Listing 2.24: findip1 – Durchsucht eine Logdatei nach einer Liste von IP-Adressen(Fortsetzung)

Verblüffend einfach! Dieses Schema können Sie immer anwenden, wenn Sie Logdateien in Bezug auf mehrere Parameter bearbeiten müssen, z.B. mehrere Rechner, Netze, Benutzer oder Programme. Oder, noch allgemeiner gesprochen, wenn Sie einen Block von Aktionen für eine Liste von Rechnern, Benutzern, etc. durchführen möchten und Sie diese Liste wegen ihrer Länge oder der Übersichtlichkeit halber in einer Datei gespeichert haben.

Verfolgen wir unser Beispiel noch etwas weiter. Wir sind nicht an den kompletten Logging-Zeilen interessiert, sondern möchten den Kunden nur die Liste der Connect-Zeiten liefern. Aus jeder Zeile filtern wir also Datum und Uhrzeit heraus. Hierzu wird die Zeile

```
grep $host $logdatei > $host.log
```

einfach ersetzt durch

```
grep $host $logdatei | awk '{print $1,$2,$3,$7}'  > $host.log
```

Wir haben `read` nur zum Einlesen der Rechnerliste verwendet. Die Logdatei wurde stattdessen mit `grep` bearbeitet. Der Grund für dieses Vorgehen ist die Geschwindigkeit, mit der `grep` durch die Datei fegt, die es sogar verzeiht, dass wir die Datei mehrmals lesen. `read` ist hingegen sehr langsam und führt schon bei Logdateien von wenigen MB zu minutenlangen Laufzeiten. Zwischen der Geschwindigkeit der beiden Methoden liegt ein Faktor 10 bis 20.

Wenn Sie dennoch wegen der Komplexität Ihrer Aktionen jede einzelne Zeile mit `read` einlesen müssen, empfiehlt es sich, in einem Vorlauf zunächst nur die interessanten Zeilen aus der Logdatei herauszufiltern.

Mit read aus einer Pipe lesen

Eine raffinierte Alternative zum Lesen aus einer Datei ist die Übernahme von Daten aus einer Pipe. Die Pipe verbindet unsere Standard-Eingabe mit der Ausgabe eines beliebigen Prozesses und `read` liest von `stdin`. Gute Vorraussetzungen also, die Ausgabe eines Prozesses direkt zeilenweise einzulesen.

Hängen wir uns beispielsweise mit `tail -f` an das Ende einer Messages-Datei und untersuchen jede neu eintreffende Zeile auf einen bestimmten Programmnamen hin.

```
tail -f $messages | \
while read zeile
do
  if echo $zeile | grep $program >/dev/null
    then echo $zeile | mailx -s "Fehler in $program" root
  fi
done
```

VORSICHT

Verarbeiten Sie die Ausgabe einer Pipe sofort weiter! Speichern Sie sie nicht in einer Variablen, denn diese wird meistens nach dem Schließen der Pipe wieder verworfen!

Unterschiede zwischen sh, ksh und bash

Wieso der obige Hinweis? Innerhalb einer Pipe werden die meisten Prozesse in Subshells verarbeitet, sodass darin belegte Variablen nach dem Schließen der Subshell verworfen werden. In ksh und bash wird allerdings einer der Befehle in der aktuellen Shell ausgeführt. Folgende Notation zeigt Ihnen, wie die Shells eine Pipe im Detail ausführen.

```
sh:    (befehl) | (befehl) | (befehl)
ksh:   (befehl) | (befehl) |  befehl     16
bash:   befehl  | (befehl) | (befehl)
```

Nur in der ksh würden wir daher nach einer Konstruktion wie:

```
grep error datei | read zeile
```

auch im weiteren Verlauf des Skriptes die eingelesene Zeile in `$zeile` finden.

> **WICHTIG**
>
> Die gleiche Problematik tritt auf, wenn Sie in der Bourne-Shell (und nur da) eine komplette Schleife (`while`,`until`, etc.) mit < > oder | umleiten, da in diesem speziellen Fall ebenfalls eine Subshell geöffnet wird.

Mit read in Arrays lesen

Nur Korn-Shell und Bash

Unabhängig davon, ob man von der Standard-Eingabe oder aus einer Datei liest, kann man in Korn-Shell und Bash die gelesenen Zeilen direkt in ein Array einlesen. Jede Zeile wird dann in einem separaten Feld des Arrays gespeichert und kann später bequem mit Hilfe der Indizes, einer `for`- oder einer `while`-Schleife bearbeitet werden.

```
#!/usr/bin/ksh
# readarray
# read mit Arrays

typeset -i i=0
while read hosts[$i]
do
  i=i+1
done <hostctrl.dat

echo ${hosts[*]}
```

Listing 2.25: readarray – read mit Arrays

```
mars# ./readarray
199.234.32.67 129.165.45.99 244.26.251.177
```

16. LINUX: Hier verhält sich die ksh (pdksh) wie die Bash.

Here-Dokumente

Mit `read` kann man Daten auch direkt aus dem eigenen Skript heraus lesen, als wäre eine Datei in das Skript eingelagert. Ein solcher eingelagerter Datenbereich wird `Here`-Dokument genannt. Um mit `read` aus einem Here-Dokument zu lesen, lenkt man es in der Form `read<<MARKE` um. Alle folgenden Zeilen bis zur Marke werden als Daten interpretiert.

```
while read zeile
do
  ...
done <<MARKE
zeile1
zeile2
...
MARKE
```

Die Marke muss beide Male exakt gleich geschrieben sein. Achten Sie auf versteckte Leerzeichen vor oder hinter der Marke.

WICHTIG

Neben `read` können Sie auch alle anderen Befehle, die von `stdin` lesen, in ein Here-Dokument umleiten.

`Here`-Dokumente sind beliebt, wenn es um die Einlagerung von ganzen Textpassagen oder von Fehlermeldungs-Listen in ein Skript geht. Die Alternative zu `Here`-Dokumenten sind immer zusätzliche externe Dateien. Verwenden Sie am besten Letztere, wenn Sie dem späteren Benutzer Anpassungen erlauben möchten und `Here`-Dokumente, wenn die Daten unveränderlich sind oder Sie das Mitführen einer separaten Datei scheuen.

Unser Beispiel von oben sähe bei Einsatz eines `Here`-Dokumentes folgendermaßen aus:

```
#!/bin/sh
# findip2
# Sucht nach einer Liste von IP-Adressen in einer Logdatei
# und speichert gefundene Zeilen in separaten Dateien.
# Rechner-Liste als Here-Dokument

logdatei=./daten/ftpd.log

while read host
do
  grep $host $logdatei | awk '{print $1,$2,$3,$7}' > $host.log
done << ENDE_RECHNER
199.234.32.67
129.165.45.99
244.26.251.177
ENDE_RECHNER
```

Listing 2.26: findip2 – Durchsucht eine Logdatei nach einer Liste von IP-Adressen

Sie dürfen Sonderzeichen innerhalb des `Here`-Dokumentes verwenden, also etwa $name `date` oder *.txt. Wenn Sie die gelesenen Zeilen anschließend ausgeben, werden diese Metazeichen wie erhofft interpretiert. Möchten Sie genau dieses verhindern, können Sie das gesamte `Here`-Dokument quasi in Single Quotes setzen, indem Sie die MARKE in '..' schreiben.

```
while read zeile ; ....; done << 'MARKE'
...
MARKE
```

Schreibt man ein Minus-Zeichen vor die Marke, `<<-MARKE`, werden von jeder eingelesenen Zeile die führenden Leerzeichen oder Tabs entfernt.

Sie können `Here`-Dokumente auch wunderbar gebrauchen, wenn Sie externe Kommandos aus Ihrem Skript heraus aufrufen, die Fragen stellen und Antworten oder Daten erwarten. Da Sie zur Laufzeit Ihres Skriptes nicht an der Tastatur sitzen, können Sie nicht antworten. Tun Sie es stattdessen einfach über ein `Here`-Dokument.

Nehmen wir an, das folgende Tool *sometool* benötige zweimal die Bestätigung "yes" sowie ein Ziel-Verzeichnis, damit es einwandfrei läuft.

```
...
sometool << ENDE
yes
yes
~/mydata
ENDE
...
```

read und Zeichenketten

Wie Sie inzwischen wissen, kann `read` die eingelesene Zeile auf mehrere Variablen aufteilen. Nutzen wir doch dieses Feature, um ein wenig Zeichenketten-Magie zu betreiben, das Aufsplitten eines Strings in einzelne Teile. Nehmen wir zum Beispiel die Datei `/etc/passwd`. Jede Zeile ist in sieben durch Doppelpunkte getrennte Felder aufgeteilt. Über `read` kann man leicht an einzelne Felder herankommen.

Die folgenden Zeilen geben das Kommentar-Feld für alle Benutzer aus.

```
IFS=:
while read f1 f2 f3 f4 f5 f6 f7
  echo $f5
done < /etc/passwd
```

Was aber, wenn eine bereits bestehende Variable aufgesplittet werden soll? Immerhin liest `read` nicht aus einer Variable, sondern aus `stdin` oder einer Datei. Geben wir ihm die Variable also einfach dahin, wo es sie haben möchte.

```
echo $zeile | read f1 f2 ...
```

Leider genügt das nicht. Bei einer Pipe werden (fast bei allen Shell-Versionen) die Prozesse in Subshells ausgeführt, wodurch die Variablen `f1`, `f2`, etc. eine Ebene unter unserer aktuellen Shell belegt werden. `echo $f1` in unserer Shell würde anschließend eine leere Zeichenkette ausgeben. Das Problem lässt sich zwar lösen, jedoch etwas kompliziert.

Isolieren wir z.B. auf diese Weise das erste Feld:

```
zeile="root:x:0:1:Super-User:/:/usr/bin/ksh"
login=`echo $zeile | (IFS=: ; read f1 f2 ; echo $f1)`
```

Der wichtigste Nachteil dieses Verfahrens ist, dass immer nur *eine* Variable derart belegt werden kann. Es gibt jedoch eine etwas elegantere Methode, die das Einlesen aus einem Here-Dokument ausnutzt und alle gewünschten Variablen auf einen Schlag belegt.

```
zeile="root:x:0:1:Super-User:/:/usr/bin/ksh"
IFS=:
read f1 f2 f3 f4 f5 f6 f7 <<ENDE
$zeile
ENDE
```

read-Spezialitäten

Korn-Shell und Bash

`read` ist ein Builtin-Kommando der Shells und von daher wie `echo` je nach Shell etwas unterschiedlich realisiert. In Korn-Shell und Bash bietet `read` einige Spezialitäten, die hier nur kurz erwähnt werden sollen.

$REPLY

Beide Shells sehen eine Default-Variable für `read` vor. Während die Bourne-Shell einen Syntax-Fehler meldet, wenn man keine Variable angibt, wird in ksh und bash die Eingabe in der Variablen REPLY gespeichert.

```
read
echo $REPLY
```

Nur Korn-Shell

In der ksh kann man den Text, den man üblicherweise einer Benutzer-Abfrage mit `"echo ..\c"` vorausschickt, direkt in den `read`-Befehl integrieren.

```
read var?"Frage-Text"
read var1?"Frage-Text" var2 var3 ...

read dir?"Geben Sie bitte ein Verzeichnis ein: "
```

Statt `read var < &4` (siehe 2.25) kann man in der ksh auch schreiben:

```
read -u4 $var
```

Nur Bash

Auch in der Bash gibt es die Möglichkeit, einen Ausgabe-Text direkt in die `read`-Abfrage zu integrieren, allerdings mit anderer Syntax.

```
read -p Frage-Text var1 var2 var3 ...

read -p "Geben Sie bitte ein Verzeichnis ein: " dir
```

Die Bash sieht außerdem eine Möglichkeit vor, mit `read` Zeichenketten aufzusplitten, indem man die Zeichenkette direkt in eine Variable einliest. Dort landen die einzelnen Worte dann in separaten Feldern.

```
read -a array
```

Um eine Zeichenkette in ein Array aufsplitten, kombiniert man diese Methode mit dem Auslesen eines `Here`-Dokuments:

```
read -a array <<ENDE
$string
ENDE
```

2.25 File-Descriptoren

Sie kennen bereits die Kanäle 0, 1 und 2 für Standard-Eingabe, Standard-Ausgabe und Standard-Fehlerausgabe. Sie werden beim Start eines Skriptes von der Shell automatisch geöffnet. Manchmal reichen diese Kanäle aber nicht aus, wie Sie gleich sehen werden. Insbesondere, wenn Daten aus mehreren Quellen gelesen werden sollen, scheitern wir an den Beschränkungen des Standard-Eingabe-Kanals. In diesen Fällen bietet uns die Shell die Möglichkeit, weitere Kanäle über so genannte File-Descriptoren zu öffnen.

- exec 3< *datei* — Datei zum Lesen öffnen.
- exec 3> *datei* — Datei zum Schreiben öffnen.
- *befehl* <&3 — Aus Datei lesen.
- *befehl* >&3 — In Datei schreiben.
- exec *n*>&- — Datei schließen.

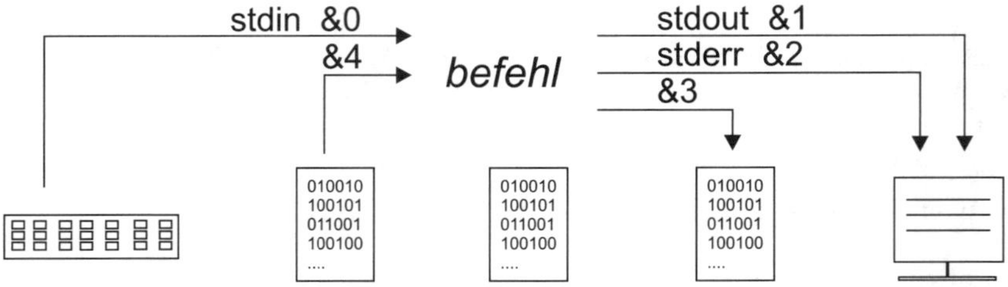

Abbildung 2.19: File-Descriptoren

File-Descriptoren benutzen

Möchte man neben den Standard-Kanälen eine weitere Datei öffnen, verwendet man folgende Syntax.

```
exec n< datei        # Lesen aus Datei
exec n> datei        # Schreiben in Datei
exec n>> datei       # Anhaengen an Datei
```

n kann eine Zahl zwischen 3 und 9 sein.

Um aus der Datei zu lesen oder in sie zu schreiben, schreibt man

```
befehl <&n           # Lesen aus Datei
befehl >&n           # Schreiben in bzw. Anhaengen an Datei
```

Wichtig ist, dass zum Anhängen von Daten an eine Datei nicht erst bei der Verwendung des Befehls, sondern bereits bei der Definition des Descriptors das Symbol >> verwendet wird.

Um eine Datei wieder zu schließen:

```
exec n>&-            # Schließt n, egal ob mit > < oder >> geöffnet wurde
```

VORSICHT

Schließen Sie Ihre Datei-Descriptoren wieder! Datei-Descriptoren werden an Subshells vererbt. Von dort aus könnte an der aktuellen Stelle weitergelesen werden und Sie verlieren komplett den Überblick.

Eine Datei geöffnet halten

Wozu benötigt man File-Descriptoren? Zum Beispiel, wenn es Sie stört, dass Sie nicht ohne weiteres mehrere Zeilen aus einer Datei über die Umlenkung `<datei` auslesen können.

```
# hosts.dat
luna
jupiter
venus
```

Die folgenden Zeilen

```
read host1 <hosts.dat
read host2 <hosts.dat
echo $host1 $host2
```

führen zu der Ausgabe

```
luna luna
```

Auch eine `while`-Schleife hilft hier nicht, da Sie in dieser nicht unterschiedliche Variablennamen wie `host1` und `host2` verwenden können. Benutzt man jedoch File-Descriptoren,

```
exec 3< hosts.dat
read host1 <&3
read host2 <&3
echo $host1 $host2
```

funktioniert es. Man erhält

```
luna jupiter
```

Wenn man eine Datei über einen File-Descriptor liest, bleibt der Datei-Zeiger an der aktuellen Position stehen, sodass man die Lese-Operationen jederzeit unterbrechen und an anderer Stelle im Skript wieder fortsetzen kann.

Aus mehreren Dateien lesen

Solange Sie eine Datei nach der anderen auslesen, können Sie dies über die Umlenkung der Standard-Eingabe tun. Sobald Sie aber mehr als eine Datei gleichzeitig offen halten müssen, brauchen Sie File-Descriptoren.

Stellen Sie sich vor, Sie müssen drei Dateien miteinander vergleichen oder synchron verarbeiten. Die Zeilen passen zueinander, Zeile 1 aus der ersten Datei muss mit Zeile 1 aus der zweiten und aus der dritten verglichen oder verarbeitet werden etc. Sie müssen also synchron jeweils eine Zeile aus jeder Datei auslesen.

```
#februar.dat
luna     3436 MB
jupiter  2574 MB
venus     867 MB
```

```
#maerz.dat
luna     4564 MB
jupiter  1446 MB
venus     745 MB
```

```
#april.dat
luna     3122 MB
jupiter  1937 MB
venus     689 MB
```

Wir möchten die Verbrauchs-Werte aus den obigen Dateien sowohl kombinieren wie auch auf den größeren Wert hin testen.

```
#!/bin/bash
# combine
# Kombiniert mehrere Dateien

# Ergebnisdatei und Ueberschriften
outfile=./daten/months.dat
echo "Rechner     Maximum  Februar    Maerz    April" >$outfile



# Dateien oeffnen
exec 3< ./daten/februar.dat
exec 4< ./daten/maerz.dat
exec 5< ./daten/april.dat

while true
do

  # Je eine Zeile einlesen
  read host1 data1 mb <&3
  read host2 data2 mb <&4
  read host3 data3 mb <&5

  # Beenden, wenn Datei am Ende
  [ $? -ne 0 ] && break

  if [ "$host1" = "$host2" -a "$host1" = "$host3" ]
    then

    # Maximum aus drei Monaten berechen
    max=$data1
    [ $max -lt $data2 ] && max=$data2
    [ $max -lt $data3 ] && max=$data3

    # Ausgabe: Maximum und alle Monate
    printf "%-10s %8d %8d %8d %8d MB \n" \
           $host1 $max $data1 $data2 $data3 >> $outfile
    else
```

Listing 2.27: combine – Kombiniert mehrere Dateien

```
      echo "Dateien passen nicht zusammen"
      rm $outfile
      exit 1
    fi

done
```

Listing 2.27: combine – Kombiniert mehrere Dateien (Fortsetzung)

Hier wurde der Weg über eine Endlosschleife gewählt, aus der man mit `break` ausbricht. Stattdessen hätte man auch gleich eines der `read`-Statements als Testbefehl verwenden können:

```
while read host1 data1 mb <&3
...
```

Liest man aus einer `while`-Schleife heraus von einem File-Descriptor, darf dieser direkt hinter dem `read`-Befehl stehen, er muss nicht hinter `done` gesetzt werden (darf aber). Dies ist möglich, da in diesem Fall ein Datei-Zeiger im Spiel ist.

Werfen wir einen Blick auf das Ergebnis, die Datei `months.dat`.

```
mars# ./combine
mars# cat months.dat
Rechner     Maximum  Februar     Maerz     April
luna           4564     3436      4564      3122 MB
jupiter        2574     2574      1446      1937 MB
venus           867      867       745       689 MB
```

Von stdin und aus einer Datei lesen

Ein ähnliches Problem ergibt sich, wenn Sie eine Datei zum Lesen geöffnet halten und gleichzeitig mit dem Benutzer kommunizieren möchten.

Nehmen wir an, die Datei enthielte Software-Pakete, die zu installieren seien. Für jedes Paket soll gefragt werden, ob man es installieren möchte oder nicht. Folgendes Code-Schnipsel könnte dies leisten.

```
exec 3< paketliste.txt

while read paket <&3
do
  echo "Datei $paket installieren? y/n \c"
  read eingabe
  [ "$eingabe" = "n" ] && continue
  pkgadd $paket
done
```

Listing 2.28: Lesen aus Datei und stdin

Auch hier darf die Umleitung <&3 wieder direkt hinter `read` gesetzt werden. Warum muss man aber überhaupt einen File-Descriptor verwenden? Würde man mit Kanal 0 arbeiten, würden sowohl die Paketnamen als auch die Benutzereingabe aus der Datei gelesen, daher die Trennung.

stdout und stderr vertauschen

Eine Pipe liefert immer nur die Standard-Ausgabe eines Programms. Manchmal möchte man jedoch gerade den Fehlerkanal über eine Pipe weiterverarbeiten.

Hierzu lenkt man zunächst den Fehler-Kanal auf die Standard-Ausgabe und verwirft anschließend den Ausgabe-Kanal.

```
befehl  2>&1  1>/dev/null  | ....
```

Um beide Kanäle zu erhalten, die Fehler jedoch auf Kanal 1 auszugeben und die normale Ausgabe auf Kanal 2, muss man beide Kanäle vertauschen. Ähnlich wie beim Vertauschen zweier Variablen benötigt man hierzu einen Hilfs-Kanal.

```
befehl  3>&1  1>&2  2>&3 | ...
```

Standard-Kanäle schließen

Sie können die Standard-Kanäle sogar komplett schließen. Wenn Sie selbst keine Verwendung für die Standard-Ausgabe haben und vermeiden wollen, dass aufgerufene Kommandos den Benutzer mit unvorhergesehenen Ausgaben verwirren, macht diese Maßnahme vielleicht Sinn. Alternativ können Sie jeden einzelnen Befehl nach `/dev/null` umleiten.

```
exec >&-                         # stdout schliessen
exec <&-                         # stdin  schliessen
exec 2>&-                        # stderr schliessen
```

2.26 Spezielle Umlenkungen

Da wir Ein- und Ausgabe-Umlenkungen bereits in Abschnitt 2.6 und somit zu einem sehr frühen Zeitpunkt besprochen haben, war es nicht möglich, dort bereits alle Umlenkungs-Techniken zu verstehen. Deshalb werden hier noch einige spezielle Methoden nachgereicht.

- 1<>*datei* — Datei an bestimmter Position überschreiben.
- (befehl < datei) & — Hintergrundprozess umlenken.
- echo ... | befehl | read — `stdin` und `stdout` eines Prozesses pipen.
- while ... echo | befehl | while read ... — Doppel-Pipe mit Schleifen
- befehl |& — Co-Prozess öffnen.
- read -p ; print -p — Aus Co-Prozess lesen, auf Co-Prozess schreiben.

Die Umlenkung <>

Es gibt noch eine weitere Umleitung, die sehr selten verwendet wird:

```
1<>datei  oder  2<>datei  oder
exec n<>datei ; echo >&n ; read var <&n.
```

Die Datei wird hier sowohl zum Lesen wie auch zum Schreiben geöffnet. Die Besonderheit besteht darin, dass beim Schreiben die neuen Daten genau an der Stelle landen, wo der Dateizeiger durch Lese-Aktionen mit `read` gelandet ist. Alle Zeichen vor oder hinter den neu geschriebenen Daten überleben. Ohne eine vorherige Lese-Aktion werden Daten am Anfang der Datei überschrieben.

```
mars# cat file1
aaaaa
bbbbb
```

```
ccccc
mars# exec 3<>file1
mars# read line <&3; echo $line
aaaaa
mars# echo "BBBBB\c" >&3
mars# cat file1
aaaaa
BBBBB
ccccc
```

Hintergrund-Prozesse umlenken

Wenn Sie einen Prozess im Hintergrund starten, wird seine Standard-Ausgabe auf `stdout` der aufrufenden Shell gelegt, seine Standard-Eingabe aber auf `/dev/null` umgeleitet. Das heißt, Sie können ihm keine Daten über seine Standard-Eingabe mehr schicken.

Wenn Sie mit einem Hintergrund-Prozess arbeiten, müssen sie bedenken, dass er in einer Subshell ausgeführt wird. Sie können also später nicht auf Variablen zugreifen, die während der Laufzeit des Prozesses belegt wurden.

```
befehl < datei &
```

Zwei Pipes für einen Prozess

Normalerweise verbinden Sie bei der Verwendung von Pipes ihr Skript mit der Eingabe *oder* der Ausgabe eines Befehls. Hier ein Beispiel mit dem Befehl `grep`.

```
echo $line | grep error
grep error datei | read line
```

Sie können sich jedoch auch an beide Standard-Kanäle eines Prozesses oder anderen Skriptes hängen.

```
echo $line | grep error | read line2
```

VORSICHT

Beachten Sie auch hier wieder, dass nur in der ksh die Variable `line2` im weiteren Verlauf des Skriptes zur Verfügung steht. Ansonsten heißt es: Daten sofort verarbeiten (siehe die Anmerkung zu Pipes in Abschnitt 2.24).

Selbst wenn Sie in einer Schleife etwas einlesen oder ausgeben, können Sie sich in beide Richtungen an eine Pipe ankoppeln.

```
while read line                    # liest von stdin
do
  echo $line                       # schreibt auf script2
done |
script2 |
while read rueckgabe               # liest aus script2
do
  echo "Zurueck: $rueckgabe"       # schreibt auf stdout
done
```

Co-Prozesse

Nur Korn-Shell

Co-Prozesse gibt es nur in der Korn-Shell. Sie verknüpfen Features, die wir gerade für Hintergrundprozesse und für Pipes besprochen haben.

Ein Co-Prozess ist ein im Hintergrund gestarteter Prozess, dessen Ein- und Ausgabe mit dem aktuellen Prozess verbunden werden.

```
befehl |&                    # Co-Prozess oeffnen
read -p line                 # Von Co-Prozess lesen
print -p $zeile              # Auf Co-Prozess schreiben
```

Wie bei einer normalen Pipe wird die Ausgabe eines Prozesses durch die Pipe zwischengespeichert und kann auch dann noch gelesen werden, wenn der Prozess sich bereits beendet hat.

Will man mehrere Co-Prozesse öffnen, koppelt man sie an File-Descriptoren.

```
befehl1 |&
exec 3<&p
befehl2 &
exec 4<&p
```

>| und noclobber

Nur Korn-Shell und Bash

Bei Verwendung der Ausgabeumlenkung `>datei` wird der alte Inhalt der Datei überschrieben. Um das versehentliche Überschreiben existierender Dateien zu verhindern, schaltet man in Korn-Shell und Bash die Option `noclobber` ein. In der Bourne-Shell gibt es diese Option und das damit verbundene >| nicht.

```
set -o noclobber
```

`echo $text >file` wird nun zwar tadellos funktionieren, wenn es `file` noch nicht gibt, wenn aber doch, erhalten wir eine Fehlermeldung und die Datei bleibt unbeschadet.

Möchte man nun für eine einzelne Ausgabe den etablierten Schutz umgehen, kann man ein Überschreiben durch die Umlenkung >| erzwingen. Es schaltet sozusagen die Option `noclobber` temporär ab.

```
echo $text >| datei
```

2.27 Argumente und Optionen

Neben dem Lesen aus Dateien oder von der Standard-Eingabe gibt es eine dritte Möglichkeit, unsere Skripte mit Daten zu versorgen: Die Übergabe von Argumenten und Optionen beim Aufruf. Durch die Nutzung von Kommandozeilen-Parametern erhalten viele Skripte erst ihre volle Funktionalität und werden so zu wertvollen Werkzeugen in der System-Administration.

- $1 $2 $3 ... — Positionsparameter: übergebene Argumente
- $0 — Programmname
- $# — Anzahl der Parameter
- $* $@ — Gesamte Kommandozeile
- if [$# -lt 2] ; then echo $usage ; ... — Fehler bei der Eingabe abfangen.
- shift — Kommandozeile nach links "schieben".

- ${12} — ksh und bash: Zugriff auf Parameter >9
- for arg in $* ; do ... — Beliebig viele Parameter verarbeiten.
- for arg ; do ... — Kurzform für for arg in $* ; do
- while [$# -gt 0] ; do ... shift — Beliebig viele Parameter verarbeiten.
- set *str1 str2 str3* ... — Positionsparameter neu setzen.
- set -- — Positionsparameter löschen.
- set \`date\` — Zeichenketten aufsplitten durch set.

Kommandozeilen-Parameter

Über die Variablen `$1` bis `$9`, die so genannten Positions-Parameter, gelangen Sie in allen Shells an die beim Aufruf übergebenen Parameter. Dabei wird die Kommandozeile – ohne den Programmnamen – in einzelne Wörter zerlegt und diese dann sukzessive in `$1`, `$2` etc. gespeichert. Zur Zerlegung wird wieder der in `IFS` stehende Trenner verwendet. Diese Methode macht keinen Unterschied zwischen Argumenten und Optionen. Im einen Fall heißt der Parameter eben `"april.dat"`, im anderen `"-o"`.

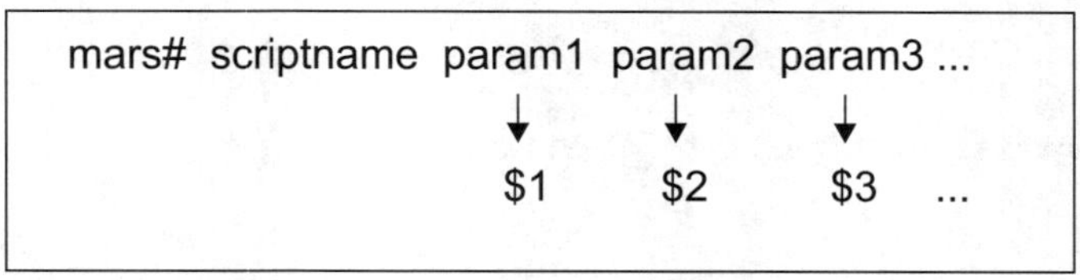

Abbildung 2.20: Positions-Parameter $1, $2, $3 etc.

```
#!/bin/sh
# argtest1
# Kommandozeilen-Parameter testen
#
echo $1
echo $2
echo $4
echo $3
mars# ./argtest1 -v file1.txt file2.txt
-v
file1.txt

file2.txt
mars#
```

In `$*` wird im Gegensatz zu den Einzel-Variablen `$1`, `$2` etc. die gesamte Kommandozeile als *ein* String gespeichert, wieder ohne den Programmnamen. In einer weiteren Variablen, `$@`, befinden sich wie in `$*` ebenfalls alle Parameter gemeinsam, dieses Mal jedoch als Liste von Strings; auf den Unterschied gehen wir gleich noch näher ein. Die Anzahl der übergebenen Parameter finden Sie in `$#`, den Programmnamen in `$0`.

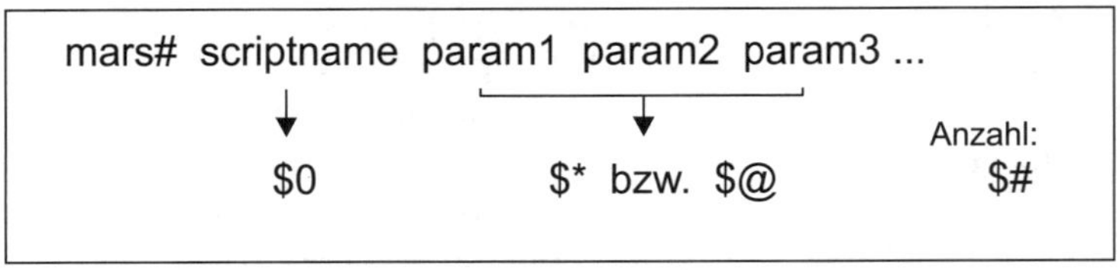

Abbildung 2.21: $0, $, $@ und $#*

```
#!/bin/sh
# argtest2
# Kommandozeilen-Parameter testen
#
echo $0
echo $3
echo $#
echo $*
echo $@
mars# ./argtest2 -v file1.txt file2.txt
./argtest2
file2.txt
3
-v file1.txt file2.txt
-v file1.txt file2.txt
mars#
```

Der Unterschied zwischen `$*` und `$@` kommt erst dann zum Tragen, wenn mehrere Argumente auf der Befehlszeile übergeben werden und einige davon in Anführungszeichen stehen (z.B. weil sie Leerzeichen enthalten).

```
mars# myscript file.log "Hans Meier" 45
```

Wenn Sie in einem solchen Fall die Kommandozeile über eine `for`-Schleife verarbeiten möchten, müssen Sie `"$@"` verwenden.

```
for arg in "$@"
do
   ...
```

Nur `"$@"` erhält die Struktur von drei Argumenten. `$@` ohne Anführungszeichen würde vier Elemente liefern, also "Hans Meier" aufbrechen. Ebenso `$*`. `"$*"` wiederum würde ein einziges Argument liefern, bestehend aus `"file.log Hans Meier 45"`. Man sagt auch, `"$*"` wird zu einem einzigen String expandiert, `"$@"` hingegen zu einer Liste von Strings.

```
for var in "$@"
do echo $var
done
```

ergibt

```
file.log
Hans Meier
45
```

```
for var in "$*"
do echo $var
done
```

ergibt

```
file.log Hans Meier 45
```

```
for var in $@    # oder $*
do echo $var
done
```

ergibt

```
file.log
Hans
Meier
45
```

Wie sieht der Einsatz von $1, $2 etc. nun konkret in der Praxis aus? Wenden wir uns noch einmal unserem Beispiel aus Listing 2.22 zu, in dem wir einen Dienst durch ein Skript überwachen ließen. Stellt das Skript fest, dass der Dienst nicht mehr läuft, sendet es eine E-mail an `root`.

Um unser Skript flexibler zu gestalten, sollen nun der zu kontrollierende Dienst (obligatorisch) und das Zeitintervall der Tests (optional) auf der Kommandozeile übergeben werden.

```
#!/bin/sh
# dienstchk3          Testet alle x Sekunden, ob ein Dienst noch laeuft.
# Aufruf: dienstchk3 dienst [intervall]

dienst=$1
intervall=$2
intervall_dflt=120

[ "$intervall" = "" ] && intervall=intervall_dflt

while true
do
  ps -ef | grep $dienst | grep -v grep | grep -v $0 >/dev/null 2>&1 || break
  sleep $intervall
done
echo `date` | mailx -s "Achtung: $dienst ausgefallen!" root
#... hier nun weitere Befehle moeglich
```

Listing 2.29: dienstchk3 – testet permanent, ob ein Dienst noch läuft

Der `grep`-Befehl wurde noch einmal um `"grep -v $0"` erweitert, da wir den zu suchenden Dienst ja auf der Kommandozeile angeben und somit unser eigenes Skript von `"grep $dienst"` gefunden würde.

Aufruf-Fehler abfangen

Je mehr Parameter Ihr Skript verarbeiten kann, desto wahrscheinlicher wird es, dass man es falsch aufruft. Sei es, dass man zu wenige oder zu viele Argumente übergibt oder sie in der falschen Reihenfolge schreibt. Ihr Programm benötigt Routinen, um solche Fehler abzufangen. Wird ein Fehler beim Aufruf festgestellt, ist es am besten, Sie teilen dem Benutzer die korrekte Syntax des Aufrufes mit und brechen das Skript anschließend ab.

```
if [ $# -lt 2 ] ; then
  echo "Falsche Anzahl von Parametern"
  echo "myscript [-v] string dir1 dir2 ..."
  exit 1
fi
```

Sind mehrere Fehlerabfragen nötig, ist es üblich, diese *nicht* zu schachteln, sondern nacheinander zu schreiben, um das Skript übersichtlich zu halten. Statt des konkreten Programmnamens wird gerne auch $0 verwendet. So stimmt die Ausgabe selbst dann noch, wenn das Skript (nachdem es kopiert oder gelinkt wurde) unter einem anderen Namen aufgerufen wird.

```
  echo "$0 [-v] string dir1 dir2 ..."
```

Unser letztes Skript akzeptierte zwar nur zwei Parameter, dennoch ist es sinnvoll, Fehler-Kontrollen einzubauen. Wir überprüfen die Anzahl der Parameter und den Typ des zweiten Argumentes, der ja eine ganze Zahl sein muss.

```
#!/bin/sh
# dienstchk4          Testet alle x Sekunden, ob ein Dienst noch laeuft.
# Aufruf: dienstchk4 dienst [intervall]

dienst=$1
intervall=$2
intervall_dflt=120
usage="$0 dienst [intervall]"
if [ $# -gt 2  -o $# -eq 0 ] ; then
  echo "Falsche Anzahl von Parametern"
  echo "$usage"
  exit 1
fi

if echo $intervall | grep '[^0-9]' >/dev/null 2>&1 ; then
  echo "Intervall ist keine ganze Zahl"
  echo "$usage"
  exit 2
fi

[ "$intervall" = "" ] && intervall=intervall_dflt

while true
do
  ps -ef | grep $dienst | grep -v grep | grep -v $0 >/dev/null 2>&1 || break

  sleep $intervall
done
echo `date` | mailx -s "Achtung: $dienst ausgefallen!" root
```

Listing 2.30: dienstchk4 – testet permanent, ob ein Dienst noch läuft

Die Abfrage von `$interval` auf eine Zahl testet, ob in `$intervall` irgendein Zeichen enthält, das keine Ziffer ist.

Solche Fehler-Abfragen lassen sich auch etwas kompakter formulieren:

```
[ $# -gt 2  -o $# -eq 0 ] && echo "$usage" && exit 1
echo $intervall | grep '[^0-9]' >/dev/null 2>&1 && echo "$usage" && exit 2
```

Version 5 unseres Skriptes (`dienstchk5`) mit den obigen beiden Zeilen finden Sie auf der beiliegenden CD.

Mit shift flexibel reagieren

Die Verarbeitung von Argumenten wird unangenehm, wenn optionale Parameter dabei sind, die nicht hinten, sondern vorn oder in der Mitte der Parameterkette stehen. Die Position aller Argumente kann sich dann verschieben, je nachdem ob der optionale Parameter angegeben wurde oder nicht.

Mit `shift` kann man solche Schwierigkeiten lösen, solange sie nicht zu komplex sind. `shift` verschiebt alle Parameter um eine Stelle nach links. Der erste geht dabei verloren, der zweite wird zum ersten, usw. Gibt man `shift` eine Zahl als Argument mit, wird nicht um eine, sondern um die entsprechende Anzahl von Stellen verschoben.

```
shift
shift n


echo "erstes: $1    alle: $*"
shift
echo "erstes: $1    alle: $*"
shift
echo "erstes: $1    alle: $*"
```

ergibt zum Beispiel

```
erstes: -v    alle: -v -o file1 file2 dir1
erstes: -o    alle: -o file1 file2 dir1
erstes: file1    alle: file1 file2 dir1
```

Der Trick besteht nun darin, mittels `shift` die Kommandozeile von links nach rechts "abzuknabbern" sodass nacheinander alle optionalen Argumente in `$1` landen. In einer Schleife kann dann geprüft werden, um welches Argument es sich bei `$1` gerade handelt. Dies ist viel angenehmer, als `$1`, `$2`, `$3`, etc. explizit auf unterschiedliche Kombinationen hin testen zu müssen.

Als Beispiel dient uns wieder die Überwachung eines Dienstes. Wir werden eine Option `-c` (continue) hinzufügen, mit der bestimmt werden kann, ob das Programm trotz gesendeten Alarms weiterlaufen oder wie bisher aus der Schleife ausbrechen soll. Eine weitere Option `-s` (slow down) bestimmt, dass das Zeitintervall im `continue`-Fall stetig wächst, um eine E-mail-Flut zu vermeiden. `-c` und `-s` müssen vor Dienst und Zeitintervall angegeben werden. Um die Optionen sinnvoll anwenden zu können, müssen wir natürlich auch die Hauptschleife etwas verändern.

```
#!/bin/sh
# dienstchk6          Testet alle x Sekunden, ob ein Dienst noch laeuft.
# Aufruf: dienstchk6 [-c] [-s] dienst [intervall]

intervall_dflt=120
usage="$0 [-c] [-s] dienst [intervall]"
continue="no"
slowdown="no"

# Kommandozeile abarbeiten
if [ "$1" = "-c" ] ; then
  continue="yes"
  shift
fi
if [ "$1" = "-s" ] ; then
  slowdown="yes"
  shift
fi

dienst=$1
intervall=$2

# Fehler-Routinen
if [ $# -gt 2  -o $# -eq 0 ] ; then
  echo "Falsche Anzahl von Parametern"
  echo "$usage"
  exit 1
fi
if echo $intervall | grep '[^0-9]' >/dev/null 2>&1 ; then
  echo "Intervall ist keine ganze Zahl"
  echo "$usage"
  exit 2
fi

[ "$intervall" = "" ] && intervall=$intervall_dflt

while true
do
  if ps -ef | grep $dienst | grep -v grep | grep -v $0 >/dev/null 2>&1
    then
    :
    else
    echo `date` | mailx -s "Achtung: $dienst ausgefallen!" root
      if [ "$continue" = "no" ]
        then break
```

Listing 2.31: dienstchk6 – testet permanent, ob ein Dienst noch läuft

```
        fi
        if [ "$slowdown" = "yes" ]
          then intervall=`expr $intervall \* 2`
        fi
    fi
    sleep $intervall
  done
```

Listing 2.31: dienstchk6 – testet permanent, ob ein Dienst noch läuft(Fortsetzung)

Beliebig viele Argumente

Wie geht man vor, wenn die Anzahl der Parameter variieren und größer als neun werden kann? Zunächst zu Argumenten jenseits der Neun. In allen Shells kann mit `shift` die Liste der Parameter wie gerade beschrieben nach links verschoben werden. Dadurch rücken alle Argumente um eine Stelle vor. Nun ist das ursprünglich zehnte Argument in `$9` enthalten und erreichbar.

```
shift
```

Korn-Shell und Bash

Korn-Shell und Bash bieten darüber hinaus den direkten Zugriff auf Parameter hinter der neunten Stelle, indem man die Position in `{}` setzt:

```
${n}
echo ${13}
```

Alle Shells

Sie werden in der Praxis aber kaum jemals auf so weit rechts stehende Argumente zugreifen wollen. Stattdessen werden Sie bei derart vielen Parametern immer eine Schleife um die gesamte Liste legen. Wenn Sie diese Schleife geschickt konstruieren, spielt die Anzahl der Argumente keine Rolle und Sie können beliebig viele, also auch eine variierende Anzahl verarbeiten.

Es gibt zwei gängige Methode, dies zu tun. Die erste besteht in einer `for`-Schleife um `$*` oder `$@`.

```
for arg in $*
do
  ...
done
```

Ganz egal, ob Sie es mit 3 oder 30 Argumenten zu tun haben, die `for`-Schleife liefert alle Argumente nacheinander an `$arg`. Derart viele Parameter können leicht entstehen, wenn beim Aufruf des Skriptes Metazeichen verwendet werden, z.B.

```
myscript -v *.txt
```

Wenn Sie mit einer `for`-Schleife die Kommandozeile abarbeiten wollen, können Sie sich sogar die konkrete Angabe von `$*` sparen. `$*` ist für `for` sozusagen das Default-Argument.

```
for arg
do
  ...
done
```

Die zweite Methode besteht in einer Schleife um `shift`, um so lange ein Argument nach dem anderen nach `$1` zu verschieben, bis die komplette Kommandozeile verarbeitet ist.

```
while [ $# -gt 0 ]
do
  arg=$1
  ...
  shift
done
```

Beide Methoden sind gleichwertig. Nehmen Sie einfach die, die Ihnen besser gefällt.

WICHTIG

Auf der Buch-CD finden Sie ein Skript namens `contest`, das von diesen Methoden Gebrauch macht.

Default-Werte für Variablen

Von Variablen, die aus Positionsparametern, Benutzer-Eingaben, Dateien, etc. ihre Werte beziehen, kann man oft nicht von vornherein wissen, ob sie überhaupt einen Wert beinhalten. Für solche Fälle bieten alle Shells die Möglichkeiten, Default-Werte einzusetzen. Zwar ist dies auch über gewöhnliche `if-else`-Abfragen zu erreichen, die folgenden Spezial-Konstrukte sind jedoch viel schneller geschrieben. Leider steht diesem Vorteil eine verwirrende Vielfalt an Details und Unterscheidungen gegenüber.

Konstruktion	Bedeutung
`${`*`var`*`:-`*`wert`*`}`	Liefere `$`*`var`*, wenn `$`*`var`* nicht leer ist, sonst *`wert`*.
`${`*`var`*`:+`*`wert`*`}`	Liefere *`wert`*, wenn `$`*`var`* nicht leer ist, sonst `$`*`var`*.
`${`*`var`*`:=`*`wert`*`}`	Liefere `$`*`var`*, wenn `$`*`var`* nicht leer ist. Sonst liefere *`wert`* und setze *`var`* = *`wert`*.
`${`*`var`*`:?`*`text`*`}`	Liefere `$`*`var`*, wenn `$`*`var`* nicht leer ist. Sonst gebe *`text`* aus und beende das Programm. Wenn *`text`* nicht angegeben ist, nehme "*`var`*: parameter null or not set" als Text.

Tabelle 2.22:Default-Werte für Variablen

Es wird also immer geprüft, ob die Variable einen nicht leeren Wert enthält. Lässt man den Doppelpunkt weg, schreibt also z.B. `${`*`var-wert`*`}`, so wird stattdessen bei allen Konstrukten geprüft, ob die Variable definiert ist. In diesem Fall dürfte sie also auch leer sein, was man ja bekanntlich über `"var="` erreichen könnte.

WICHTIG

Typischerweise prüft man mit `${`*`var`*`:-`*`wert`*`}` eventuell übergebene Positionsparameter.

```
cp $1 ${2:-"/archive"}
```

Dieser Befehl kopiert die als ersten Parameter übergebene Datei in das als zweiter Parameter übergebene Verzeichnis oder nach `/archive`, wenn der zweite Parameter fehlt.

```
dir=$2
cp $1 ${dir:="/archive"}
```

Dieser Befehl tut das Gleiche wie der vorherige, belegt aber gleichzeitig `dir` mit `/archive`, wenn der zweite Parameter fehlt.

Mit set $1, $2 etc. setzen

Die Kommandozeile und damit auch die Positionsparameter werden zwar normalerweise vom Benutzer übergeben, Sie können sie aber auch innerhalb Ihres Skriptes setzen. Die wichtigste Anwendung für dieses Vorgehen ist das Splitten einer beliebigen Zeichenkette in einzelne Worte, also etwas, was mit der Übergabe von Parametern wenig zu tun hat.

Sie können Positionsparameter nicht wie normale Variablen setzen. `1=file.dat` wird nicht funktionieren. Stattdessen muss man `set` verwenden.

```
set str1 str2 str3 ...
```

Dies setzt $1 auf *str1*, $2 auf *str2*, $3 auf *str3* etc.

```
mars# echo $1 $2 $3

mars# set aa bb cc
mars# echo $1 $2 $3
aa bb cc
mars#
mars# set --
mars# echo $1 $2 $3
mars#
```

Unterschiede zw. sh, ksh und bash

In Korn-Shell und Bash werden mit `set --` die Parameter wieder gelöscht. In der Bourne-Shell verwendet man stattdessen `set ""`. Die Korn-Shell bietet für `set` eine zusätzliche Option `-s`, mit der man $1, $2 etc. alphabetisch sortieren kann.

Alle Shells

`set --` hat noch eine zweite Bedeutung. Man teilt `set` das Ende der übergebenen Optionen mit, wodurch es möglich ist, Parameter zu setzen, die ansonsten als Shell-Optionen gedeutet würden.

```
mars# set -- -o -a -i
mars# echo $1 $2 $3
-o -a -i
mars#
```

Mit jedem neuen Aufruf von `"set arg1 ..."` werden alle Positionsparameter neu gesetzt, alle alten Parameter werden gelöscht. $* und $@ werden jedes Mal entsprechend verändert. $0 bleibt von dem Setzen jedoch unberührt.

set und Zeichenketten

Nun aber zur eigentlichen Anwendung dieser Technik. Die Shell splittet den auf der Kommandozeile übergebenen String ja automatisch in einzelne Worte auf, die sie dann den Positionsparametern zuweist. Das Gleiche können wir erreichen, wenn wir `set` eine Zeichenkette übergeben.

```
set string
```

Das erste Wort von String wird in $1 landen, das zweite in $2 etc.

```
set `date`
set `grep jupiter /var/adm/messages`
```

Auf einfachste Weise können wir nun auf ein bestimmtes Wort des übergebenen Strings zugreifen:

```
mars# set `date`
mars# monat=$2 ; echo $monat
Feb
mars# set `ps -ef | grep snmpd`
mars# pid=$2 ; echo $pid
247
mars# set *.txt
mars# file2=$2 ; echo $file2
drucker.scr
mars# IFS=:
mars# set `grep emeier /etc/passwd`
mars# name=$5 ; echo $name
Egon Meier
mars#
```

Der Befehl getopts

Zur Auswertung komplexer Kommandozeilen verfügt die Shell über den Befehl `getopts`. Wir wollen kurz skizzieren, wie man ihn verwendet.

`getopts` beherrscht Kommandozeilen, solange man sich daran hält, dass alle Optionen *vor* eventuell nachfolgenden Argumenten stehen. Dabei dürfen die Optionen in beliebiger Reihenfolge genannt und von einem Options-Argument (`-n 5`) gefolgt sein. Mehrere Optionen (`-i -x`) dürfen zusammengezogen werden (`-ix`).

`getopts` benötigt mehrere Aufrufe, um alle Optionen zu finden. Ein einzelner Aufruf wird in der folgenden Syntax geschrieben.

```
getopts option-string var     z.B
getopts ixv var
```

Der `option-string` enthält alle möglichen Optionen (hier `i`, `x` und `v`) – ohne führendes Minus – als String zusammengefasst. `getopts` analysiert jedes Zeichen der Kommandozeile daraufhin, ob es in diesem String auftaucht. Wenn ja, wird das Zeichen in der Variablen `var` gespeichert.

Um alle Optionen zu erhalten, muss man `getopts` in eine `while`-Schleife einbetten. In der Regel wird man zunächst separate Variablen setzen, wenn eine Option auf der Befehlszeile genannt ist; am besten geht das durch eine `case`-Anweisung.

```
while getopts ixv opt
do
  case $opt in
    i)    info="yes"
    ;;
    x)    erase="yes"
    ;;
    v)    verbose="yes"
    ;;
  esac
done
```

Die while-Schleife wird abgebrochen, sobald ein Zeichen gefunden wird, das keine Option darstellt.

Soll einer Option ein Argument folgen wie `-n5` oder `-m 33`, gibt man dies im Optionen-String durch einen nachfolgenden Doppelpunkt an:

```
while getopts ixvn:m: opt  ...
```

Hat `getopts` seine Arbeit beendet, kann man die Optionen aus der Befehlszeile entfernen, um den Rest z.B. über eine `foreach`-Schleife abzuarbeiten. Hilfreich ist hier der Zeiger `$OPTIND`, der immer auf das nächste Zeichen zeigt.

```
shift `expr $OPTIND -1`
```

Stellt `getopts` einen Fehler fest, belegt es die Variable (bei uns `var` bzw. `opt`) mit einem Fragezeichen. In ksh und bash wird außerdem die Option, bei der ein Fehler festgestellt wurde, in der Variablen `$OPTARG gespeichert.`

WICHTIG

Werfen Sie doch einmal einen Blick auf die Befehlszeilen-Verarbeitung unserer Überwachungs-Skripte in Kapitel 7. Dort ist eine komplexe Behandlung von Optionen und Argumenten implementiert, die ohne `getopts` auskommt.

2.28 Menüs bilden mit select

Korn-Shell und Bash

In Korn-Shell und Bash steht Ihnen ein einfaches System zur Verfügung, um Menüs aufzubauen. Auch wenn der damit verbundene Komfort relativ gering ist, verhindern Menüs doch zuverlässig Schreibfehler, die bei der manuellen Eingabe von Parametern leicht vorkommen können. Insbesondere für Programme, die nicht nur von Ihnen, sondern auch von anderen Benutzern verwendet werden, sind Menüs eine wertvolle Hilfe. Die Bourne-Shell bietet keinen vergleichbaren Befehl an.

- select *var* in *auswahl_liste*; do ... done — Syntax
- select *var* in eins zwei drei ; do ... — Beispiel
- select zeigt das Menü in einer Endlosschleife wiederholt an.
- Auswahl durch Angabe einer Zahl.
- Auswahl steht in *var*.
- Verlassen von `select` durch `ctrl-d` oder einen eigenen Menüpunkt.
- select in *.txt ; do ... — Auswahl-Liste kann dynamisch erzeugt werden.
- Untermenüs erhält man durch Schachtelung von `select`-Schleifen.
- `select`-Menüs werden meistens über `case` verarbeitet.

Syntax und Funktionsweise

`select` benötigt zwei Argumente: eine Liste von Auswahl-Möglichkeiten und eine Variable, in der die ausgewählte Option gespeichert werden soll.

```
select var in auswahl_liste
do
  ...
done
```

`select` ist selbst bereits eine Schleife, eine Endlos-Schleife, um genau zu sein. Es listet die zur Auswahl stehenden Elemente durchnummeriert auf und bittet den Benutzer um eine Eingabe. Dieser muss seine Auswahl anhand der vorangestellten Nummern treffen, er kann keinen Text eingeben. Ist die Eingabe erfolgt, führt `select` die Befehle zwischen `do` und `done` aus und kehrt an den Anfang seiner Schleife zurück. Es listet erneut alle Elemente auf usw.

Gibt der Benutzer lediglich *Newline* ein, wird das Menü sofort wieder angezeigt.

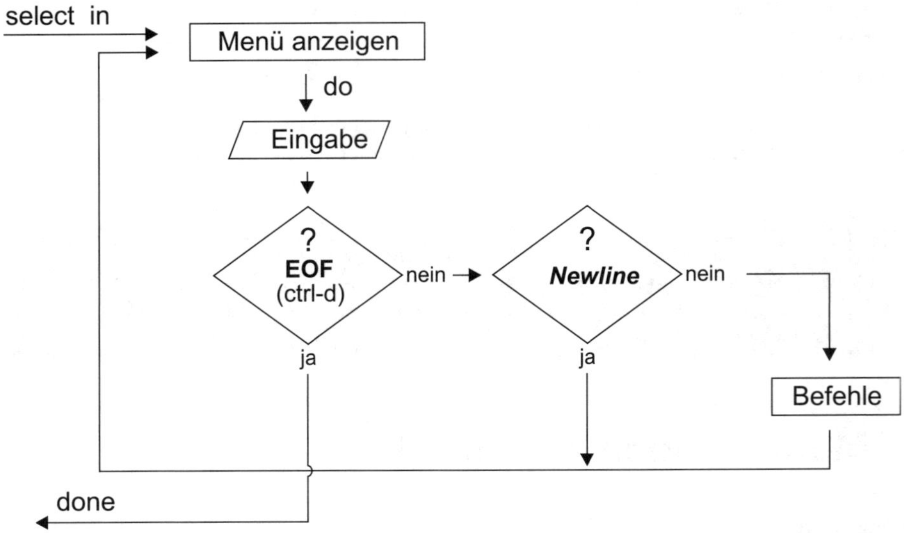

Abbildung 2.22: select

```
#!/usr/bin/bash
# auswahl1
# Zeigt die Funktionsweise von select.

select eingabe in aaa bbb ccc
do
  echo "Ihre Auswahl: $eingabe"
done
```

```
mars# ./auswahl1
1) aaa
2) bbb
3) ccc
#? 1
Ihre Auswahl: aaa
1) aaa
2) bbb
3) ccc
#? 2
Ihre Auswahl: bbb
1) aaa
```

```
2) bbb
3) ccc
#? 3
Ihre Auswahl: ccc
1) aaa
2) bbb
3) ccc
#? [Strg]+[d]
mars#
```

Das ausgewählte Element landet also in *$var*. Möchte man stattdessen lieber mit der eingegebenen Zahl weiterarbeiten, findet man diese in $REPLY.

WICHTIG

Die Variable PS3 enthält den Aufforderungs-Prompt. Er ist auf ein simples "#?" voreingestellt. Um ihn zu ändern, setzen wir PS3 auf einen neuen Wert.

```
#!/usr/bin/bash
# auswahl2
# Zeigt die Funktionsweise von select.

PS3="Bitte waehlen Sie: "

select eingabe in aaa bbb ccc
do
  echo "Ihre Auswahl: $eingabe"
done

mars# ./auswahl2
1) aaa
2) bbb
3) ccc
Bitte waehlen Sie: 3
Ihre Auswahl: ccc
1) aaa
2) bbb
3) ccc
Bitte waehlen Sie:  [Strg]+[d]
mars#
```

Der Befehls-Block wird nur ausgeführt, wenn der Benutzer eine korrekte Zahl eingegeben hat. Gibt er eine zu große Zahl, einen String oder nur Newline ein, wird der Block übersprungen und das Menü erneut angezeigt. Innerhalb des Befehls-Blocks können Sie nun die Eingabe nach Bedarf verarbeiten.

WICHTIG

select `var` ; do ...

Gibt man `select` keine explizite Auswahl-Liste an, wird die Kommandozeile, also $* verarbeitet.

Menüs verlassen

Mit [Strg]+[d] kann eine `select`-Schleife wieder verlassen werden.

`select` kontrolliert den Rückgabewert seiner Lese-Aktion und beendet sich, falls dieser Wert nicht mehr 0 ist. Dies funktioniert wie ein `"read var || exit"` und erlaubt damit das Beenden der Schleife durch [Strg]+[d].

Komfortabler ist es allerdings, wenn Sie dem Benutzer einen Menüpunkt anbieten, über den er aussteigen kann. Im Befehls-Block rufen Sie dann einfach `break` auf, wenn der entsprechende Punkt ausgewählt worden ist.

Wenden wir uns einem konkreten Beispiel zu, einem kleinen Backup-Tool.

```
#!/bin/bash
# minibck

file="db.dat"
PS3="Bitte waehlen Sie eine Aktion: "

select eingabe in sichern wiederherstellen quit
do
  if [ "$eingabe" = "sichern" ]
  then
    mkdir -p /archive/$PWD
    cp $file /archive/$PWD
  fi

  if [ "$eingabe" = "wiederherstellen" ]
  then
    cp /archive/$PWD/$file .
  fi
  if [ "$eingabe" = "quit" ]
  then
    break
  fi
done
```

Listing 2.32: minibck – Kleines Sicherungs-Skript

In `$PWD` befindet sich das aktuelle Verzeichnis. Durch `mkdir` stellen wir sicher, dass das Ziel-Verzeichnis existiert. Um eine Datei wiederherzustellen muss sie existieren, sie darf also nicht gelöscht worden sein. Es macht zwar nicht viel Sinn, ein Menü mit nur zwei Einträgen zu schreiben, die eine einzige Datei bearbeiten, doch dies ist erst der Anfang; wir werden unser Beispiel noch ausbauen.

Menüs zur Datei-Auswahl

Das Verblüffende an `select` ist, dass man nicht nur vorgefertigte Listen verarbeiten kann, sondern auch flexible, durch Metazeichen, Variablen oder Kommando-Substitution expandierte. Die Shell erstellt immer automatisch die zugehörigen Einträge und Nummern.

```
select var in *.txt
select var in `grep meier /etc/passwd`
```

Unser kleines Backup-Beispiel krankt natürlich daran, dass die zu sichernde Datei bereits feststeht. Wir könnten sie stattdessen als Parameter übergeben, doch noch eleganter wäre es, sie über ein zweites Menü auswählen zu lassen. Wir werden den Code hier nur isoliert entwickeln. Wenn Sie Spaß an der Sache haben, wird es Ihnen nicht schwer fallen, die Datei-Auswahl in `minibck` einzufügen.

```
#!/bin/bash
# filesel1
# Kleine Datei-Auswahl

select file in quit *
do
  if [ "$file" = "quit" ]
  then
    break
  fi
  echo "Datei: $file"
done
```

Listing 2.33: filesel1 – Kleine Datei-Auswahl

Verblüfft? Sehen wir uns das Ergebnis an.

```
mars# ./filesel1
1) quit      3) filemgr   5) minibck1  7) test.out
2) db.dat    4) filesel1  6) minibck2  8) dir1
#? 2
Datei: db.dat
1) quit      3) filemgr   5) minibck1  7) test.out
2) db.dat    4) filesel1  6) minibck2  8) dir1
#? 6
Datei: minibck2
1) quit      3) filemgr   5) minibck1  7) test.out
2) db.dat    4) filesel1  6) minibck2  8) dir1
#? 1
mars#
```

Es ist gar nicht so schwer, mit dieser Methode einen kleinen Datei-Browser zu erstellen. Packen Sie einfach den oben stehenden Code in eine Endlos-Schleife, testen Sie jede Auswahl daraufhin, ob es sich um eine Datei oder ein Verzeichnis handelt und wechseln Sie im zweiten Fall in das neue Verzeichnis hinein.

WICHTIG

Auf der beiliegenden CD finden Sie einen solchen Browser, Stück für Stück entwickelt in den Skripten `filesel1`, `filesel2` und `browse`. Das kleine Backup-Programm gibt es dort in den Versionen 1 bis 4, wobei in `minibck3` Datei-Browser und Backup-Skript kombiniert sind. In `minibck4` sind schließlich die verschiedenen Befehlsblöcke als eigene Funktionen organisiert. Diese Version zeigen wir Ihnen dann in Abschnitt 2.30.

Ein seriöses Sicherungs-Programm mit der Möglichkeit von differenziellen Backups werden wir in Kapitel 6 entwickeln.

Untermenüs

Sie können `select` beliebig verschachteln. Bauen Sie einfach ein neues `select` in einen Zweig Ihrer Abfrage ein und Ihr Submenü ist fertig. Achten müssen Sie allerdings auf den Prompt. Falls die ursprüngliche Aufforderung im Untermenü keinen Sinn mehr macht, müssen Sie dort PS3 neu definieren und beim Zurückspringen wieder den alten Wert setzen.

```
PS3=string1
select var in word1 word2 ...
do
  if [ $var = word1 ]
  then
    PS3=string2
    select var2 in worda wordb ...
    do
      ....
    done
    PS3=string1
  fi
  ...
done
```

Weiterverarbeitung mit case

Da Sie bei `select` ein und dieselbe Variable mit unterschiedlichen Werten belegen, bietet sich die Kombination mit `case` an. Dies führt zu einem klareren Layout als eine Abfolge von `if`-Abfragen.

```
file="db.dat"
PS3="Bitte waehlen Sie eine Aktion: "

select eingabe in sichern wiederherstellen quit
do
  case "$eingabe" in
    sichern)
    mkdir /archive/$PWD
    cp $file /archive/$PWD
    ;;
    wiederherstellen)
    cp /archive/$PWD/$file .
    ;;
    quit)
    break
    ;;
    *)
    echo "Eingabe falsch. Bitte eine Zahl waehlen."
    ;;
  esac
done
```

Um falsche Eingaben nicht unkommentiert zu lassen, wurde ein `*)`-Block hinzugefügt.

2.29 Passwort-Eingabe und Tastatur

Wie verhindert man, dass ein eingegebenes Passwort auf dem Bildschirm zu sehen ist, wie erzeugt man die Sternchen, die statt des Klartextes üblicherweise angezeigt werden? Und wie reagiert man auf einzelne Tastatur-Anschläge, also ohne dass die Newline-Taste gedrückt werden muss?

- stty -echo ; stty echo — Abschalten/Zurücksetzen der `echo`-Funktionalität.
- stty raw ; stty -raw — Abschalten/Zurücksetzen der Eingabe-Pufferung.
- dd bs=1 count=1 2>/dev/null — Einlesen eines einzelnen Zeichens.

Unsichtbare Eingabe

Möchten sie in Ihrem Skript Aktionen durchführen, für die ein Passwort benötigt wird, stehen Sie vor der unschönen Situation, dass beim Einlesen durch `read` das Passwort während der Eingabe auf dem Bildschirm zu sehen ist.

Das Anzeigen von Zeichen während der Eingabe ist im Grunde kein Feature der Shell, sondern des Terminal-Programms. Dieses empfängt Zeichen von der Tastatur, interpretiert und verändert sie und schickt das Resultat an das laufende Programm – die Shell – weiter. Dass dabei auch etwas am Bildschirm zu sehen ist, beruht auf der Terminal-Option `"echo"`, die normalerweise eingeschaltet ist. Diese Option veranlasst den Terminal-Treiber, seine Daten nicht nur an die Shell, sondern auch an die Standard-Ausgabe zu senden.

Schalten wir also einfach die `echo`-Option ab. Mit dem Befehl `stty` kann man Terminal-Einstellungen verändern. Mit `stty opt` schaltet man eine Option an, mit `stty -opt` schaltet man sie ab. Mehr Informationen zu `stty` finden Sie in der entsprechenden `man`-Page.

```
stty -echo
```

Wie gesagt, Terminal-Einstellungen sind kein Feature der Shell. Sie müssen also alle Veränderungen wieder rückgängig machen, die Shell zu beenden hilft nicht!

```
stty echo
```

Wir schalten die `echo`-Option direkt vor der Passwort-Eingabe ab- und gleich danach wieder an.

```
#!/usr/bin/ksh
# pw
# Passwort-Eingabe ohne echo

echo "Geben Sie bitte Ihren Loginnamen an: \c"
read login

echo "Geben Sie bitte Ihr Passwort an: \c"
stty -echo
read pw
stty echo
echo

echo "Nur zur Demonstration:"
echo "Login: $login"
echo "Passwort: $pw"
```

Listing 2.34: pw – Passwort-Eingabe ohne echo

```
# statt der Demo hier mit dem Skript fortfahren
```

Listing 2.34: pw – Passwort-Eingabe ohne echo(Fortsetzung)

```
mars# ./pw
Geben Sie bitte Ihren Loginnamen an: patrick
Geben Sie bitte Ihr Passwort an:
Nur zur Demonstration:
Login: patrick
Passwort: abcde
mars#
```

Einzelne Zeichen abfragen

Wenn wir das Passwort nicht einfach unsichtbar eingeben lassen, sondern Sternchen bei der Eingabe produzieren wollen, müssen wir direkt einzelne Zeichen von der Tastatur lesen. Das gleiche Problem stellt sich, wenn wir Steuerungs-Skripte schreiben, die auf einzelne Tastatur-Anschläge reagieren sollen, oder komplexe Bildschirm-Steuerungen anvisieren.

Worin liegt die Schwierigkeit? Normalerweise sendet das Terminal-Programm eine Eingabe erst nach dem Drücken der *Newline*-Taste an die Shell. Wir wollen aber sofort nach der Eingabe das entsprechende Zeichen geliefert bekommen. Wie das `echo`-Verhalten, so ist auch die Pufferung der Zeichen eine Option des Terminal-Programms, die man abschalten kann. Da es hier gleich um eine ganze Palette von Optionen geht, kennt `stty` eine Option, die alles mögliche abschaltet und die "rohen" Zeichen liefert.

```
stty raw
```

VORSICHT

Vergessen Sie um Gottes Willen nicht, die Option wieder abzuschalten.

```
stty -raw  oder  stty sane
```

Nun wird uns das Terminal-Programm einzelne Zeichen liefern – und schon stehen wir vor dem nächsten Problem: Welches Programm kann überhaupt einzelne Zeichen lesen?

`read` nicht, das wartet, bis ein *Newline* erscheint. `awk` nicht, `sed` auch nicht. Wir müssen lange suchen, bis wir fündig werden, und landen bei dem recht komplizierten Befehl `dd`. `dd` liest eine vorgegebene Anzahl von Zeichen von der Standard-Eingabe und gibt sie auf die Standard-Ausgabe aus.

```
dd bs=1 count=1 2>/dev/null
```

Da `dd` normalerweise für größere Datenmengen konzipiert wird, arbeitet es mit Blöcken. Wir benötigen einzelne Zeichen und geben daher eine Blockgröße (`bs`) von 1 an sowie eine Anzahl (`count`) von 1. Wenn `dd` seine Arbeit erledigt hat, gibt es auf Kanal 2 eine Meldung aus, die wir in den Mülleimer umleiten.

Kombinieren wir nun also beide Methoden.

```
#!/usr/bin/ksh
# keytest1

stty raw
c=`dd bs=1 count=1 2>/dev/null`
stty -raw
```

```
echo " Eingegebenes Zeichen: $c"

mars# ./keytest1
a Eingegebenes Zeichen: a
mars#
```

Im Grunde haben wir unser Ziel erreicht. Ohne dass ein Newline gedrückt worden wäre, reagiert das Programm sofort nach der Eingabe eines Zeichens. In der Praxis wird üblicherweise eine Endlosschleife um die Tastatur-Abfrage gelegt. Durch das Drücken einer besonderen Taste wird diese dann abgebrochen.

```
#!/usr/bin/ksh
# keytest2
# reagiert auf einzelne Tastenanschlaege

stty raw

while true
do
   c=`dd bs=1 count=1 2>/dev/null`
   [ "$c" = "x" ] && break
   echo " --> $c \r"
done

stty -raw
echo
```

Listing 2.35: keytest2 – reagiert auf einzelne Tastenanschläge

Wie Sie sehen, benutzen wir `\r`, um an den Anfang der nächsten Zeile zu gelangen. `\n` führt in diesem Modus nur noch zu einem Newline ohne Carriage Return, wodurch wir auf dem Bildschirm immer weiter nach rechts wandern würden.

```
mars# ./keytest2
a --> a
3 --> 3
   -->
x
mars#
```

Passwort-Eingabe mit Sternchen

Bedenken Sie bitte, dass die unsichtbare Eingabe eines Passwortes sicherer ist als das Ausdrucken von Sternchen, da man bei den Sternchen die Länge des Passwortes am Bildschirm erkennen kann. Wir werden hier nur skizzieren, wie man an das Problem herangeht, die Realisierung bleibt Ihnen selbst überlassen.

Zunächst geht es schlichtweg darum, nach der Eingabe jedes einzelnen Zeichens ein Sternchen auszugeben. Die dazu notwendige Technik haben wir gerade besprochen. Schwierig ist jedoch die Verarbeitung zweier Sonderzeichen im raw-Modus des Terminals: Beim Drücken der *Newline*-Taste soll die Eingabe beendet werden und beim Drücken der *Backspace*-Taste soll das letzte Zeichen wieder gelöscht werden.

Probieren Sie ruhig selbst ein wenig aus, wie man die beiden Tasten erkennen kann. Die meisten Ansätze scheitern am raw-Modus. Was funktioniert, ist der folgende ungewöhnliche Versuch, bei dem in $c das über dd eingelesene Zeichen steht.

```
c=`echo $c | tr -d "\r"`
[ "$c" = "" ] && break

c=`echo $c | tr -d "\b"`
if [ "$c" = "" ] then ...
```

Das sollte als Hinweis genügen. Wenn Sie an einer fertigen Lösung interessiert sind:

WICHTIG

Ein fertiges Skript, das Sternchen bei der Eingabe eines Passwortes ausgibt, finden Sie auf der Buch-CD unter dem Namen pw2. (pw1 enthält eine Vorversion.)

2.30 Funktionen und Aliase

Mit Hilfe von Funktionen können Sie mehrere Befehle zu einem Block zusammenfassen und unter einem gemeinsamen Namen aufrufen. Die Befehls-Blöcke können außerhalb des eigentlichen Hauptprogramms definiert werden, sodass der Hauptteil schlank und der logische Fluss darin deutlich sichtbar bleibt.

Außerdem werden Ihre Programme kürzer, da Sie einmal definierte Funktionen wiederholt von unterschiedlichen Stellen aus aufrufen können. Mit der Übergabe und Rückgabe von Parametern können Sie den Einsatz von Funktionen noch flexibler gestalten und die Effektivität Ihrer Programme weiter steigern.

- *funcname*() { *befehl*; .... ;} — Syntax für alle Shells
- function *funcname* { *befehl* ; .... ; } — Syntax für ksh und bash
- Funktionen müssen *vor* ihrem Aufruf definiert werden.
- *funcname* — Aufruf
- *funcname arg1 arg2* ... — Aufruf mit Parametern
- $1, $2, ... , $*, $@, $# — Enthalten die übergebenen Argumente.
- return *n* — Exit-Status zurückgeben.
- echo $*data* oder xyz=$data — Daten zurückgeben.
- *var*=`*funcname arg1 arg2*` — Daten im Hauptteil aufnehmen.
- Variablen sind normalerweise global.
- local *var1 var2 var3* ... — Lokale Variablen anlegen in ksh und bash.
- typeset -fx *funcname* — Funktionen exportieren in ksh und bash.
- unset *funcname* ; unset -f *funcname* — Funktionen löschen in sh, ksh und bash.
- . ./*function-file* — Funktions-Bibliothek einlesen.
- alias *alias*=*befehl* ; unalias *alias* — Aliase setzen und löschen.

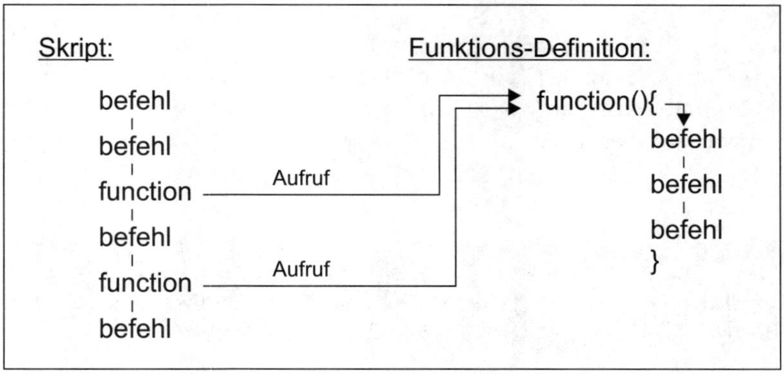

Abbildung 2.23: Funktionen

Definition und Aufruf

In allen Shells können Sie Funktionen folgendermaßen definieren:

```
funcname() {
  befehl
  ...
}
```

oder als Einzeiler

```
funcname() { befehl ; .... ; }
```

Korn-Shell und Bash

In Korn-Shell und Bash ist zusätzlich folgende Syntax möglich:

```
function funcname {
  befehl
  ...
}
```

oder als Einzeiler

```
function funcname { befehl ; .... ; }
```

Alle Shells

Ein Beispiel:

```
zaehle() {
  zeilen=`wc -l $datei| awk '{print $1}'`
  woerter=`wc -w $datei | awk '{print $1}'`
  echo "Zeilen:  $zeilen"
  echo "Woerter: $woerter"
}
```

bzw. in der besonderen Syntax von ksh und bash

```
function zaehle {
  zeilen=`wc -l $datei| awk '{print $1}'`
  woerter=`wc -w $datei | awk '{print $1}'`
  echo "Zeilen:  $zeilen"
  echo "Woerter: $woerter"
}
```

WICHTIG

Wenn die Shell die Definition der Funktion liest, merkt sie sich die Befehle, die darin enthalten sind, aber sie führt sie noch nicht aus. Hierzu muss die Funktion aufgerufen werden.

Folgende Punkte gilt es bei der Definition hinsichtlich der Syntax zu beachten.

- `funcname()` bzw. `function funcname` müssen gemeinsam in einer Zeile stehen, der Rest darf beliebig auf mehrere Zeilen verteilt werden.
- Auf die öffnende geschweifte Klammer { muss zunächst ein Leerzeichen oder ein Newline folgen.
- Vor der schließenden geschweiften Klammer } muss ein Semikolon oder ein Newline stehen.

Eine Funktion muss immer *vor* ihrem Aufruf definiert werden. Deshalb findet man Funktions-Blöcke immer am Anfang eines Skriptes. Das Hauptprogramm steht hinter den Funktions-Definitionen. Grund hierfür ist, dass die Shell das Programm von oben nach unten durcharbeitet und beim Aufruf einer Funktion deren Definition bereits gelesen haben muss.

Funktionen werden wie normale Shell-Befehle oder UNIX-Kommandos aufgerufen, also einfach durch Angabe des Namens.

Funktionen werden in der aktuellen Umgebung der Shell ausgeführt, es wird also keine Subshell geöffnet. Das bedeutet, dass innerhalb einer Funktion der Zugriff auf alle Variablen des Skriptes möglich ist. Das Exportieren von Variablen ist für den Einsatz von Funktionen nicht erforderlich. Auf der anderen Seite wird auch jede Veränderung, die eine Funktion an einer Variablen vornimmt, im Hauptprogramm Bestand haben.

Unterschied zwischen sh, ksh und bash

In der Bourne-Shell verwenden Funktionen und Variablen den gleichen Namensraum, wodurch es nie eine Variable und eine Funktion gleichen Namens geben kann. In ksh und bash gilt genau das Gegenteil; hier wird eine Funktion sauber von einer Variablen gleichen Namens getrennt.

Übergabe von Parametern

Genauso wie Ihre Skripte werden auch Ihre Funktionen flexibler und mächtiger, wenn sie Parameter verarbeiten können, die man ihnen beim Aufruf übergibt. Die Übergabe erfolgt über die gleiche Syntax wie bei normalen Shell-Befehlen oder UNIX-Kommandos, also in Form einer durch Leerzeichen getrennten Wortliste.

```
function param1 param2 param3
```

Innerhalb der Funktion wird wieder genauso wie bei Skripten auf die übergebenen Parameter zugegriffen: über die Positionsparameter `$1`, `$2` usw. Entsprechend findet man in `$*` und `$@` alle übergebenen Argumente als String bzw. Liste und in `$#` die Anzahl der Argumente.

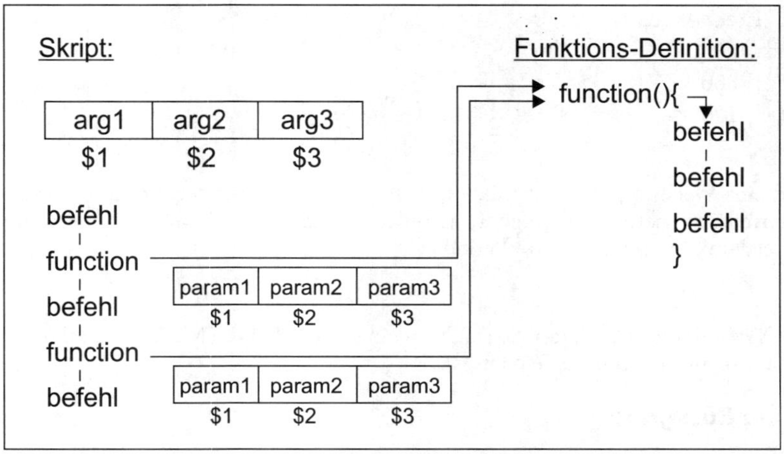

Abbildung 2.24: Funktionen: Übergabe von Parametern

```
flaeche() {
  fl=`expr $1 \* $2`
  echo "Flaeche: $fl"
}
```

Aufruf, z.B.

```
flaeche 40 25
```

Die ursprünglichen Positionsparameter des eigentlichen Skripts, also die Kommandozeilen-Parameter, sind innerhalb der Funktion nicht zu sehen. Sie sind quasi von den neuen Funktions-Argumenten verdeckt. Erst nach Beendigung der Funktion kann man wieder auf sie zugreifen.

Möchte man dennoch innerhalb der Funktion auf Kommandozeilen-Argumente zugreifen, muss man diese explizit beim Aufruf übergeben.

```
flaeche $1 $2

#!/bin/sh
#flaechentest1

flaeche() {
  fl=`expr $1 \* $2`
  echo "Flaeche: $fl"
}

flaeche 40 25
flaeche $1 $2
flaeche 5 $1
```

Listing 2.36: flaechentest1 – Demo von Funktions-Argumenten

```
mars# flaechentest1 20 30
Flaeche: 1000
Flaeche: 600
Flaeche: 100
mars#
```

$0 macht dieses Wechselspiel nicht mit. In $0 finden wir immer den Programmnamen. Der Funktionsname ist normalerweise nicht verfügbar, es sei denn man gibt ihn als Argument mit oder schreibt ihn innerhalb der Funktion selbst in eine Variable.

Bash

Nur neuere Versionen der Bash (ab 2.04) führen eine Variable `FUNCNAME`, in der der Name der gerade laufenden Funktion automatisch gespeichert ist.

Exit-Status und Rückgabe

Eine Funktion kann wie ein gewöhnlicher Befehl einen Exit-Status zurückgeben, sprich eine Zahl zwischen 0 und 255, wobei 0 den Erfolg und jede andere Zahl einen Fehler signalisiert. Somit kann jede Funktion als Testbefehl in `if`-Abfragen oder `while`- und `until`-Schleifen dienen. Alternativ kann nach ihrem Ende $? explizit getestet werden.

return *n*

Über `return` wird die Funktion beendet und der angegebene Wert zurückgegeben. Fehlt eine `return`-Anweisung, wird stattdessen der Exit-Status des zuletzt ausgeführten Befehls zurückgegeben. Das Gleiche gilt, wenn `return` ohne Zahl aufgerufen wird.

VORSICHT

`return` beendet eine Funktion unweigerlich. Wird `return` aus der Mitte einer Funktion heraus aufgerufen, wird diese beendet und die restlichen Befehle verworfen.

Benutzen Sie also `exit`, um das komplette Skript zu beenden, und `return`, um Funktionen zu verlassen.

```
#!/bin/sh
#/flaechentest2

flaeche() {
  if [ -z "$1" -o -z "$2" ]
    then
    echo "Zu wenig Argumente."
    return 1
  fi
  fl=`expr $1 \* $2`
  echo "Flaeche: $fl"
}

flaeche 40 25
flaeche $1
flaeche 5 $1
```

Listing 2.37: flaechentest2 – Demo von Funktions-Argumenten

```
mars# flaechentest2 20 30
Flaeche: 1000
Zu wenig Argumente.
Flaeche: 100
mars#
```

Neben dem `exit`-Status ist natürlich vor allem die Rückgabe von Daten interessant. Hierzu wird das Verfahren der Kommando-Substitution benutzt, das Sie ebenfalls bereits von normalen UNIX-Befehlen her kennen. Die Funktion schreibt die auszugebenden Daten auf die Standard-Ausgabe und das Hauptprogramm leitet sie in eine Variable um.

```
var=`funcname arg1 arg2`

#!/bin/sh
#flaechentest3

flaeche() {
  fl=`expr $1 \* $2`
  echo $fl
}

flgross=`flaeche 40 25`
flklein=`flaeche 8 5`

echo "Das grosse Rechteck enthaelt $flgross qm, das kleine $flklein qm."
```

Listing 2.38: flaechentest3 – Rückgabe von Daten

Eine andere Variante besteht darin, dass die Funktion die Daten in Variablen speichert, die dann vom Hauptprogramm aus gelesen werden. Das ist nur möglich, weil Funktionen auf alle Variablen des Hauptprogramms zugreifen können.

```
#!/bin/sh
#flaechentest4

flaeche() {
  fl=`expr $1 \* $2`
}

flaeche 40 25
echo "Flaeche gross: $fl qm"
flaeche 8 5
echo "Flaeche klein: $fl qm"
```

Listing 2.39: flaechentest4 – Rückgabe von Daten

Beachten Sie den Unterschied zwischen den verschiedenen Varianten. Bisher wurde `$fl` immer nur innerhalb der Funktion benutzt, nun wird sie auch im Hauptteil ausgelesen. Echte Programmierer bekommen Bauchschmerzen bei der zuletzt vorgestellten Methode, weil wir Variablen aus unterschiedlichen Ebenen mischen, eine Sünde aus Sicht der strukturierten Programmierung.

Wenn Sie aus einer Funktion heraus gleich mehrere Daten zurückgeben möchten, z.B. Fläche und Umfang, um bei unserem Beispiel zu bleiben, können Sie ebenfalls entweder gemeinsame Variablen benutzen, oder die Kommando-Substitution. Im zweiten Fall müssen Sie beide Werte als gemeinsamen String zurückgeben und im Hauptteil – z.B. über `set` – wieder zerlegen.

schlecht:

```
flaeche() {
  fl=`expr $1 \* $2`
  umf=`expr 2 \* $1 + 2 \* $2`
}

flaeche 40 25
echo "Flaeche: $fl  Umfang: $umf"
```

besser:

```
flaeche() {
  fl=`expr $1 \* $2`
  umf=`expr 2 \* $1 + 2 \* $2`
  echo $fl $umf
}

set -A arr `flaeche 40 25`
echo "Flaeche:" ${arr[0]} "Umfang:" ${arr[1]}
```

Schachtelung von Funktionen

Funktionen dürfen beliebig geschachtelt werden. Eine Funktion darf also eine andere aufrufen, diese wieder eine etc. Immer wird der alte Satz an Positions-Parametern überdeckt durch den neuen Satz der übergebebenen Argumente. Die Schachtelungs-Tiefe ist nicht begrenzt.

```
funca() { ..... }
funcb() { ..... }

func1() { ... ; funca ; funcb ; ... ; }
```

Es spielt keine Rolle, in welcher Reihenfolge die Funktionen definiert sind. Wichtig ist nur, dass sie insgesamt vor dem Hauptteil des Skriptes stehen.

Eine Funktion darf sich selbst aufrufen. Solche rekursiven Aufrufe bieten sich für Fälle an, in denen die gleiche Verarbeitung mehrmals wiederholt werden soll und das Ergebnis eines Aufrufs als Argument für den nächsten Aufruf dient. Beispiele sind mathematische Berechnungen wie Fakultäten oder Zinsrechnungen, aber auch Näherungsverfahren aller Art.

WICHTIG

Bei der Systemadministration spielen Rekursionen keine große Rolle, sie stellen höchstens hin und wieder eine pfiffige Variante zu normalen Schleifen dar. Die Anzahl der möglichen Rekursionen ist praktisch unbegrenzt.

Lokale und globale Variablen

Variablen des Hauptprogramms sind immer globale Variablen.

Wie Sie bereits wissen, sind alle Variablen eines Skriptes auch innerhalb von Funktionen zugänglich. Es handelt sich um globale Variablen. Globale Variablen sind für kleinere Programme bequem, in größeren Projekten kann man jedoch leicht den Überblick verlieren. Auch wenn es sich bei Shell-Skripten meist um übersichtliche, kleinere Programme handelt, sollte man sich Gedanken darüber machen, wie man eine doppelte Verwendung von Variablennamen vermeiden kann.

Korn-Shell und Bash

```
local var1 var2 var3 ...
local var1=val2 var2=val2 ...
typeset var1 var2 var3 ...
typeset var1=val2 var2=val2 ...
```

Korn-Shell und Bash bieten über die Befehle `local` und `typeset` die Möglichkeit, lokale Variablen innerhalb von Funktionen zu deklarieren. Innerhalb! Das bedeutet, dass Variablen, die erst in der Funktion definiert werden, automatisch wieder verfallen, wenn die Funktion endet. Sie können also nicht versehentlich Variablen gleichen Namens im Hauptteil überschreiben.

```
#!/bin/bash
# local-demo

info() {
  local host=$1
  local count=5
  # ...
}
status() {
  local file=report.txt
  local count=$1
  # ...
}

count=10

echo $count
info mars
echo $count
status 17
echo $count
```

Listing 2.40: local-demo

```
mars# local-demo
10
10
10
```

Das Setzen der lokalen Variablen hat also keine Auswirkung auf den Hauptteil. Hätten wir auf `local` verzichtet, erhielten wir stattdessen folgenden Output:

```
10
5
17
```

Auch wenn die Funktion lokale Variablen definiert, kann sie dennoch auf alle Variablen des Hauptteils zugreifen. Im Hauptprogramm können Variablen übrigens nicht als lokal deklariert werden.

WICHTIG

Werden aus der Funktion heraus, in der lokale Variablen deklariert wurden, weitere Funktionen aufgerufen, sind die lokalen Variablen auch in diesen zugänglich.

Alle Shells

Eine andere verbreitete Methode, Variablen auseinander zu halten, ist das Vorsetzen eines Unterstrichs für Variablen, die nur in Funktionen verwendet werden. Um auch die Variablen unterschiedlicher Funktionen voneinander zu trennen, schreibt man dann noch ein oder zwei Zeichen des Funktionsnamens davor. Dieses Verfahren hat den Vorteil, dass es in allen Shells funktioniert.

```
info() {
  in_host=$1
  in_count=5
  ...
}
status() {
  st_file=report.txt
  st_count=$1
  ...
}
```

Funktionen auflisten

Einen Überblick über alle zurzeit definierten Funktionen erhalten Sie abhängig von der verwendeten Shell durch `set` oder `typeset`.

sh

`set`	Listet Variablen und alle Funktionen mit voller Definition auf.

ksh

`typeset -f`	Listet nur die Funktionen mit voller Definition auf.
`typeset +f`	Listet nur die Funktionen ohne Definition auf.
`functions`	Wie `typeset -f`

bash

`set`	Listet Variablen und alle Funktionen mit voller Definition auf.
`typeset -f`	Listet nur die Funktionen mit voller Definition auf.
`typeset -F`	Listet nur die Funktionen ohne Definition auf.
`declare -f`	Listet nur die Funktionen mit voller Definition auf.
`declare -F`	Listet nur die Funktionen ohne Definition auf.

Funktionen exportieren

Sind Funktionen, die ich in meinem aktuellen Skript definiere, auch in Shell-Skripten aufrufbar, die ich aus meinem Skript heraus starte? Mit anderen Worten: Sind Funktionen exportierbar?

sh

Die Bourne-Shell kann definitiv keine Funktionen exportieren. Wenn Sie fremde Funktionen brauchen, müssen Sie sie in eine Datei schreiben und diese über `". datei"` einlesen.

In Subshells, die durch eine Kopie des Elternprozesses entstehen, werden Funktionen jedoch mitkopiert und stehen zur Verfügung. Dies geschieht bei (...), `...` und wenn Sie aus Ihrem Skript heraus ein anderes direkt aufrufen, `"script2"`, ohne eine eigene Shell davor zu setzen und ohne dass in der ersten Zeile eine eigene Shell definiert ist.

ksh

```
typeset -fx funcname                    # nur an Kinder
```

Die Korn-Shell kann Funktionen zwar nicht richtig exportieren, aber wenigstens wie die Bourne-Shell an durch Kopie entstandene Kinder-Prozesse weitergeben. Im Gegensatz zu Letzterer erfolgt die Kopie in ein direkt aufgerufenes Skript (ohne #!...) aber nicht automatisch, sondern nur nach ausdrücklicher Anweisung durch `typeset -fx`.

Mit `typeset +fx` würden Sie den Export wieder aufheben.

bash

```
typeset -fx funcname                    # nur an Bashs
export -f funcname                      #      "
```

Die Bash geht am weitesten. Sie schafft es, Funktionen komplett zu exportieren, also auch an Skripte, die in einer komplett neuen Shell laufen. Allerdings funktioniert das nur im Zusammenspiel mit weiteren Bash-Skripten, da ja sh und ksh auf ein solches Angebot gar nicht vorbereitet sind.

Übersicht: Funktion sichtbar/exportiert?

Shell	. script	(...) `...`	script ohne #!...	script mit #!...	*shell* script
sh	ja	ja	ja	nein	nein
ksh ohne export	ja	ja	nein	nein	nein
ksh mit export	ja	ja	ja	nein	nein
bash ohne export	ja	ja	nein	nein	nein
bash mit export	ja	ja	ja	ja	ja

Tabelle 2.23:Export von Funktionen

Funktionen löschen

Funktionen kann man wieder löschen, wenn man sie nicht mehr benötigt.

sh

```
unset funcname
```

ksh und bash

```
unset -f funcname
```

In ksh und bash ist die Option `-f` erforderlich, da hier Funktionen und Variablen gleichen Namens existieren können.

Ein längeres Beispiel

Einige unserer bisherigen Beispiele sind bereits so komplex geworden, dass es sich lohnt, ihre Befehls-Blöcke in Funktionen zu packen. Nehmen wir unser kleines Archivierungs-Programm aus Abschnitt 2.28. Wir haben dort ein kleines Backup-Programm mit einem Datei-Browser kombiniert. Hier sehen Sie nun das fertige Ergebnis, das wir Ihnen bisher vorenthalten hatten. Sie finden das Skript natürlich auch auf der CD. Probieren Sie es einfach einmal aus.

```
#!/bin/bash
# minibck4
# Sichert und stellt wieder her, mit Browser, mit Funktionen

# Funktionen
# ==========
frage(){
  local antwort
  echo -e "$1 \c"
  read antwort
  if [ $antwort = "y" ]
    then return 0
    else return 1
  fi
}

save(){
  mkdir -p /archive/$PWD
  if [ -d "$1" ]
    then cp -r $1 /archive/$PWD
    else cp $1 /archive/$PWD
  fi
}

recover(){
 cp /archive/$PWD/$1 .
}
```

Listing 2.41: minibck4 – Sichert und stellt wieder her. Mit Browser, mit Funktionen.

```
browse(){
  local file=$1
  local PS3="Datei oder Directory waehlen: "
  while true
  do
    echo
    select file in quit ../ `ls -p`
    do
      [ "$file" = "quit" ] && break 2
      echo "Datei: $file"
      archfile=$file
      echo
      if [ -d $file ]
        then
        cd $file
        break
      fi
    done
  done
}

# Hauptprogramm
# ============
archfile=""
PS3="Bitte waehlen Sie eine Aktion: "
echo


select eingabe in browsen sichern wiederherstellen quit
do
  case "$eingabe" in

    sichern)
      if frage "Datei $archfile sichern y/n?"
        then save $archfile
      fi
    ;;

    wiederherstellen)
      if [ ! -f $archfile ]
      then
        echo -e "Datei angeben: \c"
        read archfile
      fi
```

Listing 2.41: minibck4 – Sichert und stellt wieder her. Mit Browser, mit Funktionen.(Fortsetzung)

```
      if frage "Datei $archfile wiederherstellen y/n?"
        then recover $archfile
      fi
    ;;

    browsen)
      browse $archfile
    ;;

    quit)
      break
    ;;

    *)
      echo "Eingabe falsch. Bitte eine Zahl waehlen."
    ;;

  esac
  echo
done
```

Listing 2.41: minibck4 – Sichert und stellt wieder her. Mit Browser, mit Funktionen.(Fortsetzung)

Stört es Sie, dass sich der Hauptteil ein wenig versteckt am Ende befindet? Daran ist nichts zu ändern. Es ist eine gute Hilfe, Funktions-Teil und Hauptteil durch Kommentare deutlich voneinander abzuheben, sodass man beim Lesen schnell den interessanten Part findet.

Wir haben also Fragestellung, Sicherung, Wiederherstellung und Browsen in eigene Funktionen gelegt. In ihnen wurden überwiegend lokale Variablen benutzt, bis auf die Shell-Variable `PS3`, die ja von der Shell gelesen werden muss, und `$archfile`. Da wir in `browse()` die Interaktion mit dem Benutzer brauchen, können wir die Standard-Ausgabe nicht umlenken, sodass uns `` `...` `` nicht zur Verfügung steht, um `$archive` zurückzugeben. Deshalb wird `$archive` global behandelt.

Funktions-Bibliotheken und Autoload

Wenn Sie über längere Zeit hinweg immer wieder Skripte schreiben, die sich mit verwandten Themen beschäftigen, werden Sie gerne auf Funktionen zurückgreifen, die Sie bereits für ein früheres Programm erstellt haben. Hierzu können Sie entweder mit Cut&Paste die Funktion in ihr neues Programm kopieren, oder Sie sammeln Ihre Funktionen in eigenen Dateien, so genannten Funktions-Dateien oder Funktions-Bibliotheken.

Funktions-Bibliotheken

```
# Funktions-Datei
# geometrie.bib
# enthaelt ausschließlich Funktionen

flaeche() {
  fl=`expr $1 \* $2`
  echo $fl
}
umfang() {
```

```
    umf=`expr 2 \* $1 + 2 \* $2`
    echo $umf
}
diagonale(){
    ...
}
# Ende der Datei
```

Ihr aktuelles Skript kann dann die gewünschten Dateien einlesen und die darin enthaltenen Funktionen verfügbar machen. Damit Sie beim Einlesen keine unliebsamen Überraschungen erleben, sollte in Funktions-Dateien kein ausführbarer Befehl stehen. Da wir die Funktionen in der aktuellen Shell brauchen, müssen wir sie mit einem Punkt einlesen.

```
#!/usr/bin/ksh
# myscript

. ./geometrie.bib

echo "Diagonale: `diagonale 40 25`"
```

Autoload-Mechanismus

Nur Korn-Shell

Die Korn-Shell bietet einen zusätzlichen Mechanismus für Funktions-Dateien an. Man hat erkannt, dass es ineffizient ist, große Bibliotheken zeitraubend einzulesen, um anschließend nur wenige ihrer Funktionen zu benutzen. Die ksh bietet uns deshalb an, jeweils nur eine Funktion pro Datei zu speichern und die Datei exakt nach der Funktion zu benennen.

```
# Funktions-Datei
# flaeche
flaeche() {
    fl=`expr $1 \* $2`
    echo $fl
}
# Ende der Datei flaeche
```

Verzeichnisse, in denen solche Funktions-Dateien liegen, werden in der Variablen `FPATH` zu Beginn unseres Skriptes gespeichert. (getrennt durch `:` wie in `PATH`) `FPATH` muss exportiert werden.

```
FPATH=$HOME/funcdir ; export FPATH
```

Wenn wir nun in unserem Skript eine Funktion aufrufen, die im Skript selbst nicht zu finden ist, durchsucht die ksh alle Verzeichnisse von FPATH nach der Datei mit dem Namen der Funktion und führt sie aus, wodurch der Funktions-Block gelesen wird.

Laden bei Bedarf, daher der Begriff Autoload. Die hundert anderen, nicht benötigten Funktionen bleiben ungelesen.

Leider entsteht bei dieser Methode ein neues Problem. Da die ksh die Definition der Funktion noch nicht gelesen hat, weiß sie nicht, dass z.B. `flaeche` eine Funktion ist. Sie vermutet, dass es sich um einen UNIX-Befehl handelt, und durchsucht die Verzeichnisse aus `$PATH`. Findet sie dort zufällig einen Befehl dieses Namens, wird dies ausgeführt statt unserer Funktion.

Um dies zu vermeiden, kann die Funktion deklariert werden mit "`autoload` *funcname*" oder "`typeset -u funcname`". Jetzt wird `$FPATH` vor `$PATH` durchsucht und die Funktion auf jeden Fall gefunden.

Ein recht komplizierter Mechanismus mit Haken und Ösen. Vielleicht hat man ihn deshalb in der Bash nicht aufgegriffen.

Aliase

Nur Korn-Shell und Bash

Aliase sind so etwas wie Mini-Funktionen, die keine Parameter kennen. Sie werden in Korn-Shell und Bash weniger zur Programmierung als in der täglichen interaktiven Arbeit verwendet. Man hinterlegt einen Befehl in einer Art Variablen, dem Alias, und benutzt fortan diesen Alias als Kürzel, um Zeit beim Eintippen zu sparen.

Die Bourne-Shell kennt keine Aliase.

```
alias alias=befehl
```

Mit dem Befehl `alias` wird ein solcher definiert, mit `unalias` wieder gelöscht.

```
unalias alias
```

Enthält der Befehl Leerzeichen, muss er in Anführungszeichen gesetzt werden. Je nachdem, ob man Expansionen erlauben oder ausschließen möchte, benutzt man einfache oder doppelte Quotes.

Einer der bekanntesten Aliase ist:

```
alias rm='rm -i'
```

Mit ihm bezweckt man, dass statt des normalen `rm`-Befehls immer die Variante `rm -i` aufgerufen wird, die eine Sicherheitsabfrage vor dem eigentlichen Löschen bringt. Sehr geläufig ist auch

```
alias ll='ls -l'
```

Es dürfen auch Befehlsketten benutzt werden:

```
alias inf='date; hostname; uname; pwd'
```

Eine Liste aller Aliase kann man sich mit `alias` ansehen. Einige Aliase sind bereits von der Shell vordefiniert.

```
alias
```

Eventuell werden Aliase für Sie interessant, wenn Sie einen in die Shell eingebauten Befehl durch ihre eigene Variante ersetzen wollen. Aliase werden nämlich vor den eingebauten und damit auch lange vor externen Befehlen gelesen. Funktionen werden hingegen nach internen, aber ebenfalls vor externen Kommandos gelesen.

Aliase können keine Argumente aufnehmen. `$1`, `$2` etc. werden nicht verarbeitet. Das höchste der Gefühle sind also Argumente, die *nach* dem Alias angegeben werden. Nach der Expansion des Alias erhält dann der letzte darin enthaltene Befehl das Argument.

```
mars# alias ll='ls -l'
mars# ll /mydir
file1 file2 file3
```

VORSICHT

Aliase können nicht exportiert werden. Sie sind an die lokale Schell gebunden.

Lässt man eine Alias-Definition mit einem Leerzeichen enden, z.B. `ti="time "`, so wird auch das erste Argument, das man beim Aufruf des Alias übergibt, daraufhin überprüft, ob es sich um einen Alias handelt. Beim Aufruf `"ti befehl"` dürfte also auch `befehl` nochmals ein Alias sein.

2.31 Signal-Verarbeitung

Signale werden zur Steuerung von laufenden Prozessen benutzt. Das bekannteste Signal ist vielleicht Signal Nr. 2, auch `SIGINT` genannt, das einem Programm gesendet wird, wenn man [Strg]+[c] drückt. Die meisten Programme beenden sich dann. Die meisten, nicht alle, denn wie ein Prozess auf ein Signal reagiert, kann der Programmierer selbst festlegen.

- Signale beeinflussen die Steuerung der Skripts.
- Alle Signale außer 9 und 23 können abgefangen werden.
- Signale 9 und 23 werden vom Betriebssystem verarbeitet.

kill -*n pid*	Signal *n* an Prozess *pid* senden.
kill -l	Alle Signale auflisten.
trap *'befehl' signal*	Signal abfangen und *befehl* ausführen.
trap '' *signal*	Signal ignorieren.
trap signal	Signalbehandlung auf *Default* zurückstellen.
trap	Signal-Routinen anzeigen.
trap '' 2	*ctrl-c* ignorieren.
trap "func_exit" 0	Aufräumarbeiten am Ende des Skripts.
trap "reconfig" 1	Rekonfiguration durch *kill -1*
trap "dbg" DEBUG	Debugging über *trap* in ksh und bash.

Signale verstehen

Bevor wir lernen, wie man Signale im eigenen Skript abfängt und verarbeitet, wollen wir uns ein wenig damit befassen, was Signale überhaupt sind, wie sie zustande kommen und welche es gibt.

Auf Signal 2 haben wir bereits hingewiesen. Ein anderes häufig benutztes Signal ist Signal 15, auch als `SIGTERM` bezeichnet. Sicher kennen Sie den Befehl `kill`, mit dem Sie einen Prozess beenden können, wenn er nicht mehr reagiert. Und sicher haben Sie auch hier schon festgestellt, dass manche Programme darauf reagieren, manche nicht. Wieder ist der Grund dafür, dass `kill` dem Prozess ein Signal sendet, in diesem Fall `SIGTERM`, und dass jeder Prozess selbst entscheiden kann, was er beim Erhalten eines Signals tut.

Signale werden in Form von ganzen Zahlen oder Strings wie `SIGINT`, `SIGTERM` etc. angegeben. Die Liste der möglichen Signale variiert von System zu System, die wichtigsten sind jedoch überall gleich.

```
kill -l
```

Der Befehl `kill -l` listet alle Signale auf und zeigt die Zuordnung der Namen zu den Signal-Nummern. Hier das Ergebnis unter Solaris.

```
 1) SIGHUP      2) SIGINT      3) SIGQUIT     4) SIGILL
 5) SIGTRAP     6) SIGABRT     7) SIGEMT      8) SIGFPE
 9) SIGKILL    10) SIGBUS     11) SIGSEGV    12) SIGSYS
13) SIGPIPE    14) SIGALRM    15) SIGTERM    16) SIGUSR1
17) SIGUSR2    18) SIGCHLD    19) SIGPWR     20) SIGWINCH
21) SIGURG     22) SIGIO      23) SIGSTOP    24) SIGTSTP
```

```
25) SIGCONT     26) SIGTTIN     27) SIGTTOU     28) SIGVTALRM
29) SIGPROF     30) SIGXCPU     31) SIGXFSZ     32) SIGWAITING
33) SIGLWP      34) SIGFREEZE   35) SIGTHAW     36) SIGCANCEL
37) SIGLOST
```

Nur einige Signale sind für uns von Bedeutung. Sehen wir uns diese etwas näher an.

Nr.	Bezeichnung	Bedeutung
0	SIGEXIT	Wird automatisch am Ende eines Skripts ausgelöst. Kann für Aufräumarbeiten genutzt werden.
1	SIGHUP	Wird beim Beenden einer Verbindung gesendet. Oft zur Rekonfiguration genutzt.
2	SIGINT	Wird durch `ctrl-c` ausgelöst. Das Programm beendet sich vorzeitig.
3	SIGQUIT	Wird durch `ctrl-\` ausgelöst. Das Programm beendet sich vorzeitig, ein Speicherabzug des Programms wird erstellt und in der Datei `core` gespeichert.
9	SIGKILL	Beendet ultimativ einen Prozess. Wird nicht vom betroffenen Programm, sondern von System verarbeitet.
15	SIGTERM	Aufforderung an das Programm, sich zu beenden. Defaultwert von `kill`.
23	SIGSTOP	Wird durch `ctrl-s` erzeugt. Hält Prozess an. Meist genutzt, um eine Ausgabe auf dem Bildschirm anzuhalten.
24	SIGTSP	Wird durch `ctrl-z` erzeugt. Hält den Prozess an und gibt das Terminal wieder frei. Meist genutzt, um einen Vordergrund-Prozess anzuhalten und ihn anschließend über `bg` im Hintergrund weiterlaufen zu lassen.
25	CONT	Wird durch `ctrl-q` erzeugt. Setzt Prozesse fort, die mit `ctrl-s` angehalten wurden.

Tabelle 2.24:Die wichtigsten Signale

Wenn Sie sich auch für die Bedeutung der restlichen Signale interessieren, sollten Sie sich die Datei `signal.h` im Verzeichnis `/usr/include/sys` anschauen.

Signale senden mit kill

Mit dem Befehl `kill` sendet man von der Tastatur oder aus einem Skript heraus ein Signal an einen oder mehrere Prozesse.

```
kill -signal pid [ pid ...]
```

Der Prozess wird durch seine Prozess-ID, kurz PID angegeben. Die Prozess-IDs erhält man durch den `ps`-Befehl.

Das Signal kann durch seine Nummer oder durch seinen Namen (ohne SIG) angegeben werden.

```
kill -9 pid
kill -KILL pid
kill pid
```

`kill` ohne Angabe eines Signals sendet ein `SIGTERM`, Signal Nr. 15, welches den angesprochenen Prozess auffordert, sich zu beenden.

Sitzt man an der Tastatur, kann man überdies durch `ctrl-c`, `ctrl-s`, `ctrl-z` und `ctrl-q` Signale an den gerade laufenden Vordergrund-Prozess senden.

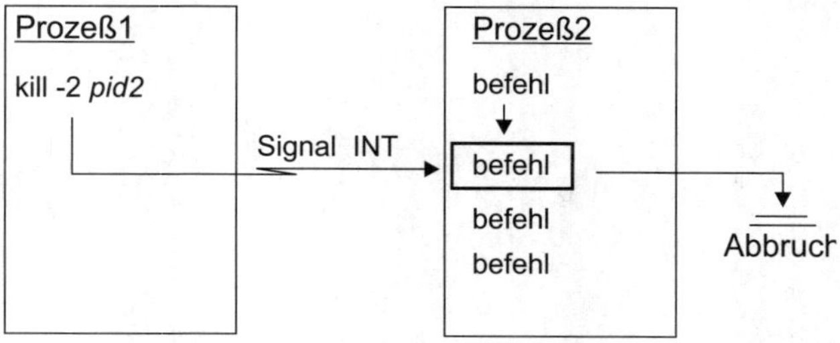

Abbildung 2.25: Abbruch durch kill -2

WICHTIG

Signale wirken nur bei den Prozessen, die man selbst gestartet hat. Fremde können Ihr Skript also nicht beeinflussen. Versuchen sie das dennoch, erhalten sie die Meldung `"permission denied"`.

Signale abfangen mit trap

Wenn ein Shell-Skript gestartet wird, erhält es automatisch die Default-Regeln zur Signal-Behandlung. Diese besagen, dass unser Skript bei einem großen Teil der Signale abgebrochen wird. Für die meisten Signale ist das ohne Bedeutung, doch 2 und 3 können unbedacht von der Tastatur aus gesendet werden, zumindest `ctrl-c` ist jedem geläufig. Wenn wir neue Regeln für diese Signale erstellen möchten, verwenden wir `trap`.

`trap` ist das Gegenstück zu `kill`. Mit Hilfe von `trap` können wir

- Signale ignorieren
- Signale abfangen und mit eigenen Befehlen bearbeiten
- die Signal-Behandlung wieder auf den Default-Wert zurückstellen

Signale abfangen

```
trap 'befehl' signal [ signal ... ]
```

Wir geben also `trap` einen Befehl oder eine Befehlskette an, die ausgeführt werden soll, wenn wir eines der betroffenen Signale erhalten. Die Signale können wie bei `kill` entweder numerisch oder als String geschrieben werden.

```
trap 'echo ctrl-c funktioniert nicht.' 2 3
```

In diesem Beispiel legen wir fest, dass wir bei Signal 2 und 3 statt eines Abbruches den Aufruf des `echo`-Befehls wünschen. Und in der Tat, das Skript ist nun nicht mehr durch `ctrl-c` gefährdet.

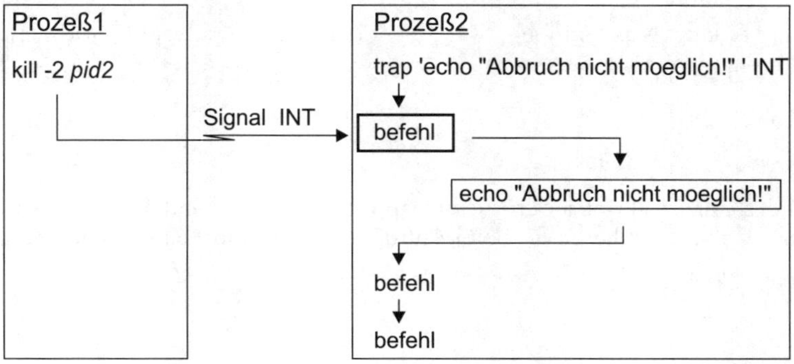

Abbildung 2.26: Signale 2 durch trap abgefangen

```
#!/usr/bin/ksh
# demo

trap 'echo "Nur Geduld!" '
for i in 1 2 3 4 5 6 7 8 9 0
do
  date
  sleep 1
done
mars# ./demo
Tue Feb 23 16:27:24 MET 2002
Tue Feb 23 16:27:25 MET 2002
Tue Feb 23 16:27:26 MET 2002 [Strg]+[c]
Nur Geduld!
Tue Feb 23 16:27:27 MET 2002
Tue Feb 23 16:27:28 MET 2002
Tue Feb 23 16:27:29 MET 2002 [Strg]+[c]
Nur Geduld! [Strg]+[c]
Nur Geduld!
Tue Feb 23 16:27:30 MET 2002 [Strg]+[c]
Nur Geduld!
Tue Feb 23 16:27:31 MET 2002
Tue Feb 23 16:27:32 MET 2002
Tue Feb 23 16:27:33 MET 2002
mars# ;-(
```

```
trap 'rm file.tmp ; exit 1' INT
```

Hier wird zwar akzeptiert, dass das Skript durch ctrl-c abgebrochen wird, vorher wird aber schnell noch eine temporäre Datei gelöscht. Den Abbruch müssen wir nun allerdings selbst durch einen `exit`-Befehl erzeugen; der systemeigene Abbruch wurde ja überschrieben.

Der auszuführende Befehl wird meistens in einfache Quotes gesetzt, da die Shell die `trap`-Zeile zweimal liest: beim normalen Durchlaufen des Skriptes und beim Auftauchen eines Signals. Wenn der Befehl nun Sonderzeichen oder Variablen enthält, werden diese zu früh expandiert, wenn man nicht einfache Quotes benutzt.

WICHTIG

Verwenden Sie `break` als `trap`-Befehl, wenn Sie dem Benutzer erlauben möchten, eine Schleife durch `ctrl-c` zu verlassen, ohne gleich das ganze Programm abzubrechen.

```
trap 'break' 2
while ....
```

Um während des ganzen Skriptes `ctrl-c` zu trappen, vorübergehend aber den Abbruch eines bestimmten Befehls zu erlauben, etablieren Sie beim Aufruf von `trap` sofort einen neuen Trap.

```
trap 'trap "" 2' 2
```

Korn-Shell

In der Korn-Shell (und nur dort) sind Traps, die innerhalb einer Funktion definiert werden, nur in dieser Funktion gültig.

Signale ignorieren

```
trap '' 2 3
```

Diese Lösung ist weniger komfortabel, funktioniert aber auch. Sie besagt, dass die Signale ignoriert werden sollen, ohne irgendwelche Aktionen zu unternehmen.

Wenn wir unser kleines Demo-Skript von oben entsprechend ändern, erzielen wir folgendes Verhalten:

```
mars# ./demo
Tue Feb 23 16:27:24 MET 2002
Tue Feb 23 16:27:25 MET 2002
Tue Feb 23 16:27:26 MET 2002 [Strg]+[c]
Tue Feb 23 16:27:27 MET 2002
Tue Feb 23 16:27:28 MET 2002
Tue Feb 23 16:27:29 MET 2002
Tue Feb 23 16:27:30 MET 2002 [Strg]+[c]
Tue Feb 23 16:27:31 MET 2002 [Strg]+[c] [Strg]+[c]
Tue Feb 23 16:27:32 MET 2002
Tue Feb 23 16:27:33 MET 2002
mars#
```

Auf Default zurücksetzen

```
trap sig
```

Um ein Signal wieder auf Default-Behandlung zurückzustellen, gibt man das `trap`-Kommando ohne Befehl an.

Korn-Shell und Bash

In Korn-Shell und Bash kann man alternativ auch `trap - sig` schreiben.

Kaskadierung

Wenn wir ein Shell-Skript aus einem anderen Skript heraus aufrufen, werden die Signalbehandlungsregeln nicht vererbt. Beim Neustart eines Skriptes bzw. einer Shell sind immer die Default-Regeln in Kraft.

Unterschiede zwischen sh. ksh und bash

Eine Ausnahme bilden in Bourne-Shell und Bash allerdings ignorierte Signale, d.h. solche, die über einen leeren Befehl getrapt werden. Sie werden vererbt und auch in einer Subshell, also in einem neuen Skript ignoriert. Sie können dort nicht einmal neu definiert oder zurückgesetzt werden. Die Korn-Shell besitzt diese Ausnahme nur in manchen Versionen.

Signalbehandlung anzeigen

```
trap
```

Wenn wir `trap` ohne Argumente aufrufen, zeigt es uns die selbst definierten Routinen an. Alle Signale, die nicht aufgelistet sind, werden nach den Default-Regeln behandelt.

bash

In der Bash kann alternativ `trap -p` angegeben werden.

Das Ende des Skriptes abfangen

Über `exit` *n* können Sie ein Skript vorzeitig verlassen, wenn die Bedingungen ein Weiterarbeiten verbieten. In komplexen Skripten können solche Abbrüche an verschiedensten Stellen auftreten, sodass man leicht den Überblick verliert.

Da beim Verlassen des Skriptes aber automatisch das Signal 0 (EXIT) erzeugt wird, können Sie über `trap '...' 0` dafür sorgen, dass letzte Arbeiten verrichtet werden, bevor das endgültige Ende kommt. Dieses Vorgehen ist etwas einfacher, als vor jedes auftauchende `exit` den Aufruf einer Funktion zu setzen.

```
func_exit(){
  rm *.tmp
  exec 3>&-
  echo "$0 vorzeitig beendet: `date`" >> myscript.log
}
trap "func_exit" 0
...
[ ! -f db.dat ] && exit 1
...
```

Sie müssen kein zusätzliches `exit` in den Trap oder die Funktion einbauen, wie dies bei `ctrl-c` nötig war. Das Skript war ja bereits am Ende angelangt, Sie haben nur noch schnell etwas nachgeschoben.

VORSICHT

Wenn Sie Signal 0 trappen, erwischen Sie zwar alle `exits` und das reguläre Ende des Skripts sowie Abbrüche durch `ctrl-c`, nicht aber Abbrüche, die durch `kill` von außen herbeigeführt werden.

kill -15 abfangen

Um das Beenden Ihres Skriptes durch den `kill`-Befehl (ohne Argumente) abzufangen, müssen Sie das Signal 15 trappen. Prozesse, bei denen dies erfolgt ist, lassen sich somit nur noch über

```
kill -9 pid
```

beenden. Signal 9 wird direkt vom Betriebssystem verarbeitet und wirkt daher immer tödlich.

Neukonfiguration durch kill -1

Einige Dämonen, wie z.B. den `inetd`, haben Sie sicherlich schon einmal durch

```
kill -1 pid
```

dazu bewegt, ihre Konfigurationsdatei neu einzulesen. Wenn Sie Ihrem eigenen Skript solche Fähigkeiten hinzufügen wollen, müssen Sie das Signal 1 (HUP) trappen.

```
trap 'func_read_config'  HUP
func_read_config(){
...
}
```

Zur Demonstration folgendes Programm:

```
#!/bin/sh
# demo
```

```
trap "reconfig" 1

reconfig(){
  . myfile.cfg
}

var="alt"

while true
do
  echo "Variable: $var"
  sleep 10
done
# Datei myfile.cfg
var=neu

mars# ./demo &
[1] 421
mars# Variable: alt
Variable: alt
Variable: alt [↵]
mars# kill -1 421
mars# Variable: neu
Variable: neu
Variable: neu [↵]
mars# kill 421
mars#
```

nohup

Auf einigen Systemen senden manche Shells den Prozessen, die sie gestartet haben, ein SIGHUP, wenn sie beendet werden. Das führt z.B. dazu, dass Hintergrundprozesse, die noch nicht fertig sind, abgeschossen werden, wenn Sie Ihre Terminal-Sitzung beenden, oder dass es schwierig wird, Hintergrundprozesse aus einem Skript heraus zu starten und anschließend das Skript zu beenden. Testen Sie einfach über ein `"sleep 60 &"` oder ein `"find / -print > find.out"` mit anschließendem `exit`, ob sich Ihr System wie besprochen verhält.

Wenn dies der Fall ist, können Sie entweder in Ihrem Skript das Signal 1 durch `trap` abfangen, oder Sie starten Ihr Skript mit `nohup`:

```
nohup myscript &
```

`nohup` ist nichts anderes als ein Shell-Skript, (zu sehen durch `file /bin/nohup`), das für Sie das Trappen von Signal 1 übernimmt.

Fehler trappen

Nur Korn-Shell

In der ksh, nicht in sh und bash, gibt es die Möglichkeit, die Fehlervariable $? zu trappen und immer dann, wenn $? ungleich null ist, einen Befehl auszuführen.

```
trap "echo Fehler >> error.log" ERR
```

Debugging durch trap

Nur Korn-Shell und Bash

```
trap "..." DEBUG
```
[17]

In Korn-Shell und Bash (nicht in sh) gibt es das Pseudo-Signal DEBUG, das nach jedem Befehl aufgerufen wird und daher für Debugging-Zwecke verwendet werden kann.

```
trap "befehl" DEBUG
```

Mehr zu diesem Thema in Abschnitt 2.37.

Eigene Signale senden und empfangen

Mit `trap` und `kill` ist es auch möglich, Signale zwischen eigenen Skripten zu senden und zu empfangen, um diese zu koordinieren. Hierfür sind die beiden Signale `SIGUSR1` und `SIGUSR2` gedacht, Sie können im Prinzip aber fast jedes Signal dazu verwenden.

```
#!/bin/sh
# script1
...
if [ ... ]
  then kill -USR1 $pid
fi
...
```

Die Schwierigkeit liegt dann darin, die richtige Prozess-ID herauszufinden. Im Partner-Skript muss es dann heißen:

```
#!/bin/sh
# script2
trap 'befehl' USR1
```

2.32 Mehrere Skripte koordinieren

In größeren Projekten besteht häufig die Notwendigkeit, mehrere Skripte aus einem Haupt-Skript heraus zu starten und zu koordinieren. Auch wenn eine neue Aufgabe teilweise mit einem bereits bestehenden Programm erledigt werden kann, schreibt man üblicherweise ein neues Skript, das das alte an geeigneter Stelle aufruft.

Lassen Sie uns an dieser Stelle einen Blick auf die unterschiedlichen Möglichkeiten werfen, mit denen man mehrere Skripten koppeln und koordinieren kann.

- `. script` — Skripte können in der eigenen Shell oder einer Subshell ablaufen.
- `script &` — Skripte können seriell oder parallel gestartet werden.
- `newscript jupiter` — Daten auf der Kommandozeile übergeben.
- `echo $zeile >tempfile` — Daten mittels temporärer Datei übergeben.
- `script1 | script2` — Daten mittels Pipe übergeben.
- ``wert=`script2` `` — Rückgabe über Kommando-Substitution.

17. Die ksh unter LINUX (pdksh) kennt das DEBUG-Signal nicht.

- `werte=`script2`; set $werte` Rückgabewerte splitten.
- `read zeile <tempfile` Rückgabe über temporäre Dateien.
- Koordination mehrerer Skripte über Datei-MARKEN.
- Koordination mehrerer Skripte über Message-Logs.
- Koordination mehrerer Skripte über Signale.

Skripte aufrufen

Wenn wir aus einem Skript heraus ein anderes aufrufen, müssen wir uns über zwei Punkte Gedanken machen. Zunächst ist zu klären, ob das neue Skript in der gleichen Shell oder in einer Subshell ausgeführt werden soll.

In der Regel werden Sie sich für eine Subshell entscheiden, da Sie dann mit einem komplett neuen Satz an Variablen arbeiten können und nur spezielle Variablen exportieren. Es gibt also keine bösen Überraschungen, wenn das zweite Skript mit den gleichen Variablen arbeitet wie das erste. In diesem Fall starten Sie das neue Skript einfach durch

```
newscript
```

In Ausnahmefällen kann es günstiger sein, keine Subshell zu öffnen, nämlich immer dann, wenn das neue Skript Veränderungen an einer Variablen durchführen muss, auf die das erste Skript zugreifen soll. Dann starten Sie ihr Skript durch

```
. newscript
```

Der zweite Punkt, den es abzuklären gilt, ist ob das Hauptskript warten soll, bis das neue Skript seine Arbeit beendet hat, oder ob es parallel dazu seine eigene Arbeit fortsetzt. Meistens werden Sie Skripte seriell ablaufen lassen, manchmal ist es jedoch geschickter, Skripte parallel zu starten. Ein Beispiel hierfür wäre das Testen von Rechnern auf ihre Erreichbarkeit. Geht man hier seriell vor, können sich Wartezeiten durch nicht erreichbare Rechner unerträglich addieren; testet man sie parallel, entsteht dieses Problem nicht.

Das parallele Starten neuer Skripte erfolgt durch

```
newscript &
```

Weitere Möglichkeiten sind paralleles Starten durch Verbindung mit einer normalen Pipe

```
script1 | script2
```

oder einer Named Pipe (siehe unten).

Daten übergeben

Zur Übergabe von Daten an das neue Skript stehen uns mehrere Wege zur Verfügung. Geht es nur um wenige Werte, können wir sie entweder in Variablen speichern, diese exportieren und im zweiten Skript darauf zugreifen.

```
host=jupiter
export host
newscript
```

Oder wir geben sie als Parameter mit, welche dann als `$1`, `$2` etc. im zweiten Skript auftauchen werden.

```
newscript jupiter
```

Schwieriger wird es, wenn wir eine große Menge von Daten übergeben möchten. Am häufigsten wird dies über temporäre Dateien erledigt. Im Hauptskript schreiben wir die Daten, die sich aus diversen Verarbeitungsschritten ergeben haben, mit `echo`, `printf` oder durch Ausgabe-Umlenkung eines UNIX-Befehls in eine temporäre Datei. Im zweiten Skript lesen wir anschließend diese Datei über `read` oder die Eingabe-Umlenkung eines UNIX-Befehls ein.

```
script1:
while .... echo $zeile ... done >tempfile

script2:
while ..... read zeile ... done <tempfile
```

Alternativ kann man die beiden Skripte über eine Pipe parallel starten und aus dem ersten Programm heraus beliebig schreiben, während man im zweiten Skript mittels `read` oder einer Umlenkung liest.

```
script1 | script2

script1:
while .... echo $zeile ... done

script2:
while ..... read zeile ... done
```

Daten zurückgeben

Die Rückgabe von Werten kann nicht über gemeinsame Variablen erfolgen, da bei Beendigung der Subshell alle Variablen verworfen werden. Dies stimmt natürlich nicht, wenn das zweite Skript in der Shell der ersten gestartet wurde.

Die übliche Methode, einen einzigen Wert zu übernehmen, ist die Kommando-Substitution.

```
wert=`script2`
```

Selbst wenn mehrere Werte zurückgegeben werden sollen, kann man die Kommando-Substitution verwenden. Besitzen alle Werte die gleiche Bedeutung (alles Logzeilen, Rechner etc.), werden die Daten in *eine* Variable aufgenommen und über eine `for`-Schleife weiterverarbeitet.

```
werte=`script2`
for wert in $werte ; do ...
```

Natürlich sind dieser Methode Grenzen gesetzt. Erwartet man mehrere MB Daten, kann man sie nicht mehr in einer Variablen speichern. Der genaue Grenzwert schwankt dabei von System zu System und einige hundert KB sollten noch überall funktionieren.

Sollen Daten mit unterschiedlicher Bedeutung zurückgegeben werden, kann das Aufsplitten in einzelne Wörter helfen.

```
werte=`script2`
set $werte
host=$1; ip=$2; raum=$3; ....
```

Und wie gehen wir vor, wenn wir viele Sätze solcher Daten erwarten? Wir hängen eine Schleife, in der wir die Daten einlesen, über eine Pipe an das zweite Skript.

```
script2 | while read werte
do
  set $werte
  host=$1; ip=$2; raum=$3; ....
done
```

Als Alternative bietet sich wieder die Zwischenspeicherung in einer temporären Datei an. Kann `Script2` seine Daten schnell und vollständig liefern, ist dies meistens der effektivere Weg. Liefert `Script2` jedoch tröpfchenweise oder unentwegt Daten, ist die obige Lösung über eine Pipe besser geeignet.

```
script1:
while .... read zeile ... set $zeile ... done <tempfile

script2:
while ..... echo $a $b $c ... done >tempfile
```

Koordination

Üblicherweise besteht die Koordination mehrerer Shell-Skripte einfach darin, das nächste Skript aufzurufen, sobald das vorherige fertig ist. Ein solches Vorgehen ist aber nicht immer möglich und sinnvoll. Vor allem, wenn die Skripte im Dauereinsatz laufen, hat es keinen Sinn, auf ihr Ende zu warten.

Nehmen wir an, Skript Nr. 1 wartet ständig auf Daten, die in Form von Dateien in ein Verzeichnis kopiert werden. Sobald es die erforderliche Datei findet, verarbeitet es sie, legt die Ergebnisse in einer temporären Datei ab und wartet auf die nächste Datei. Ein zweites Skript soll die temporären Daten gleich weiterverarbeiten, wenn sie geliefert worden sind. Da das gesamte Projekt noch weitere Stufen umfasst, wollen wir die einzelnen Programme in einem übergeordneten Skript koordinieren. Welche Möglichkeiten haben wir?

Wir bauen in das koordinierende Skript eine Warteschleife ein, in der unentwegt kontrolliert wird, ob die Bedingung für den Start eines der Unterskripte gegeben ist. Tritt eine Bedingung ein, wird das entsprechende Skript im Hintergrund aufgerufen und das Hauptskript setzt seine Warteschleife fort.

```
while true
do
  if [ -f file1.tmp ]
    then script1 &
  fi
  if [ file2.tmp -nt file2.ready ]
    then script2 &
  fi
  if [ $oldsize -lt $newsize ]
    then script3 &
  fi
  ...
  sleep 60
done
```

Die Existenz, die Größe oder das Alter einer temporären Datei, wie sie im Beispiel oben verwendet wurden, sind oft geeignete Testbedingungen. Manchmal wird zusätzlich zu den Daten eine – oft leere – Marker-Datei von einem Unterskript angelegt, die nur dem Zweck dient zu zeigen, dass das Skript mit seiner Verarbeitung fertig ist. Im Hauptskript wird diese Marke dann bemerkt, gelöscht und die passende Aktion ausgelöst.

Eine weitere Synchronisations-Methode besteht darin, im Unterskript Nachrichten an eine Logdatei anzuhängen. Das koordinierende Programm sieht sich regelmäßig das Ende der Logdatei an und vergleicht die letzte Zeile mit der zuletzt gefundenen. Stimmen sie nicht überein, ist die gewünschte Bedingung eingetreten.

```
script1:
while true
do
```

```
    Verarbeitung ...
    echo "Paket $n bearbeitet `date`" >>$logdatei
done

hauptscript:
while true
do
    newmsg=`tail -1 $logdatei`
    if [ "$newmsg" != "$oldmsg" ]
      then script2 &
      oldmsg=$newmsg
    fi
done
```

Der Vorteil dieser Methode liegt in der automatischen Protokollierung des Vorgangs. Überhaupt ist es immer eine gute Idee, jeden Schritt der einzelnen Unterskripte zu protokollieren, um später Ungereimtheiten leichter auf die Spur zu kommen.

Ebenfalls zur Koordination geeignet ist das Senden und Abfangen von Signalen. Jedes Unterskript sendet ein eigenes Signal, das dann im übergeordneten Skript geeignete Aktionen auslöst.

```
trap 'func1' 27
trap 'func2' 28
trap 'func3' 29
...

while true
do
    echo "Zeitstempel: `date`" >> $logfile
    sleep 900
done
```

exit oder return?

Wenn Sie ein Skript aus einem anderen heraus aufrufen, darf sich das aufgerufene Skript natürlich jederzeit mit `exit` beenden. Das ursprüngliche Skript fährt anschließend mit seiner Bearbeitung fort.

Was aber, wenn Sie das zweite Skript durch **.** innerhalb des ersten gestartet haben? Dann beendet ein `exit` des zweiten automatisch auch das erste Skript. In der Bourne-Shell gibt es hierfür keinen Ausweg. In Korn-Shell und Bash hat man auf die Problematik reagiert und den `return`-Befehl entsprechend erweitert.

Nur Korn-Shell

In der Korn-Shell beendet `return` neben Funktionen auch über **.** gestartete Skripte, ohne dass das ursprüngliche Programm beendet wird. Für nicht über **.** ausgeführte Skripte verhält sich `return` wie exit.

Nur Bash

In der Bash beendet `return` neben Funktionen ebenfalls über **.** gestartete Skripte, ohne dass das ursprüngliche Programm beendet wird. Für nicht über **.** ausgeführte Skripts erzeugt es jedoch eine Fehlermeldung.

Named Pipes

Ein raffiniertes Mittel zur Datenübertragung zwischen mehreren Prozessen ist eine so genannte "Named Pipe" oder FIFO (first in first out), eine Pipe, die über eine Pseudo-Datei realisiert wird.

Sie werden nur selten auf Named Pipes zurückgreifen müssen, da sich die meisten Probleme mit normalen Pipes lösen lassen, wie wir sie bereits kennen. Eine Named Pipe wird über einen Eintrag im Directory realisiert, der aussieht wie eine Datei, in Wahrheit jedoch einen Bereich im Memory repräsentiert.

```
mknod pipe p
mkfifo pipe
```

Mit den Befehlen `mknod` oder `mkfifo` wird eine Named Pipe erstellt, wobei für *`pipe`* ein beliebiger Name gewählt werden kann.

Ein Prozess kann nun in die Pipe schreiben, ein anderer darf aus ihr herauslesen.

```
#Prozess 1:
echo "error 77 in script myscript" > mypipe

#Prozess 2:
read line < mypipe
```

WICHTIG

Der erste Prozess kann seine Ausgabe erst starten, wenn der zweite Prozess mit dem Lesen beginnt.

Named Pipes machen Sinn, wenn man Prozesse miteinander koppeln möchte, die nicht direkt über eine Pipeline *`befehl1`* | *`befehl2`* verbunden werden können, zum Beispiel, weil sie zeitverzögert oder in verschiedenen Skripten aufgerufen werden müssen.

Aber Achtung: Die Pipe wird geschlossen, sobald einer der beiden beteiligten Prozesse abbricht. Hat man also mehr als eine Zeile zu schreiben bzw. zu lesen, kann dies nicht über mehrere Aufrufe von "`echo >pipe`" erfolgen (die Pipe schließt sofort nach dem ersten `echo`), sondern muss über eine einzige Umleitung am Ende einer Schleife geschehen.

```
#Prozess 1:
while ...
do
  ...
  echo "error 77 in script myscript"
done > mypipe

#Prozess 2:
while read line
do
  ...
done < mypipe
```

Mit einer Named Pipe können auch mehrere lesende und schreibende Prozesse miteinander verbunden werden. Die Zeilen werden in der Reihenfolge ihres Eintreffens gespeichert und die jeweils älteste an den nächsten lesenden Prozess geliefert.

2.33 Die Laufzeit von Shell-Skripten

Wenn Sie Shell-Skripte verwenden, um große Logdateien zu analysieren, Accounting zu betreiben oder Daten zu konvertieren, kann die Laufzeit zu einem erheblichen Problem werden. Skripte, die mehrere Stunden laufen oder ganze Nächte benötigen, sind in solchen Fällen durchaus häufig anzutreffen.

- Den Aufruf externer Kommandos vermeiden.
- Unnötige Schleifen vermeiden.
- Große Dateien nicht mit `read` einlesen.
- Mit temporären Dateien arbeiten.
- `awk` nur verwenden, wenn es nötig ist.
- Korn-Shell oder Bash benutzen statt Bourne-Shell.

Ursachen langer Laufzeiten

Wird die Laufzeit inakzeptabel, empfiehlt es sich, auf eine effektivere Skriptsprache wie z.B. Perl zu wechseln, wodurch man leicht einen Faktor 10 bis 100 in der Geschwindigkeit gewinnen kann. Oft könnten aber auch Shell-Skripte wesentlich schneller laufen, wären sie geschickter geschrieben. Ein Faktor von 10 bis 100 ist auch hier herauszuholen.

Um zu sehen, was die lange Laufzeit vieler Skripte bewirkt, erstellen wir einige Testdateien, die wir anschließend mit unterschiedlichen Methoden einlesen werden. Für langsamere Prozeduren benötigen wir etwas kleinere Dateien, für die schnelleren Tools sehr große, damit sie nicht mehr in den Lesepuffer des Systems passen, was die Messwerte verfälschen würde.

```
mars# echo "aaaa bbbb aaaa bbbb aaaa bbbb aaaa bbbb aaaa bbbb" > filea
mars# typeset -i i
mars# i=1; while ((i<=20000)); do cat filea >>fileb; i=i+1 ; done
mars# i=1; while ((i<=10)); do cat fileb >>filec; i=i+1 ; done
mars# i=1; while ((i<=5)); do cat filec >>filed; i=i+1 ; done
mars#
mars#
mars# ls -l
total 119266
-rw-r--r--   1 root     other          50 Mar  7 10:55 filea
-rw-r--r--   1 root     other     1000000 Mar  7 11:01 fileb
-rw-r--r--   1 root     other     10000000 Mar  7 11:02 filec
-rw-r--r--   1 root     other     50000000 Mar  7 11:03 filed
```

Wir haben also Dateien von 1 MB, 10 MB und 50 MB erstellt. Mit dem Kommando `time` können wir festhalten, wie lange ein Befehl zur Ausführung braucht,

```
mars# time grep aaa filed >/dev/null

real 0m17.340s
user 0m5.380s
sys  0m2.210s
```

also etwa 17 Sekunden, was einen Durchsatz von etwa 2,9 MB/s bedeutet. Der Test wurde auf einem PC Pentium mit Solaris 2.8 durchgeführt (mehr zu `time` in 2.36).

Die Umleitung nach `/dev/null` haben wir eingerichtet, um wirklich nur die Lese-Performance zu messen und nicht durch zusätzliche Ausgaben das Ergebnis zu verschleiern. Führen wir mit der gleichen Methode weitere Tests durch, erhalten wir aussagekräftige Messwerte über die Leistungsfähigkeit unterschiedlicher Programmier-Konzepte.

Befehl	Geschwindigkeit bzw. Zeit
cat filed >/dev/null	5 MB/s
grep aaa filed >/dev/null	2,9 MB/s
sed '/aaa/ p' filed >/dev/null	0,8 MB/s
awk '/aaa/ {print $0}' filed >/dev/null	0,4 MB/s
while read var ; do : ; done <fileb	0,05 MB/s
while ((i<=1000)); do i=i+1;done	0,2 s
while ((i<=1000)); do echo ; i=i+1;done	0,2 s
while ((i<=1000)); do ls ; i=i+1;done	20 s
while ((i<=1000)); do echo | awk ; i=i+1; done	35 s
while [$i -lt 1000] ; do i=`expr $1 + 1` ; done	20 s

Tabelle 2.25:Performance-Vergleich verschiedener Methoden

Effektiver Programmieren

Die folgenden Ratschläge sind alle im Zusammenhang mit zu hohen Laufzeiten bei Shell-Skripten zu sehen. Diese Empfehlungen machen wenig Sinn, wenn Ihr Skript nur einige Sekunden benötigt, in manchen Fällen würden sie es dann sogar verlangsamen.

❑ Verwenden Sie immer das einfachste aller möglichen UNIX-Kommandos.

Was zeigt uns dieser Test? Der maximal erreichbare Wert ist festgelegt durch die Geschwindigkeit beim Lesen von der Festplatte, hier ermittelt durch ein simples `cat`. Während die Verarbeitung einer Datei durch das einfache Kommando `grep` noch relativ nahe an den maximalen Durchsatz herankommt, verschlechtert sich die Situation zusehends mit der Komplexität des Kommandos. `sed` erreicht gerade mal 30% von `grep` und `awk` wieder nur 50% von `sed`.

❑ Lesen Sie große Dateien nie über `read` ein.

Ein weiterer dramatischer Abfall der Performance ist bei der Verwendung von `read` zu beobachten. Wann immer es möglich ist, mit `grep`, `sed` oder `awk` große Dateien einzulesen, tun Sie es und vermeiden Sie eine Schleife um `read`. `read` ist dazu gedacht, kleine Dateien oder Benutzereingaben einzulesen. Für Logdateien oder Ähnliches ist es ungeeignet.

❑ Verwenden Sie möglichst die schnellen Shell-Builtin-Kommandos.

Die beiden Korn-Shell-Versionen der `while`-Schleife legen eine fabelhafte Geschwindigkeit an den Tag, auch das Rechnen über die Builtin-Funktionen scheint kaum Zeit zu kosten.

❑ Vermeiden Sie den Aufruf externer Kommandos in Schleifen.

Welch ein Unterschied jedoch, wenn wir ein externes Kommando wie `ls`, `awk` oder `expr` in einer Schleife aufrufen. Hier ist der deutlichste Sprung zu erkennen. Obwohl in der zuletzt gezeigten Schleife einfach nur hochgezählt wird, verlieren wir einen Faktor 100 gegenüber dem Builtin-Kommando.

❑ Verarbeiten Sie große Dateien mit `grep`, `sed`, `sort` und `awk` vor.

Versuchen Sie, aus zu großen Dateien über `grep`, `sed`, `sort` und `awk` die relevanten Zeilen herauszufiltern und in temporären Dateien abzuspeichern. Das Hauptskript hat dann nur noch einen Bruchteil der ursprünglichen Zeilen zu lesen.

- Ersetzen Sie awk-Aufrufe in Schleifen durch ein einziges awk-Skript.

In vielen Skripten findet man awk-Aufrufe in Schleifen, um jede einzelne Zeile in ihre Bestandteile zu zerlegen. Man könnte diese Zerlegung stattdessen fast immer in einem einzigen awk-Skript und einem einzigen Durchlauf erledigen.

- Benutzen Sie `set` und String-Verarbeitungs-Features der Shells statt awk.

Überhaupt ist der awk-Aufruf nicht immer nötig. awk ist zwar mächtig, aber auch groß und damit aufwändig zu laden. Geht es nur um die Aufsplittung einer regelmäßig gebauten Zeile, kann stattdessen `set` benutzt werden. Geht es um das Extrahieren eines Teilstrings, können oft die Stringverarbeitungs-Features von ksh und bash helfen.

- Benutzen sie die Korn-Shell oder Bash statt der Bourne-Shell.

Das Ausweichen auf Builtin-Kommandos ist in ksh und bash sehr viel eher möglich als in der Bourne-Shell, da in ihnen weitaus mehr Features eingebaut sind. Denken Sie nur an die eingebauten Rechenfunktionen gegenüber dem Aufruf von `expr`. Verwenden Sie also besser eine der moderneren Shells.

- Vermeiden Sie implizite Schleifen durch `find ...exec`.

Wenn es um die Bearbeitung des Filesystems geht, führt an dem mächtigen Befehl `find` oft kein Weg vorbei. Die exec-Funktionalität von `find` ist jedoch eine weitere Quelle für langsame Skripte. `find $dir -exec grep $daten {} \;` Hierdurch wird auf verstecktem Weg eine Schleife aufgebaut, die wieder viel Zeit in Anspruch nehmen kann. Nehmen Sie lieber eine temporäre Datei oder den Befehl `xargs` zu Hilfe.

2.34 Startprozedur und Profildateien

Nachdem wir uns ausgiebig mit der Technik der Shell-Programmierung beschäftigt haben, wenden wir uns noch einmal dem Geschehen hinter den Kulissen der einzelnen Shells zu. Wir beginnen mit einem genauen Blick auf den Startprozess.

Bei jedem Aufruf einer neuen Shell werden unterschiedliche Profil- und Startdateien gelesen, je nachdem, um welche Shell-Variante es sich handelt und über welchen Mechanismus die Shell gestartet wurde.

- Umgebung erstellen beim Login.
- Systemweite Profildatei `/etc/profile`
- Benutzerspezifische Profildatei `~/.profile in sh und ksh`
- Benutzerspezifische Profildatei `~/.bash_profile, ~/.bash_login` oder `~/.profile` in der Bash
- Session-Startup-Datei `~/.kshrc` in der Korn-Shell
- Session-Startup-Datei `~/.bashrc` in der Bash
- Nur Session-Startup-Datei gelesen beim Starten von Subshells
- Keine Startdateien gelesen bei (...) und \`...\`.

Start einer Login-Shell

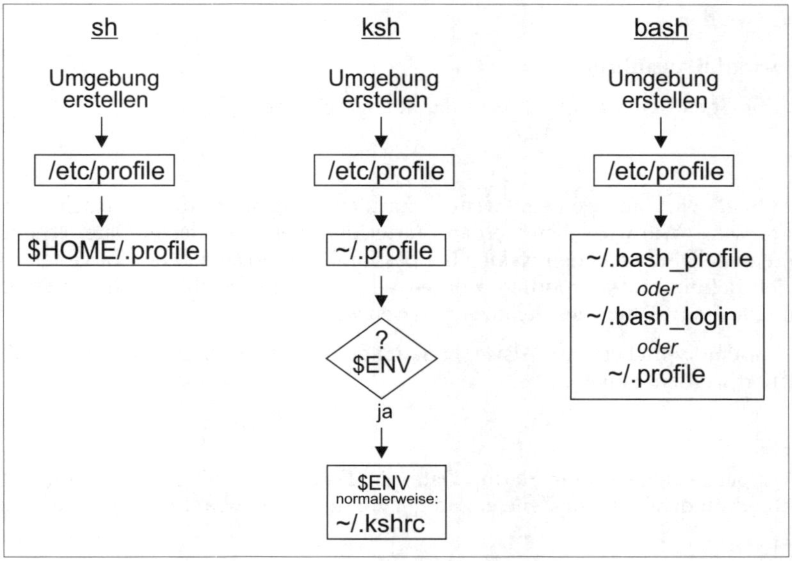

Abbildung 2.27: Start einer Login-Shell

Umgebung erstellen

Wenn man sich als Benutzer auf einem System anmeldet, startet das `login`-Kommando eine so genannte Login-Shell. Welche Shell gestartet wird, ist im letzten Feld der entsprechenden Zeile der `passwd`-Datei festgelegt. Diese erzeugt zunächst eine Umgebung, indem sie eine Reihe von Variablen automatisch auf einen Standard oder auf einen benutzerspezifischen Wert (z.B. `$HOME`) setzt.

Korn-Shell und Bash

In der Korn-Shell und der Bash erhalten diese Umgebungsvariablen sofort das `export`-Flag.

Systemweite Profildatei ausführen

Anschließend führt die Shell eine systemweite Profildatei aus, in der der Administrator weitere Shell-Variablen definiert oder Umgebungsvariablen überschreibt, um die Arbeit auf diesem System optimal zu unterstützen.

`/etc/profile` ist die systemweite Profildatei in sh, ksh und bash.

Benutzerspezifische Profildatei ausführen

Sind die systemweiten Definitionen abgeschlossen, gibt die Shell uns die Chance, die Umgebung auf jeden Benutzer spezifisch abzustimmen, indem sie eine weitere Profildatei im Home-Verzeichnis des jeweiligen Benutzers ausführt.

sh und ksh

In Bourne-Shell und Korn-Shell ist dies die Datei `$HOME/.profile`.

Bash

In der Bash wird im Homeverzeichnis des Benutzers zunächst die Datei `.bash_profile`, dann `.bash_login` und zuletzt `.profile` gesucht und nur diejenige ausgeführt, die zuerst gefunden wurde, in der Regel `.bash_profile`.

Sollen die Variablen, die in der systemweiten oder den benutzerspezifischen Profildateien gesetzt werden, auch nach dem Öffnen weiterer Subshells, also auch in aufgerufenen Shell-Skripten gültig bleiben, müssen sie exportiert werden.

Session-Startdatei ausführen

Für die Bourne-Shell ist der Login-Prozess damit abgeschlossen.

Korn-Shell

In der Korn-Shell wird hingegen eine weitere Startdatei ausgeführt, die zusätzliche Parameter für die laufende Session setzt. Wie wir sehen werden, startet die Shell diese letzte Datei erneut bei jedem Aufruf einer weiteren Shell. Sie sucht den Namen der Session-Startup-Datei in der Variablen `ENV`, die in einer der Profil-Dateien definiert und exportiert worden sein muss. Es ist üblich, `ENV=.kshrc` zu setzen, sodass `.kshrc` im Homeverzeichnis des Benutzers gelesen wird.

In `.kshrc` werden typischerweise Aliase, Funktionen und Shell-Optionen definiert, alles Konstrukte, die nicht exportiert werden können.

Bash

Die Bash liest per se keine Session-Startup-Datei ein. Da dies aber oft gewünscht ist, fügt man in die benutzerspezifische Profildatei oft eine Zeile ein, in der z.B. die Datei `.bashrc` explizit ausgeführt wird.

```
. .bashrc
```

So weit der doch recht komplexe Ablauf beim Starten einer Login-Shell.

Start einer neuen Subshell

Öffnet man eine neue Subshell durch

- ❑ den direkten Aufruf von `sh`, `ksh` oder `bash`
- ❑ den Aufruf eines Skripts über `sh/ksh/bash myscript`, einfach nur `myscript` oder das Festlegen einer Shell in der ersten Zeile des Skripts,

so wird in Korn-Shell und Bash immer versucht, erneut die sessionspezifische Startdatei einzulesen, bevor das Skript ausgeführt wird.

Der Grund für das erneute Lesen der Startdatei ist zum einen die Unmöglichkeit, Aliase, Shell-Optionen und in der Korn-Shell auch Funktionen zu exportieren, sodass sie beim Aufruf einer neuen Shell verloren gehen würden, hätte man sie in den Profil-Dateien definiert. Solche Konstrukte definiert man somit in der Session-Startdatei. Zum anderen bietet dieses Vorgehen aber auch die Chance, wichtige Variablen wieder auf einen vernünftigen Startwert zu setzen, nachdem sie eventuell bereits in der darüber liegenden Shell verändert worden sind.

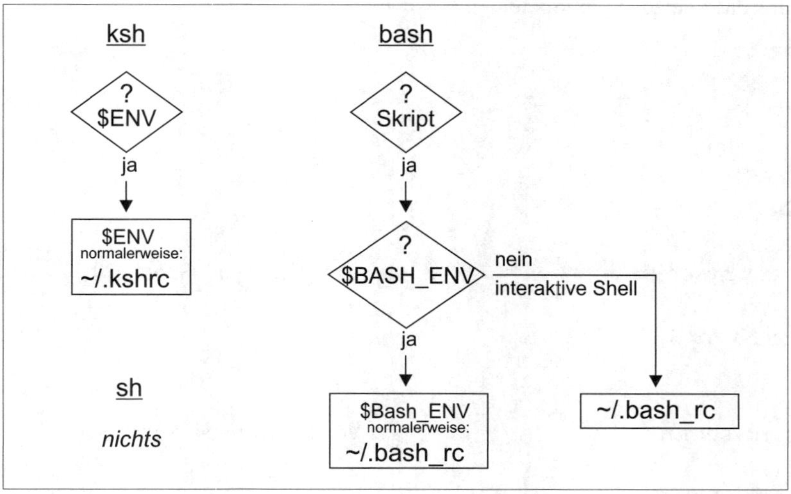

Abbildung 2.28: Start einer neuen Subshell

Bourne-Shell

Die Bourne-Shell führt keine Startup-Datei beim Öffnen einer Subshell aus.

Korn-Shell

Die Korn-Shell führt die Datei aus, die in der Variablen ENV festgelegt ist.

Bash

Die Bash unterscheidet zwischen einer interaktiven Shell (einfach nur `bash` ohne Skript aufgerufen) und einem Skript. Bei einer interaktiven Shell führt sie die Datei `.bashrc` im Homeverzeichnis des Benutzers aus, bei einem Skript etwas flexibler die Datei, die in der Umgebungsvariablen BASH_ENV steht. Meistens macht man von dieser Flexibilität aber keinen Gebrauch und setzt BASH_ENV=`.bashrc`, sodass in beiden Fällen die gleiche Datei ausgeführt wird.

Subshell erzeugen durch Kopie

Öffnet man eine Subshell durch

- das Einschließen eines oder mehrerer Befehle in runde Klammern (`befehl`;*befehl*)
- Kommando-Substitution \``befehl`\` oder $(*befehl*)

so wird zwar eine Subshell in einem neuen Prozess erzeugt, nicht jedoch die Startdatei neu gelesen. Die neue Shell entsteht als exakte Kopie der Vatershell, mit allen (auch nicht exportierten Variablen).

Dass es sich aber in der Tat um eine eigene Shell handelt, sieht man daran, dass Veränderungen an Variablen innerhalb der runden Klammern oder der Backticks `...` keine Auswirkung auf die Vatershell haben.

Ausführung in der aktuellen Shell

- Führt man einfache Befehle aus
- oder ruft ein Skript durch einen Punkt auf: `. script`,

so wird überhaupt keine eigene Subshell gebildet. Alle Variablen der aktuellen Shell stehen auch dem Befehl oder dem Skript zur Verfügung. Änderungen an Variablen wirken sich uneingeschränkt auf die aktuelle Shell aus.

Sehen wir uns das Ganze in einem kleinen Beispiel an.

```
# myscript
x=13
echo "x: $x  y: $y"

mars# x=5
mars# y=7
mars#
mars# ksh myscript                # 1. Versuch: Neue Subshell
x: 13  y:
mars# echo $x $y
5 7
mars#
mars# ./myscript                  # 2. Versuch: Neue Subshell
x: 13  y:
mars# echo $x $y
5 7
mars#
mars# (x=13; echo "x: $x  y: $y") # 3. Versuch: Subshell als Kopie
x: 13  y: 7
mars# echo $x $y
5 7
mars#
mars# . ./myscript                # Ohne Subshell
x: 13  y: 7
mars# echo $x $y
13 7
```

Bash

Bemerkung: Alternativ zu dem Punkt-Befehl `.` kann man in der bash auch `source` schreiben.

2.35 Wie die Shell Skripte verarbeitet

Sobald ein Shell-Skript auszuführen ist, öffnet die aktuelle Shell eine neue Subshell. Diese Subshell ist für die Ausführung der einzelnen Zeilen zuständig. Die ursprüngliche Shell wartet normalerweise, bis die Subshell die letzte Skriptzeile ausgeführt und sich anschließend beendet hat. Wurde das Skript hingegen im Hintergrund durch `myscript &` gestartet, fährt die ursprüngliche Shell sofort nach dem Start der Subshell mit ihren eigenen Aufgaben fort.

Wurde das Skript mit dem Befehl `.` gestartet, kümmert sich die aktuelle Shell um die Verarbeitung des Skriptes. Im Folgenden wird aber der Einfachheit halber nur noch von Subshells gesprochen.

- Jede Zeile wird separat gelesen, gecheckt und ausgeführt.
- Zunächst erfolgt eine Syntax-Überprüfung.
- In ksh und bash folgen Alias- und Tilde-Expansion.
- Kommando-, Variablen-, und Dateinamen-Expansionen werden durchgeführt.

- Umlenkungen werden eingerichtet.
- Der Typ des entstandenen Befehls wird analysiert.
- Builtin-Befehle werden im aktuellen Prozess ausgeführt.
- Für UNIX-Kommandos und externe Programme wird ein Child-Prozess erzeugt.
- Für (...) und `...` wird eine Subshell als Child-Prozess erzeugt.
- Für ein weiteres Shell-Skript wird eine komplett neue Subshell ausgeführt.

Lesen und Syntax-Überprüfung

Zeile einlesen

Die Subshell liest Zeile für Zeile des Skriptes ein, als würden die Befehle auf der Kommandozeile eingegeben. Die komplette Verarbeitung, die im Folgenden besprochen wird, findet jeweils für die gerade gelesene Zeile statt. Erst wenn diese komplett gecheckt, expandiert und ausgeführt ist, wird die nächste Zeile eingelesen.

Überlange Zeilen, die durch *Newline* erzeugt wurden, liest die Shell einfach bis zum ersten normalen *Newline* ein.

Kontrolle der Syntax

Jede Zeile wird auf ihre Syntax hin überprüft. Dabei wird anhand festgelegter Schlüsselwörter wie `if`, `then`, `while`, `do` usw. gecheckt, ob der entstehende Befehl bezüglich der Abfolge von Schlüsselwörtern und weiteren Tokens den Regeln entspricht. Wird ein syntaktischer Fehler gefunden, gibt die Shell eine Fehlermeldung aus, die bei der ksh die Nummer der problematischen Zeile enthält, und bricht die Ausführung des Skriptes ab.

Ein Shellskript läuft also bis zu dem Zeitpunkt tadellos durch, an dem der erste Fehler auftritt. Dies kann sehr ärgerlich sein, wenn man ein Skript am Abend startet und der Fehler mitten in der Nacht auftritt.

Selbst bei Befehlen, die in Schleifen ausgeführt werden, erfolgt der Syntax-Check immer wieder erneut. Dies ist auch nicht anders möglich, will man Features wie Dateinamen-, Variablen- und Kommando-Ersetzungen flexibel nutzen.

Tritt ein Fehler bei einem ausgeführten externen Befehl oder einem aus dem aktuellen Skript heraus aufgerufenen zweiten Skript auf, läuft das Skript weiter. Die Fehlermeldung wird von der Shell nicht beachtet.

Expansion der Kommandozeile

Aliase und Tilde-Expansion

Nur Korn-Shell und Bash

- Korn-Shell und Bash beginnen die Reihe der Expansionen mit dem Auflösen von Aliasen, sodass der ausgeschriebene Befehl eingesetzt wird. Anschließend werden Tilde-Zeichen durch ihre entsprechende Bedeutung ersetzt, also für ~`user` das Home-Verzeichnis des Benutzers etc.

Kommando-Substitution

Nun werden Kommando-Substitutionen ausgeführt. Die Bourne-Shell beginnt ihre Ersetzungen an dieser Stelle. Befehle in Backticks `` `...` `` bzw. `$(...)` werden in einer Subshell ausgeführt und ihre Standard-Ausgabe in die Kommandozeile eingesetzt.

Variablen-Interpolation

Variablennamen werden durch ihre Werte ersetzt.

Berechnungen

Korn-Shell und Bash

- In ksh und bash werden nun Berechnungen in (( )) ausgeführt. In der Bourne-Shell kann nur über `expr` und Kommando-Substitution gerechnet werden.

Dateinamen-Expansion

* ? und `[]` werden zu passenden Dateinamen aufgelöst.

Umlenkungen

Die Shell etabliert die über < << > >> und | geforderten Umlenkungen. Die Dateinamen, in die umgelenkt werden soll, haben also vorher Kommando-, Variablen- und Dateinamen-Expansionen erlebt. Bei der Dateinamen-Expansion muss allerdings ein eindeutiger Name entstehen, sonst funktioniert diese Ersetzung nicht.

Bourne-Shell

Die Bourne-Shell etabliert die Umlenkung einen Schritt früher, sodass noch keine Dateinamen-Expansion erfolgt ist. Variabeln- und Kommando-Ersetzungen für die anvisierten Dateinamen funktionieren aber auch dort.

Abarbeitung der Kommandos

Die entstandenen Kommandos werden nun abgearbeitet. Falls die Zeile eine Befehls-Kette enthält (`;` `&` `&&` `||`), werden die einzelnen Befehle von links nach rechts ausgeführt.

Kommando ausführen

Ist die Syntax korrekt, muss die Shell entscheiden, um welche Art von Kommando es sich handelt. Dabei wird in der folgenden Reihenfolge getestet:

- Ist der Befehl ein Builtin-Kommando?
- Ist der Befehl eine Funktion?
- Ist der Befehl ein externes Kommando?

Sobald die Shell fündig geworden ist, führt sie den Befehl aus. Dabei geht sie abhängig von seiner Art unterschiedlich vor.

Builtin-Kommandos

Hat die Shell einen eingebauten Befehl wie `cd`, `read` oder `test` oder ein Programmier-Konstrukt wie `if`, `while`, etc. zu verarbeiten, erledigt sie dies direkt, d.h. innerhalb ihres eigenen Prozesses. Sie springt sozusagen in ihrem eigenen Programmcode in die entsprechende Funktion.

Funktionen

Trifft die Shell auf eine Funktion, springt sie zur Definition dieser Funktion und führt die darin enthaltenen Befehle in der aktuellen Shell aus. Sie startet keine Subshell. Jede Zeile der Funktion wird nun genauso behandelt, wie wir es besprochen haben, also gelesen, geprüft, expandiert usw.

UNIX-Kommandos und Binaries

Soll die Shell UNIX-Kommandos oder andere externe Binaries ausführen, startet sie einen Child-Prozess über den System-Call `fork`, der eine exakte Kopie der ursprünglichen Shell erstellt. Diese Kopie lädt den Code des auszuführenden Programms, führt es aus und beendet sich anschließend wieder. Der Elternprozess – das ist in diesem Fall die Subshell, die unser Skript ausführt – wartet, bis der Child-Prozess beendet ist, und setzt dann seine Arbeit fort.

Weitere Shell-Skripts

Trifft die Shell auf eine Zeile, in der ein weiteres Skript ausgeführt wird, wiederholt sich der gesamte Zyklus von vorn. Es wird eine neue Shell gestartet, die wiederum die Zeilen des neuen Skripts verarbeitet.

2.36 Weitere Befehle und Techniken

Im Folgenden möchten wir einige interessante Befehle vorstellen, die in der Shell-Programmierung von allgemeiner Bedeutung sind, sich aber schlecht zu einem der bisherigen Kapitel zuordnen ließen.

❑ exec *befehl*	Führt *befehl* statt des aktuellen Prozesses aus.
❑ eval *befehl*	Liest *befehl* zweimal und führt ihn anschließend aus.
❑ *befehl1* | xargs | *befehl2*	Wandelt *stdin* zu Argumenten für einen Befehl um.
❑ sleep *n*	Setzt die Ausführung erst in *n* Sekunden wieder fort.
❑ jobs stop bg fg kill	Befehle zur Job-Kontrolle.
❑ wait *process-ID*	Auf das Ende eines Prozesses warten.

exec

Die Shell verfügt über den eingebauten Befehl `exec`. Wir lernten ihn bereits bei der Definition von File-Descriptoren kennen. Die eigentliche Funktion von `exec` besteht aber darin, einen Befehl, ein Skript oder ein Programm auszuführen.

```
exec befehl
```

Im Unterschied zur normalen Verarbeitung von Befehlen, wie wir sie gerade besprochen haben, ersetzt `exec` jedoch den gerade laufenden Prozess komplett durch den neu gestarteten. Es wird keine Subshell gestartet, die Prozess-ID bleibt gleich, die aktuelle Shell wird beendet. Der Programmcode des neuen Prozesses überschreibt den des alten und wird ausgeführt. Es gibt kein Zurück mehr. Nach Beendigung des Prozesses wird zum Vaterprozess der ursprünglichen Shell zurückgekehrt.

WICHTIG

Beim Einloggen eines Benutzers ruft das `login`-Programm die jeweilige Shell per `exec` auf.

`exec` können Sie immer dann verwenden, wenn Sie eine Rückkehr zum Eltern-Prozess vermeiden möchten.

eval

Es gibt noch eine weitere Art, die Shell anzuweisen, Befehle auszuführen: Über den eingebauten Befehl `eval`. `eval` interpretiert sein Argument als Kommando und führt ihn aus. Der Witz dabei ist, dass die Shell auf diese Art gezwungen wird, die Zeile zweimal zu lesen und damit auch alle Ersetzungen zweimal vorzunehmen.

```
eval befehl
```

1. Schritt: Lese die Zeile `"eval befehl"` und nehme alle Ersetzungen vor.
2. Schritt: Führe die Zeile `"eval befehl"` aus.
3. Schritt: Lese die Zeile `"befehl"` und nehme alle Ersetzungen vor.
4. Schritt: Führe die Zeile `"befehl"` aus.

`eval` führt den Befehl in der aktuellen Shell aus, öffnet also keine Subshell.

Für zwei Aufgaben ist `eval` hervorragend geeignet. Erstens kann man mit seiner Hilfe indirekt auf Variablen zugreifen. Also den Inhalt einer Variablen auslesen, deren Name in einer anderen enthalten ist oder aus einem Ausdruck erst hergeleitet wird.

```
januar=31 ; februar=28 ; maerz=31 ; april=30 ; mai=31 ; etc.
# Die Variable monat enthalte den Namen des gewuenschten Monats
eval tage=\$$monat
```

Das ist Klasse! Wir haben uns eine 12-stufige `case`-Anweisung gespart. Befand sich in `$monat` z.B. "maerz", entstand im ersten Schritt die Zeile `"tage=$maerz"` und im zweiten Schritt `"tage=31"`. Damit das eine $-Zeichen den ersten Schritt überlebt, wird es durch \ geschützt.

Ein weiteres Beispiel für diese Technik ist der Zugriff auf den letzten Positionsparameter.

```
eval echo \$$#              oder
eval echo \${$#}            für $#>9
```

Die zweite typische Anwendung für `eval` besteht in der Ausführung von Kommandos, die nicht im Programmcode enthalten sind, sondern erst während der Laufzeit des Skriptes auftauchen. Sei es, dass auszuführende Zeilen aus einer Datei oder einem `Here`-Dokument gelesen oder dass sie vom Benutzer eingegeben werden, in jedem Fall können sie durch `eval` ausgeführt werden.

```
#!/usr/bin/ksh
# myscript
while true
do
  echo "Befehl: \c"
  read cmd
  eval $cmd
done
mars# ./myscript
Befehl: x=17 ; y=13
Befehl: z=`expr $x + $y`
Befehl: echo $z
30
Befehl: [Strg]+[c]
mars#
```

`eval` kann beliebig oft hintereinander aufgerufen werden, um mehr als zwei Expansions-Durchgänge zu erzielen.

xargs

`xargs` wandelt Daten, die es auf der Standard-Eingabe erhält, in Argumente für ein nachfolgendes Kommando um.

```
befehl1 | xargs befehl2
```

Syntaktisch ist es nur eine Alternative zu

```
befehl2 `befehl1`
```

befehl2 wird also mit denjenigen Argumenten aufgerufen, die *befehl1* in seiner Standard-Ausgabe produziert. In der zweiten Form können allerdings leicht unerlaubt lange Befehlszeilen entstehen, wodurch nur ein Teil der Argumente verarbeitet wird, bevor das Kommando abbricht.

xargs führt hingegen eine Pufferung der erhaltenen Argumente durch und gibt sie nur portionsweise weiter. Man kann also gewährleisten, dass die Übergabe vollständig funktioniert.

Häufig wird xargs verwendet, um die Ausgabe von find – einer der Kandidaten für die Lieferung zu vieler Argumente – auf Befehle wie z.B. grep umzuleiten.

```
find / -mtime -5 | xargs grep "string"
```

Dieses Kommando sucht in allen Dateien nach "string", die innerhalb der letzten 5 Tage verändert worden sind.

sleep

Wir haben sleep schon oft in unseren Beispielen verwendet. Wegen seiner Wichtigkeit soll es hier aber ausdrücklich noch einmal erwähnt werden.

```
sleep n
```

verzögert die Fortsetzung des Skriptes um *n* Sekunden.

sleep wird vor allem in Warteschleifen verwendet, wenn alle *n* Sekunden ein bestimmter Befehl oder Test ausgeführt werden soll.

Sie sollten sleep außerdem immer dann einsetzen, wenn sie den Zustand des Systems untersuchen möchten, nachdem Sie eine Veränderung durchgeführt haben. Der Aufruf von ps nach dem Start neuer Prozesse wäre ein passendes Beispiel. Ohne zumindest eine Sekunde gewartet zu haben, werden Sie den neuen Prozess nicht zuverlässig entdecken.

time

Mit dem Befehl time können wir Laufzeiten von Befehlen oder Skripten ermitteln.

```
time befehl
```

Die Ausgabe erfolgt in der Form

```
real    0m1.81s
user    0m0.03s
sys     0m0.13s
```

Dabei ist die erste Zeile normalerweise die einzig interessante, da sie die Zeit zwischen Start und Ende des Programms (in Minuten und Sekunden) angibt.

Die zweite Zeile zeigt, wie viel CPU-Zeit im User-Modus (eigentliche Ausführung des Skripts) verbraucht wurde. Die dritte gibt an, wie viel CPU-Zeit im Kernel-Modus benötigt wurde, also für Festplatten-Zugriffe und andere System-Calls.

VORSICHT

Verwechseln Sie time nicht mit times! Letzteres gibt die insgesamt verbrauchte CPU-Zeit der aktuellen Shell aus.

Job-Kontrolle

Unterschiede zwischen sh, ksh und bash

Die Befehle zur Job-Kontrolle sollen hier ebenfalls kurz angesprochen werden, auch wenn man sie bei der Shell-Skript-Programmierung eher selten benötigt. ksh und bash verfügen von Haus aus über Möglichkeiten zur Job-Kontrolle, die Bourne-Shell kannte dieses Feature ursprünglich nicht. In vielen heute installierten Versionen ist es allerdings nachgerüstet.

Prozesse, die Sie im Hintergrund gestartet haben, können Sie sich über den Befehl

```
jobs
```

auflisten lassen. Dabei wird jedem Prozess eine Job-ID zugewiesen, die Sie anschließend benutzen können. Mit

```
stop %job-id    oder kill -STOP %job-id
```

wird ein Hintergrundprozess beispielsweise vorrübergehend angehalten. Dies ist einfacher, als sich auf die Prozess-ID beziehen zu müssen (`stop` *pid*).

```
fg %job-id
```

bringt einen gestoppten oder im Hintergrund laufenden Job wieder in den Vordergrund,

```
bg %job-id
```

verweist einen gestoppten Prozess in den Hintergrund. Mit

```
kill %job-id
```

beendet man ihn.

Ein Job kann über folgende Ausdrücke identifiziert werden:

Identifier	Bedeutung
%*n*	Job-ID
%+ oder %%	Aktueller Job
%-	Vorheriger Job
%?string	Job, der *string* enthält.
%*string*	Job, der mit *string* beginnt.

Tabelle 2.26:Alternativen zur Identifizierung eines Jobs

wait

Wenn Sie auf das Ende eines Prozesses warten möchten, bevor Ihr Skript seine Ausführung fortsetzt, verwenden Sie den Befehl `wait`.

```
wait process-ID
```

Korn-Shell und Bash

In Korn-Shell und Bash kann statt der Prozess-ID auch die Job-ID angegeben werden.

```
wait %job-ID
```

typeset und declare

Der typeset-Befehl stellt in Korn-Shell und Bash die Attribute von Variablen und Funktionen ein. Wir hatten die meisten Optionen im Laufe dieses Buches bereits kennen gelernt. Hier noch einmal alle Features im Überblick.

Korn-Shell

Syntax

```
typeset [-|+] [LRZfilrtux] [n] [ var[=val] ...]
```

- schaltet Flag an, + schaltet es ab.

Ohne Angabe von Variablen werden alle Variablen angezeigt, die das angegebene Attribut besitzen.

Option	Bedeutung
i	Integer-Variable
r	Readonly-Variable (Konstante)
x	Variable exportieren
f	Zeige Funktionen mit ihren Definitionen an. +f: Zeige Funktionen ohne ihre Definitionen an. fx: Exportiere Funktionen. fu: Deklariere Funktionen im Autoload-Mechanismus.
l	Variableninhalt in Kleinbuchstaben umwandeln.
u	Variableninhalt in Großbuchstaben umwandeln.
t	Benutzerdefiniertes Flag setzen. Kann flexibel genutzt werden.
L *n*	Linksbündige Variable der Länge *n*
R *n*	Rechtsbündige Variable der Länge *n*
Z *n*	Rechtsbündige Variable der Länge *n*. Verbleibender Raum links wird mit Nullen gefüllt.
H	Nur Nicht-UNIX-Systeme: Konvertiere einen Pfadnamen automatisch in die Schreibweise des Systems.

Tabelle 2.27:typeset (ksh)

Bash

Syntax

```
typeset [-|+] [afFirx] [-p] [ var[=val] ...]
declare [-|+] [afFirx] [-p] [ var[=val] ...]
```

- schaltet Flag an, + schaltet es ab.

Ohne Angabe von Variablen werden alle Variablen angezeigt, die das angegebene Attribut besitzen.

Option	Bedeutung
a	Array
i	Integer-Variable

Tabelle 2.28:typeset und declare (bash)

Option	Bedeutung
r	Readonly-Variable (Konstante)
x	Variable exportieren
f	Zeige Funktionen mit ihren Definitionen an. fx: Exportiere Funktionen.
F	Zeige Funktionen ohne ihre Definitionen an.

Tabelle 2.28:typeset und declare (bash)(Fortsetzung)

2.37 Debugging-Methoden

Wie wir bereits in Abschnitt 2.4 gesehen haben, gibt es einige Shell-Optionen und ein paar einfache Techniken, die uns bei der Fehlersuche helfen können. In diesem Abschnitt werden wir nun weitergehende aber auch etwas kompliziertere Debugging-Konzepte kennen lernen, die sich vor allem bei größeren Programmen auszahlen.

- -n — Skript auf Syntax prüfen, nicht ausführen.
- -v — Zeilen vor der Ausführung unverändert anzeigen.
- -x — Zeilen vorher, doch nach Substitutionen anzeigen.
- echo $var — Ausgabe von Variablen an interessanten Stellen.
- exit — Skripte vorzeitig verlassen.
- read var — Breakpunkt setzen.
- read cmd ; eval $cmd — Breakpunkt setzen und Befehl ausführen.
- while read cmd ; do eval ... — Breakpunkt setzen und mehrere Befehle ausführen.
- befehl; dbg; befehl; dbg; ... — Single-Step-Ausführung
- debug myscript — Debugging-Funktion in einem eigenen Skript
- trap '*befehl*' DEBUG — Single-Step bei Korn-Shell und Bash

Die Optionen `-n`, `-v` und `-x`, die Ausgabe von interessanten Variablen oder das vorzeitige Beenden durch `exit` wurden bereits besprochen.

Unterschiede zw. sh, ksh und bash

Hinzufügen möchten wir noch, dass bei gesetztem Schalter `-x` in Bourne-Shell und Bash auch die einzelnen Schritte einer Funktion angezeigt werden. Die Korn-Shell zeigt per Default nur den Aufruf der Funktion. Will man auch hier jede einzelne Zeile sehen, muss man zuvor "`typeset -ft` *funcname*" (trace functions) angeben.

Breakpunkte

```
read var
```

Um ein Skript anzuhalten, setzt man einfach eine `read`-Anweisung an die gewünschte Stelle.

```
echo "dbg> \c" ; read cmd;  eval $cmd
```

Etwas raffinierter ist diese Methode. Wir nutzen das Einlesen an einem Haltepunkt dazu, der Shell einen Befehl zur Ausführung zu übergeben. In der Regel lassen wir uns hier Variablen anzeigen.

```
dbg> echo $anzahl $gesamt
```

Debugging-Schleife

Bauen wir dieses Konzept aus, indem wir eine Schleife um die Befehle `read` und `eval` legen, so erhalten wir die Möglichkeit, beliebig viele Befehle auszuführen, bevor mit dem Programm fortgefahren wird. Um Schreibarbeit zu sparen, packen wir das Resultat in eine Funktion `dbg()`. Einen Haltepunkt setzen bedeutet nun: Rufe die Funktion `dbg()` auf. Durch `ctrl-d` oder die Newline-Taste kann man die Schleife verlassen und mit dem Skript fortfahren.

```
dbg() {
  echo "dbg> \c"
  while read cmd ; do
    [ "$cmd" = "" ] && break
    eval $cmd
    echo "dbg> \c"
  done
}
```

Listing 2.42: Debug-Schleife, z.B. in der Datei dbgfnc

Wenn Sie diese Funktion zum Debuggen verwenden möchten, kopieren Sie sie entweder an den Anfang des zu untersuchenden Skripts oder schreiben Sie sie in eine eigene Datei `dbgfnc`, um sie dann am Anfang Ihres Skriptes über "`. dbgfnc`" einzulesen.

Nehmen wir folgendes Test-Skript, um zu sehen, wie man damit umgeht.

```
#!/bin/sh
# testcript
. dbgfnc                        # <-- Debug-Funktion einbinden
i=1
text="abcd"
dbg                             # <-- Debug-Aufruf hinzufuegen
while [ $i -le 3 ]
do
  echo "Variable: $i"
  i=`expr $i + 1`
  dbg                           # <-- Debug-Aufruf hinzufuegen
done

mars# ./testscript
dbg> echo $text $i
abcd 1
dbg>
Variable: 1
dbg>
Variable: 2
dbg> echo $text $i
abcd 3
dbg> i=6
dbg> echo $i
6
dbg>
mars#
```

Wenig Aufwand, große Wirkung! In der Debug-Schleife stehen Ihnen alle üblichen Befehle zur Verfügung. Wir können sogar aktiv eingreifen, z.B. wie hier, wo wir die Variable i verändert haben, um die Schleife einige Durchgänge überspringen zu lassen.

Von Nachteil ist noch, dass wir die Breakpunkte von Hand setzen müssen. Ein Single-Step-Modus wäre nützlich, bei dem automatisch vor oder nach jeder Zeile gestoppt wird.

Single-Step-Modus

Single-Step bedeutet bei unserer Methode, dass vor dem Ausführen jedes Befehls ein Aufruf von dbg() erfolgen soll. Außerdem wäre es wünschenswert, jede Zeile vorher auszugeben, damit wir wissen, welcher Befehl gerade zur Ausführung ansteht.

Wir gehen folgendermaßen vor: Zu jedem Befehl aus dem Original-Skript fügen wir die zwei Kommandos dbg() und echo hinzu und erstellen daraus eine zweite, temporäre Variante des zu testenden Skripts. Führen wir dieses zweite Skript aus, landen wir vor jedem Original-Befehl in unserer Debugging-Funktion. Nach Beendigung des Programms wird die temporäre Datei schließlich wieder gelöscht.

Beachten Sie bitte, dass das folgende Skript zwar ein Korn-Shell-Skript ist, dass wir aber beliebige Skript-Varianten damit debuggen können. [18]

```
#!/usr/bin/ksh
# debug
# Aufruf: debug script
# Single-Step-Debugging

file=$1
tmpfile=${file}_dbg

# Die erste Zeile des Skriptes wieder herstellen
head -1 $file >$tmpfile

# Einlesen der Debugging-Funktion
echo ". dbgfnc" >>$tmpfile

# Vor jede Zeile des Originals einen Befehl zur Anzeige der Zeile
# und einen fuer dbg() hinzufuegen.
while read line
do
  case $line in
    do*|done*|in*|then*|elif*)
      :
      ;;
    *)
      echo "echo src:  " "'" $line "'"
      echo dbg
      ;;
```

Listing 2.43: debug – Single-Step-Debugging

18. LINUX: Unter LINUX muss nicht nur für bash-, sondern auch für sh-Skripte 'echo .. \c' durch echo -n ersetzt werden, da hier die sh nur ein Link auf die bash ist.

```
  esac
echo $line
done <$file >>$tmpfile

# Das entstandene temporaere Skript ausfuehren.
chmod 755 $tmpfile
./$tmpfile
rm $tmpfile
```

Listing 2.43: debug – Single-Step-Debugging(Fortsetzung)

Wie sie sehen, haben wir vor `do`, `done`, etc. keine zusätzlichen Zeilen eingefügt, da das entstehende Skript sonst syntaktische Fehler bekäme.

Mit Hilfe dieses Programms debuggen wir ein Skript `myscript` einfach durch

```
debug myscript
```

Unser Debugging-Skript ist beileibe nicht perfekt, doch es geht uns hier auch vor allem darum, die notwendigen Prinzipien darzustellen. Erweitern Sie es einfach nach Ihrem individuellen Bedarf.

DEBUG-Signal

Korn-Shell und Bash

Eine weitere Debugging-Methode, die wir bereits in Abschnitt 2.31 angesprochen haben, ist das Ausnutzen des DEBUG-Signals in Korn-Shell und Bash.

```
trap 'befehl' DEBUG
```

Nach jedem Statement im Programm erzeugt die Shell automatisch das DEBUG-Signal, welches über einen Trap dazu genutzt werden kann, einen bestimmten Befehl auszuführen.[19]

```
#!/bin/bash
# trapdbg

typeset -i i=0
text="abcd"
trap 'echo -n "> "; read cmd; eval $cmd' DEBUG

while (( i < 5 ))
do
  i=i+1
  echo "Neuer Wert: $i"
done
```

Listing 2.44: trapdbg – debugging durch trap

In diesem Beispiel lassen wir nach jedem Befehl einen Prompt erscheinen, auf dem wir einen Befehl eingeben können. Anschließend wird der Befehl mit `eval` ausgeführt. `eval` interpretiert eine Zeichenkette als Befehl und führt ihn aus, als befände er sich im Skript. Führen wir unser Skript aus.

19. LINUX: Die LINUX-Version der ksh, die pdksh, kennt kein DEBUG-Signal.

```
mars# ./trapdbg
> ↵
>
Neuer Wert: 1
>
> echo $i
1
> echo $text
abcd
Neuer Wert: 2
>
> i=4
>
Neuer Wert: 5
>
>
mars#
```

In jedem Schleifendurchgang erscheint dreimal der Prompt, erstens wegen `(( i < 5 ))`, zweitens wegen `i=i+1` und drittens wegen `echo "Neuer....` Wie man sieht, können wir auch hier direkt in das Skript eingreifen, indem wir zum Beispiel die Laufvariable `i` ändern.

Wenn wir nun wieder unsere `dbg`-Funktion an den Anfang des Skripts kopieren und das `DEBUG`-Signal dazu nutzen, diese Funktion aufzurufen, erhalten wir wieder ein Debugging-Programm, dem wir unser Skript als Argument übergeben können.

Im Vergleich zur vorherigen Methode hat diese jedoch einige Nachteile: Das Signal `DEBUG` gibt es nur in der Bash und den meisten Korn-Shell-Versionen. Andere Shell-Varianten lassen sich auf diese Weise nicht debuggen. Das `DEBUG`-Signal wird *nach* Ausführung des Befehls erzeugt, Debugging erfolgt normalerweise *vor* einem Befehl. Und außerdem wird es schwieriger, die aktuelle Zeile auszudrucken. Von Vorteil ist wiederum, dass der Aufruf der Debug-Funktion wegen `trap` von der Shell übernommen wird. Wir haben also keine Probleme mit Zeilen, die mehrere Befehle enthalten, etc.

Wie können wir nun ein Debugging-Programm realisieren? Die Schwierigkeit liegt in der Ausgabe der Zeilen. Hierzu lesen wir sie zunächst in ein Array ein, noch bevor das Debugging startet. Später werden wir über die Shell-Variable `LINENO`, in der die aktuelle Zeilennummer steht, die richtige Zeile ausgeben. Damit alles funktioniert, erstellen wir auch dieses Mal wieder eine temporäre Datei, die die `dbg`-Funktion, den Einlese-Vorgang, den `trap`-Aufruf und das eigentliche Skript enthält. Dann starten wir das resultierende Skript und löschen es wieder nach seiner Beendigung.

```
#!/bin/bash
# debug2
# Debugging-Programm für ksh und Bash
# Aufruf: debug2 script

file=$1
tmpfile=${file}_dbg

cat dbgfnc2 $file >$tmpfile
chmod 755 $tmpfile
```

Listing 2.45: debug2 – Debugging mit Hilfe des DEBUG-Signals

```
./$tmpfile
rm $tmpfile
```

Listing 2.45: debug2 – Debugging mit Hilfe des DEBUG-Signals(Fortsetzung)

```
#!/usr/bin/ksh
# dbgfnc2
# Debugging-Funktion und
# Einlesen des Original-Skripts

# Debug-Funktion
dbg() {
  echo "dbg> \c"
  while read cmd ; do
    [ "$cmd" = "" ] && break
    eval $cmd
    echo "dbg> \c"
  done
}

# Einlesen des zu testenden Skriptes in ein Array
file=$0
typeset -i i=1 li=0

while read line[$i]
do i=i+1
done <$file

# Setzen des Traps
trap 'echo "src: ${line[$LINENO]}"; dbg' DEBUG
```

Listing 2.46: dbgfnc2 – dbg-Funktion und Einlesen des Skripts

Versuchen wir unser Programm an einem kleinen Testskript.

```
#!/bin/ksh
# testcript

i=1
text="abcd"

while [ $i -le 5 ]
do
  echo "Variable: $i"
  i=`expr $i + 1`
done

mars# debug2 testscript
```

```
src: i=1
dbg>
src: text="abcd"
dbg>
src: while [ $i -le 5 ]
dbg>
Variable: 1
src: echo "Variable: $i"
dbg>
src: i=`expr $i + 1`
dbg>
src: i=`expr $i + 1`
dbg>
src: while [ $i -le 5 ]
dbg>
Variable: 2
src: echo "Variable: $i"
dbg>
src: i=`expr $i + 1`
dbg>
src: i=`expr $i + 1`
dbg> echo $text
abcd
dbg> echo $i
3
dbg> i=5
dbg> echo $i
5
dbg>
src: while [ $i -le 5 ]
dbg>
Variable: 5
src: echo "Variable: $i"
dbg>
src: i=`expr $i + 1`
dbg>
src: i=`expr $i + 1`
dbg>
src: while [ $i -le 5 ]
dbg>
src: while [ $i -le 5 ]
dbg>
mars#
```

Wie Sie sehen, funktioniert es tadellos. Etwas überraschend ist vielleicht, dass Ausgaben wie "`Variable: 5`" vor dem Anzeigen der jeweiligen Zeile erfolgen, doch das ist eben eine Folge davon, dass das `DEBUG`-Signal *nach* der Ausführung einer Zeile erfolgt. Was man ebenfalls gut sieht, ist die Zerlegung in Einzel-Statements wie in `while` oder ``i=`...` ``, die jeweils in zwei einzelnen Schritten verarbeitet werden.

Fertige Debugging-Tools

In den UNIX-Newsgroups wird immer wieder nach fertigen Debugging-Tools für die Shell-Programmierung gefragt. Doch es gibt keine kommerziellen Produkte in diesem Bereich. Die meisten Skript-Programmierer begnügen sich mit den Optionen `-v` und `-x` oder schreiben sich kleinere Funktionen und Tools wie die oben dargestellten. Einige dieser Programme kann man in Anlagen zu entsprechenden Newsgroup-Artikeln finden, wenn man z.B. nach "shell debugger" unter *www.google.com* in *comp.unix.shell* oder *de.comp.os.unix.shell* sucht.

2.38 Tabellen und Listen

Shell-Builtin-Befehle

Die meisten Befehle, die wir für Shell-Skripte benutzen, sind UNIX-Kommandos, also eigenständige Programme. Sie werden in Kapitel 4 besprochen. Einige Befehle sind jedoch in die Shells eingebaut. Wir haben sie fast alle in den vergangenen Kapiteln kennen gelernt. Hier zeigen wir sie noch einmal im Überblick.

Mit `type befehl` oder `which befehl` oder `whence -v befehl` können Sie feststellen, ob ein Befehl eingebaut oder extern ist. Bei externen Befehlen können Sie mit `file befehl` (Befehl mit absolutem Pfad) herausfinden, ob es sich um ein kompiliertes Programm oder ein Shell-Skript handelt.

Auch zu den Builtin-Kommandos existieren eigene `man`-Pages.

Bourne-Shell

Befehl	Bedeutung
:	Leerer Befehl. Wird verwendet, wenn die Syntax einen Befehl verlangt, man aber nichts ausführen möchte.
. *script*	Führe *script* in der aktuellen Shell aus, also ohne eine Subshell oder einen Child-Prozess zu öffnen.
bg [%*jobid* ...]	Stelle gestoppten Job in den Hintergrund. (Nur in Bourne-Shells mit Job-Kontrolle)
break [*n*]	Springe aus einer (bzw. *n*) Schleifen heraus.
cd [*dir*]	Wechsele in das angegebene Verzeichnis oder in das Home-Directory.
continue *n*	Überspringe alle Befehle im laufenden Durchgang und setzte die aktuelle Schleife (oder die des n-ten Levels) mit dem nächsten Durchgang fort.
echo *arg*	Gebe *arg* auf `stdout` aus, gefolgt von einem Newline
eval *befehl*	Führe *befehl* aus. Wird benutzt, wenn ein Befehl in einer Variablen steht.
exec *befehl*	Führe *befehl* anstelle der aktuellen Shell aus, ohne einen neuen Prozess zu erzeugen.
exit *n*	Verlasse die aktuelle Shell oder das aktuelle Skript und gebe *n* (oder den Status des letzten Befehls) als Exit-Status zurück.
export *var*...	Exportiere eine Variable, sodass sie in Subshells zur Verfügung steht.

Tabelle 2.29:Builtin-Befehle der Bourne-Shell

Befehl	Bedeutung
fg [%jobid ...]	Stelle gestoppten Job in den Vordergrund. (Nur in Bourne-Shells mit Job-Kontrolle)
getopts	Durchsuche die Kommandozeile nach enthaltenen Optionen.
hash [-r] [*befehl*]	Zeige die Hash-Tabelle an, verwerfe sie (`-r`) oder füge *befehl* hinzu. In der Hash-Tabelle wird für die bisher aufgerufenen Befehle gespeichert, in welchem Directory aus `$PATH` sie gefunden wurden.
jobs	Zeige alle gestoppten oder im Hintergrund laufenden Jobs an.
kill [-l] [-*sig*] *pid* ...	Sende Signal *sig* an die angegebenen Prozesse oder zeige die Liste der Signale an (`-l`).
login opts *name*	Ersetze die aktuelle Shell durch einen neuen login-Prozess.
newgrp *grp*	Mache *grp* zur aktuellen primären Gruppe.
pwd	Gebe das aktuelle Verzeichnis aus.
read *var*	Lese eine Zeile aus der Standard-Eingabe und weise sie *var* zu.
readonly *var*	Markiere *var* als Konstante oder liste alle Konstanten auf.
return [*n*]	Beende die aktuelle Funktion und gebe *n* (oder den Exit-Status des letzten Befehls) zurück.
set	Setze Shell-Optionen.
shift *n*	Schiebe die Liste der Positionsparameter um eine oder *n* Stellen nach links.
stop *pid*	Halte einen Prozess an. Kann später mit `fg` oder `bg` im Hintergrund fortgesetzt werden.
suspend	Stoppt die aktuelle Shell und kehrt zur übergeordneten Shell zurück. Aktuelle Shell kann über `fg` später wieder fortgesetzt werden.
test	Testet Bedingungen und gibt 0 oder 1 zurück, je nachdem ob die Bedingung wahr oder falsch ist.
times	Gibt die insgesamt verbrauchte CPU-Zeit der aktuellen Shell aus. (User-Modus und System-Modus.)
trap *befehl sig*	Fängt ein Signal ab und führt stattdessen *befehl* aus.
type *befehl*	Zeigt, ob *befehl* ein Builtin-Kommando, eine Funktion, ein Alias, ein Schüsselwort oder ein externes Kommando ist.
ulimit	Setzt Obergrenzen für den Verbrauch von System-Ressourcen oder zeigt sie an.
umask *nnn*	Setzt eine Maske für die Default-Rechte, die neu erstellte Dateien und Verzeichnisse erhalten, oder zeigt die aktuelle Maske an.
unset *var*	Löscht Variablen oder Funktionen.
wait *pid*	Wartet aus die Beendigung eines anderen Prozesses.

Tabelle 2.29:Builtin-Befehle der Bourne-Shell(Fortsetzung)

Korn-Shell

Neben den für die Bourne-Shell angegebenen Kommandos verfügt die Korn-Shell über folgende Builtin-Befehle:

Befehl	Bedeutung
alias *name=befehl*	Alias, also Kürzel für einen Befehl definieren oder alle Aliase anzeigen.
command *befehl*	Deklariert *befehl* als externes Kommando, sodass die Shell nicht nach einer Funktion gleichen Namens sucht.
fc [-le] - *n*	Zeige Befehls-Historie an (-l) oder führe den Befehl der History-Nr. *n* erneut aus (-e).
let	Führt mathematische Operationen oder Vergleiche aus.
print *arg*	Gibt *arg* auf der Standard-Ausgabe aus.
typeset	Setzt Attribute von Variablen oder listet Variablen mit entsprechenden Attributen auf.
unalias	Löscht einen Alias.
whence [-v]	Zeigt ähnlich wie `type` den Typ eines Befehls an.

Tabelle 2.30:Builtin-Befehle der Korn-Shell

WICHTIG

`functions`, `history`, `integer`, `local`, `stop` und `suspend` sind in der ksh nicht als Builtin-Befehle sondern als Aliase realisiert.

Bash

Neben den für die Bourne-Shell angegebenen Kommandos verfügt die Bash über folgende Builtin-Befehle:

Befehl	Bedeutung
alias *name=befehl*	Alias, also Kürzel für einen Befehl definieren oder alle Aliase anzeigen.
bind	Tastatur-Belegung für Sonderfunktionen des Kommandozeilen-Editors festlegen.
builtin *befehl*	Führe den Builtin-Befehl aus, auch wenn es einen selbst definierten Alias gleichen Namens gibt.
command *befehl*	Deklariert *befehl* als externes Kommando, sodass die Shell nicht nach einer Funktion gleichen Namens sucht.
declare	Wie `typeset`. Setzt Attribute von Variablen oder listet Variablen mit entsprechenden Attributen auf.
echo *arg* [-en]	Gebe *arg* auf stdout aus, gefolgt von einem Newline. Funktioniert anders als in sh und ksh. Erkennt Escape-Sequenzen nur mit Option -e. Unterdrückt Newline bei Option `-n`.
dirs	Zeigt den Directory-Stack der ehemaligen Arbeitsverzeichnisse an.
disown [-h] *%jobid*	Löscht den angegebenen Job oder schützt ihn vor `SIGHUP`, wenn die Shell sich beendet (-`h`).
enable [-n] *befehl*	Schalte Builtin-Befehl *befehl* ab (`-n`) oder wieder an. Ohne Argumente werden alle Builtin-Befehle aufgelistet. Wird benötigt, wenn externe Kommandos gleichen Namens ausgeführt werden sollen.
fc [-le] - *n*	Zeige Befehls-Historie an (`-l`) oder führe den Befehl der History-Nr. *n* erneut aus (`-e`).
help [*befehl*]	Gibt eine Informations-Seite für den angegebenen Builtin-Befehl aus. Ohne Argumente werden alle Builtin-Befehle mit Syntax aufgelistet.
history	Zeige oder verändere die History der bisher ausgeführten Befehle.

Tabelle 2.31:Builtin-Befehle der Bash

Befehl	Bedeutung
let	Führt mathematische Operationen oder Vergleiche aus.
local `var`	Definiere eine lokale Variable in einer Funktion.
logout	Verlasse die Login-Shell.
popd [*n*]	Entfernt ein oder mehrere Verzeichnisse aus den Directory-Stack; siehe `pushd`.
pushd `dir`	Alternative zu `cd`. Wechselt in das vorherige Arbeitsverzeichnis (ohne Angabe von `dir`) oder nach `dir`, wobei `dir` im so genannten Directory-Stack gespeichert wird. Siehe auch `popd` und `dirs`.
shopt [-su] [-o] `opt`	Zusatz zu `set`. Setze (`-s`) oder lösche (`-u`) Shell-Optionen (`-o opt`) oder zusätzliche Shell-Parameter (Liste durch `schopt` ohne Argumente).
source `script`	Wie `. script`; führt `script` in der aktuellen Shell aus, ohne eine Subshell oder einen Child-Prozess zu öffnen.
typeset	Setzt Attribute von Variablen oder listet Variablen mit entsprechenden Attributen auf.
unalias	Löscht einen Alias.

Tabelle 2.31:Builtin-Befehle der Bash(Fortsetzung)

Shell-Optionen

Shell-Optionen beeinflussen das Verhalten der Shell. Sie werden entweder durch `set` innerhalb der Shell gesetzt oder bereits beim Aufruf als Option mitgegeben.

Shell-Optionen werden nicht vererbt.

Bourne-Shell

```
set [-+] opts
```

oder

```
sh -opts
```

Mit - werden Optionen angeschaltet, mit + abgestellt.

Mit `echo $-` können die angeschalteten Optionen angezeigt werden.

Option	Bedeutung
-a	Automatischer Export aller neu angelegten oder veränderten Variablen (export all).
-e	Beendet die Shell, wenn ein Befehl nicht 0 zurückgibt (exit on error).
-f	Dateinamen-Expansion abschalten (no filename expansion).
-h	Sucht und merkt sich die Lage von Kommandos, die innerhalb von Funktionen auftauchen, bereits beim Lesen der Funktion, nicht erst beim Ausführen (hash function commands).

-k	Zusätzliche Variablen, die beim Aufruf einer Shell mitgegeben werden, müssen nicht vor dem Befehl, sondern dürfen auch nach ihm angegeben werden (keyword).
	`var=val befehl`
	`set -k ; befehl var=val`

-n	Lese und teste auf syntaktische Korrektheit, aber führe nichts aus (no execution).
-t	Verlasse die Shell nach dem ersten Befehl (terminate).

Tabelle 2.32:Optionen der Bourne-Shell

Option	Bedeutung
-u	Gibt eine Fehlermeldung bei der Verwendung von undefinierten Variablen aus, anstatt einfach eine leere Zeichenkette einzusetzen (unset).
-v	Zeige jede Zeile vor ihrer Ausführung unverändert an (verbose).
-x	Zeige jede Zeile vor ihrer Ausführung nach allen Ersetzungen an (xtrace).
--	Setze die Positionsparameter neu, interpretiere – nicht als Option.

Tabelle 2.32:Optionen der Bourne-Shell(Fortsetzung)

Alle Optionen können auch direkt beim Aufruf mitgegeben werden, z.B. `sh -x`. Es gibt aber auch Parameter, die nur beim Aufruf übergeben werden und nicht mit `set` gesetzt werden können.

```
sh [-csir[opts]] befehl arg1 arg2 ...
```

Wird die Shell ohne Argumente aufgerufen, wird eine interaktive Shell gestartet.

Wird die Shell ohne Parameter, aber mit Argumenten aufgerufen, wird eine Shell gestartet, welche in *befehl* ein Shell-Skript erwartet. Dieses wird gestartet, die Argumente *arg1*, *arg2*, etc. werden ihm übergeben.

Aufruf-Parameter	Bedeutung
-c *befehl*	Führt das Kommando *befehl* aus. Sobald in dem Befehl Leerzeichen, Semikolons oder andere Sonderzeichen stehen, muss *befehl* in Anführungszeichen stehen.
-i	Startet eine interaktive Shell. Wie ein Aufruf ohne Argumente.
-s *arg1 arg2*	Startet ebenfalls eine interaktive Shell, übergibt jedoch *arg1 arg2* etc. als Positionsparameter ($1, $2 etc.)
-r	Startet eine restricted shell, d.h. eine Shell, bei der nicht aus dem Startverzeichnis herausgewechselt werden kann und nur Befehle aufgerufen werden dürfen, die in PATH zu finden sind.

Tabelle 2.33:zusätzliche Aufruf-Parameter der Bourne-Shell

Korn-Shell

```
set [-+] opts
```

oder

```
set [-+]o longopts
```

oder

```
ksh -opts
```

Mit - werden Optionen angeschaltet, mit + abgestellt.

Alternativ zum `set`-Kommando der Bourne-Shell kann in der Korn-Shell über die Option `-o` auch ein ausgeschriebener Options-Name angegeben werden, z.B. `set -x` oder `set -o xtrace`. Neu hinzugekommene Optionen können nur über die `-o` -Syntax geschaltet werden.

Mit `echo $-` oder `set -o` können die angeschalteten Optionen angezeigt werden.

Option	Bedeutung
-A *arr wert1* ...	Belegt ein Array mit Werten (nur über `set`).
-a -o allexport	Automatischer Export aller neu angelegten oder veränderten Variablen (export all).
-b -o notify	Informiert den Benutzer automatisch über beendete Hintergrundjobs (background).
-C -o noclobber	Verhindert das Überschreiben einer Datei durch die Umleitung `>datei`. Mit `>|` kann man sich über diesen Schalter hinwegsetzen.
-e -o errexit	Beendet die Shell, wenn ein Befehl nicht 0 zurückgibt (exit on error).
-f -o noglob	Dateinamen-Expansion abschalten (no filename expansion).
-h -trackall	Sucht und merkt sich die Lage von Kommandos, die innerhalb von Funktionen auftauchen, bereits beim Lesen der Funktion, nicht erst beim Ausführen (hash function commands).

-k
-o keyword
	Zusätzliche Variablen, die beim Aufruf einer Shell mitgegeben werden, müssen nicht vor dem Befehl, sondern dürfen auch nach ihm angegeben werden (keyword).
	`var=val befehl`
	`set -k ; befehl var=val`

-m -o monitor	Hintergrundprozesse werden in einer eigenen Prozess-Gruppe ausgeführt. Der Benutzer wird automatisch informiert, wenn ein Hintergrundprozess beendet ist. In interaktiven Shells automatisch angeschaltet (monitor background jobs).
-n -o noexec	Lese und teste auf syntaktische Korrektheit, aber führe nichts aus (no execution).
-o *longoption*	Setzt eine Option mit langem Namen.
-p -o privileged	Führe statt `$HOME/.profile` und `$ENV` die Datei `/etc/suid_profile` aus. Automatisch angeschaltet, wenn `real uid/gig != effective uid/gid`, also bei `suid`-Aktionen.
-s	Sortiere die Positionsparameter alphabetisch (nur über `set`) (sort).
-t	Verlasse die Shell nach dem ersten Befehl (terminate).
-u -o nounset	Gibt eine Fehlermeldung bei der Verwendung von undefinierten Variablen aus, anstatt einfach eine leere Zeichenkette einzusetzen (unset).
-v -o verbose	Zeige jede Zeile vor ihrer Ausführung unverändert an (verbose).
-x -o xtrace	Zeige jede Zeile vor ihrer Ausführung nach allen Ersetzungen an. (xtrace)
-	(Minus mit nachfolgendem Leerzeichen) Schaltet `-x` und `-v` ab und behandelt folgende Argumente als Argumente, auch wenn sie ein - enthalten.
--	Setze die Positionsparameter neu, interpretiere – nicht als Option.

Tabelle 2.34:Optionen der Korn-Shell

Die Korn-Shell verfügt über weitere Optionen, die nur über die Syntax

```
set [-+]o longoption
```

gesetzt werden können.

Option	Bedeutung
-o bgnice	Default. Hintergrundprozesse werden mit niedrigerer Priorität ausgeführt.
-o emacs	Kommandozeilen-Editierung im Emacs-Stil
-o gmacs	Kommandozeilen-Editierung im Gmacs-Stil
-o ignoreeof	`ctrl-d` wird in einer interaktiven Shell ignoriert. Verlassen der Shell nur über `exit` möglich.
-o markdirs	Markiere Verzeichnisse, die nach einer Dateinamen-Expansion erscheinen, durch einen angehängten Slash /.
-o nolog	Funktions-Definitionen werden nicht in der Befehls-History gespeichert.
-o vi	Kommandozeilen-Editierung im `vi`-Stil (Wechsel in den Kontroll-Modus über die Escape-Taste).
-o viraw	Kommandozeilen-Editierung im `vi`-Stil (Wechsel in den Kontroll-Modus über die Strg-Taste).

Tabelle 2.35:zusätzliche Optionen der Korn-Shell

Genau wie bei der Bourne-Shell können auch in der Korn-Shell die Optionen `-c` `-s` `-i` und `-r` zusätzlich beim Aufruf mitgegeben werden. Sie haben die gleiche Bedeutung wie dort.

```
ksh [-csir[opts]] befehl arg1 arg2 ...
```

Bash

```
set [-+] opts
```

oder

```
set [-+]o longopts
```

oder

```
bash -opts
```

Mit - werden Optionen angeschaltet, mit + abgestellt.

Alternativ zum `set`-Kommando der Bourne-Shell kann in der Bash über die Option `-o` auch ein ausgeschriebener Options-Name angegeben werden, z.B. `set -x` oder `set -o xtrace`. Neu hinzugekommene Optionen können nur über die `-o` -Syntax geschaltet werde.

Mit `echo $-` oder `set -o` können die angeschalteten Optionen angezeigt werden.

Option	Bedeutung
-a -o allexport	Automatischer Export aller neu angelegten oder veränderten Variablen (export all).
-b -o notify	Informiert den Benutzer automatisch über beendete Hintergrundjobs (background).
-B -o braceexpand	Brace-Expansion, Alternative Zeichenketten in `{}`. Default.
-C -o noclobber	Verhindert das Überschreiben einer Datei durch die Umleitung `>datei`. Mit >| kann man sich über diesen Schalter hinwegsetzen.
-e -o errexit	Beendet die Shell, wenn ein Befehl nicht 0 zurückgibt (exit on error).

Tabelle 2.36:Optionen der Bash

Option	Bedeutung
-f -o noglob	Dateinamen-Expansion abschalten (no filename expansion).
-h -trackall	Sucht und merkt sich die Lage von Kommandos, die innerhalb von Funktionen auftauchen, bereits beim Lesen der Funktion, nicht erst beim Ausführen (hash function commands).
-H -o histexpand	History-Mechanismus über `!`-Syntax der C-Shell. Default.

-k
-o keyword
	Zusätzliche Variablen, die beim Aufruf einer Shell mitgegeben werden, müssen nicht vor dem Befehl, sondern dürfen auch nach ihm angegeben werden (keyword).
	`var=val befehl`
	`set -k ; befehl var=val`

-m -o monitor	Hintergrundprozesse werden in einer eigenen Prozess-Gruppe ausgeführt. Der Benutzer wird automatisch informiert, wenn ein Hintergrundprozess beendet ist. In interaktiven Shells automatisch angeschaltet (monitor background jobs).
-n -o noexec	Lese und teste auf syntaktische Korrektheit, aber führe nichts aus (no execution).
-o *longoption*	Setzt eine Option mit langem Namen.
-p -o privileged	Führe `$ENV` nicht aus. Automatisch angeschaltet, wenn real `uid/gig != effective uid/gid`, also bei `suid`-Aktionen.
-P -o physical	Zeigt den physikalischen Pfad an, wenn ein Verzeichnis über einen symbolischen Link erreicht wurde (Default: Zeige den Pfad über den Link an).
-s	Sortiere die Positionsparameter alphabetisch (nur über `set`) (sort).
-t -o onecmd	Verlasse die Shell nach dem ersten Befehl (terminate).
-u -o nounset	Gibt eine Fehlermeldung bei der Verwendung von undefinierten Variablen aus, anstatt einfach eine leere Zeichenkette einzusetzen (unset).
-v -o verbose	Zeige jede Zeile vor ihrer Ausführung unverändert an (verbose).
-x -o xtrace	Zeige jede Zeile vor ihrer Ausführung nach allen Ersetzungen an (xtrace).
-	(Minus mit nachfolgendem Leerzeichen) Schaltet `-x` und `-v` ab und behandelt folgende Argumente als Argumente, auch wenn sie ein `-` enthalten.
--	Setze die Positionsparameter neu, interpretiere – nicht als Option.

Tabelle 2.36:Optionen der Bash(Fortsetzung)

Die Bash verfügt über weitere Optionen, die nur über die Syntax

```
set [-+]o longoption
```

gesetzt werden können.

Option	Bedeutung
-o emacs	Kommandozeilen-Editierung im Emacs-Stil
-o history	History-Mechanismus anschalten. Default.
-o ignoreeof	`ctrl-d` wird in einer interaktiven Shell ignoriert. Verlassen der Shell nur über `exit` möglich.

Tabelle 2.37:zusätzliche Optionen der Bash

Option	Bedeutung
-o posix	POSIX 1003.2-Standard entsprechen.
-o vi	Kommandozeilen-Editierung im `vi`-Stil (Wechsel in den Kontroll-Modus über die Escape-Taste).

Tabelle 2.37:zusätzliche Optionen der Bash(Fortsetzung)

Genau wie bei der Bourne-Shell können auch in der Bash die Optionen `-c -s -i` und `-r` zusätzlich beim Aufruf mitgegeben werden. Sie haben die gleiche Bedeutung wie dort.

```
bash [-csir[opts]] befehl arg1 arg2 ...
```

Zusätzlich erkennt die Bash die folgenden Optionen beim Aufruf (statt -- kann auch ein einfaches - verwendet werden).

Aufruf-Parameter	Bedeutung
--help	Zeigt eine Hilfe-Information an und beendet die Shell wieder.
--login	Verhält sich wie eine Login-Shell (liest Profil-Dateien).
--noediting	Kommandozeilen-Editor abschalten.
--noprofile	Lese keine Profildateien (`/etc/profile`, `~/.bash_profile`, `~/.bash_login`, `~/.profile`), obwohl Login-Shell.
--norc	Lese nicht die Initialisierungsdatei `~/.bashrc`, wenn bash interaktiv aufgerufen wird (`--norc` ist eingeschaltet, wenn die Bash als sh aufgerufen wird).
--posix	POSIX 1003.2-Standard entsprechen.
--rcfile *datei*	Lese nicht die Initialisierungsdatei `~/.bashrc`, wenn bash interaktiv aufgerufen wird, sondern *datei*.
--restricted	wie `-r`: Restricted Shell
--verbose	wie `-o verbose` oder `-v`
--version	Bash-Version anzeigen.

Tabelle 2.38:zusätzliche Optionen der Bash

Shell-Variablen

In der Shell-Skript-Programmierung greift man immer wieder auf Ungebungsvariablen zurück, Variablen, die von den Shells gepflegt und zur Verfügung gestellt werden. Im Folgenden sind die Variablen der drei besprochenen Shells zusammengestellt.

Bourne-Shell

Variable	Bedeutung
?	Exit-Status des letzten Vordergrund-Prozesses
$	Prozess-ID der aktuellen Shell
!	Prozess-ID des zuletzt aufgerufenen Hintergrund-Prozesses
-	String aus den gesetzten Shell-Optionen
0	Programmname

Tabelle 2.39:Variablen der Bourne-Shell

Variable	Bedeutung
1-9	Positionsparameter
#	Anzahl Positionsparameter
*	Alle Positionsparameter als String
@	Alle Positionsparameter als Wortliste
CDPATH	Suchpfad für das `cd`-Kommando. Hier werden Verzeichnisse gesucht, in die man per `"cd dir"` wechseln kann, ohne einen Pfad anzugeben.
HOME	Home-Verzeichnis des Benutzers. Defaultwert für `cd`.
IFS	Internal Field Separator. Trenner für Wortlisten bei `for`, `read`, `select` und `$*`. Default: beliebig viele Leerzeichen, Tabs und Newlines.
LOGNAME	Login-Name des aktiven Benutzers.
MAIL	Mailbox. Datei, in der das Mail-System neue Mail abgelegt.
MAILCHECK	Anzahl Sekunden, die die Shell wartet, bevor sie erneut die Mail-Dateien auf neue Mail untersucht. Ist MAILCHECK auf 0 gesetzt, wird nach jedem Befehl auf neue Mail gecheckt. Default: 600
MAILPATH	Alternative zu MAIL. Kann mehrere Dateien durch : getrennt enthalten. Durch ein % kann an jede Datei eine Meldung angehängt werden, die angezeigt wird, wenn in dieser Datei Mail angekommen ist. Macht MAIL unwirksam.
MANPATH	Pfad der Verzeichnisse, in denen Manpages gesucht werden.
PATH	Suchpfad für Kommandos. Durch Doppelpunkt getrennte Liste von Verzeichnissen. In diesen Directories werden Befehle gesucht, die ohne Pfadangabe aufgerufen werden.
PS1	Primary Prompt. Prompt zur Eingabe von Befehlen. Per Default $ für normale Benutzer und # für root.
PS2	Secondary Prompt. Prompt zur Eingabe bei mehrzeiligen Befehlen. Default: >
SHELL	Wenn $SHELL `rsh` enthält, startet die Shell als restricted Shell. Wird von einigen Programmen wie `vi` oder `more` benutzt, um zu entscheiden, welche Shell aufgerufen wird, um Befehle auszuführen (z.B. bei Eingabe von !).
TERM	Terminal-Einstellung, z.B. `vt100`. Name der Datei mit den richtigen Bildschirm-Steuer-Sequenzen für Shells, Editoren etc.
TZ	Zeitzone, z.B. MET Middle European Time.

Tabelle 2.39:Variablen der Bourne-Shell(Fortsetzung)

Korn-Shell

Variable	Bedeutung
?	Exit-Status des letzten Vordergrund-Prozesses
$	Prozess-ID der aktuellen Shell
!	Prozess-ID des zuletzt aufgerufenen Hintergrund-Prozesses
-	String aus den gesetzten Shell-Optionen
_	Letztes Argument des zuletzt ausgeführten Befehls
0	Programmname
1-9	Positionsparameter

Tabelle 2.40:Variablen der Korn-Shell

Variable	Bedeutung
{10} ...	Positionsparameter über 9
#	Anzahl Positionsparameter
*	Alle Positionsparameter als String
@	Alle Positionsparameter als Wortliste
CDPATH	Suchpfad für das `cd`-Kommando. Hier werden Verzeichnisse gesucht, in die man per `"cd dir"` wechseln kann, ohne einen Pfad anzugeben.
COLUMNS	Breite des Fensters, das für Kommandozeilen-Editor und Menüs zur Verfügung steht.
EDITOR	Setzt den Kommandozeilen-Editor, wenn er nicht über `set -o` oder VISUAL bereits gesetzt ist. Wird auch von anderen Programmen gelesen, die einen Editor verwenden, wie z.B. `crontab`.
ENV	Enthält den Namen der Startdatei, die bei jedem Neustart einer Shell gelesen wird. Wird nicht nach `su`-Kommandos ausgeführt, wenn `real uid/gid` ungleich `effective uid/gid`. Typisch für die Definition von Funktionen und Aliasen.
ERRNO	Fehler-Nummer des letzten gescheiterten System Calls
FCEDIT	Editor für das `fc`-Kommando
FPATH	Pfad für Verzeichnisse, in denen der Autoload-Mechanismus nach Funktionsdateien sucht.
HISTFILE	Datei zur Speicherung der Befehls-History. Default: `$HOME/.sh_history`
HISTSIZE	Anzahl der gespeicherten History-Kommandos. Default: 128
HOME	Home-Verzeichnis des Benutzers. Defaultwert für `cd`.
IFS	Internal Field Separator. Trenner für Wortlisten bei `for`, `read`, `select` und `$*`. Default: beliebig viele Leerzeichen, Tabs und Newlines.
LC_ALL	Default für alle folgenden LC-Variablen, z.B. *C* für ASCII oder *de* für deutschen Zeichensatz. Default: C
LC_COLLATE	Sortierreihenfolge von Zeichen (z.B. nach deutschem Zeichensatz)
LC_CTYPE	Zeichensatz. Default: C. LC_ALL überschreibt LC_CTYPE und dieses wieder LANG.
LC_MESSAGES	Sprache für die Ausgabe von Meldungen
LANG	Default für alle LC-Variablen. Wird von LC-Variablen überschrieben.
LINENO	Aktuelle Zeilennummer des Skripts oder der Funktion. Kann zu Debugging-Zwecken verwendet werden.
LINES	Höhe des Fensters, das für Kommandozeilen-Editor und Menüs zur Verfügung steht.
LOGNAME	Login-Name des aktiven Benutzers
MAIL	Mailbox. Datei, in der das Mail-System neue Mail abgelegt.
MAILCHECK	Anzahl Sekunden, die die Shell wartet, bevor sie erneut die Mail-Dateien auf neue Mail untersucht. Ist MAILCHECK auf 0 gesetzt, wird nach jedem Befehl auf neue Mail gecheckt. Default: 600
MAILPATH	Alternative zu MAIL. Kann mehrere Dateien durch : getrennt enthalten. Durch ein % kann an jede Datei eine Meldung angehängt werde, die angezeigt wird, wenn in dieser Datei Mail angekommen ist. Macht MAIL unwirksam.
MANPATH	Pfad der Verzeichnisse, in denen Manpages gesucht werden.
NLSPATH	Pfad zu den Meldungen für LC_MESSAGES
OLDPWD	Vorheriges Arbeitsverzeichnis

Tabelle 2.40:Variablen der Korn-Shell(Fortsetzung)

Variable	Bedeutung
OPTARG	Argument einer von `getopts` ausgewerteten Option
OPTIND	Nummer der nächsten von `getopts` auszuwertenden Option
PATH	Suchpfad für Kommandos. Durch Doppelpunkt getrennte Liste von Verzeichnissen. In diesen Directories werden Befehle gesucht, die ohne Pfadangabe aufgerufen werden.
PPID	Prozess-ID des Vater-Prozesses (parent process ID). Achtung: In Subshells, die als Kopie einer Shell entstehen, wird PPID nicht neu gesetzt.
PS1	Primary Prompt. Prompt zur Eingabe von Befehlen. Per Default $ für normale Benutzer und # für root.
PS2	Secondary Prompt. Prompt zur Eingabe bei mehrzeiligen Befehlen. Default: >
PS3	Eingabe-Prompt von Menüs. Default: #?
PS4	Debugging-Prompt für die Option `-x`. Default: +
PWD	Aktuelles Arbeitsverzeichnis.
RANDOM	Ganze Zufallszahl zwischen 0 und 32767. Generator kann durch Zuweisung einer Zahl RANDOM=*n* neu initialisiert werden.
REPLY	Enthält bei Menüs die ausgewählte Nummer und bei `read` (ohne Argumente) die eingelesene Zeile.
SECONDS	Enthält die Sekunden, die seit dem Start der aktuellen Shell verstrichen sind. Kann durch Zuweisung auf einen neuen Startwert gesetzt werden.
SHELL	Wenn $SHELL `rsh` enthält, startet die Shell als restricted Shell. Wird von einigen Programmen wie `vi` oder `more` benutzt, um zu entscheiden, welche Shell aufgerufen wird, um Befehle auszuführen (z.B. bei Eingabe von !).
TERM	Terminal-Einstellung, z.B. `vt100`. Name der Datei mit den richtigen Bildschirm-Steuer-Sequenzen für Shells, Editoren etc.
TMOUT	Die Shell beendet sich, wenn nach TMOUT Sekunden kein Befehl eingegeben wurde. Vorher erscheint eine Warnung mit einer Gnadenfrist von 60 weiteren Sekunden. Default: 0, was den Mechanismus abschaltet.
VISUAL	Setzt den Kommandozeilen-Editor, wenn er nicht über `set -o` bereits gesetzt ist.
TZ	Zeitzone, z.B. MET Middle European Time.

Tabelle 2.40:Variablen der Korn-Shell(Fortsetzung)

Bash

Variable	Bedeutung
?	Exit-Status des letzten Vordergrund-Prozesses
$	Prozess-ID der aktuellen Shell
!	Prozess-ID des zuletzt aufgerufenen Hintergrund-Prozesses
-	String aus den gesetzten Shell-Optionen
_	Letztes Argument des zuletzt ausgeführten Befehls
0	Programmname
1-9	Positionsparameter
{10} ...	Positionsparameter über 9

Tabelle 2.41:Variablen der Bash

Variable	Bedeutung
#	Anzahl Positionsparameter
*	Alle Positionsparameter als String
@	Alle Positionsparameter als Wortliste
BASH	Voller Pfadname der aktuellen Shell
BASH_ENV	Enthält den Namen einer Datei, die beim Start einer neuen Shell statt `.bashrc` ausgeführt wird.
BASH_VERSION	Version der aktuellen Shell.
BASH_VERSINFO	Array, das die Version der aktuellen Shell in einzelne Elemente aufgesplittet enthält. Wird durch `set` als leer angezeigt, ist aber belegt!
CDPATH	Suchpfad für das `cd`-Kommando. Hier werden Verzeichnisse gesucht, in die man per `"cd dir"` wechseln kann, ohne einen Pfad anzugeben.
COLUMNS	Breite des Fensters, das für Kommandozeilen-Editor und Menüs zur Verfügung steht.
DIRSTACK	Array, das den Verzeichnisstack von `pushd` enthält. Wird durch `set` als leer angezeigt, ist aber belegt!
EDITOR	Setzt den Kommandozeilen-Editor, wenn er nicht über `set -o` oder VISUAL bereits gesetzt ist. Wird auch von anderen Programmen gelesen, die einen Editor verwenden, wie z.B. `crontab`.
ENV	Enthält den Namen der Startdatei, die bei jedem Neustart einer Shell gelesen wird, wenn die Bash im Posix-Modus gestartet wird.
EUID	Effektive User ID des aktuellen Benutzers
FCEDIT	Editor für das `fc`-Kommando
FIGNORE	Mit Doppelpunkten separierte Liste von Endungen, die bei der Dateinamen-Ergänzung durch Tab ignoriert werden sollen.
FPATH	Pfad für Verzeichnisse, in denen der Autoload-Mechanismus nach Funktionsdateien sucht.
GLOBIGNORE	Mit Doppelpunkten separierte Liste von Mustern, die bei der Dateinamen-Expansion durch `*` `?` und `[]` ignoriert werden sollen.
GROUPS	Array, das sie die Group IDs des aktuellen Benutzers enthält. Wird durch `set` als leer angezeigt, ist aber belegt!
histchars	1-3 Zeichen, die anstelle der History-Befehls-Zeichen `!` `^` und # treten.
HISTCMD	History-Nummer des aktuellen Befehls.
HISTCONTROL	Zeilen, die mit Leerzeichen beginnen (`=ignorespace`), oder wiederholt eingegebene Befehle (`=ignoredups`) oder beide (`=ignoreboth`) werden nicht in die History aufgenommen.
HISTFILE	Datei zur Speicherung der Befehls-History. Default: `$HOME/.sh_history`.
HISTFILESIZE	Länge der History-Datei in Zeilen. Default: 500
HISTSIZE	Anzahl der gespeicherten History-Kommandos. Default: 500
HISTIGNORE	Mit Doppelpunkten separierte Liste von Mustern, um Befehle von der Aufnahme in die History auszuschließen.
HOME	Home-Verzeichnis des Benutzers. Defaultwert für `cd`
HOSTNAME	Name des Rechners
HOSTTYPE	Typ des Rechners, systemabhängig

Tabelle 2.41: Variablen der Bash(Fortsetzung)

Variable	Bedeutung
IFS	Internal Field Separator. Trenner für Wortlisten bei `for`, `read`, `$*`. Default: beliebig viele Leerzeichen, Tabs und Newlines
IGNOREEOF	Legt fest, wie oft `ctrl-d` (EOF) gedrückt werden muss, um eine interaktive Shell zu verlassen. Default: nicht gesetzt, daher genügt ein `ctrl-d`.
INPUTRC	Enthält den Namen der Datei, die statt `~/.inputrc` zur Konfiguration des Kommandozeilen-Editors gelesen werden soll.
LC_ALL	Default für alle folgenden LC-Variablen, z.B. *C* für ASCII oder `de` für deutschen Zeichensatz. Default: C
LC_COLLATE	Sortierreihenfolge von Zeichen (z.B. nach deutschem Zeichensatz)
LC_CTYPE	Zeichensatz. Default: C. LC_ALL überschreibt LC_CTYPE und dieses wieder LANG.
LC_MESSAGES	Sprache für die Ausgabe von Meldungen.
LANG	Default für alle LC-Variablen. Wird von LC-Variablen überschrieben.
LINENO	Aktuelle Zeilennummer des Skripts oder der Funktion. Kann zu Debugging-Zwecken verwendet werden.
LINES	Höhe des Fensters, das für Kommandozeilen-Editor und Menüs zur Verfügung steht.
LOGNAME	Login-Name des aktiven Benutzers.
MACHTYPE	Rechner-Typ + Betriebssystem.
MAIL	Mailbox. Datei, in der das Mail-System neue Mail ablegt.
MAILCHECK	Anzahl Sekunden, die die Shell wartet, bevor sie erneut die Mail-Dateien auf neue Mail untersucht. Ist MAILCHECK auf 0 gesetzt, wird nach jedem Befehl auf neue Mail gecheckt. Default: 600
MAILPATH	Alternative zu MAIL. Kann mehrere Dateien durch : getrennt enthalten. Durch ein % kann an jede Datei eine Meldung angehängt werde, die angezeigt wird, wenn in dieser Datei Mail angekommen ist. Macht MAIL unwirksam.
MANPATH	Pfad der Verzeichnisse, in denen Manpages gesucht werden.
NLSPATH	Pfad zu den Meldungen für LC_MESSAGES.
OLDPWD	Vorheriges Arbeitsverzeichnis.
OPTARG	Argument einer von `getopts` ausgewerteten Option.
OPTERR	Wenn auf 1 gesetzt, werden Fehlermeldungen von `getopts` ausgegeben. Default: 1
OPTIND	Nummer der nächsten von `getopts` auszuwertenden Option
OSTYPE	Das laufende Betriebssystem. Systemabhängig.
PATH	Suchpfad für Kommandos. Durch Doppelpunkt getrennte Liste von Verzeichnissen. In diesen Directories werden Befehle gesucht, die ohne Pfadangabe aufgerufen werden.
PIPESTATUS	Array, das die Exit-Codes der einzelnen Befehle des zuletzt ausgeführten Pipe-Kommandos enthält.
PPID	Prozess-ID des Vater-Prozesses (parent process ID). Achtung: In Subshells, die als Kopie einer Shell entstehen, wird PPID nicht neu gesetzt.
PROMPT_ COMMAND	Befehl, der ausgeführt wird, bevor ein neuer Prompt angezeigt wird.
PS1	Primary Prompt. Prompt zur Eingabe von Befehlen. Per Default $ für normale Benutzer und # für root.
PS2	Secondary Prompt. Prompt zur Eingabe bei mehrzeiligen Befehlen. Default: >

Tabelle 2.41:Variablen der Bash(Fortsetzung)

Variable	Bedeutung
PS3	Eingabe-Prompt von Menüs. Default: `#?`
PS4	Debugging-Prompt für die Option `-x`. Default: +
PWD	Aktuelles Arbeitsverzeichnis
RANDOM	Ganze Zufallszahl zwischen 0 und 32767. Generator kann durch Zuweisung einer Zahl RANDOM=*n* neu initialisiert werden.
REPLY	Enthält bei Menüs die ausgewählte Nummer und bei `read` (ohne Argumente) die eingelesene Zeile.
SECONDS	Enthält die Sekunden, die seit dem Start der aktuellen Shell verstrichen sind. Kann durch Zuweisung auf einen neuen Startwert gesetzt werden.
SHELL	Wenn $SHELL `rsh` enthält, startet die Shell als Restricted Shell. Wird von einigen Programmen wie `vi` oder `more` benutzt, um zu entscheiden, welche Shell aufgerufen wird, um Befehle auszuführen (z.B. bei Eingabe von !).
SHELLOPTS	Liste der aktiven Shell-Optionen. Kann gesetzt werden, um Optionen festzulegen, mit denen eine neue Shell aufgerufen wird.
SHLVL	Tiefe der Shell-Verschachtelung, z.B. 2 innerhalb eines Skriptes, das aus einer Login-Shell heraus aufgerufen wurde.
TERM	Terminal-Einstellung, z.B. `vt100`. Name der Datei mit den richtigen Bildschirm-Steuer-Sequenzen für Shells, Editoren etc.
TIMEFORMAT	Format-String für die Ausgabe des `time`-Kommandos, das die von einem Befehl benötigte Zeit misst.
TMOUT	Die Shell beendet sich, wenn nach TMOUT Sekunden kein Befehl eingegeben wurde. Vorher erscheint eine Warnung mit einer Gnadenfrist von 60 weiteren Sekunden. Default: 0, was den Mechanismus abschaltet.
TZ	Zeitzone, z.B. MET Middle European Time.
UID	User ID des aktuellen Benutzers.

Tabelle 2.41: Variablen der Bash (Fortsetzung)

2.39 Kommandozeilen-Editor und History

Die beiden hier behandelten Themen haben zwar nicht unmittelbar mit der Shell-Programmierung zu tun, es ist jedoch unvermeidlich, dass der Programmierer auch interaktiv intensiv mit der Shell arbeitet. Das meiste, was Sie bisher für den Einsatz in Shell-Skripten gelernt haben, können Sie auch bei der interaktiven Arbeit verwenden, History und Command-Line-Editing treten jedoch ausschließlich dort auf. Bitte haben Sie Verständnis dafür, dass wir hier wirklich nur die wichtigsten Kommandos behandeln.

Bourne-Shell

In der Bourne-Shell gibt es weder einen Kommandozeilen-Editor noch eine Befehls-History. Das bedeutet zum einen, dass man bei einem falsch eingegebenen Befehl alle Zeichen bis zur fehlerhafte Stelle löschen und richtig wieder eingeben muss, und zum andern, dass man einen Befehl, den man auf die gleiche oder eine leicht abgewandelte Art erneut ausführen möchte, komplett neu eingeben muss.

Diese Unzulänglichkeiten und die damit verbundene uneffektive Arbeitsweise gehörten zu den wichtigsten Gründen, neue Shells zu entwickeln und sind nach wie vor schlagende Argumente für einen Administrator, auf eine andere Shell zu wechseln.

Bash

Wir behandeln die Bash hier zuerst, da sie die einfachste Schnittstelle für die angesprochenen Features besitzt und wohl am ehesten so funktioniert, wie man es erwartet. Die Bash versteht von Haus aus sowohl Emacs-Kommandos (z.B. `ctrl-a`) wie auch Pfeil- und andere Meta-Tasten. Für beide Methoden muss allerdings die Option `-o emacs` aktiviert sein (default).

Taste	Bedeutung
[↑] ctrl-p	Letzter Befehl, vorletzter Befehl, ... In der History nach oben.
[↓] ctrl-n	Nächster Befehl, übernächster, ... In der History nach unten.
[←] ctrl-b	In der Kommandozeile nach links gehen.
[→] ctrl-f	In der Kommandozeile nach rechts gehen.
[Pos1] ctrl-a	An den Anfang der Kommandozeile springen.
[Ende] ctrl-e	An das Ende der Kommandozeile springen.
[Entf] ctrl-d	Zeichen rechts vom oder unter dem Cursor löschen.
[←] ctrl-h	Zeichen links vom Cursor löschen.
ctrl-u	Alles bis zum Zeilenanfang löschen.
ctrl-k	Alles bis zum Zeilenende löschen.
ctrl-r *text*	Suche rückwärts in der History nach Befehlen, die *text* enthalten.
ctrl-s *text*	Suche vorwärts in der History nach Befehlen, die *text* enthalten.

Tabelle 2.42:History und Command Line Editing in der Bash

Zusätzlich verfügt die Bash über einen mächtigen Completion-Mechanismus für Dateinamen, Variablen, Usernamen, Hosts und Kommandos. Nachdem man einen Teil eines Wortes angegeben hat, kann man durch Drücken der Tab-Taste das Wort automatisch von der Shell vervollständigen lassen.

Taste	Bedeutung
wortteil [⭾]	*wortteil* wird als Befehl interpretiert. Die Shell vervollständigt den passenden Befehl.
befehl wortteil [⭾]	*wortteil* wird als Verzeichnis oder Datei interpretiert. Die Shell vervollständigt die/das passende Datei/Verzeichnis.
$*wortteil* [⭾]	*wortteil* wird als Variable interpretiert. Die Shell vervollständigt die passende Variable.
~*wortteil* [⭾]	*wortteil* wird als Username interpretiert. Die Shell vervollständigt den passenden Usernamen.
@ *wortteil* [⭾]	*wortteil* wird als Rechnername interpretiert. Die Shell vervollständigt den passenden Rechnernamen.

Tabelle 2.43:Completion-Mechanismus der Bash

Taste	Bedeutung
ESC ?	Mögliche Vervollständigungen werden angezeigt.
ESC *	Alle möglichen Vervollständigungen werden eingesetzt.

Tabelle 2.43:Completion-Mechanismus der Bash(Fortsetzung)

Wir haben nur die wichtigsten Tasten-Kombinationen in diesem Zusammenhang vorgestellt. Für weitere Informationen möchten wir sie an die `man`-Page der Bash verweisen.

Die Bash verfügt auch über einen `vi`-Modus (`set -o vi`), der aber wesentlich weniger komfortabel ist als die Bedienung über die Pfeiltasten und daher selten benutzt wird.

Korn-Shell

Auch die Korn-Shell verfügt über zwei verschiedene Editier-Einstellungen, den `vi`- und den `emacs`-Modus, in denen die Steuerungs-Sequenzen des jeweiligen Editors angewendet werden. Ist man bereit, einige Zeilen in der Datei `.kshrc` hinzuzufügen, kann man im Emacs-Modus (und nur in diesem), die Pfeiltasten zur Bearbeitung von Kommandozeile und History einsetzen, wie wir es gerade bei der Bash gesehen haben.

Beide Modi verfügen auch über einen Vervollständigungs-Mechanismus, der sich allerdings nur auf Datei- und Verzeichnisnamen bezieht.

emacs-Modus

In den `emacs`-Modus gelangt man über: `set -o emacs`

Im `emacs`-Modus können in der Korn-Shell die gleichen Befehle verwendet werden, die wir bereits für die Bash kennen gelernt haben, also z.B. `ctrl-p`, um zum letzten Befehl zu wechseln.

Um auch die Pfeiltasten verwenden zu können, bedarf es einer Änderung in der Startdatei `.kshrc` im Home-Verzeichnis des Benutzers. Fügen Sie dort folgende Zeilen ein, um Aliase von Terminal-Sequenzen auf Emacs-Kommandos zu setzen.

```
alias __A=^P
alias __B=^N
alias __C=^F
alias __D=^B
alias __H=^A
alias __Y=^E
set -o emacs
```

VORSICHT

^P, ^N etc. werden erzeugt, indem man Strg+p , Strg+n etc. drückt.

Taste	Bedeutung
↑ ctrl-p	Letzter Befehl, vorletzter Befehl, ... In der History nach oben.
↓ ctrl-n	Nächster Befehl, übernächster, ... In der History nach unten.

Tabelle 2.44:History und Command Line Editing in der Korn-Shell, emacs-mode

Taste	Bedeutung
← ctrl-b	In der Kommandozeile nach links gehen.
→ ctrl-f	In der Kommandozeile nach rechts gehen.
Pos1 ctrl-a	An den Anfang der Kommandozeile springen.
Ende ctrl-e	An das Ende der Kommandozeile springen.
Entf ctrl-d	Zeichen rechts vom oder unter dem Cursor löschen.
← ctrl-h	Zeichen links vom Cursor löschen.
ctrl-u	Alles bis zum Zeilenanfang löschen.
ctrl-k	Alles bis zum Zeilenende löschen.
ctrl-r `text`	Suche rückwärts in der History nach Befehlen, die `text` enthalten.
ctrl-s `text`	Suche vorwärts in der History nach Befehlen, die `text` enthalten.

Tabelle 2.44:History und Command Line Editing in der Korn-Shell, emacs-mode(Fortsetzung)

Taste	Bedeutung
`wortteil` ESC ESC	`wortteil` wird als Verzeichnis oder Datei interpretiert. Die Shell vervollständigt die/das passende Datei/Verzeichnis.
`wortteil` ESC =	Mögliche Vervollständigungen werden angezeigt.
`wortteil` ESC *	Alle möglichen Vervollständigungen werden eingesetzt.

Tabelle 2.45:File-Completion in der Korn-Shell, emacs-mode

vi-Modus

In den vi-Modus gelangt man über: `set -o vi`

Im vi-mode müssen Sie immer zunächst durch ESC in den Kommando-Modus wechseln, bevor Sie Steuerungsbefehle angeben können. Also z.B. ESC+k , um zum letzten Befehl zu gelangen. Anschließend können Sie beliebig oft **k** drücken. Um Text einzugeben, müssen Sie mit **i** zusätzlich in den Einfüge-Modus wechseln.

Taste	Bedeutung
ESC	In den Kommando-Modus wechseln.
k oder +	Letzter Befehl, vorletzter Befehl, ... In der History nach oben.
j oder -	Nächster Befehl, übernächster, ... In der History nach unten.
h	In der Kommandozeile nach links gehen.
l	In der Kommandozeile nach rechts gehen.
0	An den Anfang der Kommandozeile springen.

Tabelle 2.46:History und Command Line Editing in der Korn-Shell, vi-mode

Taste	Bedeutung
$	An das Ende der Kommandozeile springen.
x	Zeichen rechts vom oder unter dem Cursor löschen.
X	Zeichen links vom Cursor löschen.
D	Alles bis zum Zeilenende löschen.
i	In den insert-Modus wechseln, um Text einzugeben.
a	In den insert-Modus wechseln, um Text anzuhängen.
R	In den replace-Modus wechseln, um Text einzugeben.
/ `text`	Suche rückwärts in der History nach Befehlen, die `text` enthalten.
? `text`	Suche vorwärts in der History nach Befehlen, die `text` enthalten.
n	Letzte Suche in gleicher Richtung wiederholen

Tabelle 2.46:History und Command Line Editing in der Korn-Shell, vi-mode(Fortsetzung)

Taste	Bedeutung
`wortteil` [ESC] \	`wortteil` wird als Verzeichnis oder Datei interpretiert. Die Shell vervollständigt die/das passende Datei/Verzeichnis.
`wortteil` [ESC] =	Mögliche Vervollständigungen werden angezeigt.
`wortteil` [ESC] *	Alle möglichen Vervollständigungen werden eingesetzt.

Tabelle 2.47:File-Completion in der Korn-Shell, vi-mode

Wieder verweisen wir Sie an die Manpage der ksh und des `vi`, wenn Sie auch die restlichen Editor-Funktionen kennen lernen möchten.

3 Shell-Skript-Programmierung in csh und tcsh

3.1 Einführung

In vielen Unternehmen wird nach wie vor lieber mit C-Shell und tcsh programmiert als mit sh, ksh oder bash. Auch wenn es viele Kritiker an diesen beiden Shells gibt, so scheinen sich doch immer wieder ebenso viele bekennende Fans zu finden. Aus diesem Grund haben wir uns entschieden, einen C-Shell-Kurs zu schreiben, der an Ausführlichkeit, Detailfülle und Praxisnähe demjenigen für die Bourne-Shell-Familie in Kapitel 2 um nichts nachsteht.

Für jeden Befehl und jedes Konstrukt werden Sie ausführliche Erläuterungen und eine detaillierte Beschreibung der Syntax finden. Alle Kommandos und wichtigen Optionen werden in Mini-Beispielen demonstriert und in jedem Kapitel erwarten Sie längere konkrete Beispiele, die zeigen, wie man die vorgestellten Methoden in der Praxis einsetzt und wie man mit den dabei auftretenden Schwierigkeiten fertig wird.

Wir wünschen Ihnen viel Freude beim Erlernen der Shell-Skript-Programmierung mit C-Shell und tcsh.

Historie

Das Fehlen von mathematischen Fähigkeiten, einer Befehls-History und einer Job-Kontrolle waren Nachteile der ursprünglichen UNIX-Shell, die sie einerseits unhandlich für die tägliche Arbeit und andererseits langsam bei der Ausführung von Skripten machte. Bill Joy entwickelte daher 1979 an der University of California in Berkeley eine neue Shell, die er wegen ihrer C-ähnlichen Syntax C-Shell nannte. Obwohl sie gänzlich inkompatibel zur Bourne-Shell war, erfreute sie sich wegen ihren neuen Funktionalitäten schnell großer Beliebtheit.

Im Laufe der Achtzigerjahre entwickelte ein Autorenteam dann die auf der C-Shell aufsetzende tcsh, um die interaktive Arbeit weiter zu vereinfachen. Der Name soll an das Betriebssystem TENEX erinnern, welches die Anregung zu einigen Kommandozeilen-Funktionen gab.

Unterschiede zwischen C-Shell und tcsh

C-Shell und tcsh unterscheiden sich nicht in dem Maße voneinander, wie dies zwischen den Mitgliedern der Bourne-Shell-Familie der Fall ist. Die Erweiterungen der tcsh beziehen sich in erster Linie auf Bequemlichkeiten für die interaktive Arbeit.

An erster Stelle ist hier der neue Kommandozeilen-Editor der tcsh zu nennen. Über die Pfeiltasten kann man sich auf der Kommandozeile bewegen und Befehle nach Bedarf korrigieren oder frühere Befehle erneut bearbeiten. Außerdem wurde die Bedienung des Completion-Mechanismus, der teilweise geschriebene Dateinamen oder Befehle vervollständigt, vereinfacht und eine Rechtschreibe-Korrektur eingeführt.

Indes behielt man parallel zu diesen Neuerungen den ursprünglichen sehr leistungsfähigen History-Mechanismus der C-Shell bei.

Die tcsh führt außerdem eine Vielzahl neuer Shell-Variablen ein, die ebenfalls zum größten Teil der interaktiven Arbeit dienen und individuelle Fein-Einstellungen der Arbeitsumgebung und der Funktionsweise der Shell zulassen.

Was die Shell-Programmierung betrifft, ist der Unterschied zwischen den beiden Shells jedoch sehr gering. Die tcsh bietet diesbezüglich nur einige wenige Erweiterungen und ist im Übrigen völlig kompatibel zur C-Shell. Auch wenn im Folgenden nur von "C-Shell" gesprochen wird, sind daher normalerweise beide Shells gemeint.

Schwächen der C-Shell-Programmierung

Das Programmieren mit C-Shell und tcsh kommt langsam aus der Mode. In den Newsgroups wird praktisch auf jede Frage zu den beiden Shells zunächst mit dem Hinweis geantwortet, man solle doch bitte in einer "vernünftigen" Shell programmieren. Grund hierfür sind gewisse Schwächen, die für einige komplexere Fragestellungen sehr komplizierte Konstruktionen erfordern oder sogar überhaupt keine Lösung zulassen.

Dabei war die C-Shell der ursprünglichen Bourne-Shell sicherlich in vielen Belangen überlegen. In einigen Punkten, gerade was die Programmierung betrifft, bietet sie aber definitiv zu wenig und die tcsh hat daran kaum etwas geändert. Nachdem Korn-Shell und Bash auf fehlende Features der Bourne-Shell reagiert haben und praktisch für alle Systeme verfügbar sind, gibt es inzwischen immer weniger Gründe, bei der Programmierung auf die C-Shell auszuweichen.

Gerade Neu-Einsteiger sollten sich den Kampf mit der zusätzlichen Syntax und den vielen Tücken der C-Shell ersparen. Der Bourne-Shell können Sie sowieso nicht aus dem Weg gehen, da praktisch alle Boot-Skripte in ihrer Syntax geschrieben sind. Andererseits steht man oft vor der Aufgabe, bereits bestehende C-Shell-Skripte pflegen und weiterentwickeln zu müssen. In diesem Fall führt natürlich kein Weg daran vorbei, sich mit ihr auseinander zu setzen.

Was genau wirft man der C-Shell vor, warum rät man von der Programmierung mit ihr ab?

- Es gibt keine benutzerdefinierten Funktionen. Komplexe Aufgaben können daher schlecht modularisiert werden. Aliase taugen nur bei einfachen Funktionen als Ersatz.
- Schleifen müssen immer mehrzeilig geschrieben werden. Man kann sie nicht durch Semikolons zusammenziehen. Daher kann man sie auch nicht in Aliasen verwenden.
- Schleifen und mehrzeilige Konstruktionen können nicht umgelenkt werden, was das Auslesen von Dateien oder das fortgeschrittene Anwenden von Pipes schwierig macht.
- Es gibt keine File-Descriptoren. Gleichzeitiges Öffnen mehrer Dateien ist dadurch schlecht möglich.
- `stdout` und `stderr` lassen sich nicht getrennt umleiten. Dies führt oft zu komplizierten Ausweich-Manövern.
- Man kann aus einem Skript heraus nicht auf den Fehler-Kanal schreiben.
- Das Parsing der Zeile ist nicht einheitlich geregelt. Dies erfordert immer wieder Vorab-Tests und führt oft zu bösen Überraschungen während der Laufzeit.
- Es gibt nur minimale Möglichkeiten zur Signal-Behandlung.
- Sonderzeichen werden innerhalb der verschiedenen Quotes sehr unterschiedlich behandelt. Backslashes entkräften nur bestimmte, je nach Quotes verschiedene Sonderzeichen. Schachteln von Quotes ist deshalb sehr schwierig.
- Ausrufezeichen werden selbst in Single Quotes als History-Symbol interpretiert.

Es gibt dennoch genügend Gründe, das Programmieren mit der C-Shell zu erlernen. Sei es, dass Sie bestehende Skripte pflegen müssen, zu einem Pool vorhandener Skripte neue Programme des gleichen Typs hinzufügen möchten oder C-Shell- in Korn-Shell-Skripte umschreiben sollen.

Außerdem schätzen viele Administratoren und UNIX-Benutzer seit Jahren den Komfort, den die tcsh und in gewissem Maße ja auch die C-Shell bei der alltäglichen Arbeit liefern, sodass man die gewohnte Syntax auch verwenden möchte, um Skripte zu erstellen. Und sicherlich lassen sich neunzig Prozent aller Skripte ebenso gut in C-Shell- wie in Bourne-Shell-Syntax schreiben.

3.2 Ein erster Streifzug

Ganz gleich, aus welchen Gründen Sie sich für die C-Shell entschieden haben: Auf den nächsten 200 Seiten erwartet Sie ein intensiver Programmier-Kurs, der Ihnen hoffentlich viel Freude bereiten wird.

UNIX-Shell-Skript-Programmierung ist einfach und kompliziert zugleich. Einfach, weil man es mit einer simplen Skriptsprache zu tun hat, mit wenigen Befehlen und Schlüsselwörtern. Kompliziert, weil man in diesem kleinen Repertoire oft vergeblich nach einem passenden Kommando oder Konstrukt für die gestellte Aufgabe sucht und man daher ständig Umwege gehen und raffinierte Tricks anwenden muss.

Dies gilt für das Programmieren mit csh und tcsh in ganz besonderem Maße.

Die Fülle des Materials birgt leider die Gefahr, dass man als Leser allmählich den Überblick und damit auch den Spaß an der Sache verliert. Wer bereits ein wenig Shell-Skript-Programmierung beherrscht, ist hier klar im Vorteil. Er kann den Stoff leichter einordnen, weiß zentrale Aussagen von Randbemerkungen zu unterscheiden und hat ein besseres Gespür dafür, welche der vielen Details für seine eigene Arbeit relevant sind.

Wir möchten Ihnen deshalb vorab ein wenig Shell-Skript-Programmierung beibringen, ohne irgendwo in die Tiefe zu gehen. Lernen Sie die wichtigsten Aspekte und Techniken kennen, schreiben Sie Ihre ersten Skripte und begleiten Sie uns auf einem ersten Streifzug durch die C-Shell-Programmierung.

❏ #!/bin/csh	In der ersten Zeile steht die aufzurufende Shell.
❏ mars# ./myscript	Skript im aktuellen Verzeichnis ausführen.
❏ befehl >datei	Ausgabe eines Befehls in eine Datei umlenken.
❏ befehl >>datei	Ausgabe eines Befehls an eine Datei anhängen.
❏ befehl1 | befehl2	Eine Pipe aus zwei Befehlen bilden.
❏ file* * ? [ ]	Sonderzeichen im Umgang mit Dateien.
❏ set alter = 47	Werte in Variablen speichern.
❏ echo $alter	Auf Variablen zugreifen.
❏ set datum = `date`	Ausgabe von Befehlen in Variablen speichern.
❏ if (*bedingung*) then	if-Verzweigung
❏ *befehle*	
❏ endif	
❏ foreach var (*Liste*)	foreach-Schleife
❏ *befehle*	
❏ end	
❏ while (*bedingung*)	while-Schleife
❏ befehle	
❏ *end*	
❏ /bin/echo "Name: $name \t Alter: $alter"	echo: Einfache Ausgabe
❏ printf "*format*" *var1 var2* ...	printf: Formatierte Ausgabe
❏ set zeile = $<	Zeile von Tastatur lesen.
❏ set zeile = `( echo $< ) < datei`	Zeile aus Datei lesen.
❏ $1, $2, $3	Beim Aufruf übergebene Argumente.

Skripte schreiben und ausführen

Um ein Shell-Skript zu erstellen, schreiben Sie einfach die UNIX-Befehle, die Sie bisher auf der Kommando-Zeile eingegeben haben, in eine Datei. Anschließend speichern Sie die Datei ab und führen sie aus.

In der ersten Zeile wird die Shell angegeben, für die das Skript geschrieben ist. Beachten Sie, dass #! die ersten beiden Zeichen des Skriptes sein müssen.

```
#!/bin/csh
echo "Datum:"
date
echo "Rechner:"
hostname
```

Mit chmod geben Sie Ihrem Skript Ausführungsrechte. Nun können Sie es wie ein gewöhnliches UNIX-Kommando aufrufen, z.B. aus dem aktuellen Verzeichnis heraus:

```
mars# chmod 744 myscript
mars# ./myscript
Datum:
Tue Feb 11 16:25:27 MET 2002
Rechner:
mars
```

Befehle umlenken

Gibt ein UNIX-Kommando Daten aus, bekommen wir diese normalerweise auf dem Bildschirm zu sehen. Dies gilt auch für Befehle innerhalb eines Shell-Skripts. Die Ausgabe von einzelnen Befehlen oder eines gesamten Skriptes kann aber auch in eine Datei umgelenkt werden.

```
date > datei
```

oder

```
mars# ./myscript >datei
```

Hierbei wird der bisherige Inhalt der Datei gelöscht, was oft unerwünscht ist. Mit der Umlenkung >> werden die neuen Daten stattdessen an die bestehende Datei angehängt.

```
echo "Fehler 13: keine Leserechte"  >> datei
```

Neben der Ausgabe kann auch die Eingabe eines Befehles umgeleitet werden. Soll er seine Daten nicht von der Tastatur, sondern aus einer Datei beziehen, schreibt man:

```
befehl < datei
```

Die Ausgabe eines Befehls kann nicht nur in eine Datei, sondern über eine so genannte Pipe auch direkt in die Eingabe eines zweiten Befehls umgelenkt werden. Um z.B. zunächst die letzten 100 Zeilen einer Datei zu isolieren und in diesen anschließend nach dem Wort "error" zu suchen, bildet man eine Pipe aus den Kommandos tail und grep.

```
tail[1] -100 file.log | grep[2] "error"
```

1. tail gibt die letzten (hier 100) Zeilen einer Datei aus.

2. grep sucht aus einer Datei oder der Standardeingabe Zeilen heraus, die einen bestimmten String enthalten.

Dateien

Mit Hilfe der Sonderzeichen * ? und [] können Muster für Dateinamen gebildet werden. Trifft die Shell auf ein solches Muster, führt sie eine "Dateinamen-Expansion" durch und sucht nach allen Dateien, deren Namen auf das entsprechende Muster passen.

```
ls file*
grep error file?.log
cat file[a-d].log >log.tmp
```

Das Metazeichen * steht dabei für eine beliebige Zeichenkette, sodass im ersten Beispiel alle Dateien aufgelistet werden, die mit "file" beginnen.

Das Fragezeichen ? steht für genau ein Zeichen. `grep` sucht also nach dem String "error" in allen Dateien, die nach "file" genau ein Zeichen vor dem folgenden Punkt besitzen.

Variablen

Mit Hilfe des Befehls `set` werden Daten in einer Variablen gespeichert. Es gibt nur einen gemeinsamen Variablen-Typ für Zeichenketten, Integer- und Fließkomma-Zahlen. Zahlen werden als Strings gespeichert. Zeichenketten, die Leer- oder Sonderzeichen enthalten, müssen mit Hochkommas umgeben werden.

```
set name = "Peter Lustig"
set alter = 47
set dir = "/etc"
```

Über ein $-Zeichen – vor den Variablennamen geschrieben – kann auf den Inhalt der Variablen zugegriffen werden.

```
echo $name
ls -l $dir
```

Mit `echo` gibt man Daten auf der Standard-Ausgabe (dem Bildschirm) aus. Enthält der Text Leer- oder Sonderzeichen, setzt man ihn in Hochkommas (Single und Double Quotes). Allerdings wird nur in Double Quotes das $-Zeichen als Beginn einer Variablen erkannt.

```
echo "Ihr Name lautet: $name. Sie sind $alter Jahre alt."
```

Variablen enthalten entweder Zahlen oder Zeichenketten. Mit Zahlen möchte man häufig rechnen. Die C-Shell verfügt über die Möglichkeit, einfache Operationen in den Grundrechenarten mit *Integer*-Zahlen durchzuführen. Jede Berechnung muss durch ein führendes @ angezeigt werden.

```
@ neu = $alter + 3
@ neu = $alter / 3
@ neu = ( $alter - 40 ) * 3
```

Die Ergebnisse würden folgendermaßen aussehen:

```
50
15
21
```

Die C-Shell besitzt keine eigenen Routinen zur Manipulation von Zeichenketten. Stattdessen müssen externe UNIX-Befehle wie `tr`, `sed` oder `awk` verwendet werden.

```
echo $name | tr 'a-z' 'A-Z'
echo $name | sed 's/Lustig/Ernst/'
echo $name | awk '{print length($0)}'
```

Ausgabe:

```
PETER LUSTIG
Peter Ernst
12
```

Kommando-Substitution

Wird ein Befehl in rückwärts gerichtete Anführungszeichen geschrieben, kann seine Ausgabe an einer beliebigen Stelle innerhalb eines anderen Befehls integriert werden. Meistens benutzt man diese Technik der Kommando-Substitution, um die Ausgabe von Befehlen in einer Variablen zu speichern.

```
set datum=`date`
set zahl=`expr $alter + 3`
set name=`echo $name | sed 's/Lustig/Ernst/'`
```

if-Verzweigungen

if-Anweisungen werden verwendet, um Befehle nur dann auszuführen, wenn eine bestimmte Bedingung erfüllt ist.

```
if ( "$name" == "Peter Lustig" ) then
  set zeilen=`cat lustig.dat | wc -l`
  echo "Ihre Datei enthaelt $zeilen Zeilen."
endif
```

Die Bedingung wird in runde Klammern geschrieben. Das Schlüsselwort `then` muss in der gleichen Zeile stehen wie `if`. Es gibt auch eine Kurzform der `if`-Anweisung, die etwas schlanker ist, jedoch auf ein einziges Kommando und eine einzige Zeile beschränkt werden muss.

```
if ( $filesize > 1000 ) echo "Die Datei ist mehrere KB gross."
```

Später werden wir auch `else-if` und `else`-Konstruktionen kennen lernen sowie einen `switch`-Befehl, der für Mehrfach-Verzweigungen vorgesehen ist.

Schleifen

Mit Hilfe einer Schleife wird die Ausführung von Befehlen so lange wiederholt, wie eine Bedingung erfüllt bzw. bis eine Liste von Argumenten vollständig abgearbeitet ist.

Mit der `foreach`-Schleife führt man eine Gruppe von Befehlen für jedes Element einer Liste aus. Typischerweise handelt es sich dabei um Dateien, Rechnernamen, Benutzer oder Ähnliches.

```
foreach datei ( file1 file2 file3 file4 )
  cp $datei /backup/$datei.old
  ls -l /backup/$datei.old
end
```

Die Laufvariable (hier `datei`) erhält nacheinander jedes einzelne Element der in runden Klammern stehenden Liste, sodass die nachfolgenden Befehle zunächst für `file1`, dann für `file2`, `file3` und schließlich für `file4` ausgeführt werden.

Die `while`-Schleife führt eine Gruppe von Befehlen so lange immer wieder aus, wie eine bestimmte Bedingung erfüllt ist.

```
set zahl = 1
while ( $zahl < 10 )
```

```
    cp file$zahl /backup/file$zahl.old
    ls -l /backup/file$zahl.old
    @ zahl = $zahl + 1
end
```

In unserem Beispiel kopieren wir die Dateien `file1` bis `file9` unter neuem Namen in ein Backup-Verzeichnis. Um die Dateien einzeln ansprechen zu können, lassen wir eine Zählvariable von 1 bis 9 laufen.

Eingabe- und Ausgabe-Operationen

Mit Hilfe des Befehls `echo` schreiben Sie Daten auf die Standard-Ausgabe.

Wenn Sie einen Tabulator-Sprung benötigen, fügen Sie (in doppelten Anführungszeichen) ein `\t` ein, für einen zusätzlichen Zeilenvorschub ein `\n`. Allerdings versteht der in die C-Shell *eingebaute* `echo`-Befehl auf den meisten Systemen diese Escape-Sequenzen nicht. Verwenden Sie daher bei Bedarf von `\t` oder `\n` den *externen* Befehl `/bin/echo`.

```
mars# /bin/echo "Name: $name \t Alter: $alter"
Name: Peter Lustig      Alter: 47
```

Das Formatieren mittels `echo` und `\t` führt bei der Ausgabe von mehreren Zeilen und bei unterschiedlicher Breite der Spalten leicht zu einem unansehnlichen "Flattersatz". Der Befehl `printf` erlaubt es hingegen, die Feldbreite jeder einzelnen Spalte genau anzugeben. Mehr zu diesem Befehl in Abschnitt 3.24.

```
mars# printf "Name: %15s Alter: %3d  \n" $name $alter
Name: Peter Lustig    Alter:  47
```

Das Einlesen von Daten erfolgt entweder über die Umlenkung eines Befehls oder über die Spezial-Variable $<. Bei jedem Zugriff auf $< wird eine Zeile von der Standard-Eingabe gelesen, also von der Tastatur oder bei geschickter Umlenkung aus einer Datei.

```
echo "Geben Sie bitte einen Benutzernamen ein: "
set name = $<
set zeile = `( echo $< ) < datei`
```

Warum wir eine derart komplizierte Konstruktion benötigen, werden wir in Abschnitt 3.25 erfahren. Außerdem, wie man ganze Dateien ausliest oder mehrzeilige Benutzereingaben über die Tastatur realisiert.

Argumente verarbeiten

Als letzte Station unseres Streifzuges wenden wir uns der Verarbeitung von Argumenten zu, die man einem Skript bei seinem Aufruf übergibt. Lassen Sie uns beispielsweise nach dem String "error" in den letzten soundsovielen Zeilen einer angegebenen Datei suchen.

```
mars# ./myscript montag.dat 300
```

Die übergebenen Argumente, hier der Dateiname `montag.dat` und die Zeilen-Anzahl 300, landen innerhalb des Skriptes in den so genannten Positionsparametern $1, $2, $3 etc. Auf diese Variablen können Sie nun wie gewohnt zugreifen.

```
set datei=$1
set anzahl=$2
tail -$anzahl $datei | grep error
```

Damit sind wir am Ende unseres kurzen Streifzuges durch die Welt der Shell-Skript-Programmierung angekommen. Wir hoffen, dass wir Ihnen eine Grund-Idee der wichtigsten Techniken vermitteln konnten und Sie nun bestens für den Rest des Buches gerüstet sind.

3.3 Shell-Skripte schreiben

Wir werden uns in der Folge ausführlich und gründlich mit jedem einzelnen Aspekt der Shell-Skript-Programmierung beschäftigen, bei den theoretischen und syntaktischen Betrachtungen in die Tiefe gehen und das Erlernte an einer großen Zahl praktischer Beispiele anwenden.

Wir beginnen mit einem kuzen Blick auf die Regeln, die es beim Schreiben eines Shell-Skriptes zu beachten gilt. Im nächsten Kapitel werden wir uns dann mit Details zum Aufruf und Startvorgang befassen und ab Abschnitt 3.5 befinden wir uns endlich mittendrin in den wirklich interessanten Themengebieten.

- Shell-Skripte sind ausführbare ASCII-Dateien, die Befehle enthalten.
- Sie können mit einem beliebigen Editor erstellt werden.
- Der Name sollte aus den Zeichen a-z 0-9 . – und _ zusammengesetzt sein.
- Ein Shell-Skript erhält Ausführungs-Rechte.
- Es wird wie ein gewöhnlicher UNIX-Befehl aufgerufen.
- Kommentare werden durch # gekennzeichnet.
- Überlange Zeilen bildet man durch ein \ vor dem Zeilenende.
- Einrückungen sind jederzeit erlaubt.

Befehle abspeichern

Um ein Shell-Skript zu erstellen, schreibt man Befehle, die man ansonsten auf der Kommandozeile ausführen würde, in eine Datei.

```
echo "Datum und Uhrzeit:"
date
echo "Rechnername:"
hostname
```

Listing 3.1: Inhalt einer Skript-Datei

Der geeignete Editor

Prinzipiell können Sie Ihre Shell-Skripte mit jedem beliebigen Editor erstellen, denn so gesehen sind Shell-Skripte schlichte ASCII-Dateien. Andererseits gibt es große Unterschiede zwischen den Editoren, was ihren Komfort und ihre Verfügbarkeit betrifft.

Der im UNIX-Umfeld bekannteste Editor ist sicherlich `vi`, da er auf allen Systemen verfügbar ist und kein X-Windows benötigt, also z.B. auch über `telnet` funktioniert. Zum Schreiben größerer Skripte ist seine Bedienung allerdings recht schwerfällig. Da lohnt es sich, auf grafische Programme auszuweichen, wie z.B. `xemacs`, `nedit` oder den simplen Texteditor Ihrer Oberfläche. Alleine schon durch die Möglichkeit der grafischen Navigation sowie von Cut&Paste zahlt sich eine solche Entscheidung schnell aus.

`xemacs` und `nedit` bieten darüber hinaus die Verdeutlichung der Syntax durch unterschiedliche Colorierung, Kontrolle von Klammer-Paaren und vieles mehr. `xemacs` ist dabei sicher der mächtigere Editor, die Bedienung von `nedit` ist jedoch erheblich leichter zu erlernen. [3]

3. In Abschnitt 2.2 finden Sie zwei Abbildungen, die die beiden Editoren zeigen.

Der richtige Name

Was gilt es bezüglich des Namens zu beachten, wenn man ein Shell-Skript als Datei abspeichert?

- ❑ Der Name sollte die Funktion des Skriptes andeuten.
- ❑ Verwenden Sie nur die Zeichen a-z 0-9 - _ . und vermeiden Sie Sonderzeichen.
- ❑ Nennen Sie Ihr Skript nicht `test`. Es gibt bereits ein Kommando, das so heißt.
- ❑ Es sollte keinen gängigen Befehl gleichen Namens geben.

Mit `which myscript`, `where myscript`, `whereis myscript` oder `man myscript` können Sie testen, ob es bereits einen Befehl gleichen Namens gibt.

Das Skript ausführen

Rufen Sie Ihr Skript wie einen gewöhnlichen UNIX-Befehl auf, nachdem Sie ihm mit Hilfe von `chmod` Ausführungsrechte gegeben haben.

```
chmod 744 myscript
```

oder

```
chmod u+x myscript
```

```
mars# ./myscript
Datum und Uhrzeit:
Tue Feb 12 15:19:01 MET 2002
Rechnername:
mars
```

Kommentare einfügen

Mit Hilfe eines Hash-Symbols # können Sie jederzeit Kommentare in Ihr Skript einfügen. Die Shell ignoriert alle Zeichen hinter einem # bis zum Ende der Zeile. Das #-Zeichen darf daher sowohl am Anfang einer Zeile wie auch mitten in ihr auftauchen.

```
# procanz    Gibt die Anzahl der laufenden Prozesse aus
#            Hans Meier  25.07.2001
```

oder

```
ls -l | awk '{print $5}'    # Dateigroesse
```

Sie sollten wenigstens den Namen des Skriptes, den Autor und das Erstellungsdatum am Anfang ihres Programms als Kommentar hinzufügen. Aber auch für Erläuterungen zur Funktionsweise des gesamten Skriptes und einzelner Passagen werden Sie dankbar sein, wenn Sie Ihr Werk nach einige Wochen erneut überarbeiten müssen.

Zeilen richtig formatieren

Üblicherweise schreibt man in jede Zeile nur einen einzigen Befehl. Komplexe Konstrukte wie `if`-Anweisungen oder Schleifen *muss* man sogar auf mehrere Zeilen verteilen.[4] Es ist aber auch möglich, mehrere einfache Befehle mit Semikolon getrennt in eine Zeile zu schreiben.

```
echo -n "Geben Sie den Dateinamen ein: \c" ; set file = $<
```

4. Im Gegensatz zur Bourne-Shell-Familie dürfen Schleifen und normale if-Anweisungen in der csh nicht als Einzeiler geschrieben werden.

Einfache Befehle dürfen nicht auf mehrere Zeilen verteilt werden, da die Shell das Zeilenende als Abschluss ansieht und der Befehl somit unvollständig wäre. Passt ein langer Befehl nicht in eine Zeile, muss entweder über das optische Zeilenende hinweggeschrieben werden, ohne dass die Newline-Taste gedrückt wird, oder das Zeilenende wird durch Voranstellen eines Backslashes deaktiviert. (Zuerst \ eingeben und anschließend sofort die Newline-Taste drücken.) Letzteres sieht meistens besser aus.

```
ls -l /data/docs/2002/*.txt | \
   awk '{print "Groesse:" $5, "\t", "Name: ", $NF}'
```

Befehle innerhalb von Schleifen werden meistens aus optischen Gründen um einige Stellen eingerückt.

```
if ( $1 > $zahl ) then
   echo "Ihre Zahl ist zu gross."
endif
```

3.4 Shell-Skripte ausführen und testen

Ein Shell-Skript kann auf mehrere Arten gestartet werden. Durch die genaue Syntax des Aufrufes legen Sie fest, ob das Skript von der aktuellen Shell oder einer Subshell gestartet und mit welchen Shell-Optionen es ausgeführt wird. Neben den verschiedenen Start-Varianten werden Sie im folgenden Kapitel Hinweise zum Testen und zur Fehlersuche kennen lernen und erfahren, wie man ein Shell-Skript frühzeitig beendet.

- `./myscript` — Aufruf durch Angabe des Namens.
- `csh myscript` — Aufruf durch Übergabe als Argument.
- `source myscript` — Öffnen einer Subshell verhindern.
- `#!/bin/csh` — Ausführende Shell in der ersten Zeile festlegen.
- -n — Skript nur auf Syntax prüfen, nicht ausführen.
- -v — Zeilen vor der Ausführung unverändert anzeigen.
- -x — Zeilen vorher, doch nach Substitutionen anzeigen.
- set verbose ; unset verbose — Schalter `verbose` nur zeitweise setzen (-v).
- set echo ; unset echo — Schalter `echo` nur zeitweise setzen (-x).
- echo $var — Ausgabe von Variablen an interessanten Stellen.
- exit — Skripte vorzeitig verlassen.

script

In der Regel rufen Sie Ihr Shell-Skript durch einfache Angabe seines Namens auf, genau so, wie Sie es mit einem gewöhnlichen UNIX-Befehl tun. Den Pfad, also das Verzeichnis, wo das Skript zu finden ist, können Sie absolut oder relativ angeben oder einfach weglassen. Ohne Pfadangabe durchsucht die Shell alle Verzeichnisse der Variablen PATH nach dem gewünschten Skript.

```
mars# /var/scripts/myscript
```

oder

```
mars# ./myscript
```

oder

```
mars# myscript
```

WICHTIG

Soll ein Skript ohne Pfadangabe im aktuellen Verzeichnis gefunden werden, muss der Punkt (= aktuelles Verzeichnis) in der Variablen PATH enthalten sein: `setenv PATH .:$PATH`

Shell-Skripte werden normalerweise in einer eigenen Subshell ausgeführt. Rufen Sie ein Skript also einfach über seinen Namen auf, öffnet die aktuelle Shell zunächst eine weitere Shell und übergibt ihr das Skript. Erst diese zweite Shell führt das Programm aus. Welche Art von Subshell geöffnet wird, legen Sie in der ersten Zeile Ihres Skriptes fest.

#!/bin/csh

In der ersten Zeile eines Skriptes wird die Shell-Variante angegeben, die das Skript ausführen soll. Hier legt man also fest, ob es sich um ein csh-, ein tcsh- oder z.B. ein Korn-Shell-Skript handelt. Die Symbole #! müssen am Anfang der ersten Zeile des Skriptes, die aufzurufende Shell muss mit vollem Pfad angegeben werden.

Fehlt die Angabe von #!, unterscheidet die C-Shell zwei Fälle: Beginnt das Skript wenigstens mit einem #-Zeichen, ruft sie eine C-Shell als Subshell auf (die tcsh ruft eine tcsh auf). Beginnt das Skript nicht mit einem Kommentar, geht die C-Shell davon aus, dass es sich um ein Bourne-Shell-Skript handelt und startet deshalb die sh als Subshell!

```
#!/bin/csh
echo "Datum und Uhrzeit:"
date
echo "Rechnername:"
hostname
```

Listing 3.2: Skript myscript: C-Shell in der ersten Zeile festgelegt

Die Angabe des auszuführenden Programms mittels #! in der ersten Zeile einer Datei wird von allen Shells verstanden. Eine Shell liest immer die erste Zeile eines aufgerufenen Skripts, startet eventuell das dort angegebene Programm und übergibt diesem die ursprüngliche Datei als Argument.

csh script

Wenn Sie ein Skript durch eine andere als die in der ersten Zeile festgelegte Shell ausführen lassen oder zusätzliche Shell-Optionen (z.B. zum Debuggen) übergeben möchten, können Sie es auf die folgende Art starten. Sie rufen dabei explizit eine Shell auf und übergeben ihr das Skript als Argument.

```
mars# tcsh /var/scripts/myscript
```

oder

```
mars# csh -x /var/scripts/myscript
```

source script

Mit Hilfe des Befehls `source` erzwingen Sie, dass ein Skript von der aktuellen Shell ausgeführt und somit keine Subshell gestartet wird.

```
mars# source /var/scripts/myscript
```

oder

```
mars# source ./myscript
```

Sie starten ein Skript immer dann über `source`, wenn Sie Variablen in der *aktuellen* Shell setzen oder verändern wollen. Lassen Sie ein Skript hingegen von einer Subshell ausführen, sind Änderungen nur in dieser Subshell gültig. Nach Beendigung des Skriptes verfallen sie wieder (mehr hierzu in Abschnitt 3.13).

WICHTIG

Wenn man ein Shell-Skript dem Befehl `source` oder einer explizit aufgerufenen Subshell als Argument übergibt, benötigt es keine Ausführungs-, sondern lediglich Leserechte. Jeder Benutzer kann also beliebige Shell-Skripte ausführen, solange er wenigstens Leserechte besitzt.

Testen und debuggen

Die Shell bietet zwar keinen echten Debugger, wie man ihn aus anderen Programmiersprachen kennt, einige einfache Hilfen stehen uns aber zur Verfügung, wenn es darum geht, Fehler in unseren Skripten aufzuspüren.

```
mars# csh -n myscript
```

Die Option `-n` (noexec) veranlasst die C-Shell, einen Syntax-Check durchzuführen, ohne das Skript wirklich auszuführen. `-n` ist hervorragend zu Testzwecken geeignet und immer dann hilfreich, wenn ein Skript nicht probeweise ausgeführt werden darf, weil es irreversible Veränderungen durchführt.

```
mars# csh -v myscript
```

Die Option -v (verbose) veranlasst die C-Shell, jede Zeile vor ihrer Ausführung zunächst anzuzeigen. (Die History-Substitution wird zwar bereits vor der Anzeige durchgeführt, dies spielt bei Shell-Skripten jedoch keine Rolle.)

```
mars# csh -x myscript
```

Bei Verwendung der Option `-x` (xtrace) wird ebenfalls jede einzelne Zeile angezeigt, bevor sie ausgeführt wird, im Gegensatz zu `-v` jedoch erst nach Kommando-Substitution, Variablen-, Tilde- und Dateinamen-Expansion. Mit Hilfe der Option `-x` kann man sich also das Ergebnis dieser Expansionen ansehen. Für Shell-Builtin-Befehle (`cd`, `set`, `eval` etc.) wird die Expansion allerdings erst nach der Anzeige durchgeführt. Mehr zu Expansionen in Abschnitt 3.12.

Wird ein Shell-Skript von einer Subshell ausgeführt, liest die Subshell die Startdatei `.cshrc` im Home-Verzeichnis eines Benutzers, bevor sie das eigentliche Skript startet. Die Schalter `-v` und `-x` wirken erst bei der Ausführung des Skriptes. Sollen sie bereits bei der Ausführung von `.cshrc` aktiv sein, verwendet man stattdessen die großgeschriebenen Varianten `-V` und `-X`.

```
#!/bin/csh
# showdbg
echo $LOGNAME
ls -l *.txt
mars# csh -x showdbg
echo root                     <- -x
root                          <- ausgefuehrt
ls -l brief.txt               <- -x    unten: ausgefuehrt
-rw-r--r--   1 root  root   856 Feb 12 15:31   brief.txt
```

Die Optionen `-v` und `-x` können auch gemeinsam verwendet werden: `-vx`

Um den Verbose- oder den Xtrace-Modus nur für eine bestimmte Phase des Skriptes einzuschalten, setzten Sie innerhalb des Skriptes die Schalter-Variablen `verbose` (statt `-v`) oder `echo` (statt `-x`) über das `set`-Kommando. Mittels `unset` können die Einstellungen wieder zurückgesetzt werden.[5] Genau genommen sind es diese beiden Variablen, die das Anzeigen der auszuführenden Zeile steuern. `-x` und `-v` bewirken, dass `verbose` und `echo` bereits beim Start einer Shell gesetzt werden.

```
...
set echo                    # Tracing anschalten
...
unset echo                  # Tracing wieder abschalten
...
```

Die Schalter `-n`, `-x` und `-v` sind die am häufigsten verwendeten Mittel, um Fehler in einem Skript aufzuspüren. Ebenfalls gängig ist das Ausgeben interessanter Variablen an Stellen, die anscheinend einen Fehler enthalten, außerdem das Auskommentieren von komplizierten Zeilen während der Testphase oder das vorzeitige Verlassen des Skriptes durch `exit`.

```
echo $anzahl
# echo "( $gesamt - $anzahl ) * 100 / $gesamt " | bc > datei
```

Während die hier vorgestellten Methoden für die Fehlersuche in kleineren Skripten normalerweise genügen, benötigt man für komplexere Programme doch etwas leistungsfähigere Hilfen. Solche Debugging-Verfahren werden wir in Abschnitt 3.34 kennen lernen.

Shell-Skripte beenden

Mit Hilfe des Befehls `exit` brechen Sie ein Shell-Skript an einer vorgesehenen Stelle ab. Man verwendet `exit` immer dann, wenn Bedingungen eingetreten sind, die ein Fortsetzen des Skriptes entweder nicht mehr erlauben oder überflüssig machen. `exit` wird außerdem in der Testphase eines Skriptes benutzt, um es vorläufig nur bis zu einem kritischen Punkt ablaufen zu lassen.

```
exit
```

oder

```
exit 1
```

Man kann `exit` eine ganze Zahl von 0 bis 255 als Argument mitgeben, um einen bestimmten Fehler zu signalisieren. `exit 0` heißt "alles OK", `exit 1` bedeutet Fehler Nr. 1 etc. Dieser exit-Status kann dann von außen über die Variable `$status` abgefragt werden, doch dazu mehr in Abschnitt 3.17.

3.5 Befehle

Wie Sie wissen, bildet ein Shell-Skript den Rahmen für eine Reihe von UNIX-Befehlen, Anwendungs-Programmen und in die Shell eingebauten Kommandos, die gemeinsam – meist nacheinander – ausgeführt werden sollen. Sehen wir uns kurz an, wie ein Shell-Skript bei der Ausführung eines Kommandos vorgeht und was es für *uns* dabei zu beachten gilt.

- ❑ Befehle werden normalerweise nacheinander ausgeführt.
- ❑ Jeder Befehl wird zuerst syntaktisch geprüft, dann ausgeführt.
- ❑ Hintergrundprozesse werden parallel zu anderen Prozessen ausgeführt.
- ❑ Hintergrundprozesse startet man durch &.

5. Einige Optionen sind in der C-Shell über "toggle"-Variablen realisiert, die man mit set an- und mit unset wieder abschalten kann.

Einfache Befehle

Ein Shell-Skript wird Zeile für Zeile von oben nach unten abgearbeitet. Dabei wird für jede einzelne Zeile zunächst geprüft, ob sie syntaktisch korrekt ist, bevor sie ausgeführt wird. Enthält eine Zeile mehrere Befehle, werden diese von links nach rechts verarbeitet; der jeweils nächste wird immer erst dann gestartet, wenn sich der vorherige beendet hat.

```
befehl1 ; befehl2
```

Hintergrundprozesse

```
befehl &
tail6 -f db.log &
tail -f error.log
```

Durch das Nachstellen eines `&-Zeichens` veranlassen Sie die Shell dazu veranlasst, einen Befehl im Hintergrund auszuführen. In diesem Fall wartet sie nicht auf das Ende dieses Prozesses, sondern fährt sofort mit ihrer Arbeit fort, startet also beispielsweise gleich den nächsten Befehl, obwohl der erste noch läuft. Die beiden gezeigten `tail`-Prozesse arbeiten somit parallel, also gleichzeitig.

Auch in Pipes, denen wir im nächsten Abschnitt begegnen werden, laufen alle beteiligten Prozesse parallel ab.

WICHTIG

Bei einer Kette von Hintergrundprozessen `befehl1 & befehl2 & ...` dient das &-Zeichen selbst bereits als Trenner, sodass kein zusätzliches Semikolon geschrieben werden muss.

3.6 Umlenkungen und Pipes

Wird ein Befehl gestartet, weist ihm die Shell automatisch drei Standard-Kanäle zu: Standard-Eingabe (Kanal 0, `stdin`), Standard-Ausgabe (Kanal 1, `stdout`) und Standard-Fehlerausgabe (Kanal 2, `stderr`). Normalerweise wird die Eingabe von der Tastatur gelesen, Ausgaben und Fehler landen auf dem Bildschirm.

Im folgenden Kapitel geht es um die Frage, wie Sie diese Grundeinstellungen ändern können, um z.B. Daten aus einer Datei statt von der Tastatur zu lesen oder in eine Datei statt auf den Bildschirm auszugeben. Sie werden sehen, dass die grundsätzliche Umlenkung der Kanäle zwar einfach ist, dass man jedoch auf eine Reihe kleinerer Schwierigkeiten stößt, die man durch Variationen und Tricks aus dem Weg räumen muss.

❏ cmd > datei	Umlenkung von `stdout` in eine Datei.
❏ cmd >> datei	Umlenkung von `stdout` an das Ende einer Datei.
❏ cmd >& datei	Umlenkung von `stdout` und `stderr` in eine Datei.
❏ cmd >>& datei	Umlenkung von `stdout` und `stderr` an das Ende einer Datei.
❏ (cmd >datei1) >& datei2	`stdout` geht nach `datei1` und `stderr` nach `datei2`.
❏ (cmd >/dev/tty) >& datei	`stdout` auf den Bildschirm, `stderr` nach datei.
❏ cmd < datei	Umlenkung von `stdin` in eine Datei.
❏ echo Text	Ausgabe nach `stdout`.
❏ echo Error >/dev/tty	Ausgabe eines Fehlers auf den Bildschirm.

6. tail liefert die letzten Zeilen einer Datei, tail -f beobachtet das Dateiende und liefert neu entdeckte Zeilen.

- set var = $< — Einlesen aus `stdin`.
- (...) — Befehle in Subshell gruppieren.
- cmd | tee datei — Ausgabe auf `stdout` und in Datei lenken.
- cmd >! datei — Datei auch bei gesetztem `noclobber` überschreiben.

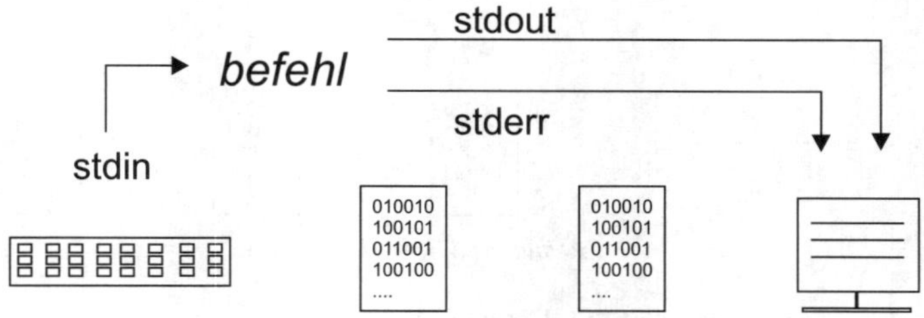

Abbildung 3.1: befehl (ohne Umleitung)

Umlenkung der Standard-Ausgabe

```
myscript > myscript.out
df -k > filesys.dat
df -k >> filesys.dat
```

Über ein >-Zeichen lenken Sie die Standard-Ausgabe eines Befehls in eine Datei um. Statt auf dem Bildschirm landen die Daten in der angegebenen Datei. Dabei wird der bisherige Inhalt der Datei allerdings gelöscht. Möchte man dies verhindern und die neuen Daten an die bestehenden anhängen, verwendet man die Umlenkung über >>.

Eventuelle Fehler-Meldungen werden von diesen Umlenkungen nicht erfasst. Sie landen nach wie vor auf dem Bildschirm. > und >> kümmern sich ausschließlich um `stdout`.

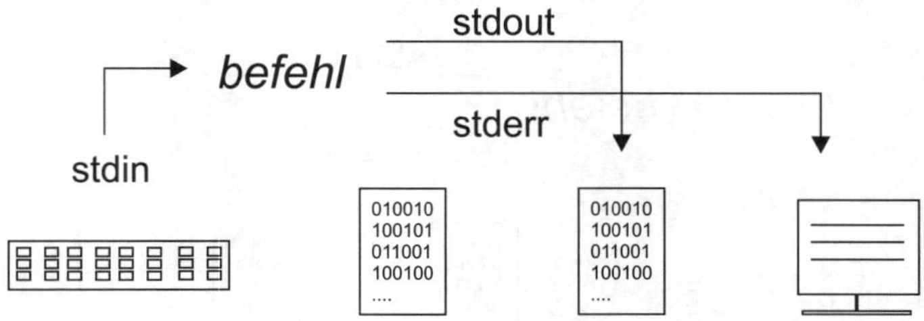

Abbildung 3.2: befehl >datei

Mit `echo` oder `printf` geben *Sie selbst* Daten auf `stdout` aus. Normalerweise landet eine solche Ausgabe auf dem Bildschirm; wurde das Skript jedoch mit einer Ausgabe-Umlenkung aufgerufen (`myscript > datei`), erfolgt die Ausgabe in die entsprechende Datei.

Umlenkung von Ausgabe und Fehlerausgabe

```
befehl >& file.out
befehl >>& file.out
grep meier acc.dat >& found.tmp
```

Möchte man auch auftretende Fehlermeldungen (also Daten, die der Befehl auf `stderr` ausgibt) in eine Datei umlenken, benutzt man die Umlenkung >&. Hierdurch wird `stderr` an `stdout` gekoppelt und beide in eine Datei umgeleitet.

Wieder wird der bisherige Inhalt der betroffenen Datei überschrieben. Sollen die neuen Daten stattdessen an die bestehenden angehängt werden, schreibt man >>&.

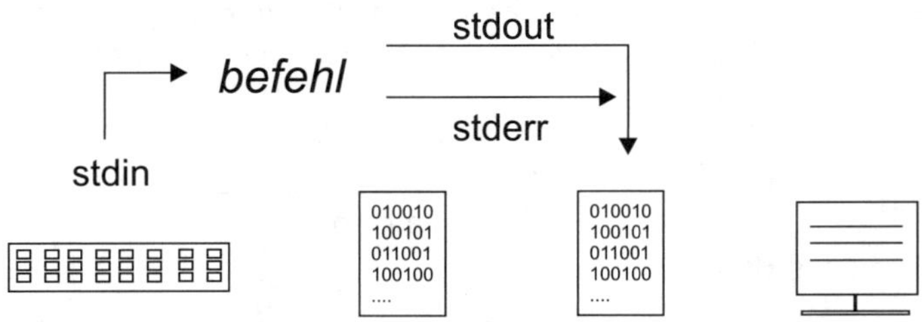

Abbildung 3.3: befehl >& datei

Getrennte Umlenkung von stdout und stderr

Oft ist die Kopplung von `stdout` und `stderr` nicht erwünscht. Die getrennte Umlenkung von Daten und Fehlern ist in C-Shell und tcsh jedoch nicht vorgesehen. Es bedarf eines Tricks, um dies zu erreichen.

```
( befehl > datei1 ) >& datei2
( grep meier acc.dat > found.tmp ) >& found.err
```

Wir führen den Befehl in einer Subshell aus und lenken dort `stdout` in die gewünschte Datei. Anschließend lenken wir die gekoppelten `stdout` und `stderr` der Subshell in eine andere Datei um. Da nur noch `stderr` des Befehls übrig blieb, erhalten wir also diesen Kanal nun separat in `datei2`.

Soll lediglich `stderr` umgelenkt werden, `stdout` hingegen auf dem Bildschirm erscheinen, nehmen Sie `/dev/tty` als Ausgabegerät für `stdout`.

```
( befehl > /dev/tty ) >& datei2
```

`/dev/tty` ist ein Link auf das Terminal oder Terminal-Fenster, von dem aus ein Prozess gestartet wird.

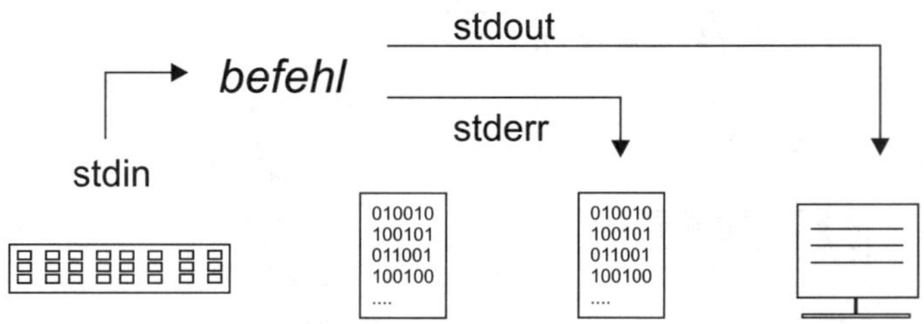

Abbildung 3.4: (befehl >/dev/tty) >& datei

Sind Sie überhaupt nicht an der Ausgabe von Fehlermeldungen interessiert, können Sie diese generell verwerfen. Leiten Sie stderr einfach auf das Pseudo-Gerät `/dev/null` um.

```
( befehl > /dev/tty ) >& /dev/null
```

Ausgabe von Fehlermeldungen

Natürlich können Sie jederzeit mittels `echo` oder `printf` aus einem Skript heraus Fehlermeldungen ausgeben. Normalerweise landet die Ausgabe dieser Befehle und somit auch Ihre Fehlermeldung allerdings auf `stdout`. Kein Problem, solange der Benutzer das Skript ohne Umlenkungen ausführt. Was aber, wenn er die Daten umlenken, die Fehler aber auf dem Bildschirm sehen möchte, oder er Daten und Fehler in getrennte Dateien umlenkt? Wir müssen einen Weg finden, *selbst* auf `stderr` zu schreiben.

Leider bieten csh und tcsh hier überhaupt keine Lösung an.[7] Wenn wir uns entschließen, die Fehler definitiv auf dem Bildschirm auszugeben, erlauben wir zwar dem Benutzer die Umlenkung der reinen Daten in eine Datei, verhindern aber gleichzeitig jede Umlenkung der Fehler.

```
echo "Fehler" >/dev/tty
```

Auch die direkte Ausgabe der Fehler in eine separate Datei ist nicht diskussionswürdig. Was bleibt – verbunden mit erheblichen Bauchschmerzen – ist das vorübergehende Ausweichen auf die Bourne-Shell für diesen einen Befehl.

```
sh -c 'echo "Fehler beim Oeffnen der Datei" >&2'
```

Nicht schön, zugegeben, aber immerhin kann diese Fehlermeldung vom Benutzer beliebig umgelenkt werden.

Umlenkung der Standard-Eingabe

Die Standard-Eingabe (`stdin`) eines Kommandos wird über ein <-Symbol umgelenkt. Um beispielsweise den Text für einen automatischen Alarm aus einer Datei zu lesen und per E-mail zu versenden, wird die Eingabe des Mail-Kommandos in die gewünschte Datei umgeleitet.

```
mail root < alarm.txt
```

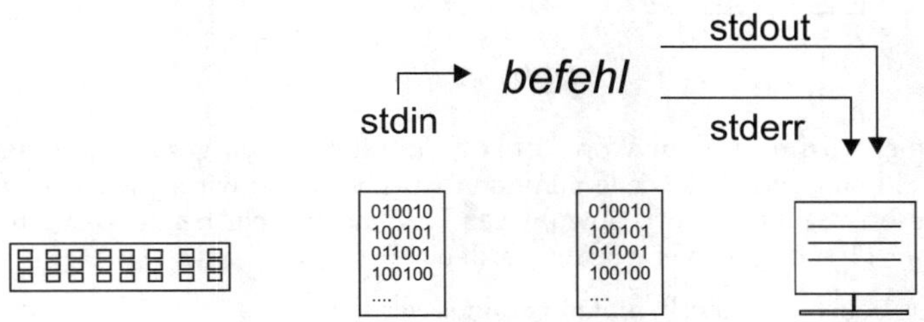

Abbildung 3.5: befehl <datei

Sie können aus einem Skript heraus direkt von `stdin` lesen, indem Sie die Spezial-Variable `$<` verwenden. Normalerweise wird dadurch eine Zeile von der Tastatur gelesen; wurde das Skript aber mit einer Umlenkung von `stdin` aufgerufen (`myscript < datei`), erfolgt der Lesevorgang aus der entsprechenden Datei. In Abschnitt 3.25 werden wir nochmals detailliert auf `$<` eingehen.

```
echo "Geben Sie bitte Ihren Namen an: " ; set name = $<
```

Alle wichtigen Umlenkungen auf einen Blick

Kanal	Bezeichnung	Voreinstellung	Umlenkung
0	Standard-Eingabe	Tastatur	cmd <datei
1	Standard-Ausgabe	Bildschirm	cmd >datei cmd >>datei
2	Standard-Fehlerausgabe	Bildschirm	cmd >& datei cmd >>& datei (cmd >datei1) >& datei2

Tabelle 3.1: Umlenkung der Standard-Kanäle

7. In der Bourne-Shell schreibt man einfach: echo Fehler >&2.

Die Umlenkung << leitet die Standard-Eingabe eines Prozesses in ein so genanntes `Here`-Dokument um. Mehr dazu in Abschnitt 3.25.

Pipes

```
tail -f db.log | grep error
```

Durch das Bilden einer Pipe werden `stdout` und `stdin` zweier Befehle miteinander verbunden. Befehl 2 liest die Ausgabe von Befehl 1. Die beiden Kommandos werden dabei parallel ausgeführt! (Der zweite Befehl startet unmittelbar, nachdem der erste gestartet wurde.) Die Shell richtet einen Puffer ein, in dem die Daten zwischengespeichert werden, sodass es nichts ausmacht, wenn Befehl 1 schneller Daten produziert, als Befehl 2 sie verarbeiten kann. [8]

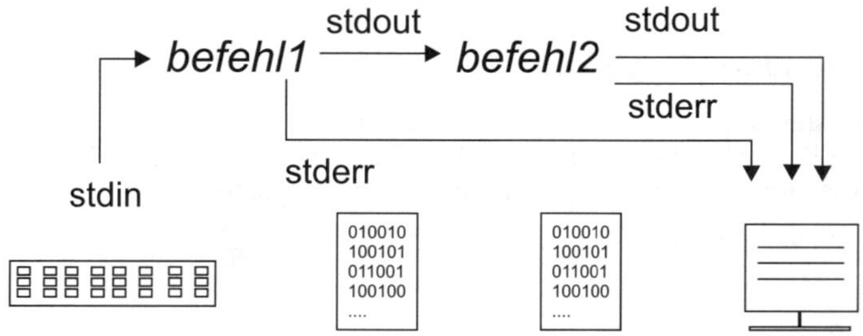

Abbildung 3.6: befehl1 | befehl2

Im obigen Beispiel wird nach dem Wort `"error"` in allen Zeilen gesucht, die neu in der Datei `db.log` erscheinen. Sobald eine passende Zeile gefunden wird, erhalten wir sie auf dem Bildschirm ausgegeben. Wir erhalten diese Ausgaben sofort, obwohl `tail -f` noch nicht beendet ist. Dies ist nur möglich, weil alle Prozesse einer Pipe parallel verarbeitet werden.

Pipes können aus beliebig vielen Befehlen gebildet werden.

```
tail -200 db.log | grep error | wc -l
```

Eine normale Pipe leitet ausschließlich die Standard-Ausgabe an den nächsten Befehl weiter. Die Standard-Fehlerausgabe wird nicht berücksichtigt. Sollen beide Kanäle gepipet werden, verwendet man die spezielle Pipe `|&`.

```
befehl1 |& befehl2
```

Sie haben sich sicherlich schon über einige Programme gewundert, deren Ausgabe auf den Bildschirm sich nicht mit `more` oder `less` stoppen lässt. Der Grund hierfür ist meistens, dass man den Pager über eine normale Pipe anhängt, diese nur `stdin` liefert, das Programm seine Ausgabe aber auf `stderr` produziert.

Versuchen Sie statt

```
befehl | more
```

doch einmal

```
befehl |& more
```

Hilft auch dies nicht, hat man verloren, da das Programm in diesem Fall offensichtlich direkt auf `/dev/tty` schreibt.

8. Läuft der Puffer jedoch voll, wird das schnellere Skript auf die Geschwindigkeit des langsameren heruntergebremst.

Gruppierung

Manchmal ist es günstiger, mehrere Befehle in einer Gruppe zusammenzufassen und die gesamte Gruppe umzuleiten, als die Umleitung für jeden Befehl einzeln vorzunehmen.

```
( befehl1 ; befehl2 ; befehl3 ) > datei
```

Die runden Klammern führen allerdings dazu, dass eine Subshell geöffnet wird, um die Befehle auszuführen. Dies hat zur Folge, dass alle Änderungen an Variablen, die Sie innerhalb der Klammern vornehmen, mit dem Schließen der Klammern wieder verworfen werden (mehr hierzu in Abschnitt 3.13).

Mehrzeilige Gruppierungen sind eigentlich nicht vorgesehen. Die runden Klammern müssen – zumindest logisch – in einer einzigen Zeile stehen. Um dennoch mehrere – optische – Zeilen gruppieren zu können, müssen Sie die Zeilenenden deaktivieren.

```
( \
  date ; \
  df -k ; \
  ps -ef ; \
) > status.out
```

Da wir die Zeilenenden maskieren, müssen wir im Gegenzug Semikolons einführen, um überhaupt eine logische Trennung zwischen den Befehlen zu bewahren.

Sie können mit Hilfe von runden Klammern auch `stderr` und `stdin` für eine ganze Gruppe von Befehlen umleiten.

WICHTIG

Durch `(...;...)&` können Befehls-Gruppen in den Hintergrund gestellt werden.

Umlenkung von Hintergrundprozessen

VORSICHT

Im Hintergrund laufende Jobs werden automatisch gestoppt, wenn sie von der Tastatur zu lesen versuchen. Lenkt man die Standard-Eingabe in eine Datei um, liest der Prozess aus dieser Datei und wird nicht unterbrochen.

```
befehl < datei &
```

noclobber und >!

Wenn Sie die Ausgabe eines Kommandos mit `>datei` umlenken, wird der alte Inhalt einer bereits existierenden Datei dieses Namens überschrieben. Geht es uns aber nur um die Erstellung einer *neuen* Datei, können wir uns durch das Setzen der Shell-Variablen `noclobber` gegen ein versehentliches Überschreiben schützen.

```
mars# echo "Fehler 1" > error.log
mars# echo "Fehler 2" > error.log
mars#
mars# rm error.log
mars# set noclobber
mars#
mars# echo "Fehler 1" > error.log
```

```
mars# echo "Fehler 2" > error.log
error.log: File exists.
```

Möchte man andererseits trotz gesetzter Variablen `noclobber` ausnahmsweise diesen Überschreib-Schutz umgehen, kann man die Umleitung >! verwenden.

```
mars# echo "Fehler 3" > error.log
error.log: File exists.
mars# echo "Fehler 3" >! error.log
mars#
```

Sollen sich sowohl die Ausgabe auf `stdout` als auch die auf `stderr` gegen den Überschreib-Schutz von `noclobber` durchsetzen, verwendet man stattdessen >&!.

```
mars# echo "Fehler 3" >&! error.log
```

Die `noclobber`-Variable hat auch Auswirkungen auf das Anhängen an eine Datei durch >> und >>&. Ist `noclobber` gesetzt, gibt es eine Fehlermeldung, falls die Ausgabe-Datei nicht existiert. Sie wird in diesem Fall also nicht neu angelegt. Mit >>! und >>&! kann man sich wieder über diese Regelung hinwegsetzen.

Umlenkung / Einstellung	Bedeutung
set noclobber	Schutz vor Überschreiben einschalten.
unset noclobber	Überschreib-Schutz wieder abschalten.
cmd >! datei	`stdout` überschreibt Datei trotz `noclobber`.
cmd >&! datei	`stdout` und `stderr` überschreiben Datei trotz `noclobber`.
cmd >>! datei	`stdout` erzeugt Datei neu trotz `noclobber`.
cmd >>&! datei	`stdout` und `stderr` erzeugen Datei neu trotz `noclobber`.

Tabelle 3.2: Erzwungene Umlenkung bei gesetztem noclobber

Output duplizieren mit tee

Mit Hilfe des Kommandos `tee` (T-Stück) duplizieren Sie die Standard-Ausgabe eines Befehls und lenken sie in zwei oder mehr unterschiedliche Richtungen. Man benutzt `tee` zum Beispiel, um Daten sowohl auf den Bildschirm als auch in eine Datei auszugeben. Möchte man ausschließlich in mehrere Dateien umlenken, ohne eine Ausgabe auf dem Bildschirm zu erhalten, muss zuletzt auch `stdout` über > oder >> umgelenkt werden.

```
befehl | tee datei [datei ...]
```

```
df -k | tee status.log
df -k | tee day.log week.log >year.log
df -k | tee -a week.log
```

Im ersten Beispiel erhalten wir Ausgaben auf den Bildschirm und nach `status.log`. Im zweiten erhalten wir ausschließlich Ausgaben in die drei Dateien. In Beispiel Nr. 3 wird die Ausgabe an `week.log` angehängt (`-a` für append), statt es zu überschreiben.

Da die Pipe nur `stdin` liefert, dupliziert `tee` nur die Daten dieses Kanals. Möchte man auch die Fehler duplizieren, verwendet man die Pipe-Variante |&.

```
grep meier acc.dat |& tee found.out
```

Sollen ausschließlich die Fehler zu `tee` gelangen, verwendet man wieder den alten Trick:

```
( grep meier acc.dat > /dev/tty ) |& tee found.err
```

3.7 Dateinamen-Expansion

Wie Sie wissen, akzeptieren viele UNIX-Befehle ganze Listen von Dateien als Argumente, um in ihnen zum Beispiel nach Wörtern zu suchen, Zeilen und Felder zu isolieren usw. Die Shell verfügt über einige Sonderzeichen, so genannte Wildcards, mit denen man Muster für solche Datei-Listen bilden kann.

Mit Hilfe von Wildcards spart man zum einen eine Menge Schreibarbeit; zum andern bieten sie die Möglichkeit, Dateien anzugeben, obwohl deren Namen nicht genau bekannt ist.

Zumindest den * haben Sie sicherlich schon häufig selbst benutzt. Welche weiteren Wildcards kennt die Shell und welche Bedeutung haben sie genau?

- Die Shell ersetzt Wildcards durch eine Liste von Dateinamen.
- Die Dateinamen-Expansion findet vor der Ausführung des Befehls statt.
- * steht für beliebig viele beliebige Zeichen.
- ? steht für genau ein beliebiges Zeichen.
- [ ] stehen für genau ein Zeichen aus einer bestimmten Gruppe.
- \ hebt die Sonderbedeutung von Metazeichen auf.

Wildcards

```
grep meier *txt
```

Nachdem die Shell einen Befehl auf seine Syntax hin untersucht hat, führt sie ihn nicht sofort aus, sondern durchkämmt ihn zunächst nach den Sonderzeichen * ? und [ ]. Findet sie eine dieser Wildcards, ersetzt sie den entsprechenden Ausdruck durch alle Dateinamen, die auf das angegebene Muster passen. Erst nachdem diese Dateinamen-Expansion – auch Globbing genannt – abgeschlossen ist, führt sie den Befehl aus.

WICHTIG

Halten Sie sich immer vor Augen, dass der Befehl selbst die Sonderzeichen nie zu sehen bekommt!

`grep meier *.txt` expandiert vielleicht zu

```
grep meier apr.txt feb.txt jan.txt mar.txt
```

Bei der Dateinamen-Expansion wird die entstehende Liste stets in alphabetischer Reihenfolge geliefert. Die Metazeichen * ? und `[]` sind für den Umgang mit Dateinamen reserviert. Sie können sie nicht für die Beschreibung anderer Zeichenketten benutzen, z.B. könnte `meier` im obigen Beispiel nicht mit `m*` beschrieben werden.

WICHTIG

Mit der Debugging-Option `-x` oder `set echo` sehen Sie Ihre Befehlszeilen, *nachdem* die Dateinamen-Expansion durchgeführt worden ist.

```
mars# set echo
mars# grep meier *.txt
grep meier apr.txt feb.txt jan.txt mar.txt
feb.txt: 14.02.2002 16:00-17:15 meier
```

Kann die C-Shell keine Datei finden, die auf das angegebene Muster passt, bricht sie normalerweise die Bearbeitung des Befehls ab und gibt die Fehlermeldung `"No match"` aus. Handelt es sich dabei um einen Builtin-Befehl wie `cd`, `echo` etc. wird sogar das gesamte Skript abgebrochen. Bei einem externen Befehl (`ls`, `grep` etc.) fährt die Shell mit der nächsten Zeile im Skript fort.

Durch Setzen der Variablen `nonomatch` können Sie dieses Verhalten umstellen, sodass die Shell nun bei nicht aufzulösenden Mustern die Wildcard wie ein gewöhnliches Zeichen behandelt. [9]

```
mars# touch docu*.txt [10]
No match
mars# ls
brief1.txt brief2.txt
mars#
mars# set nonomatch
mars# touch docu*.txt
mars# ls
brief1.txt brief2.txt docu*.txt
```

* eine beliebige Zeichenkette

Die bekannteste Wildcard ist der Stern (*). Er beschreibt eine beliebige Zeichenkette. Dies beinhaltet auch, dass eventuell überhaupt kein Zeichen an der entsprechenden Stelle stehen muss. Der führende Punkt von versteckten Dateien wird durch einen * nicht abgedeckt, er muss explizit erwähnt werden.

```
mars# echo *dat
drucker.dat monitore.dat rechner.dat
mars# echo *dat .*dat
drucker.dat monitore.dat rechner.dat .config.dat
```

? genau ein beliebiges Zeichen

Durch ein Fragezeichen (?) kann man genau *ein* beliebiges Zeichen beschreiben. Also nicht null und nicht zwei, sondern genau eines. Der führende Punkt von versteckten Dateien wird auch hier nicht abgedeckt.

```
mars# echo file*.txt
file.txt file1.txt file23.txt filea.txt fileb.txt
mars# echo file?.txt
file1.txt filea.txt fileb.txt
mars# echo ?config.dat
No match
mars# echo .?onfig.dat
.config.dat
```

[ ] Bereich für genau ein Zeichen

In eckigen Klammern kann eine Gruppe oder ein Bereich von Zeichen angegeben werden, aus der das beschriebene Zeichen stammen muss. Dabei wird wieder genau *ein* Zeichen beschrieben, nicht null und nicht zwei!

`file[abx].txt` liefert z.B. `filea.txt`, `fileb.txt` und `filex.txt`, wenn es solche Dateien im aktuellen Verzeichnis gibt. Nicht jedoch `filey.txt`, `file.txt` oder `fileab.txt`.

Für versteckte Dateien muss der führende Punkt wieder gesondert angegeben werden. Zeichen-Bereiche (aus dem ASCII-Satz) bildet man durch ein Minus-Zeichen innerhalb der Klammern.

9. Die C-Shell verhält sich dann genau so wie die Bourne-Shell.
10. touch aktualisiert den Zeitstempel einer Datei. Falls sie noch nicht existiert, wird sie neu angelegt.

```
mars# echo file*.txt
file.txt file1.txt file23.txt filea.txt fileb.txt
mars# echo file[123].txt
file1.txt
mars# echo file[0-9][0-9].txt
file23.txt
```

Alternative Muster

In geschweiften Klammern können mehrere Muster oder Zeichenketten als Alternativen eingeschlossen und an beliebigen Stellen innerhalb eines Dateinamens verwendet werden.[11]

```
praefix{alt1,alt2,...}suffix
```

Die Shell generiert daraus die Dateinamen `praefixalt1suffix`, `praefixalt2suffix` oder `praefixalt3suffix`, falls diese existieren.

```
mars# ls file{a,b,??}.txt
file23.txt filea.txt fileb.txt
```

^ Negierte Muster in der tcsh

Die tcsh verfügt über die Möglichkeit, Dateinamen-Muster durch Voranstellen eines ^ zu negieren. Es wird dann nach allen Dateinamen gesucht, die *nicht* auf das angegebene Muster passen. Steht das Caret-Zeichen nicht vor dem kompletten Muster, sondern als erstes Zeichen innerhalb eckiger Klammern, wird nur der Bereich für dieses eine beschriebene Zeichen negiert.[12]

```
mars# echo ^file?.txt
file.txt file23.txt
mars# echo ^file[0-9].txt
file.txt file23.txt filea.txt fileb.txt
mars# echo file[^0-9].txt
filea.txt fileb.txt
```

\ Sonderbedeutung aufheben

Soll einem Befehl, z.B. `grep`, `sed` oder `awk`, ein Sonderzeichen wie `* ? [ ]` oder $ übergeben werden, muss man es davor schützen, bereits von der Shell als Wildcard oder als Variable interpretiert zu werden. Diesen Schutz erzielt man, indem man einen Backslash \ vor das Zeichen setzt.

Mit einem Backslash kann jedes beliebige Sonderzeichen maskiert werden. Innerhalb von Single Quotes verliert der Backslash seine Funktion komplett, innerhalb von Double Quotes ist er nur vor einem $-Zeichen wirksam. Um das Zeichen \ zu erhalten, muss man \\ eingeben.

```
mars# set echo
mars# grep user.\*02 backup.log
grep user.*02 backup.log
userdat_koeln_02   gesichert   12.01.02
userdat_koeln_02   gesichert   16.01.02
userdat_koeln_02   gesichert   20.01.02
```

11. In der Bourne-Shell-Familie kennt nur die Bash solche Alternativen.
12. sh, ksh und bash kennen nur dieses Negieren von Zeichen-Bereichen. Dort wird allerdings ein ! statt eines ^ verwendet.

Tilde-Expansion

Findet die Shell eine Tilde (~) in der Befehlszeile, ersetzt sie diese durch das Home-Verzeichnis des aktuellen Benutzers oder, wenn der Tilde ein Benutzername folgt, durch das Home-Verzeichnis des angegebenen Users.

```
cp datei ~/db
```

würde beispielsweise bei eingeloggtem Benutzer Meier die Datei in das Verzeichnis `/home/meier/db` kopieren.

Tilde-Muster	Bedeutung
~	Home-Verzeichnis des eingeloggten Benutzers
~benutzername	Home-Verzeichnis des angegebenen Benutzers

Tabelle 3.3: Tilde-Expansion in csh und tcsh

Tilde-Muster können nur als eigenes Wort oder in Kombination mit nachfolgendem Slash benutzt werden, also um Pfadnamen zu erzeugen. Bei allen anderen Kombinationen führt die Shell keine Ersetzung durch.

3.8 Variablen

In Variablen werden Zahlen, Zeichenketten oder das Ergebnis von Befehlen gespeichert, damit sie zu einem späteren Zeitpunkt wiederverwendet werden können. Die C-Shell unterscheidet zwischen benutzerdefinierten oder lokalen Variablen einerseits und Umgebungsvariablen andererseits. Wir werden zunächst den Umgang mit selbst definierten Shell-Skript-Variablen kennen lernen und etwas später auf die Handhabung von Umgebungsvariablen eingehen.

- ❑ set var=5 ; var="Text" — Variablen belegen.
- ❑ echo $var ; ls $var — Variablen auslesen, Variablen-Interpolation.
- ❑ ${varname}string — Variablennamen innerhalb von Strings abgrenzen.
- ❑ echo "...$var..." — Variablen-Interpolation in " "
- ❑ echo '...$var...' — Keine Variablen-Interpolation in ' '
- ❑ set — Anzeige aller Variablen
- ❑ set var ; unset var — Variabeln zurücksetzen bzw. löschen.
- ❑ set -r variable=wert — Konstanten kennzeichnen (tcsh).
- ❑ setenv var wert — Umgebungsvariable setzen.
- ❑ unsetenv var — Umgebungsvariable löschen.
- ❑ setenv ; printenv [var] — Umgebungsvariablen anzeigen.
- ❑ HOME PATH home path etc. — Vordefinierte Variablen
- ❑ $ 0-9 * argv — Spezialvariablen

Werte in Variablen speichern

Über `set variable = value` speichern Sie einen Wert in einer Variablen.

```
set name = "Hans Meier"
set stadt=Koeln
set group=gr1
```

```
set alter=26
set groesse = 1.85
set x=23 y=43 z=33
```

Variable, Gleichheitszeichen und Wert dürfen, müssen aber nicht durch Leerzeichen getrennt werden. Wenn man Leerzeichen benutzt, müssen sie allerdings auf beiden Seiten des Gleichheitszeichens stehen.

Zeichenketten, die Leerzeichen oder Sonderzeichen enthalten, müssen in Anführungszeichen gesetzt werden. Auf den Unterschied zwischen einfachen und doppelten Anführungszeichen gehen wir weiter unten ein.

Die Shell unterscheidet nicht zwischen Strings und Zahlen oder zwischen Integer- und Fließkomma-Zahlen. Sie speichert alle Werte im gleichen Variablen-Typ ab.

Variablen müssen nicht deklariert werden. Die Shell legt eine Variable automatisch an, wenn ihr zum ersten Mal ein Wert zugewiesen wird.

Variablennamen dürfen in csh und tcsh bis zu 20 Zeichen lang sein, können aus Buchstaben, Ziffern und Unterstrichen bestehen, dürfen aber nicht mit einer Zahl beginnen.

Durch einen einzigen `set`-Befehl können gleich mehrere Variablen gesetzt werden.

Werte aus Variablen auslesen

Über ein $-Zeichen vor dem Variablennamen erhalten Sie den Wert einer Variablen.

```
mars# set tag=23
mars# echo $tag
23
```

Trifft die Shell beim Auswerten einer Befehlszeile auf ein $-Zeichen, setzt sie an der entsprechenden Stelle den Wert der beschriebenen Variablen ein. Dieser Vorgang, Variablen-Interpolation, -Expansion oder -Substitution genannt, findet wie die Dateinamen-Expansion *vor* der Ausführung des Befehls statt. Der betroffene Befehl bekommt den Variablennamen also nie zu sehen.

```
set tag=23
cp file file.$tag

set tag=23
set file=account.dat
grep $tag $file

set oldfile="db.log"
set newfile=$oldfile
```

WICHTIG

Wenn Sie kontrollieren möchten, wie Ihre Befehlszeile nach der Variablen-Interpolation aussieht, können Sie wieder den Debugging-Schalter `-x` bzw. `"set echo"` benutzen.

VORSICHT

Verwendet man nicht existierende Variablen, erhält man die Fehlermeldung "Undefined Variable".[13]

13. Im Gegensatz zur sh, wo bei nicht definierten Variablen einfach ein leerer String ausgegeben wird.

```
mars# echo $xyz
xyz: Undefined variable
```

Variablennamen abgrenzen

Einen Variablennamen setzen Sie immer dann in geschweifte Klammern {}, wenn ihm ein Buchstabe, eine Ziffer oder ein Unterstrich folgt. Ohne die Abgrenzung hätte die Shell keine Möglichkeit, das Ende des eigentlichen Namens zu erkennen.

```
${varname}string
```

Im folgenden Beispiel wollen wir eine Datei nach `newdata` oder `olddata` kopieren, je nach Inhalt der Variablen `prae`.

```
mars# set prae=new
mars# mv file $praedata
praedata: Undefined variable
mars#
mars# mv file ${prae}data
mars# ls
newdata
```

WICHTIG

Viele Shell-Programmierer verwenden grundsätzlich die Schreibweise `${varname}`, selbst wenn kein String folgt.

Geschweifte Klammern sind ebenfalls nötig, wenn dem Namen ein normaler Doppelpunkt folgt. Zur Sonderbedeutung von : jedoch mehr in Abschnitt 3.10.

Quotes

Sobald in einer Zeichenkette Leerzeichen oder Sonderzeichen enthalten sind, muss sie in Anführungszeichen gesetzt werden. Die Alternative wäre ein Backslash vor jedem Leer- oder Sonderzeichen, was aber zu unleserlichen Konstruktionen führt.

Verwendet man einfache Hochkommas (Single Quotes), verlieren *alle* Sonderzeichen ihre spezielle Bedeutung, verwendet man doppelte Hochkommas (Double Quotes), wird wenigstens das $-Zeichen erkannt, sodass Variablen ersetzt werden können.[14]

```
set name='Hans Meier'
set ausgabe='* ACHTUNG *'
set frage='Wie alt sind Sie?'
set name="$vname $nname"
echo "Name: $nname    Vorname:$vname"
```

WICHTIG

Auch Backticks (`` `...` ``) behalten in Double Quotes ihre Sonderbedeutung, sodass die Kommando-Substitution auch in " ..." erkannt wird. Außerdem der Doppelpunkt, mit dem String-Modifizierer eingeleitet werden, die geschweiften Klammern zur Abgrenzung von Variablennamen und eckige Klammern für Arrays.

---

14. In der Bourne-Shell behält in Double Quotes auch \ seine Sonderbedeutung, sodass das $-Zeichen geschützt werden kann. Dies ist in der C-Shell nicht möglich.

Arbeitet man mit der C-Shell auf der Kommandozeile, wird sowohl in Single als auch in Double Quotes das Ausrufezeichen zur History-Expansion erkannt. In Skripten ist der History-Mechanismus zwar abgeschaltet, ! wird aber immer noch interpretiert. Daher muss man ! innerhalb von Quotes immer durch einen Backslash schützen: `echo "Fehler\!"  ; echo 'Fehler\!'`

Genau genommen entkräften Double Quotes somit alle Sonderzeichen außer $ `` `` `` : {} [] ! und ".

Variablen anzeigen

Über `set` (ohne Argumente) können Sie sich alle lokalen Variablen ausgeben lassen. Wie wir weiter unten sehen werden, setzt die C-Shell auch so genannte Umgebungsvariablen. Diese werden mit `set` nicht angezeigt.

```
mars# set
argv                ()
cwd                 /scripts/csh/kap3.07
history             128
home                /
path                (/usr/sbin /usr/bin /usr/dt/bin .)
prompt              mars#
shell               /bin/csh
status              0
term                AT386
user                root
```

Bei den in runden Klammern angezeigten Werten handelt es sich um Arrays (siehe Abschnitt 3.11).

Variablen löschen

```
unset var
unset muster
```

Über den Befehl `unset` wird eine Variable wieder gelöscht. Gibt man statt eines konkreten Variablennamens ein mit * ? [] oder {} gebildetes Muster an, werden alle Variablen gelöscht, deren Namen auf dieses Muster passen.[15]

```
mars# set year=2002 user1=hans user2=klaus
mars# echo $year $user2
2002 klaus
mars# unset year
mars# echo $year
year: Undefined variable
mars# unset user?
mars# echo $user2
user2: Undefined variable
```

Anstatt eine Variable komplett zu verwerfen, kann man auch nur ihren Wert löschen.

```
set year     oder
set year=    oder
set year=""
```

15. Der unset-Befehl der Bourne-Shell versteht keine Muster.

Konstanten in der tcsh

```
set -r variable
set -r variable=wert
set -r
```

Nur in der tcsh ist es möglich, Variablen als konstant, also schreibgeschützt (read-only) zu markieren. Derart gekennzeichnete Variablen können also nicht mehr versehentlich überschrieben oder gelöscht werden.

```
mars# set -r flag7
mars# set -r preis=12.30
mars# preis=12.40
set: preis is read-only
mars# unset flag7
unset: flag7 is read-only
mars# set -r
flag7
preis     12.30
```

Konstanten werden nicht in der Liste der gewöhnlichen Variablen angezeigt, die man über `set` erhält. Um Konstanten anzeigen zu lassen, benötigt man `set -r` ohne Argumente.

Umgebungsvariablen

Umgebungsvariablen stellen in der C-Shell einen zweiten Variablen-Typen dar, der getrennt von gewöhnlichen Shell-Variablen verwaltet wird. Umgebungsvariablen werden oft auch als "globale" Variablen bezeichnet, da sie im Gegensatz zu normalen Variablen auch in weitere Shell-Skripte exportiert werden können. Den Export von Variablen behandeln wir erst in Abschnitt 3.13. Hier wollen wir zunächst verstehen, wie man Umgebungsvariablen setzt, ausgibt und wieder löscht und wie das Zusammenspiel zwischen den beiden Variablen-Typen funktioniert.[16]

```
setenv HOST mars
```

Mit `setenv` wird eine Umgebungsvariable neu gesetzt oder verändert. Zwischen dem Variablennamen und ihrem Wert darf kein Gleichheitszeichen stehen. Wie bei gewöhnlichen Variablen wird auch hier nicht zwischen Zahlen und Strings unterschieden. Umgebungsvariablen werden üblicherweise in Großbuchstaben geschrieben. Warum, erfahren wir weiter unten.

```
echo $HOST
cp logfile logfile.$HOST
```

Über das Voranstellen eines $-Zeichens greifen Sie wieder auf den Inhalt der Variablen zu.

```
unsetenv HOST
unsetenv HO*
```

Über `unsetenv` wird eine Umgebungsvariable gelöscht. Ebenso wie mit `unset` kann auch mit `unsetenv` durch Übergabe eines Musters (`* ? [] {}`) gleich eine ganze Reihe von Variablen entfernt werden.

```
setenv
printenv
```

16. In der Bourne-Shell-Familie wird nicht strikt zwischen normalen und Umgebungsvariablen unterschieden.

Ruft man `setenv` ohne Argumente auf, erhält man alle Umgebungsvariablen aufgelistet. Das Gleiche kann man auch über den Befehl `printenv` erreichen. In der Liste der von `set` ausgegebenen Variablen sind die Umgebungsvariablen nicht enthalten.

Wenn Sie eigene Umgebungsvariablen definieren, sollten Sie sich an die Großschreibung halten! Warum? Shell- und Umgebungsvariablen werden als getrennte Gruppen verwaltet, sodass es theoretisch möglich ist, von beiden Typen eine Variable gleichen Namens zu bilden. Beim Zugriff auf eine Variable über das $-Zeichen wäre dann nicht mehr klar, welches der beiden Exemplare Sie meinen. Solchen Konfusionen geht man durch die Großschreibung aus dem Weg. Gleichzeitig sollte man natürlich normale Shell-Variablen immer kleinschreiben.

Wie verhält sich die Shell eigentlich, wenn wir uns nicht an diese Konvention halten? Nehmen wir an, es existiert eine Variable `host` als Shell- und als Umgebungsvariable: `set host=mars ; setenv host luna`. Über `echo $host` oder `set var=$host` erhalten wir dann die Shell-Variable, also `mars`. Möchten wir unbedingt auf die Umgebungsvariable zugreifen, also auf `luna`, bleibt uns nur `printenv $host` bzw. ``set var=`printenv $host` ``.

`$var` liefert immer die Shell-Variable, sofern diese existiert, auch wenn es eine Umgebungsvariable gleichen Namens gibt. Nur wenn keine entsprechende Shell-Variable existiert, liefert `$var` die Umgebungsvariable.

Um eine Shell-Variable einer Umgebungsvariablen zuzuweisen, schreibt man:

```
setenv VAR $var
```

Um eine Umgebungsvariable einer Shell-Variablen zuzuweisen, schreibt man:

```
set var = $VAR
```

Vordefinierte Variablen

Die Shell setzt einige Variablen automatisch beim Login eines Benutzers und beim Aufruf einer neuen Shell. Die komplette Liste finden Sie in Abschnitt 3.35 und in den `man`-Pages zu csh und tcsh. Hier wollen wir uns mit einem Blick auf die wichtigsten Exemplare begnügen.

Einige der vordefinierten Shell-Variablen werden als Kopie von Umgebungsvariablen erstellt. Die Voreinstellung der entsprechenden Umgebungsvariablen erfolgt durch das UNIX-System bei der Anmeldung des Benutzers und beim Lesen von so genannten Profil- oder Startdateien (siehe Abschnitt 3.31). Umgebungsvariablen sind in Großbuchstaben geschrieben.

Variable	**Bedeutung**
HOME	Homeverzeichnis des Benutzers
PATH	Verzeichnisse für Kommandosuche
PWD	aktuelles Arbeitsverzeichnis
USER	Loginname
child	Prozess-ID des letzten Hintergrundprozesses
cwd	Kopie von PWD (Achtung: c statt p)
home	Kopie von HOME
path	Kopie von PATH
prompt	Kommandozeilen-Prompt
status	Exit-Status des letzten Kommandos

Tabelle 3.4: Die wichtigsten Umgebungs- und Spezialvariablen

Variable	Bedeutung
user	Kopie von USER
0	Name des laufenden Programms
$	Prozess-ID des laufenden Programms
1 2 3 ... bzw. argv[1] argv[2] ...	1., 2., 3., ... übergebener Parameter
#argv	Anzahl der übergebenen Parameter
* `oder` argv	alle übergebenen Parameter

Tabelle 3.4: Die wichtigsten Umgebungs- und Spezialvariablen(Fortsetzung)

Über `set pid=$$` erhält man also die Prozess-ID des laufenden Skriptes, eine wertvolle Hilfe, wenn man eindeutige Namen für temporäre Dateien festlegen möchte. `set name=$0` liefert uns den Namen, mit dem das Skript aufgerufen wurde, `$1` den ersten übergebenen Parameter usw.

Die drei Variablen `path`, `home` und `user` werden von der C-Shell auch im laufenden Betrieb automatisch mit den entsprechenden Umgebungsvariablen PATH, HOME und USER synchronisiert. Änderungen an einer Variablen werden sofort auch in der korrespondierenden Variablen des anderen Typs vorgenommen. Die Variablen `cwd` und `PWD` werden bei einem Wechsel in ein neues Verzeichnis jeweils beide neu gesetzt.

Variablen indirekt aufrufen

Wenn Sie erst zur Laufzeit bestimmen möchten, aus welcher Variablen ein Wert ausgelesen werden soll, können Sie den Namen der Variablen in einer weiteren Variablen hinterlegen. Über den Befehl `eval` haben Sie dann die Möglichkeit, auf den Wert der ersten Variablen zuzugreifen. Dieser Mechanismus wird "indirekter Variablen-Zugriff" genannt.

```
set wert=17
set var="wert"
eval echo \$$var
```

Der Befehl `eval` führt ein übergebenes Argument als Befehl aus. Dadurch kommt es zur *zweimaligen* Ersetzung von Variablen, einmal bei der Übergabe an `eval` und einmal, wenn `eval` den Befehl ausführt. Damit das erste $-Zeichen die erste Ersetzung durch die Shell überlebt, wird es durch \ geschützt.

```
eval set neuwert=\$$var
```

weist eine indirekt aufgerufene Variable einer anderen zu.

3.9 Zahlen

Um erfolgreich Shell-Skripte schreiben zu können, müssen Sie natürlich wissen, wie man mit Zahlen umgeht. Sie werden ständig mit ihnen zu tun haben, entweder direkt oder in Form von Variablen mit numerischem Inhalt.

Die C-Shell verfügt immerhin über eine eingebaute Integer-Arithmetik.[17] Wenn Sie mit Fließkommazahlen rechnen möchten, müssen Sie auf das externe UNIX-Kommando `bc` oder auf `awk` zurückgreifen. Berechnungen werden in der C-Shell immer durch ein @-Zeichen eingeleitet.

17. Die eingebaute Arithmetik stellte einen der wichtigsten Vorteile gegenüber der Bourne-Shell dar, die ihrerseits nicht rechnen kann. ksh und bash beherrschen ebenfalls Integer-Arithmetik.

- @ z = $x + $y — Rechnen mit Zahlen.
- set z=`expr $x + $y` — Rechnen mit Hilfe von expr.
- set z=`echo "$x * $y" | bc` — Fließkomma-Arithmetik mit bc.

Integer-Arithmetik

```
set x=4 y=5
@ z = $x + $y                        # z=9
@ z = $x - $y                        # z=-1
@ z = $x * $y                        # z=20
@ z = 7 / $y                         # z=1   (ganzzahlig!)
@ z = 7 % $y                         # z=2   (Rest von 7/5)
```

Arithmetische Ausdrücke werden in der C-Shell immer durch ein vorangestelltes @ gekennzeichnet. Dem @ muss immer eine komplette Operation mit Zuweisung folgen. `$a + $b` genügt also nicht. `c = $a + $b` ist hingegen korrekt.

Das normalerweise bei einer Zuweisung benötigte `set` wird durch @ ersetzt. Hinter @ und zwischen Operanden und Operator müssen Leerzeichen stehen.

Über die einfachen Rechenarten hinaus existieren auch die von C übernommenen Kurzformen += , -= etc. für Zuweisung einer Operation an den ersten Operanden sowie die Kurzformen ++ und -- für die Erhöhung (Auto-Inkrement) und Verringerung (Auto-Dekrement) einer Variablen um 1.

```
@ z += 3                             # z=5
@ z -= 8                             # z=-3
@ z *= -5                            # z=15
@ z /= 2                             # z=7
@ z %= 4                             # z=3
@ z ++                               # z=4
@ z --                               # z=3
```

Bei diesen Operatoren dürfen die Leerzeichen übrigens entfallen. Zuletzt verfügt die C-Shell noch über Bit-Operatoren. << 2 shiftet eine Variable beispielsweise um zwei Bits nach links. Bei Bit-Operatoren muss der Ausdruck in Klammern stehen.

```
@ z = ( $z << 2 )                    # z=12 (11 -> 1100)
```

Die folgende Tabelle fasst alle arithmetischen Operatoren zusammen.

Operator	Bedeutung
+ - * /	Addition, Subtraktion, Multiplikation, Division
%	Modulo, Rest bei ganzzahliger Division
+= *n*	Kurzform für *var=var+n*
-= *n* *= *n* /= *n* %= *n*	Entsprechende Kurzformen für - * / %
++ --	Kurzform für +=1 und -=1
<< *n* >> *n*	Links-Shift/Rechts-Shift um *n* Stellen
& | ^ ~	Bitweises AND OR XOR NOT

Tabelle 3.5: Arithmetische Operatoren von C-Shell und tcsh

Integer-Zahlen werden mit einer Breite von 32 Bit verwaltet. Damit können Zahlen von $-2^{31}+1$ bis $+2^{31}-1$dargestellt werden.

Das expr-Kommando

Gelegentlich findet man auch in C-Shell-Skripten das Kommando `expr`, mit dem man ebenfalls Integer-Arithmetik betreiben kann. Die Verwendung von `expr` ist in der C-Shell jedoch nicht empfehlenswert, da es unnötig Zeit verschlingt, ein externes Tool aufzurufen, wenn stattdessen ein interner Befehl zur Verfügung steht.[18]

`expr` nimmt Operanden und Operatoren als Argumente entgegen, führt die gewünschte Berechnung aus und liefert das Ergebnis auf `stdout`. Mit Hilfe der Kommando-Substitution kann man dieses Ergebnis dann einer Variablen zuweisen.

```
expr mathematischer_ausdruck
var=`expr mathematischer_ausdruck`
```

```
mars# expr 7 + 8
15
mars# set x=3 y=4
mars# expr $x + $y
7
mars# z=`expr $x + $y`
mars# echo $z
7
```

`expr` kennt ebenfalls nur Integer-Zahlen. Es beherrscht die Operatoren `+ - / \*` und `%`, wobei sowohl das Sternchen als auch die runden Klammern durch einen Backslash vor der Interpretation durch die Shell geschützt werden müssen. Auf Spaces zwischen allen Elementen ist zu achten.

Fließkomma-Arithmetik

C-Shell und tcsh beherrschen nur Integer-Arithmetik. Für Rechnungen mit Fließkomma-Zahlen benötigen Sie das externe Kommando `bc`. `bc` erwartet einen mathematischen Ausdruck auf `stdin` und liefert das Ergebnis nach `stdout`. Um es in einer Variablen zu speichern, verwenden Sie wieder die Technik der Kommando-Substitution.

```
echo mathematischer_ausdruck | bc
var=`echo mathematischer_ausdruck | bc`
```

```
mars# echo "3.5 * 3" | bc
10.5
mars# set a=10.2 b=4.6
mars# set flaeche = `echo "$a * $b" | bc`
mars# echo $flaeche
46.9
```

Die Genauigkeit der Berechnung kann mit Hilfe des Parameters `scale` angegeben werden.

```
mars# set a=10.2 b=4.6
mars# set flaeche = `echo "scale=2 ; $a * $b" | bc`
mars# echo $flaeche
46.92
mars# set anzahl=34 gesamt=120
```

18. Da die Bourne-Shell keine Arithmetik beherrscht, muss dort expr benutzt werden.

```
mars# set prozent = `echo "scale=2 ; 100 * $anzahl / $gesamt" | bc`
mars# echo $prozent
28.33
```

WICHTIG

Neben + - * / und % beherrscht bc z.B. auch Exponenzieren (^), Quadratwurzel (sqrt), Sinus (s), Cosinus(c), das Rechnen mit unterschiedlichen Basen (ibase/obase) und die Definition eigener Funktionen.

Zufallszahlen

Weder C-Shell noch tcsh verfügen über einen eigenen Zufalls-Generator. Entweder Sie greifen auf awk zurück

```
set z=`echo | awk '{srand; print int(rand*100)}'`
```

oder auf Perl

```
set z=`perl -e 'print int(rand(100))'`
```

In beiden Fällen wird eine zufällige Integer-Zahl zwischen 0 und einem Maximalwert geliefert, hier 100.

Sie können sich auch eine eigene Zufallszahl mit reinen C-Shell-Mitteln konstruieren, allerdings ist sie nicht sonderlich "zufällig".

```
set z=`date +%H%M%S`  # Stunde/Minute/Sekunde
@ z %= 100`           # Modulo 100, für 0 < z < 100
```

Oktal- und Hexadezimalzahlen

Wenn Sie Zahlen zwischen verschiedenen Systemen konvertieren müssen, verwenden Sie am geschicktesten wieder den Rechner bc. Über die Schlüsselwörter ibase und obase kann man in bc beliebige Basissysteme für Eingabe und Ausgabe festlegen.

Mit ibase=16 teilt man bc mit, dass es sich bei den eingegebenen Zahlen um Hexadezimalzahlen handelt, mit obase=8 z.B. dass Zahlen als Oktalzahlen ausgegeben werden sollen.

```
mars# echo "2F im Dezimalsystem:" `echo "ibase=16; 2F" | bc`
2F im Dezimalsystem: 47
mars# echo "63 im Oktalsystem:" `echo "obase=8; 63" | bc`
63 im Oktalsystem: 77
```

Rechnen mit Umgebungsvariablen

Mit Umgebungsvariablen kann zunächst nicht gerechnet werden. Ist dies unbedingt nötig, muss man den Umweg über normale Variablen gehen.

```
setenv ZAHL 13
set zahl=$ZAHL
@ zahl ++
setenv ZAHL $zahl
```

3.10 Zeichenketten

Wahrscheinlich haben Sie nicht vor, Text-Verarbeitung mit den Werkzeugen der C-Shell zu betreiben; trotzdem werden Sie es voraussichtlich in fast allen Ihren Skripten mit Zeichenketten zu tun haben. Sie werden Benutzereingaben untersuchen, extrahierte Logzeilen manipulieren und Dateinamen neu erstellen.

Leider hat die C-Shell in dieser Hinsicht wenig zu bieten. Lediglich für einige spezielle Manipulationen an Pfadnamen stellt sie so genannte Modifizierer zur Verfügung. Für alle anderen String-Verarbeitungen heißt es: externe Kommandos verwenden, in diesem Fall `tr`, `cut`, `sed` und `awk`.

❑ set new=${string1}${string2}	Zeichenketten aneinander hängen.
❑ laenge=${%variable}	Länge einer Zeichenkette in der tcsh
❑ set laenge=\`echo $text | awk '{print length($0)}'\`	Länge mittels awk
❑ set teil=\`echo $string | cut -c liste\`	Teilstück eines Strings mit cut
❑ set teil=\`echo $text | awk '{print substr($0,start,len)}'\`	Teilstück mittels awk
❑ set wort=\`echo $string | cut -f [-d *char*] liste\`	Wort eines Strings mit cut
❑ set wort=\`echo $string | awk '{print $*n*}'\`	Wort eines Strings mit awk
❑ $var:h :t :e :r :gh :gt :ge :gr :q :x	Modifizierer für Pfadnamen
❑ $var:s/old/new/ :as :gs	Teilstücke ersetzten in tcsh.
❑ $var:au :al	Groß/Kleinbuchstaben in tcsh
❑ set str=\`echo $string | tr 'gruppe1' 'gruppe2'\`	Zeichen ersetzen mit tr.
❑ set str=\`echo $string | tr -d 'gruppe'\`	Zeichen löschen mit tr.
❑ set str=\`echo $string | sed 's/old/new/g'\`	Teile ersetzen mit sed.
❑ str=\`echo $string | echo string | sed 's/old//g'\`	Teile löschen mit sed.
❑ set newtext=\`echo $text | awk '{print gsub(old, new, $0)}'\`	Teile ersetzen mit awk.

Strings verketten

Um Strings zu verketten, schreiben Sie diese einfach nahtlos hintereinander. Sind Variablen enthalten, muss man deren Namen mit `{}` abgrenzen.

```
mars# set jahr=2002 ; monat=April ; tag=23
mars# set datum=der${tag}ste${monat}${jahr}
mars# echo $datum
der23steApril2002
```

Die Länge eines Strings

tcsh

Zu den wenigen nichtinteraktiven Erweiterungen der tcsh gehört eine Funktion zur Bestimmung der Länge einer Zeichenkette.

```
${%var}
```
[19]

```
mars# set text="Ulrike Mayer"
mars# set laenge = ${%text}
mars# echo $laenge
12
```

19. ksh- und bash-Programmierer müssen aufpassen: Dort liefert ${#var} die Länge einer Variablen. Dieses Konstrukt liefert in der tcsh hingegen die Anzahl der Worte eines Arrays!

Die Länge des ersten Positions-Parameters (siehe 3.26), $1 ist entsprechend ${%1}.

${%var} funktioniert nicht mit Umgebungsvariablen.

csh

In der C-Shell muss auf eine externe Funktion zurückgegriffen werden, wenn man an der Länge einer Zeichenkette interessiert ist. Am besten eignet sich hierfür awk.

```
mars# set wort="abcdefghij"
mars# echo $wort | awk '{print length($0)}'
10
```

Das gesamte awk-Kommando muss in Anführungszeichen und der awk-Befehl print in geschweiften Klammern stehen. $0 enthält den übergebenen String. Mehr zu awk am Ende dieses Kapitels.

Teil-Strings extrahieren

Häufig sind wir an Teilstücken einer Zeichenkette interessiert, den ersten fünf Zeichen oder den letzten drei zum Beispiel. Für solche Aufgaben verwenden Sie am einfachsten cut und awk.

Mit Hilfe des UNIX-Kommandos cut kann man einzelne Zeichen (Option -c) oder Felder (Option -f mit Trenner -d) eines Strings extrahieren.

```
cut -c liste
set teil=`echo $string | cut -c liste`
cut -f [-d char] liste
```

Wir interessieren uns hier für das Extrahieren von Zeichen. In liste geben wir entweder eine kommaseparierte Liste von Positionen oder einen Bereich an.

```
mars# set text="abcd efgh:ijkl"
mars# echo $text | cut -c 3-6
cd e
mars# echo $text | cut -c 1,6,8
aeg
```

Alternativ steht uns wieder das Kommando awk zur Verfügung. Um aus einem String ein Stück der Länge len ab einer Startposition start zu extrahieren, schreiben wir:

```
awk '{print substr($0,start,len)}'
set teil=`echo $text | awk '{print substr($0,start,len)}'`
mars# set wort="abcdefghij"
mars# echo $text | awk '{print substr($0,4,2)}'
de
```

Um ab einer Startposition den gesamten restlichen Teil zu erhalten, schreibt man:

```
awk '{print substr($0,start)}'
```

Worte oder Felder extrahieren

Möchte man einzelne Worte aus einer Zeile oder einzelne Felder aus einem Datensatz isolieren, muss die Zeile oder der Datensatz nach Trennzeichen durchkämmt werden. Auch hier helfen wieder cut und awk. Sind die Worte durch Leerzeichen oder Tabulatoren getrennt, kann man einzelne Felder übrigens auch sehr elegant und effizient mit Hilfe von Arrays separieren.[20] Mehr hierzu in 3.11.

20. Die hier erwähnte Methode entspricht in der Bourne-Shell "set liste".

```
cut [-f] [-d char] liste
set wort=`echo $string | cut [-f] [-d char] liste`
```

Die Option -f steht für "field"; hinter -d wird das gewünschte Trennzeichen angegeben.

```
mars# set text="abcd efgh:ijkl"
mars# echo $text | cut -d " " -f 2
efgh:ijkl
mars# echo $text | cut -d ":" -f 2
ijkl
```

Bei der Trennung in Felder muss man allerdings sicher sein, dass jeweils genau ein Trennzeichen zwischen den Feldern steht.

```
awk '{print $n}'
awk -F char '{print $n}'
set wort=`echo $string | awk '{print $n}'`
```

```
mars# set text="abcd efgh:ijkl"
mars# echo $text | awk '{print $2}'
efgh:ijkl
```

Teil-Strings löschen und ersetzen

Möchten Sie einen Teil-String löschen oder durch einen anderen ersetzen, können Sie in der tcsh den Modifizierer :s verwenden; in der C-Shell benötigen Sie hingegen ein externes Tool.

Modifizierer

C-Shell und tcsh verfügen über ein Konzept, das vor allem dazu gedacht ist, Pfadnamen auf einfache Art in ihre wichtigsten Teile zu zerlegen.[21] Hierzu wird ein geeigneter Modifizierer über einen Doppelpunkt an eine Variable angehängt. Obwohl dieses System zunächst für den History-Mechanismus vorgesehen war, kann man Modifizierer auch auf Variablen anwenden.

```
set path="/usr/data/file.db"
set dir = $path:h                   # /usr/data
set file = $path:t                  # file.db
set extension = $path:e             # db
set rest = $path:r                  # /usr/data/file
```

Außerdem gibt es noch den Modifizierer :q, der den Inhalt der Variablen in Quotes setzt, und :x, der eine Liste der in Quotes gesetzten Wörter der Variablen liefert.

Da die Trennzeichen für die Arbeit mit Modifizierern auf / und . festgelegt sind, beschränkt sich die praktische Anwendung auf Pfadnamen.

Der Modifizierer s in der tcsh

Es gibt einen weiteren Modifizierer: s (substitute). Er existiert zwar auch in der C-Shell, ist dort jedoch nur im History-Mechanismus anwendbar. Erst die tcsh lässt es zu, dass man ihn auf Variablen anwendet. Über :s kann man beliebige Strings aus einer Zeichenkette herausschneiden oder durch andere ersetzen.

```
$var:s/old/new/
$var:s/old//
```

21. In sh, ksh und bash gibt es keine Modifizierer.

Zu beachten ist, dass `old` ein fester Teil-String sein muss. Es können keine Muster oder Regular Expressions eingesetzt werden.

```
mars# set text=abcdefghij
mars# echo $text:s/def/-----/
abc-----ghij
```

Ist zu befürchten, dass der zu ersetzende Teil `old` mehrfach innerhalb der Zeichenkette auftaucht, muss man zusätzlich den Modifizierer a (all) vor s setzen, damit nicht nur das erste, sondern alle Vorkommen von `old` durch `new` ersetzt werden.

```
mars# set text=abcdabcdabcd
mars# echo $text:s/ab/---/
---cdabcdabcd
mars# echo $text:as/ab/---/
---cd---cd---cd
```

Handelt es sich bei der Variablen um ein Array (siehe 3.11), wird normalerweise nur das erste Element berücksichtigt. Soll `:s` oder ein anderer Modifizierer auf alle Elemente angewandt werden, muss ihm ein `g` (global) vorgesetzt werden. Dadurch entstehen die zusammengesetzten Modifizierer `:gh :gt :ge :gr :gs :gas`.

Die Modifizierer l und u in der tcsh

Nur in der tcsh gibt es noch die beiden Modifizierer `:l` und `:u`, mit denen der erste auftauchende Großbuchstabe in einen Kleinbuchstaben und der erste auftauchende Klein- in einen Großbuchstaben umgewandelt werden kann. Interessant werden `:l` und `:u` vor allem in Zusammenspiel mit `:a`, da man mit dieser Kombination den gesamten String in Klein- oder Großbuchstaben transformieren kann.

```
mars# set text=abcdefghij
mars# echo $text:au
ABCDEFGHIJ
```

Modifizierer und Umgebungsvariablen

Modifizierer können nur in der tcsh auf Umgebungsvariablen angewendet werden. Möchte man sie unbedingt auch in der C-Shell für Umgebungsvariablen nutzen, müssen diese zunächst auf normale Variablen kopiert und das Ergebnis später wieder zurückgeschrieben werden.

tr

Wenn Ihnen die tcsh nicht zur Verfügung steht, müssen Sie die UNIX-Kommandos `tr`, `sed` oder `awk` bemühen, um Teile zu ersetzen oder zu löschen.

`tr` ersetzt *einzelne* Zeichen innerhalb von Strings durch andere oder löscht sie.

```
tr 'gruppe1' 'gruppe2'
tr -d 'gruppe'
```

`tr` liest einen String von `stdin` und ersetzt jedes Zeichen, das in der ersten Gruppe vorkommt, durch das Zeichen an der gleichen Position innerhalb der zweiten Gruppe. Wird die Option `-d` verwendet, löscht es alle angegebenen Zeichen.

```
mars# set text=abcdefghij
mars# echo $text | tr 'a-z' 'A-Z'
ABCDEFGHIJ
```

```
mars# echo $text | tr -d  'ace'
bdfghij
```

Über Kommando-Substitution kann das Ergebnis in einer Variablen gespeichert werden.

sed

Der Stream Editor sed kann aus Dateien oder einem Datenstrom bestimmte Zeilen herausfiltern, um sie zu kopieren, zu verändern oder zu löschen. Über echo können Sie sed auch eine einzelne Zeichenkette übergeben, an der es die gewünschten Veränderungen durchführen soll.

```
echo $string | sed 's/old/new/g'
set str=`echo $string | sed 's/old/new/g'`
echo $string | sed 's/old//g'
```

Wie bei dem Modifizierer :s wird ein Teilstück old entweder durch new ersetzt oder – bei Fehlen von new – gelöscht. g (global) sorgt hier dafür, dass *alle* Vorkommen von old berücksichtigt werden, übernimmt also die Funktion von a bei den Modifizierern.

```
mars# set text=abcdefghij
mars# echo $text | sed 's/cde/-----/g'
ab-----fghij
```

sed arbeitet mit Regular Expressions, nach bestimmten Regeln gebildeten Zeichenketten-Muster (mehr hierzu im entsprechenden Kapitel über grep und sed).

awk

Sie können auch die Funktion gsub von awk verwenden, um Teile einer Zeichenkette zu ersetzen. Das g hat wieder die Bedeutung von "global" aus sed. Die Funktion sub würde nur das erste Vorkommen berücksichtigen.

```
awk '{print gsub(old, new, $0)}'
set newtext=`echo $text | awk '{print gsub(old, new, $0)}'`
```

Brace-Expansion

Die bei der Dateinamen-Substitution bereits erwähnte Technik, alternative Teilstücke einer Zeichenkette in geschweifte Klammern (Braces) zu setzten, sei hier noch einmal erwähnt. Gelegentlich kann man sich Schreibarbeit sparen, wenn man eine Liste von Strings verarbeiten oder generieren möchte, die gemeinsame Teile besitzen. Dieser Teil muss nur einmal geschrieben werden, die unterschiedlichen Stücke werden in geschweifte Klammern gesetzt.

```
mars# echo abc{alt1,alt2,alt3}xyz
abcalt1xyz abcalt2xyz abcalt3xyz
```

Zeichenketten auf Muster testen

Im Umgang mit Zeichenketten taucht immer wieder die Frage auf, ob sie bestimmte Regeln erfüllen oder nach bestimmten Mustern aufgebaut sind. Handelt es sich um eine zweistellige Zahl? Wurde das Datum richtig eingegeben? Wir werden solche Probleme in Zusammenhang mit if-Konstruktionen (Abschnitt 3.15) behandeln, da wir erst dann mit dem Ergebnis des Testes etwas anfangen können.

Stringverarbeitung mit awk

Wie Sie gesehen haben, steht für praktisch jedes Problem in Zusammenhang mit Zeichenketten eine Funktion in awk zur Verfügung. awk ist ein sehr mächtiges Tool, das wir noch detailliert in Kapitel 4 besprechen werden. Hier noch einmal alle String-Funktionen von awk im Überblick.

Syntax:

```
echo string | awk '{print string_funktion($0)}'
```

$0 beinhaltet den übergebenen String.

Funktion	Bedeutung
length (string)	Länge eines Strings
index (string, substr)	Position, ab der ein Substring enthalten ist.
substr(string, start, [len])	Liefert Teilstück der Länge `len`, startend bei `start`.
gsub(old, new, string)	Ersetzt `old` durch `new`.
sub(old, new, string)	Ersetzt erstes Vorkommen von `old` durch `new`.
match(string, regexp)	Testet, ob `regexp` enthalten ist.
split(string, array, sep)	Splittet einen String in einzelne Felder auf und liefert sie an ein Array.
tolower string	Liefert String in Kleinbuchstaben.
toupper string	Liefert String in Großbuchstaben.

Tabelle 3.6: String-Funktionen in awk

3.11 Arrays

Wenn Sie eine Reihe gleichartiger Daten speichern müssen, helfen Ihnen normale Variablen nicht weiter. Sie können sie zwar als leerzeichenseparierte Liste in Form einer Zeichenkette speichern, das bringt Ihnen aber nur dann etwas, wenn Sie stets auf *alle* Elemente zugreifen wollen. Der gezielte Zugriff auf ein einzelnes wäre sehr umständlich. Ganz anders sieht es aus, wenn Sie die Liste einem Array zuweisen.

Als Array bezeichnet man eine Variable, die mehrere Werte in so genannten Feldern abspeichert. Dadurch kann gezielt auf jeden einzelnen Wert mit Hilfe eines Indexes – eine ganze Zahl, die die Position beschreibt – zugegriffen werden. Über eine Schleife, in der der Index von 1 bis zu einem Maximalwert hochgezählt wird, kann man alle Elemente nacheinander ansprechen und verarbeiten.

- set array = (*wert1 wert2 wert3*) — Zuweisung
- set array[3] = wert3 — Zuweisung an existierendes Element
- set array = \`befehl\` — Automatische Erstellung eines Arrays
- echo $array[*n*] — Zugriff auf ein Element
- echo $array[*m-n*] — Mehrere Elemente auslesen.
- echo $array — (oder $array[*])Alle Elemente auslesen.
- set array = ($array $new) — Arrays erweitern.
- set arrayb = ($arraya) — Array kopieren.
- $#array — Anzahl der Elemente
- ${%array[*n*]} — Länge eines Elements
- unset *array* — Array löschen.

Arrays belegen

```
set array = ( wert1 wert2 wert3 ... )
```

Um ein Array zu initialisieren, also erstmals mit Werten zu belegen, werden die Daten dem Array als Liste – mit Leerzeichen getrennt – zugewiesen.

```
set array[3] = wert3
```

Wenn nur einem Element des Arrays ein neuer Wert zugewiesen werden soll, kann man dieses über seinen Index ansprechen. Der Index von C-Shell-Arrays[22] beginnt bei 1.

VORSICHT

Die Zuweisung `array[$i] = wert` ist erst nach einer Initialisierung und nur für bereits existierende Felder möglich.

Die Länge eines C-Shell-Arrays wird bei der Initialisierung festgelegt. Möchte man auf Felder jenseits des letzten Indexes zugreifen, erhält man eine Fehlermeldung. Daher können neue Elemente auch nicht einfach durch die Zuweisung `arr[$i] = wert` angelegt werden. Stattdessen muss man das Array erweitern (siehe unten).

Um ein Array-Element freizulassen, weist man ihm eine leere Zeichenkette zu:

```
set array = ( wert1 "" wert2 )
```

Arrays sind immer eindimensional.

Arrays dürfen in csh und tcsh bis zu 1706 Feldern enthalten.

Wendet man Modifizierer (siehe Abschnitt 3.10) zusammen mit `g:` (global) auf Arrays an, wird jedes einzelne Element entsprechend verändert zurückgegeben.

Arrays werden bei der Ausgabe von `set` immer in runden Klammern dargestellt.

```
mars# set hosts=( mars luna jupiter )
mars# set | grep luna
hosts    (mars luna jupiter)
```

Arrays automatisch erstellen

Die C-Shell führt keine strikte Trennung zwischen Arrays und einfachen Variablen durch. In den `man`-Pages von csh und tcsh wird überhaupt nicht von Arrays gesprochen, sondern von Variablen, die mehrere Worte enthalten. Daher kann das ganze Array als einfache Variable angesprochen werden, wie wir gleich sehen werden.

Werden einer Variablen Daten zugewiesen, die aus mehreren durch Leerzeichen getrennten Worten bestehen, erstellt die Shell automatisch ein Array. Um dies wiederum zu verhindern, muss der zugewiesene String in Anführungszeichen gesetzt werden.

```
mars# set datum1=`date`
mars# set datum2="`date`"

mars# set | grep datum
datum1  (Wed Mar 27 11:04:58 MET 2002)
datum2  Wed Mar 27 11:05:03 MET 2002
```

22. In den meisten Programmiersprachen sowie in ksh und bash beginnen Indizes von Arrays bei 0.

Arrays und Umgebungsvariablen

Arrays können nur als Shell-Variablen erstellt werden. Es gibt keine Arrays für Umgebungsvariablen.

Auf Arrays zugreifen

```
echo $array[n]
```

Um auf einzelne Felder eines Arrays zuzugreifen, schreiben Sie den Index in eckige Klammern.

```
mars# set hosts=( mars luna jupiter pluto )
mars# echo $hosts[1]
mars
mars# echo $hosts[2]
luna
```

Über ein Minus-Zeichen kann ein Bereich von Elementen durch Leerzeichen getrennt ausgegeben werden. Wird dabei die untere oder obere Grenze weggelassen, wird automatisch das erste bzw. das letzte Element als Grenze angenommen.

```
mars# echo $hosts[2-4]
luna jupiter pluto
mars# echo $hosts[-2]
mars luna
mars# echo $hosts[3-]
jupiter pluto
```

Über `$arr[*]` oder einfach `$arr` erhält man alle Elemente eines Arrays.

```
mars# echo $hosts[*]
mars luna jupiter pluto
mars# echo $hosts
mars luna jupiter pluto
```

Arrays erweitern

Wie wir gesehen haben, ist es nicht möglich ein Array-Element neu zu belegen, wenn es außerhalb des bisherigen Bereiches liegt. Hierfür muss das Array erweitert werden.

```
set array = ( $array $new )
set array = ( $new $array )
```

Je nachdem, wie man innerhalb der Klammern das neue Element positioniert, wird es vorne eingeschoben oder hinten angehängt.

Möchte man ein Element innerhalb des bestehenden Bereichs einfügen und alle nachfolgenden Elemente verschieben, geht man analog vor.

```
set array = ( $array[-4] $new $array[5-] )
```

Steht die gewünschte Position in einer Variablen $n, muss leider eine zweite Variable für die nachfolgende Stelle angelegt werden, da innerhalb der eckigen Klammern nicht gerechnet werden kann.

```
@ n = $m + 1
set array = ( $array[-$m] $new $array[$n-] )
```

Arrays kopieren

Achten Sie beim Kopieren von Arrays auf die runden Klammern bei der Zuweisung.

```
arrayb = ( $arraya )
```

Wenn Sie die runden Klammern vergessen, wird nur das erste Element des Arrays kopiert. Es entstünde ein Befehl: `set arrayb = wert1 wert2 wert3`, was so viel bedeutet wie `set arrayb = wert1 ; set wert2 ; set wert3`.

Enthalten einige Elemente des ursprünglichen Arrays Leerzeichen, gibt es Probleme, da bei der Entfaltung in runden Klammern die Leerzeichen als Trenner dienen. Jedes einzelne Wort ergäbe also ein eigenständiges neues Array-Element. Durch den Modifizierer `:q` kann man den Zusammenhalt der Elemente erzwingen.

```
mars# set arr = (a b c "x y z" d e)
mars# echo $arr[4]
x y z
mars# set brr = ( $arr )
mars# echo $brr[4]
x
mars# set crr = ( $arr:q )
mars# echo $crr[4]
x y z
```

Um ein Array an ein weiteres anzuhängen oder mitten in ein anderes Array einzufügen, verwendet man wieder die im letzten Abschnitt vorgestellte Syntax, wobei `$new` nun statt eines einfachen Wertes ein ganzes Array enthält.

Länge eines Arrays

```
$#array
```

Durch `$#array` erhält man die Anzahl der Elemente eines Arrays. Da die Indizes bei 1 beginnen, ist `$#array` gleichzeitig der Index des letzten Elements. Löscher, also Elemente, die auf "" gesetzt sind, werden mitgezählt.

Das letzte Element liefert demnach

```
$array[$#array]
```

Die Länge eines einzelnen Elements erhält man durch

```
${%array[$i]}
```

Arrays löschen

Mit Hilfe von `unset` können Sie ein komplettes Array löschen.

```
unset array
```

Um ein einzelnes Element aus einem Array zu entfernen, setzt man dieses entweder auf einen leeren String oder man erstellt das Array aus den beiden verbleibenden Teilstücken neu. Im zweiten Fall wird das Array sozusagen zusammengezogen, sodass keine Lücke entsteht.

```
mars# echo $hosts
mars luna jupiter pluto
mars# set hosts[3]=""
mars# echo $hosts
mars luna pluto
mars# echo $#hosts
4
mars# set hosts = ( $hosts[-2] $hosts[4-] )
mars# echo $hosts
mars luna pluto
mars# echo $#hosts
3
```

Arrays in Schleifen

Schleifen werden zwar erst in Abschnitt 3.20 und 3.21 besprochen, wegen ihrer großen Bedeutung für Arrays soll hier aber wenigstens kurz angedeutet werden, wie man komplette Arrays in einer `foreach`- und einer `while`-Schleife ausliest oder verarbeitet.

```
foreach var ($array)
  echo "Feld: $var"
end

@ i=1
while ( $i <= $#array )
  echo "Feld Nr ${i}: $array[$i]"
  @ i++
end
```

Die foreach-Schleife ist etwas eleganter, da man bei ihr keinen Index mitführen muss. In der drittletzten Zeile haben wir `i` in Klammern eingeschlossen, damit der Doppelpunkt nicht als Modifizierer gewertet wird.

Arrays und Zeichenketten

Arrays eignen sich hervorragend zur Zerlegung von Zeichenketten, solange die einzelnen Wörter durch Leerzeichen getrennt sind. Speichern Sie einfach den String als Array ab und greifen Sie auf das `n`-te Element zu.

```
set stringarr = ( $string )
echo "5.tes Wort: $stringarr[5]"
```

Oft kommen die Zeichenketten durch den Aufruf eines externen Befehls zustande. In diesem Fall müssen wir nicht einmal den Umweg über eine String-Variable gehen:

```
set zeile=`ls -l $file`
echo "Groesse der Datei ${zeile}: $zeile[5]"
```

Die Variable `$zeile` musste wegen des nachfolgenden Doppelpunktes in `{}` eingeschlossen werden.

3.12 Kommando-Substitution

Wir kommen nun zu einem der zentralen Konzepte in der Shell-Skript-Programmierung. Sie setzen die Kommando-Substitution immer dann ein, wenn es darum geht, die Ausgabe eines Befehls aufzufangen, um sie anschließend zu speichern, weiterzuverarbeiten oder an einen anderen Befehl zu übergeben. Sie stellt eine Art Klebstoff für das Verbinden der unterschiedlichen Befehle dar.

- set var=\`cmd\` — Ausgabe eines Befehls in Variable speichern.
- grep error \`cmd\` — Ausgabe eines Befehls in Kommando verwenden.

Ergebnisse speichern

```
set datum=`date`
```

Um die Ausgabe eines Befehls in einer Variablen zu speichern, setzt man den Befehl in Backticks, rückwärts gerichtete Anführungszeichen.

```
set line15=`head -15 file.log | tail -1`
set errors=`cat data_mo data_di data_mi > data.tmp ; \\
       sort -u data.tmp | grep error`
```

Im ersten Beispiel filtern wir Zeile 15 aus einer Logdatei heraus, im zweiten hängen wir drei Tages-Dateien aneinander, sortieren sie eindeutig und isolieren die enthaltenen Fehlerzeilen.

Der Befehl darf zwar beliebig komplex sein, er muss aber in einer logischen Zeile stehen, sodass das Zeilenende durch \ entkräftet werden muss. Da dieser Backslash nun aber in Backticks steht, wird er zweimal von der Shell gelesen: Die aktuelle Shell liest die ursprüngliche Zeile, öffnet eine Subshell und die liest dann den übergebenen Befehl. Damit der Backslash überlebt, brauchen wir daher gleich zwei davon.

Hier ein typischer Block aus einem Skript, das den Zustand eines Rechners festhält.

```
#!/bin/csh
# status_report

set datum=`date`
set rechner=`hostname`
set os=`uname -s`
set ip_addr=`grep $rechner /etc/hosts | awk '{print $1}'`
# ...
# Hier wuerden Befehle folgen, die CPU, Festplatte
# und Memory betreffen
# ...
echo "Statusbericht      $datum"
echo "Rechner: $rechner     OS: $os     IP: $ip_addr"
echo "=============================================="

mars# ./status_report
Statusbericht      Sun Feb 17 14:33:32 MET 2002
Rechner: louis     OS: Linux    IP: 192.47.17.9
==============================================
```

Ergebnisse verwenden

Das Ergebnis einer Kommando-Substitution kann nicht nur in einer Variablen abgespeichert, sondern auch an einer beliebigen Stelle einer Befehlszeile eingebaut werden.

```
echo "Datum: `date`    Jahrestag: `date +'%j'`"
grep `date +'%D'` file.log
```

Oben werden aktuelles Datum und Jahrestag ausgegeben. Darunter werden alle Zeilen des aktuellen Tages aus einer Logdatei herausgefiltert.

Die Backticks der Kommando-Substitution werden innerhalb von Double Quotes, nicht aber in Single Quotes erkannt. Die Kommando-Substitution wird wie die Variablen- und die Dateinamen-Expansion vor der Ausführung des eigentlichen Befehls vorgenommen. Über "`set echo`" kann man sich wieder das Zwischenergebnis ansehen.

WICHTIG

Bei der Kommando-Substitution wird nur die Standardausgabe des Befehls geliefert, eventuelle Fehlermeldungen auf `stderr` erhält man nicht.

Das Schachteln zweier Kommando-Substitutionen ist in der C-Shell nicht ohne weiteres möglich. Hier muss man das Ergebnis des ersten Befehls zunächst in einer Variablen speichern und diese dann im zweiten Befehl einsetzen.

```
set b1=`befehl1` ; set b2=`befehl2 $b1`
```

3.13 Variablen exportieren

Ab und zu scheint es, dass in Shell-Skripten einige Variablen, oder zumindest deren Inhalte, einfach verschwinden. Sie werden dieses Phänomen sicherlich noch erleben! Die Ursache dafür liegt in einer aufwändigen und etwas schwer zu durchschauenden Regelung für die Übergabe von Variablen zwischen verschiedenen Shells.

Jedes Mal, wenn Sie aus Ihrem Skript heraus weitere Skripten aufrufen, wenn Sie Kommando-Substitutionen verwenden, Befehle gruppieren oder über Pipes verbinden, starten Sie – oft unbewusst – eine neue Shell. Um die Frage, in welchen der dann laufenden Shells welche Variablen zur Verfügung stehen, geht es in diesem Kapitel.

Es werden zwei Arten von Variablen unterschieden. *Normale* Shell-Variablen sind *lokale* Variablen, das heißt, sie sind ausschließlich in der Shell sichtbar, in der sie definiert wurden. Sie werden nach Beendigung ihrer Shell wieder verworfen und nicht an weitere Shells vererbt.

Möchten Sie eine Variable dennoch an eine weitere Shell, z.B. an ein zweites Skript, das aus dem aktuellen Skript heraus aufgerufen wird, exportieren, müssen Sie diese in der C-Shell immer als *Umgebungsvariable* definieren.[23]

- ❑ Ein Shell-Skript wird normalerweise in einer eigenen Subshell ausgeführt.
- ❑ Shell-Variablen sind immer nur in der aktuellen Shell sichtbar.
- ❑ Umgebungsvariablen sind auch in allen Subshells sichtbar.
- ❑ setenv VAR $var — Zum Exportieren verwendet man Umgebungsvariablen.
- ❑ setenv — Alle Umgebungsvariablen anzeigen.

23. In sh, ksh und bash verwendet man stattdessen das export-Kommando.

- ❑ Variablen können nie in die übergeordnete Shell exportiert werden.
- ❑ source myscript Das Öffnen einer Subshell vermeiden.

Der Geltungsbereich von Variablen

Beim Öffnen einer neuen Shell – sei es interaktiv durch Eingabe von `csh` oder durch den Aufruf eines Skriptes – wird intern eine neue Tabelle für Shell-Variablen angelegt. Dadurch sind Shell-Variablen früherer Shells nicht mehr sichtbar. Die Umgebungsvariablen der vorherigen Shell werden hingegen als Kopie übernommen. Als Kopie! Dadurch können Sie einerseits Umgebungsvariablen an Skripte weitergeben, die aus der aktuellen Shell oder dem aktuellen Skript heraus aufgerufen werden. Andererseits können Sie aber niemals Variablen oder Änderungen an Variablen in übergeordnete Shells zurückgeben.

Hier noch einmal die Konsequenzen der Trennung zwischen den beiden Variablen-Typen aus unterschiedlichen Perspektiven:

- ❑ In unserem Skript existieren Variablen, die wir nicht selbst definiert haben.

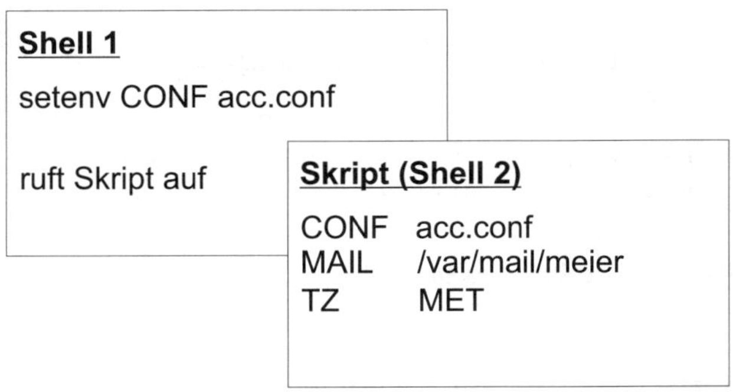

Abbildung 3.7: Umgebungsvariablen

- ❑ Wenn wir aus einem Skript heraus ein weiteres Skript aufrufen, müssen wir diejenigen Variablen, die im zweiten Skript benötigt werden, als Umgebungsvariablen definieren oder in solche umwandeln.

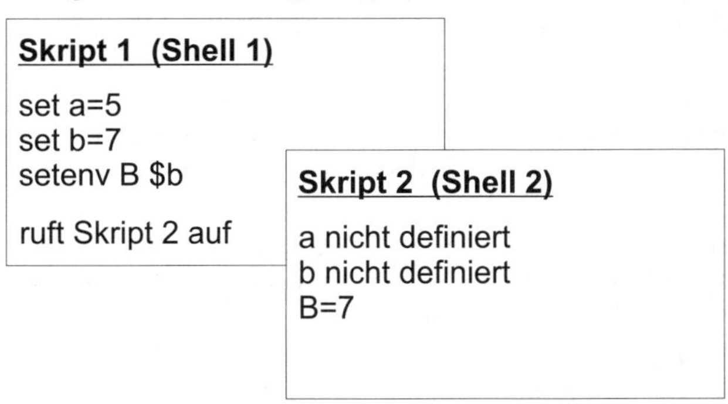

Abbildung 3.8: Variablen-Export

- ❑ Umgebungsvariablen behalten ihren Charakter. Sie sind also auch in allen weiteren Shells sichtbar, die von Skripten später geöffnet werden.

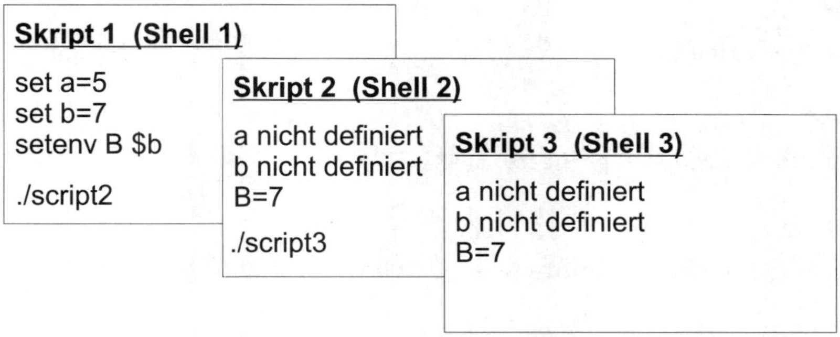

Abbildung 3.9: Umgebungsvariablen bleiben gesetzt

- Eine Subshell, die durch die Gruppierung `(...)` von Befehlen oder die Auswertung einer Kommando-Substitution `` `...` `` geöffnet wird, entsteht aus einer Kopie der Vater-Shell. Hier sind alle Shell-Variablen der Eltern-Shell, nicht nur Umgebungsvariablen sichtbar.
- Wir können in einem Skript normalerweise keine Änderungen an Variablen durchführen, die auch nach dem Ende des Skriptes gültig bleiben. Der Export funktioniert nur in eine Richtung. Nach dem Ende des Skriptes werden normale Variablen verworfen, Umgebungsvariablen besitzen in der Vater-Shell wieder ihren alten Wert.

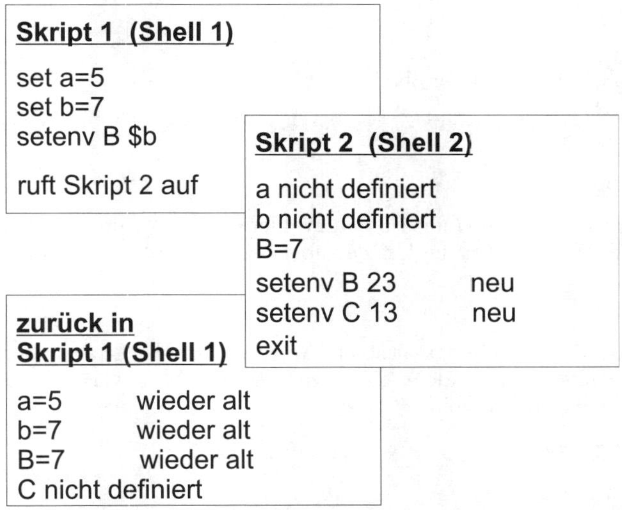

Abbildung 3.10: Keine Veränderung in der Eltern-Shell

- Diese Unmöglichkeit, Variablen in der Vater-Shell zu ändern, gilt auch für Subshells, die durch `(...)` und `` `...` `` entstehen.
- Um dennoch über ein Skript Änderungen an der Eltern-Shell durchführen zu können, muss man mit dem `source`-Kommando dafür sorgen, dass das Skript nicht von einer Subshell, sondern direkt von der aktuellen Shell ausgeführt wird.

Der Umgang mit Umgebungsvariablen

Wir haben Umgebungsvariablen bereits in Abschnitt 3.8 beschrieben. Da wir hier die Weitergabe von Variablen behandeln und diese immer über Umgebungsvariablen erfolgen muss, wollen wir noch einmal die wichtigsten Aspekte zusammenfassen.

Zuweisung:

```
setenv VAR value
```

Auslesen:

```
echo $VAR     oder     printenv $VAR
```

Anzeigen:

```
setenv        oder     printenv
```

Löschen:

```
unsetenv VAR  oder     unsetenv muster
```

Shell-Variable in Umgebungsvariable kopieren:

```
setenv VAR $var
```

Umgebungsvariable in Shell-Variable kopieren:

```
set var=$VAR
```

Rechnen:

Kein Rechnen möglich. Umweg über Shell-Variablen nötig.

```
set var=$VAR ; @ var = $var + 5 ; setenv VAR $var
```

String-Verarbeitung:

String-Verarbeitung über externe Tools ist kein Problem. `${%var}` und Modifizierer können jedoch nicht angewendet werden. Wieder muss der Umweg über Shell-Variablen genommen werden.

Arrays:

Es gibt keine Arrays für Umgebungsvariablen. Möchte man ein Array exportieren, kann man z.B. das Array in eine Zeichenkette umwandeln, diese an eine Umgebungsvariable übergeben und in der neuen Shell daraus wieder ein Array basteln.

```
setenv ARR "$array"

In der neuen Shell:
set array = ( $ARR )
```

Diese Methode funktioniert allerdings nur, solange die einzelnen Elemente keine Leerzeichen enthalten. Ist dies aber der Fall, kann man sie entweder zunächst durch irgendein anderes Zeichen ersetzen wie z.B. +, oder man speichert das Array in einer temporären Datei und liest es in der neuen Shell wieder ein.

Das source-Kommando

Nur wenn ein Skript über das Kommando `source` aufgerufen wird, kann es Änderungen an Variablen der aktuellen Shell durchführen, denn nur dann wird das Öffnen einer Subshell verhindert. Mit `source` aufgerufene Skripte werden direkt von der aktuellen Shell verarbeitet.[24]

```
source script
```

Konfigurations-Dateien

Einstellungen, Startbedingungen oder Dateinamen, die ein komplexes Skript für seinen Ablauf benötigt, werden gerne in einer eigenen Konfigurations-Datei gespeichert, da so der spätere Benutzer Anpassungen vornehmen kann, ohne den eigentlichen Code verändern zu müssen. Solche Konfigurations-Dateien werden gleich zu Beginn des Skriptes eingelesen, um die nötigen Werte zu setzen.

Solche Config-Dateien müssen Sie immer über den Befehl `source` einlesen! Ohne `source` würde eine Subshell geöffnet, in dieser die Befehle der Config-Datei ausgeführt und die Subshell wieder geschlossen. Das aktuelle Skript bliebe von der ganzen Aktion unberührt!

```
#!/usr/bin/csh
# myscript
#
# Config-Datei einlesen
source myscript.conf

# Start des eigentlichen Skriptes
echo $level $srclang $destlang

# myscript.conf
# Config-Datei zu myscript
set level=2            # Schwierigkeitsgrad
set lang=fr            # Sprache des Quell-Textes
set destlang=de        # Sprache des zu erstellenden Textes

mars# ./myscript
2 fr de
```

Bitte verwechseln Sie die hier vorgestellte Methode, Variablen der Vater-Shell zu beeinflussen, nicht mit der Fragestellung, wie man Daten an die Vater-Shell zurückgeben kann.

WICHTIG

Um Daten aus einem Programm heraus an ein übergeordnetes Skript zurückzugeben, werden Kommando-Substitution oder temporäre Dateien verwendet.

Übersicht über den Variablen-Export

Aufruf-Methode	Variablen der ursprünglichen Shell sichtbar?	Variablen der ursprünglichen Shell veränderbar?
source script	alle	alle
(...) oder \`...\`	alle	keine
script oder csh script	nur Umgebungsvariablen	keine

Tabelle 3.7: Variablen-Export

24. In der Bourne-Shell-Familie gibt es hierfür den Punkt als Kommando.

3.14 Die if-Verzweigung

if-Anweisungen benötigen Sie immer dann, wenn Ihr Programm unterschiedliche Wege einschlagen soll, je nachdem ob eine gewisse Bedingung erfüllt ist oder nicht. Dabei wird üblicherweise überprüft, ob eine numerische Variable einen bestimmten Grenzwert über- oder unterschreitet, ob eine String-Variable eine vorgegebene Zeichenkette enthält, ob eine Variable definiert ist oder ob ein Befehl erfolgreich ausgeführt werden konnte.

Jede einzelne dieser Fragestellungen werden wir in den folgenden Kapiteln unter die Lupe nehmen. Zunächst wollen wir aber die möglichen syntaktischen Varianten der if-Anweisung kennen lernen.

- if: — Beliebige Bedingungen oder den Erfolg von Befehlen testen.
- if (*bedingung*) then — Volle Form für mehrere Befehle
- *befehle*
- endif
- if (*bedingung*) then *befehl* — Kurzform für nur einen Befehl
- if ... then ... else if ... then ... else ... endif — Mehrere Bedingungen

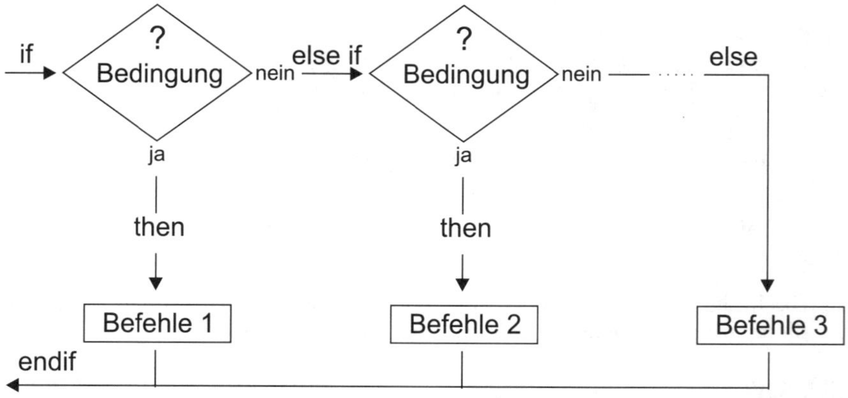

Abbildung 3.11: if-Verzweigung

Die Syntax

Die if-Anweisung kennt eine mehrzeilige und eine einzeilige Form.

```
if ( bedingung )then
  befehl
  ...
endif

if ( bedingung ) befehl
```

In der ausgeschriebenen Form muss der runden Klammer das Schlüsselwort `then` direkt und in der gleichen Zeile folgen. Die Schlüsselwörter `if` und `endif` müssen jeweils als erstes Wort in ihrer Zeile stehen. Dadurch ist es nicht möglich, diese Form einer if-Anweisung durch den Einsatz von Semikolons auf eine einzige Zeile zusammenzuziehen.

Für den Einsatz als Einzeiler ist die Kurzform der `if`-Anweisung gedacht. Hier entfallen die Schlüsselwörter `then` und `endif`, es darf aber nur ein einziger Befehl folgen. Es ist nicht möglich, diese Beschränkung durch Gruppierung mit runden Klammern oder Pipes zu umgehen.

Bei beiden Formen dürfen Leerzeichen – wie oben zu sehen – innerhalb der runden Klammern oder als Einrückung vor den Befehlen verwendet werden. Man kann sie aber auch weglassen.

Hier ein kleines Beispiel:

```
set stunde=`date +'%H'`
if ( $stunde < 18 ) then
  set provider="firma1"
endif
```

Wir prüfen, ob es noch vor 18 Uhr ist. Falls ja, wird die Variable `provider` auf `"firma1"` gesetzt, vielleicht weil dieser bis 18 Uhr der günstigere ist. Wir stellen uns vor, dass dann an einer späteren Stelle im Skript eine Verbindung zu diesem Provider hergestellt wird.

else if und else

Ist die Bedingung einer `if`-Anweisung nicht erfüllt, haben wir drei Möglichkeiten: Entweder wir führen überhaupt nichts aus und verlassen sofort die `if`-Anweisung. Genau das taten wir bisher. Oder wir führen einen anderen Block von Befehlen aus. Dafür gibt es das Schlüsselwort `else`. Oder wir testen auf eine weitere Bedingung und entscheiden anhand dieser, wie es weitergeht. Hierfür verwendet man die Konstruktion `else if`.

```
if ( bedingung ) then
    befehl
    ...
  else if ( bedingung ) then
    befehl
    ...
  else
    befehl
  ...
endif
```

Greifen wir das obige Beispiel noch einmal auf. Mit Hilfe von `else if` und `else` können wir den Provider in Abhängigkeit von der Tageszeit noch genauer festlegen.

```
set stunde=`date +'%H'`
if ( $stunde < 18 ) then
    set provider="firma1"
  else if ( $stunde < 20 ) then
    set provider="firma2"
  else
    set provider="firma3"
endif
```

- Ist eine Bedingung erfüllt und sind die dazugehörigen Befehle ausgeführt, springt die Shell aus der gesamten `if`-Konstruktion heraus. Weitere `else if`-Zweige und else werden nicht mehr geprüft.
- Es dürfen beliebig viele `else if`-Zweige benutzt werden. Das abschließende `else` darf auch fehlen.
- `else` darf auch ohne `else if` stehen.
- `if`-Abfragen dürfen beliebig ineinander geschachtelt werden.

3.15 Zahlen- und String-Tests

In der Praxis werden Sie `if`-Anweisungen in erster Linie dazu verwenden, Variablen in numerischer oder alphabetischer Hinsicht zu testen. Bei Variablen, die Zahlen enthalten, geht es meistens darum zu überprüfen, ob sie unter, über oder auf einer vorgegebenen Schwelle liegen. Bei String-Variablen prüft man, ob sie einer vorgesehenen Zeichenkette entsprechen oder sie wenigstens enthalten.

Wie Sie derartige Tests in Ihren Skripten formulieren, lernen Sie im folgenden Kapitel. Außerdem gehen wir den Fragen nach, wie man überprüft, ob eine Variable überhaupt definiert ist, wie man mehrere Bedingungen kombiniert und wie man Zeichenketten auf Muster hin überprüft, um z.B. feststellen zu können, ob eine korrekte Zahl oder ein korrektes Datum eingegeben worden ist.

- if ($zahl > 20) then ... — Zahlen testen: == != < > <= >=
- if ($string == error7) then ... — Strings testen: == != =~ !~
- if ($string =~ err*) then ... — String mit Muster vergleichen: =~ !~
- if ($?var) then ... — Existenz einer Variablen testen.
- if ($a == $b && $c != $d) ... — Logische Operatoren && || !

Zahlen testen

Die C-Shell kennt folgende Operatoren für Tests zwischen Zahlen.

Operator	Bedeutung
==	ist gleich
!=	ist ungleich
<	ist kleiner als
>	ist größer als
<=	ist kleiner als oder gleich
>=	ist größer als oder gleich

Tabelle 3.8: Vergleichs-Operatoren für Zahlen

```
if ( $zahl > 1000000 ) then
  set suffix=mb                       # Megabytes
  @ size = $zahl / 1000000
endif

if ( $anzahl != 2 ) then
  echo "Falsche Anzahl von Argumenten!"
endif

if ( $zahl % 7 == 0 ) then
  echo "Diese Zahl ist durch 7 teilbar: $zahl"
endif
```

Wie Sie im letzten Beispiel sehen, darf innerhalb der Bedingung gerechnet werden. Das ansonsten für Berechnungen notwendige Zeichen @ fällt in diesem Fall weg.

```
if ( 1 ) ...
```

`if` akzeptiert auch eine reine Integerzahl ohne zusätzliche Operatoren als Bedingung. In diesem Fall wird eine Null als falsch und jede andere Zahl als wahr beurteilt. Der Nutzen dieses Features besteht darin, dass einige Konstrukte eine 0 oder eine 1 zurückgeben, je nachdem ob ein Test erfolgreich war oder nicht. Am bekanntesten ist hier `$?var`, die weiter unten behandelt wird. Fließkommazahlen oder Strings ohne Operatoren verursachen eine Fehlermeldung.

Zeichenketten testen

Für den Vergleich von Zeichenketten hält die C-Shell folgende Operatoren bereit.

Operator	Bedeutung
==	ist gleich
!=	ist ungleich
=~	entspricht dem Muster
!~	entspricht nicht dem Muster

Tabelle 3.9: Vergleichs-Operatoren für Zeichenketten

```
if ($LOGNAME != "root" ) then
    echo "Zu dieser Funktion sind Sie nicht berechtigt."
    exit 1
endif

# Fehlermeldung in Datei schreiben
if ( $fehler != "" ) then
  echo "`date` Fehler: $fehler" >> fehler.log
endif

# Programm auf Wunsch abbrechen
# Eingabe zunaechst in Kleinbuchstaben umwandeln
set eingabe=`echo $eingabe | tr 'A-Z' 'a-z'`
if ( "$eingabe" == "quit" ) then
  exit 1
endif
```

Im letzten Beispiel haben wir `$eingabe` in Anführungszeichen gesetzt, um zu vermeiden, dass unsinnige Eingaben wie `-z`, `-n`, `-f` etc. von der Shell falsch interpretiert werden und zu einem Abbruch führen.

Die beiden Operatoren =~ und !~ vergleichen einen String mit einem Muster. Unter Muster versteht man in diesem Zusammenhang eine Zeichenkette, die die Sonderzeichen `* ? [ ]` und `{ }` enthält, also die gleichen, die bei der Dateinamen-Expansion verwendet werden dürfen, nur dass sie sich hier ganz allgemein auf Zeichenketten beziehen. =~ liefert "wahr", wenn das Muster passt, !~ liefert "wahr", wenn es nicht passt.

```
if ( $ip =~ 178.234.* ) then
  @ gesamt += $verbrauch                        # Aufsummieren
endif

if ( $fehler =~ error[3-5] ) then
  kill $process                                 # Prozess beenden
endif
```

Muster müssen immer auf der rechten Seite des Operators stehen. Sie dürfen nicht in Anführungszeichen eingeschlossen sein.

Zeichenketten können nicht wie Zahlen darauf getestet werden, welche größer oder kleiner ist (hier im alphabetischen Sinn). Dies ist auch selten erforderlich. Benötigen Sie dennoch einen solchen Test, können Sie auf das externe `expr`-Kommando ausweichen. Die entsprechenden Operatoren lauten \< \> \<= und \>=, wobei die Backslashs die eigentlichen Operatoren davor bewahren, von der Shell als Umleitung interpretiert zu werden. `expr` liefert eine 1 bei erfolgreichem und eine 0 bei fehlgeschlagenem Test, was direkt von `if` verwertet werden kann.

```
if ( `expr $string1 \< $string2` ) then echo "String 1 ist kleiner."
```

Die Existenz von Variablen testen

Trifft die C-Shell auf eine Zeile, in der eine Variable verwendet wird, die noch nicht definiert wurde, gibt sie die Fehlermeldung "Undefined variable" aus und bricht ab.[25] Um solche ungewollten Abbrüche zu vermeiden, müssen Sie eine Variable, bei der nicht sichergestellt ist, dass sie belegt ist, immer vor ihrer Verwendung entsprechend testen.

Die C-Shell hält hierfür den Operator `$?var` bereit, wobei `var` für die zu testende Variable steht. Ist die Variable von Buchstaben oder Ziffern umgeben, schreibt man wie immer: `${?var}`. `$?var` gibt 1 zurück, wenn die Variable definiert ist, was innerhalb von `if` wie oben besprochen als "wahr" gewertet wird, und 0, wenn die Variable nicht definiert ist.

```
if ( $?flag ) then                           # Flag abfragen
  csh myscript2
endif

if ( ! $?anzahl ) then
  set anzahl = $default                      # Wert auf Default setzen[26]
endif
```

VORSICHT

Verwenden Sie `$?var` nie in einer einzeiligen `if`-Abfrage! Die Shell ersetzt die Variablen in der gesamten Zeile, also auch in ihrem nachfolgenden Befehl, bevor sie `if` auswertet. Dadurch bekommen Sie bei nicht definierter Variable eine entsprechende Fehlermeldung, obwohl sie genau dieses durch `if` verhindern wollten.

Logische Operatoren

Mit Hilfe von logischen Operatoren können Sie mehrere Ausdrücke logisch miteinander verknüpfen.

Operator	Logischer Wert	Bedeutung
&&	UND	Ist wahr, wenn beide Ausdrücke wahr sind.
||	ODER	Ist wahr, wenn wenigstens ein Ausdruck wahr ist.
!	NICHT	Ist wahr, wenn der Ausdruck falsch ist.

Tabelle 3.10: Logische Operatoren der C-Shell

25. In der Bourne-Shell wird stattdessen ein leerer String eingesetzt.
26. Die Bourne-Shell verfügt über eigene Operatoren zum Setzen von Default-Werten.

```
if ( $zahl >= 1000 && $zahl < 1000000 ) then
  set suffix=kb                        # Kilobytes
  @ size = $zahl / 1000
endif
```

Die Ausdrücke können durch Klammern beliebig geschachtelt werden, solange sich syntaktisch eine umfassende Klammer um die gesamte Bedingung für `if` ergibt.

WICHTIG

Die Verneinung ! darf innerhalb oder außerhalb (also vor der öffnenden runden Klammer) stehen. && und || dürfen nur innerhalb des Ausdrucks verwendet werden.

Beispiel: Schaltjahre testen

Ein typisches Beispiel, bei dem man jede Menge Ausdrücke miteinander verknüpfen muss, ist die Überprüfung, ob es sich bei einem Jahr um ein Schaltjahr handelt. Ein Schaltjahr besteht bei allen durch vier teilbaren Jahreszahlen, außer sie sind durch hundert teilbar, jedoch dann wieder, wenn sie durch vierhundert teilbar sind.

```
set year=`date +%Y`

if ( $year % 400 == 0 || ( $year % 4 == 0 && $year % 100 != 0 ) ) then
  set tage=366
  else
  set tage=365
endif
```

Listing 3.3: Schaltjahr[27]

Beispiel: Anzahl Tage im Monat

Wie viele Tage hat ein Monat? Die Variable `tage` stammt aus dem Beispiel von oben.

```
set monat=`date +%m`

if ( $monat == 02 ) then
  if ( $tage == 365 ) then
      set mtage=28
    else
      set mtage=29
  endif
  else if ( $monat == 04 || $monat == 06 || \
            $monat == 09 || $monat == 11 ) then
      set mtage=30
  else
```

Listing 3.4: Anzahl Tage im Monat

27. Alle Skripten und Hilfs-Dateien, die Sie zum Testen benötigen, finden Sie auf der Buch-CD. Kopieren Sie sich die dortige Verzeichnis-Struktur (für Ihre UNIX-Version) auf Ihren Rechner unter /scripts, damit die verwendeten Pfade funktionieren.

```
    set mtage=31
endif
```

Listing 3.4: Anzahl Tage im Monat(Fortsetzung)

Beispiel: Zahl korrekt eingelesen?

Liest man Daten aus einer Datei oder von Tastatur ein, stellt sich immer wieder die Frage, ob sie das erhoffte Format besitzen. Häufig möchte man zum Beispiel sicherstellen, dass es sich bei den Daten auch wirklich um eine Zahl handelt, bevor man mit ihr rechnet.

Um solche Fragen beantworten zu können, ist es nötig, den Inhalt einer Variablen auf ein Muster hin zu testen. Wie wir gesehen haben, besitzt die C-Shell die Fähigkeit, über die Operatoren =~ und !~ Muster-Vergleiche durchzuführen. Leider sind die möglichen Muster, die man mit Hilfe von `*` `?` `[]` und `{}` bilden kann, jedoch sehr eingeschränkt.

Wir zeigen im Folgenden deshalb zunächst nur Lösungen, die mit der in die Shell eingebauten Muster-Erkennung realisierbar sind. Die schwierigeren Aufgaben heben wir uns für das übernächste Kapitel auf, da wir dabei den Rückgabewert externer Befehle testen müssen.

Einstellige Zahl

```
if ( "$eingabe" =~ [0-9] ) then ...
```

Zweistellige Zahl

```
if ( "$eingabe" =~ [1-9] || $eingabe =~ [1-9][0-9]) then ...
```

Nur in der tcsh kann man dafür auch kürzer formulieren:

```
if ( "$eingabe" =~ [0-9]{,[0,9]} ) then ...
```

Mehrstellige Zahl

In der C-Shell verwenden wir entsprechend viele `||`-Verknüpfungen, in der tcsh kann man wieder die komprimierte Form benutzen.

```
if ( "$eingabe" =~ [0-9]{,[0-9]{,[0,9]}} ) then ...
```

Sie merken sicherlich schon, wo das Problem bei der Verwendung dieser Technik steckt: Wir müssen festlegen, wie viele Stellen die Zahl haben soll. Eine beliebige Anzahl von Stellen können wir nur über `grep` und Regular Expressions formulieren.

Beispiel: Datum korrekt eingelesen?

Wenden wir die gleichen Methoden an, um zu testen, ob ein korrektes Datum eingegeben oder eingelesen wurde.

Jahreseingabe: 2000-2099 erlaubt

```
if ( "$jahr" =~ 20[0-9][0-9] ) then ...
```

Monateingabe: 1-12 erlaubt

```
if ( "$monat" =~ [1-9] || "$monat" =~ 1[012] ) then ...
```

oder, nur in der tcsh:

```
if ( "$monat" =~ {[1-9],1[012]} ) then ...
```

Tageseingabe: 1-31 erlaubt

```
if ( "$tag" =~ [1-9] || "$tag" =~ [12][0-9] ) || "$tag" =~ 3[01] ) then ...
```

oder, wieder nur in der tcsh:

```
if ( "$tag" =~ {[1-9],[12][0-9],3[01]} ) then ...
```

Möchte man ein ganzes Datum prüfen, kann man die obigen Teile kombinieren, nachdem man mittels `cut` oder `awk` den String in Tag, Monat und Jahr zerlegt hat.

Möchte man nur überprüfen, ob es sich bei den eingelesenen Daten um Datums-Einträge handelt, besteht also nicht die Gefahr, dass jeder einzelne Teil des Datums falsch geschrieben ist, kann man auch etwas einfacher testen:

```
if ( "$datum" =~ ??.??.20?? ) then ...
```

falls Tage und Monate immer zweistellig geschrieben werden. Ansonsten muss man wieder mit vielen Alternativen arbeiten. Am elegantesten geht es wieder in der tcsh:

```
if ( "$datum" =~ ?{,?}.?{,?}.20?? ) then ...
```

3.16 Datei-Tests

Mit Hilfe von Dateitest-Operatoren können Sie viele Fragen klären, die im Umgang mit Dateien und Verzeichnissen auftauchen. Ist die Konfigurations-Datei am vorgesehenen Ort zu finden? Darf ich aus dieser Datei lesen, darf ich in sie schreiben? Besteht das Verzeichnis bereits oder muss ich es anlegen? Während die C-Shell das übliche Spektrum an Datei-Tests anbietet, ist es in der tcsh sogar möglich, direkt an Inode-Informationen zu gelangen, wie die Dateigröße, die Zugriffsrechte oder den Zeitstempel.

- if (-f $file) then ... — Testen, ob Datei existiert.
- if (-d $file) then ... — Testen, ob Directory existiert.
- if (-w $file) then ... — Testen, ob Datei schreibbar ist.
- filetest -Z $file — Nur tcsh: Größe einer Datei
- filetest -M $file — Nur tcsh: Alter einer Datei

Die Syntax

```
if ( -operator file ) befehl

if ( -operator file ) then
  befehle
  ...
endif
```

Dateitest-Operatoren liefern 1, wenn sie erfolgreich waren, und 0, wenn nicht.

Möchten Sie testen, ob es im aktuellen Verzeichnis eine Datei namens `data.tmp` gibt, schreibt man beispielsweise:

```
if ( -f data.tmp ) then ...
```

Möchten Sie testen, ob sie für das laufende Programm schreibbar ist:

```
if ( -w data.tmp ) then ...
```

Datei-Test-Operatoren

In der folgenden Tabelle sind alle Datei-Test-Operatoren von C-Shell und tcsh zusammengestellt.

csh	tcsh	Bedeutung
-e	-e	existiert (egal ob Datei, Link oder Verzeichnis)
-f	-f	ist eine reguläre Datei (oder symbolischer Link)
-d	-d	ist ein Verzeichnis
	-l	ist ein symbolischer Link
-z	-z	existiert, ist aber leer
	-s	existiert und ist nicht leer
-r	-r	ist lesbar
-w	-w	ist schreibbar
-x	-x	ist ausführbar
	-X	ausführbare Datei, die in $PATH zu finden ist, oder in die Shell eingebauter Befehl
-o	-o	gehört dem ausführenden Benutzer
	-b	ist ein block special device (Gerätedatei)
	-c	ist ein character special device (Gerätedatei)
	-p	ist eine named pipe (Pseudodatei)
	-t	ist ein serielles Terminal
	-u	das setuid-Bit ist gesetzt
	-g	das setgid-Bit ist gesetzt
	-k	das sticky Bit ist gesetzt
	-S	ist Socket (Gerätedatei, Netzwerk)
	-L	Bei symbolischen Links: nachfolgende Operatoren sollen auf den Link selbst statt auf die Original-Datei angewandt werden.

Tabelle 3.11:Filetest-Operatoren in csh und tcsh

Beachten Sie, dass alle Operatoren Informationen aus Sicht des ausführenden Benutzers liefern. Während dies bei `-f`, `-d` etc. keine Rolle spielt, liefern die Operatoren `-r` -w `-x` und `-o` unterschiedliche Ergebnisse, je nachdem welcher Benutzer das Skript ausführt. Möchten Sie an die ursprünglichen Inode-Informationen gelangen, können Sie entweder die Ausgabe von `ls -l` weiter verarbeiten oder Sie verwenden die erweiterten Operatoren der tcsh.

Inode-Informationen in der tcsh

Die tcsh bietet eine Reihe weiterer Operatoren, mit denen man direkt an die im Inode gespeicherten Informationen gelangt. Wenn wir den Rückgabewert dieser Operatoren mit Vorgabewerten vergleichen wollen, verwenden wir sie wie oben gezeigt in `if`-Anweisungen, möchten wir ihn stattdessen in einer Variablen speichern, benutzen wir den Befehl `filetest`.

```
set groesse = filetest -Z datei
```

Operator	Bedeutung
-A	Zeitstempel des letzen Lese-Vorgangs in epoche-Format (Sekunden seit 1.1.1970, 0.00 Uhr)
-A:	Zeitstempel des letzen Lese-Vorgangs als timestamp (Fri Mar 29 08:42:26 MET 2002)
-M	Zeitstempel des letzen Schreib-Vorgangs in epoche-Format
-M:	Zeitstempel des letzen Schreib-Vorgangs als timestamp
-C	Zeitstempel der letzen Inode-Änderung in epoche-Format
-C:	Zeitstempel der letzen Inode-Änderung als timestamp
-D	Device-Nummer der Partition
-I	Inode-Nummer
-F	device:inode
-L	Name der Original-Datei bei einem symbolischen Link[28]
-N	Link Counter, Zahl der Hardlinks auf diesen Inode
-P	Zugriffsrechte, z.B. 644
-P:	Zugriffsrechte mit führender 0, z.B. 0644
-U	numerische User-ID der Datei
-U:	Loginname zur User-ID der Datei
-G	numerische Group-ID der Datei
-G:	Gruppenname zur Group-ID der Datei
-Z	Größe in Bytes

Tabelle 3.12:Inode-Operatoren der tcsh

Datei-Tests anwenden

Datei-Tests werden üblicherweise den eigentlichen Datei-Manipulationen vorgeschaltet, um schlimme Fehler zu vermeiden. Sind die geforderten Bedingungen nicht erfüllt, verlässt man meistens das Programm, nachdem man eine Fehlermeldung ausgegeben hat.

```
#!/bin/csh
# filetests

set config="/etc/myprog.conf"
set tmpdir="/opt/myprog/tmp"
set tmpfile="myprog.tmp"

if ( ! -f $config ) then
  echo "Konfigurations-Datei existiert nicht."
  exit 1
endif

if ( ! -d $tmpdir ) then
```

Listing 3.5: filetests

28. Der Operator -L ist zweideutig: Steht er alleine, gibt er den Namen der Original-Datei zurück, folgt ihm ein weiterer Operator, bezieht er dessen Wirkung auf den Link statt auf die Original-Datei.

```
    echo "Verzeichnis fuer temporaere Dateien existiert nicht."
    exit 2
endif

if ( ! -w $tmpdir ) then
    echo "Kann keine temporaeren Dateien anlegen."
    exit 3
endif

if ( -f "$tmpdir/$tmpfile" ) then
    echo "Entferne alte temporaere Datei."
    rm "$tmpdir/$tmpfile"
endif
```

Listing 3.5: filetests (Fortsetzung)

Statt das Programm nach jedem fehlgeschlagenen Test durch `exit` zu verlassen, könnte man es auch in mehrstufige `else-if`-Zweige verschachteln. Das Resultat wäre aber ziemlich unübersichtlich, sodass man diese Technik eher selten sieht.

Mit der Kurzform für `if` können wir solche Tests noch kompakter formulieren, wenn wir auf komfortable Fehlermeldungen verzichten:

```
#!/bin/csh
# filetests2

set config="/etc/myprog.conf"
set tmpdir="/opt/myprog/tmp"
set tmpfile="myprog.tmp"

if ( ! -f $config ) exit 1
if ( ! -d $tmpdir ) exit 2
if ( ! -w $tmpdir ) exit 3

if ( -f "$tmpdir/$tmpfile" ) then
    echo "Entferne alte temporaere Datei."
    rm "$tmpdir/$tmpfile"
endif
```

Listing 3.6: filetests2

Möchten Sie vor dem Aufruf eines Programms auf einfache Art und Weise prüfen, ob seine Konfigurationsdatei auch gefunden wird? Bitte schön:

```
if ( -f /etc/http.conf ) httpd
```

Die Dateigröße testen

Stellen Sie sich vor, Sie möchten Logfiles zyklisch kopieren, je nachdem ob die aktive Logdatei eine bestimmte Größe erreicht hat. Wie gelangen wir an die Dateigröße?

In der tcsh bietet sich der Operator -Z an.

```
set maxsize=1000000
if ( -Z $logfile > $maxsize ) then
  mv $logfile.2 $logfile.3
  mv $logfile.1 $logfile.2
  mv $logfile $logfile.1
  touch $logfile
endif
```

In der C-Shell steht uns -Z nicht zur Verfügung. Hier müssen wir die Ausgabe von `ls -l` zerlegen.

```
set maxsize=1000000
set lslog=`ls -l $logfile`
if ( $lslog[5] > $maxsize ) then              # Groesse = 5. Wort
  mv $logfile.2 $logfile.3
  mv $logfile.1 $logfile.2
  mv $logfile $logfile.1
  touch $logfile
endif
```

3.17 Kommando-Tests

Neben Zahlen, Strings, Variablen und Datei-Attributen können Sie über eine `if`-Abfrage auch den Erfolg eines Kommandos überprüfen. Je nachdem, ob der Befehl erfolgreich war oder nicht, werden Sie dann unterschiedliche Aktionen eingeleiten.

❑ if ({ *testbefehl* }) then ...	Den Rückgabewert eines Befehls testen.
❑ exit-Status 0	Befehl war erfolgreich.
❑ exit-Status 1-255	Befehl endete mit Fehler.
❑ echo $status	`exit`-Status abfragen.
❑ if ({ (*testbefehl*>& /dev/null) }) then ...	`stdout` und `stderr` verwerfen.

Die Syntax

Soll der Erfolg eines Befehls direkt über eine `if`-Anweisung getestet werden, schreibt man ihn als Bedingung in geschweiften Klammern innerhalb der üblichen runden Klammern.

```
if ( { testbefehl } ) befehl

if ( { testbefehl } ) then
  befehl
  ...
endif
```

Exit-Status von Befehlen

Befehle und ausführbare Dateien geben unter UNIX einen Wert, den so genannten Exit-Status zurück, der anzeigt, ob der Befehl wie vorgesehen seine Arbeit verrichten konnte oder ob es Probleme gab. Der Rückgabewert ist immer eine ganze Zahl und liegt zwischen 0 und 255, wobei eine Null den Erfolg des Befehls anzeigt und alle anderen Zahlen für Fehler unterschiedlicher Art stehen. Welcher Fehler durch welche Zahl repräsentiert wird, ist dabei für jeden Befehl individuell geregelt und kann häufig in der jeweiligen man-Page nachgelesen werden.

Findet if einen Befehl in geschweiften Klammern, passt es sich dieser Konvention an und liefert "wahr", wenn der Befehl erfolgreich verlaufen ist, und "falsch", wenn nicht.

Über exit *n* kann man bei Beendigung des eigenen Skripts den gewünschten Wert zurückgeben.

Der Exit-Status des zuletzt im Vordergrund aufgerufenen Befehls steht über die Variable $status zur Verfügung. Die tcsh bietet zusätzlich die Variable $? mit der gleichen Bedeutung an.[29]

```
mars# ls *.txt
file1.txt file2.txt
mars# echo $status
0
mars# ls *.xyz
*.xyz: No such file or directory
mars# echo $status
2
mars# grep jupiter /etc/hosts
193.234.29.7     jupiter
mars# echo $status
0
mars# grep JUPITER /etc/hosts
mars#
mars# echo $status
1
```

Im letzten Beispiel war grep einmal erfolgreich, einmal nicht. Wenn wir grep nun in eine if-Abfrage einbauen, wird sein exit-Status direkt ausgewertet.

```
#!/bin/csh
#hostsuche

set host=jupiter

if ( { grep $host /etc/hosts } ) then
  echo "Rechner $host bekannt."
  if ( { ping $host } ) then
      echo "Rechner $host erreichbar."
    else
      echo "Rechner $host nicht erreichbar"
  endif
  else
    echo "Rechner $host existiert nicht."
endif
```

29. $? ist in der Bourne-Shell die Variable für den Exit-Status eines Befehls.

Standard-Ausgabe verwerfen

Häufig interessieren wir uns bei der Überprüfung eines Kommandos nicht für dessen Ausgabe, sondern ausschließlich für seinen Rückgabewert. In diesen Fällen ist es üblich, `stdout` oder `stdout` + `stderr` auf das Pseudo-Gerät `/dev/null` umzuleiten, wo die Daten einfach verworfen werden.

Leider funktionieren Umleitungen in geschweiften Klammern nicht. Wir müssen den Befehl mitsamt Umleitung noch einmal in runde Klammern setzen, wodurch er in einer Subshell ausgeführt wird, welche wiederum Umleitungen versteht. Auf die gleiche Art geht man vor, wenn der zu untersuchende Befehl eine Pipe enthält.

```
if ( { ( befehl > /dev/null ) } ) then ...
if ( { ( befehl >& /dev/null ) } ) then ...
```

Für unser Skript aus dem letzten Absatz sehen die entscheidenden Zeilen dann folgendermaßen aus:

```
if ( { ( grep $host /etc/hosts >& /dev/null ) } ) then ...
if ( { ( ping $host >& /dev/null ) } ) then ...
```

Exit-Status explizit abfragen

Die gerade besprochene Einbettung eines Kommandos in drei Klammer-Paare wird Sie vermutlich nicht sonderlich begeistern. Alternativ können Sie das Kommando separat ausführen und erst in einem zweiten Schritt die Variable `$status` testen. Diesen Weg geht man außerdem immer dann, wenn der zu testende Befehl zu komplex für eine Einbettung in `if` ist oder wenn der konkrete Rückgabewert benötigt wird.

```
befehl
if ( $status == 0 ) then
  befehle ...
endif
```

Beispiel: Muster-Vergleiche mit grep

Erinnern Sie sich an unsere Schwierigkeit, mit reinen Shell-Mitteln zu testen, ob es sich bei einem String um eine Zahl handelt? Shell-Muster bieten keine Möglichkeit, so etwas wie "beliebig viele" zu formulieren. Hierfür gibt es Regular Expressions und eine Reihe von Tools, die solche verstehen. Wir nehmen `egrep` um sicherzustellen, dass die Symbole + und ? verstanden werden. `egrep` ist eine leicht erweiterte Version von `grep`.

Zahl mit beliebig vielen Stellen

```
echo $eingabe | egrep '^[0-9]+$' >& /dev/null
if ( $status == 0 ) then ...
```

Mehrstellige Zahl, führende Null verbieten

```
echo $eingabe | egrep '^[1-9][0-9]*$' >& /dev/null
if ( $status == 0 ) then ...
```

Nur ein- oder zweistellige Zahlen erlaubt

```
echo $eingabe | egrep '^[1-9][0-9]?$' >& /dev/null
if ( $status == 0 ) then ...
```

Der * steht für "beliebig viele", das + für "mindestens einmal", das ? für "Null oder einmal". Die Zeichen ^ und $ symbolisieren den Anfang und das Ende des Strings. Ohne sie muss bei Regular Expressions das Muster lediglich im String enthalten sein, um den Test zu bestehen; mit ihnen muss der String exakt passen.

3.18 Short Circuit Tests

Wenn Sie sich die Boot-Skripte Ihres Systems ansehen, werden Sie immer wieder auf Konstruktionen stoßen, in denen die logischen Operatoren && und || nicht auf Ausdrücke, sondern auf Befehle angewendet werden. Zugegeben, es handelt sich um Bourne-Shell-, nicht um C-Shell-Skripte, aber das System, das sich dahinter verbirgt, das so genannte Short-Circuit-Testing, funktioniert in allen Shells (und in `awk`, in `perl`, in C, ...)

- *befehl1 && befehl2* — Kurzform für `if ( {` *befehl1* `} )` *befehl2*
- *befehl1 || befehl2* — Kurzform für `if ! ( {` *befehl1* `} )` *befehl2*
- *befehl1 >& datei && befehl2* — Kurzform für `if ({(` *befehl1 >& datei* `)})` *befehl2*
- *befehl1 && befehl2 && befehl3* — Befehlsketten durch &&

if-Abfragen durch && und ||

Durch die Verknüpfung zweier Befehle durch && `oder` || erhält man eine Kurzform einer `if`- bzw. einer `if !` -Anweisung.

```
befehl1 && befehl2
```

entspricht

```
if ( { befehl1 } ) befehl2
```

Die Konstruktion

```
befehl1 || befehl2
```

entspricht

```
if ! ( { befehl1 } ) befehl2
```

Gerade wenn zusätzliche Umleitungen hinzukommen, erspart man sich eine Menge Schreibarbeit. Statt

```
if ( { ( befehl1 >& datei ) } ) befehl2
```

heißt es einfach

```
befehl1 >& datei && befehl2
```

Stellen wir uns ein Skript vor, welches in regelmäßigen Abständen eine Reihe von Rechnern anpingt und den Erfolg in einer Log-Datei festhält. Die entscheidende Zeile könnte dann so aussehen:

```
ping $host >& /dev/null && echo "$host erreichbar: `date`" >> ping.log
```

Wenn wir eine Log-Datei nur dann verarbeiten möchten, falls ein bestimmter Rechnername darin auftaucht, können wir folgendermaßen vorgehen:[30]

```
grep $host /var/file.log >& /dev/null || exit 1
...
```

Doch wieso funktioniert diese Konstruktion überhaupt? Alle Shells werten logische Ausdrücke "intelligent" aus, sie brechen die Auswertung ab, sobald der Wahrheitsgehalt des gesamten Ausdruckes feststeht!

30. In der Bourne-Shell verwendet man && und || für kurz formulierte Dateitests: [-f $datei] || exit 1. Für solche Fälle benutzt man in der C-Shell die Kurzform von if: if (! -f $datei) exit 1.

Ein mit **&&** verknüpfter Ausdruck ist nur wahr, wenn beide Teile wahr sind. Ist der erste Teil als falsch evaluiert, spart sich die Shell den Rest, weil das Gesamtergebnis sowieso falsch wird. Somit führt sie den zweiten Teil nur aus, wenn der erste „wahr" ergab. Eine `if`-Konstruktion!

befehl1 && befehl2

befehl1 wahr	→ Ergebnis noch unklar → *befehl2* ausführen
befehl1 falsch	→ Ergebnis bekannt → *befehl2* nicht ausführen

Ein mit `||` verknüpfter Ausdruck ist wahr, wenn wenigstens ein Teil wahr ist. Nur wenn beide falsch sind, wird das Ergebnis falsch. Ist also der erste Teil als wahr evaluiert, spart sich die Shell den Rest. Nur wenn der erste Teil „falsch" ergab, muss der zweite Teil ausgeführt werden. Eine `if !`-Konstruktion!

befehl1 || *befehl2*

befehl1 wahr	→ Ergebnis bekannt → *befehl2* nicht ausführen
befehl1 falsch	→ Ergebnis noch unklar → *befehl2* ausführen

Auf diese Art dürfen auch ganze Ketten von Befehlen gebildet werden. Die Shell wertet sie von links nach rechts aus, bis der Erfolg des gesamten Ausdrucks feststeht.

befehl1 && befehl2 && befehl3 && ...

3.19 Die switch-Verzweigung

Die `switch`-Anweisung stellt eine Alternative für verschachtelte `if`-Abfragen dar. Eine Abfolge von mehreren `if-else-if`-Anweisungen führt leicht zu unübersichtlichen Programmen. Wenn Sie stattdessen auf die `switch`-Konstruktion ausweichen, behält Ihr Skript auch bei zahlreichen Tests eine gut lesbare Struktur.

Allerdings ist `switch` auf den Spezialfall beschränkt, dass eine *einzige* Variable auf verschiedene Muster hin zu überprüfen ist.

- `switch(` *$var* `)` ..... `endsw`
- Überprüfung einer einzigen Variablen auf verschiedene Muster.
- Muster: `* ? []` zusätzlich in der tcsh: `{...,...}`
- default: letztes Muster, das immer passt.
- Ablauf-Steuerung eines Skriptes durch `switch`.

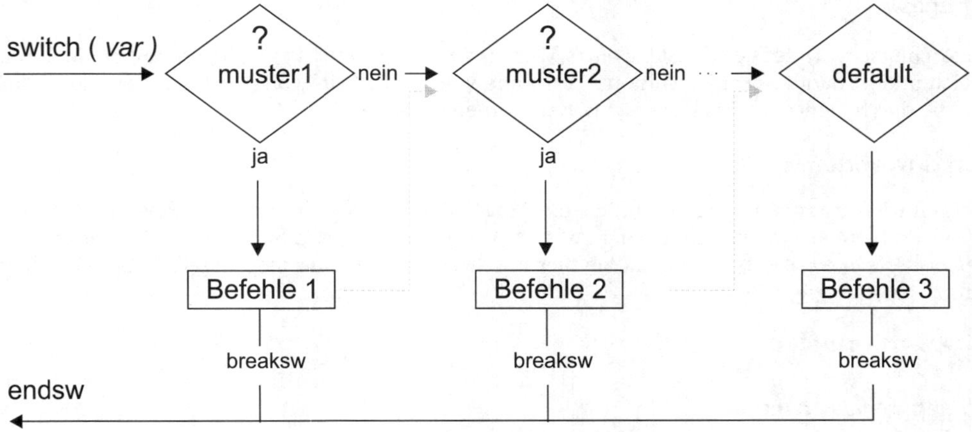

Abbildung 3.12: switch-Verzweigung

Die Syntax

```
switch ($variable)
  case muster:
    befehl
    ...
    breaksw
  case muster:
    befehl
    ...
    breaksw
endsw
```

Der zu testende Wert wird nacheinander auf die verschiedenen Muster hin überprüft. Verläuft ein Vergleich positiv, werden die Befehle des entsprechenden Abschnitts ausgeführt. Schließt eine `breaksw`-Anweisung den Block ab, springt die Shell anschließend aus dem `switch`-Konstrukt heraus, ohne dass weitere Muster überprüft werden.

Fehlt hingegen die `breaksw`-Anweisung, fährt die Shell mit der Überprüfung des nächsten Musters fort.

Als Muster für die Vergleiche können feste Zeichenketten verwendet werden, aber auch die bereits aus der Dateinamen-Expansion und vom Vergleichs-Operator =~ her bekannten Wildcards * ? und `[ ]`.

Die tcsh erlaubt auch das Bilden von Alternativen durch `{ }`.

WICHTIG

Anstelle der Variablen `$var` kann auch ein komplexer Ausdruck stehen, der nach seiner Verarbeitung einen String liefert.

```
switch ($variable)
  ...
  ...
  default:
    befehle
    ...
endsw
```

Das Schlüsselwort `default` anstelle eines Musters wirkt wie ein `else`. Es liefert immer einen wahren Vergleich und ist daher normalerweise nur am Ende von `switch` sinnvoll. Dort deckt es alle restlichen Fälle ab, die durch keines der Muster beschrieben werden konnten.

switch anwenden

Kehren wir kurz zu der Aufgabe zurück, die Anzahl der Tage im Monat zu ermitteln. In der tcsh lösen Sie dieses Problem elegant mit Hilfe einer `switch`-Anweisung. In der C-Shell bleiben Sie hingegen besser bei der bisherigen `else-if`-Lösung, da Sie hier mit `switch` zwölf einzelne `case`-Fälle berücksichtigen müssten.

```
# nur tcsh!

set monat=`date +%m`
```

Listing 3.7: Tage im Monat, Variante 2

```
set jahr=`date +%Y`

switch ( $monat )
  case 02:
    set mtage=28
    if ( $jahr % 4 == 0 ) set mtage=29
    breaksw
  case {04,06,09,11}:
    set mtage=30
    breaksw
  default:
    set mtage=31
endsw
    set mtage=31
endsw
```

Listing 3.7: Tage im Monat, Variante 2(Fortsetzung)

Man erkennt den übersichtlichen Aufbau einer switch-Anweisung. Sind Sie mit der Behandlung des Februars unzufrieden? Immerhin funktioniert diese einfache Variante etwa 100 Jahre ;-)

Sie können die Ablaufsteuerung eines ganzen Skriptes über eine `switch`-Anweisung regeln. Bei UNIX-Boot-Skripten ist dieses Vorgehen sehr beliebt. Da Boot-Skripte aber in Bourne-Shell-Syntax geschrieben sind, hat man es dort nicht mit einer `switch`-, sondern mit einer `case`-Anweisung zu tun.

Stellen Sie sich vor, Sie möchten unterschiedliche Befehls-Blöcke ausführen, je nachdem, mit welcher Option Ihr Skript aufgerufen wurde, zum Beispiel unterschiedliche Informationen zu Ihrem Rechner ausgeben. Übergebene Argumente und Optionen landen in `$1`, `$2` etc., wie wir bereits gesehen haben. (Wir gehen in Abschnitt 3.26 noch näher auf diesen Punkt ein.) [31]

```
#!/bin/csh
#status  Status-Informationen

switch ( $1 )
  case info:
    echo "Datum:    `date`"
    echo "Rechner:  `hostname`"
    breaksw
  case fs:
    echo "Filesysteme:"
    df -k
    breaksw
  case mem:
    prtconf | grep Memory                          # Solaris-Version
    breaksw
  default:
```

Listing 3.8: status – Steuerung durch switch

31. LINUX: Nehmen Sie 'free' statt 'prtconf': free -m | grep Mem | awk '{print "Memory:",$2," KB"}'

```
    echo "Aufruf: status [info|fs|mem]"
endsw
```

Listing 3.8: status – Steuerung durch switch(Fortsetzung)

```
mars# status info
Datum: Thu Feb 21 09:36:26 MET 2002
Rechner: mars
mars#
mars# status mem
Memory Size: 32 Megabytes
```

3.20 Die foreach-Schleife

Beim Schreiben von Shell-Skripten werden Sie häufig vor dem Problem stehen, eine Reihe von Befehlen *wiederholt* ausführen zu wollen. Immer wieder erneut und so lange, wie eine bestimmte Bedingung erfüllt oder bis eine vorgegebene Liste abgearbeitet ist. Für solche Situationen benötigen Sie eine Schleifen-Konstruktion. Die C-Shell bietet drei verschiedene Schleifen-Typen: die `foreach`-, die `while`- und die `repeat`-Schleife.

Wir beginnen mit `foreach`. Die `foreach`-Schleife arbeitet eine Liste von Argumenten ab und führt ihre Befehle für jedes einzelne Element dieser Liste aus.

- foreach *variable* (*parameter_liste*) ... end — Syntax
- Trenner zur Aufsplittung der Liste: — Leerzeichen, Tabulator, Newline
- foreach *variable* (x y z) — Liste explizit angegeben.
- foreach *variable* (*.bck) — Dateinamen-Expansion.
- foreach *variable* (`find ...`) — Kommando-Substitution.
- foreach *variable* ($userlist) — Variablen-Expansion.
- foreach *variable* ($*array*) — Arrays
- foreach *variable* ($*) — Kommandozeilen-Argumente

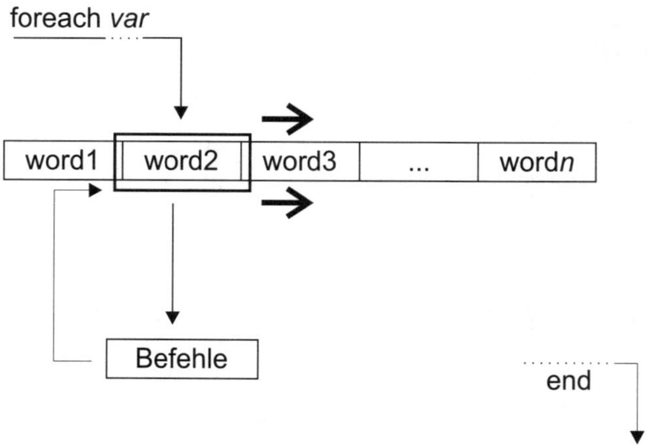

Abbildung 3.13: foreach-Schleife

Die Syntax

```
foreach variable ( parameter_liste )
  befehl
  ...
end
```

Die `foreach`-Schleife setzen Sie immer dann ein, wenn es darum geht, eine vorgegebene Liste von Argumenten zu verarbeiten. Dabei kann es sich um eine Reihe von Dateien, Verzeichnissen, Rechnern, Benutzern oder Ähnlichem handeln. Der Block von Befehlen wird für jedes Element der Liste ausgeführt, indem bei jedem Durchgang die Elemente sukzessive in die Laufvariable *variable* wandern und sich die Befehle auf diese Laufvariable beziehen.

Die `foreach`-Schleife kann nicht in Form eines Einzeilers geschrieben werden, da die Schlüsselwörter `foreach` und `end` beide am Beginn einer Zeile stehen müssen! Es existiert auch keine Kurzform wie bei der `if`-Konstruktion.

`foreach` wird häufig zum Kopieren, Verschieben, Umbenennen oder Löschen von Datei-Listen benutzt.

```
foreach file ( datei1 datei2 datei3 datei4 )
  cp $file $file.bck
end
```

Im ersten Durchlauf enthält die Lauf-Variable `file` den Wert `datei1`, wodurch `datei1` auf `datei1.bck` kopiert wird. Im zweiten Durchgang enthält `file` den Wert `datei2` usw.

Durch die Verwendung von Wildcards in der Parameter-Liste kann man den Nutzen einer `foreach`-Schleife weiter steigern.

```
foreach file ( * )
  cp $file $file.bck
end
```

VORSICHT

Die `foreach`-Schleife kann NICHT wie ein einfacher Befehl in eine Datei umgeleitet oder gepipet werden! Prinzipiell kann die C-Shell nur externe Kommandos und *einfache* Builtin-Befehle umlenken. Für mehrzeilige eingebaute Befehle, das sind `foreach`, `while` und `if-else`-Konstruktionen, funktioniert dies nicht.

Varianten der Parameter-Liste

`foreach`-Schleifen können Sie in vielen Variationen einsetzen. Die unterschiedlichen Anwendungen ergeben sich aus den verschiedenen Möglichkeiten, eine Parameter-Liste zu erzeugen.

- arg1 arg2 arg3 — Explizite Liste einzelner Argumente.
- *.txt — Liste von Dateinamen durch Dateinamen-Expansion.
- \`befehl\` — Liste erzeugt durch Kommando-Substitution.
- $worte — Liste erzeugt durch Variablen-Interpolation.
- $* — Liste der Argumente beim Skript-Aufruf (siehe Abschnitt 3.26).

32. Dies ist eine der großen Schwächen der C-Shell. In der Bourne-Shell-Familie können über gepipete Schleifen sehr performante Skripte realisiert werden.

Beachten Sie bitte, dass die `foreach`-Schleife die Art und Weise, wie eine Parameter-Liste erzeugt wurde, nie zu sehen bekommt. Die Shell führt zunächst die gewünschte Ersetzung von Metazeichen aus und liefert erst dann die entstandene Liste an `foreach`.

Die C-Shell verwendet bei der Verarbeitung von Listen immer Leerzeichen, Tabulatoren und Newlines als Trenner zwischen den Wörtern. Wenn ein einzelnes Element selbst Leerzeichen enthält, muss es daher in Anführungszeichen gesetzt werden.

```
foreach var ( "Hans Meier" "Mueller" "Von Bruch" )
```

Enthält die zu verarbeitende Liste einen anderen Wort-Trenner als die C-Shell benötigt, müssen Sie diesen zunächst mit Hilfe von `tr` in ein Leerzeichen umwandeln. Auf dieses Problem stoßen Sie zum Beispiel immer dann, wenn Sie Informationen aus der `/etc/passwd` verarbeiten möchten.

```
set liste = `echo $liste | tr 'char' ' '`

set liste = `grep meier /etc/passwd`
set liste = `echo $liste | tr ':' ' '`

oder direkt

set liste = `grep meier /etc/passwd | tr ':' ' '`

foreach field ( $liste )
  .....
end
```

Dateinamen-Expansion in foreach

Die `foreach`-Schleife eignet sich hervorragend dazu, große Listen von Dateien mit einem Satz von Befehlen zu bearbeiten. Mit Hilfe der bekannten Wildcards * ? [] und {} kann dabei die Fähigkeit der Shell zur Dateinamen-Expansion ausgenutzt werden.

Nehmen wir beispielsweise an, wir hätten eine Reihe von Dateien zusammen gestellt, die wir beim Anlegen eines neuen Benutzers in dessen Home-Verzeichnis kopieren möchten. [33]

```
#!/bin/csh
# copyprofs
# Kopiert Startprofile und andere Dateien in das
# Homeverzeichnis eines Benutzers
# Benutzername wird auf der Kommandozeile uebergeben

set user=$1
set profdir=/etc/userprofs
set homedir=/export/home
cd $profdir

foreach file ( * .* )
  if ( -f $file ) then
```

Listing 3.9: copyprofs – Profil-Dateien kopieren

33. LINUX: homedir=/home

```
      cp $file $homedir/$user/
      chown $user $homedir/$user/$file
    endif
  end
```

Listing 3.9: copyprofs – Profil-Dateien kopieren(Fortsetzung)

Bitte beachten Sie, dass Profil-Dateien oft versteckt sind und das Sternchen keine versteckten Dateien auflöst. Daher das zusätzliche Muster `.*`

Kommando-Substitution in foreach

Datei-Listen können nicht nur durch den Einsatz von Wildcards effektiv generiert werden. Mit Hilfe der Kommando-Substitution kann man jeden beliebigen Befehl verwenden, um Dateien zu suchen und zu filtern. Neben einer Reihe von Dateien lassen sich auf diese Art natürlich auch Listen von Benutzern, Rechnern und beliebigen anderen Elementen erzeugen.

Stellen Sie sich vor, die Namen von Rechnern, die Sie überwachen möchten, stünden in einer Datei `watchhosts`. Sie müssen also aus dem Inhalt der Datei eine Liste für `foreach` erzeugen.

```
foreach rechner ( `cat watchhosts` )
  ping $rechner
  ...
end
```

Listing 3.10: foreach-Schleife über den Inhalt einer Datei

`cat` liefert die Liste der Dateien durch Newlines getrennt. Das ist OK, da auch das Newline zur Liste der Trennzeichen gehört.

Zeit zum Aufräumen! Wir verschieben alle Dateien, die schon mehr als ein Jahr lang nicht mehr angefasst wurden, in ein dafür vorgesehenes Verzeichnis. Um die Verzeichnisstruktur zu erhalten, erzeugen wir bei Bedarf Unterverzeichnisse mit `mkdir`. Die Auswahl der Dateien erfolgt über den Befehl `find` mit der Option `-atime`.

```
#!/bin/csh
# moveolds
# Sucht nach Dateien, die schon lange nicht mehr
# gelesen wurden, verschiebt sie nach /archive/olds
# und vermerkt die Aktion in einer Logdatei.

set startdir=$1
set alter=365              #Tage, seitdem nicht gelesen wurde
set olddir=/archive/olds
set logfile=/archive/olds/olds.log

foreach datei ( `find $startdir -type f -atime +$alter -print` )
  set dir=`dirname $datei`
  if ( ! -d $olddir/$dir ) mkdir -p $olddir/$dir
  mv $datei $olddir/$datei
  echo "$datei verschoben `date`" >> $logfile
end
```

Listing 3.11: moveolds – alte Dateien verschieben

Variablen-Interpolation in foreach

Auch Variablen, die eine Liste von Elementen enthalten, können als Parameter-Liste in foreach eingesetzt werden. Dabei spielt es keine Rolle, ob es sich um ein Array oder eine normale Variable handelt. `foreach` erzeugt eine Liste anhand von Leerzeichen, Tabs und Newlines.

Variablen bieten sich immer an, wenn der Befehl zur Erzeugung einer Parameter-Liste zu komplex ist und zwecks besserer Übersicht nicht direkt in die `foreach`-Konstruktion geschrieben werden soll.

```
set liste=`find $startdir -type f -atime +$alter -print`
foreach datei ( $liste )
  ...
end
```

Arrays in foreach

Natürlich lassen sich auch Arrays hervorragend mit `foreach` abarbeiten. Syntaktisch gesehen gibt es keinen Unterschied zur Verarbeitung von Listen, die in normalen Variablen enthalten sind.

```
foreach var ( $array )
  befehl
  ...
end
```

```
#!/bin/csh
# zahlentest1
# Zeigt die Verwendung von Arrays in foreach

set zahlen = ( 2 4 6 12 14 )

# Alle Zahlen des Arrays verarbeiten
foreach zahl ( $zahlen )
  @ zahl = $zahl * 2 + 1
  echo $zahl
end

# Was ist mit dem Array geschehen?
echo "---"
foreach zahl ( $zahlen )
  echo $zahl
end
```

Listing 3.12: zahlentest1 – Arrays in foreach-Schleifen

```
mars# ./zahlentest1
5
9
13
25
29
---
```

```
2
4
6
12
14
```

Wie zu erwarten, wurde in der ersten Schleife zwar die Laufvariable `zahl` verändert, nicht jedoch das jeweilige Array-Element selbst. Um Letzteres zu erreichen, verwendet man besser eine `while`-Schleife.

3.21 Die while-Schleife

Während die `foreach`-Schleife eine Liste vom ersten bis zum letzten Element abarbeitet, macht die `while`-Schleife ihre Arbeit davon abhängig, ob eine Bedingung erfüllt ist. Sie funktioniert wie eine im Kreis laufende `if`-Anweisung. Solange die Bedingung erfüllt ist, werden die nachfolgenden Befehle ausgeführt, ergibt die Überprüfung zum ersten Mal "falsch", bricht die Schleife ab.

- while (...) .... end — Syntax, um eine Bedingung zu testen.
- while ({ *befehl* }) ..... end — Syntax, um einen Befehl zu testen.
- while ($n < 77) ..... — Zahlenbereiche durchlaufen.
- while ($eingabe != "q") ..... — Schleife um Benutzereingabe
- set eingabe = $< — Benutzereingabe einlesen.
- while ($i <= $#arr) ... $arr[$i] ... — Arrays bearbeiten mit while.
- while (1) ..... — Endlosschleife

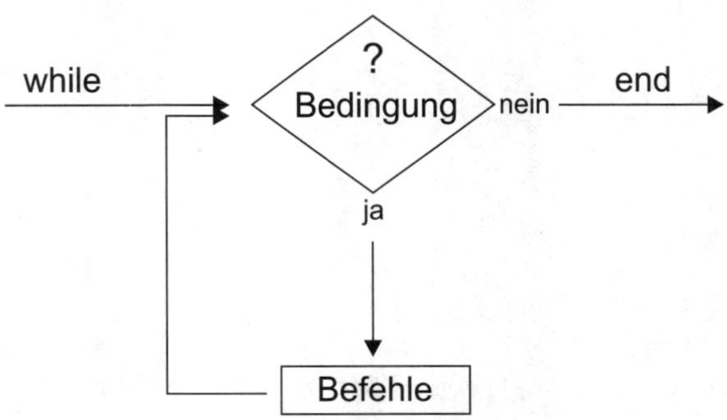

Abbildung 3.14: while-Schleife

Die while-Schleife

```
while ( bedingung )
  befehl
  ...
end

while ( { testbefehl } )
  befehl
  ...
end
```

```
while ( { ( testbefehl >datei ) } )
  befehl
  ...
end
```

Die `while`-Schleife kann NICHT als Einzeiler geschrieben werden, da sowohl `while` als auch `end` als erstes Wort in einer eigenen Zeile stehen müssen. Auch für `while` existiert keine Kurzform. Allerdings können manche Spezialfälle mit Hilfe der `repeat`-Schleife realisiert werden. (siehe Abschnitt 3.22)

Die `while`-Schleife überprüft die Bedingung jeweils *vor* der Ausführung des Befehls-Blocks. Ist die Bedingung von Anfang an nicht erfüllt, werden die Befehle also überhaupt nicht ausgeführt.

Hinsichtlich der Formulierung einer Bedingung sind die gleichen Methoden möglich wie bei einer `if`-Konstruktion. In runden Klammern können zunächst Zahlen, Zeichenketten oder die Existenz einer Variablen überprüft werden. Über zusätzliche geschweifte Klammern kann man auch den Erfolg eines Befehls als Test-Bedingung verwenden, wobei auch hier wieder ein dritter Satz von Klammern erforderlich wird, wenn der Testbefehl in eine Datei umgeleitet oder gepipet werden soll.

WICHTIG

Die `while`-Schleife kann ebenso wenig umgeleitet werden wie `foreach`.

Zahlenbereiche mit while

Eine typische Anwendung für `while`-Schleifen ist das Durchlaufen eines Zahlen-Bereiches. Nehmen wir an, wir wollen alle Rechner in einem bestimmten IP-Adressbereich auf ihre Erreichbarkeit hin testen. [34]

```
#!/bin/csh
# pingscope
set base=193.234.29
set start=120
set stop=240
set zahl=$start

while ( $zahl < $stop )
  set ip=$base.$zahl
  ping $ip 3 >& /dev/null || echo "$ip nicht erreichbar"
  @ zahl ++
end
```

Listing 3.13: pingscope – Bereich von IP-Adressen anpingen

Das Argument `3` für `ping` bedeutet, dass 3 Pakete gesendet werden.

34. LINUX: Statt 'ping $ip 3': 'ping -c 3 $ip'

Benutzer-Eingaben mit while

Auch das Einlesen von Benutzereingaben lässt sich mit Hilfe einer `while`-Schleife hervorragend realisieren. Eingabe-Operationen werden in Abschnitt 3.25 noch ausführlicher behandelt. Hier noch einmal die Syntax zum Einlesen einer einzigen Zeile von der Tastatur.

```
echo "Welches Verzeichnis moechten Sie archivieren?"
set eingabe = $<
```

Sollen nun mehrere Zeilen so lange von Tastatur gelesen werden, bis der Benutzer zum Beispiel `"quit"` eingibt, stellt man die $<-Konstruktion in eine `while`-Schleife.

```
#!/bin/csh
# archive1    Archivierung mit Schleife fuer Benutzer-Eingabe

set archdir=/archive
set frage="Welches Verzeichnis moechten Sie archivieren?"

echo
echo "$frage"
set eingabe = $<

while ( "$eingabe" != "quit" )
  set dir=$eingabe
  if ( -d $dir ) then
    mkdir -p $archdir/$dir
    find $dir | cpio -pdm $archdir
    echo "$dir archiviert  nach $archdir/$dir"
  else
    echo "Verzeichnis $dir nicht gefunden"
  endif
  echo
  echo "$frage"
  set eingabe = $<
end
```

Listing 3.14: archive1 – Archivierung mit Schleife für Benutzereingabe

```
mars# ./archive1

Welches Verzeichnis moechten Sie archivieren?
mydata1
2368 blocks
mydata1 archiviert  nach /archive/mydata1

Welches Verzeichnis moechten Sie archivieren?
quit
mars#
```

Der Befehl `cpio -pdm` sichert alle Dateien, die durch `find` gefunden werden, in das Verzeichnis `$archdir`. Das Kommando `mkdir -p` erstellt das nötige Verzeichnis, falls es noch nicht existiert.

In dem Befehl `echo "$frage"` mussten wir Anführungszeichen benutzen, um die Interpretation des Fragezeichens als Wildcard durch die Shell zu vermeiden.

Der Benutzer muss exakt `"quit"` eingeben, sonst kommt er nicht raus. Das kann nicht gut gehen! Wie geht man typischerweise vor, wenn man mehr Komfort anbieten möchte? Man wandelt die Eingabe in Kleinbuchstaben um und akzeptiert den Anfangsbuchstaben `q`!

```
set eingabe = $<
set eingabe=`echo $eingabe | tr 'A-Z' 'a-z'`
.....
while ( "$eingabe" != "quit" && "$eingabe" != "q" )
```

Die entsprechende Variante unseres Skriptes finden Sie auf der CD unter dem Namen `archive2`.

Arrays mit while

Während die `foreach`-Schleife auf elegante Art ein Array vom ersten bis zum letzten Feld ausliest, ist eine `while`-Schleife hervorragend dazu geeignet, direkt auf *einzelne* Array-Elemente zuzugreifen. Außerdem ist es praktisch nur mit der `while`-Schleife möglich, die Array-Elemente zu *verändern*, da bei `foreach` die Elemente nur als Kopie in die Laufvariable wandern.

```
while ( $i <= $#array )
  befehl
  ...
end
```

```
#!/bin/csh
# zahlentest2
# Zeigt die Verwendung von Arrays mit while

set i=1
set zahlen = ( 2 4 6 12 14 )

while ( $i <= $#zahlen )
  @ zahlen[$i] = $zahlen[$i] * 2 + 1
  echo $zahlen[$i]
  @ i ++
end
```

Listing 3.15: zahlentest2 – Arrays in while-Schleifen

```
mars# ./zahlentest2
5
9
13
25
29
```

Wie man sieht, wurde das Array direkt verändert.

Endlos-Schleifen, true und sleep

Als Endlosschleife bezeichnet man eine Schleife, deren Bedingung *immer* erfüllt ist, sodass sie nie abbricht. Sie benötigen eine Endlosschleife entweder, um Aktionen periodisch zu wiederholen, bis sie von außen gewaltsam abgebrochen werden, wie es für Hintergrunddienste, so genannte Dämonen notwendig ist, oder, um das eigentliche Abbruch-Kriterium aus der Schleifen-Bedingung heraus- und in den Schleifen-Block hineinlegen zu können, weil es zu komplex oder überhaupt erst im Schleifen-Block formulierbar ist. Diese zweite Variante verwendet den `break`-Befehl, der in Abschnitt 3.23 behandelt wird. Hier sehen wir uns zunächst einfache Endlos-Schleifen ohne zusätzlichen Abbruch an.

```
while ( 1 ) ...
while 1 ...
```

Sie können sich beliebige Formulierungen für immer wahre Bedingungen ausdenken. Die häufigste ist jedoch die schlichte 1. Bei einfachen Prüfungen können die runden Klammern entfallen, daher sieht man auch manchmal die zweite Form.

Versuchen wir uns an einem Programm, das einen wichtigen Dienst überwacht. Nehmen wir als Beispiel *httpd*, den Web-Server. Wenn unser Skript feststellt, dass *httpd* nicht mehr läuft, soll es uns per E-mail alarmieren. Das Skript soll ständig laufen und den betroffenen Dienst alle 2 Minuten abchecken. [35]

```
sleep 120
```

WICHTIG

Mit sleep kann ein Skript eine gegebene Anzahl von Sekunden angehalten werden.

```
#!/bin/csh
#dienstchk              Testet alle x Sekunden, ob ein Dienst noch laeuft.

set dienst=httpd
set intervall=120

while ( 1 )
  ps -ef | grep $dienst | grep -v grep >& /dev/null
  if ( $status != 0 ) then
    echo `date` | mailx -s "Achtung: $dienst ausgefallen\!" root
  endif
  sleep $intervall
end
```

Listing 3.16: dienstchk – testet permanent, ob ein Dienst noch läuft

```
mars# ./dienstchk &
```

Ein solches Skript sollte von `cron` automatisch alle paar Stunden aufgerufen werden, falls es noch nicht oder nicht mehr läuft. Die `grep`-Zeile sieht so kompliziert aus, weil wir sicherstellen müssen, dass es sich nicht selbst findet und nur deswegen keinen Alarm gibt. Achtung beim Einsatz von `mail`! Nicht alle Versionen verstehen die Option `-s` zur Übergabe des Subjekts. Alternativ können Sie `mailx` verwenden – wie hier geschehen – oder das Subjekt mit "Subject: ..." in die `echo`-Anweisung mit aufnehmen.

35. Ältere LINUX-Varianten benötigen statt 'ps -ef' 'ps aux'

3.22 Die repeat-Schleife

Die C-Shell bietet mit `repeat` einen dritten Schleifen-Typ. `repeat` wird immer dann eingesetzt, wenn der *gleiche* Befehl mehrfach wiederholt werden soll.

- ❑ repeat *n befehl*

Die Syntax

Die Syntax einer `repeat`-Anweisung lautet:

```
repeat n befehl
```

Der Befehl wird *n*-mal ausgeführt.

Dabei darf es sich zunächst nur um einen einzigen Befehl handeln, weder um eine durch Semikolon oder && getrennte Befehls-Kette noch um eine Befehls-Gruppe in runden Klammern.

Der Befehl muss außerdem in einer einzigen logischen Zeile stehen. Soll `repeat` einen längeren Befehl ausführen, der nicht in eine Zeile passt, muss der Zeilen-Trenner durch \ entkräftet werden.

repeat ist also von seiner Flexibilität und seiner Leistungsfähigkeit her nicht mit `while` oder `foreach` zu vergleichen.

Über den Befehl `eval` ist es möglich, die Beschränkung auf einen einzigen Befehl zu umgehen.

repeat anwenden

`repeat` wird meistens für sehr einfache Aktionen verwendet, für die eine `while`- oder `foreach`-Schleife zu aufwändig erscheint. Ein Beispiel wäre die mehrfache Ausgabe einer Zeile als Trenner zwischen Datenbereichen.

```
repeat 3 echo "--------------------"
```

Das ist eleganter als drei separate `echo`-Anweisungen.

`repeat`-Statements dürfen umgeleitet werden. Wir hätten die gleichen Zeilen also auch in eine Datei schreiben können.

```
repeat 3 echo "--------------------" >> datei
```

Ausgabe eines Balkendiagramms, wenn Sie z.B. die Anzahl der laufenden Prozesse als Reihe von #-Zeichen ausgeben möchten:

```
mars# set n = `ps -ef | wc -l`
mars# repeat $n echo -n "#" ; echo ""
##################################
mars#
```

Wir mussten ein `echo ""` anhängen, damit nach der Ausgabe des Balkens der Cursor wieder an den Anfang der nächsten Zeile springt.

Ausgabe eines beliebig langen Beep-Tons:

```
set n = 10
repeat $n /bin/echo "\a\c"
```

Dabei gibt \a den Pieps-Ton aus, wenn man das externe `echo`-Kommando verwendet, und `\c` verhindert, dass gleichzeitig `n` Newlines ausgegeben werden.

Mehrere Befehle wiederholen über `eval`:

Es ist möglich, die Beschränkung auf einen einzigen Befehl durch das `eval`-Kommando zu umgehen. Es ist jedoch fraglich, ob man stattdessen nicht lieber eine gewöhnliche, vollwertige Schleife benutzen sollte.

Möchte man z.B. mehrere kurze Alarm-Töne ausgeben, muss man zwischen den Tönen eine Pause einlegen.

```
repeat 3 eval '/bin/echo "\a\c" ; sleep 1'
```

Außerdem spielt `repeat` bei den Befehlen `shift`, `break` und `continue` eine Rolle (siehe nächsten Abschnitt), wenn man diese mehrfach ausführen möchte, wegen der syntaktischen Verhältnisse aber nur ein einziger Befehl erlaubt ist (z.B. in der Kurzform von `if`).

3.23 break und continue

`break` und `continue` benötigen Sie immer dann, wenn Sie den Fluss einer Schleife von innen heraus steuern wollen. So kann durch den `break`-Befehl eine `foreach`-Schleife frühzeitig abgebrochen oder eine Endlosschleife überhaupt erst verlassen werden. Mittels `continue` ist es möglich, den aktuellen Durchgang einer Schleifen-Konstruktion abzubrechen und mit dem nächsten fortzufahren.

❑ if (bedingung) break	Syntax
❑ foreach var (liste) ..... break	foreach-Schleifen frühzeitig verlassen.
❑ while (1) ..... break	Endlosschleifen beenden.
❑ while (1) ..... set $in=$< ..... break	Elegante Benutzereingaben
❑ foreach var (liste) ..... continue	Zum nächsten Listen-Element springen.
❑ repeat 2 break ; repeat 2 continue	Aus geschachtelten Schleifen springen.

foreach-Schleifen abbrechen

Eine `foreach`-Schleife arbeitet eine Parameter-Liste vom ersten bis zum letzten Element ab, für zusätzliche Bedingungen bietet die Syntax keinen Platz. Hierzu müssen Sie mit `break` oder `continue` arbeiten. Über `break` können Sie eine `foreach`-Schleife frühzeitig abbrechen, wenn eine bestimmte Bedingung eintritt oder nicht mehr erfüllt ist.

```
foreach variable ( parameter_liste )
  befehle
  ...
  if ( bedingung ) break
  ...
end
```

Im folgenden Beispiel durchsuchen wir eine Reihe von Logdateien nach einer bestimmten Fehlermeldung. Wir interessieren uns für die Datei, in der die Meldung das erste Mal auftritt (Dateien werden zeitlich sortiert). Da die Logdateien Hunderte von Megabytes groß sein können, möchten wir unsere Suche sofort abbrechen, wenn der Fehler gefunden ist.

```
#!/bin/csh
# breaktest
# Springt aus einer foreach-Schleife heraus
```

Listing 3.17: breaktest – Mit break aus einer foreach-Schleife springen

```
set fehler="ftpd: too many connections"

foreach file ( `ls -rt *.log` )
  grep "$fehler" $file
  if ( $status == 0 )then
    echo "Fehler zum ersten Mal gefunden in: $file"
    break
  endif
end
```

Listing 3.17: breaktest – Mit break aus einer foreach-Schleife springen(Fortsetzung)

`ls -rt` liefert die Dateien in umgekehrter zeitlicher Reihenfolge, d.h. die älteste zuerst. `$fehler` steht in " ", damit nach der Variablen-Ersetzung die Leerzeichen in `$fehler` nicht zum Verhängnis für `grep` werden.

Endlos-Schleifen beenden

Durch `break` kann auch eine `while`-Schleife sofort verlassen werden. Durch die Kombination einer Endlosschleife mit einem `break`-Befehl erhält man häufig elegantere Lösungen als durch den Einsatz gewöhnlicher `while`-Schleifen. Die Problematik, eine Reihe von Befehlen sowohl innerhalb der Schleife als auch einmalig vor ihrem Aufruf schreiben zu müssen, lässt sich in der Regel durch `break` vermeiden.

```
while ( 1 )
  befehle
  ...
  if ( bedingung ) break
  ...
end
```

Kehren wir noch einmal zu unserem Skript zurück, das laufend kontrolliert, ob ein vorgegebener Prozess noch läuft. In der bisherigen Version erhalten wir alle 2 Minuten eine Mail, wenn der Prozess nicht mehr aktiv ist. Das kann leicht zu einer ungeahnten Flut von Mails führen. Brechen wir unser Skript also einfach ab, nachdem die Fehler-Meldung verschickt worden ist.

```
#!/bin/csh
#dienstchk2            Testet alle x Sekunden, ob ein Dienst noch laeuft.

set dienst=httpd
set intervall=120

while ( 1 )
  ps -ef | grep $dienst | grep -v grep >& /dev/null
  if ( $status != 0 ) break
  sleep $intervall
end
echo `date` | mailx -s "Achtung: $dienst ausgefallen\!" root
#... hier nun weitere Befehle moeglich
```

Listing 3.18: dienstchk2 – testet permanent, ob ein Dienst noch läuft

break in Warteschleifen

Gelegentlich muss der Ablauf eines Skriptes für unbestimmte Zeit verzögert werden, bis eine bestimmte Bedingung erfüllt ist. In solchen Fällen konstruiert man eine Warteschleife, die immer wieder überprüft, ob die Bedingung für eine Fortsetzung gegeben ist.

```
while ( 1 )
  if ( -f file1.tmp ) break
  sleep 60
end
...
```

break bei Benutzer-Eingaben

Bei der Verarbeitung von Benutzer-Eingaben hat man oft das Problem, gleich mehrere Bedingungen für einen Abbruch überprüfen zu müssen. Diese Tests sind oft zu aufwändig, um sie in der eigentlichen Bedingung der `while`-Schleife unterbringen zu können. Erledigt man sie hingegen im Schleifen-Block, kann man den Abbruch geschickt über den `break`-Befehl herbeiführen.

```
while ( 1 )
  set eingabe = $<
  if ( "$eingabe" == "q" ) break
  ...
end
```

Im Fall unseres Archivierungsprogramms sieht das wie folgt aus:

```
#!/bin/csh
# archive3     Archivierung mit Schleife fuer Benutzer-Eingabe
#              Gross/Kleinschreibung und q erlaubt
#              Schleifenabbruch durch break

set archdir=/archive
set frage="Welches Verzeichnis moechten Sie archivieren?"

while ( 1 )
  echo
  echo "$frage"
  set eingabe = $<
  set eingabe2=`echo $eingabe | tr "[A-Z]" "[a-z]"`
  if ( "$eingabe2" == "quit" || "$eingabe2" == "q" ) break
  set dir=$eingabe
  if ( -d $dir ) then
    mkdir -p $archdir/$dir
    find $dir | cpio -pdm $archdir
    echo "$dir archiviert  nach $archdir/$dir"
  else
    echo "Verzeichnis $dir nicht gefunden"
```

Listing 3.19: archive3 – Archivierung, Schleifenabbruch durch break

```
  endif
end
```

Listing 3.19: archive3 – Archivierung, Schleifenabbruch durch break(Fortsetzung)

continue

Im Gegensatz zu `break` bricht `continue` nicht die komplette Schleife ab, sondern nur den aktuellen Durchlauf. Alle Befehle, die innerhalb dieses Durchgangs noch anstehen, werden übersprungen, und die Schleife wird mit der nächsten Iteration fortgesetzt. `continue` wird meistens in `foreach`-Schleifen eingesetzt, wo es dafür sorgt, dass einzelne Elemente der Parameter-Liste übersprungen werden können.

```
foreach variable ( parameter_liste )
  befehle
  ...
  if ( bedingung ) continue
  ...
end
```

Das folgende Diagramm veranschaulicht noch einmal den Unterschied zwischen `break` und `continue`.

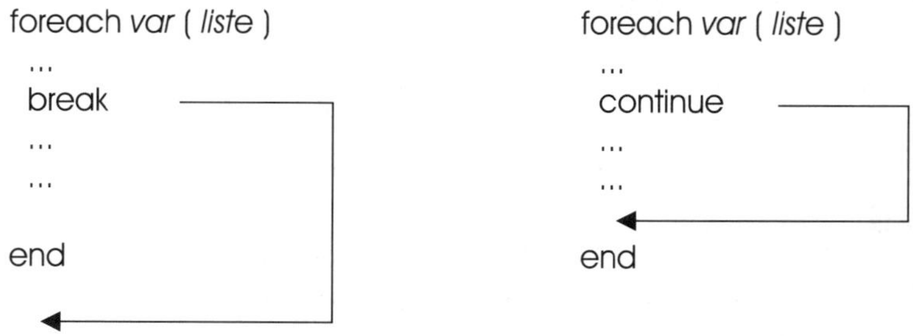

Abbildung 3.15: Funktionsweise von break und continue

```
foreach file ( * )
  if ( ! -f $file ) continue
  set anzahl=`grep -c $fehler $file`
  echo "Datei: $file  Anzahl Fehler: $anzahl"
end
```

Dieses Code-Schnipsel sucht in allen Dateien des aktuellen Verzeichnisses nach Zeilen, die eine Fehlermeldung enthalten, und zählt diese (`grep -c`). Durch `continue` werden Verzeichnisse übersprungen. Statt `continue` zu verwenden, hätte man den Block auch in `if` schachteln können.

Geschachtelte Schleifen

`break` und `continue` beziehen sich auf diejenige Schleife, in der sie sich unmittelbar befinden; bei ineinander geschachtelten Schleifen also auf die innerste aus Sicht der Befehle. Um gleich mehrere Schleifen zu verlassen, benötigen wir eine Art zweistufiges `break`. In der C-Shell wird dies durch das Aneinanderreihen mehrerer `break`-Befehle erzielt. Da bei Verwendung der Kurzform von `if` aber nur ein einzelner Befehl ausgeführt darf, behilft man sich dort mit `repeat`. Für `continue` gelten natürlich die gleichen Überlegungen.[36]

```
foreach i ( liste1 )
  ...
```

```
    foreach j ( list2 )
      ...
      if ( bedingung_a ) repeat 2 break
      if ( bedingung_b ) repeat 2 continue
      ...
    end
   ..
end
```

3.24 Ausgabe-Operationen

Praktisch in jedem Shell-Skript stehen Sie vor der Aufgabe, Texte, Fehlermeldungen, errechnete oder extrahierte Daten etc. ausgeben zu müssen. Die C-Shell bietet uns drei Möglichkeiten, Daten auszugeben: Über eine Ausgabe-Umlenkung von Befehlen sowie über die Kommandos `echo` und `printf`.

❏ echo [-n] arg1 arg2	Daten ausgeben. -n unterdrückt Newline.
❏ /bin/echo " ... \t \n"	Escape-Sequenzen für Tabstop und Newline
❏ /bin/echo "$meldung \c"	Newline unterdrücken.
❏ printf "... %8.2f...\n" var1 var2	Formatierte Ausgabe mit printf

Ausgabe mit echo

Wie Sie bereits im Laufe der vergangenen Kapitel sehen konnten, ist `echo` nicht gleich `echo`! Jede Shell besitzt ein eigenes eingebautes `echo`, zusätzlich gibt es das externe Kommando `/bin/echo`. Die Funktionsweise aller `echo`s ist im Grunde gleich, Unterschiede bestehen hinsichtlich einiger Optionen und der Fähigkeit, Escape-Sequenzen wie `\t` oder `\n` zu erkennen.

Zunächst zur grundsätzlichen Syntax.

```
echo [-n] arg1 arg2 ...
```

echo akzeptiert mehrere Argumente, schreibt sie durch ein Leerzeichen getrennt auf die Standard-Ausgabe und schließt mit einem Newline ab. Sind keine Argumente angegeben, wird nur ein Newline ausgegeben.

Unterschiede zwischen echo und /bin/echo

Wenn Sie schlicht `echo` aufrufen, wird immer der in die Shell eingebaute `echo`-Befehl verwendet. Durch `/bin/echo` gelangen Sie an das externe Kommando.

Der `echo`-Befehl von C-Shell und tcsh erkennt die Option `-n`, durch die das abschließende Newline unterdrückt wird. Er erkennt aber keine Escape-Sequenzen!

Der Befehl `/bin/echo` ist von System zu System etwas unterschiedlich realisiert. In aller Regel versteht er aber Escape-Sequenzen.

VORSICHT

Verwenden Sie `/bin/echo`, wenn Sie Escape-Sequenzen benötigen.

36. In der Bourne-Shell kann man break und continue einen Parameter mitgeben, um das Gleiche zu erreichen.

Die tcsh bietet zunächst einen echo-Befehl, der dem der C-Shell entspricht. Über die Variable echo_style kann das Verhalten von echo jedoch angepasst werden, sodass es seinerseits z.B. Escape-Sequenzen erkennt (set echo_style=sysv).

```
mars# csh
mars# echo "aaa\taaa"
aaa\taaa
mars# /bin/echo "aaa\taaa"
aaa	aaa
mars#
mars# tcsh
mars# echo "aaa\taaa"
aaa\taaa
mars# /bin/echo "aaa\taaa"
aaa	aaa
mars# set echo_style="sysv"
mars# echo "aaa\taaa"
aaa	aaa
```

Escape-Sequenzen

Escape-Sequenzen sind Sonderzeichen, die vom Ausgabegerät als Steuer-Anweisungen interpretiert werden. Sie werden immer durch einen Backslash eingeleitet und müssen innerhalb von doppelten Anführungszeichen stehen. Wir arbeiten normalerweise mit den folgenden Sequenzen:

\n erzeugt ein Newline

\t erzeugt einen Tabulator-Sprung

\c unterdrückt das abschließende Newline

Die Sequenz \c wird vor allem in Zusammenhang mit Benutzer-Abfragen verwendet. Durch \c erreicht man, dass der Cursor direkt hinter dem ausgegebenen Text stehenbleibt.

```
mars# /bin/echo "Name: \c" ; set name = $<
Name: patrick
mars#
```

Escape-Sequenz von /bin/echo	Bedeutung
\a	alarm, beep, Piepser
\b	backspace, eins zurück (früher bei Druckern für fett)
\c	continue, unterdrücke Newline
\f	form feed, einige Zeilen vorwärts
\n	newline
\r	return, zurück an den Zeilenanfang
\t	tabulator
\v	vertical tabulator, eine Zeile vor, gleiche Spalte
\\	einfacher Backslash
\0xxx	ASCII-Zeichen der oktalen Nr. xxx, z.B. \0101 (dezimal 65) ergibt A

Tabelle 3.13: Escape-Sequenzen von /bin/echo

Während die meisten Ausgaben wunderbar mittels `echo` erledigt werden können, scheitert die Formatierung mittels Tabulatoren regelmäßig, wenn Listen ausgegeben werden sollen und die Felder zu unterschiedlich in ihrer Länge sind. Die Spalten verschieben sich dann von Zeile zu Zeile, sodass sie nicht mehr als Spalten zu erkennen sind.

```
foreach string ( kurz langlang kurz langlang )
  /bin/echo "$string\t$string\t$string"
end
```

ergibt

```
kurz   kurz   kurz
langlang      langlang      langlang
kurz   kurz   kurz
langlang      langlang      langlang
```

In solchen Fällen weicht man auf den externen Befehl `printf` aus.

Ausgabe mit printf

Zur formatierten Ausgabe verwenden Sie den Befehl `printf`. Mit ihm legen Sie ein festes Ausgabe-Format für eine Zeile fest und geben dann die gewünschten Daten in diesem Format aus.

```
printf format arg1 arg2 arg3 ...
```

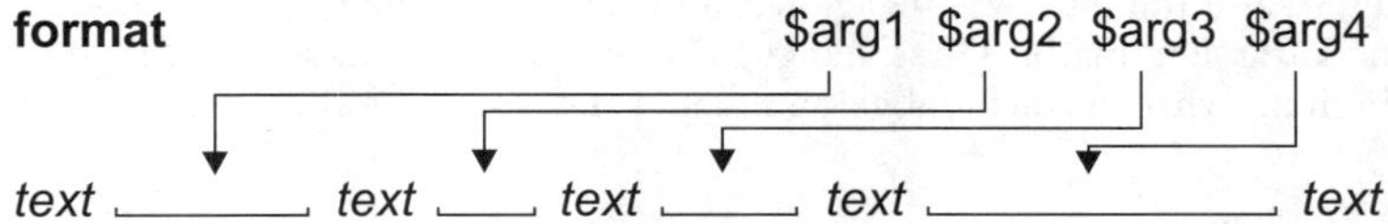

Abbildung 3.16: printf

Der *format*-String enthält das Zeilen-Format in symbolischer Form. Er besteht aus einer normalen Zeichenkette, in die Platzhalter für die nachfolgenden Elemente eingebaut sind.

```
printf "Name: %-20s login: %10s \n" $user $login
```

ergäbe z.B. in einer entsprechenden `foreach`-Schleife

```
Name: Hans Meier            login: hmeier
Name: Renate Schulze        login: rschulze
Name: U. Braun              login: ubraun
Name: Herrmann Hagenstein   login: hmeier
```

Der angegebene String wird so ausgegeben, wie er in "..." steht, mit Ausnahme der Platzhalter, die jeweils mit einem %-Zeichen beginnen. In diese werden stattdessen nacheinander die übergebenen Argumente eingesetzt. Wie man sieht, versteht `printf` auch Escape-Sequenzen im Formatstring.

VORSICHT

`printf`-Formate benötigen `\n`, um einen Zeilenvorschub zu erzielen; er erfolgt nicht automatisch.

Platzhalter müssen in einer der folgenden Formen aufgebaut sein:

%*z* oder %*mz* oder %*m.nz* oder %-...*z*

z steht für den Variablen-Typ. %s bedeutet zum Beispiel, dass dieser Plathalter für einen String steht, %d steht für eine Dezimalzahl.

Platzhalter	Variablen-Typ
%s	String
%c	ASCII-Zeichen
%d	Dezimalzahl (wie %i)
%i	Integer (wie %d)
%f	Fließkommazahl, z.B. 3.142
%e	Fließkommazahl in e-Notation, z.B. 1.32e+04
%g	automatische Wahl von %f oder %e, je nachdem ob der Exponent > oder <= -4 ist.
%u	unsigned integer, Integer ohne Vorzeichen
%o	unsigned octal, Oktalzahl ohne Vorzeichen
%x	unsigned hex, Hexadezimalzahl ohne Vorzeichen
%X	wie %x, nur dass ABCDEF statt abcdef verwendet werden

Tabelle 3.14:printf – verfügbare Variablen-Typen

%*mz* minimale Feldbreite

Jeder Platzhalter kann mit einer zusätzlichen Zahl versehen werden, z.B. %8s oder %6f, die die minimale Feldbreite der Variablen angibt. Diese Länge wird auf jeden Fall reserviert. Ist das auszugebende Argument aber breiter, wird es nicht abgeschnitten, sondern das Feld erweitert, das Format also quasi gesprengt.

%*m.nz* Präzision

Zusätzlich zur minimalen Feldbreite kann noch eine Angabe über die Präzision erfolgen. Sie ist vor allem für Fließkommazahlen (%f, %e, %g) gedacht, bei denen sie die Anzahl der Stellen hinter dem Komma bestimmt. Ohne Angabe der Präzision werden 6 Nachkommastellen ausgegeben. Bei Strings gibt sie an, wie viele Zeichen von links gesehen ausgegeben werden sollen. Man kann damit also Strings abschneiden und das Sprengen des Formats verhindern. Für die anderen Zahlen-Formate (%d, %i, %u, %o, %x, %X) spielt sie kaum eine Rolle. Ist die Präzision hier größer als die Zahl der Ziffern, werden entsprechend viele Nullen vorangestellt. Bei %c wird die Präzision nicht ausgewertet.

%-*m.nz* Linksbündigkeit

Normalerweise werden die Argumente rechtsbündig in ihre Felder geschrieben. Durch ein vorangestelltes Minus kann man stattdessen Linksbündigkeit erzielen.

%+*m.nz* % m.nz +/--Formatierung

Ein vorangestelltes Plus erzwingt, dass bei positiven Zahlen das Plus-Zeichen ausgegeben wird, sodass das Format zu dem für negative Zahlen passt. Ein vorangestelltes Leerzeichen erzielt den gleichen Effekt über ein Leerzeichen vor positiven Zahlen.

%#mz Oktal- und Hex-Formatierung

Ein #-Zeichen hat nur für %o, %x oder %X eine Bedeutung und bewirkt dort das Voranstellen von 0 bzw. 0x.

Sehen wir uns diese Theorie anhand einiger Beispiele näher an.

```
mars# printf "%10s %25s \n" $rechner $ip_addr
   jupiter              193.234.29.7
```

```
mars# printf "%-10s %-20s \n" $rechner $ip_addr
jupiter    193.234.29.7
mars# printf "%10s %5s %5.5s \n" $rechner $rechner $rechner
   jupiter jupiter jupit
mars# printf "%10.2f %10.5f \n" $zahl $zahl
    415.13  415.12876
mars# printf "%+5d \n" $zahl
  +23
  -87
mars# printf "%o \n" 65
101
mars# printf "%x \n" 65
41
```

3.25 Eingabe-Operationen

Über die Konstruktion $< können Sie Daten einlesen, die der Benutzer zur Laufzeit des Skriptes per Tastatur eingibt. Wir haben sie im Laufe der letzten Abschnitt bereits einige Male verwendet. Für das Einlesen von Daten aus einer Datei ist sie weniger gut geeignet; wir werden sehen, unter welchen Bedingungen wir sie auch hier einsetzen können.

❑ set var = " $< "	Lesen von der Standard-Eingabe in eine Variable
❑ set array = ($<)	Lesen von der Standard-Eingabe in ein Array
❑ while (1) ... set *var*= $<	In einer Schleife von Standardeingabe lesen.
❑ foreach line ("`cat data_file`")	Eine Datei in ein Array einlesen.
❑ foreach line ("`sed -n ${i},${j}p`")	Eine Datei teilweise einlesen.
❑ cat << MARKE	Here-Dokument
❑ foreach host ("`cat`") <<MARKE	Here-Dokument in Array einlesen.

Mit $< von stdin lesen

```
set var = $<                         # erstes Wort
set var = ( $< )                     # Array
set var = " $< "                     # Zeile = ein Wort
```

$< liest eine Zeile von der Standard-Eingabe ein, also normalerweise von Tastatur. Wurde Ihr Skript allerdings mit einer Eingabe-Umlenkung aufgerufen (`myscript < datei`), liest $< entsprechend eine Zeile aus der angegebenen Datei.

$< zerlegt die eingelesene Zeile anhand der Trenner Leerzeichen, Tabulator und Newline in Wörter. Weist man das Ergebnis einer einfachen Variablen *var* zu, landet nur das erste Wort in *var*. Setzt man $< hingegen in runde Klammern, wird automatisch ein Array mit allen Wörtern gebildet. Umgibt man $< schließlich mit Double Quotes, wird die ganze Zeile trotz enthaltener Leerzeichen wie ein einziges Wort behandelt.

```
mars# set zeile = ( $< )
Patrick Ditchen 36 Jahre
mars# echo $zeile [2]
Ditchen
```

In der Regel wird der Benutzer vor dem Einlesen einer Zeile darüber informiert, was er überhaupt eingeben soll. Wenn Sie echo mit der Option -n verwenden, bleibt der Cursor direkt hinter der Info oder der Frage stehen.

```
echo -n "Welcher Rechner soll untersucht werden? "
set rechner = $<
```

Wie Sie bereits wissen, kann man über eine while-Schleife so lange von Taststatur einlesen, bis der Benutzer die Eingabe abbricht.

```
while ( 1 )
  echo -n "Ausgabe-Text "
  set eingabe = $<
  if ( "$eingabe" == "q" ) break
  ...
end
```

Daten aus einer Datei einlesen

$< ist nicht dazu geeignet, Daten aus einer Datei zu lesen. Weder $< noch die while-Schleife können umgelenkt werden. Prinzipiell können C-Shell und tcsh keine mehrzeiligen Konstrukte umleiten, einer der wichtigsten Nachteile gegenüber der Bourne-Shell-Familie.

Die Umlenkung einer in runden Klammern stehenden Gruppe von Befehlen ist zwar möglich, doch innerhalb der runden Klammern darf wieder keine Schleife stehen. Mehrere einzelne $<-Befehle innerhalb runder Klammern führen zwar zu dem gewünschten Ergebnis, allerdings bringt dieses Vorgehen nur etwas für Dateien mit einigen wenigen Zeilen.

```
mars# cat data_file
aaaa
bbbb
cccc
mars# ( echo "1." $< ; echo "2." $< ; echo "3." $< ) < data_file
1. aaaa
2. bbbb
3. cccc
```

Nun wissen wir also, wie es nicht geht. Doch was können wir tun?

Man liest eine komplette Datei mit Hilfe der Kommando-Substitution in ein Array ein.

```
set datei = "`cat data_file`"
```

Die Double Quotes um die Kommando-Substitution herum sind nötig, um Zeilen, die Leerzeichen enthalten, nicht in einzelne Worte zu zerlegen. Dieses Array kann nun zum Beispiel über foreach zeilenweise abgearbeitet werden. Am besten, Sie integrieren den Einlese-Prozess direkt in die Schleife, dann gibt es am wenigsten Probleme mit zerlegten Zeilen.

```
foreach line ( "`cat data_file`" )
  echo $line
  ...
end
```

Schneller als mit cat kann eine Datei nicht eingelesen werden, daher glänzt diese Methode mit einer hervorragenden Performance. Sie ist allerdings nur eingeschränkt verwendbar.

Die erste Einschränkung betrifft die Größe der Datei. Die C-Shell kann nur 1706 Zeilen puffern (die maximale Anzahl von Array-Elementen). Somit müssen größere Dateien gestückelt werden. Am einfachsten gelingt das, wenn man `sed` statt `cat` benutzt.

```
set i=1
set anz = `cat data_file | wc -l`
while ( $i <= $anz )
  @ j = $i + 1000
  foreach line ( "`sed -n $i,${j}p`" )
    echo $line
    ...
  end
  @ i = $j + 1
end
```

Der Ausdruck `$i,${j}p` rührt daher, dass das sed-Kommando ohne Leerzeichen geschrieben werden muss. (Da bereits Quotes verwendet werden, stehen keine mehr für `sed` zur Verfügung.)

Die zweite Einschränkung hängt mit der schwierigen Situation leerer Zeilen zusammen. Eine leere Zeile ist für die Shell einfach nur ein Newline, der dem Newline der vorherigen Zeile direkt folgt. Zwei Trenner ohne Daten dazwischen zieht die Shell aber zu einem Trenner zusammen, normalerweise ein sehr willkommenes Feature. Hier führt es dazu, dass leere Zeilen verschwinden.

Das Einlesen einer Datei in ein Array oder in runde Klammern funktioniert also nur, wenn das Verschwinden von leeren Zeilen akzeptiert werden kann. Das Gleiche gilt übrigens auch für Leerzeichen am Anfang oder am Ende der Zeile.

Soll die exakte Form der Zeile erhalten bleiben, muss man anders vorgehen. Mit `sed` kann eine bestimmte Zeile aus einer Datei gelesen und an eine normale Variable übergeben werden.

```
set i=1
set anz = `cat data_file | wc -l`
while ( $i <= $anz )
  set line = "`sed -n ${i},${j}p`"
  echo $line
  ...
  @ i++
end
```

Dies sieht zwar einfacher aus, braucht aber viel länger als die erste Methode, da für jede einzelne Zeile `sed` aufgerufen wird und im Schnitt die halbe Datei gelesen werden muss!

Wenden wir das Gelernte an. In einer Datei `hostctrl.dat` befindet sich eine Liste von interessanten IP-Adressen. Wir sollen aus einer großen Logdatei alle Zeilen herausfiltern, die Rechner aus dieser Liste betreffen.

Auszug aus der Logdatei:

```
...
Mar 23 16:34:28 mars ftpd [52653]: connect host=134.67.237.15
Mar 23 16:34:45 mars ftpd [52672]: disconnect host=188.191.45.32
Mar 23 16:35:12 mars ftpd [52698]: connect host=199.234.32.67
Mar 23 16:35:38 mars ftpd [52724]: connect host=205.12.65.221
Mar 23 16:37:12 mars ftpd [52741]: disconnect host=134.67.237.15
Mar 23 16:37:21 mars ftpd [52753]: connect host=118.223.87.34
```

```
Mar 23 16:37:54 mars ftpd [52789]: disconnect host=205.12.65.221
Mar 23 16:38:03 mars ftpd [52812]: disconnect host=199.234.32.67
Mar 23 16:39:28 mars ftpd [52868]: connect host=199.234.32.67
Mar 23 16:40:19 mars ftpd [52883]: connect host=211.34.241.17
Mar 23 16:40:33 mars ftpd [52885]: disconnect host=199.234.32.67
Mar 23 16:40:34 mars ftpd [52886]: connect host=129.165.45.99
...
```

Datei mit interessanten Rechnern:

```
199.234.32.67
129.165.45.99
244.26.251.177
...
```

Unser Skript:

```
#!/bin/csh
# findip1
# Sucht nach einer Liste von IP-Adressen in einer Logdatei
# und speichert gefundene Zeilen in separaten Dateien.

set hostfile=./daten/hostctrl.dat
set logdatei=./daten/ftpd.log

foreach host ( "`cat $hostfile`" )
  grep $host $logdatei > $host.log
end
```

Listing 3.20: findip1 – Durchsucht eine Logdatei nach einer Liste von IP-Adressen

Verblüffend einfach! Dieses Schema können Sie immer anwenden, wenn Sie Logdateien in Bezug auf mehrere Parameter bearbeiten müssen, z.B. mehrere Rechner, Netze, Benutzer oder Programme. Oder, noch allgemeiner gesprochen, wenn Sie einen Block von Aktionen für eine Liste von Rechnern, Benutzern etc. durchführen möchten und diese Liste wegen ihrer Länge oder der Übersichtlichkeit halber in einer Datei gespeichert haben.

Verfolgen wir unser Beispiel noch etwas weiter. Wir sind nicht an den kompletten Logging-Zeilen interessiert, sondern möchten den Kunden nur die Liste der Connect-Zeiten liefern. Aus jeder Zeile filtern wir also Datum und Uhrzeit heraus. Hierzu wird die Zeile

```
  grep $host $logdatei > $host.log
```

einfach ersetzt durch

```
  grep $host $logdatei | awk '{print $1,$2,$3,$7}' > $host.log
```

Genau genommen haben wir es bei unserem Skript mit zwei geschachtelten Schleifen zu tun: `foreach` und `grep`, das ja seinerseits die gesamte Datei durchsucht. Sie sollten sich bei solchen Aufgabenstellungen immer ein paar Gedanken über die Reihenfolge der Schachtelung machen. Hier ist es sehr viel effektiver, einige wenige Male `grep` die gesamte Datei durchsuchen zu lassen, als jede Zeile der großen Logdatei einzeln einzulesen und nach allen IP-Adressen zu durchsuchen.

Lesen aus einer Pipe

Für die Bourne-Shell besprechen wir an dieser Stelle das Einlesen aus einer Pipe. Dies ist eine interessante Möglichkeit, wenn der Prozess, von dem gelesen wird, sich nicht beendet, also z.B. ein Dämon ist, wodurch man keine Kommando-Substitution verwenden kann. Die C-Shell kann leider nicht aus einer Pipe lesen.

Aus mehreren Dateien lesen

Bei der Besprechung der Bourne-Shell wird dem Thema File-Descriptoren viel Aufmerksamkeit gewidmet. Mit ihrer Hilfe können gleichzeitig mehrere Eingabe-Kanäle offen gehalten werden, man kann also synchron aus mehreren Dateien lesen.

Die C-Shell kennt keine File-Descriptoren. Dennoch können Sie aus mehreren Dateien lesen, indem Sie wie oben beschrieben mit `sed` stückweise und abwechselnd in unterschiedliche Arrays oder einfache Variablen einlesen.

Here-Dokumente

Sie können Daten-Bereiche direkt in Ihr Skript einbetten, also beispielsweise eine Liste von Rechner-Namen, Benutzern, Dateien, Fehlermeldungen etc. Solche eingelagerten Bereiche nennt man `Here`-Dokument. Sie werden z.B. verwendet, wenn man keine externe Daten-Datei mitführen möchte, um alles in einer einzigen Datei zu haben.

Mit Hilfe eines beliebigen Befehls, dessen Eingabe umgelenkt wird, können Sie die Daten aus diesem Bereich lesen.

```
cat << MARKE
zeile1
zeile2
MARKE

set hosts = "`cat`" << MARKE
zeile1
zeile2
...
MARKE
```

Die Marke muss beide Male exakt gleich geschrieben sein. Achten Sie auf versteckte Leerzeichen vor oder hinter der Marke. Wenn Sie die eingelesenen Daten per Kommando-Substitution einer Variablen zuweisen möchten, müssen Sie darauf achten, das << hinter die schließenden Quotes zu setzen.

Unser Beispiel von oben, in dem wir eine Reihe von Rechnern in einer Logdatei gesucht haben, sähe bei Einsatz eines `Here`-Dokumentes folgendermaßen aus:

```
#!/bin/csh
# findip2
# Sucht nach einer Liste von IP-Adressen in einer Logdatei
# und speichert gefundene Zeilen in separaten Dateien.
# Rechner-Liste als Here-Dokument

set logdatei=./daten/ftpd.log
```

Listing 3.21: findip2 – Durchsucht eine Logdatei nach einer Liste von IP-Adressen

```
foreach host ( "`cat`" ) <<ENDE_RECHNER
199.234.32.67
129.165.45.99
244.26.251.177
ENDE_RECHNER
  grep $host $logdatei > $host.log
end
```

Listing 3.21: findip2 – Durchsucht eine Logdatei nach einer Liste von IP-Adressen(Fortsetzung)

Sie dürfen Sonderzeichen innerhalb des `Here`-Dokumentes verwenden, also etwa `$name`, `` `date` `` oder `*.txt`. Wenn Sie die gelesenen Zeilen anschließend ausgeben, werden diese Metazeichen wie erhofft interpretiert. Möchten Sie genau dieses verhindern, müssen Sie bei der späteren Ausgabe Double Quotes verwenden.

Manchmal ruft man aus einem Skript heraus externe Kommandos auf, die Fragen stellen und Antworten oder Daten erwarten. Statt von der Tastatur können Sie solche Antworten auch aus einem `Here`-Dokument heraus geben.

Nehmen wir an, das folgende Tool *sometool* benötigte zweimal die Bestätigung `"yes"` sowie ein Ziel-Verzeichnis, damit es einwandfrei läuft.

```
...
sometool << ENDE
yes
yes
~/mydata
ENDE
...
```

3.26 Argumente und Optionen

Ihre Skripte werden flexibler und leistungsfähiger, wenn sie Argumente und Optionen verarbeiten können, die man ihnen beim Aufruf übergibt. Wir werden in diesem Kapitel sehen, wie man auf solche Parameter innerhalb des Skriptes zugreift, wie man Fehler beim Aufruf abfängt und wie man mit schwierigeren Situationen wie einer unbekannten Anzahl von übergebenen Argumenten fertig wird.

- $1 $2 $3 ... — Positionsparameter: übergebene Argumente
- argv[1] argv[2] argv[3] ... — Positionsparameter: übergebene Argumente
- $0 — Programmname
- $#argv — Anzahl der Parameter
- $* $argv $argv[*] — Gesamte Kommandozeile
- if ($#argv < 2) echo $usage — Fehler bei der Eingabe abfangen.
- shift — Kommandozeile nach links "schieben".
- foreach arg ($*:q) ... — Beliebig viele Parameter verarbeiten.
- while ($#argv) ... shift — Beliebig viele Parameter verarbeiten.

Kommandozeilen-Parameter

Die beim Aufruf übergebenen Parameter landen innerhalb des Skripts in der Array-Variablen `argv`. Wie bei allen Arrays wird der Inhalt von `argv` anhand von Leerzeichen und Tabulatoren (Newlines gibt es beim Aufruf nicht.) in Wörter bzw. Elemente zerlegt. Über `$argv[1]` kann man daher auf den ersten, über `$argv[2]` auf den zweiten Parameter zugreifen usw.

Alternativ kann man die übergebenen Argumente auch über die so genannten Positionsparameter `$1`, `$2`, ..., `$10`, `$11` etc. ansprechen. `$1` entspricht `$argv[1]` usw.

Es wird nicht zwischen Argumenten und Optionen unterschieden. Im einen Fall heißt der Parameter eben `"april.dat"`, im anderen `"-o"`.

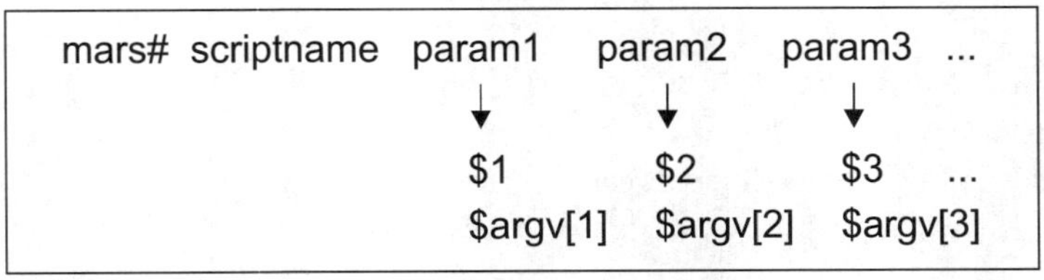

Abbildung 3.17: : Positions-Parameter $1, $2, $3 etc. bzw. $argv

```
#!/bin/csh
# argtest1
# Kommandozeilen-Parameter testen
#
echo $1
echo $2
echo $4
echo $3
echo ---------
echo $argv[1]
echo $argv[2]
echo $argv[4]
echo $argv[3]
```

```
mars# ./argtest1 -v file1.txt file2.txt
-v
file1.txt

file2.txt
---------
-v
file1.txt
Subscript out of range
mars#
```

Wie man sieht, wird der Zugriff auf einen leeren Positions-Parameter toleriert, während der Zugriff auf ein nicht existierendes Element von `argv` zu einem Fehler führt.

Benötigt man alle übergebene Argumente auf einen Schlag, stehen einem `$argv`, `$argv[*]` oder `$*` zur Verfügung.

Die Anzahl der Parameter erhält man über `$#argv`, den Skriptnamen über `$0`.

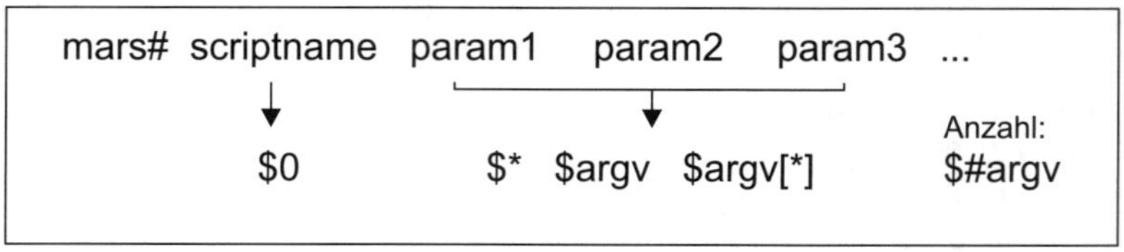

Abbildung 3.18: $0, $ und $#*

```
#!/bin/csh
# argtest2
# Kommandozeilen-Parameter testen
#
echo $0
echo $3
echo $#argv
echo $argv
echo $argv[*]
echo $*
```

```
mars# ./argtest2 -v file1.txt file2.txt
./argtest2
file2.txt
3
-v file1.txt file2.txt
-v file1.txt file2.txt
-v file1.txt file2.txt
mars#
```

Bei der Verwendung von `$*` sollte man immer ein Auge auf eventuell enthaltene Leerzeichen werfen. (Im Folgenden wird nur über `$*` gesprochen, für `$argv` und `$argv[*]` gilt aber immer dasselbe.) Um auf der Kommandozeile Argumente zu übergeben, die Leerzeichen enthalten, müssen diese mit Quotes umgeben werden. `$*` enthält dann den entsprechenden String als *ein* Wort. Bei einem *Zugriff* auf `$*` muss man erneut dafür sorgen, dass der String zusammenhält, indem man `$*` mit dem Modifier `:q` versieht. Ohne diesen würde die Zeichenkette beim Zugriff doch wieder in einzelne Wörter zerfallen. Umgäbe man `$*` stattdessen als Ganzes mit Quotes, würde es komplett als ein einziges Wort interpretiert.

```
#!/bin/csh
# argtest3
# $* mit und ohne Quotes

echo $1
echo $2
echo ------
foreach param ( $* )
  echo $param
end
echo ------
foreach param ( "$*" )
```

```
  echo $param
end
echo ------
foreach param ( $*:q )
  echo $param
end
```

```
mars# ./argtest3 "Hans Meier" file.log
Hans Meier
file.log
------
Hans
Meier
file.log
------
Hans Meier file.log
------
Hans Meier
file.log
```

Wenden wir uns einem konkreten Beispiel zu, um zu sehen, wie man in der Praxis mit Kommandozeilen-Parametern umgeht. Wir verändern unser Programm aus Listing 3.18, welches laufend testet, ob ein Dienst noch läuft. Beim Aufruf übergeben wir den zu kontrollierenden Dienst (obligatorisch) und das Zeitintervall für die Tests (optional) auf der Kommandozeile.

```
#!/bin/csh
# dienstchk3          Testet alle x Sekunden, ob ein Dienst noch laeuft.
# Aufruf: dienstchk3 dienst [intervall]

set dienst=$1
set intervall=$2
set intervall_dflt=120

if ( "$intervall" == "" ) set intervall=$intervall_dflt

while ( 1 )
  ps -ef | grep $dienst | grep -v grep | grep -v $0 >& /dev/null
  if ( $status != 0 ) break
  sleep $intervall
end
echo `date` | mailx -s "Achtung: $dienst ausgefallen\!" root
#... hier nun weitere Befehle moeglich
```

Listing 3.22: dienstchk3 – testet permanent, ob ein Dienst noch läuft

Der `grep`-Befehl wurde noch einmal um "`grep -v $0`" erweitert, da wir den zu suchenden Dienst ja auf der Kommandozeile angeben und somit unser eigenes Skript von "`grep $dienst`" gefunden würde.

Aufruf-Fehler abfangen

Sobald ein Skript mehrere Argumente oder Optionen verarbeiten kann, hat man mit Fehlern beim Aufruf zu kämpfen. Meistens ist man schlecht beraten, solche Fehler zu ignorieren, da sie zu unvorhersehbaren Situationen beim Ablauf des Skriptes führen können. Besser, man fängt – wenigstens die wichtigsten – Fehler ab und gibt eine Meldung aus, die dem Benutzer den richtigen Umgang mit dem Skript erläutert.

```
if ( $#argv < 2 ) then
  echo "Falsche Anzahl von Parametern"
  echo "myscript [-v] string dir1 dir2 ..."
  exit 1
endif
```

Sind mehrere Fehlerabfragen nötig, ist es üblich, diese *nicht* zu schachteln, sondern nacheinander zu schreiben, um das Skript übersichtlich zu halten. Statt des konkreten Programmnamens wird gerne auch $0 verwendet. So stimmt die Ausgabe selbst dann noch, wenn das Skript (nachdem es kopiert oder gelinkt wurde) unter einem anderen Namen aufgerufen wird.

```
  echo "$0 [-v] string dir1 dir2 ..."
```

Sichern wir also unser obiges Programm ab, indem wir die Anzahl der übergebenen Argumente testen und überprüfen, ob es sich bei Argument Nummer 2 um eine ganze Zahl handelt.

```
#!/bin/csh
#dienstchk4          Testet alle x Sekunden, ob ein Dienst noch laeuft.
# Aufruf: dienstchk4 dienst [intervall]

set dienst=$1
set intervall=$2
set intervall_dflt=120
set usage="$0 dienst [intervall]"

if ( $#argv > 2 || $#argv == 0 ) then
  echo "Falsche Anzahl von Parametern"
  echo "$usage"
  exit 1
endif

if ( { ( echo $intervall | grep '[^0-9]' >& /dev/null ) } ) then
  echo "Intervall ist keine ganze Zahl"
  echo "$usage"
  exit 2
endif

if ( "$intervall" == "" ) set intervall=$intervall_dflt

while ( 1 )
  ps -ef | grep $dienst | grep -v grep | grep -v $0 >& /dev/null
  if ( $status != 0 ) break
```

Listing 3.23: dienstchk4 – testet permanent, ob ein Dienst noch läuft

```
    sleep $intervall
  end
  echo `date` | mailx -s "Achtung: $dienst ausgefallen\!" root
  #... hier nun weitere Befehle moeglich
```

Listing 3.23: dienstchk4 – testet permanent, ob ein Dienst noch läuft(Fortsetzung)

Die Abfrage von `$interval` auf eine Zahl testet, ob in `$intervall` irgendein Zeichen enthält, das keine Ziffer ist.

Mit shift flexibel reagieren

Wenn Ihr Skript neben der Übergabe von Argumenten auch Optionen zulässt, kann die Abarbeitung der Kommandozeile schnell kompliziert werden. Solange feststeht, dass Argument Nummer 2 eine Datei ist und Argument Nummer 3 den zu suchenden String enthält, stellt die Kommandozeile kein Problem dar. Dürfen aber zwei zusätzliche Optionen vorgeschaltet werden, kann die Datei plötzlich in `$1`, `$2` oder `$3` stehen, der String in `$2`, `$3` oder `$4`. Was ist in solchen Fällen zu tun? das Kommando `shift` hilft uns hier weiter, solange der Aufbau der Kommandozeile nicht zu komplex ist.

`shift` verschiebt alle Parameter um eine Stelle nach links. Der erste geht dabei verloren, der zweite wird zum ersten usw. `shift` kann auf ein beliebiges Array angewendet werden. Ohne Angabe eines Arrays bezieht es sich auf `$argv`. Nimmt man `repeat` zu Hilfe, kann gleich um mehrere Stellen geshiftet werden.

```
shift
repeat n shift
shift array

echo "erstes: $1    alle: $*"
shift
echo "erstes: $1    alle: $*"
shift
echo "erstes: $1    alle: $*"
```

ergibt zum Beispiel

```
erstes: -v     alle: -v -o file1 file2 dir1
erstes: -o     alle: -o file1 file2 dir1
erstes: file1    alle: file1 file2 dir1
```

Mit Hilfe von `shift` können wir hervorragend eventuell auftretenden Optionen zu Leibe rücken. Wir testen sukzessive, ob die jeweilige Optionen vorhanden ist, und entfernen sie gegebenenfalls anschließend mit `shift` aus der Kommandozeile. Was übrig bleibt, ist wieder wie gehabt auf einfache Weise interpretierbar.

Nehmen wir unser Skript `dienstchk` als Beispiel. Wir erlauben zwei zusätzliche Optionen `-c` (continue) und `-s` (slow down), mit denen der Benutzer bestimmen kann, ob das Skript nach der Meldung eines Dienst-Ausfalls weiterlaufen und kontinuierlich Fehlermeldungen senden und ob es dabei immer größere Zeitabstände zwischen die Alarme setzen soll.

```
#!/bin/csh
#dienstchk5          Testet alle x Sekunden, ob ein Dienst noch laeuft.
# Aufruf: dienstchk5 [-c] [-s] dienst [intervall]
```

Listing 3.24: dienstchk5 – testet permanent, ob ein Dienst noch läuft

```
set intervall_dflt=120
set usage="$0 [-c] [-s] dienst [intervall]"

set continue="no"
set slowdown="no"

# Kommandozeile abarbeiten
if ( "$1" == "-c" ) then
  set continue="yes"
  shift
endif
if ( "$1" == "-s" ) then
  set slowdown="yes"
  shift
endif
set dienst=$1
set intervall=$2

# Fehler-Routinen
if ( $#argv > 2 || $#argv == 0 ) then
  echo "Falsche Anzahl von Parametern"
  echo "$usage"
  exit 1
endif

if ( { ( echo $intervall | grep '[^0-9]' >& /dev/null ) } ) then
  echo "Intervall ist keine ganze Zahl"
  echo "$usage"
  exit 2
endif

if ( "$intervall" == "" ) set intervall=$intervall_dflt

while ( 1 )
  ps -ef | grep $dienst | grep -v grep | grep -v $0 >& /dev/null
  if ( $status != 0 ) then
    echo `date` | mailx -s "Achtung: $dienst ausgefallen\!" root
    if ( $continue == "no" ) break
    if ( $slowdown == "yes" ) @ intervall = $intervall * 2
  endif
  sleep $intervall
end
```

Listing 3.24: dienstchk5 – testet permanent, ob ein Dienst noch läuft(Fortsetzung)

Beliebig viele Argumente

Wie geht man vor, wenn die Anzahl der Argumente variieren kann? Wenn Sie nicht wissen, ob 2 oder 12 Dateien übergeben werden? Wenn der Benutzer mit Hilfe von Wildcards große Listen von Dateien erzeugen kann? In solchen Fällen müssen Sie die Parameter-Liste in einer Schleife abarbeiten, entweder mit `foreach` oder mit `while` und `shift`.

```
foreach arg ( $*:q )
  ...
end
```

Alle Parameter wandern sukzessive nach `$arg` und können so einer nach dem andern verarbeitet werden. Der Modifier `:q` ist nur nötig, wenn Sie Argumente erwarten, die Leerzeichen enthalten und in Quotes übergeben werden.

```
while ( $#argv )
  set arg="$1"
  ...
  shift
end
```

Hier gelangen alle Parameter zunächst nach `$1` und von dort wieder nach `$arg`. Die Schleife bricht ab, wenn auch das letzte Element verarbeitet ist und `$#argv` 0 wird. Die Quotes um `$1` stehen wieder aus Sorge um Argumente, die Leerzeichen enthalten. Beide Methoden sind gleichwertig. Nehmen Sie einfach die, die Ihnen besser gefällt.[37]

Zusammengezogene Optionen und getopt

Es ist üblich, UNIX-Tools mit zusammengezogenen Optionen aufzurufen, wie z.B. `-xvn` statt `-x -v -n`. Wenn Sie dem Benutzer die Möglichkeit geben möchten, auch Ihr Skript derart aufzurufen, stehen Sie vor dem Problem, dass ein einziges Wort aus `$argv` mehrere Optionen enthalten kann, was die Interpretation enorm erschwert. Das externe Kommando `getopt` kann uns hier helfen, indem es zusammengesetzte Optionen wieder entfaltet.[38]

```
getopt option_string $argv
set argv = `getopt option_string $argv`
```

`getopt` entzerrt nicht nur die Parameter-Liste, es überprüft auch gleich, ob sie syntaktisch korrekt aufgebaut ist. Hierzu benötigt es den `option_string`, in dem alle erlaubten Optionen – ohne Minus – angegeben sind.

```
getopt ixv $argv
```

besagt zum Beispiel, dass die Optionen `-i`, `-x` und `-v` erlaubt sind. Enthält `$argv` andere Optionen, gibt `getopt` eine Fehlermeldung aus.

```
mars# myscript -i -m
getopt: illegal option -- x
```

37. An dieser Stelle werden im Kapitel über die Bourne-Shell verschiedene Konstruktionen für das Setzen von Default-Werten einer Variablen besprochen (${var:=dflt}, etc.). C-Shell und tcsh verfügen nicht über solche Konstrukte.
38. sh, ksh und bash haben eine leistungsfähigere Funktion getopts (mit s) eingebaut. C-Shell und tcsh kennen leider kein getopts, hier muss man sich mit getopt begnügen.

Erwartet eine Option ein nachfolgendes Argument, schreibt man im Optionen-String einen Doppelpunkt direkt *hinter* die entsprechende Option.

```
getopt ixvn:z $argv
```

besagt, dass die Optionen `-i`, `-x`, `-v`, `-n` und `-z` erlaubt sind, `-n` aber ein Argument folgen muss.

Erfüllt die Kommandozeile die in `option_string` beschriebene Syntax, entfaltet `getopt` zusammengezogene Optionen und gibt den entstandenen String zurück.

```
set argv = `getopt ixvn:z $argv`
echo $argv
```

```
mars# myscript -i -x
-i -x --
mars# myscript -ix
-i -x --
mars# myscript -in 5 -xv
-i -n 5 -x -v --
mars# myscript -in5 file1 file2
-i -n 5 -- file1 file2
```

`getopt` trennt die nachfolgenden eigenständigen Argumente durch -- von der Liste der Optionen und ihrer Argumente ab.

Die von `getopt` gelieferte "entschärfte" Kommandozeile kann nun über `while` oder `foreach` abgearbeitet werden.

```
set argv = `getopt ixvn: $argv`

while ( "$1" != "--" )
  if ( "$1" == "-i" ) set info
  if ( "$1" == "-x" ) set erase
  if ( "$1" == "-v" ) set verbose
  if ( "$1" == "-n" ) set anz=$2
  shift
end
shift

foreach datei ( $argv )
  ...
end
```

In Abhängigkeit von den gesetzten Optionen können dann unterschiedliche Aktionen im weiteren Verlauf des Skriptes durchgeführt werden.

Wir schieben alle Optionen durch `shift` nach und nach in `$1` und setzen eigene Parameter, wenn eine bestimmte Option vorgefunden wird. Die Reihenfolge der Optionen spielt dabei keine Rolle mehr. Gelangen wir zu `"--"`, ist die Verarbeitung der Optionen zu Ende. Wir entfernen `"--"` durch ein weiteres `shift` und verarbeiten die nachfolgenden Argumente.

`$1` ist in Anführungszeichen gesetzt, damit `while` und `if` Optionen wie `-x` als String interpretieren und nicht als Datei-Test-Operatoren.

3.27 Menüs in der C-Shell

Während Korn-Shell und Bash eine spezielle Schleife zur Bildung von Menüs anbieten, muss man in C-Shell und tcsh Menüs sozusagen per Hand erzeugen. In den meisten Fällen erzielt man auch mit dieser Methode ansehnliche Ergebnisse.[39]

❑ while (1)	Menüs werden in Endlosschleifen gepackt.
❑ echo *option*	...Menü ausgeben.
❑ set opt = $<	Eingabe einlesen.
❑ switch ($opt)	Eingabe verarbeiten.
❑ set menu = (*.txt)	Menüs flexibel aufbauen.

Wozu brauchen wir überhaupt Menüs? Zum einen vermeidet man durch den Einsatz von Menüs Fehler, die durch falsch geschriebene Eingaben entstehen. Zum anderen kann man mit Hilfe von Menüs den Benutzer auch durch komplexe Programme führen, wichtige Features erscheinen auf dem Bildschirm und verschwinden nicht hinter unbeachteten Optionen.

Wie gehen wir nun vor, um Menüs zu bilden? Über eine Endlosschleife bieten wir immer wieder die verschiedenen Optionen an und fordern den Benutzer auf, eine Eingabe vorzunehmen. In Abhängigkeit von der gewählten Option führen wir dann die entsprechenden Aktionen aus.

Die umfassende Schleife realisiert man meistens über `while`.

```
while ( 1 )
```

Die Ausgabe des Menüs erfolgt über eine Reihe von `echo`-Befehlen oder über ein `Here`-Dokument.

```
echo option1
echo option2
...
```

oder

```
cat << MARKE
option1
option2
...
MARKE
```

Die Auswahl wird über $< eingelesen.

```
set opt = $<
```

Und die Verarbeitung läuft entweder über eine `switch`-Anweisung oder eine Folge von `if-else-if's`. Wenn Sie nur ausschließlich Anfangsbuchstaben oder ausschließlich Menü-Nummern zulassen, eignen sich beide Konstruktionen. Erlauben Sie aber sowohl Nummern als auch Anfangsbuchstaben, ist `if` in der C-Shell besser geeignet.

```
if ( "$opt" == "option1" ) then .....
if ( "$opt" == "option2" ) then .....
...
```

39. Wenn Sie sich für Menüs interessieren, sollten sie einen Blick in das entsprechende Korn-Shell-Kapitel werfen. Gut möglich, dass Sie dort die ein oder andere Anregung finden.

oder

```
switch ( $opt )
  case option1:
    ...
    breaksw
...
```

Eine der angebotenen Optionen sollte es dem Benutzer ermöglichen, aus der Endlosschleife auszusteigen und die Menü-Abfrage zu beenden.

```
if ( "$cmd" == "q" || "$cmd" == "4" ) break
```

Man erhält somit folgenden strukturellen Aufbau:

```
while (1)

  # Menue ausgeben
  clear
  echo option1
  echo option2

  # Auswahl einlesen
  echo -n "Auswahl: "
  set cmd = $<
  if ( "$cmd" == "q" ) break

  # Auswahl verarbeiten
  switch ( $cmd )
    case option1:
      ...
      breaksw
    ...
  endsw
end
```

Sie können sogar Menüs mit Optionen erstellen, deren Anzahl Sie vorher nicht kennen. Braucht kein Mensch? Oh doch! In diese Kategorie gehören Menüs zur Auswahl einer Datei, eines Benutzers, eines Rechners etc.

Statt einer vorgegebenen Anzahl von `echo`-Befehlen oder einem `Here`-Dokument erstellt man die Menü-Ausgabe in einer `foreach`-Schleife. Man gibt alle Elemente eines Arrays aus, das man vorher über eine Wildcard oder per Kommando-Substitution gefüllt haben.

```
set menu = ( *.txt )
set menu = ( `awk -F: '{print $1}' /etc/passwd` )
set menu = ( "`cat /etc/hosts | grep -v \#`" )

# Menue ausgeben
clear
foreach zeile ( $menu:q )
  echo "$i) $zeile"
```

```
  @ i++
end
```

WICHTIG

Zwei Beispiel-Skripte mit C-Shell-Menüs finden Sie auf der Buch-CD unter den Namen `contest2` und `contest3`.

3.28 Passwort-Eingabe und Tastatur

Wie geht man eigentlich vor, wenn ein Benutzer aus einem Skript heraus nach einem Passwort gefragt werden soll und seine Eingabe nicht auf dem Bildschirm erscheinen darf? Wie kann man einzelne in die Tastatur eingegebene Zeichen abfragen, ohne auf ein abschließendes *Newline* warten zu müssen?

- stty -echo ; stty echo — Abschalten/Zurücksetzen der echo-Funktionalität
- stty raw ; stty -raw — Abschalten/Zurücksetzen der Eingabe-Pufferung
- dd bs=1 count=1 — Einlesen eines einzelnen Zeichens

Die Tatsache, dass jedes Zeichen, das an der Tastatur eingegeben wird, sofort auf dem Bildschirm erscheint, beruht auf der Einstellung `"echo"` des Terminal-Programms. Wenn uns diese automatische Wiedergabe stört, müssen wir den Terminal-Treiber entsprechend neu einstellen.

```
stty -echo
```

Mit `stty` <opt> schaltet man eine Option an, mit `stty -`<opt> schaltet man sie ab. Mehr Informationen zu `stty` finden Sie in der entsprechenden `man`-Page.

```
stty echo
```

Wir können also direkt vor der Passwort-Eingabe `echo` ab- und gleich danach wieder anschalten. Dies ist die einfachste Lösung für unser Passwort-Problem und auch die beste! Die Anzeige von Sternchen ist nicht nur unverhältnismäßig kompliziert, sondern liefert auch unnötigerweise die Information über die Länge des eingegebenen Passwortes.

```
#!/bin/csh
# pw
# Passwort-Eingabe ohne echo

echo -n "Geben Sie bitte Ihren Loginnamen an: "
set login = $<

echo -n "Geben Sie bitte Ihr Passwort an: "
stty -echo
set pw = $<
stty echo
echo

echo "Nur zur Demonstration:"
```

Listing 3.25: pw – Passwort-Eingabe ohne echo

```
echo "Login: $login"
echo "Passwort: $pw"

# statt der Demo hier mit dem Skript fortfahren
```

Listing 3.25: pw – Passwort-Eingabe ohne echo(Fortsetzung)

```
mars# ./pw
Geben Sie bitte Ihren Loginnamen an: patrick
Geben Sie bitte Ihr Passwort an:
Nur zur Demonstration:
Login: patrick
Passwort: abcde
mars#
```

Wenn es Ihnen darum geht, einzelne Zeichen von der Tastatur abzufragen, müssen Sie die Pufferung des Tastatur-Treibers abschalten. Sie sorgt normalerweise dafür, dass Tastatureingaben erst nach dem Drücken der Newline-Taste an das System weitergeliefert werden. Die Pufferung der Eingabe beruht auf mehreren Terminal-Optionen, die allesamt über

```
stty raw
```

abgeschaltet werden können. Jetzt wird Zeichen für Zeichen geliefert.

VORSICHT

Vergessen Sie um Gottes Willen nicht, die Option wieder abzuschalten.

```
stty -raw  oder  stty sane
```

Bleibt die Frage, welcher Befehl dieses Zeichen überhaupt einlesen kann. Die Shell ist auf eine solche Situation nicht vorbereitet. `$<` wartet definitiv auf ein abschließendes Newline, `sed` und `awk` ebenfalls.

Einzig das externe Kommando `dd` erkennt eine solche Eingabe vom ersten Byte an. Es liest in seiner Grundeinstellung Daten von `stdin` und gibt sie auf `stdout` wieder aus. Da `dd` normalerweise für größere Datenmengen konzipiert wird, arbeitet es mit Blöcken. Wir benötigen einzelne Zeichen und geben daher eine Blockgröße (`bs`) von 1 an sowie eine Anzahl (`count`) von 1.

```
mars# dd bs=1 count=1
A
A1+0 records in
1+0 records out
mars#
```

Die unerwünschte zweizeilige Status-Meldung auf `stderr` müssen wir mit einem Trick entfernen.

```
#!/bin/csh
# keytest1

stty raw
set c=`dd bs=1 count=1 |& head -1 | cut -c 1`
stty -raw
echo " Eingegebenes Zeichen: $c"
```

```
mars# ./keytest1
a Eingegebnes Zeichen: a
mars#
```

WICHTIG

Sie finden einige fertige Skripte zur direkten Tastatur-Abfrage und zur Sternchen-Ausgabe bei Passort-Eingabe auf der beiliegenden CD unter den Namen `keytest2`, `pw1` und `pw2`.

3.29 Subroutinen, Aliase, Labels

Je komplexer ein Shell-Skript wird, desto wichtiger ist es, Befehle, die eine funktionale Einheit bilden, in eigene Blöcke zu schreiben und aus dem eigentlichen Hauptteil zu entfernen. Dies erhöht die Lesbarkeit des Skriptes, erlaubt einen besseren Überblick und reduziert die Schreibarbeit, da man solche Blöcke nur einmal schreiben muss, aber mehrmals aufrufen kann.

C-Shell und tcsh verfügen leider über kein wirkliches Konzept zur modularen Programmierung. Es gibt keine benutzerdefinierten Funktionen oder Subroutinen – eine der großen Schwachstellen dieser Shells! Immerhin können über Aliase, Labels oder das Auslagern von Code in eine externe Datei wenigstens die wichtigsten Aspekte eines modularen Designs nachgebildet werden, wenn auch mit relativ großem Aufwand.

- ./myscript_sub1 — Auslagern von Befehlsblöcken in externe Skripte
- set ergebnis = `./myscript_sub1 arg1 arg2` — Rückgabe von Daten
- goto SUB1 — Sprung zu einer Subroutine durch goto
- SUB1: ... *befehle* ... goto BACK1 — Subroutine mit Label und Rücksprung
- SUB1: ..... goto $back — Rücksprung auf flexible Adresse
- alias name 'befehl' — Alias-Definition
- alias [name] — Aliase anzeigen.
- unalias *muster* — Aliase löschen.
- \!:1 \!:2 \!:* — Erstes, zweites, alle übergebenen Argumente
- alias size ls -l \!:1 \| awk \'\{print \$5\}\' — Quotes in Aliasen
- alias 'set args=(\!:*) ; source alias_datei' — Sourced Alias

Subroutinen in externen Dateien

Sie können jederzeit beliebige Befehls-Blöcke aus dem eigentlichen Skript herausnehmen und in eine externe Datei, also ein weiteres Skript auslagern. Die Nachteile liegen auf der Hand: Sie müssen mehrere separate Dateien pflegen, Ihr Skript läuft nur im Zusammenspiel mit einer oder mehreren weiteren Dateien und es läuft langsamer, weil externe Dateien geladen werden müssen. Andererseits haben auch die beiden anderen Methoden ihren Haken, sodass es sich durchaus lohnt, das Auslagern von Befehls-Blöcken kurz unter die Lupe zu nehmen.

Aufruf

Externe Dateien mit eigenen Befehls-Blöcken können entweder ganz gewöhnlich durch Angabe ihres Namens oder über das `source`-Kommando aufgerufen werden. Im ersten Fall wird die Subroutine in einer eigenen Subshell ausgeführt, im zweiten Fall in der Eltern-Shell, wodurch sich beide Skripte alle Variablen teilen und der Start einer weiteren Shell vermieden wird.

```
./myscript_sub1
source myscript_sub1
```

Übergabe von Parametern

Führt man die Routine in einer eigenen Subshell aus, übergibt man die Parameter einfach auf der Kommandozeile. Die Routine kann dann über ihren eigenen Satz von `$1`, `$2`, etc. bzw. `$argv` auf diese Argumente zugreifen.

```
./mysscript_sub1 arg1 arg2
```

Führt man die Routine hingegen in der Eltern-Shell aus, kann man keine Argumente explizit übergeben. Hier muss man die Daten in dafür vorgesehenen Variablen speichern, bevor man das Unter-Skript aufruft.

```
set sub1_host = jupiter
source myscript_sub1
(myscript_sub1 greift auf $sub1_host zu.)
```

Rückgabe von Daten

Daten werden mit Hilfe der Kommando-Substitution zurückgeben.

```
set ergebnis = `./myscript_sub1 arg1 arg2`
```

Bei einem Aufruf über `source` wird das Ergebnis einfach in einer Variablen abgespeichert, die im Haupt-Skript wieder ausgelesen wird.

Subroutinen durch goto und Labels

Eine andere Herangehensweise zur Bildung von Modulen besteht im Einsatz des `goto`-Befehls.

Mittels `goto` kann man zu einer beliebigen Stelle eines Skriptes springen, die durch ein so genanntes Label gekennzeichnet ist und nicht innerhalb eines mehrzeiligen Befehls (`if`, `switch`, `while`, `foreach`) liegt. Ein Label ist ein beliebiger String, dem ein Doppelpunkt folgt. Die Shell springt in die Zeile hinter dem Label.

```
goto SUB1
...
...
SUB1:
  befehl1
  ...
```

Der Sprung stellt kein Problem dar, doch wie kommt man wieder zurück? Es bleibt uns nichts anderes übrig, als wieder mittels `goto` zurückzuspringen. Hierfür müssen wir auch diejenige Stelle labeln, von der wir gekommen sind.

```
goto SUB1
BACK_SUB1:
...
...
SUB1:
  befehl1
  ...
```

```
  goto BACK_SUB1
...
```

Perfekt. Wir haben ein abgeschlossenes Modul gebildet. Schwierig wird es allerdings, wenn wir unseren Block von unterschiedlichen Stellen des Skriptes aus aufrufen möchten, da wir in diesem Fall unterschiedliche Rücksprung-Adressen benötigen. Zum Glück können Labels in Variablen gespeichert werden. Wir übergeben `goto` das Label beim Rücksprung also in Form einer Variablen.

```
set back=BACK1
goto SUB1
BACK1:
...
...
set back=BACK2
goto SUB1
BACK2:
...
...
SUB1:
  befehl1
  ...
  goto $back
...
```

Eine explizite Übergabe oder Rückgabe von Daten ist mit dieser Methode naturgemäß nicht möglich. Stattdessen schreiben wir die in der Subroutine benötigten Daten in dafür vorgesehene Variablen, bevor wir mittels `goto` springen. Genauso schreibt die Routine die Daten, die sie zurückgeben soll, in entsprechende Variablen, die im Hauptteil wieder ausgelesen werden.

In der Praxis würden Sie alle Sub-Routinen an das Ende Ihres Skriptes stellen. Der Hauptteil wird dadurch schlanker und leichter nachvollziehbar. Direkt vor den Subroutinen muss ein `exit` eingefügt oder an das Ende des Skriptes gesprungen werden, damit die Shell die Routinen nicht erneut ausführt, wenn sie bei der Ausführung an die entsprechende Stelle gelangt.

```
#!/bin/csh
#flaechentest1

set fl_args=(40 25)
set back=BACK1
goto FLAECHE
BACK1:

set fl_args=($1 $2)
set back=BACK2
goto FLAECHE
BACK2:

set fl_args=(5 $2)
set back=BACK3
```

Listing 3.26: flaechentest1 – Subroutine über goto und Label

```
goto FLAECHE
BACK3:

exit

FLAECHE:
  set laenge=$fl_args[1]
  set breite=$fl_args[2]
  @ flaeche = $laenge * $breite
  echo "Flaeche: $flaeche"
  goto $back
```

Listing 3.26: flaechentest1 – Subroutine über goto und Label(Fortsetzung)

```
mars# flaechentest1 20 30
Flaeche: 1000
Flaeche: 600
Flaeche: 100
mars#
```

Subroutinen durch Aliase

Aliase sind eigentlich als Hilfe für die interaktive Arbeit gedacht und werden dort als Kürzel für häufig verwendete Befehle eingesetzt. In der C-Shell erhalten sie jedoch ungeahnte Bedeutung, da man auch durch Aliase zum Teil das Fehlen von Funktionen kompensieren kann.

Aliase definieren

```
alias name 'befehl'

alias rm 'rm -i'
alias ll 'ls -l'
alias inf 'date; hostname; uname; pwd'
```

Soll die Shell einen übergebenen Befehl ausführen, testet sie immer zuerst, ob es sich um einen Alias handelt, bevor sie ihn als Builtin-Kommando oder externen Befehl sucht. Dadurch ist es übrigens möglich, Aliase mit Namen bereits existierender Befehle zu bilden, Letztere also zu überschreiben.

Die Shell testet immer nur das erste Wort eines Befehls daraufhin, ob es einen Alias dieses Namens gibt. Alle weiteren Wörter können nicht derart abgekürzt werden. Die C-Shell substituiert Aliase rekursiv, d.h. die durch das Einsetzen des vollen Befehls entstandene Zeile wird komplett neu interpretiert, wodurch erneut das erste Wort auf einen Alias getestet und eventuell wieder ersetzt wird. Dabei achtet sie auf versehentlich entstehende Endlosschleifen.

Da der Alias sowohl bei der Definition als auch bei seinem Aufruf gelesen wird, ergeben sich unterschiedliche Ergebnisse bezüglich der Variablen-Expansion, je nachdem ob man Single Quotes setzt oder nicht.

```
mars# alias lt 'ls -l *.txt'
mars# alias lt2 ls -l *.txt
mars#
mars# alias | grep lt
lt    ls -l *.txt
lt2   (ls -l file1.txt)
```

Während im ersten Fall alles nach Plan lief, wurde im zweiten Fall die Expansion bereits bei der Definition des Aliases durchgeführt, sodass beim späteren Aufruf immer nur `file1.txt` angezeigt werden würde.

Aliase anzeigen

Wie gerade gesehen, werden durch den Aufruf von `alias` ohne Argumente alle Aliase aufgelistet. `alias name` zeigt nur den angegebenen Alias an.

```
alias
alias name
```

Aliase löschen

```
unalias name
unalias muster
```

Wie `unset` und `unsetenv` kann auch `unalias` ein Namens-Muster verarbeiten und löscht alle Aliase, die auf das angegebene Muster passen.

Aliase exportieren

Aliase können nicht exportiert werden, sie sind immer nur in derjenigen Shell bekannt, in der sie definiert wurden. Setzt man die Alias-Definition jedoch in die Datei `$HOME/.cshrc`, kann man sie in allen Skripten verwenden, da diese Startup-Datei von allen Skripten gelesen wird.

Argumente übergeben

Sie können Aliasen wie einem gewöhnlichen Befehl beliebige Argumente durch Leerzeichen getrennt übergeben.

```
myalias file1 file2
```

Wie aber wird innerhalb des Alias auf diese Parameter zugegriffen? Es gibt keine spezielle Syntax für den Zugriff auf die Parameter eines Alias. Der Trick besteht darin, Mittel der History-Substitution zu Hilfe zu ziehen.

Über `!:1` kann man auf den ersten Parameter des letzten Befehls zugreifen, über `!:2` auf den zweiten usw. Aus der Sicht des Alias war der letzte Befehl sein eigener Aufruf, deshalb bewirken `!:1` etc. einen Zugriff auf die ihm übergebenen Parameter. Da nun aber bereits bei der Definition eines Alias z.B. `!:1` eingesetzt wird und die Shell das Ausrufezeichen sogar in Single Quotes interpretiert, müssen wir es immer durch einen Backslash schützen. Die folgende Tabelle gibt einen Überblick über alle History-Kürzel.

History-/Alias-Kürzel	Bedeutung
\!:1 \!:2 \!:3 ...	Erstes, zweites, drittes übergebenes Argument
\!:* oder \!*	Alle übergebenen Argumente
\!:^ oder \!^	Erstes übergebenes Argument
\!:$ oder \!$	Letztes übergebenes Argument
\!:0	Name des aufgerufenen Alias
\!:*m-n*	*m*-tes bis *n*-tes Argument
\!:-*n* \!:*m*-	0-tes bis *n*-tes bzw. *m*-tes bis letztes Argument

Tabelle 3.15: Zugriff auf übergebene Parameter in einem Alias

Entweder Sie benutzen diese Abkürzungen direkt oder Sie kopieren zunächst alle übergebenen Argumente in ein Array `arg`, auf das Sie dann in bekannter Art und Weise zugreifen können.

```
set arg = ( \!* )
echo "Erstes Argument: $arg[1]"
echo "Anzahl der Argumente: $#arg"
```

Mal sehen, wie sich Aliase in unser kleines Programm zur Flächen-Berechnung integrieren lassen.

```
#!/bin/csh
#flaechentest2
# Mit Alias

alias flaeche '@ fl=\!:1 * \!:2 ; echo "Flaeche: $fl"'

flaeche 40 25
flaeche $1 $2
flaeche  5 $2
```

Listing 3.27: flaechentest2 – Subroutine über Alias

Kürzer geht's nicht!

```
mars# flaechentest2 20 30
Flaeche: 1000
Flaeche: 600
Flaeche: 100
```

Rückgabe von Werten

Aliase können ihre Werte entweder durch eine gewöhnliche Ausgabe, z.B. über `echo` zurückgeben, sodass man das Ergebnis über Kommando-Substitution auffangen kann, oder man arbeitet wieder über Variablen, die sowohl im Hauptteil als auch im Alias benutzt werden.

```
alias myalias 'befehle ... echo ergebnis'
...
set result = `myalias arg1 arg2`

oder

alias myalias 'befehle ... set result=ergebnis'
...
echo "Das Ergebnis lautet: $result"
```

Quotes in Aliasen

Warum, fragen Sie sich vielleicht, soll ich überhaupt `goto` und Labels verwenden, wo doch Aliase eleganter, performanter und schneller geschrieben sind. Doch leider ist nicht alles schön, was glänzt. Aliase können Ihnen den letzten Nerv rauben! Aus zwei Gründen: Sie haben jede Menge Probleme, Quotes zu bewältigen, und sie müssen in *einer* logischen Zeile stehen.

Alias-Definitionen werden normalerweise in Quotes geschrieben, da ansonsten viele Sonderzeichen vorzeitig interpretiert würden bzw. weil man all diese Sonderzeichen sonst durch Backslash deaktivieren müsste.

Nun benötigen eine Reihe wichtiger UNIX-Kommandos wie sed und vor allem awk ebenfalls Quotes, sodass wir also Quotes in Quotes schachteln müssen. Keine Chance!

Nehmen Sie einen Alias, der die Größe einer Datei ausgibt. Das benötigte Kommando lautet

```
ls -l \!:1 | awk '{print $5}'
```

Und nun der Alias:

```
mars# alias size 'ls -l \!:1 | awk '{print $5}''
Missing }.
```

OK. Wir müssen die inneren Quotes natürlich deaktivieren.

```
mars# alias size 'ls -l \!:1 | awk \'{print $5}\''
Unmatched '.
```

Oh je. Der Backslash kann die Quotes nicht deaktivieren. Versuchen wir es mit unterschiedlichen Arten von Quotes.

```
mars# alias size 'ls -l \!:1 | awk "{print $5}"'
mars# alias size
ls -l !:1 | awk "{print $5}"
```

Na also, geht doch. Oder? Mal testen.

```
mars# size file1
-rwxr--r--   1 root     other          69 Apr   4 15:08 file1
```

Was ist hier passiert? Die Double Quotes um awk herum bewirken, dass zwar noch nicht bei der Definition, dann aber bei der Ausführung $5 von der Shell interpretiert wird. $5 ist bei der aktuellen Shell aber leer, es bleibt das Kommando awk "{print }" übrig, was zur Ausgabe der ganzen Zeile führt.

Versuchen wir es mit den Quotes in umgekehrter Reihenfolge.

```
mars# alias size "ls -l \!:1 | awk '{print $5}'"
mars# alias size
ls -l !:1 | awk '{print }'
```

Dieses Mal wurde $5 bereits bei der Definition substituiert. Wie gesagt, Aliase können Ihnen den letzten Nerv rauben.

Die einzige Möglichkeit, $5 in einfachen Quotes zu erhalten, besteht darin, bei der Definition auf Quotes zu verzichten und alle anfallenden Sonderzeichen einzeln zu deaktivieren.

```
mars# alias size ls -l \!:1 \| awk \'\{print \$5\}\'
mars# alias size
ls -l !:1 | awk '{print $5}'
```

Geschafft. Es sieht grauenhaft aus! Von den 7 Backslashes darf kein einziger fehlen! Und nun bedenken Sie, wie lange Sie brauchen, bis Sie den nächsten funktionierenden Alias erstellt haben, der vielleicht grep oder sed beinhaltet.

Wir sind an einem Punkt angelangt, der in den Newsgroups häufig kontrovers diskutiert wird. C-Shell-Spezialisten behaupten mit Recht, man könne Funktionen fast völlig mit Aliasen nachbilden, andere weisen ebenso mit Recht darauf hin, welchen zeitlichen Aufwand man dafür aufbringen muss.

Die Situation wird noch verschärft, wenn Sie Ihren Alias nicht auf eine einzige Zeile beschränken können.

Mehrzeilige Aliase

Aliase werden erst dann wirklich mächtig und vergleichbar mit Funktionen, wenn sie mehrzeilige Konstruktionen wie `if`, `foreach` und `while` beinhalten. Doch während diese Schleifen auf mehrere Zeilen verteilt sein *müssen*, darf der Alias nur in *einer* Zeile stehen.

Wenn der Alias innerhalb des aktuellen Skriptes definiert werden soll, schafft es die C-Shell gerade noch, ein mehrzeiliges `if` zu integrieren (über `eval`), bei Schleifen scheitert sie jedoch definitiv. Hier muss man auf externe Skripte ausweichen.

Ausschließlich neuere Versionen der tcsh beherrschen mehrzeilige Aliase.

```
#!/bin/tcsh
# NUR tcsh !!!
# aliastest
# Legt eine foreach Schleife um ein beliebiges Array

alias schleife 'foreach var ( \!:* ) \
  echo $var \
  end '

echo "Alias-Definition:"
alias schleife

set arr = ( xx yy zz )
echo -----
schleife $arr
```

Listing 3.28: aliastest – legt Schleife um beliebiges Array

```
mars# ./aliastest
Alias-Definition:
foreach var ( !:* )
echo $var
end
-----
xx
yy
zz
mars#
```

Der Zugriff auf übergebene Parameter, hier `\!:*`, muss unbedingt in der *ersten* Zeile des Alias erfolgen. Für spätere Zeilen werden die History-Kürzel nicht mehr ausgewertet.

Wenn Sie in solchen Fällen nicht auf die tcsh ausweichen können, bleibt Ihnen nur die Lösung über eine externe Datei. Schreiben Sie die betreffenden Befehle in ein eigenes Skript, wie oben beschrieben, und rufen Sie es immer dann auf, wenn ihre "Funktion" benötigt wird.

Sourced Aliase

Während Sie derart ausgelagerte `csh`-Subroutinen normalerweise im gleichen Verzeichnis abspeichern wie das Haupt-Skript, entsteht bei der interaktiven Arbeit das Problem, dass man von unterschiedlichen Positionen aus auf sie zugreifen möchte und daher einen langen Verzeichnis-Pfad angeben müsste. Um über einen kurzen Namen an die Funktionen zu gelangen, wird die Subroutine als "sourced Alias" definiert.

Man schreibt die betreffenden Befehle wie gehabt in eine Datei und erstellt zusätzlich einen Alias auf diese Datei. Damit der Alias auf beliebige Variablen zugreifen kann, wird die Datei mit `source` eingelesen.

```
# sourced alias: schleife
foreach var ( $al_args )
  echo $var
end

#!/bin/csh
#aliastest2
alias schleife 'set al_args=( \!* ) ; source ~/aliases/schleife'

schleife aa bb cc

mars# ./aliastest2
aa
bb
cc
```

3.30 Signal-Verarbeitung

Was geschieht eigentlich genau, wenn Sie einen im Vordergrund laufenden Prozess mit der Tasten-Kombination `ctrl-c` unterbrechen? Und warum reagieren nicht alle Programme auf `ctrl-c`? Und wäre es nicht hilfreich, wenn wir eine solche Unterbrechung an kritischen Stellen auch für unsere eigenen Skripte deaktivieren könnten?

- Signale beeinflussen die Steuerung der Skripts.
- Signal-Behandlung für SIGINT (2) und SIGHUP (1) kann geändert werden.
- kill -*n pid* — Signal *n* an Prozess *pid* senden.
- kill -l — Alle Signale auflisten.
- onintr - — ctrl-c (Signal Nr.2) ignorieren.
- onintr LABEL — Bei ctrl-c zu LABEL springen.
- nohup — Signal Nr. 1 (HANGUP) ignorieren.
- nohup *command* — Kommando starten und Signal Nr. 1 ignorieren.
- Signal-Behandlung von Hintergrund-Prozessen kann nicht geändert werden.
- Signal-Behandlung für die Signale 1 und 2 wird vererbt.

Signale

Um einen Abbruch durch `ctrl-c` zu verhindern, müssen wir in die Signal-Behandlung unseres Skripts eingreifen. Unter UNIX können Prozesse einander Signale senden, um ihren Ablauf zu steuern und zu beeinflussen.

In einer interaktiven Shell senden wir Signale über den `kill`-Befehl an einen Prozess.

```
kill -signal process-ID

kill -15 712
kill -9  712
```

Dem gerade im Vordergrund laufenden Prozess können wir auch über einige Tasten-Kombinationen Signale senden, `ctrl-c` ist die bekannteste.

```
kill -l
```

Wenn Sie mehr über Signale erfahren möchten, können Sie entweder in der Manpage von `kill` nachsehen, oder Sie blättern zum entsprechenden Kapitel der Bourne-Shell. Da die Bourne-Shell sehr viel mehr Möglichkeiten zur Signal-Verarbeitung bietet als die C-Shell, werden dort die Signale umfassender besprochen. Mit `kill -l` können Sie sich alle Signale anzeigen lassen.

Was tut ein Prozess bei Erhalt eines Signals? In aller Regel beendet er sich. Obwohl eine ganze Reihe von Signalen im UNIX-Betriebssystem vorgesehen sind, um unterschiedliche Reaktionen zu erlauben, macht die C-Shell kaum Gebrauch von diesen Möglichkeiten und übernimmt die Default-Einstellung, welche besagt, dass der Prozess sich beendet.

Auch uns selbst sind die Hände gebunden. Wir können die Signal-Routinen nicht neu definieren, wie in der Bourne-Shell. Allerdings mit zwei Ausnahmen: Denjenigen für Signal 1, auch SIGHUP genannt und für Signal 2, SIGINT, welches durch `ctrl-c` ausgelöst wird.

ctrl-c abfangen

Über den Befehl `onintr` können wir das Signal SIGINT abfangen und so verhindern, dass unser Skript über `ctrl-c` abgebrochen wird.

```
onintr -
onintr LABEL
onintr
```

In der ersten Form weisen wir die Shell an, Signal 2 komplett zu ignorieren, in der zweiten Form lassen wir das Skript zu der mit LABEL gekennzeichneten Zeile springen, wenn Signal 2 eintrifft. Gibt man `onintr` keine Argumente mit, stellt man die Signal-Behandlung wieder auf den Default-Wert zurück.

```
#!/bin/csh
# demo

onintr -
foreach i ( 1 2 3 4 5 6 7 8 9 0 )
  date
  sleep 1
end
```

```
mars# ./demo
Tue Feb 23 16:27:24 MET 2002
Tue Feb 23 16:27:25 MET 2002
Tue Feb 23 16:27:26 MET 2002 (Strg)+(c)
Tue Feb 23 16:27:27 MET 2002
Tue Feb 23 16:27:28 MET 2002
Tue Feb 23 16:27:29 MET 2002
Tue Feb 23 16:27:30 MET 2002 (Strg)+(c)
Tue Feb 23 16:27:31 MET 2002 (Strg)+(c) (Strg)+(c)
Tue Feb 23 16:27:32 MET 2002
Tue Feb 23 16:27:33 MET 2002
mars#
```

Wie Sie sehen, lässt sich unser Skript durch `ctrl-c` nicht mehr abbrechen.

Wenn wir den Abbruch sehr wohl zulassen, zuvor aber noch gewisse Aufräum-Arbeiten verrichten möchten, können wir mit der zweiten Form von `onintr` zu einer gelabelten Routine springen.

```
#!/bin/csh
# demoint

onintr INT
foreach i ( 1 2 3 4 5 6 7 8 9 0 )
  date
  cp file$i file.tmp
  # ...
  # hier wuerde nun mit file.tmp gearbeitet
  # ...
  sleep 1
end

exit

INT:
rm file.tmp
echo "Skript vorzeitig abgebrochen: `date`" >>file.log
```

Listing 3.29: catchend – Aufräum-Arbeiten nach ctrl-c

```
mars# ./demoint
Tue Feb 23 16:27:24 MET 2002
Tue Feb 23 16:27:25 MET 2002
Tue Feb 23 16:27:26 MET 2002 (Strg)+(c)
mars# more file.log
Skript vorzeitig abgebrochen: Fri Apr 5 15:48:23 MET DST 2002
```

SIGHUP abfangen

Wenn ein Shell-Skript von einem Terminal-Fenster aus im Vordergrund gestartet wurde und die Terminal-Sitzung beendet wird, beendet sich das Skript in der Regel auch. Grund hierfür ist die Default-Routine für das Signal 1 (SIGHUP), welches der Eltern-Prozess – hier das Terminal-Fenster – an seine Kinder – hier das Skript – schickt, wenn er schließt.

Der shellinterne Befehl *nohup* sorgt dafür, dass ein Prozess das Signal SIGHUP ignoriert.

```
nohup
nohup command
```

Die erste Form wird innerhalb des Skriptes verwendet. Über die zweite Form kann man ein Skript oder einen beliebigen Befehl starten und gleich beim Start festlegen, dass SIGHUP ignoriert werden soll.

Hintergrundprozesse und Vererbung

Hintergrundprozesse können nicht über `onintr` beeinflusst werden. Sie arbeiten immer mit der Default-Routine für Signal 2. Da bei einem Hintergrund-Prozess naturgemäß nicht `ctrl-c` gedrückt werden kann, könnte das Signal sowieso nur über `kill -2` geschickt werden. Wenn dies geschieht, bricht das Skript auf jeden Fall ab.

Auch nohup macht für Hintergrund-Prozesse keinen Sinn, da diese von Hause aus per nohup von der Shell gestartet werden. Wenn Sie Ihr Terminal verlassen, von dem Sie ein Skript im Hintergrund gestartet haben, läuft das Skript unbeschadet weiter.

Wird ein Skript aus einem anderen heraus gestartet, erbt es dessen Signal-Behandlungs-Routinen für SIGINT und SIGHUP. Ist das erste Skript gegen diese Signale immun, kann das zweite Skript automatisch ebenfalls nicht mehr auf diese Weise abgebrochen werden.

3.31 Startprozedur und Profildateien

Neue Shells können über unterschiedliche Mechanismen gestartet werden: Automatisch beim Login, durch expliziten Aufruf, durch den Start eines Skriptes, durch Kommando-Substitution und durch die Gruppierung von Befehlen in runden Klammern. Abhängig von diesem Mechanismus führt die neue Shell unterschiedliche Start-Dateien aus, bevor sie ihre eigentliche Aufgabe wahrnimmt.

- Umgebung erstellen beim Login.
- Systemweite Profildatei `/etc/.login` bzw. `/etc/csh.login`
- Benutzerspezifische Profildatei `~/.login`
- Startup-Datei `~/.cshrc` bzw. `~/.tcshrc`
- Nur Startup-Datei gelesen beim Starten von Subshells.
- Keine Startup-Dateien gelesen bei `(...)` und `` `...` ``.

Start einer Login-Shell

Bei der Anmeldung eines Benutzers startet das `login`-Kommando, welches die Anmeldung entgegengenommen hat, diejenige Shell, die in der Datei `/etc/passwd` für den entsprechenden Benutzer eingetragen ist.

Als ersten Schritt erstellt die Login-Shell eine neue Umgebung, indem sie eine Reihe von Umgebungsvariablen auf einen Standard oder einen benutzerspezifischen Wert (z.B. $HOME) setzt.

Dann führt sie mehrere so genannte Profil- und Startup-Dateien aus. Profil-Dateien stellen die Umgebung für die gesamte Sitzung des Benutzers ein. In ihnen werden die richtigen Werte für das verwendete Terminal, den Standard-Drucker, die Pfad-Variable und einiges mehr gesetzt. Startup-Dateien bieten weitere Einstellungen für die aktuelle Shell. Hier geht es vor allem um die Definition von Aliasen und die Voreinstellung wichtiger Shell-Variablen. Demnach werden Profil-Dateien nur *einmal* beim Login gelesen, Startup-Dateien hingegen bei *jedem* Neustart einer weiteren Shell.

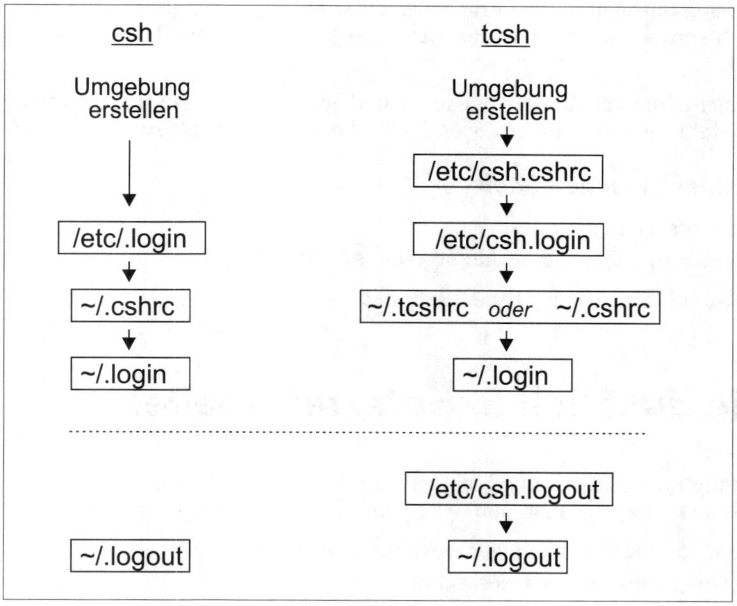

Abbildung 3.19: Start einer Login-Shell

Die Reihenfolge zwischen `/etc/csh.login` und `~/.tcshrc` ist beim Kompilieren der tcsh festlegbar und schwankt daher von UNIX zu UNIX. Ebenso der genaue Name der Dateien in `/etc`. Während beispielsweise unter LINUX die systemweiten Dateien exakt wie oben beschrieben lauten, heißen sie unter Solaris `/etc/.cshrc`, `/etc/.login` und `/etc/.logout`, decken sich also teilweise mit denen der C-Shell.

Start einer neuen Subshell

Öffnet man eine neue Subshell, die keine Login-Shell darstellt, durch

- den direkten Aufruf von `csh` oder `tcsh`
- den Aufruf eines Skriptes über `csh/tcsh myscript`
- den Aufruf eines Skriptes über `myscript` und ein #-Zeichen oder `#!/bin/csh` bzw. `#!/bin/tcsh` in der ersten Zeile des Skripts,

werden immer nur die Startup-Dateien erneut ausgeführt, nicht aber die Profil-Dateien.

Die C-Shell liest erneut `~/.cshrc`. Die tcsh liest erneut `/etc/csh.cshrc` und `~/.tcshrc` (oder `~/.cshrc`, wenn sie Erstere nicht findet).

Wenn Sie sowohl die C-Shell als auch die tcsh verwenden und in beiden Shells die gleiche Startup-Datei benutzen möchten, mit eventuellen Ergänzungen für die tcsh, empfiehlt es sich auf `~/.tcshrc` zu verzichten und stattdessen in die `~/.cshrc` eine Abfrage auf die Variable `tcsh` (Version der laufenden tcsh) einzufügen.

```
if ( $?tcsh ) then ...
```

Subshell erzeugen durch Kopie

Öffnet man eine Subshell durch

- das Einschließen eines oder mehrerer Befehle in runde Klammern (*`befehl;befehl`*)
- Kommando-Substitution `` `befehl` ``

so wird zwar eine Subshell in einem neuen Prozess erzeugt, nicht jedoch die Startup-Datei neu gelesen. Die neue Shell entsteht als exakte Kopie der Vater-Shell, mit allen Shell-Variablen, nicht nur den Umgebungs-Variablen.

Dass es sich aber in der Tat um eine eigene Shell handelt, sieht man daran, dass Veränderungen an Variablen innerhalb der runden Klammern oder der Backticks `...` keine Auswirkung auf die Vater-Shell haben.

Ausführung in der aktuellen Shell

- Führt man einfache Befehle aus
- oder ruft ein Skript über source auf: `source script`

so wird überhaupt keine eigene Subshell gebildet.

3.32 Wie die Shell Skripte verarbeitet

Die Verarbeitung eines Skriptes durch die Shell findet Zeile für Zeile und in einer festgelegten Reihenfolge von Syntax-Schecks, Expansionen und der eigentlichen Ausführung von Befehlen statt.

- Jede Zeile wird separat gelesen, gecheckt und ausgeführt.
- Zunächst erfolgt eine Syntax-Überprüfung.
- Dann wird eine Reihe von Expansionen durchgeführt.
- Begonnen wird mit History-, Alias- und Kommando-Expansion.
- Es folgen Variablen-, Tilde- und Dateinamen-Expansionen.
- Umlenkungen werden eingerichtet.
- Der Typ des entstandenen Befehls wird analysiert.
- Builtin-Befehle werden im aktuellen Prozess ausgeführt.
- Für UNIX-Kommandos und externe Programme wird ein Child-Prozess erzeugt.
- Für Kommando-Substitutionen wird eine Subshell als Child-Prozess erzeugt.
- Für ein weiteres Shell-Skript wird eine komplett neue Subshell ausgeführt.

3.33 Weitere Befehle und Techniken

Einige Shell-Befehle lassen sich schlecht zu einem bestimmten Kapitel zuordnen. Sie sind von allgemeiner Bedeutung und werden im Folgenden kurz besprochen.

exec *befehl*	Führt *befehl* statt des aktuellen Prozesses aus.
eval *befehl*	Liest *befehl* zweimal und führt ihn anschließend aus.
befeh1 | xargs | *befehl2*	Wandelt `stdin` zu Argumenten für einen Befehl um.
sleep *n*	Setzt die Ausführung erst in *n* Sekunden wieder fort.
jobs stop bg fg kill	Befehle zur Job-Kontrolle.
wait *process-ID*	Auf das Ende eines Prozesses warten.
dirs, pushd, popd	Directory-Stack-Befehle.
sched *befehl*	Nur tcsh: Befehl einplanen.

exec

```
exec befehl
```

Über den Befehl `exec` kann ein beliebiges externes Kommando ausgeführt werden, ohne dass danach zur ursprünglichen Shell zurückgekehrt wird. Der neue Prozess ersetzt komplett die aufrufende Shell, es wird also weder ein Child-Prozess und schon gar keine eigenständige Subshell gestartet.

WICHTIG

Beim Einloggen eines Benutzers ruft das `login`-Programm die jeweilige Shell per `exec` auf.

`exec` können Sie immer dann verwenden, wenn Sie eine Rückkehr zum Eltern-Prozess vermeiden möchten.

eval

Auch der Befehl `eval` führt das als Argument übergebene Kommando aus. Durch `eval` kann man aber erreichen, dass eine Kommandozeile zweimal gelesen wird und dadurch auch alle Expansionen zweimal stattfinden.

```
eval befehl
```

1. Schritt: Lese die Zeile "`eval befehl`" und nehme alle Ersetzungen vor.
2. Schritt: Führe die Zeile "`eval befehl`" aus.
3. Schritt: Lese die Zeile "`befehl`" und nehme alle Ersetzungen vor.
4. Schritt: Führe die Zeile "`befehl`" aus.

`eval` führt den Befehl in der aktuellen Shell aus, öffnet also keine Subshell.

Wir verwenden `eval` um eine Variable indirekt, also über den in einer anderen Variablen gespeicherten Namen auszulesen oder um während des laufenden Programms eingelesenen Code auszuführen. Sehen wir uns zunächst den indirekten Variablen-Aufruf an (siehe auch Abschnitt 3.8).

```
set januar=31 februar=28 maerz=31 april=30 mai=31 #etc.
# Die Variable monat enthalte den Namen des gewuenschten Monats
eval set tage=\$$monat
```

Befand sich in `$monat` z.B. "maerz", entstand im ersten Schritt die Zeile "`tage=$maerz`" und im zweiten Schritt "`tage=31`". Damit das eine $-Zeichen den ersten Schritt überlebt, wird es durch \ geschützt. (Das Ganze lässt sich allerdings genauso elegant über ein Array lösen.)

Mit `eval` kann aber auch Befehle ausführen, die erst während der Laufzeit eingegebenen werden, was sich gut zu Debugging-Zwecken oder zum Erstellen von Skripten aus Skripten heraus eignet.

```
#!/bin/csh
# myscript
while ( 1 )
  echo -n "Befehl: "
  set cmd = $<
  eval $cmd
end
```

```
mars# ./myscript
Befehl: set x=17 y=13
Befehl: @ z = $x + $y`
Befehl: echo $z
30
```

```
Befehl: [Strg]+[c]
mars#
```

`eval` kann beliebig oft hintereinander aufgerufen werden, um mehr als zwei Expansions-Durchgänge zu erzielen.

xargs

xargs wandelt Daten, die es auf der Standard-Eingabe erhält, in Argumente für ein nachfolgendes Kommando um.

```
befehl1 | xargs befehl2
```

Syntaktisch ist es nur eine Alternative zu

```
befehl2 `befehl1`
```

befehl2 wird also mit denjenigen Argumenten aufgerufen, die *befehl1* in seiner Standard-Ausgabe produziert. In der zweiten Form können allerdings leicht unerlaubt lange Befehlszeilen entstehen, wodurch nur ein Teil der Argumente verarbeitet wird, bevor das Kommando abbricht.

`xargs` führt hingegen eine Pufferung der erhaltenen Argumente durch und gibt sie nur portionsweise weiter. Es ist also gewährleistet, dass die Übergabe vollständig funktioniert.

Häufig wird `xargs` verwendet, um die Ausgabe von `find` – einer der Kandidaten für die Lieferung zu vieler Argumente – auf Befehle wie z.B. `grep` umzuleiten.

```
find / -mtime -5 | xargs grep "string"
```

Dieses Kommando sucht in allen Dateien nach "string", die innerhalb der letzten 5 Tage verändert worden sind.

sleep

Wir haben `sleep` schon oft in unseren Beispielen verwendet. Wegen seiner Wichtigkeit soll es hier aber ausdrücklich noch einmal erwähnt werden.

```
sleep n
```

verzögert die Fortsetzung des Skriptes um *n* Sekunden.

`sleep` wird vor allem in Warteschleifen verwendet, wenn alle *n* Sekunden ein bestimmter Befehl oder Test ausgeführt werden soll.

Sie sollten `sleep` außerdem immer dann einsetzen, wenn sie den Zustand des Systems untersuchen möchten, nachdem Sie eine Veränderung durchgeführt haben. Der Aufruf von `ps` nach dem Start neuer Prozesse wäre ein passendes Beispiel. Ohne zumindest eine Sekunde gewartet zu haben, werden Sie den neuen Prozess nicht zuverlässig entdecken.

time

Mit dem Befehl `time` können wir die Laufzeit eines Befehls oder Shell-Skripts messen. Ohne Angabe eines Befehls gibt `time` die bisherige Laufzeit der aktuellen Shell aus.

```
time [befehl]
```

Die Ausgabe erfolgt in der Form

```
0.16u 0.59s 54:41.68 0%
```

Der dritte Wert ist meistens der interessanteste, da er die absolute Zeit zwischen Start und Ende des Programms (in Minuten und Sekunden) angibt.

Die anderen Werte geben die verbrauchte CPU-Zeit aus, einerseits die im User-Mode (eigentliche Ausführung des Skripts, u) und andererseits die im Kernel-Mode benötigte Zeit (Festplatten-Zugriffe und andere System-Calls). Die Prozentangabe bezieht sich auf den Anteil der verbrauchten CPU-Zeit an der insgesamt vergangenen Zeit.

Job-Kontrolle

Die Befehle zur Job-Kontrolle sollen hier ebenfalls kurz angesprochen werden, auch wenn man sie bei der Shell-Skript-Programmierung eher selten benötigt.

Prozesse, die Sie im Hintergrund gestartet haben, können Sie sich über den Befehl

```
jobs
```

auflisten lassen. Dabei wird jedem Prozess eine Job-ID zugewiesen, die Sie anschließend benutzen können. Mit

```
stop %job-id    oder kill -STOP %job-id
```

wird ein Hintergrundprozess beispielsweise vorrübergehend angehalten. Dies ist einfacher, als sich auf die Prozess-ID beziehen zu müssen (`stop` *pid*).

```
fg %job-id
```

bringt einen gestoppten oder im Hintergrund laufenden Job wieder in den Vordergrund,

```
bg %job-id
```

verweist einen gestoppten Prozess in den Hintergrund. Mit

```
kill %job-id
```

beendet man ihn.

Ein Job kann über folgende Ausdrücke identifiziert werden:

Identifier	**Bedeutung**
%*n*	Job-ID
%+ oder %%	Aktueller Job
%-	Vorheriger Job
%?string	Job, der *string* enthält
%*string*	Job der mit *string* beginnt

Tabelle 3.16: Alternativen zur Identifizierung eines Jobs

wait

Mit `wait` wartet man auf das Ende aller Prozesse, die die aktuelle Shell im Hintergrund gestartet hat. Das aktuelle Skript "hängt" so lange, bis all diese Prozesse beendet sind.

```
wait
```

Der Directory-Stack

C-Shell und tcsh verwalten einen Directory-Stapel, um den Wechsel zwischen Verzeichnissen zu erleichtern. Auch wenn der Directory-Stack vor allem bei der interaktiven Arbeit verwendet wird, sollen hier die wichtigsten Befehle zu diesem Thema kurz zusammengefasst werden.

```
dirs
```

Mit dem Befehl `dirs` kann man sich den Directory-Stack ansehen. Er enthält wenigstens das aktuelle Verzeichnis.

```
pushd directory
```

Mit `pushd` kann man in ein neues Directory wechseln. Im Gegensatz zu `cd` greift `pushd` aber auf den Directory-Stack zu. pushd fügt das neue Verzeichnis in den Stack ein (an die erste Stelle). Die übrigen Einträge verschieben sich um eins nach hinten. `pushd` ohne Argument wechselt in das vorherige Arbeitsverzeichnis. Im Stack werden entsprechend erstes und zweites Element miteinander vertauscht.

`pushd` +*n* wechselt zum *n*-ten Verzeichnis im Stack (Stack startet bei 0).

```
popd [+n]
```

Über `popd` (ohne Argument) kann ebenfalls zum vorherigen Arbeits-Verzeichnis gewechselt werden, allerdings wird das neue Arbeitsverzeichnis aus dem Stack entfernt. popd +*n* entfernt das entsprechende Verzeichnis aus dem Stack, ohne hineinzuwechseln.

sched

Nur tcsh.

```
sched hh:mm befehl
sched +hh:mm befehl
sched -n befehl
sched
```

Die tcsh bietet mit dem Befehl `sched` eine Mini-Version des `at`-Kommandos. `sched` führt den angegebenen Befehl zu der gewünschten Zeit aus. Die Zeit wird entweder absolut in Stunden und Minuten angegeben oder über ein vorangestelltes Plus als Zeitdifferenz (`+1:30` heißt z.B. in anderthalb Stunden).

Ohne Argumente listet `sched` alle eingeplanten Jobs auf, über `sched` -*n* kann man den *n*-ten Job dieser Liste wieder löschen.

Im Gegensatz zu `at` führt `sched` den Job innerhalb der aktuellen Shell aus, sodass aktuelle Variablen gelesen und verändert werden können. Andererseits verfügt `sched` nur über eine 24-Stunden-Uhr und, noch viel gravierender: `sched` garantiert nicht die Ausführung zur angegebenen Zeit. Nur wenn ein Prompt angezeigt wird, kann die Shell reagieren.

3.34 Debugging-Methoden

Zur Fehlersuche in einfachen Skripten genügen sicherlich die in Abschnitt 3.4 vorgestellten Möglichkeiten wie die Optionen -n, -x und -v. Die Arbeit an komplexeren Programmen erfordert hingegen leistungsfähigere Ansätze zum Debuggen. Wie werden auf den folgenden Seiten zum Beispiel zeigen, wie man Breakpunkte setzen oder das Skript im Single-Step-Modus verfolgen kann.

- -n — Skript auf Syntax prüfen, nicht ausführen.
- -v , -V , set verbose — Zeilen vor der Ausführung unverändert anzeigen.

❑ -x , -X , set echo	Zeilen vorher, doch nach Substitutionen anzeigen.
❑ echo $var	Ausgabe von Variablen an interessanten Stellen
❑ exit	Skripte vorzeitig verlassen.
❑ set cmd = $<	Breakpunkt setzen.
❑ set cmd = $< ; eval $cmd	Breakpunkt setzen und Befehl ausführen.
❑ while ... set cmd=$<; eval ...	Breakpunkt mit Debugging-Schleife
❑ befehl; dbg; befehl; dbg; ...	Single-Step-Ausführung
❑ debug myscript	Debugging-Funktion in einem eigenen Skript

Die Optionen `-n`, `-v` und `-x`, die Ausgabe von interessanten Variablen oder das vorzeitige Beenden durch `exit` wurden bereits besprochen.

Breakpunkte

```
set cmd = $<
echo -n "dbg> " ; set cmd = $< ;  eval $cmd
```

Durch das Platzieren eines Eingabe-Befehls an der gewünschten Stelle kann auf einfache Art ein Breakpunkt gesetzt werden. Durch Drücken der RETURN-Taste kann man das Skript dann fortsetzen. Geschickter ist es aber, gleich einen Befehl einzugeben, den die Shell anschließend mittels `eval` ausführen soll. Auf diese Weise können wir uns zum Beispiel den Inhalt kritischer Variablen anzeigen lassen.

```
dbg> echo $anzahl $gesamt
```

Debugging-Schleife

Komfortabler wird es, wenn wir eine Schleife um die drei soeben gezeigten Befehle legen und dadurch so lange bei einem Breakpunkt verharren und immer wieder Befehle einlesen und ausführen, bis der Benutzer – z.B. durch einfaches RETURN – mit der nächsten Zeile fortfahren möchte.

```
#!/bin/csh
# dbg
# Debugging-Schleife

set cmd = "start"
while ( "$cmd" != "" )
  echo -n "dbg> "
  set cmd = $<
  eval $cmd
end
```

Listing 3.30: Debugging-Schleife in Datei dbg auslagern

Diese Schleife speichern wir als eigenes Skript `dbg` in einem Verzeichnis ab, das in `$PATH` genannt ist. Von nun an können wir in all unseren Skripten Breakpunkte einfach dadurch setzen, dass wir `dbg` aufrufen. Dabei müssen wir darauf achten, dass `dbg` über `source` gestartet wird, denn nur dann hat es vollen Zugriff auf alle Variablen des zu testenden Skriptes.

Nehmen wir folgendes Test-Skript, um zu sehen, wie man damit umgeht.

```
#!/bin/csh
# testcript

set i=1
```

```
set text="abcd"
source dbg                    # <-- Debug-Aufruf hinzufuegen

while ( $i < 3 )
  echo "Variable: $i"
  @ i ++
  source dbg                  # <-- Debug-Aufruf hinzufuegen
end
```

```
mars# ./testscript
dbg> echo $text $i
abcd 1
dbg>
Variable: 1
dbg>
Variable: 2
dbg> echo $text $i
abcd 3
dbg> set i=6
dbg> echo $i
6
dbg>
mars#
```

Das funktioniert! Wie Sie sehen, können wir sogar aktiv in das Geschehen eingreifen und den Inhalt von Variablen direkt ändern.

Eine kleine Verbesserung bringen wir noch an. Statt durch `ctrl-c` soll unser Programm auch über die Eingabe eines "q" frühzeitig abgebrochen werden können. Da die Debugging-Schleife in einem eigenen Skript untergebracht ist, nützt ein einfaches `exit` nichts, es beendet nur `dbg`. Wir müssen stattdessen die Information des Abbruchs nach außen geben und dort verarbeiten.

innerhalb von dbg:

```
if ( "$cmd" == "q" ) exit 1
```

im zu testenden Skript:

```
source dbg || exit
```

Wenn Ihnen Letzteres zu viel Schreibarbeit ist für einen simplen Breakpunkt, definieren Sie sich einfach einen Alias in der Datei ~/`.cshrc`:

in ~/`.cshrc`:

```
alias dbg 'source dbg || exit'
```

Einfacher geht's nicht. Breakpunkte werden jetzt durch die drei Buchstaben `dbg` gesetzt.

```
#!/bin/csh
# dbg
# Debugging-Schleife
```

Listing 3.31: Debugging-Schleife in Datei dbg auslagern

```
set cmd = "start"
while ( "$cmd" != "" )
  echo -n "dbg> "
  set cmd = $<
  if ( "$cmd" == "q" ) exit 1
  eval $cmd
end
```

Listing 3.31: Debugging-Schleife in Datei dbg auslagern(Fortsetzung)

```
#!/bin/csh
# testcript

set i=1
set text="abcd"
dbg                           # <-- Debug-Aufruf hinzufuegen
while ( $i < 3 )
  echo "Variable: $i"
  @ i ++
  dbg                         # <-- Debug-Aufruf hinzufuegen
end
```

```
mars# ./testscript
dbg> echo $text $i
abcd 1
dbg>
Variable: 1
dbg> q
mars#
```

Single-Step-Modus

Das manuelle Setzen von Breakpunkten ist hervorragend dazu geeignet, kritische Stellen eines Skriptes gezielt unter die Lupe zu nehmen. Häufig wäre es aber bequemer, wenn das Programm automatisch vor jedem Kommando anhielte und in die Debugging-Schleife spränge, also in einer Art Single-Step-Modus liefe.

Für eine solche Funktionalität müssen wir etwas mehr Aufwand betreiben. Nur ein einziges Mal allerdings! Wir erzeugen aus dem zu testenden Skript eine zweite, temporäre Fassung, bei der jedem einzelnen Original-Kommando zwei Befehle vorrangestellt werden: Die Anzeige der aktuellen Zeile und der Aufruf von dbg.

Statt des ursprünglichen wird dann das neu erstellte Skript ausgeführt. Sowohl das Erstellen der temporären Fassung wie auch dessen Ausführung und das abschließende Löschen desselben erledigen wir in einem einzigen Skript.

```
#!/bin/csh
# debug
# Aufruf: debug script
# Single-Step-Debugging

set file=$1
set tmpfile=${file}_dbg

# Alias fuer Debugging-Funktion definieren
alias dbg 'source dbg || exit'

# Die erste Zeile des Skriptes wieder herstellen
head -1 $file >$tmpfile

# Vor jede Zeile des Originals einen Befehl zur Anzeige der Zeile
# und einen fuer dbg hinzufuegen.
foreach line ( "`cat $file | tail +2`" )
  echo "echo src:  " "'" $line "'"   >>$tmpfile
  echo dbg >>$tmpfile
  echo $line >>$tmpfile
end

# Das entstandene temporaere Skript ausfuehren.
chmod 755 $tmpfile
./$tmpfile
rm $tmpfile
```

Listing 3.32: debug – Single-Step-Debugging

Die erste Zeile musste separat behandelt werden, da z.B. `'#!/bin/csh'` ja unbedingt die erste Zeile im Skript bleiben muss. Mit Hilfe dieses Programms debuggen wir ein Skript `myscript` einfach durch

```
debug myscript
```

Sie können unserem Debugging-Tool nun nach Belieben weitere Funktionalitäten hinzufügen. Typisch wäre die Auswahl zwischen einzelnen Breakpunkten und dem Single-Step-Modus über eine Option oder das Setzen und Löschen von Breakpunkten über die Kommandozeile. Über das Abfangen einzelner Tasten-Anschläge (siehe Abschnitt 3.28) könnten Sie eine History für Debugging-Befehle einbauen usw.

Fertige Debugging-Tools

In den UNIX-Newsgroups wird immer wieder nach fertigen Debugging-Tools für die Shell-Programmierung gefragt. Doch es gibt keine kommerziellen Produkte in diesem Bereich. Die meisten Skript-Programmierer begnügen sich mit den Optionen `-v` und `-x` oder schreiben sich kleinere Funktionen und Tools wie die oben dargestellten. Einige dieser Programme kann man in Anlagen zu entsprechenden Newsgroup-Artikeln finden, wenn man z.B. nach "shell debugger" unter *www.google.com* in *comp.unix.shell* oder *de.comp.os.unix.shell* sucht.

3.35 Tabellen und Listen

Shell-Builtin-Befehle

Die meisten Befehle, die wir für Shell-Skripte benutzen, sind UNIX-Kommandos, also eigenständige Programme. Sie werden im entsprechenden Teil dieses Buches besprochen. Einige Befehle sind jedoch in die Shells eingebaut. Wir haben sie fast alle in den vergangenen Kapiteln kennen gelernt. Hier zeigen wir sie noch einmal im Überblick.

Mit `type befehl` oder `which befehl` (in der tcsh auch `where befehl`) können Sie feststellen, ob ein Befehl eingebaut oder extern ist. Bei externen Befehlen können Sie mit `file befehl` (Befehl mit absolutem Pfad) herausfinden, ob es sich um ein kompiliertes Programm oder ein Shell-Skript handelt.

Auch zu den Builtin-Kommandos existieren eigene `man`-Pages.

C-Shell

Befehl	Bedeutung
:	Leerer Befehl. Wird verwendet, wenn die Syntax einen Befehl verlangt, man aber nichts ausführen möchte.
alias *name befehl*	Alias, also Kürzel für einen Befehl definieren oder alle Aliase anzeigen.
bg [%*jobid* ...]	Stelle gestoppten Job in den Hintergrund.
break	Springe aus einer Schleifen heraus.
cd [*dir*] chdir [*dir*]	Wechsele in das angegebene Verzeichnis oder in das Home-Directory.
continue	Überspringe alle Befehle im laufenden Durchgang und setzte die aktuelle Schleife mit dem nächsten Durchgang fort.
dirs	Zeigt den Directory-Stack der ehemaligen Arbeitsverzeichnisse an.
echo *arg*	Gebe *arg* auf `stdout` aus, gefolgt von einem Newline.
eval *befehl*	Führe *befehl* aus. Wird benutzt, wenn ein Befehl in einer Variablen steht.
exec *befehl*	Führe *befehl* anstelle der aktuellen Shell aus, ohne einen neuen Prozess zu erzeugen.
exit *n*	Verlasse die aktuelle Shell oder das aktuelle Skript und gebe *n* (oder den Status des letzten Befehls) als Exit-Status zurück.
fg [%jobid ...]	Stelle gestoppten Job in den Vordergrund.
glob *args*	Gebe *args* auf stdout aus, trenne die Wörter jedoch durch `\0` statt durch Leerzeichen.
goto label	Setze die Ausführung hinter der Zeile fort, die durch `label`: gekennzeichnet ist.
hashstat	Gibt eine Statistik der Hash-Tabelle aus.
history [-r] [n]	Zeigt die History der zuletzt ausgeführten (*n*) Befehle an, auf Wunsch in umgekehrter Reihenfolge (-r).
jobs	Zeige alle gestoppten oder im Hintergrund laufenden Jobs an.
kill [-l] [-*sig*] *pid* ...	Sende Signal *sig* an die angegebenen Prozesse oder zeige die Liste der Signale an (-l).
limit	Systemressourcen limitieren, die ein Prozess verbrauchen darf, bzw. diese Grenzen anzeigen.
login [-p]	Neues Login ausführen. Bei -p wird die aktuelle Umgebung erhalten.
logout	Verlasse die Login-Shell.

Tabelle 3.17: Builtin-Befehle der C-Shell

Befehl	Bedeutung
nice [+n|-n] *cmd*	Priorität eines Prozesses verändern. `n` kann zwischen -20 (hohe Priorität) und +20 (niedrige Priorität) liegen. (Default: 0) Erniedrigung nur durch `root` möglich.
nohup *cmd*	Prozess starten und Signal Nr. 1 (HUP) ignorieren.
notify [*%jobid*]	Sofort informieren, wenn der Job *%jobid* (oder der zuletzt gestartete Job) sich beendet, anstatt zu warten, bis wieder ein Prompt ausgegeben wird.
onintr [-] [label]	Bei Drücken von `ctrl-c` dieses Signal ignorieren oder zu einem Label springen.
popd [*n*]	Entfernt ein oder mehrere Verzeichnisse aus den Directory-Stack. Siehe `pushd`.
pushd *dir*	Alternative zu `cd`. Wechselt in das vorherige Arbeitsverzeichnis (ohne Angabe von *dir*) oder nach *dir*, wobei *dir* im so genannten Directory-Stack gespeichert wird. Siehe auch `popd` und `dirs`.
pwd	Gebe das aktuelle Verzeichnis aus.
rehash	Erstellt die Hash-Tabelle neu, um neu hinzugekommene Befehle zu registrieren.
return [*n*]	Beende die aktuelle Funktion und gebe *n* (oder den Exit-Status des letzten Befehls) zurück.
set	Setzen und Anzeigen von Shell-Variablen.
setenv	Setzen und Anzeigen von Umgebungs-Variablen.
shift [*array*]	Schiebe die Elemente eines Arrays (oder von `argv`) um eine Stelle nach links.
source *script*	Führe *script* in der aktuellen Shell aus, also ohne eine Subshell oder einen Child-Prozess zu öffnen.
stop *pid* stop *%jobid*	Halte einen Prozess an. Kann später mit `fg` oder `bg` im Hintergrund fortgesetzt werden.
suspend	Stoppt die aktuelle Shell und kehrt zur übergeordneten Shell zurück. Aktuelle Shell kann über `fg` später wieder fortgesetzt werden.
time [*command*]	Gibt die insgesamt verbrauchte CPU-Zeit der aktuellen Shell aus oder misst die Zeit, die *command* verbraucht. (User-Modus und System-Modus.)
type *befehl*	Zeigt, ob *befehl* ein Builtin-Kommando, eine Funktion, ein Alias, ein Schüsselwort oder ein externes Kommando ist.
umask *nnn*	Setzt eine Maske für die Default-Rechte, die neu erstellte Dateien und Verzeichnisse erhalten oder zeigt die aktuelle Maske an.
unalias *muster*	Löscht den angegebenen Alias bzw. alle Aliase, die auf das *muster* passen.
unhash	Hashing-Mechanismus abschalten.
unlimit	Durch `limit` gesetzte Beschränkung wieder aufheben.
unset *muster*	Löscht angegebene Shell-Variablen oder alle, die auf *muster* passen.
unsetenv *muster*	Löscht angegebene Umgebungs-Variablen oder alle, die auf *muster* passen.
wait *pid*	Wartet aus die Beendigung eines anderen Prozesses.
@	Arithmetische Ausdrücke berechnen.

Tabelle 3.17: Builtin-Befehle der C-Shell(Fortsetzung)

tcsh

Neben den für die C-Shell angegebenen Kommandos verfügt die tcsh über folgende Builtin-Befehle:

Befehl	Bedeutung
alloc	Zeigt Informationen über den Speicherverbrauch an.
bindkey	Zeigt die Tastatur-Belegung für den Inline-Editor an oder bindet neue Tasten an Kommandos des Editors.
builtins	Alle Builtin-Kommandos anzeigen.
bye	Alternative zu `logout`.
complete	Listet die Einstellungen des Vervollständigungs-Mechanismus auf oder definiert neue Funktionen.
echotc	Führe Befehle der `termcap(4)` aus. z.B. positioniert `'echotc cm 4 10'` den Cursor in die 4. Spalte, 10. Zeile.
filetest *-op file*	Führt den Datei-Test *op* auf die angegebene Datei aus (z.B. `'filetest -M datei'`, um den Zeitstempel der letzten Änderung zu erhalten).
hup	Hebt die Wirkung von `nohup` wieder auf.
log	Testet, ob die Benutzer, die in der Variablen `$watch` aufgelistet sind, angemeldet sind.
ls-F	Shell-Builtin-Variante von `ls -F`.
newgrp *group*	Wechseln der primären Gruppe.
printenv [*var*]	Gibt die angegebene oder alle Umgebungsvariablen aus.
sched	Plant zukünftige Jobs ein. (Einfache Alternative zu `at` oder `cron`)
settc *cap wert*	Setzt termcap-Parameter auf *wert*. Siehe auch `echotc`.
setty	Terminal-Einstellungen als unveränderbar festlegen, solche Beschränkungen wieder entfernen oder auflisten.
telltc	Alle Terminal-Einstellungen auflisten.
uncomplete *muster*	Setzt mit `complete` erstellten Definitionen, die auf *muster* passen, wieder zurück.
watchlog	Synonym für `log`.
where *command*	Listet alle Instanzen von *command* auf, die gefunden werden, und gibt an, ob es sich um einen externen oder einen Builtin-Befehl handelt.
which *command*	Gibt an, ob *command* als externer oder als Builtin-Befehl ausgeführt würde.

Tabelle 3.18:Builtin-Befehle der tcsh

In der tcsh sind außerdem noch folgende spezielle Aliase vordefiniert. Sie werden über den Befehl `alias` gesetzt, z.B.

```
alias periodic mail -h
```

Befehl	Bedeutung
beepcmd	Wird ausgeführt, wenn die Shell einen Alarm-Ton ausgeben will.
cwdcmd	Wird nach jedem Wechsel des Arbeitsverzeichnisses ausgeführt.
periodic	Wird alle `tperiod` Minuten ausgeführt.

Tabelle 3.19:Special Aliases der tcsh

Befehl	Bedeutung
precmd	Wird ausgeführt, bevor der Prompt ausgegeben wird.
postcmd	Wird unmittelbar vor der Ausführung eines Befehls aufgerufen.
shell	Gibt die Shell an, die Skripte ausführen soll, deren erste Zeile nicht mit #!/*shell* beginnen. Per Default ist dies die tcsh, wenn die erste Zeile wenigstens mit # beginnt, und die Bourne-Shell, wenn nicht.

Tabelle 3.19:Special Aliases der tcsh(Fortsetzung)

Shell-Optionen

C-Shell

Die C-Shell kann mit unterschiedlichen Optionen und Argumenten aufgerufen werden.

```
csh [-opts] args
```

Shell-Parameter	Bedeutung
-b	Alles was nach -b folgt, sind Argumente, keine Optionen, selbst wenn sie mit einem Minus beginnen (break).
-c *befehl*	Führe das Kommando *befehl* aus. Sobald in dem Befehl Leerzeichen, Semikolons oder andere Sonderzeichen stehen, muss *befehl* in Anführungszeichen stehen.
-e	Beendet die Shell, wenn ein Befehl nicht 0 zurückgibt (exit on error).
-f	Führe keine Profil- oder Startup-Dateien aus.
-i	Startet eine interaktive Shell. Wie ein Aufruf ohne Argumente.
-n	Lese und teste auf syntaktische Korrektheit, aber führe nichts aus (no execution).
-s *arg1 arg2*	Startet ebenfalls eine interaktive Shell, übergibt jedoch *arg1 arg2* etc. als Positionsparameter (`$argv`).
-t	Verlasse die Shell nach dem ersten Befehl (terminate).
-v	Zeige jede Zeile vor ihrer Ausführung unverändert an (verbose).
-V	Wie `-v`, wirkt aber bereits bei der Ausführung von `.cshrc`.
-x	Zeige jede Zeile vor ihrer Ausführung nach allen Ersetzungen an (xtrace).
-X	Wie `-x`, wirkt aber bereits bei der Ausführung von `.cshrc`.

Tabelle 3.20:Aufruf-Parameter der C-Shell

tcsh

Zusätzlich zu den Optionen der C-Shell versteht die tcsh folgende Parameter.

Shell-Parameter	Bedeutung
-d	Die Shell soll den Directory-Stack aus `~/.cshdirs` auch dann laden, wenn sie nicht als Login-Shell aufgerufen wurde.
-l	Starte Shell als Login-Shell.
-m	`~./tcshrc` laden, auch wenn sie nicht dem aktuellen Benutzer gehört (effective UID). Für `su` gedacht.

Tabelle 3.21:Zusätzliche Aufruf-Parameter der tcsh

Shell-Variablen

Eine ganze Reihe von Shell-Variablen wird von der Shell voreingestellt, beobachtet, ausgewertet oder sogar kontinuierlich gepflegt.

C-Sell

Die als Toggle-Variable gekennzeichneten Variablen werden durch '`set` *var*' gesetzt und durch `unset` wieder gelöscht. Sie erhalten keinen Wert.

Variable	Bedeutung
$	Prozess-ID der aktuellen Shell
0	Programmname
1 2 3 ...	Positionsparameter
*	Alle Positionsparameter
argv	Alle Positionsparameter
#argv	Anzahl Positionsparameter
cdpath	Suchpfad für das `cd`-Kommando. Hier werden Verzeichnisse gesucht, in die man per `"cd dir"` wechseln kann, ohne einen Pfad anzugeben.
child	Prozess-ID des zuletzt aufgerufenen Hintergrund-Prozesses
cwd	Aktuelles Arbeitsverzeichnis
echo	Zeige jede Zeile vor ihrer Ausführung nach allen Ersetzungen an. Entspricht der Option `-x`. Toggle-Variable.
fignore	Liste (Array) von Endungen, die bei der Dateinamen-Ergänzung durch Tab ignoriert werden sollen.
filec	Vervollständigungs-Mechanismus (`Esc`, `ctrl-d`) anschalten. Toggle-Variable.
histchars	2 Zeichen, die anstelle der History-Befehls-Zeichen ! und ^ treten.
history	Anzahl der gespeicherten History-Kommandos
home	Home-Verzeichnis des Benutzers. Defaultwert für `cd`. Wird mit `$HOME` synchronisiert.
ignoreeof	Wenn gesetzt, ignoriert die Shell `ctrl-d` als Anweisung, die Shell zu verlassen. Das Beenden der Shell ist dann nur noch über `exit` oder `logout` möglich. Toggle-Variable.
mail	Mailbox. Datei oder Liste von Dateien, in der das Mail-System neue Mail abgelegt und die C-Shell alle 5 Minuten nachsieht. Das Zeitintervall kann als erstes Wort von `mail` in Sekunden festgelegt werden.
nobeep	Alarm-Ton bei der Datei-Vervollständigung abschalten. Toggle-Variable.
noclobber	Verhindert, dass bei einer Ausgabe-Umleitung durch > oder >& versehentlich eine bereits existierende Datei überschrieben wird. Toggle-Variable.
noglob	Schaltet die Dateinamen-Expansion (durch `* ?` und `[]`) ab. Toggle-Variable.
nonomatch	Wenn gesetzt, wird bei einem Dateinamen-Muster mit Wildcards, auf das keine Dateien passen, das Muster unverändert zurückgegeben. Normalerweise würde eine Fehlermeldung ausgegeben. Toggle-Variable.
notify	Die Shell benachrichtigt den Benutzer sofort, wenn sich ein Hintergrund-Prozess beendet und wartet nicht bis zur Aufgabe des nächsten Prompts. Toggle-Variable.

Tabelle 3.22:Shell-Variablen der C-Shell

Variable	Bedeutung
path	Suchpfad für Kommandos. Durch Leerzeichen getrennte Liste von Verzeichnissen. In diesen Directories werden Befehle gesucht, die ohne Pfadangabe aufgerufen werden. Die Shell speichert den Pfad aller in diesen Verzeichnissen enthaltenen Kommandos bei ihrem Start (Hashing). Wenn ein neues Kommando hinzukommt, muss der Hash über das Kommando `rehash` oder eine Veränderung an `path` neu aufgebaut werden.
prompt	Prompt zur Eingabe von Befehlen. Per Default % für normale Benutzer und # für root. Das Format kann mit Hilfe vieler Platzhalter selbst bestimmt werden. Ist nur in interaktiven Shells gesetzt.
savehist	Anzahl von History-Zeilen, die nach einem Logout in `~/.history` gespeichert werden. `~/.history` wird beim Starten einer interaktiven Shell gelesen.
shell	Enthält den vollen Namen der Shell, normalerweise `/bin/csh`.
status	Exit-Status des letzten Vordergrund-Prozesses
term	Terminal-Typ. Wird mit `$TERM` synchronisiert.
time	Ist `time` auf einen Zeitwert (Sekunden) gesetzt, wird automatisch für jeden Prozess, dessen Laufzeit diesen Wert überschreitet, die verbrauchte Zeit ausgegeben. Das Format der Ausgabe kann über einen zweiten Parameter eingestellt werden.
verbose	Zeige jede Zeile vor ihrer Ausführung unverändert an. Entspricht der Option `-v`. Toggle-Variable.
user	Login-Name des aktuellen Benutzers. Wird mit `$USER` synchronisiert.

Tabelle 3.22:Shell-Variablen der C-Shell(Fortsetzung)

tcsh

Zusätzlich zu den Shell-Variablen der C-Shell kennt die tcsh folgende Variablen.

addsuffix	/ hinter Verzeichnisse und ein Leerzeichen hinter Dateien setzen, wenn sie exakt durch Dateinamen-Vervollständigung gefunden werden. Toggle-Variable.
afsuser	Kann auf einen Wert gesetzt werden, der nach der Sperre des Terminals von `autologout` für eine erneute Kerberos-Identifizierung verwendet wird.
ampm	Zeit-Angaben in AM/PM-Form. Toggle-Variable.
autocorrect	Auto-Korrektur von Befehlen und Dateinamen automatisch vornehmen, nicht nur bei Eingabe von `alt-s` oder `alt-$`.
autolist	Falls gesetzt, werden automatisch alle Kandidaten aufgelistet, wenn Dateinamen per (Tab) vervollständigt werden sollen und mehrere Möglichkeiten bestehen.
autologout	Das erste Wort gibt in Minuten an, nach welcher Zeit der Inaktivität sich die Shell automatisch beendet. Das optionale zweite Wort gibt an, nach welcher Zeit sie die Sitzung sperrt. (Passwort erforderlich, um weiterarbeiten zu können.)
backslash_quote	Backslashes können immer die Sonderbedeutung von \ ' und " entfernen, auch innerhalb von Quotes. Toggle-Variable.
color	Farbliche Anzeige für `ls-F` und/oder `ls` anschalten. Toggle-Variable.
command	Enthält das Kommando, das eventuell per `'tcsh -c'` übergeben wurde.

Tabelle 3.23:Zusätzliche Shell-Variablen der tcsh

complete	Wenn auf `'enhance'` gesetzt, wird bei Vervollständigungen Groß-/Kleinschreibung ignoriert, `'.'`, `'-'` und `'_'` werden als Wort-Trenner angesehen und zwischen `'-'` und `'_'` wird nicht unterschieden.
correct	Wenn auf `'cmd'` gesetzt, wird nur der Befehls-Name korrigiert, bei `'all'` die ganze Zeile. Bei `'complete'` wird der Befehls-Name wenigstens vervollständigt.
dextract	Bei `pushd` +*n* wird das alte Directory nicht an Stelle Nr.*n* platziert sondern wandert an Stelle Nr.1 hinter das neue Arbeitsverzeichnis. Toggle-Variable.
dirsfile	Datei, in der der Directory-Stack automatisch am Ende der Sitzung abgespeichert und zu Beginn wieder eingelesen wird. Wenn leer, wird `~/.cshdirs` benutzt.
dirstack	Array für alternativen Zugriff auf den Directory-Stack. Startet bei 1, weil es sich um ein Array handelt.
dunique	Directory-Stack wird eindeutig gehalten. Bevor bei `pushd` ein neues Verzeichnis aufgenommen wird, werden alle alten Vorkommen gelöscht. Toggle-Variable.
echo_style	Verhalten des eingebauten `echo`-Befehls. `bsd`: `-n` verhindert Newline. `sysv`: Escape-Sequenzen werden erkannt. `both`: `bsd` und `sysv`. `none`: weder `bsd` noch `sysv`.
edit	Kommandozeilen-Editor eingeschaltet. Toggle-Variable.
ellipsis	Der Prompt kann so eingestellt werden, dass nur Teile des aktuellen Verzeichnisses angezeigt werden. Der fehlende Teil wird bei gesetztem `'ellipsis'` durch `'...'` dargestellt. Toggle-Variable.
gid	real group ID des aktuellen Benutzers.
group	Name der primären Gruppe des aktuellen Benutzers.
histdup	Steuert, ob wiederholte Befehle erneut in der History gespeichert werden: `all`: nie, `prev`: nicht bei direkt aufeinaderfolgenden, `erase`: altes Vorkommen wird gelöscht.
histfile	Datei, in der die History abgespeichert wird. Wenn leer, wird `~/.history` benutzt.
histlit	Befehle werden ohne erfolgte History-Expansion in der History-Tabelle gespeichert. Toggle-Variable.
implicitcd	Wenn gesetzt, reicht die Eingabe eines Verzeichnisses (ohne `cd`), um in es hineinzuwechseln. Toggle-Variable.
inputmode	Setzt den Kommandozeilen-Editor auf `'insert'` oder `'overwrite'`-Mode.
listflags	Flags setzen, die das Verhalten von `ls-F` steuern.
listjobs	Wenn gesetzt, werden alle Jobs aufgelistet, falls ein Job abgebrochen wird. `'long'` führt zu einer ausführlicheren Ausgabe.
listlinks	Wenn gesetzt, gibt `ls-F` an, auf welchen Datei-Typ ein Link zeigt. Toggle-Variable.
listmax	Vervollständigungs-Mechanismus: Ab wie vielen passenden Elementen soll gefragt werden, ob die Liste fortgesetzt wird?
listmaxrows	Vervollständigungs-Mechanismus: Ab wie vielen aufgelisteten Zeilen soll gefragt werden, ob die Liste fortgesetzt wird?
loginsh	Wird automatisch gesetzt, wenn es sich um eine Login-Shell handelt. Toggle-Variable.

Tabelle 3.23:Zusätzliche Shell-Variablen der tcsh(Fortsetzung)

logout	Wir auf `normal`, `automatic` oder `hangup` gesetzt, je nachdem, wie die Shell beendet wurde. Kann in `~/.logout` verwendet werden.
matchbeep	Vervollständigungs-Mechanismus: `never`: Kein Beep, `nomatch`: Beep nur, wenn keine Datei passt. Außerdem möglich: `ambigous` und `notunique`.
nostat	Verzeichnisse oder Muster, für die keine Vervollständigung durchgeführt wird.
owd	Vorheriges Arbeitsverzeichnis
printexitvalue	Falls gesetzt, wird bei interaktiven Programmen der Exit-Status ausgegeben, wenn diese mit einem Status ungleich 0 enden. Toggle-Variable.
prompt2	Prompt der bei der Eingabe mehrzeiliger Konstrukte (`while`, `foreach`, *newline*) verwendet wird.
prompt3	Prompt, der bei Rückfragen zur Rechtschreibe-Korrektur verwendet wird.
promptchars	Legt zwei Zeichen fest, die statt # (root) und % (Normale User) als Prompt verwendet werden.
pushtohome	Falls gesetzt, verhält sich `pushd` ohne Argumente wie `'pushd ~'`, verzeigt also in das Home-Verzeichnis des Benutzers. Toggle-Variable.
pushdsilent	Falls gesetzt, wird nach `pushd` und `popd` nicht automatisch der Directory-Stack angezeigt. Toggle-Variable.
recexact	Falls gesetzt, erstellt der Vervollständigungs-Mechanismus das kürzeste passende Wort, selbst wenn ein längeres ebenfalls passen würde. Toggle-Variable.
recognize_only_ executables	Falls gesetzt, werden bei der Vervollständigung von Befehlen (erstes Wort) nur *ausführbare* Programme aufgelistet. Toggle-Variable.
rmstar	Falls gesetzt, erhält der Benutzer eine Rückfrage, falls er `'rm *'` eingibt. Toggle-Variable.
rprprompt	Legt einen zusätzlichen rechtsbündigen Prompt für das Ende der Kommandozeile fest.
savedirs	Wenn gesetzt, wird der Directory-Stack beim Logout gespeichert. Wenn auf eine Zahl gesetzt, legt diese Zahl fest, wie viele Verzeichnisse höchstens gespeichert werden.
sched	Legt das Format der Ausgabe von `sched` fest. Es werden die gleichen Platzhalter wie in `'prompt'` verwendet.
shlvl	Verschachtelungs-Tiefe der Shell. 1 für login-Shells.
symlinks	Legt den absoluten Namen des aktuellen Verzeichnisses fest, wenn man es über einen symbolischen Link erreicht hat. Beeinflusst vor allem die Rückkehr durch `'cd ..'`. `chase`: Name des Original-Verzeichnisses, `ignore`: Name des symbolischen Links (zuverlässig, funktioniert aber nur für Dateinamen-Expansion und Builtin-Befehle), `expand`: (unzuverlässig, funktioniert aber für alle Befehle.)
tcsh	Version der tcsh. Anhand dieser Variablen kann man leicht feststellen, ob es sich bei der aktuellen Schell um eine csh oder eine tcsh handelt.
tperiod	Zeitintervall in Minuten für die Ausführung des speziellen Aliases `periodic`.
tty	Name des kontrollierenden Terminals oder Fensters.
uid	real user ID des Benutzers.
version	Version und Flags der laufenden Shell.

Tabelle 3.23:Zusätzliche Shell-Variablen der tcsh(Fortsetzung)

visiblebell	Beep wird durch visuelles Signal ersetzt. Toggle-Variable.
watch	Liste von Benutzer und Terminal-Paaren, z.B. (`meier tty1 mueller any`), bei deren Login man benachrichtigt werden möchte. Die Benachrichtigung erfolgt bei Aufruf von `log` und automatisch alle 10 Minuten. Ein anderes Intervall kann in Minuten der Liste vorangestellt werden. Siehe auch Variable `who`.
who	Format der Ausgabe von `watch` bzw. `log`.
wordchars	Liste der Zeichen, die zusätzlich zu [A-z0-9] vom Inline-Editor als Teil eines Wortes angesehen werden. Wenn nicht gesetzt: `'*?-_.[]~='`

Tabelle 3.23:Zusätzliche Shell-Variablen der tcsh(Fortsetzung)

Umgebungsvariablen

C-Shell

Die C-Shell verwendet oder setzt folgende Umgebungsvariablen.

Variable	Bedeutung
EDITOR	Setzt den Kommandozeilen-Editor, wenn er nicht über VISUAL bereits gesetzt ist. Wird auch von anderen Programmen gelesen, die einen Editor verwenden, wie z.B. `crontab`.
HOME	Home-Verzeichnis des Benutzers. Defaultwert für `cd`.
LANG	Default für alle LC-Variablen. Wird von LC-Variablen überschrieben.
LC_CTYPE	Zeichensatz. Default: C. Überschreibt LANG.
PATH	Suchpfad für Kommandos. Durch Doppelpunkt getrennte Liste von Verzeichnissen. In diesen Directories werden Befehle gesucht, die ohne Pfadangabe aufgerufen werden.
TERM	Terminal-Einstellung, z.B. *vt100*. Name der Datei mit den richtigen Bildschirm-Steuer-Sequenzen für Shells, Editoren etc.
USER	Loginname des aktuellen Benutzers.
VISUAL	Setzt den Kommandozeilen-Editor. Wird auch von anderen Programmen gelesen, die einen Editor verwenden, wie z.B. `cron`.

Tabelle 3.24:Ungebungsvariablen der C-Shell

tcsh

Die tcsh verwendet oder setzt folgende Umgebungsvariablen.

Variable	Bedeutung
AFSUSER	Entspricht `afsuser`.
COLUMNS	Breite des Fensters, das für Kommandozeilen-Editor und Menüs zur Verfügung steht.
DISPLAY	Ausgabe-Gerät für X-Windows. Die tcsh führt kein Autologout durch, falls `DISPLAY` gesetzt ist.
EDITOR	Setzt den Kommandozeilen-Editor, wenn er nicht über `VISUAL` bereits gesetzt ist. Wird auch von anderen Programmen gelesen, die einen Editor verwenden, wie z.B. `crontab`
GROUP	Entspricht `group`.

Tabelle 3.25:Umgebungsvariablen der tcsh.

Variable	Bedeutung
HOME	Home-Verzeichnis des Benutzers. Defaultwert für `cd`.
HOST	Name des Rechners
HOSTTYPE	Typ des Rechners. Systemabhängig
HPATH	Liste von Verzeichnissen, in denen der Inline-Editor nach Dokumentationen sucht.
LANG	Default für alle LC-Variablen. Wird von LC-Variablen überschrieben.
LC_CTYPE	Zeichensatz. Default: `C`. Überschreibt `LANG`.
LINES	Höhe des Fensters, das für Kommandozeilen-Editor und Menüs zur Verfügung steht.
LS_COLORS	Key-Value-Paare zur Steuerung der farblichen Ausgabe von Dateinamen.
MACHTYPE	Prozessor-Typ
NOREBIND	Bei NLS-Support werden Zeichen über 128 nicht automatisch an das Inline-Editor-Kommando 'self-insert-command' gebunden.
OSTYPE	Betriebssystem
PATH	Suchpfad für Kommandos. Durch Doppelpunkt getrennte Liste von Verzeichnissen. In diesen Directories werden Befehle gesucht, die ohne Pfadangabe aufgerufen werden.
PWD	Aktuelles Arbeitsverzeichnis. Wird bei Verzeichniswechsel erneuert, jedoch nicht streng mit `$cwd` synchronisiert.
REMOTEHOST	Enthält bei einem Login von einem fremden Rechner dessen Namen. Shell muss entsprechend kompiliert sein.
SHLVL	Entspricht `shlvl`.
TERM	Terminal-Einstellung, z.B. *vt100*. Name der Datei mit den richtigen Bildschirm-Steuer-Sequenzen für Shells, Editoren etc.
TERMCAP	"Terminal Capability String"
USER	Loginname des aktuellen Benutzers
VENDOR	Name des Herstellers
VISUAL	Setzt den Kommandozeilen-Editor. Wird auch von anderen Programmen gelesen, die einen Editor verwenden, wie z.B. `cron`.

Tabelle 3.25:Umgebungsvariablen der tcsh.(Fortsetzung)

3.36 History und Kommandozeilen-Editor

Die hier behandelten Themen haben zwar nicht unmittelbar mit der Shell-Programmierung zu tun, es ist jedoch unvermeidlich, dass Sie als Programmierer auch interaktiv intensiv mit der Shell arbeiten. Das meiste, was Sie bisher für den Einsatz in Shell-Skripten gelernt haben, können Sie auch bei der interaktiven Arbeit verwenden, History und Command-Line-Editing treten jedoch *ausschließlich* dort auf.

History

Die C-Shell verfügt über einen ausgeklügelten History-Mechanismus, den die tcsh mit nur wenigen Änderungen übernommen hat. Einmal ausgeführte Befehle können in einer so genannten History-Tabelle gespeichert und später komplett, teilweise oder editiert wieder verwendet werden. Allerdings ist die Anwendung recht komplex und gewöhnungsbedürftig. Der History-Mechanismus bildet ein zentrales Konzept in C-Shell und tcsh, dessen Funktionen zum Teil auch auf Manipulationen von Variablen (Modifier) und auf die Arbeit mit Aliasen (Argumente) angewendet werden.

Der zuletzt ausgeführte Befehl wird *immer* gespeichert. Soll sich die Shell auch weiter zurückliegende Kommandos merken, muss man die Shell-Variable `history` auf die gewünschte Anzahl setzen.

```
set history=128
```

`history [-r] [n]` zeigt die History-Tabelle an, auf Wunsch in umgekehrter Reihenfolge (-r) und nur die letzten *n*.

History-Befehle

History-Befehle beginnen immer mit einem `!`. Das Ausrufezeichen wird auch in Double und Single Quotes erkannt und muss mit einem Backslash deaktiviert werden, möchte man seine Interpretation verhindern.

Dem eigentlichen History-Befehl kann über einen Doppelpunkt die Auswahl eines bestimmtes Wortes und über einen weiteren Doppelpunkt ein Modifikator folgen.

Befehl	Bedeutung
!	Leitet die History-Substitution ein, außer es folgt Leerraum, = oder (.
!!	Zuletzt ausgeführter Befehl. Folgt eine Spezifikation zur Wort-Auswahl oder ein Modifizierer, kann auch nur ! geschrieben werden.
!*n*	Befehl Nr. *n*
!-*n*	Der *n* Zeilen zurückliegende Befehl, also z.B. bei !-3 der drittletzte.
!*str*	Der letzte Befehl, der mit *str* begann.
!{*str*}*add*	Dem letzten Befehl, der mit *str* begann *add* unmittelbar anhängen.
!?*str*?	Der letzte Befehl, der *str* enthielt.

Tabelle 3.26:History-Befehle von C-Shell und tcsh

Wort-Auswahl

Um nicht den gesamten Befehl, sondern nur bestimmte Worte auszuwählen, wird dem History-Befehl ein "word designator" über einen Doppelpunkt angehängt, z.B.

`!-3:2` (zweites Argument des drittletzten Befehls).

Mit `:1` wird dabei das erste Argument ausgewählt, mit :0 der Kommandoname.

Der Doppelpunkt kann entfallen, wenn die Wort-Spezifikation mit ^, $, *, - oder % beginnt.

Spezifikation	Bedeutung
:0	Kommandoname
n	Das *n*-te Argument
^	Abkürzung für `:1`
:$	Das letzte Argument
:%	Das Wort, das bei der letzten Suche von ?*str* gepasst hat
:*m*-*n*	*m* bis *n*-tes Argument
:-*n*	Abkürzung für :0-*n*
:*m*-	Abkürzung für :*m*-$

Tabelle 3.27:Word-Spezifikationen in der History von C-Shell und tcsh

Spezifikation	Bedeutung
*	Alle Argumente
*n**	Abkürzung für :*n*-$
:#	Die aktuelle Kommandozeile bis zur momentanen Stelle

Tabelle 3.27: Word-Spezifikationen in der History von C-Shell und tcsh(Fortsetzung)

Modifizierer

Einem History-Befehl oder einer Wort-Spezifikation kann ein Modifizierer über einen Doppelpunkt angehängt werden, um den ausgewählten Befehl oder das ausgewählte Wort zu verändern.

```
!:2:t
```

würde beispielsweise den Verzeichnis-Anteil des zweiten Arguments des letzten Befehls entfernen.

Die Modifikatoren beziehen sich immer nur auf das erste Wort der vorher getroffenen Auswahl, außer man setzt `:g` davor.

Modifizierer	Bedeutung
:h	Liefere nur den Verzeichnis-Anteil. Entferne den Datei-Anteil (head).
:t	Liefere nur den Datei-Anteil. Entferne den Verzeichnis-Anteil (tail).
:e	Liefere nur die Erweiterung hinter dem letzten Punkt (extension).
:r	Liefere Alles außer die Erweiterung (rest).
:s/*old*/*new*/	Ersetze *old* durch *new*. *old* muss ein normaler String sein (kein regular expression). Über ein **&** in *new* kann man *old* dort erneut einsetzen. Statt / kann jedes andere Zeichen als Abgrenzung dienen.
^*old*^*new*^	Abkürzung für !:s/*old*/*new*/
:g	In Kombination mit anderen Modifizierern, :gh :gt :ge :gr :gs. Führt die Modifikation für alle Wörter und nicht nur für das erste Wort durch.
:q	Setze das Resultat in Single Quotes, um weiteren Substitutionen zu entgehen.
:x	Wie `:q`, setzt aber jedes einzelne Wort in Single Quotes.
:p	Zeige die neue Kommandozeile an, führe sie aber nicht aus.
:&	Wiederhole die letzte Substitution.

Tabelle 3.28: Modifizierer in der History von C-Shell und tcsh

Erweiterungen der tcsh

Die tcsh verfügt über einige weitere Modifikatoren.

Außerdem ist es in der tcsh möglich, mehrere Modifikatoren zu kombinieren (wie z.B. `:t:r`, um den Dateinamen ohne Erweiterung zu erhalten), was in der C-Shell nicht möglich ist.

Modifizierer	Bedeutung
:a	In Kombination mit anderen Modifizierern, :as :ah :at etc. Führt die Modifikation für jedes Auftreten innerhalb eines Wortes aus und nicht nur für das erste. In Kombination mit :g, also z.B. :ags :agh :agt etc., für jedes Auftreten in jedem Wort.
:u	In Großbuchstaben umwandeln.
:l	In Kleinbuchstaben umwandeln.

Tabelle 3.29: Erweiterungen der tcsh zum History-Mechanismus

In der tcsh ist es möglich, die History über den Kommandozeilen-Editor zu nutzen. Mit den Pfeiltasten [↑] und [↓] kann man einen früheren Befehl auswählen, über [←] und [→] kann man ihn editieren.

Kommandozeilen-Editor

Die C-Shell verfügt über keinen Mechanismus, die aktuelle Kommandozeile zu editieren. Hat man sich vertan, muss man das Geschriebene mit der Backspace-Taste bis zur kritischen Stelle löschen und anschließend neu schreiben. Zum Teil kann man sich immerhin mit einigen History-Mitteln etwas Arbeit sparen.

Die tcsh bietet jedoch einen ausgereiften Kommandozeilen-Editor, der praktisch genauso funktioniert wie derjenige der Bash. Mit Pfeiltasten kann man sich einerseits in der History, andererseits in der aktuellen Kommandozeile bewegen.

Die tcsh verfügt über zwei eingebaute Editoren. Voreingestellt ist die Verwendung des `emacs`. Man kann aber auch im `vi`-Modus arbeiten. Der Command-Line-Editor wird über den befehl `bindkey` umgestellt.

```
bindkey -e                          # emacs
bindkey -v                          # vi
```

Wir zeigen hier nur die wichtigsten Möglichkeiten. Eine Fülle weiterer Funktionen sind bereits implementiert oder können über den `bindkey`-Befehl eingerichtet werden. Mehr hierzu finden Sie in der `man`-Page zur tcsh.

In *beiden* Editoren können die Pfeiltasten verwendet werden.

Pfeil-Tasten

Taste	Bedeutung
[↑] ctrl-p	Letzter Befehl, vorletzter Befehl, ... In der History nach oben.
[↓] ctrl-n	Nächster Befehl, übernächster, ... In der History nach unten.
[←] ctrl-b	In der Kommandozeile nach links gehen.
[→] ctrl-f	In der Kommandozeile nach rechts gehen.

Tabelle 3.30:Command Line Editing in der tcsh: Pfeiltasten

Emacs-Modus

Taste	Bedeutung
[Pos1] ctrl-a	An den Anfang der Kommandozeile springen.
[Ende] ctrl-e	An das Ende der Kommandozeile springen.
[Entf] ctrl-d	Zeichen rechts vom oder unter dem Cursor löschen.
[←] ctrl-h	Zeichen links vom Cursor löschen.

Tabelle 3.31:Command Line Editing in der tcsh: Emacs-Modus

Taste	Bedeutung
ctrl-u	Komplette Zeile löschen.
ctrl-k	Alles bis zum Zeilenende löschen.

Tabelle 3.31:Command Line Editing in der tcsh: Emacs-Modus(Fortsetzung)

vi-Modus

Taste	Bedeutung
ESC	In den Kommando-Modus wechseln.
k oder +	Letzter Befehl, vorletzter Befehl, ... In der History nach oben.
j oder -	Nächster Befehl, übernächster, ... In der History nach unten.
h	In der Kommandozeile nach links gehen.
l	In der Kommandozeile nach rechts gehen.
0	An den Anfang der Kommandozeile springen.
$	An das Ende der Kommandozeile springen.
x	Zeichen rechts vom oder unter dem Cursor löschen.
X	Zeichen links vom Cursor löschen.
D	Alles bis zum Zeilenende löschen.
i	In den insert-Modus wechseln, um Text einzugeben.
a	In den insert-Modus wechseln, um Text anzuhängen.
R	In den replace-Modus wechseln, um Text einzugeben.
/ *text*	Suche rückwärts in der History nach Befehlen, die *text* enthalten.
? *text*	Suche vorwärts in der History nach Befehlen, die *text* enthalten.
n	Letzte Suche in gleiche Richtung wiederholen.

Tabelle 3.32:Command Line Editing in der tcsh: vi-Modus

Datei- und Befehls-Vervollständigung

Sowohl C-Shell als auch tcsh bieten die Möglichkeit, teilweise eingegebene Dateinamen zu vervollständigen. Während die C-Shell sich auf Dateinamen beschränkt, kann die tcsh auch Befehle und Variablen vervollständigen.

C-Shell

Taste	Bedeutung
wortteil ESC	*wortteil* wird als Befehl interpretiert. Die Shell vervollständigt den passenden Befehl.
~*wortteil* ESC	*wortteil* wird als Username interpretiert. Die Shell vervollständigt den passenden Usernamen.
ctrl-d	Mögliche Vervollständigungen werden angezeigt.

Tabelle 3.33:Completion-Mechanismus der C-Shell

tcsh

Taste	Bedeutung
wortteil ↹	*wortteil* wird als Befehl interpretiert. Die Shell vervollständigt den passenden Befehl.
befehl wortteil ↹	*wortteil* wird als Verzeichnis oder Datei interpretiert. Die Shell vervollständigt die/das passende Datei/Verzeichnis.
$*wortteil* ↹	*wortteil* wird als Variable interpretiert. Die Shell vervollständigt die passende Variable.
~ *wortteil* ↹	*wortteil* wird als Username interpretiert. Die Shell vervollständigt den passenden Usernamen.
ctrl-d	Mögliche Vervollständigungen werden angezeigt.

Tabelle 3.34:Completion-Mechanismus der tcsh

Auto-Korrektur

Nur tcsh

Leichte Tippfehler bei der Eingabe von Dateinamen, Befehlen und Variablennamen kann die tcsh eventuell beheben.

Taste	Bedeutung
alt-s Esc-s	Korrektur des aktuellen Wortes
alt-$ Esc-$	Korrektur der gesamten Zeile

Tabelle 3.35:Korrektur-Mechanismus der tcsh

4 Die wichtigsten UNIX-Tools

4.1 Einführung

In den ersten Kapiteln dieses Buches haben wir uns intensiv mit der Kunst der Shell-Skript-Programmierung beschäftigt, Konzepte, Techniken und alle verwendeten Shell-Befehle erlernt. Im zweiten Teil des Buches wird es darum gehen, dieses Wissen anhand unterschiedlichster Fragestellungen aus dem Alltag der System-Administration in die Tat umzusetzen.

Doch etwas fehlt uns noch. Wir kennen das Rezept, aber wo sind die Zutaten? Wir können Daten verarbeiten, doch woher kommen sie überhaupt? Wir sollten also einen Blick auf die wichtigsten UNIX-Kommandos werfen, die uns mit dem gewünschten Material aus Dateien, Verzeichnissen, Konfigurations-Parametern etc. versorgen.

Vielleicht ist Ihnen die nun folgende Liste viel zu lang und Sie fühlen sich zurückgehalten in Ihrem Drang, endlich komplexe Skripte zu schreiben. In diesem Fall sollten Sie einfach weiterblättern und immer dann hierher zurückkehren, wenn Ihnen ein Kommando, das in den Skripten verwendet wird, unbekannt ist oder Sie einfach mehr darüber erfahren möchten.

Vielleicht ist Ihnen die Liste der UNIX-Befehle aber auch zu kurz und nicht detailliert genug. Immerhin wurden etwa 130 Kommandos zusammengestellt und einige davon sehr ausführlich behandelt. Unser Anliegen ist es, Ihnen die Tools vorzustellen, Sie auf die richtige Fährte zu bringen. Mit den vielen tausend Seiten `man`-Pages kann dieses Kapitel natürlich nicht konkurrieren. Diese stehen Ihnen ja jederzeit zur Verfügung, wenn Sie sich weiter in ein Kommando vertiefen möchten. Wie Sie das Optimale aus den `man`-Pages herausholen, erfahren Sie in 4.18.3.

Die folgende Liste konzentriert sich auf Kommandos, die für die Skript-Programmierung interessant sind. Sie werden daher vergeblich nach vorwiegend interaktiven Befehlen wie `vi` oder `more` suchen. Auch die Optionen wurden danach ausgewählt, wie häufig man sie in der Programmierung benötigt.

Viele Befehle werden anhand von Mini-Beispielen demonstriert. Größere Beispiele fehlen hier, da im zweiten Teil des Buches ja intensiv mit ihnen gearbeitet wird.

Regular Expressions werden bei dem Befehl `grep` besprochen.

Die drei wichtigsten UNIX-Kommandos sind wahrscheinlich `grep`, `sed` und `awk`. `grep` ist praktisch vollständig beschrieben, `sed` hingegen nur in den Teilen, die heute üblicherweise verwendet werden.

`awk` wird vollständig behandelt. Es ist mit Abstand das wichtigste UNIX-Tools hat den Stellenwert einer eigenständigen Programmiersprache und stellt mit seinen Skripten häufig das eigentliche Shell-Skript, von dem aus es aufgerufen wird, in den Schatten.

In der System-Überwachung stellen Grafiken ein wichtiges Element dar. Deshalb finden Sie hier eine ausführliche Einführung in `gnuplot`. Einen Blick sollten Sie vielleicht auch auf den Befehl `tput` werfen, mit dessen Hilfe man so witzige Dinge tun kann wie die Schrift-Farbe einer Ausgabe verändern, fett schreiben oder den Cursor in einem Terminal-Fenster beliebig positionieren.

4.2 Übersicht über alle Kommandos

4.3 grep und Regular Expressions – Zeilen isolieren

4.4 sed – Zeilen manipulieren

4.5 awk – Felder isolieren und manipulieren

4.6 Mit Datei-Inhalten arbeiten

cat	Dateien ausgeben
head	Anfang einer Datei ausgeben
tail	Ende einer Datei ausgeben
tac	Dateien rückwärts ausgeben
tee	Ausgabe duplizieren
sort	Dateien sortieren
uniq	gleiche Zeilen löschen
tr	Zeichen ersetzten
cut	Zeichen oder Felder extrahieren
paste	Dateien spaltenweise verknüpfen
split	Große Dateien in mehrere kleinere zerlegen
csplit	Große Dateien kontextabhängig zerlegen
wc	Zeilen zählen
dos2unix	Dateien vom DOS- ins UNIX-Format umwandeln
unix2dos	Dateien vom UNIX- ins DOS-Format umwandeln
cksum	Checksumme für Dateien berechnen

4.7 Datei-Operationen

cp	Dateien und Verzeichnisse kopieren
mv	Dateien und Verzeichnisse umbenennen oder verschieben
rm	Dateien und Verzeichnisse entfernen
ln	Einen symbolischen Link oder einen Hardlink anlegen
touch	Dateien anlegen oder den Zeitstempel verändern
chown	Besitzer von Dateien und Verzeichnissen verändern

chgrp	Gruppenzugehörigkeit von Dateien und Verzeichnissen ändern
chmod	Rechte-Stempel von Dateien und Verzeichnissen ändern
ls	Verzeichnis-Inhalte auflisten
find	Verzeichnisse rekursiv durchsuchen
file	Dateityp bestimmen
diff	Dateien miteinander vergleichen
comm	Sortierte Dateien miteinander vergleichen
cmp	Dateien miteinander vergleichen

4.8 Verzeichnis-Operationen

mkdir	Verzeichnisse anlegen
rmdir	Leere Verzeichnisse löschen
rm -r	Verzeichnisse rekursiv löschen
dirname	Verzeichnis-Anteil eines Pfadnamens liefern
basename	Datei-Anteil eines Pfadnamens liefern
dircmp	Verzeichnisse rekursiv vergleichen

4.9 Archivierung und Backup

tar	Dateien und Verzeichnisse archivieren
cpio	Dateien und Verzeichnisse archivieren
ufsdump/ufsrestore	Filesysteme voll oder differenziell sichern
mt	Bänder vor- oder zurückspulen
gzip/gunzip/gzcat	Dateien komprimieren
compress/uncompress/ zcat	Dateien komprimieren
pack/unpack	Dateien komprimieren
zip/unzip	Dateien und Verzeichnisse OS-kompatibel verpacken/komprimieren
crypt	Dateien verschlüsseln

4.10 Filesystem-Informationen

df	Belegung der Filesysteme
du	Größe eines Verzeichnis-Baumes
quot	Belegung eines Filesystems pro User anzeigen
format	Festplatten auflisten
prtvtoc	Partitionstabelle ausgeben
fdisk	Festplatten und Partitionstabellen ausgeben
swap,prtconf,free	Swap-Space und Memory anzeigen

mount/umount	Filesysteme anzeigen, anbinden oder abhängen
share/unshare	Verzeichnisse per NFS freigeben oder die Freigabe aufheben

4.11 Prozess-Operationen

ps	Prozess-Informationen anzeigen
kill	Einen Prozess beenden
pgrep	Prozesse über ihren Namen finden
pkill	Prozesse über ihren Namen finden und beenden
sleep	Eine Wartezeit einlegen
prstat	Verbrauchs-Informationen von Prozessen ausgeben
top	Verbrauchs-Informationen von Prozessen ausgeben

4.12 System-Informationen

hostname	Name des Rechners ausgeben
uname	Rechnernamen, Architektur und OS ausgeben
date	Datum und Uhrzeit ausgeben
cal	Kalender anzeigen
uptime/ruptime	Laufzeit des Rechners ausgeben
vmstat/iostat	Informationen über CPU-Auslastung, Paging und Disk-I/O

4.13 Benutzer-Verwaltung

logname,whoami,who am i	Name des aktuellen Benutzers zeigen
who/rwho	Eingeloggte Benutzer zeigen
finger	Detaillierte Informationen über einen Benutzer ausgeben
id/groups	User- und Group-IDs anzeigen
last	Die letzten Logins ausgeben
useradd,usermod,userdel	Benutzer verwalten
groupadd,groupmod, groupdel	Gruppen verwalten
passwd	Passwort-Einstellungen verändern

4.14 Druck-Befehle und Drucker-Administration

lp/lpr	Drucken
pr	Seiten-Formatierung für Druck-Ausgabe
reject;accept;disable; enable; /lpc	Drucker-Administration

lpstat/lpq	Status des Druck-Systems abfragen
cancel/lprm	Druck-Jobs löschen

4.15 Software-Installation

pkgadd/rpm	Neue Software installieren
pkgrm/rpm	Software deinstallieren
pkginfo/rpm	Informationen über installierte Software
patchadd/rpm	Pakete upgraden

4.16 Netzwerk-Befehle

rcp	Dateien über Rechnergrenzen hinweg kopieren
rsh	Befehle auf einem entfernten Rechner ausführen
rlogin	Login auf einem entfernten Rechner
telnet	Login auf einem entfernten Rechner
ftp	Dateien über Rechnergrenzen hinweg kopieren
mail/mailx	E-Mails schreiben, empfangen und automatisch auswerten
ping	Testen, ob ein Rechner erreichbar ist
traceroute	Die Route zu einem Rechner verfolgen
nslookup	DNS-Server abfragen
ifconfig	Eigenschaften des Netzwerk-Interfaces abfragen und setzen
arp	MAC-Adressen ausgeben
netstat	Offene Verbindungen anzeigen

4.17 Grafiken erstellen mit gnuplot

4.18 Vermischtes

logger	Fehlermeldungen an den zentralen syslog-Dämon übergeben
tput	Terminal- und Cursor-Steuerung
man/whatis/apropos/info	UNIX-Manual-Pages

4.19 Einplanung von Befehlen

crontab	Befehle regelmäßig ausführen lassen
at	Befehle einmalig einplanen

4.3 grep und Regular Expressions

grep – Zeilen aus Dateien oder einem Datenstrom herausfiltern

```
grep ftpd file.log
ps -ef | grep ftpd
```

Alle Zeilen herausfiltern, die den String `ftpd` enthalten.

In den folgenden Abschnitten werden wir die Fähigkeiten von grep kennen lernen. Dabei geht es vor allem um die Möglichkeit, anstatt eines festen Strings ein Zeichenketten-*Muster* anzugeben, nach dem gesucht werden soll. Solche Muster werden Regular Expressions genannt; außer in `grep` setzt man sie auch in `sed`, `awk`, `vi` und `more` ein.

Dabei variiert die genaue Palette der Muster, die von den einzelnen Tools verstanden wird, ein wenig. Das Kommando `egrep` kennt zum Beispiel drei oder vier Regular Expressions, die `grep` nicht beherrscht. Solche Abweichungen werden jeweils einzeln erwähnt.

Regular Expressions

Regular Expressions sind Muster, mit denen man Zeichenketten abstrakt beschreiben kann. Dabei werden einzelne Zeichen durch Platzhalter ersetzt und Angaben über Position und Anzahl der Zeichen durch Symbole gemacht. Mit ihrer Hilfe kann auch bei variablen Zeilen-Inhalten exakt beschrieben werden, welche Zeilen geliefert werden sollen.

. (Punkt) **ein beliebiges Zeichen**

```
grep 'Jul 13 22:..:.. mars' file.log
```

sucht nach allen Zeilen, die einen Zeitstempel von 22:00 bis 23:00 führen.

```
grep 'data\.txt' file.log
```

Um nach einem gewöhnlichen Punkt zu suchen, muss dieser mit \ geschützt werden. Dies gilt für alle Sonderzeichen, die noch folgen.

[xyz], [x-z] **Zeichenklasse**

```
grep 'Jul 2[0123]' file.log
grep 'Jul 2[0-9]' file.log
```

sucht nach Zeilen, die eine Ziffer aus der Gruppe 0,1,2,3 bzw. 0 bis 9 hinter "Jul 2" besitzen. Wichtig: Es wird nur ein einziges Zeichen beschrieben.

```
grep 'Jul 2[^01]' file.log
```

Zeichenklassen können durch ein vorangestelltes `^` negiert werden. Hier darf weder eine `0` noch eine `1` an der beschriebenen Position stehen.

***** **beliebig oft**

```
grep 'data[0-9]*' file.log
```

Der Stern bezieht sich auf das vor ihm stehende Zeichen und besagt, dass dieses Zeichen beliebig oft vorkommen darf (eventuell auch überhaupt nicht). Er hat in Regular Expressions also eine andere Bedeutung als in der Shell. *, + und ? nennt man auch "Quantifier".

```
grep 'data[0-9][0-9]*' file.log
```

Hier muss mindestens eine Ziffer vorkommen. In `egrep` geht das auch einfacher:

+ **mindestens ein mal(egrep)**

```
egrep 'data[0-9]+' file.log     # egrep
```

Nur `egrep` besitzt diese Möglichkeit, "mindestens einmal" zu formulieren.

? **0 oder 1 mal(egrep)**

```
egrep 'data[0-9]? ' file.log     # egrep
```

Nur `egrep`: Es darf, muss aber keine Ziffer hinter `data` folgen.

.* **beliebige Zeichenkette**

```
grep 'error.*httpd' file.log
```

Diese Kombination steht für "beliebig viele beliebige" Zeichen.

^ **Am Anfang der Zeile**

```
grep '^Fehler' file.log
```

`Fehler` muss am Anfang der Zeile stehen. ^, $, \< und \> nennt man auch Anker.

$ **Am Ende der Zeile**

```
grep 'Fehler$' file.log
```

`Fehler` muss am Ende der Zeile stehen.

^....$ **Eine Zeile vollständig beschreiben**

```
grep '^Fehler in httpd.$' file.log
```

Hier muss die Zeile exakt aus dem String "`Fehler in httpd.`" bestehen, da der `regexp` mit ^ beginnt und mit $ endet. Ohne die Anker muss ein Regular Expression lediglich irgendwo in der Zeile vorkommen.

```
echo $eingabe | egrep '^[0-9]+$'
```

`$eingabe` muss aus einer Zahl bestehen.

\< **Am Anfang eines Wortes**

```
grep '\<schmidt' file.log
```

findet `schmidtbauer` und `schmidt`, aber nicht `messerschmidt`.

\> **Am Ende eines Wortes**

```
grep 'schmidt\>' file.log
```

findet `messerschmidt` und `schmidt`, aber nicht `schmidtbauer`.

\<....\> **Muss ein eigenständiges Wort sein**

```
grep '\<schmidt\>' file.log
grep '\<ftp\>' file.log
```

findet `schmidt`, aber nicht `schmidtbauer` oder `messerschmidt`. `ftp` darf nicht Teil eines größeren Wortes sein.

| **Alternative Strings(egrep)**

```
egrep 'ftp|telnet|http' file.log  # egrep
```

muss `ftp` oder `telnet` oder `http` enthalten.

\(....\)....\1 **Backreferencing (nicht egrep)**

```
grep '\([0-9]\)abc\1' file.log
```

Man bezieht sich über `\1` auf den konkreten Inhalt des vorher geklammerten Ausdrucks. Findet daher `4abc4` oder `7abc7`, nicht jedoch `4abc7`.

grep

`grep` besitzt eine Reihe interessanter Optionen, die sein Grundverhalten variieren. Normalerweise liefert `grep` alle gefundenen Zeilen auf die Standard-Ausgabe.

```
grep [-opts] regexp datei ...
befehl | grep [-opts] regexp
```

`-v` Liefert alle Zeilen, die *regexp* NICHT enthalten.

```
ps -ef | grep http | grep -v grep
```

`-n` Vor jeder Zeile wird die Zeilennummer angezeigt.

`-l` Liefert keine Zeilen, sondern listet Dateien auf, die *regexp* enthalten.

```
grep -l ifconfig /etc/init.d/*
```

`-c` Liefert keine Zeilen, sondern die Anzahl der gefundenen Zeilen.

```
grep -c 'Error.*httpd' file.log
```

`-w` *regexp* muss als eigenständiges Wort vorkommen. Wie `\<...\>`

```
grep -w ftp file.log
```

`-i` Groß-/Kleinschreibung wird nicht beachtet.

```
grep -i error file.log
egrep -f pattern-file file.log
```

Suche nach allen Zeilen, die in der Datei `pattern-file` genannt sind (nur `egrep`).

```
fgrep 'Error' file.log
```

`fgrep` versteht nur gewöhnliche Strings, keine Regular Expressions.

4.4 sed

sed – Zeilen in einer Datei oder einem Datenstrom manipulieren

`sed` durchstöbert die Daten entweder wie `grep` nach einer Regular Expression oder selektiert sie nach vorgegebenen Zeilennummern und führt an den gefundenen Zeilen die gewünschten Operationen aus.

```
sed [-opts] 'adresse(n) aktion' datei ...
befehl | sed [-opts] 'adresse(n) aktion'
```

Adressen

`sed`-Befehle werden wegen enthaltener Leer- oder Sonderzeichen meistens in Single-Quotes angegeben. Der erste Teil eines Befehls beschreibt die "Adresse", das Kriterium, nach dem die Zeilen selektiert werden. Hier gibt es folgende Möglichkeiten:

```
sed '14 d' file.log
```

Eine einfache Zeilennummer. Nur diese Zeile wird bearbeitet.

```
sed '14,23 d' file.log
```

Einen Bereich. Nur die Zeilen 14 bis einschließlich 23 werden bearbeitet.

```
sed '100,$ d' file.log
```

Das $-Zeichen steht für die letzte Zeile. Also alle Zeilen ab Zeile 100.

```
sed '/warning/ d' file.log
```

Ein String in Slashes. Alle Zeilen, die den String enthalten, werden bearbeitet.

```
sed '/error[0-9]/ d' file.log
```

Anstatt eines Strings kann auch ein Regular Expression angegeben sein. Einer, wie ihn `grep` versteht. Die Erweiterungen von `egrep` kennt `sed` nicht.

```
sed '/Jul 12/,$ d' file.log
```

Kombination: Ab der ersten Zeile, die den regexp enthält, bis zur letzen Zeile.

```
sed '/Jul 12/,/Jul 13/ d' file.log
```

Ab der ersten Zeile, die `'Jul 12'`, bis zur ersten Zeile, die `'Jul 13'` enthält.

Aktionen

Nun wissen wir, wie `sed` Zeilen selektiert. Was kann man mit diesen Zeilen tun? Sie können gelöscht, ausgegeben, verändert, erweitert oder ersetzt werden. Die Original-Daten bleiben natürlich unverändert. `sed` liefert lediglich veränderte Daten auf `stdout`, die Sie dann in eine Datei umlenken können.

d **löschen (delete)**

```
sed '10,20 d' file.log
```

Löscht alle Zeilen zwischen 10 und 20. Diese Zeilen fehlen in der Ausgabe.

p **ausgeben (print)**

```
sed -n '10,20 p' file.log
```

Nur die Zeilen 10 bis 20 ausgeben. Normalerweise werden sowieso alle Zeilen ausgegeben; dieser Default-Output muss über die Option `-n` abgeschaltet werden.

```
sed -n '10,20p' file.log
```

Übrigens muss kein Leerzeichen zwischen Adresse und Aktion stehen.

s/*oldregexp***/***newstring***/** **Teile ersetzen (substitute)**

```
sed '10,20 s/ROOT/root/' myscript
```

Ersetzt den Regular Expression *`oldregexp`*, hier `ROOT`, durch den String *`newstring`*, hier `root`. Allerdings in jeder Zeile nur einmal.

s/*oldregexp***/***newstring***/g** **Teile ersetzen (Modifier g)**

```
sed '10,20 s/ROOT/root/g' myscript
```

Ersetzt jedes Vorkommen von *`oldregexp`* durch *`newstring`*.

```
sed 's/ROOT/root/g' myscript
```

Wird keine Adresse angegeben, behandelt `sed` jede Zeile. Hier erfolgt sowieso eine Selektion über */`oldregexp`/*.

```
sed 's/ [A-z0-9.][A-z0-9.]*.saruman.de/ xxxxx.saruman.de/g' httpd.log
```

Ersetzt den Rechnernamen in der E-Mail-Adresse durch xxxxx (Datenschutz),

s/*oldregexp***/ /** **Teile löschen**

```
sed 's/[A-z0-9.][A-z0-9.]*.saruman.de//g' httpd.log
```

Löscht die E-Mail-Adressen komplett.

s/*oldregexp***/ ....&...../** **Teile einfügen oder anhängen**

```
sed 's/error.*script24/&(Backup-Skript)/g' file.log
```

Über das Symbol & wird der gefundene `regexp` wieder eingesetzt. Dadurch kann man einen neuen String vor oder hinter dem alten einfügen.

```
sed 's/Error [3-5]0-9]/schwerer Fehler: &/g' file.log
```

Den Text "`schwerer Fehler`" vor dem gefundenen Stück einfügen.

c ***Newline* **Text **Zeilen ersetzen (change)**

```
sed '/meier/ c\
    --- Ersatz-Zeile ---\
    '
```

Die gefundene Zeile durch eine oder mehrere neue ersetzen. Dem `c` muss sofort ein Backslash \ und ein Newline folgen. Alle nun folgenden Zeilen werden statt der gefundenen eingesetzt, bis eine Zeile nicht mehr mit *`Newline`* endet.

a *Newline* Text **Zeilen anfügen (append)**

```
sed '/meier/ a\
    --- Angehaengte Zeile ---'
```

Die neuen Zeilen werden *hinter* der gefundenen eingefügt. Backslashes und Newlines wie bei c.

i *Newline* Text **Zeilen einfügen**

```
sed '/meier/ i\
    --- Eingefuegte Zeile ---'
```

Die neuen Zeilen werden *vor* der gefundenen eingefügt.

r *datei* **Datei integrieren (read)**

```
sed '/meier/ r zusatz.dat'
```

Liest hinter der gefundenen Zeile den Inhalt der Datei `zusatz.dat` ein.

Optionen

`-n` Default-Output abschalten.

`-e` `sed -e '20,30 d' -e '50,60 d' file.log`
Mehrere Befehle nacheinander ausführen

`-f` `sed -f` *`script.sed`* `file.log`
sed-Befehle in eine eigene Datei *`script.sed`* schreiben und diese Datei mittels `-f` übergeben.

4.5 Die Programmiersprache awk

awk – Felder isolieren und manipulieren

awk ist das mächtigste aller UNIX-Tools. Man kann es auch als eigenständige Programmiersprache bezeichnen. awk wird in erster Linie dazu verwendet, Zeilen in einzelne Felder oder Wörter zu zerlegen, um gezielt auf bestimmte Daten innerhalb der Zeilen zuzugreifen. Es verfügt über zahlreiche Stringverarbeitungs- und mathematische Funktionen, mit denen man die Daten weiter aufbereiten und manipulieren kann; außerdem über Variablen, Arrays, if- und Schleifen-Konstrukte und sogar über die Möglichkeit, eigene Funktionen zu definieren.

awk liegt auf den meisten UNIX-Systemen in zwei Versionen vor: als altes awk von 1977 und als erweiterte Version nawk von 1985. LINUX- und BSD-UNIX-Systeme enthalten die neue Version unter dem "normalen" Namen awk. Es gibt keinen Grund, die alte Version zu benutzen, außer man pflegt noch alte Skripte, die Unzulänglichkeiten dieser Version nutzen.

Wir werden hier der Einfachheit halber immer nur von "awk" sprechen. Gemeint ist immer die neue Version. Wenn Sie unter Solaris, HP-UNIX, AIX etc. arbeiten, müssen Sie also immer nawk schreiben, oder, einfacher, Sie setzen einen Link von nawk nach awk. Dadurch erhalten Sie beim Aufruf von awk immer die neue Version.

```
mv /bin/awk /bin/oawk
ln -s /bin/nawk /bin/awk
```

Grundsätzliche Funktionsweise

awk funktioniert zunächst nach dem gleichen Muster wie sed. Es liest Zeile für Zeile einer Datenquelle ein, testet jede Zeile auf einen Regular Expression oder andere Kriterien und führt im Falle eines positiven Tests irgendwelche Aktionen aus. Nur, dass diese Aktionen sehr viel komplexer sein können als in sed.

Formatierungs-Regeln

Einige Regeln zum Schreiben von awk-Befehlen vorweg.

Ein awk-Befehl hat im einfachsten Fall die Form

```
mars# awk '{aktion}' datei
```

Zwischen den Tokens dürfen (bis auf wenige Ausnahmen) zur besseren Lesbarkeit beliebig viele Leerzeichen eingestreut werden.

```
x=5
x = 5
```

Mehrere Befehle dürfen in eine Zeile, durch Semikolon getrennt, geschrieben werden. Ansonsten werden die Befehle durch Newlines getrennt. Kommentare werden wie in der Shell durch # gekennzeichnet.

```
x=5 ; print x   # Anzahl Tage
```

Aufsplitten einer Zeile in Felder: $1, $2, $3, ...

Die wichtigste Funktionalität von awk besteht darin, dass es jede eingelesene Zeile automatisch in Felder trennt. Die resultierenden Wörter landen in den Variablen
$1,$2,$3,...
awk verwendet das $-Zeichen ausschließlich, wenn diese Felder angesprochen werden. Für normale Variablen (s.u.) nie.

Der größte Teil aller awk-Aufrufe dient einzig dem Zweck, eine bestimmte Spalte aus einer Datei zu isolieren.

```
mars# cat file.dat
meier  45  67   ulm
otto   56  98   koeln
gerda  86  59   berlin xyz
mars#
mars# awk '{print $2}' file.dat
45
56
86
mars#
mars# awk '{print $4,$1}' file.dat
ulm meier
koeln otto
berlin gerda
```

Auch das Ergebnis eines anderen UNIX-Befehls kann auf diese Weise verarbeitet werden. Hier isolieren wir die Größen aller bzw. einer bestimmten Datei.

```
mars# ls -l | awk '{print $5}'
13624
564
```

```
8832
...
mars#
mars# ls -l | grep file.dat | awk 'print $5'
6334
```

Eingebunden in ein Shell-Skript sieht das dann so aus:

```
size=`ls -l | grep file.dat | awk 'print $5'`
echo "Groesse von file.dat: $size"
```

Auf die gleiche Art gelangt man an die Größe eines Filesystems, an die ID eines Prozesses oder die Anzahl laufender Prozesse.

```
fssize=`df -k | grep /dev/dsk/c0t0d0s0 | awk '{print $2}'`
pids=`ps -ef | grep http | awk '{print $2}'`
psanz=`ps -ef | wc -l | awk '{print $1}'`
```

$0, NF, $NF, $(NF-1)

Die gesamte eingelesene Zeile speichert awk in dem Feld $0.

```
mars# awk '{print $0}' file.dat
meier  45  67   ulm
otto   56  98   koeln
gerda  86  59   berlin
```

Die Anzahl der Felder, also der aufgesplitteten Worte für die aktuelle Zeile, steht in der Variablen NF. Das letzte Feld erwischt man deshalb durch $NF, das vorletzte durch $(NF-1)

```
mars# awk '{print NF,$NF}' file.dat
4 ulm
4 koeln
5 xyz
mars#
mars# awk '{print $(NF-1)}' file.dat
67
98
59
```

Alternative Feldtrenner: -F

Über die Option -F kann ein anderes Feld-Trennzeichen angegeben werden, z.B. -F: für einen Doppelpunkt. Normalerweise verwendet awk "beliebig viele Leerzeichen, Tabs oder Newlines“ als Feld-Trenner. Es könne auch beliebige Regular Expressions als Trenner angegeben werden. Das Trennzeichen wird in der Variablen FS gespeichert.

```
mars# awk -F: '{print $1}' /etc/passwd
root
daemon
bin
...
```

```
uid=`grep meier /etc/passwd | awk -F: '{print $3}'`
```

print und printf

awk verfügt über zwei Ausgabe-Funktionen: print, vergleichbar mit dem echo-Befehl der Shell, und printf, welches genauso funktioniert wie das der Shell. Allerdings müssen die Argumente durch Kommas getrennt werden.

```
mars# awk '{print $1,$2,$4}' file.dat
meier 45 67 ulm
otto 56 98 koeln
gerda 86 59 berlin
mars#
mars# awk '{print $1 $2 "--" $4}' file.dat
meier 4567--ulm
otto 5698--koeln
gerda 8659--berlin
mars#
mars# awk '{printf "%-8s %4d     %-10s \n",$1,$2,$4}' file.dat
meier      45     ulm
otto       56     koeln
gerda      86     berlin
```

BEGIN- und END-Block

awk liest in einer unsichtbaren Schleife eine Zeile nach der anderen ein. Möchte man einige Befehle noch *vor* dieser Schleife ausführen, wie z.B. Titel-Zeilen ausgeben oder Variablen initialisieren, schreibt man sie in die geschweiften Klammern eines BEGIN-Blocks. Befehle, die nach der Schleife ausgeführt werden sollen, gehören in den END-Block.

```
awk ' BEGIN {print "Name      Kunden  Stadt"
             print "-----------------------"}
      {printf "%-8s %4d     %-10s \n",$1,$2,$4}
      END {print "-----------------------"}
    ' file.dat
```

Ergebnis:

```
Name      Kunden  Stadt
-----------------------
meier      45     ulm
otto       56     koeln
gerda      86     berlin
-----------------------
```

Auch der Feld-Separator kann in BEGIN gesetzt werden.

```
awk 'BEGIN {FS=":"} {print $1}' /etc/passwd
```

Selektions-Kriterien

Ähnlich wie in sed können Regular Expressions als Such-Kriterien angegeben werden. Bereiche müssen als logische Kette einzelner Bedingungen formuliert werden. Die Auswahl über Zeilennummern erfolgt anhand der internen Variablen NR, in der stets die Nummer der aktuellen Zeile vorhanden ist. Es können beliebige Bedingungen formuliert werden.

```
mars# awk '/koeln/ {print $1,$4}' file.dat
otto koeln
mars#
```

```
awk '/error/ {print $4}' file.log

awk '/Jul 2[0-3]/ {print $3}' file.log

awk '/Jun 30/ || /Jul 01/ {print $3}' file.log

awk '/error.*httpd/ {print $3}
     /error.*ftpd/  {print $4}
     ' file.log

awk 'NR > 100 {print $3}' file.log

awk 'NR > 100 && NR < 200 {print $3}' file.log

awk 'NR > 100 && /error/ {print $3}' file.log

awk -F: '$3 > 100 && $3 < 60000 {print $1}' /etc/passwd
```

Variablen

Variablen werden wie in der Bourne-Shell definiert. Allerdings wird bei ihrer Verwendung kein $-Zeichen vorangestellt, da diese für Felder reserviert sind. Enthält die Variable `a` z.B. die Zahl 4, erhielte man durch `$a` nicht diese Zahl, sondern den Inhalt des 4. Feldes.

```
a=17
sum=0
name="meier"
```

Zeichenketten werden daran erkannt, dass man sie bei der Zuweisung in Hochkommas setzt. Werden die Hochkommas vergessen, z.B. `name=meier` , will `awk` nicht den String `"meier"`, sondern die Variable `meier` zuweisen.

Auf interne Variablen, wie NF, FS oder NR, kann wie auf gewöhnliche Variablen zugegriffen werden. Variablen werden automatisch mit 0 bzw. "" initialisiert, wenn man sie zum ersten Mal verwendet.

Zählen und Aufsummieren

Mit der Hilfe von selbst definierten Variablen kann man Informationen ermitteln und speichern, die sich erst im Zusammenspiel von mehreren Zeilen ergeben. Typische Anwendungen für `awk` sind das Zählen bestimmter Zeilen oder das Aufsummieren von Werten, die sich in bestimmten Spalten befinden.

```
awk '/error/ {anzahl = anzahl +1}
         END {print "Anzahl gefundener Fehler:",anzahl}
    ' file.log
```

Zum Zählen werden folgende Schreibweisen verwendet.

```
anzahl=anzahl+1
anzahl+=1
anzahl ++
```

Wir zählen innerhalb von awk die Anzahl der laufenden HTTP-Prozesse:

```
ps -ef | awk '/httpd/ {count ++}
                    END {print "Es laufen",count,"HTTP-Prozesse"} '
```

Wir summieren die Anzahl der Kunden in Spalte 2 aus der Datei `file.dat`:

```
awk '{kunden = kunden + $2}
     END {print "Anzahl der Kunden:",kunden}' file.dat
```

oder den gesamten/benutzten/freien Festplatten-Platz unseres Rechners:

```
Festplatten-Platz
df -k | awk '/^\/dev/ {gesamt+=$2;benutzt+=$3;frei+=$4}
        END {print "Disk-Space: gesamt:",gesamt,"   belegt:",belegt,"
frei:",frei}'
```

Arrays

Arrays sind hervorragend dazu geeignet, mehrere gleichartige Werte unter einem einzigen Namen zu speichern. Über einen Index greift man auf die einzelnen Werte zu. Mit Hilfe einer Schleife kann man alle Elemente eines Arrays in einem "Schwung" abarbeiten. Verwendet man Variablen als Index, wie in `arr[i]`, muss man wieder darauf achten, kein $ voranzustellen. Tut man dies dennoch, ist immer das entsprechende Feld gemeint.

```
arr[1]=5
arr[2]=6
i=3; arr[i]=47
i=$4; arr[i]=$6
arr[$4]=$6         # Index steht im 4.Feld, der Wert im 6.
```

Array-Indizes dürfen aus Zeichenketten gebildet werden. Man spricht von assoziativen Arrays. Wie wir unten sehen werden, ist dies eine der ganz großen Stärken von awk.

```
mailanz["meier"]=7
mailanz["schmidt"]=5
name="schmidt"; mailanz[name]=5
name=$4; host[name]=$7
host[$4]=$7
```

Die Initialisierung, also die anfängliche Zuweisung von Werten ist etwas umständlich. Entweder man initialisiert jedes Feld einzeln, oder man schreibt die Werte in einen String und verwendet die Funktion `split`.

```
arr[1]=17; arr[2]=32; arr[3]=25; ...
split("17 32 25 63 21 34 56", arr)
split("31 28 31 30 31 30 31 31 30 31 30 31",month)
echo month[7]   # --> 31
month2[jan]=31; month2[feb]=28; month2[mar]=31;
```

Arrays müssen ebenso wie normale Variablen nicht initialisiert werden. Verwendet man Sie zum ersten Mal, ohne dass sie einen Wert besitzen, werden sie automatisch auf 0 oder "" gesetzt.

Zur Verarbeitung von kompletten Arrays werden die `for`- oder die `while`-Schleife benutzt. Mehr dazu weiter unten.

Abrechnungen

Verbindet man die Technik des Zählens oder Aufsummierens mit assoziativen Arrays, verfügt man über eine Möglichkeit, Accounting- (Abrechnungs-) Problematiken zu lösen. Die Schwierigkeit bei solchen Aufgaben besteht darin, dass man zur Programmierzeit nicht weiß, welche Benutzer/Rechner/Domänen etc. überhaupt abzurechnen sind.

Nehmen wir eine erweiterte Version unserer Demo-Datei und zählen die Anzahl der versorgten Städte je Mitarbeiter zusammen. Die Schleife zur Ausgabe der Daten wird später erläutert.

```
mars# cat file2.dat
meier  45  67   ulm
otto   56  98   koeln
gerda  86  59   berlin
meier  62  81   ulm
otto   23  19   koeln
gerda  44  31   berlin
meier  29  47   ulm
gerda  12  32   berlin
gerda  17  35   berlin
```

```
# Städte zählen: $1~Name
awk '{anzahl[$1] ++}
          END {for (name in anzahl){print name,": ",anzahl[name]}}
    ' file2.dat
```

```
otto :  2
gerda :  4
meier :  3
```

Der Clou liegt in dem Befehl `'anzahl[$1]++'` Wir setzen den Inhalt eines Feldes (`$1`) als String-Index eines Arrays ein. Das Array-Element wird automatisch erstellt, wenn es noch nicht existiert. Wenn doch, wird es hochgezählt.

Ermitteln wir die Anzahl von Mails je User aus einer Logdatei.

```
# Mails zählen: $4~Name
awk '{mailanz[$4] ++}
     END {for (name in mailanz){print name,": ",mailanz[name]}}
    ' mail.log
```

Oder von laufenden Prozessen je Prozess-Art.

```
# Prozesse zählen: proc~$NF
ps -ef | awk '{procanz[$NF] ++}
          END {for (proc in procanz){print proc,"  Anzahl:",procanz[proc]}}'
```

Sie sehen, es funktioniert immer auf die gleiche Art. Nun zum Abrechnen von Werten, die nicht gezählt sondern aufsummiert werden müssen. Starten wir mit unserer Demo-Datei und addieren die Summe der Kunden (Spalte 2) je Mitarbeiter (Spalte 1).

```
# $1~Name, $2~Anzahl Kunden
awk '{sum[$1] += $2}
          END {for (name in sum){print name,": ",sum[name]}}
    ' file2.dat
```

```
otto :  79
gerda :  159
meier :  136
```

Das Gleiche noch einmal, jetzt aber nicht mehr je Mitarbeiter, sondern je Stadt:

```
awk '{sum[$NF] += $2}
          END {for (name in sum){print name,": ",sum[name]}}
    ' file2.dat
```

```
ulm :  136
berlin :  159
koeln :  79
```

Nun hat man eine Logdatei vorliegen, aus der man das Transfervolumen beim Surfen je Benutzer ermitteln soll:

```
# Web-Verbrauch addieren: $4~Name, $7~Menge KB
awk '/httpd/ {sum[$4] += $7}
          END {for (name in sum){print name,": ",sum[name]}}
    ' file.log
```

Mehrdimensionale Arrays

awk verwaltet zwar nicht wirklich mehrdimensionale Arrays, unterstützt aber deren Simulation. Es erlaubt die Angabe von zwei durch Komma getrennten Indizes und wandelt diese intern in einen einzigen String um.

```
marr[3,4]=6634
marr[i,j]=6634
marr[$3,$5]=6634
anzahl[mars,meier]=12
sum[luna,schmidt]=3
```

Die Ausgabe erfolgt über `for`-Schleifen.

Verzweigungen

```
if (cond) befehl
if (cond) {befehl; befehl; ...}
if (cond) {befehl; ...} else {befehl; ...}
```

awk verfügt über eine `if` und eine `if-else`-Verzweigung, kennt jedoch kein `elif` oder `else-if`. Handelt es sich um einen einzigen Befehl, kann man sich die geschweiften Klammern sparen.

```
mars# awk '{if($2>50) print $1,$2}' file.dat
otto 56
gerda 86
```

Vergleichs-Operatoren

Als Vergleichs-Operatoren für Zahlen gibt es:

```
== != < <= > >=
awk '{if( $4 >= 50 ) print $0}' file.log
```

Als Vergleichs-Operatoren für Zeichenketten stehen zur Verfügung:

```
== != < > ~ !~
awk '{if( $3 ~ /saruman/) print $0}' file.log
```

~ (match) und !~ (match not) werten einen Muster-Vergleich mit Regular Expressions aus.

Zwei Zahlen werden immer numerisch miteinander verglichen, sobald einer der Operanden ein String ist, wird alphabetisch verglichen. Um dennoch den numerischen Vergleich zu erzwingen, verwendet man `'var+0'`, um den alphabetischen Vergleich zu erzwingen: `var""`

Logische Operatoren

Auch `awk` kennt die drei logischen Operatoren für `Und`, `Oder` und `Nicht`:

&& || !

```
awk '/Jun 30/ || /Jul 01/ {print $3}' file.log
awk 'if( $2 ~ /Jun 30/ || $2 ~ /Jul 01/ ) {print $3}' file.log
```

Schleifen

for-Schleife(1)

```
for(init; bedingung; increment) befehl
for(init; bedingung; increment){befehl; befehl; ...}
```

Die klassische `for`-Schleife. Vor dem ersten Durchlauf wird `init` ausgeführt, um Startwerte einzusetzen. Vor jedem Durchlauf wird die Bedingung geprüft und nach jedem Durchgang wird `increment` ausgeführt, um eine Laufvariable hochzuzählen. Solange die Bedingung erfüllt ist, werden alle Befehle ausgeführt.

```
Ein wenig rechnen:
for(i=1; i<=3; i++){print i*10}
20
40
60

Ein Array ausgeben:
for(i=1; i<=12; i++){print month[i])
31
28
31
...

Summe über alle Felder einer Zeile:
awk '{
      sum=0
```

```
        for(i=1; i<=NF; i++){sum+=$i}
        print "Zeilen-Summe:", sum
       {
       ' datafile
```

for-Schleife (2)

```
for (idx in array) befehl
for (idx in array){befehl; befehl; ...}
```

awk kennt eine zweite Variante der for-Schleife. Hier erhält die Laufvariable idx nacheinander alle Indizes des angegebenen Arrays array. Setzt man diesen flexiblen Index in eckige Klammern, gelangt man auf elegante Art sukzessive an alle Elemente des Arrays. Diese Art der for-Schleife wird verwendet, um Arrays mit String-Indizes auszugeben.

```
for (i in month){print "Monat",i ":",month[i]}
Monat 1: 31
Monat 2: 28
Monat 3: 31
...

for (m in month2){print "Monat",m ":",month2[m]}
Monat jan: 31
Monat feb: 28
Monat mar: 31
...
```

while-Schleife

```
while (bedingung) befehl
while (bedingung) {befehl; befehl; ...}
```

Die while-Schleife führt die Befehle ihres Blocks so lange aus, wie die Bedingung in runden Klammern erfüllt ist.

```
# Quadratzahlen bis 25
i=1; quad=1
while (quad < 25) {quad=i^2; print i,"^2 =",quad; i++}

1 ^2 = 1
2 ^2 = 4
3 ^2 = 9
4 ^2 = 16
5 ^2 = 25
```

Um den Benutzer so lange Daten eingeben zu lassen, bis er ein "q" angibt, schreibt man:

```
while (var != "q") { getline var < "-"; print var^2}
```

do-while-Schleife

```
do {befehl; befehl; ...} while (bedingung)
```

Im Gegensatz zu einer normalen `while`-Schleife prüft die `do-while`-Schleife die Bedingung erst *nach* der Ausführung der Befehle. Sie führt die Befehle daher mindestens einmal aus, selbst wenn die Bedingung von Anfang an falsch war.

Sprung-Befehle

exit
exit n

Mit `exit` beendet man das gesamte awk-Skript. Über das Argument `n` kann man einen exit-Status zurückgeben.

```
# Beende, wenn Fehler auftaucht
if (errorflag == "yes") exit 2
```

next

Mit `next` wird die Verarbeitung der aktuellen Zeile abgebrochen und mit der nächsten Zeile fortgefahren.

```
# Überspringe Zeilen, die zu wenig Felder aufweisen
if (NF < 5) next
```

break

Mit `break` beendet man vorzeitig eine Schleife, springt also quasi aus ihr heraus.

```
# Suche, in welchem Feld ein String vorkommt
for (i=1;i<=NF;i++) {
    if ($i ~ /user/) {print "Benutzer-Feld:",i,":",$i ; break}
    }
```

continue

Mit `continue` bricht man nicht die komplette `for`- oder `while`-Schleife ab, sondern lediglich den aktuellen Durchlauf. Es wird sofort mit dem nächsten Durchgang fortgefahren.

In `awk` gibt es keinen Sprungbefehl, mit dessen Hilfe man geschachtelte Schleifen verlässt (wie z.B. `break 2` in der Shell).

Ausgabe-Funktionen

print

```
print "Benutzer:",user,"\t","Mails:",anz
```

Was gibt es noch zu `print` zu sagen? Variablen müssen außerhalb von Hochkommas stehen, um erkannt zu werden, alles andere steht in Hochkommas. Trennt man Argumente durch ein Komma, wird ein Leerzeichen (Wert von OFS) zwischen ihnen ausgegeben.

`print` erkennt die üblichen Escape-Sequenzen, wenn sie in Double-Quotes stehen:

```
\n \t \f \r \b \v \a \\ \/ \* ...  \ddd (Oktal-Code)
```

printf

`printf` funktioniert wie in der Shell, nur dass Argumente mit Kommas getrennt werden müssen.

```
printf "%-20s %5d %5d", host, mails_in, mails_out
```

sprintf

Funktioniert wie `printf`, gibt das Ergebnis jedoch nicht aus, sondern speichert es in einer Variablen.

```
string=sprintf("%-20s %5d %5d", host, mails_in, mails_out)
```

Ausgabe-Umlenkung

Jeder einzelne Befehl, der eine Ausgabe erzeugt, kann umgelenkt werden.

```
befehl > "cdlist.dat"
file="cdlist.dat"
befehl > file
befehl >> "file.log"
/error/   {print >> "errors.log"
/warning/ {print >> "warn.log"
```

Eingabe-Funktionen

Neben dem automatischen Einlesen der Records gibt es auch die Möglichkeit, sich selbst darum zu kümmern:

```
getline
getline var
```

liest eine Zeile von der aktuellen Eingabe (Datei oder `stdin`) und speichert sie in $0 oder der Variablen `var`.

Lese immer zwei Zeilen nach einer Datums-Zeile ein und hänge sie aneinander:

```
Datei:
Tue Jun 18
textzeile1
textzeile2
textzeile3
...
Tue Jun 19
textzeile1
textzeile2
textzeile3
```

```
NF == 3 && $1 ~ /Mon|Tue|Wed|Thu|Fri|Sat|Sun/ {
    datum=$0
    getline line1; getline line2
    line = datum " " line1 " "line2
    print line
    }
```

```
Tue Jun 18 textzeile1 textzeile2
Tue Jun 19 textzeile1 textzeile2
...
```

```
getline <datei
```

Zeilen aus einer Datei einlesen

```
#/etc/passwd in ein Array einlesen
BEGIN { while (getline line <"/etc/passwd") {
            i++; pwarr[i]=line}
      }
```

```
getline <"-"
getline <"/dev/tty"
```

Benutzereingaben lesen

```
while (1) { getline file < "-"
            if(file == "") break
            system("cp " file " " file ".old")
          }
```

```
"command" | getline
```

Ein UNIX-Kommando nach `getline` pipen.

```
"date +%d" | getline day
```

Mathematische Operatoren und Funktionen

`+ - * /`	Grundrechenarten
`^ %`	Exponentiation, Modulo
`+= -= *= /= %= ^=` `x+=5`	Kurzform für `x=x+5`
`++ --`	Auto-Inkrement, Auto-Dekrement, `x++`: Kurzform für `x=x+1`

```
int(x)
```

Ganzzahliger Anteil

```
sqrt(x)
```

Quadratwurzel

```
exp(x)
```

Exponential-Funktion

```
log(x)
```

Natürlicher Logarithmus

```
sin(x)
```

Sinus (Bogenmaß: sin(3.1415) ~= 0)

```
cos(x)
```

Cosinus (Bogenmaß: cos(3.1415) ~= -1)

```
atan2(y,x)
```

Arcustangens von y/x

```
rand
```

Zufallszahl zwischen 0 und 1. Liefert immer die gleiche Folge scheinbar zufälliger Zahlen, außer der Startwert wird verändert.

```
srand ; srand(x)
```

Startwert für Zufallszahlen-Folge setzen (Default: aktuelle Zeit)

Zeichenketten-Funktionen

Zeichenketten verbinden

```
line2 = wort1 "---" wort2          ---> wort1---wort2
```

length ; length(str)

Länge eines Strings oder von `$0`

```
host="mars.saruman.de"; print length(host)          --->  15
```

index(str,sub)

Position einer Zeichenkette `sub` in einer anderen Zeichenkette `str`. Positionen werden ab 1 gezählt. Wenn `sub` nicht gefunden wir, erhält man eine 0.

```
print index(host,"saru")          --->  6
```

substr(str,pos) ; substr(str,pos,len)

Gibt ein Teilstück der Zeichenkette `str` ab Position `pos` zurück, entweder der Länge `len` oder bis zum Ende des Strings.

```
print substr(host,6)          ---> saruman.de
print substr(host,6,5)        ---> sarum
```

sub(old,new) ; sub(old,new,str)

Ersetzt in einer Zeichenkette oder in `$0` das erste Vorkommen von `old` durch `new`. `old` darf ein Regular Expression sein (in /.../ oder "...").

```
host="mars.saruman.de"
sub("a.","is",host); print $host          ---> miss.saruman.de
```

gsub(old,new) ; gsub(old,new,str)

Ersetzt in einer Zeichenkette oder in `$0` jedes Vorkommen von `old` durch `new`. `old` darf ein Regular Expression sein (in /.../ oder "...").

```
host="mars.saruman.de"
gsub("a.","is",host); print $host         ---> miss.sisumis.de
```

match(str,regexp)

Sucht nach Muster `regexp` (Regular Expression) im String `str`. Gibt die Startposition des Teilstücks zurück oder 0, wenn es nicht gefunden wurde. Jede Starposition evaluiert zu "wahr", 0 hingegen zu "falsch", wenn `match` in einer `if`-Bedingung geprüft wird. Die Starposition wird außerdem in der Variablen `RSTART` gespeichert, die Länge des gefundenen Teilstückes in `RLENGTH`.

```
host="mars.saruman.de"
if( match(host,"s.*n")) print RSTART,RLENGTH      ---> 4 9
```

split(str,array) ; split(str,array,sep)

Splittet den String `str` anhand des Separators `sep` (oder `FS`) in Felder auf und speichert diese in dem Array `array` ab Position 1. Die Anzahl der entstandenen Felder wird zurückgegeben.

```
split(host,dns,"."); print dns[1],dns[2],dns[3]   ---> mars saruman de
```

toupper(str)

Liefert `str` in Großbuchstaben zurück.

```
print toupper("aBcDeF")                  ---> ABCDEF
```

tolower(str)

Liefert `str` in Kleinbuchstaben zurück.

```
print tolower("aBcDeF")                  ---> abcdef
```

System-Funktionen

system("befehl")

Ausführung eines UNIX-Befehls. Liefert den Exit-Status des Befehls zurück.

```
# Zeitstempel setzen
datei="file.log"; system("date >> " datei)

# Eine Pause einlegen
system("sleep 60")
```

Um die Ausgabe eines System-Befehls aufzufangen, verwendet man `getline`:

```
"command" | getline
```

close(datei) ; close(commad)

Schließt eine geöffnete Datei oder Pipe.

delete array[index] ; delete mails[luna]

Löscht ein Array-Element.

Benutzer-definierte Funktionen

Definition

In awk kann der Benutzer wie in sh, ksh oder bash eigene Funktionen definieren:

```
function fname(){
  befehl
  befehl
  ...
  }
```

Sollen übergebene Parameter verarbeitet werden, muss das bereits bei der Definition in runden Klammern angegeben werden.

```
function fname(par1,par2){
   ...
  }
```

Alle Variablen in awk sind global, außer die bei der Funktions-Definition in runden Klammern stehenden. Deren Gültigkeit ist auf die jeweilige Funktion beschränkt. Dies funktioniert auch, wenn man in runden Klammern mehr Variablen angibt, als übergeben werden.

Einfache Variablen werden bei der Übergabe kopiert (call by value), Arrays werden als Zeiger übergeben, also nicht kopiert (call by reference). Der Ort der Definition ist egal, gewöhnlich schreibt man die Funktionen aber an das Ende des Programms. Funktionen dürfen ihrerseits Funktionen aufrufen; auch Rekursionen sind erlaubt.

Aufruf

Beim Aufruf einer Funktion muss man die runden Klammern angeben. Parameter werden in diesen Klammern übergeben.

```
fname()
fname(x,y)
```

Rückgabe von Werten

Werte gibt man mit dem Befehl return zurück.

```
function fname(){
  .....
  return val
  }
```

Im Hauptteil fängt man den Rückgabewert auf:

```
xyz = fname()
```

Mehrere Werte können als String zusammengefügt zurückgegeben und im Hauptteil wieder zerlegt werden.

```
function fname(){
  .....
  return val1 " " val2
  }
```

```
xyz = fname()
split (xyz,array)
print arr[1]
```

Möchte man Arrays zurückgeben, verwendet man besser globale Array-Variablen.

```
function fname(){
  .....
  @arr=....
  }
```

Argumente an awk übergeben

Argumente hinter den schließenden Quotes werden als Dateinamen interpretiert, außer sie werden in der Form `var=wert` geschrieben. In diesem Fall belegt `awk` eine Variable `var` mit dem gewünschten Wert, sodass im Skript darauf zugegriffen werden kann. Über die Option `-v` (vor jedem Paar) kann die Variablen-Zuweisung auch `vor` den öffnenden Quotes erfolgen.

```
awk '.....' file1 file2 ...
awk '.....' var1=wert1 var2=wert2
awk -V var1=wert1 var2=wert2 '.....'
```

Den Namen des `awk`-Skriptes findet man in ARGV[0], die übergebenen Argumente (z.B. Dateien) in ARGV[1], ARGV[2], etc. Die Anzahl der Parameter steht in ARGC.

Spezial-Variablen

`awk` verwaltet folgende Spezial-Variablen.

FS	Input Field-Separator (Default: beliebig viele Leerzeichen, Tabs oder *Newlines*.)
OFS	Output Field-Separator (Default: Leerzeichen, erscheint zwischen Elementen, die bei `print` mit Komma getrennt werden.)
NF	Anzahl der Felder in der aktuellen Zeile. Letztes Feld: $NF
RS	Input Record-Separator (Default: Newline). Kann umgestellt werden, wenn Datensätze nicht durch *Newlines* getrennt sind.
ORS	Output-Record-Separator (Newline, ist für das abschießende `Newline` bei `print` verantwortlich.)
NR	Nummer der aktuellen Zeile (wird bei mehreren Dateien fortgeführt)
FNR	Nummer der aktuellen Zeile in der aktuellen Datei (startet für jede Datei neu)
FILENAME	Name der aktuellen Datei
ARGC	Anzahl der übergebenen Argumente
ARGV	Array mit den übergebenen Argumenten
ENVIRON	Assoziatives Array, das die Umgebungsvariablen enthält. ENVIRON['PATH'] liefert z.B. die PATH-Variable.
OFMT	Ausgabe-Format für Zahlen
RSTART	Startposition des `regexp` bei der letzten match-Aktion
RLENGTH	Länge der letzten `match`-Aktion
SUBSEP	Trennzeichen für de Simulation mehrdimensionaler Arrays (Default: Komma)

awk-Skripte

awk-Befehle müssen nicht in ein Shell-Skript integriert, sondern können auch in eigenen Dateien gepflegt werden. Solche eigenständige awk-Skripte übergibt man awk mit der Option -f.

```
awk -f awk-file datafile
```

Die Skripte enthalten alle notwendigen awk-Befehle, nicht jedoch den Aufruf von awk selbst und keine Angaben über die zu verarbeitenden Dateien. Sozusagen alles, was ansonsten innerhalb der Single Quotes steht.

```
myscript.awk:
BEGIN {
  .....
}

{
/error/ {print $4,$5,$6 >> error.log}
/warning/ {print $3,$4,$5 >> warn.log}
.....
}

awk -f myscript.awk file.log
```

4.6 Mit Datei-Inhalten arbeiten

4.6.1 cat

cat – Dateien ausgeben

```
cat file
cat file | befehl ...
```

Dateien auf die Standard-Ausgabe ausgeben.

```
cat data.01 data.02 > newdata
```

Dateien aneinander hängen.

4.6.2 head

head – Anfang einer Datei ausgeben

```
head -n file
```

Die ersten *n* Zeilen einer Datei ausgeben.

```
head -7 file.log
```

4.6.3 tail

tail – Ende einer Datei ausgeben

```
tail [-r] -n file
tail [-r] +n file
tail -f file
```

```
tail -25 datafile
```

Die letzten 25 Zeilen einer Datei ausgeben.

```
tail +3 datafile
```

Eine Datei ab der dritten Zeile ausgeben.

```
tail -r file.log      (LINUX: s. tac)
```

Die Zeilen einer Datei in umgekehrter Reihenfolge ausgeben.

```
tail -f file.log
```

Sich an eine Datei "hängen". Jede Zeile anzeigen, die neu hinzukommt.

4.6.4 tac

tac - Dateien rückwärts ausgeben

```
tac file    (UNIX: s. tail -r)
```

Die Zeilen einer Datei in umgekehrter Reihenfolge ausgeben (LINUX).

4.6.5 tee

tee - Ausgabe duplizieren

```
befehl | tee datei
```

Ausgabe von *befehl* sowohl auf dem Bildschirm ausgeben als auch in eine Datei.

```
ps -ef | tee ps.out
```

Ausgabe in die Datei `ps.out` duplizieren.

```
ps -ef | tee -a ps.out
```

Duplizierten Output an die Datei anhängen.

4.6.6 sort

sort - Dateien sortieren

```
sort [-r] [-n] [-u] [-x] [+y] file
```

```
sort datafile
befehl | sort
```

Eine Datei/einen Datenstrom alphabetisch sortieren. Die ganze Zeile wird als Sortier-Schlüssel verwendet.

```
sort -n datafile
```

Eine Datei numerisch sortieren.

```
sort [-n] +x datafile
```

Eine Datei nach dem x+1-ten Feld [numerisch] sortieren (4. Feld -> x=3). Als Sortier-Schlüssel dient genau genommen der Rest der Zeile ab dem `x+1`-ten Feld.

```
ls -l | sort -n +4
```

Die Ausgabe von `ls` nach der Größe der Dateien (aufsteigend) sortieren.

```
sort +x -y datafile
```

Sortier-Schlüssel auf einen Bereich von Feldern festlegen (ab dem `x+1`-ten bis einschließlich dem `y+1`-ten Feld).

```
sort [-n] [+x] [-y] -r datafile
```

Eine Datei in umgekehrter Reihenfolge sortieren.

```
df -k | tail +1 | sort -n -r +1
```

Filesysteme nach ihrer Größe sortieren.

```
sort -u datei
```

Nach der Sortierung immer nur eine von mehreren gleichen Zeilen ausgeben. Achtung: Wenn bei `-u` nicht nach der gesamten Zeile, sondern nur nach bestimmten Feldern sortiert wird, ist nicht festgelegt, welche der (unterschiedlichen) Zeilen ausgegeben wird -> `uniq`.

4.6.7 uniq

uniq – gleiche Zeilen löschen

```
uniq -n
```

Gebe immer nur die erste von mehreren gleichen Zeilen aus. Die Eingabe muss so sortiert sein, dass gleiche Zeilen direkt aufeinander folgen.

```
sort -n -2 file.log | uniq -2
```

4.6.8 tr

tr – Zeichen ersetzten

```
tr [class1] [class2] file.dat
```

Jedes Zeichen der ersten Klasse durch das entsprechende Zeichen der zweiten Klasse ersetzen.

```
eingabe = `echo $eingabe | tr [A-Z] [a-z]`
```

`$eingabe` in Kleinbuchstaben umwandeln.

```
tr -d [.:/\(\)] file.dat
```

Alle Zeichen der Klasse löschen.

4.6.9 cut

cut – Zeichen oder Felder extrahieren

```
cut -c m[-n] file
```

Alle Zeichen von der *m*-ten bis zur *n*-ten Stelle aus jeder Zeile extrahieren.

```
cut -d delimiter -f m[-n] file
```

Alle Felder vom *m*-ten bis zum *n*-ten Feld aus jeder Zeile extrahieren. *`delimiter`* ist der Feldtrenner.

```
ls -l | cut -c 2-4
```

Den Rechte-Block für den Datei-Besitzer aus `ls -l` extrahieren.

```
cut -d: -f3 /etc/passwd | sort -n
```

Liste der UID's aus der `/etc/passwd` sortiert liefern.

4.6.10 paste

paste – Dateien spaltenweise verknüpfen

```
paste -d delimiter file1 file2
```

Die sich entsprechenden Zeilen (alle ersten, alle zweiten etc.) jeder Datei miteinander verbinden (Newlines durch `tab` oder *`delimiter`* ersetzen) und auf `stdout` ausgeben. Die Spalten der Dateien werden also verknüpft nebeneinander ausgegeben.

```
paste acc1.dat acc2.dat > acc.dat
```

4.6.11 split

split – Große Dateien in mehrere kleinere zerlegen

```
split -n file
```

Datei in Teile zu *n* Zeilen zerlegen. Die entstehenden Dateien werden `fileaa` `fileab` etc. genannt.

```
split -1000 file.log
```

4.6.12 csplit

csplit– Große Dateien kontextabhängig zerlegen

```
csplit file /reg1/ /reg2/ /reg3/ ...
csplit file /reg/ {n}
```

Datei in mehrere kleinere zerlegen (so viele wie Argumente). Schnittstellen werden als Regular Expressions angegeben. Der Parameter *{n}* gibt an, dass dieser Regular Expression *n* weitere Male angewendet werden soll.

4.6.13 wc

wc – Zeilen zählen

```
wc file
```

Die Anzahl der Zeilen, Wörter und Zeichen einer Datei ausgeben.

```
wc -l file
```

Die Anzahl der Zeilen angeben.

```
ps -ef | tail +2 | wc -l
```

Anzahl laufender Prozesse zählen.

```
psanz=`ps -ef | tail +2 | wc -l | awk '{print $1}'`
```

Zählen und störende führende Leerzeilen entfernen.

4.6.14 dos2unix

dos2unix – Dateien vom DOS-Format ins UNIX-Format umwandeln

```
dos2unix /floppy/floppy0/report.txt ./report.txt
```

4.6.15 unix2dos

unix2dos – Dateien vom UNIX-Format ins DOS-Format umwandeln

```
unix2dos ./report.txt /floppy/floppy0/report.txt
```

4.6.16 cksum

cksum – Checksumme für Dateien berechnen

```
mars# cksum /etc/passwd
3631429535      715      /etc/passwd
```

Die erste Zahl gibt die Checksumme an, die zweite die Dateigröße. Wird verwendet, um zu testen, ob eine Datei verändert worden ist.

4.7 Datei-Operationen

4.7.1 cp

cp – Dateien und Verzeichnisse kopieren

```
cp file newfile
```

Eine Datei kopieren.

```
cp file1 file2 ... dir
```

Mehrere Dateien in ein Verzeichnis kopieren.

```
cp -r dir newdir
```

Ein Verzeichnis rekursiv kopieren.

4.7.2 mv

mv – Dateien und Verzeichnisse umbenennen oder verschieben

```
mv file newfile
```

Eine Datei umbenennen.

```
mv file newdir
```

Eine Datei in ein anderes Verzeichnis verschieben.

```
mv dir newdir
```

Ein Verzeichnis in ein anderes Verzeichnis verschieben.

Liegt der neue Ort im gleichen Filesystem wie der ursprüngliche, ist nur eine einfache Verzeichnis-Operation nötig (schnell). Liegt er jedoch in einem anderen Filesystem, wird die Datei kopiert.

4.7.3 rm

rm – Dateien und Verzeichnisse entfernen

```
rm file
```

Eine Datei löschen.

```
rm -r dir
```

Ein Verzeichnis rekursiv löschen.

4.7.4 ln

ln – Einen symbolischen Link oder einen Hardlink anlegen

```
ln file1 file2
```

Einen Hardlink für die bestehende Datei `file1` unter dem Namen `file2` anlegen.

```
ln -s file1 file2
```

Einen symbolischen Link für die bestehende Datei `file1` unter dem Namen `file2` anlegen.

4.7.5 touch

touch – Dateien anlegen oder den Zeitstempel verändern

```
touch file
```

Eine neue, leere Datei anlegen.

```
touch mmddHHMM file
```

Den Zeitstempel einer Datei verändern:

```
mars# touch 05171200 file
```

Setzt den Zeitstempel auf 17. May, 12:30 Uhr. Besteht die Datei noch nicht, wird sie neu angelegt.

4.7.6 chown

chown – Besitzer von Dateien und Verzeichnissen verändern

```
chown [-R] name file1 file2 dir1 dir2 ...
chown otto file1 file2 dir1 ...
```

Besitzer von Dateien ändern. Besitzer kann auch als ID angegeben werden.

```
chown -R otto dir1
```

Rekursiv für alle Dateien im Verzeichnis `dir1` den Besitzer wechseln.

4.7.7 chgrp

chgrp – Gruppenzugehörigkeit von Dateien und Verzeichnissen ändern

```
chgrp [-R] groupname file1 file2 dir1 dir2...
```

Wie chown. Die Option -R steht wieder für "rekursiv".

4.7.8 chmod

chmod – Rechte-Stempel von Dateien und Verzeichnissen ändern

```
chmod [-R] perm file1 file2...
chmod 755 file1
```

Rechte über numerischen Stempel setzen.

```
chmod a+x file1
```

Rechte über symbolischen Stempel verändern.

```
chmod 4755 file1
```

setuid-Bit setzen, entsprechend `2xxx` für setgid-Bit und `1xxx` für sticky-Bit.

4.7.9 ls

ls – Verzeichnis-Inhalte auflisten

```
ls [-laditr...] dir1 dir2...
```

`-l`: Langes Listing
`-a`: Auch versteckte Dateien anzeigen.
`-d`: Directories nur auflisten, nicht ihren Inhalt anzeigen.
`-i`: Auch Inode-Nummern anzeigen.
`-t`: Nach Alter sortieren.
`-r`: Rückwärts sortieren.
`-F`: Verzeichnisse durch einen nachgestellten Slash (/) kennzeichnen.

4.7.10 find

find – Verzeichnisse rekursiv durchsuchen

```
find dir [-opts [args]] action
```

Das Verzeichnis *dir* wird rekursiv nach Einträgen durchsucht, die bestimmten Kriterien entsprechen.

`-name` *name*	Eintrag muss *name* lauten.
`-type f|d|l|...`	Eintrag muss Datei|Directory|symb.Link|... sein.
`-size [+|-]` *size*	Eintrag muss größer|kleiner als *size* Blöcke sein.
`-mtime [+|-]` *days*	Eintrag muss älter|neuer als *days* Tage sein.
`-user` *user*	Eintrag muss *user* gehören.

`-inum` *`inode`*	Eintrag muss auf Inode *`inode`* verweisen.
`-perm 644`	Eintrag muss bestimmten Rechte-Stempel besitzen.
`-perm -001`	Eintrag muss bestimmtes Recht gesetzt haben.

```
find /var -name '*.log' -type f
```

Liste alle Log-Dateien unter `/var` auf.

```
find /var/mail -size +200
```

Welche Maildateien sind größer als 100 kB?

```
find /var/mail -mtime +365
```

Maildateien, die über ein Jahr lang nicht mehr gelesen worden sind.

4.7.11 file

file – Dateityp bestimmen

```
file datei
```

Bestimmt die Art der Datei (C-Programm, Skript, Text etc.), indem ihre ersten Zeichen mit einer Liste aus `/etc/magic` verglichen werden.

4.7.12 diff

diff – Dateien miteinander vergleichen

```
diff file1 file2
```

Den Inhalt zweier Dateien miteinander vergleichen. Dateien müssen Newlines enthalten, dürfen also nicht Binärdateien sein.

```
diff [-r] dir1 dir2
```

Den Inhalt zweier Verzeichnisse [rekursiv] miteinander vergleichen.

Sind die beiden Dateien identisch, wird nichts ausgegeben. Gibt es Unterschiede, werden diese angezeigt. Das seltsame Format entspricht Befehlen des Editors `ed`, durch die *file1* in *file2* umgewandelt werden könnte.

```
mars# cd /etc ; sed 's/root/zzzzzz/' passwd > passwd2
mars#
mars# diff passwd passwd2
1c1
< root:x:0:1:Super-User:/:/bin/ksh
> zzzzzz:x:0:1:Super-User:/:/bin/ksh
```

Bedeutung: `1c1`: Zeile 1 unterschiedlich.

```
mars# echo "muell" >> passwd2
mars#
mars# diff passwd passwd2
```

```
1c1
< root:x:0:1:Super-User:/:/bin/ksh
> zzzzzz:x:0:1:Super-User:/:/bin/ksh
19a20
> muell
```

Bedeutung: `19a20`: `datei1` müsste nach Zeile 19 eine Zeile `"muell"` hinzugefügt werden.

4.7.13 comm

comm – Sortierte Dateien miteinander vergleichen

```
comm [-123] file1 file2
```

Vergleicht zwei sortierte Dateien miteinander. Gibt drei Spalten aus:
1. Zeilen, die nur in *file1*, 2. Zeilen, die nur in *file2*, 3. Zeilen, die in beiden Dateien enthalten sind. Um lediglich die Differenzen zu sehen, schaltet man die Ausgabe der 3. Spalte ab:

```
comm -3 file1 file2
```

Dateien müssen Newlines enthalten, dürfen also nicht Binärdateien sein.

4.7.14 cmp

cmp – Dateien miteinander vergleichen

```
cmp file1 file2
```

Vergleicht zwei Dateien miteinander. Funktioniert auch für Binärdateien. Keine Ausgabe, wenn Dateien identisch sind.

```
mars# cmp dat01 dat02
dat01 dat02 differ: char 67, line 295
```

4.8 Verzeichnis-Operationen

4.8.1 mkdir

mkdir – Verzeichnisse anlegen

```
mkdir [-p] [-m perm] directory
```

Ein neues Verzeichnis anlegen, falls nötig mitsamt der Vater-Verzeichnisse (`-p`). Über `-m perm` können die Rechte für das Verzeichnis eingestellt werden.

```
mkdir -p -m 600 /daten/acc/juli
```

4.8.2 rmdir/rm -r

rmdir – Leere Verzeichnisse löschen

rm -r – Verzeichnisse rekursiv löschen

```
rmdir [-p] directory
```

Verzeichnis löschen, eventuell mitsamt aller leeren Vater-Verzeichnisse. *directory* muss leer sein (nicht-leere Verzeichnisse mit `rm -r` löschen).

```
rm -r /var/tmp/mydata
```

Verzeichnis muss nicht leer sein.

4.8.3 dirname/basename

dirname – Verzeichnis-Anteil eines Pfadnamens liefern

basename – Datei-Anteil eines Pfadnamens liefern

```
mars# dirname /etc/default/login
/etc/default
mars# basename /etc/default/login
login
```

4.8.4 dircmp

dircmp – Verzeichnisse rekursiv vergleichen

```
dircmp dir1 dir2
```

Vergleicht alle Dateien innerhalb der beiden Verzeichnisse und ihrer Unterverzeichnisse miteinander. Für identische Dateien wird eine Zeile

```
same            ./file
```

ausgegeben, für unterschiedliche Dateien

```
different       ./file
```

4.9 Archivierung und Backup

4.9.1 tar

tar – Dateien und Verzeichnisse archivieren

```
tar -cf archiv-name dir
```

Ein Archiv aus dem Verzeichnis-Zweig *dir* herstellen und in der Datei *archiv-name* speichern. Um beim späteren Zurückspielen flexibler zu sein, sollte man einen relativen Verzeichnis-Pfad angeben (noch besser, man verwendet -C):

```
cd /dir ; tar -cf archiv-name .
```

```
tar -cf archiv-name -C dir .
```

Bei der Option -C führt tar intern den Befehl cd durch. Daher erfolgt das Backup mit relativem Pfad (.).

```
tar -xf archiv-name
```

Stellt die Dateien und Verzeichnisse des Archivs *archiv-name* wieder her. Wurde das Archiv bei der Sicherung mit relativem Pfadnamen angegeben, kann man den Inhalt in ein beliebiges Verzeichnis zurückspielen, z.B. als Vorab-Test.

```
tar -xf archiv-name file1 file2 ...
```

Stellt nur die angegebenen Dateien wieder her.

```
tar -t[v]f archiv-name
```

Den Inhalt eines Archivs ansehen. Insbesondere sieht man, ob die Dateien mit absolutem oder mit relativem Pfad gesichert worden sind. -v gibt das Listing in der Form von ls -l aus.

```
tar -cf archive-name -I file-table dir
```

Ein Archiv aus allen Dateien herstellen, die in file-table aufgelistet sind.

```
tar -cf etc1.tar /etc    oder
tar -cf etc2.tar -C /etc .
```

Das Verzeichnis /etc archivieren.

```
tar -cf /dev/rmt/0 -C /etc .
```

Das Verzeichnis /etc auf Band archivieren (Dat, Exabyte etc.).

```
tar -cf /dev/rmt/0n -C /etc .
tar -cf /dev/rmt/0 -C /var/adm .
```

Die Verzeichnisse /etc und /var/adm auf das gleiche Band archivieren. Nach dem ersten Backup wird nicht zurückgespult (Treiber 0n (norewind)), nach dem zweiten aber sehr wohl (Treiber 0).

```
tar -tf etc2.tar
```

Den Inhalt des Archivs ansehen.

```
cd /etc ; tar -xf etc2.tar
```

Das Archiv zurückspielen.

4.9.2 cpio

cpio – Dateien und Verzeichnisse archivieren

```
befehl | cpio -o > archive-name    oder
befehl | cpio -o -O archive-name
```

Alle Dateien und Verzeichnisse, die `befehl` auf der Standard-Eingabe auflistet, in dem Archiv *archiv-name* speichern. Verzeichnisse werden nicht rekursiv gesichert, es muss jede enthaltene Datei separat genannt sein. Als Befehle zum Liefern der Dateinamen dienen normalerweise `ls`, `ls -R` und `find`.

```
cpio -o < file-table > archive-name    oder
cpio -o < file-table -O archive-name
```

Zu sichernde Files stehen in der Datei *file-table*.

```
cpio -i < archive-name    oder
cpio -i -I archive-name
```

Alle Dateien des Archivs archive-name zurückspielen.

```
cpio -i file1 file2 dir1 ... < archive-name
```

Nur die angegebenen Dateien zurückspielen.

```
cpio -it[v] < archive-name
```

Den Inhalt des Archivs anzeigen. Mit `-v` erhält man ein ausführliches Listing in dem Format von `ls -l`.

```
find . | cpio -p[dm] newdir
```

Alle Verzeichnisse und Dateien des aktuellen Verzeichnisses nach *newdir* kopieren. Wird für 1-zu-1-Kopien von Verzeichnissen benötigt. Kommt auch mit Links und Spezial-Dateien, z.B. named pipes klar. *newdir* muss bereits bestehen.

```
cd /etc ; find . | cpio -o -O /archive/etc.020613.cpio
```

`/etc` in eine Archiv-Datei archivieren. Relative Pfadnamen wurden verwendet, um beim Zurückspielen flexibler zu sein.

```
cd /etc ; find . | cpio -o -O /dev/rmt/0
```

`/etc` auf Band archivieren.

```
cpio -itv -I /archive/etc.020613.cpio
```

Den Inhalt des Archivs anzeigen.

```
cd /etc ; cpio -i -I /archive/etc.020613.cpio passwd
```

Die Datei `passwd` zurückspielen.

4.9.3 ufsdump/ufsrestore

ufsdump/ufsrestore – Filesysteme voll oder differenziell archivieren

```
ufsdump -[0-9][u]f archive-name dir
```

Angegebene Filesysteme, Verzeichnisse oder Dateien in das Archiv `archive-name` sichern. Nur für komplette Filesysteme sind auch differenzielle Backups möglich. Hierfür gibt man ein Backup-Level in Form einer Zahl zw. 0 und 9 an. 0 steht für ein Full-Backup, alle anderen Zahlen für differenzielle Backups. Dabei werden immer nur die Dateien gesichert, die sich seit dem letzten Backup geändert haben, dessen Level kleiner oder gleich dem aktuellen Level war. Zum Beispiel werden bei einem Level-2-Backup alle die Dateien gesichert, die seit dem neuesten Level 0-, 1- oder 2-Backup verändert wurden. Über dieses System lassen sich komplexe Backup-Strategien verwirklichen.

Zum Beispiel kann man jeden Sonntag ein Full-Backup durchführen:

```
ufsdump -0uf /dev/rmt/0 /      # So
```

und jeden Wochentag die Differenz zu diesem Sonntags-Backup:

```
ufsdump -1uf /dev/rmt/0 /      # Mo,Di,Mi,Do,Fr,Sa
```

Sind die Datenmengen der einzelnen Wochentage zu groß, kann man auch inkrementell sichern, also lediglich das, was sich seit dem Vortag verändert hat:

```
ufsdump -1uf /dev/rmt/0 /data     # Mo
ufsdump -2uf /dev/rmt/0 /data     # Di
ufsdump -3uf /dev/rmt/0 /data     # Mi
...
```

Die Verzeichnisse werden immer rekursiv gesichert. Die Option `-u` ist nötig, um das aktuelle Backup in der Datei `/etc/dumpdates` zu vermerken, auf welcher der Mechanismus differenzieller Backups aufbaut. Differenzielle Backups sind nur für ganze Filesysteme möglich, nicht z.B. für `/etc`. Dateien werden immer mit relativem Pfadnamen gesichert, sodass ein Testen vor dem Zurückspielen vereinfacht wird. `ufsdump /etc` erzeugt z.B. Dateinamen der Art `./etc/passwd`.

```
ufsdump -0f /archive/etc.020613.ud /etc
```

Das Verzeichnis `/etc` in einer Archiv-Datei sichern.

```
ufsdump -0f /dev/rmt/0 /etc
```

Das Verzeichnis `/etc` auf Band sichern.

```
ufsdump -0f balu:/dev/rmt/0 /etc
```

Das Verzeichnis `/etc` auf das Band des Rechners `balu` sichern. Dabei muss der eigene Host in der `/etc/hosts.equiv` oder `.rhosts`-Datei des entfernten Rechners genannt sein (s. `rcp`).

```
ufsrestore -rf archive-name
```

Das gesamte Backup aus dem Archiv `archive-name` zurückspielen. Die Dateien landen immer im aktuellen Verzeichnis, da sie mit relativen Namen gesichert wurden.

```
ufsrestore -xf archive-name file1 file2 dir1 ...
```

Nur angegebene Verzeichnisse oder Dateien zurückspielen.

```
ufsrestore -t[v]f archive-name
```

Inhalt eines Archivs anzeigen. Bei `-v` erfolgt die Ausgabe etwas ausführlicher.

```
ufsrestore -if archive-name
```

Zurückspielen über interaktives Menü.

```
ufsrestore -tf /archive/etc.020613.ud
```

Inhalt der Sicherung von `/etc` ansehen.

```
cd / ; ufsrestore -xf /archive/etc.020613.ud ./etc/passwd
```

Zurückspielen von `/etc/passwd` aus einer Archiv-Datei.

```
cd / ; ufsrestore -rf /dev/rmt/0
```

Zurückspielen von `/etc` vom Band.

4.9.4 mt

mt – Bänder vor- oder zurückspulen

```
mt -f tape-name befehl [n]
```

Führt mit dem Band-Laufwerk *`tape-name`* den gewünschten Befehl *n*-mal aus.

```
mt -f /dev/rmt/0n fsf
```

Das Band um ein Archiv vorspulen.

```
mt -f /dev/rmt/0n fsf 3
```

Das Band um drei Archive vorspulen.

```
mt -f /dev/rmt/0n nbsf 2
```

Das Band um zwei Archive zurückspulen.

```
mt -f /dev/rmt/0n eom
```

Das Band bis an das Ende des letzen Archivs vorspulen. Nun kann ein neues Backup mit `tar`, `cpio` oder `ufsdump` aufgespielt werden.

Weitere Befehle:

`rewind`	Band an den Anfang zurückspulen.
`offline`	Band an den Anfang zurückspulen und auswerfen.
`erase`	Band löschen.
`status`	Feststellen, ob Band eingelegt ist oder nicht.

4.9.5 gzip/gunzip/gzcat

gzip/gunzip/gzcat - Dateien komprimieren

```
gzip file1 file2 ...
```

Eine oder mehrere Dateien komprimieren. Die Original-Datei wird durch die komprimierte Version ersetzt.

```
gzip -c file > newfile.gz
```

Die Original-Datei bestehen lassen und die komprimierte Version als `newfile.gz` abspeichern.

```
gzip -d file1.gz file2.gz ...    oder
gunzip file1.gz oder file2.gz ...
```

Komprimierte Dateien dekromprimieren. `file1.gz` wird dabei entfernt und durch `file1` ersetzt.

```
gunzip -c file.gz > newfile   oder
gzcat file.gz > newfile
```

Die gezippten Dateien bestehen lassen und die dekomprimierte Version als `newfile` speichern.

`gunzip` kann Dateien dekomprimieren, die durch `gzip`, `zip` (EINE Datei), `compress` oder `pack` komprimiert wurden.

4.9.6 compress/uncompress/zcat

compress/uncompress/zcat – Dateien komprimieren

Wie `gzip/gunzip/gzcat`, jedoch älteres, weniger effektives Programm. Komprimierte Dateien erhalten die Endung `.Z`: `file.Z` Die Option `-c` wird genauso gehandhabt wie bei `gzip`.

4.9.7 pack/unpack

pack/unpack – Dateien komprimieren

Ebenfalls eine ältere Form der Komprimierung.

```
pack file
```

erzeugt eine komprimierte Datei *`file.z`*. Das Original wird entfernt.

```
unpack file.z
```

entfaltet die komprimierte Datei, erzeugt *`file`* und löscht *`file.z`*.

4.9.8 zip/unzip

zip/unzip – Dateien und Verzeichnisse OS-kompatibel verpacken und komprimieren

`zip` kann einzelne Dateien komprimieren, aber auch ganze Verzeichnisse komprimiert in ein einziges Archiv packen. Es wird daher gerne zur Distribution von Software verwendet (-> `file.zip`), alternativ zur Kombination von `tar` und `compress` (-> `file.tar.Z`) oder `tar` und `gzip` (-> `file.tar.gz`).

UNIX-`zip` ist kompatibel zu den Versionen auf Windows, Dos, Macintosh etc., `unzip` dekomprimiert und entpackt `zip`-Archive.

```
zip archive-name file1 file2 ...
```

Einzelne Dateien komprimieren.

```
zip -r archive-name dir1
```

Ganze Verzeichnis-Hierarchie packen und komprimieren.

```
zip -r gnuplot /opt/gnuplot-3.7.1
.....
cd /opt ; unzip gnuplot.zip
```

4.9.9 crypt

crypt – Dateien verschlüsseln

```
crypt [key] <origfile  >cryptfile
befehl | crypt [key]  >cryptfile
```

Verschlüsselt eine Datei oder die Standard-Eingabe mit Hilfe des Schlüssels *key*. Ist *key* nicht angegeben, wir er interaktiv erfragt.

```
crypt [key] <cryptfile [>origfile]
```

Entschlüsselt eine verschlüsselte Datei mit Hilfe des Schlüssels `key` und gibt sie auf der Standard-Ausgabe aus.

4.10 Filesystem-Informationen

4.10.1 df

df – Belegung der Filesysteme

```
df -k
```

Gesamten, belegten und freien Platz aller gemounteten Filesysteme in KB anzeigen.

```
df -k /dir
```

Gesamten, belegten und freien Platz eines bestimmten Filesystems anzeigen.

```
mars# df -k /data
Filesystem             kbytes    used   avail capacity  Mounted on
/dev/dsk/c0d0s5       2052750  491389 1499779    25%    /data
```

4.10.2 du

du – Größe eines Verzeichnis-Baumes

```
du -sk /dir
```

Den gesamten Platz in KB anzeigen, den die Dateien eines Verzeichnis-Baumes belegen.

```
du -k /dir
```

Wie oben, allerdings werden Zwischensummen für alle Unterverzeichnisse ausgegeben.

```
mars# du -sk /etc
2275    /etc
```

4.10.3 quot

quot – Belegung eines Filesystems pro User anzeigen

```
quot /dir
```

Gibt an, welcher Benutzer wie viele KB auf diesem Filesystem belegt.

```
mars# quot /var
/dev/rdsk/c0d0t0s3:
14623   root
  680   adm
  234   nobody
   31   lp
   16   uucp
    4   daemon
```

4.10.4 format

format – Festplatten auflisten

```
echo | format
```

Listet alle Festplatten des Systems auf. Das `echo` ist nötig, um nicht in den interaktiven Modus zu gelangen (LINUX: `fdisk`).

```
echo | format
Searching for disks...done
AVAILABLE DISK SELECTIONS:
       0. c0d0 <DEFAULT cyl 9899 alt 2 hd 16 sec 63>
          /pci@0,0/pci-ide@7,1/ide@0/cmdk@0,0
Specify disk (enter its number): Specify disk (enter its number):
```

4.10.5 prtvtoc

prtvtoc – Partitionstabelle ausgeben

```
prtvtoc /dev/rdsk/c0d0t3s0
```

Partitionstabelle einer Festplatte ausgeben. (LINUX: `fdisk`)

```
mars# prtvtoc /dev/dsk/c0d0t0s0
.....
* Partition  Tag  Flags    Sector     Count    Sector  Mount Directory
          0    2   00        3024   3234672   3237695   /
          1    3   01     3237696    263088   3500783
          2    5   00           0   9979200   9979199
          3    0   00     7697088    164304   7861391   /var
          4    0   00     7861392    101808   7963199
          5    0   00     3501792   4195296   7697087   /data
          6    0   00     7963200    100800   8063999
          7    8   00     8064000   1914192   9978191   /opt
          8    1   01           0      1008      1007
          9    9   01        1008      2016      3023
```

4.10.6 fdisk

fdisk – Festplatten und Partitionstabellen ausgeben

```
fdisk -l
```

LINUX: Zeige alle Festplatten mit ihren Partitionstabellen an.

4.10.7 swap,prtconf,free

swap,prtconf,free – Swap-Space und Memory anzeigen

`swap -s` Swap-Belegung anzeigen (LINUX: `free`)

```
mars# swap -s
total: 62172k bytes allocated + 12460k reserved = 74632k used, 147856k
available
```

`swap -l` Swap-Partitionen und -Dateien auflisten (LINUX:`free`).

```
mars# swap -l
swapfile             dev  swaplo blocks   free
/dev/dsk/c0d0s1     102,1       8 263080 263080
```

free – LINUX: Swap-Belegung und Memory anzeigen.

```
pingu# free
             total       used       free     shared    buffers     cached
Mem:         30604      29620        984      23932       2980      20444
-/+ buffers/cache:       6196      24408
Swap:        49996         16      49980
```

4.10.8 mount/umount

mount/umount – Filesysteme anzeigen, anbinden oder abhängen

```
mount
```

Liste aller gemounteten Filesysteme anzeigen. Im Gegensatz zu `df` erhält man auch alle Pseudo-Filesysteme angezeigt und die Mount-Optionen, nicht jedoch die Belegung.

```
mount /dev/dsk/c0t0d0s4 /data
```

Mountet das Filesystem auf das Verzeichnis `/data`.

```
mount balu:/data /data
```

Mountet das Filesystem `/data` von dem Rechner `balu` per NFS auf das lokale Verzeichnis `/data`.

```
umount /data
```

Hängt das Dateisystem, das auf `/data` gemountet war, wieder ab, egal ob es sich um eine lokale Partition oder ein per NFS gemountetes Filesystem handelt.

4.10.9 share/unshare

share/unshare – Verzeichnisse per NFS freigeben oder die Freigabe aufheben

```
share /dir
```

Ein Verzeichnis per NFS freigeben. Anschließend kann es von anderen Rechnern über `'mount host:/dir'` gemountet werden. Eine Reihe von Optionen regeln die rechtliche Situation (siehe `man share`).

LINUX verwendet keinen Befehl zur Freigabe, sondern Einträge in der Datei `/etc/exports`. Um neu hinzugefügte Einträge zu aktivieren, muss man den NFS-Server durchstarten: `/etc/init.d/nfsserver restart`

```
unshare /dir
```

Freigabe wieder entfernen. Unter LINUX wird der Eintrag in `/etc/exports` entfernt und der NFS-Server wieder durchgestartet.

4.11 Prozess-Operationen

4.11.1 ps

ps – Prozess-Informationen anzeigen

```
ps -ef
```

Alle laufenden Prozesse in ausführlichem Format anzeigen.

```
ps -ef | grep http
```

Alle HTTP-Prozesse ausgeben.

4.11.2 kill

kill – Einen Prozess beenden

```
kill [-signal] pid
```

Dem Prozess mit der Prozess-ID *pid* das Signal *signal* senden (Default: 15). In der Regel soll der Prozess beendet werden.

```
kill 365
```

Den Prozess mit der PID 365 auffordern, sich zu beenden (tut er eventuell aber nicht).

```
kill -9 365
```

Das Betriebssystem anweisen, den Prozess zu beenden (immer erfolgreich).

4.11.3 pgrep

pgrep – Prozesse über ihren Namen finden

```
pgrep string
```

Alle Prozesse liefern, die den String *string* in ihrem Namen enthalten.

4.11.4 pkill

pkill – Prozesse über ihren Namen finden und beenden

```
pkill [-signal] string
```

Alle Prozesse beenden, deren Namen *string* enthalten.

```
pkill -9 httpd
```

Definitiv alle HTTP-Dämonen beenden.

4.11.5 sleep

sleep – Eine Wartezeit einlegen

```
sleep 60
```

Eine Pause von 60 Sekunden einlegen.

4.11.6 prstat

prstat – Verbrauchs-Informationen von Prozessen ausgeben

```
prstat
```

Zeigt mehr Informationen an als `ps -ef`, insbesondere den Verbrauch von Memory und CPU-Zeit. (LINUX: `top`) Sortiert die Ausgabe nach beliebigen Feldern (`-s key` -> siehe `man`-Page). Um nicht in den interaktiven Modus zu gelangen, muss man zusätzliche Parameter angeben:

```
prstat -n proczahl intervall count
```

`proczahl` enthält die Anzahl angezeigter Prozesse, *`intervall`* die Messzeit in Sekunden und *`count`* die Anzahl der Ausgaben.

```
mars# prstat -s size -n 10 5 1
    PID USERNAME  SIZE   RSS STATE  PRI NICE      TIME  CPU PROCESS/NLWP
    324 root       12M 9892K run     58    0   0:01.58 0.8% Xsun/1
    404 root     8040K 6104K sleep   48    0   0:00.00 0.0% dtsession/5
    411 root     7308K 5540K sleep   59    0   0:00.04 0.0% dtwm/8
    417 root     6672K 4480K sleep   59    0   0:00.00 0.0% sdtperfmeter/1
    413 root     5984K 3844K sleep   48    0   0:00.01 0.0% dtterm/1
    451 root     5896K 4672K sleep   48    0   0:00.24 0.0% dtpad/1
    415 root     5696K 3656K sleep   59    0   0:00.04 0.1% dtterm/1
    414 root     5624K 3384K sleep   48    0   0:00.00 0.0% dtterm/1
    412 root     5620K 3380K sleep   48    0   0:00.00 0.0% dtterm/1
    416 root     5404K 3208K sleep   48    0   0:00.00 0.0% dtterm/1
Total: 68 processes, 146 lwps, load averages: 0.04, 0.02, 0.02
```

4.11.7 top

top – Verbrauchs-Informationen von Prozessen ausgeben

```
top
```

LINUX: Zeigt mehr Informationen an als `ps -ef`, insbesondere den Verbrauch von Memory und CPU-Zeit. Funktioniert wie `prstat`, lediglich die Reihenfolge der Spalten ist eine andere. Um eine einzige Ausgabe bei einer Messzeit von 10 Sekunden zu erhalten, schreibt man:

```
top -b -n 1
```

4.12 System-Informationen

4.12.1 hostname

hostname – Name des Rechners ausgeben

```
hostname
```

Zeigt einfach den Namen des Rechners an.

4.12.2 uname

uname – Rechnernamen, Architektur und OS ausgeben

```
uname -a
```

Zeigt Betriebssystem, Rechnernamen, OS-Release, genaue OS-Version, Hardware-Plattform, Prozessor-Typ und Hardware-Klasse des Rechners an.

```
mars# uname -a
SunOS mars 5.8 Generic_108529-01 i86pc i386 i86pc
```

```
uname -n
```

Zeigt wie `hostname` den Namen des Rechners.

4.12.3 date

date – Datum und Uhrzeit ausgeben

```
date [+'format']
```

Die aktuellen Werte für Datum und Uhrzeit ausgeben. Das Ausgabe-Format kann man selbst festlegen. Sobald das Format ein Leerzeichen enthält, muss es mit Quotes zusammengehalten werden.

```
mars# date +'%y/%m/%d %H:%M'
02/06/21 17:37
```

Weitere Platzhalter für den Format-String finden Sie in der `man`-Page zu `date` bzw. zu `strftime`.

4.12.4 cal

cal – Kalender anzeigen

```
cal [ [monat] jahr ]
```

Gibt den Kalender des aktuellen oder des angegebenen Monats aus.

```
mars# cal
   June 2002
```

```
 S  M Tu  W Th  F  S
                   1
 2  3  4  5  6  7  8
 9 10 11 12 13 14 15
16 17 18 19 20 21 22
23 24 25 26 27 28 29
30
```

4.12.5 uptime/ruptime

uptime/ruptime – Laufzeit des Rechners ausgeben

```
uptime
```

Zeigt die Zeit an, die der Rechner bereits läuft.

```
mars# uptime
10:47am  up 27 day(s), 50 mins,  1 user,  load average: 0.18, 0.26, 0.20
```

`ruptime` sendet einen Broadcast an alle Rechner im lokalen Netz und zeigt deren Laufzeit (wenn dort der entsprechende Dämon läuft).

4.12.6 vmstat/iostat

vmstat/iostat – Informationen über CPU-Auslastung, Paging und Disk-I/O

```
vmstat intervall count
```

Gibt *`count`* Performance-Messungen mit einem Messintervall von *`intervall`* Sekunden aus. Die erste Zeile zeigt die Mittelwerte seit dem Systemstart, alle anderen zeigen aktuelle Messwerte; *`count`* muss also mindestens 2 sein.

```
mars# vmstat 10 2
procs     memory            page              disk          faults      cpu
r b w   swap  free  re  mf pi po fr de sr cd f0 s0 s1  in   sy  cs us sy id
0 0 0 154804 35252   1   7  1  0  0  0  0  1  0  0  0 123  258  94  1  0 99
0 0 0 142988 22320 144 603 648 0  0  0  0 80  0  0  0 306 2194 547  8 25 66
```

Ähnliche Werte für Disk-I/O werden von `iostat` geliefert. LINUX zeigt auch diese Werte in `vmstat` an und kennt kein `iostat`.

4.13 Benutzer-Verwaltung

4.13.1 logname, who am i, whoami

logname, who am i, whoami – Name des aktuellen Benutzers zeigen

```
logname
```

Gibt den Benutzernamen an, unter dem man sich eingeloggt hat.

```
who am i
```

Zeigt die Zeile der who-Ausgabe für den eigenen Loginnamen an.

```
whoami
```

Zeigt den Namen an, unter dem man gerade arbeitet. Kann sich nach einem 'su' von dem Loginnamen unterscheiden.

```
mars$ su
Password:
mars# logname
ditchen
mars# who am i
ditchen       pts/6        Jun 21 09:13    (:0.0)
mars# whoami
root
```

4.13.2 who/rwho

who/rwho – Eingeloggte Benutzer zeigen

```
who
```

Gibt alle eingeloggte Benutzer mitsamt ihrer Terminals aus.

```
mars# who
root       console      Jun 21 09:13    (:0)
root       pts/6        Jun 21 09:13    (:0.0)
root       pts/8        Jun 21 09:13    (:0.0)
ditchen    pts/9        Jun 21 18:15    (louis)
```

rwho zeigt die eingeloggten Benutzer auf anderen Rechnern im lokalen Netzwerk, falls dort der entsprechende Dämon läuft.

4.13.3 finger

finger – Detaillierte Informationen über einen Benutzer ausgeben

```
finger
```

Gibt ähnliche Informationen aus wie who, allerdings werden die Terminals nicht einzeln aufgelistet.

```
mars# finger
root      Super-User            console          Fri 09:13  :0
ditchen          ???            pts/9          2 Fri 18:15  louis
```

```
finger user
```

Gibt detaillierte Informationen zu einem bestimmten Benutzer aus.

```
mars# finger Ditchen
Login name: ditchen                          In real life: Patrick Ditchen
Directory: /export/home/ditchen              Shell: /bin/sh
On since Jun 21 18:15:31 on pts/9 from louis
4 minutes 53 seconds Idle Time
No unread mail
No Plan.
```

4.13.4 id/groups

id/groups – User- und Group-IDs anzeigen

```
id [-a] [user]
```

User-ID, primary group-ID und, bei -a, alle secondary-group-IDs des aktuellen oder des angegebenen Benutzers anzeigen.

```
groups [user]
```

Alle Gruppen des aktuellen oder des angegebenen Benutzers zeigen.

```
mars# id
uid=0(root) gid=1(other)
mars# id -a meier
uid=102(meier) gid=10(staff) groups=103(grafik),104(stats)
mars# groups meier
staff grafik stats
```

4.13.5 last

last – Die letzten Logins ausgeben

```
last [-n] [user]
```

Zeigt die letzten [*n*] Logins an. Falls ein Benutzer genannt wird, werden dessen letzten [*n*] Logins gezeigt.

4.13.6 useradd, usermod, userdel

useradd, usermod, userdel – Benutzer verwalten

```
useradd [-opts] user
```

Einen neuen Benutzer anlegen.

```
usermod [-opts] user
```

Benutzer-Eigenschaften verändern.

```
userdel [-r] user
```

Einen Benutzer entfernen.

Die wichtigsten Optionen für `useradd` und `usermod`:

```
-u uid (user-ID)  -g gid (primary group-ID)  -G sec-gids (secondary group-IDs)
-c comment (Kommentar)   -s shell (Shell) -d dir (Homedirectory) -m (Home-Dir.
erstellen)
```

Die Option `-r` für `userdel` besagt, dass auch das Homeverzeichnis gelöscht werden soll.

```
mars# useradd -u 256 -g verw -G fin,pers,man -c "Josef Schulz" \
          -s /bin/bash -d /export/home/schulz -m schulz
```

4.13.7 groupadd, groupmod, groupdel

groupadd, groupmod, groupdel – Gruppen verwalten

```
groupadd [-g gid] gruppe
```

Eine neue Gruppe mit ID *gid* anlegen.

```
groupmod [-g gid] gruppe
```

Die Group-ID verändern.

```
groupdel gruppe
```

Eine Gruppe entfernen.

4.13.8 passwd

passwd – Passwort-Einstellungen verändern

`passwd` arbeitet prinzipiell interaktiv. Einige Einstellungen können jedoch auch im Skript vorgenommen werden.

```
passwd -l user
```

Sperrt den Benutzer.

```
passwd -f user
```

Erzwingt, dass der Benutzer beim nächsten Login sein Passwort ändern muss.

```
passwd -d user
```

Löscht das Passwort des Benutzers.

```
passwd -n|x|w user
```

Stellt das Passwort-Aging ein.

4.14 Druck-Befehle und Drucker-Administration

4.14.1 lp/lpr

lp/lpr – Drucken

```
lp datei   oder  befehl | lp
lpr datei  oder  befehl | lpr  (LINUX)
```

Eine Datei oder die Standard-Eingabe auf dem Default-Drucker ausgeben.

```
lp -n 3 -d laser1 datei
lpr -#3 -P laser1 datei  (LINUX)
```

Drei Kopien von `datei` auf dem Drucker `laser1` ausgeben.

4.14.2 pr

pr – Seiten-Formatierung für Druck-Ausgabe

```
pr datei | lp
```

Seitenlänge, Spalten-Anzahl, Startseite etc. festlegen.

4.14.3 reject;accept;disable;enable / lpc

reject;accept;disable;enable;disable/lpc – Drucker-Administration

```
reject/accept/disable/enable/disable
lpc down/up/disable/enable  (LINUX)
```

Befehle zum Anhalten und Reaktivieren der Warteschlangen sowie zum An- und Abschalten der Drucker.

4.14.4 lpstat/lpq

lpstat/lpq – Status des Druck-Systems abfragen

```
lpstat -t
lpq          (LINUX)
```

Informationen über den Zustand von Druckern, Warteschlangen und Druck-Jobs ausgeben.

4.14.5 cancel/lprm

cancel/lprm – Druck-Jobs löschen

```
cancel job-ID
lprm job-ID   (LINUX)
```

Druck-Job löschen (*job-ID* wird durch `lpstat/lpq` angezeigt).

4.15 Software-Installation

4.15.1 pkgadd/rpm

pkgadd/rpm – Neue Software installieren

```
pkgadd -d dir pkg-name
rpm -i pkg-name     (LINUX)
```

Das neue Software-Paket `pkg-name` installieren. `dir` gibt an, wo das Package zu finden ist. Ohne Angabe von *dir* wird in `/var/spool/pkg` gesucht.

```
mars# pkgadd -d /var/tmp SUNWman
```

4.15.2 pkgrm/rpm

pkgrm/rpm – Software deinstallieren

```
pkgrm pkg-name
rpm -e pkg-name    (LINUX)
```

Das Software-Paket *pkg-name* deinstallieren.

```
mars# pkgrm SUNWaudio
```

4.15.3 pkginfo/rpm

pkginfo/rpm – Informationen über installierte Software erhalten

```
pkginfo [-l] [pkg-name]
rpm -q [-i] [-a] [pkg-name]
```

Informationen über ein bestimmtes oder über alle (`-a` bei `rpm`) installierten Pakete zeigen. Durch die Optionen `-l` bzw. `-i` wird ein detailliertes Listing angezeigt, ansonsten lediglich ein einzeiliges.

4.15.4 patchadd/rpm

patchadd/rpm – Pakete upgraden

```
patchadd pkg-name
rpm -U pkg-name
```

Ersetze alte Versionen einiger Dateien eines Software-Paketes durch die neuen in `pkg-name` vorhandenen Versionen.

4.16 Netzwerk-Befehle

4.16.1 rcp

rcp – Dateien über Rechnergrenzen hinweg kopieren

```
rcp file1 file2 ... host:/dir
rcp host:/dir1/file1 host:/dir/2/file2 /dir
```

`Dateien zu bzw. von einem entfernten Rechner kopieren.`

```
rcp file* host:/dir
rcp host:/dir/file\* /dir
```

Wildcards durch Backslash \ schützen, falls sie erst auf dem entfernten Rechner interpretiert werden sollen.

```
rcp -r dir host:/dira
rcp -r host:/dira /dir
```

Verzeichnisse rekursiv zu bzw. von einem entfernten Rechner kopieren.

```
rcp /etc/passwd balu:/etc
```

Datei `/etc/passwd` zwischen dem lokalen Rechner und dem Host `balu` synchronisieren.

Authentifizierungs-Mechanismus:
Damit der Zugriff auf den fremden Rechner funktioniert, muss er dem lokalen Rechner vertrauen (trusted host), d.h. er muss sich darauf verlassen, dass sich der Benutzer am lokalen Rechner ordnungsgemäß angemeldet hat. Hierzu muss auf dem entfernten Host der Name des lokalen Rechners in der Datei `/etc/hosts.equiv` oder in `$HOME/.rhosts` des aktiven Benutzers erwähnt sein. Mehr hierzu erfahren Sie durch `'man rhosts'`.

4.16.2 rsh

rsh – Befehle auf einem entfernten Rechner ausführen

```
rsh host befehl
```

Einen Befehl auf einem entfernten Rechner ausführen. In der Regel muss der Befehl in einfache oder doppelte Anführungszeichen gesetzt werden, damit auch zusammengesetzte Befehle (; && () etc.) funktionieren und Wildcards erst auf dem fremden Rechner interpretiert werden.

```
rsh balu "ps -ef | grep http | wc -l | awk '{print \$1}'"
```

Die Anzahl der laufenden `http`-Prozesse auf dem Rechner `balu` zählen. `$1` muss mit einem Backslash geschützt werden damit es die Double-Quotes übersteht.

4.16.3 rlogin

rlogin – Login auf einem entfernten Rechner

`rlogin` kann in Skripten nur dahin gehend benutzt werden, dass man ein Login für den Benutzer auf dem fremden Rechner einleitet. Dann muss dieser jedoch interaktiv fortfahren. `rlogin` ist nicht wirklich verskriptbar.

4.16.4 telnet

telnet – Login auf einem entfernten Rechner

Auch `telnet` kann in einem Skript zwar aufgerufen werden (wie `rlogin`), anschließend muss der Benutzer jedoch interaktiv arbeiten. Es ist nicht verskriptbar.

4.16.5 ftp

ftp - Dateien über Rechnergrenzen hinweg kopieren

```
ftp host
```

Interaktiver Betrieb. Nach der Abfrage und Kontrolle von Benutzernamen und Passwort kann man interaktiv Dateien kopieren.

```
ftp host
```

Skript-Betrieb, wenn eine Datei `.netrc` im Homeverzeichnis des aktiven Benutzers existiert und einen Eintrag für *`host`* besitzt.

`.netrc` besitzt folgenden Aufbau:

```
machine host
login name
password string
macdef init
cd ...
get ...
```

```
<weitere ftp-Befehle>
bye
machine host2
login name2
....
```

Jeder Block muss mit einer leeren Zeile abgeschlossen werden, selbst dann, wenn die Datei nur einen Block enthält. `.netrc` sollte nur für den Besitzer lesbar sein: `'chmod 400 .netrc'`. Mehr zur Automatisierung von `ftp` finden Sie in der man-Page zu `netrc`. Im Gegensatz zu `rcp` ist `ftp` auch zwischen Rechnern mit unterschiedlichen Betriebssystemen möglich. Außerdem muss der `rhosts`-Mechanismus nicht aktiv sein.

4.16.6 mail/mailx

mail/mailx – E-Mails schreiben, empfangen und automatisch auswerten

```
echo "text" | mail addresse
echo "text" | mailx -s "subject" addresse
mailx -s "subject" addresse < text-datei
```

Eine E-Mail aus einem Programm heraus versenden. `mailx` erlaubt es, über die Option -s ein Subject mitzuschicken.

```
ps -ef | wc -l | mailx -s 'Prozess-Anzahl' procadmin@saruman.de
```

Die Prozess-Anzahl per Mail versenden.

```
mailx -H
```

Innerhalb eines Programms testen, ob eine Mail gekommen ist. Man erhält eine Header-Zeile für jede Mail.

```
mars# mailx -H
 N  1 root@balu.saruman.de Fri Jun 21 15:03   13/353   Prozess-Anzahl
```

Um z.B. Überwachungs-E-Mails eines entfernten Rechners automatisch auszuwerten, erstellen Sie einen Pseudo-Benutzer, an den Sie die regelmäßigen E-Mails senden. Über die Datei `.forward` in seinem Home-Directory (oder in `/etc/aliases`) kann dann festgelegt werden, wie einkommende Mails zu verarbeiten sind.

```
Datei .forward:
/file
oder
procadmin, /var/log/balu/adminmails
```

Einträge der Form `/file` legen eine Datei fest, in die die Mail geschrieben (angehängt) wird. Um gleichzeitig eine Kopie als "normale" Mail zu erhalten, kann der Benutzer ebenfalls nochmals erwähnt werden.

```
"| grep error > /var/log/balu/error.log"
```

Um die eingehende Mail durch einen Befehl zu schleusen, wird dieser nach einer Pipe in Double-Quotes angegeben. Mehr zu diesem Thema erfahren Sie in der `man`-Page zu `aliases`.

4.16.7 ping

ping – Testen, ob ein Rechner erreichbar ist

```
ping host
```

Testet, ob der Rechner `host` antwortet. Kehrt nach dem ersten beantworteten Paket zurück. Ist der Rechner nicht erreichbar, beendet ein Timeout den Befehl nach 20 Sekunden. Unter LINUX wirkt kein Timeout. Möchte man hier vermeiden, dass der Rechner hängt, sendet man eine festgelegte Anzahl von Paketen:

```
ping -c2 host (LINUX)
```

4.16.8 traceroute

traceroute – Die Route zu einem Rechner verfolgen

```
traceroute host
```

Listet die Laufzeit eines Pings für jede einzelne Zwischenstation auf dem Weg zu `host` auf.

4.16.9 nslookup

nslookup – DNS-Server abfragen

```
nslookup host
```

Zeigt die IP-Adresse oder den Namen des angegebenen Rechners an, sofern er dem DNS-Server bekannt ist.

4.16.10ifconfig

ifconfig – Eigenschaften des Netzwerk-Interfaces abfragen und setzen

```
ifconfig -a
```

Einstellungen anzeigen.

```
ifconfig le0 up|down
```

Netzwerk-Interface le0 `ein- oder ausschalten.`

```
ifconfig le0 172.17.17.98
```

IP-Adresse einstellen.

```
ifconfig le0 netmask 255.255.255.0 broadcast 172.17.17.255
```

Netzwerkmaske und Broadcast einstellen.

```
mars# ifconfig -a
lo0: flags=1000849<UP,LOOPBACK,RUNNING,MULTICAST,IPv4> mtu 8232 index 1
        inet 127.0.0.1 netmask ff000000
```

```
elxl0: flags=1000843<UP,BROADCAST,RUNNING,MULTICAST,IPv4> mtu 1500 index 2
        inet 172.17.17.11 netmask ffff0000 broadcast 172.17.255.255
        ether 0:50:da:43:2f:a5
```

4.16.11 arp

arp – MAC-Adressen ausgeben

```
arp -a
```

Zeigt die `arp`-Tabelle mit den MAC-Adressen der kontaktierten Rechner.

4.16.12 netstat

netstat – offene Verbindungen anzeigen

```
netstat
```

Zeigt den Zustand der bestehenden Netzwerk-Verbindungen an.

4.17 Grafiken erstellen mit gnuplot

Features

`gnuplot` hat sich in den letzten Jahren praktisch zum Standard für die Visualisierung von Messdaten unter UNIX entwickelt. Es ist frei erhältlich und kann von vielen Web-Servern heruntergeladen werden, natürlich unter anderem von www.gnu.org.[1] Wir werden es in Kapitel 7 intensiv benutzen, um die Daten, die wir mit Hilfe unserer Überwachungs-Skripte gesammelt haben, grafisch darzustellen.

`gnuplot` kann Messdaten darstellen, aber auch mathematische Funktionen. Es kann mehrere Messreihen in ein und derselben Grafik zeichnen, Fehler-Bereiche eintragen, Einzeldaten interpolieren und zwei- oder dreidimensional arbeiten. Es beherrscht alle möglichen Stile wie Linien, Balken, Kästen, Impuls-Striche, Netze etc. und kann seine Grafiken sowohl in einem X-Windows-Fenster zeichnen als auch in eine Grafik-Datei ausgeben. Mit dem Tool `ppmtogif` aus dem ebenfalls freien Paket `netpbm` können die von `gnuplot` erstellten `pbm`-Dateien bei Bedarf zum Beispiel in das Webtaugliche `GIF`-Format umgewandelt werden.

Installation

Wenn Sie mit einem LINUX-System arbeiten, sind `gnuplot` und `netpbm` wahrscheinlich bereits auf Ihrem Rechner installiert. Wenn nicht, können Sie es einfach von Ihrer LINUX-Distribution nachinstallieren.

Unter Solaris und anderen UNIX-Versionen sieht die Sache schon etwas komplizierter aus. Es sind kaum funktionierende Binary-Distributionen zu finden. Stattdessen müssen Sie den Source-Code herunterladen und kompilieren. Für Solaris 8 ist eine kompilierte Version auf der beigelegten CD enthalten. Versuchen Sie, ob Sie damit klarkommen, wenn nicht, müssen Sie kompilieren.

Mit Problemen beim Übersetzen des Source-Codes muss man immer dann rechnen, wenn man die Ausgabe-Formate `GIF` oder `png` (freier `GIF`-Ersatz) direkt in `gnuplot` einbinden möchte. Sie benötigen in die-

1. oder z.B. von www.freshmeat.net

sen Fällen zusätzliche Libraries, die in Ihren Versionen exakt zusammenpassen müssen. Näheres dazu finden Sie in der Installations-Doku zu gnuplot.

Die Version für Solaris auf CD verzichtet auf diese Ausgabe-Formate und verwendet stattdessen ppmtogif, um die von gnuplot gelieferten pbm-Dateien in GIF-Dateien umzuwandeln.[2]

Aufruf

Sie können gnuplot interaktiv oder in einem Skript verwenden. Der interaktive Modus ist hervorragend zu Test-Zwecken geeignet. Nach dem Aufruf wird eine Startseite angezeigt, gefolgt von einem Prompt, der gnuplot-Befehle entgegenimmt.

```
bash-2.03# gnuplot
.....
.....
gnuplot>
```

Um gnuplot wieder zu beenden, geben Sie einfach q ein.

```
gnuplot> q
```

Das Hilfe-System

Da gnuplot über unzählige Features und Variationen verfügt, ist es wichtig, das eingebaute Hilfe-System zu verstehen. Nach dem Aufruf von help und einigen einleitenden Seiten folgt das zentrale Hilfe-Menü. Zu jedem Punkt gibt es eine ausführliche Beschreibung und in der Regel weitere Unter-Menüs.

```
gnuplot>help
.....
.....
<newline>
.....
.....
The new `gnuplot` user should begin by reading about `plotting` (if on-line,
type `help plotting`).
Help topics available:
    batch/interactive bugs              commands            comments
    coordinates       copyright         environment         expressions
    glossary          graphical         introduction        line-editing
    new-features      old_bugs          plotting            seeking-assistance
    set               show              startup             substitution
    syntax            time/date
Help topic:
```

Interaktive Eingabe und Batch-Betrieb

Die folgenden Beispiele werden anhand der Datei file1.dat durchgeführt.

```
mars# cat file1.dat
1   23  12
2   34  18
```

2. Sie finden gnuplot auf der CD. Lesen Sie dort die Installations-Anweisungen.

```
3  45  24
4  28  32
5  17  39
6  21  45
```

Um diese Datei als Grafik auszugeben, wobei Spalte 1 die x-Werte und Spalte 2 die y-Werte enthalten soll, würden wir folgenden `gnuplot`-Befehl verwenden:

```
gnuplot> plot "file1.dat" using 1:2 with imp
```

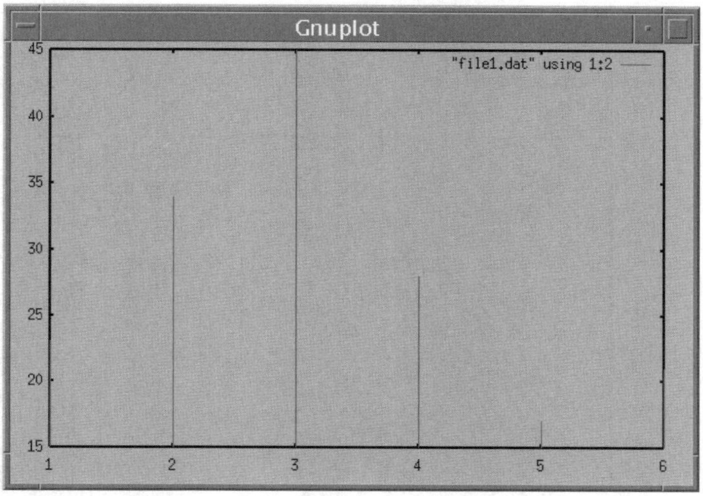

Um `gnuplot` aus einem Skript heraus zu starten, müssen wir ihm solche Befehle auf die Standard-Eingabe schreiben, entweder über ein `echo`:

```
echo 'plot "file1.dat" using 1:2 with imp' | gnuplot -persist
```

oder über ein `Here`-Dokument:

```
gnuplot -persist << END_DATA
  set terminal pbm color
  set output "file1.pbm"
  set title "Monatsverbrauch Jan-Jun"
  plot "file1.dat" using 1:2 with impulses
END_DATA
```

Die Option `-persist` wird benötigt, um das Grafik-Fenster auch im Skript-Betrieb offen zu halten.

X- und Y-Daten

`gnuplot` kommt am besten mit einem spaltenorientierten Aufbau der Messdaten zurecht. Die Nummer der Spalten, welche die x- und y-Daten enthalten, gibt man über den Befehl `using` an. Der Dateiname wird noch vor `using` übergeben.

```
using x-Spalte:yspalte
using 1:2
plot "file1.dat" using 1:2
```

Möchte man mehrere Messreihen in einer einzigen Grafik darstellen, übergibt man mehrere separate Datei- und Spalten-Angaben.

```
plot datei using x:y , datei using x:y
gnuplot -persist << END_DATA
  set title "Monatsverbrauch Jan-Jun"
  set data style lines
  set yrange [0:100]
  plot "file1.dat" using 1:2 , "file1.dat" using 1:3
END_DATA
```

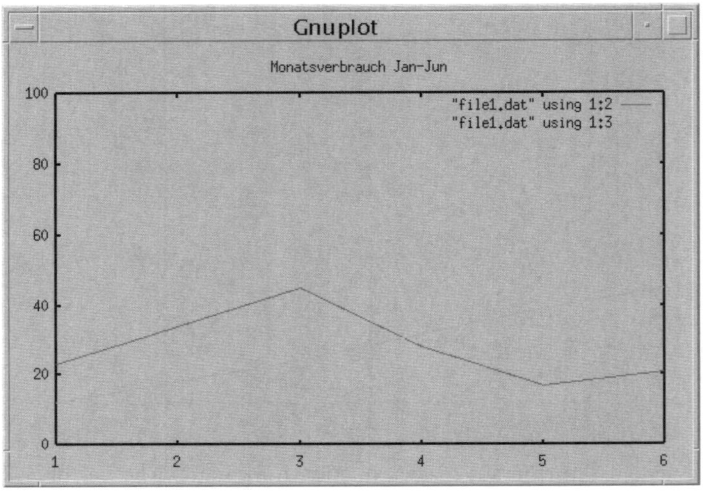

x-Achsen-Offset

Meistens werden wir Impuls-Striche als Darstellungs-Form wählen, da man bei ihnen sowohl die Einzelwerte als auch den Verlauf deutlich erkennen kann. Dabei gibt es ein Problem, wenn man mehrere Zeitreihen darstellt: Die Striche überlagern sich. Man muss daher einen kleinen Offset in die x-Werte einbauen, um so die Striche nebeneinander darstellen zu können. Das Format für `using` muss hierzu etwas abgewandelt werden.

```
using (column(1)):2
using (column(1)+0.1):2
gnuplot -persist << END_DATA
  set title "Monatsverbrauch Jan-Jun"
  set data style imp
  set yrange [0:100]
  plot "file1.dat" using (column(1)):2 , "file1.dat" using (column(1)+.1):3
END_DATA
```

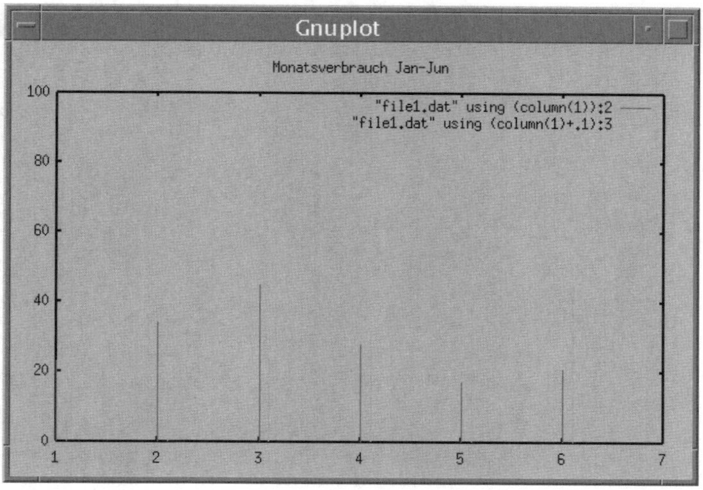

Zeit-Daten

In der Regel haben wir es mit zeitlich geordneten Messdaten zu tun. Als x-Werte dienen Zeitangaben. `gnuplot` versteht solche Zeitangaben Gott sei Dank, denn eine Umrechnung wäre sehr mühsam. Wir müssen `gnuplot` mitteilen, dass es sich um Zeitwerte handelt (`set xdata time`) und in welchem Format die Zeiten angegeben sind (`set timefmt '....'` Format-Angabe wie in `date`). Es rechnet dann alle x-Werte intern in Sekunden seit dem 1.1.1970 um, sodass die Werte in den richtigen Abständen angeordnet werden, selbst wenn einige Messdaten fehlen.

```
mars# date +'%y/%m/%d %H:%M'
02/06/19 21:15
mars# cat file2.dat
02/06/19 19:00   34  18
02/06/19 20:00   45  24
02/06/19 21:00   28  32
02/06/19 22:00   17  39
02/06/19 23:00   21  45
```

```
gnuplot> set xdata time
gnuplot> set timefmt '%y/%m/%d %H:%M'
```

```
Achtung: Spalte 3
gnuplot> plot "file2.dat" using (timecolumn(1)):3
```

```
gnuplot -persist << END_DATA
  set xdata time
  set timefmt '%y/%m/%d %H:%M'
  set title "Tagesverlauf"
  set data style imp
  set yrange [0:100]
  plot "file2.dat" using (timecolumn(1)):3
END_DATA
```

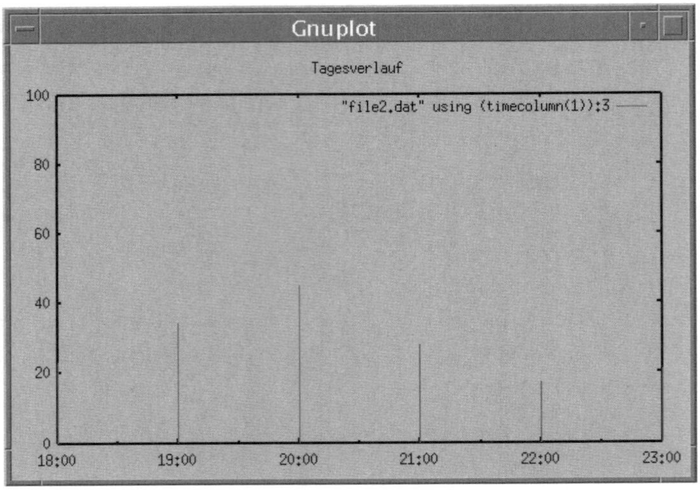

Wenn Sie in solchen Grafiken mehrere Messreihen zeichnen lassen möchten, müssen Sie den X-Achsen-Offset in Sekunden angeben.

Diskrete Werte

Möchte man separate, diskrete Werte darstellen, zu denen keine sinnvollen x-Werte existieren, wie z.B. die Belegung der verschiedenen Filesysteme im Vergleich, kann man `gnuplot` einfache ganze Zahlen erzeugen lassen (Pseudo-Spalte 0), die dann als x-Werte dienen.

```
mars# cat file3
/          4567
/usr       7745
/opt       1665
/var        500
```

```
gnuplot> plot "file3.dat" using 0:1
gnuplot> plot "file3.dat" using (column(0)):1
```

X- und Y-Bereiche

Der dargestellte Bereich wird über den Befehl `'set xrange'` bzw. `'set yrange'` festgelegt.

```
gnuplot> set xrange [1:31]
gnuplot> set yrange [0:100]
gnuplot> set yrange [0:]
```

Zeichenstile

`gnuplot` verfügt über eine Fülle von Zeichenstilen. Für eine einzelne Kurve kann man den Stil direkt im `plot`-Kommando über `with` festlegen.

```
gnuplot> plot ... with lines
```

Sollen mehrere Kurven im gleichen Stil gezeichnet werden, verwendet man besser den `set`-Befehl.

```
gnuplot> set data style lines
```

Um die Palette möglicher Stile aufzulisten, gehen Sie folgendermaßen vor:

```
gnuplot> set data style
expecting 'lines', 'points', 'linespoints', 'dots', 'impulses',
'yerrorbars', 'xerrorbars', 'xyerrorbars', 'steps', 'fsteps',
'histeps', 'boxes', 'boxerrorbars', 'boxxyerrorbars', 'vector',
'financebars', 'candlesticks'
```

Probieren Sie einfach mal den einen oder anderen Stil aus.

Beschriftungen

Titel, Legenden und zusätzliche freie Schriftzüge können ebenfalls auf einfache Weise eingestellt bzw. hinzugefügt werden.

Titel

```
set title "Transfer-Volumen: Abrechnung fuer Juli"
```

Legenden

```
plot "file2.dat" using 1:2 title "memory free" , \
           "file2.dat" using 2:3 title "memory used"
```

Labels

```
set label "Keine Daten fuer July" at 150,30
```

Größe und Abstände

Um Bilder verkleinern oder vergrößern zu können, werden sie über `'set size'` skaliert.

```
set size x-faktor,y-faktor
gnuplot> set size 0.75,0.5
```

Den Abstand der Daten von den Achsen stellt man über `'set offset'` ein, wobei die Einheiten der jeweiligen Achsen verwendet werden.

```
set offset left,right,top,bottom
gnuplot> set offset 2,2,10,10
```

Auch der Abstand der Grafik von den Fenster-Rändern kann justiert werden:

```
set lmargin <wert>
```

Dies setzt den linken Rand. Entsprechend setzt man `rmargin`, `bmargin` und `tmargin` für rechts, unten und oben. Als Einheit dienen Zeichen.

```
gnuplot> set rmargin 10
```

Ausgabe-Datei und Ausgabe-Formate

Soll die Grafik in eine Datei statt auf den Bildschirm ausgegeben werden, gibt man den Namen der Datei über `'set output'` an.

```
set output="file1.pbm"
```

Das Grafik-Format bei einer Datei-Ausgabe wird über `'set term'` eingestellt. Default-Einstellung ist die Bildschirm-Ausgabe (`show term` bzw. `set term x11`).

```
set term pbm
set term pbm medium color
set term png small color
set term gif small color
```

Informationen zu den Einstellungs-Möglichkeiten in den verschiedenen Formaten erhalten Sie z.B. durch:

```
gnuplot> help set term pbm
```

4.18 Vermischtes

4.18.1 logger

logger – Fehlermeldungen an den zentralen syslog-Dämon übergeben.

logger – p *prioritaet* text

Die Fehlermeldung *text* an `syslogd` senden. Dieser schreibt sie je nach Konfiguration (`/etc/syslog.conf`) in eine zentrale Logdatei, auf die Konsole, auf das Terminal-Fenster der Benutzer oder schickt sie weiter an den `syslogd` eines zentralen Log-Servers.

In der `man`-Page zu `syslog.conf` werden alle möglichen Prioritäten erläutert. Nach der Priorität legt `syslogd` fest, was genau mit der Meldung geschieht. Die zusätzliche Option `-t` legt fest, welche Information über den Ursprung der Nachricht ausgegeben wird. `'-t $0'` setzt den Skript-Namen ein.

Folgende Zeilen innerhalb eines Skriptes `logctrl`

```
fehler="Achtung: Die Logdatei $log besitzt eine Groesse von $size MB."
logger -p user.err -t $0 $fehler
```

würde diese Fehler-Meldung in die Datei `/var/adm/messages` schreiben:

```
Jun 21 21:47:52 mars ./logctrl: [ID 70211 user.error] Achtung: Die Logdatei
mydata.log besitzt eine Groesse von 91 MB.
```

4.18.2 tput

tput – Terminal- und Cursor-Steuerung

`tput` setzt Terminal-Steuerungs-Befehle um, wie sie in der `man`-Page zu `terminfo` beschrieben sind. Man kann z.B. den Cursor an eine beliebige Stelle des Bildschirms bewegen, Farben verändern und die Schrift-Breite einstellen.

Einige Beispiele:

`tput setaf` *n*	Vordergrundfarbe setzen (0-7: schwarz,rot,grün, ...)
`tput setab` *n*	Hintergrundfarbe setzen
`tput cup` *m n*	Cursor in Zeile m, Spalte n positionieren
`tput bold`	Fett schreiben
`tput dim`	Fett abschalten
`tput smul`	Unterstreichung anschalten
`tput rmul`	Unterstreichung abschalten
`tput rev`	Reverse Video Mode
`tput sgr0`	Alle Einstellungen zurückstellen
`tput invis`	Unsichtbar schreiben (Passwörter)
`tput civis`	Cursor unsichtbar machen
`tput cnorm`	Cursor wieder normal aussehen lassen
`tput el`	Rest der Zeile löschen
`tput el1`	Anfang der Zeile löschen
`tput clear`	Bildschirm löschen

4.18.3 man/whatis/apropos/info

man/whatis/apropos/info – UNIX-Manual-Pages

```
man [-s sektion] befehl
man [-S sektion] befehl  (LINUX)
info befehl  (LINUX)
```

Zeigt die `man`-Page zum Kommando, der Funktion oder der Datei *`befehl`* an. Gibt es mehrere Pages zum gleichen Namen, hilft die Angabe der Sektion über `-s`. Die Sektion wird immer in der oberen rechten Ecke einer `man`-Page angegeben. Unter LINUX sind viele `man`-Pages im `texinfo`-Format geschrieben und können mit Hilfe des Kommandos `info` aufgerufen werden.

```
whatis befehl
```

Listet alle `man`-Pages zu *`befehl`* mitsamt einer kurzen Beschreibung auf. Hilft, wenn man die falsche `man`-Page erhalten hat und nun die richtige Sektion herausfinden möchte.

Unter Solaris ist hierzu das Erstellen einer Index-Datenbank `windex` nötig:

```
catman -w
```

```
apropos string
```

Sucht in den Kurzbeschreibungen der Befehle nach dem Auftauchen von *`string`*. Auf diese Weise ist es möglich, Informationen im Umfeld eines Befehls zu sammeln.

```
man -s section intro
man -S section intro   (LINUX)
```

Gibt die `intro`-Page zu einer Sektion heraus. Auf dieser Seite werden alle Befehle zu einer Sektion mitsamt ihrer Kurzbeschreibung aufgelistet.

Die verschiedenen Sektionen findet man durch ein Listing von `/usr/share/man`, allerdings besitzt nicht jede eine eigene intro-Page.

4.19 Einplanung von Befehlen

4.19.1 crontab

crontab – Befehle regelmäßig ausführen lassen

```
crontab -e
```

Den Cron-Editor starten, um einen Befehl in die `crontab`-Tabelle einzutragen. Das Format der `crontab` sieht folgendermaßen aus:

```
10 3 * * 0,4 /etc/cron.d/logchecker
10 3 * * 0   /usr/lib/newsyslog
15 3 * * 0 /usr/lib/fs/nfs/nfsfind
0,15,30,45 * * * * /scripts/movelog /log/myfile.log
```

Die letzte (sechste) Spalte enthält den Befehl bzw. das Skript mitsamt Argumenten und Umleitungen. Die ersten fünf Spalten legen das Zeitraster fest, in dem der Befehl ausgeführt werden soll. Die erste Spalte gibt die Minute an (0-59), die zweite die Stunde (0-23), die dritte den Monatstag (1-31), die vierte den Monat (1-12) und die fünfte den Wochentag (0=Sonntag-6=Samstag). Der Tag kann also als festes Datum oder als Wochentag angegeben werden. Enthält eine Spalte einen Stern *, so ist jede Einheit dieser Spalte betroffen. * als Stunde bedeutet also eine stündliche Ausführung. Jede Spalte darf mehrere durch Kommas getrennte Einträge enthalten oder einen Bereich *m-n*.

`0,15,20,45 * * * *`	plant einen Job also viertelstündlich ein,
`* 7-18 * * *`	stündlich zwischen 7 und 18 Uhr.
`0 1 * * 0`	führt den Befehl um 01:00 jeden Sonntag aus.

4.19.2 at

at – Befehle einmalig einplanen

```
at -f script 23:00
```

Plant ein Skript für 23:00 ein.

```
at -l  oder atq
```

Listet alle eingeplanten Jobs auf.

```
at -r job-id  oder atrm job-id
```

Löscht einen eingeplanten Job wieder. Die Job-IDs werden von `at -l` angezeigt.

5 Shell-Skripte und Logdateien

5.1 Shell-Skripte in der Praxis

Im zweiten Teil dieses Buches werden wir uns intensiv mit unterschiedlichsten Anwendungen der Shell-Skript-Programmierung beschäftigen. Dabei wenden wir uns zunächst der Verarbeitung von Logdateien zu.

Wir werden Lösungen für typische Fragestellungen entwickeln, wie das Zählen von Ereignissen oder das Aufsummieren und Abrechnen von Werten für jeden einzelnen Benutzer oder Rechner. Es werden aber auch komplexere Probleme behandelt, wie der Umgang mit extrem großen oder schnell wachsenden Dateien.

In Kapitel 6 verlassen wir die Welt der Logdateien und wenden uns einer Fülle von Aufgaben aus diversen Gebieten der System-Administration zu. Hier geht es darum, einen Eindruck von der Vielfalt der unterschiedlichsten Anwendungs-Möglichkeiten für Shell-Skripte zu bekommen und gerade in dieser Diversität die immer gleichen Konzepte und Techniken zu erkennen.

Kapitel 7 konzentriert sich wieder auf ein zentrales Thema: Die System-Überwachung. Wir schreiben Skripte zur regelmäßigen Kontrolle von Festplatten, Dateien, Prozessen, Performance-Daten und Benutzern. Wir überwachen die wichtigsten Parameter der am Netz angeschlossenen Windows-PCs und kontrollieren regelmäßig die Erreichbarkeit der zentralen Server und Dienste. Dabei werden wir den aktuellen Zustand nicht nur in Form von Text-Dateien ausgeben, sondern auch lernen, wie man Grafiken aus den gesammelten Daten erstellt, wie man historische Trends verfolgt und ein Alarm-System etabliert, das aktiv wird, wenn vorgegebene Grenzwerte überschritten wurden.

Am Ende von Kapitel 7 werden wir ein Interface für die bis dahin entwickelten Einzelskripte erstellen, das es erlaubt, alle Überwachungs-Programme von einer zentralen Stelle des Netzes aus zu starten, egal auf welchem UNIX-Rechner sie eigentlich laufen. Wir werden anhand dieses Beispiels lernen, wie man viele einzelne Skripte in einem gemeinsamen Projekt rechnerübergreifend vereinigt.

Den krönenden Abschluss wird dann ein Web-Interface bilden, das anstelle des vorher entwickelten Kommandozeilen-Tools verwendet werden kann, um die Überwachung von einem beliebigen Browser aus durchführen zu können. Dabei werden wir lernen, wie man CGI-Skripte einsetzt, um Shell-Skripte mit Web-Funktionalitäten auszustatten.

WICHTIG

Wir können die im weiteren Verlauf entwickelten Skripte nicht in allen Shell-Varianten zeigen, da dies den räumlichen Rahmen sprengen und die eigentlichen Fragestellungen verdecken würde. Wir müssen uns also auf eine Shell konzentrieren und es ist nahe liegend, hierfür die Korn-Shell zu wählen. Sie ist inzwischen die verbreitetste Shell, kompatibel zur Bourne-Shell, auf allen Systemen verfügbar und bietet das gesamte Spektrum benötigter Techniken an.

5.2 Logdateien: Eine Übersicht

Zurück zu unserem ersten Themengebiet, dem Umgang mit Logdateien. Die Verarbeitung von Protokoll-Daten verschiedenster Programme ist eines der wichtigsten Einsatzgebiete für Shell-Skripte. Mit ihnen lassen sich die meisten Aufgaben auf diesem Gebiet hervorragend lösen. Verschaffen wir uns zunächst einen Überblick: Welchen Problematiken sieht man sich gegenüber, wenn es darum geht, Log-Dateien zu analysieren?

- Zählen: Häufig sind wir daran interessiert, wie oft bestimmte Ereignisse auftauchen. Wie viele Zugriffe auf den Web-Server gab es? Wie häufig trat ein bestimmter Fehler auf? Wie viele Transaktionen hat der Datenbank-Server pro Stunde zu bewältigen?
- Summieren: Ganz ähnlich fragen wir uns oft nach der Summe eines Wertes über eine gewisse Zeit. Wie viele Megabytes werden täglich transferiert? Wie viel Arbeitsspeicher verbrauchen alle Prozesse einem bestimmten Zeitpunkt?
- Abrechnen: Wenn wir uns nicht nur dafür interessieren, wie viele Ereignisse oder welche Mengen insgesamt auftauchten, sondern welcher Teil davon auf jeden einzelne Benutzer, Rechner, Prozess etc. entfallen, haben wir es mit einer typischen Accounting-Problematik zu tun.
- Gruppieren und Klassifizieren: Wir werden ebenfalls sehen, wie man vorgeht, wenn man die gewonnenen Abrechnungsdaten in größere Klassen einteilen möchte, wie z.B. in Arbeitsgruppen statt einzelne Benutzer oder Stunden statt einzelne Zeitpunkte.
- Mehr-Zeilen-Problem: Die Analyse der Log-Daten wird nicht selten dadurch erschwert, dass nicht alle zusammengehörenden Daten in einer Zeile stehen. Wie stellt man die nötige Verbindung her?
- Zugriffs-Schwierigkeiten: Ihre Datenbank darf nicht angehalten werden. Sie wächst ständig. Wie realisiert man den entscheidenden Schnitt, um eine stehende Datenbasis zur Verarbeitung zu erhalten?
- Platz-Probleme: Ihre Datenbank wächst so schnell, dass die Festplatte aus allen Nähten platzt. Wie kann man die Daten-Massen effektiv bewältigen?
- Performance-Probleme: Ihre Datenbank wächst so schnell, dass die Performance der Festplatte zum Flaschenhals wird. Wie kann man die Festplatte umgehen?
- Direkter Zugriff: Große Logdateien kann man kaum von vorn bis hinten einlesen, wenn man nur an einem einzelnen Ereignis irgendwo in der Mitte interessiert ist. Wie greift man Teile aus Logdateien heraus?

Mit diesen Fragen werden wir uns nun auseinander setzen. Bevor wir aber richtig loslegen, beachten Sie bitte noch folgende Hinweise:

Alle hier gezeigten Skripte sind Vorschläge, Möglichkeiten. Es geht immer auch anders. Manche Skripte sind mehr, andere vielleicht weniger gelungen. Fühlen Sie sich frei, Kritik zu üben. Haben Sie eine bessere Idee? Prima! Trauen Sie sich, in Ihrem eigenen Stil zu programmieren. Was Sie hier sehen ist keinesfalls „Der Standard“, sondern schlicht der persönliche Stil des Autors.

Beachten Sie auch immer, dass es sich hier um ein Lehrbuch handelt. Die vorgestellten Skripte müssen für den Leser nachvollziehbar sein. Deshalb wurde des Öfteren darauf verzichtet, alle Eventualitäten abzusichern. Hier wurde die lesbarere Variante häufig der perfekteren vorgezogen. Insbesondere die Überprüfung von Eingabe-Fehlern des Benutzers haben wir meistens eher knapp gehalten.

Die herausgegriffenen Beispiele stehen jeweils für eine ganze Klasse von Problemen. Wenn Sie eine konkrete Aufgabe zu lösen haben und sich hilfreiche Tipps aus diesem Buch erhoffen, sollten Sie nicht nur nach Beispielen aus dem entsprechenden Gebiet suchen, wie etwa der Benutzerverwaltung oder der Datensicherung. Entwickeln Sie ein Gespür für die zugrunde liegenden Konzepte und die notwendigen Techniken und suchen sie nach Beispielen aus anderen Gebieten, in denen die gleichen Techniken benötigt werden.

Sollten Ihnen in dem ein- oder anderen Skript ein Fehler auffallen, würden wir uns sehr freuen, wenn Sie ihn uns über unsere Web-Seite melden würden.

Nun aber mitten hinein in die Arbeit mit Logdateien.

5.3 Ereignisse zählen

Stellen Sie sich vor, Sie sollen die Anzahl der ein- und ausgehenden Mails in Ihrem Unternehmen bestimmen. Sie haben also die Anzahl einer bestimmten Art von Zeilen in einer vorgegebenen Logdatei zu zählen. Dieses Beispiel steht für zig ähnliche Aufgaben, in denen es darum geht, das Auftreten von Einträgen zu zählen, die einer bestimmten Bedingung entsprechen.

Hier und in den folgenden Abschnitten interessieren wir uns zunächst nicht für den Umfang der Logdatei. Nehmen wir einfach an, eine Datei enthielte genau die Datenmenge, die wir für unsere Analyse benötigen, also beispielsweise die Logs eines Tages, um die ein- und ausgehenden Mails eines Tages zu zählen.

In allen folgenden Skripten wird uns die Logdatei einer Firewall als konkrete Datenbasis dienen. Sie enthält Einträge von Verbindungen, die per Mail, HTTP und einigen weiteren Protokollen von einer Seite der Firewall zur anderen hergestellt wurden. Das Format der Mail-Logs entspricht dabei demjenigen, das der `sendmail`-Dämon in den UNIX-System-Logs verwendet.

Hier ein Auszug aus dieser Datei. Es handelt sich um Zeilen, die jeweils mit der Datums-Angabe `"AUG 8 15:..."` beginnen. Nur wegen ihrer Länge und des daraus resultierenden Umbruchs erscheinen sie hier zwei- oder dreizeilig.

```
Aug 8 15:33:48 firewall http[16831]: connect host=pcc125.saruman.de/
172.17.17.125 destination=185.233.46.215
Aug 8 15:33:48 firewall http[16832]: connect host=pcc125.saruman.de/
172.17.17.125 destination=185.233.46.215
Aug 8 15:33:49 firewall http[16831]: disconnect host=pcc125.saruman.de/
172.17.17.125 destination=185.233.46.215 in=159 out=458 duration=1
Aug 8 15:33:49 firewall http[16832]: disconnect host=pcc125.saruman.de/
172.17.17.125 destination=185.233.46.215 in=160 out=448 duration=1
......
......
Aug 8 15:35:01 firewall plug-gw[16971]: disconnect host=rts2.gargamel.com/
193.175.95.34 destination=172.17.7.6/79 in=462 out=6 duration=1
......
......
Aug 8 15:35:14 firewall ftp[17018]: permit host=sancho.saruman.de/172.17.7.6
use of gateway
Aug 8 15:35:14 firewall ftp[17018]: permit host=sancho.saruman.de/172.17.7.6
connect to ftp.polligu.com
Aug 8 15:35:15 firewall ftp[17018]: exit host=sancho.saruman.de/172.17.7.6
......
```

Listing 5.1: Auszug aus einer Firewall-Logdatei (fw.log)

```
......
Aug 8 15:36:01 firewall fwmaild[17142]: connect host=graf.cc.emory.edu/
170.140.1.44
......
......
Aug 8 15:36:05 firewall fwmaild[17142]: host=graf.cc.emory.edu/170.140.1.44
bytes=1705 from=<claris@emory.edu> to=<bunde@saruman.de>
Aug 8 15:36:05 firewall fwmaild[17142]: exiting host=graf.cc.emory.edu/
170.140.1.44 bytes=1705
......
......
Aug 8 15:36:06 firewall sendmail[17178]: PAA17178: from=<claris@emory.edu>,
size=1645, class=0, pri=31645, nrcpts=1,
msgid=<3.0.1.32.20000808095230.006a995c@pop3.service.emory.edu>,relay=fw@local
host
......
......
Aug 8 15:36:07 firewall sendmail[17179]: PAA17178: to=<bunde@saruman.de>,
delay=00:00:01, xdelay=00:00:01, mailer=relay, relay=commy.saruman.de.
[172.17.7.1], stat=Sent (PAA10512 Message accepted for delivery)
......
......
Aug 8 15:36:07 firewall http[17184]: connect host=pcc82.saruman.de/172.17.17.82
destination=185.233.46.215
Aug 8 15:36:07 firewall http[17185]: connect host=neptun.saruman.de/
172.17.18.69 destination=203.21.96.246
Aug 8 15:36:08 firewall http[17186]: connect host=pcc132.saruman.de/
172.17.17.132 destination=205.197.67.12
......
......
```

Listing 5.1: Auszug aus einer Firewall-Logdatei (fw.log)(Fortsetzung)

Vor lauter HTTP-Einträgen (jedes Element einer Web-Seite wird in einer eigenen Verbindung angefordert) sind andere Protokolle kaum noch zu sehen. Daher wurden reine HTTP-Bereiche im obigen Listing herausgeschnitten. Später werden wir uns mit solchen Web-Verbindungen befassen. Hier geht es uns um Mail-Transfers.

Auf der Firewall ist ein eigenes Mail-System installiert, das Mails entgegennimmt (`fwmaild`) und selbst wieder versendet (`fwmail`). Zum Versenden bedient es sich des üblichen `sendmail`-Programms. Unsere Aufgabe besteht also darin, Zeilen herauszufiltern, die `sendmail` in der 5. Spalte enthalten und diese getrennt nach ein- uns ausgehenden Mails zu zählen. Mit `grep` verschaffen wir uns einen ersten Überblick über das Format der betroffenen Zeilen.

```
mars# grep sendmail fw.log

Aug 8 15:34:30 firewall sendmail[16909]: PAA16909: from=root, size=6427,
class=0, pri=36427, nrcpts=1, msgid=<200008081334.PAA16909@saruman.de>,
relay=root@localhost
Aug 8 15:34:32 firewall sendmail[16910]: PAA16909: to=www@sancho, ctladdr=root
(0/0), delay=00:00:02, xdelay=00:00:02, mailer=smtp, relay=sancho.saruman.de.
[172.17.7.6], stat=Sent (PAA27356 Message accepted for delivery)
```

Listing 5.2: sendmail-Zeilen der Datei fw.log

```
Aug 8 15:36:06 firewall sendmail[17178]: PAA17178: from=<claris@emory.edu>,
size=1645, class=0, pri=31645, nrcpts=1,
msgid=<3.0.1.32.20000808095230.006a995c@pop3.service.emory.edu>,relay=fw@local
host
Aug 8 15:36:07 firewall sendmail[17179]: PAA17178: to=<bunde@saruman.de>,
delay=00:00:01, xdelay=00:00:01, mailer=relay, relay=commy.saruman.de.
[172.17.7.1], stat=Sent (PAA10512 Message accepted for delivery)
Aug 8 15:36:07 firewall sendmail[17182]: PAA17182: from=<U#SDWEB@psc602.lexis-
nexis.com>, size=1859, class=0, pri=31859, nrcpts=1,
msgid=<200008081333.JAA24002@psc602.lexis-nexis.com>, relay=fw@localhost
Aug 8 15:36:07 firewall sendmail[17183]: PAA17182: to=<gulan@saruman.de>,
delay=00:00:00, xdelay=00:00:00, mailer=relay, relay=commy.saruman.de.
[172.17.7.1], stat=Sent (PAA10528 Message accepted for delivery)
Aug 8 15:36:37 firewall sendmail[17323]: PAA17323: from=<zimt@saruman.de>,
size=81565, class=0, pri=111565, nrcpts=1,
msgid=<200008081336.PAA10596@commy.saruman.de>, relay=fw@localhost
Aug 8 15:36:39 firewall sendmail[17324]: PAA17323: to=<1124-735@online.de>,
delay=00:00:02, xdelay=00:00:02, mailer=smtp, relay=mx01.kundenserver.de.
[195.20.224.238], stat=Sent (OK id=13M9Ye-0000LX-00)
Aug 8 15:37:03 firewall sendmail[17413]: PAA17413: from=root, size=12737,
class=0, pri=42737, nrcpts=1, msgid=<200008081337.PAA17413@saruman.de>,
relay=root@localhost
Aug 8 15:37:05 firewall sendmail[17420]: PAA17413: to=burgur@commy,
ctladdr=root (0/0), delay=00:00:02, xdelay=00:00:01, mailer=smtp,
relay=commy.saruman.de. [172.17.7.1], stat=Sent (PAA10783 Message accepted for
delivery)
Aug 8 15:37:09 firewall sendmail[17434]: PAA17434:
from=<judid.schubert@zmnh.uni-hamburg.de>, size=68557, class=0, pri=98557,
nrcpts=1, msgid=<3.0.6.32.20000808153933.007ae610@epos.zmnh.uni-hamburg.de>,
relay=fw@localhost
Aug 8 15:37:10 firewall sendmail[17435]: PAA17434: to=<kajak@saruman.de>,
delay=00:00:01, xdelay=00:00:01, mailer=relay, relay=commy.saruman.de.
[172.17.7.1], stat=Sent (PAA10835 Message accepted for delivery)
```

Listing 5.2: sendmail-Zeilen der Datei fw.log(Fortsetzung)

Dieses Format entspricht den Logs einer `messages`- oder `syslog`-Datei eines gewöhnlichen Rechners. Jede Mail verursacht offensichtlich zwei Zeilen: Eine `from`-Zeile, die bei Verbindungs-Aufnahme mit dem Ziel-Rechner entsteht, und eine `to`-Zeile, die geschrieben wird, wenn die Mail ausgeliefert worden ist. Wenn wir also einfach alle Mails zählen wollen, ermitteln wir schlicht die Anzahl dieser `from`- oder `to`-Zeilen.

```
grep sendmail fw.log | grep 'from=' | wc -l | awk '{print $1}'
```

`wc -l` liefert die gewünschte Zeilenzahl mit hässlichen führenden Leerzeichen. In der Regel will man diese entfernen und schaltet daher ein `awk` nach. Das war's. Gelangweilt? Nun, dann wenden wir uns der Aufgabe zu, die Anzahl der E-mails getrennt nach ein- und ausgehenden Mails zu zählen.

Werfen Sie einen Blick auf die hinter `from=` und `to=` angegebenen E-mail-Adressen. Ausgehende Mails erkennt man eindeutig daran, dass sie an eine fremde Adresse geschickt werden (`to=`). Eingehende Mail identifiziert man am besten dadurch, dass sie von einer fremden E-mail-Adresse gesendet wurden (`from=`).

Mails die intern versendet werden, kann man auf diese Weise nicht erfassen. Sie besitzen sowohl einen Absender als auch einen Adressaten aus unserer Firma. Um sie zu erwischen müssen wir also `from`- und `to`-Zeile ein und derselben Mail miteinander vergleichen – ein Problem, das wir uns für später aufheben. Hier verzichten wir zunächst auf die Erfassung interner Mails. Immerhin zählen wir sie nicht versehentlich zu den ein- und ausgehenden Mails mit.

Immer wenn Zeilen auf bestimmte Muster zu untersuchen sind (hier `sendmail` und `from=` bzw. `to=`) und man sie zählen oder Teile von ihnen verrechnen möchte, verwendet man `awk` bzw. die neuere Variante `nawk`.[1]

Ausgehende Mails zählen wir in `awk` also folgendermaßen:

```
nawk '
    # Wenn Mail an fremde Domaene geht: -> raus
    /sendmail.*to=/ && $7 ~ /\./ && $7 !~ /saruman.de/ { raus ++ }
} ' fw.log:w
```

`$7`, das E-mail-Adress-Feld soll also mindestens einen Punkt besitzen (keine einfache interne Adresse wie `mueller`) und darf nicht `saruman.de` enthalten, welches in all unseren Übungen für die eigene Firma stehen soll. Wie Sie inzwischen wissen, müssen wir uns nicht um die Initialisierung von Variablen kümmern. `awk` setzt `raus` automatisch auf 0, wenn es zum ersten Mal verwendet wird.

Eingehende Mails zählen wir analog:

```
# Wenn Mail von fremder Domaene kommt: -> rein
    /sendmail.*from=/ && $7 ~ /\./ && $7 !~ /saruman.de/ { rein ++ }
```

Die beiden Zähl-Variablen `rein` und `raus` werden am Ende des `awk`-Programms ausgegeben:

```
END { "date +\"%d.%m.%y %H:%M\"" | getline datum
          format="Mails:  in: %d   out: %d   intern: ? \n"
          printf format, rein, raus }
```

Fertig. Hier sehen Sie das gesamte Programm. [2]

```
#!/bin/ksh

# mail1
# Zaehlt getrennt ein- und ausgehende Mails.
# Einfache Version: interne Mails werden nicht erfasst.
# Dazu muessen from- und to-Zeile verglichen werden. -> mail3


logfile=./daten/fw.log

nawk '
    # Wenn Mail an fremde Domaene geht: -> raus
    /sendmail.*to=/ && $7 ~ /\./ && $7 !~ /saruman.de/ { raus ++ }

    # Wenn Mail von fremder Domaene kommt: -> rein
    /sendmail.*from=/ && $7 ~ /\./ && $7 !~ /saruman.de/ { rein ++ }

    # Interne Mail kommt von eigener und geht an eigene Domaene.

    END { "date +\"%d.%m.%y %H:%M\"" | getline datum
```

Listing 5.3: mail1 – Ein- und ausgehende Mails zählen

1. LINUX: Hier gibt es nur die neuere Variante, und die heißt awk.
2. LINUX: statt nawk einfach awk verwenden

```
        print datum
        format="Mails:  in: %d   out: %d   intern: ? \n"
        printf format, rein, raus }
    ' $logfile
```

Listing 5.3: mail1 – Ein- und ausgehende Mails zählen(Fortsetzung)

Haben Sie bemerkt, wie elegant wir das aktuelle Datum nach awk schleusen? :-) [3]

```
mars# mail1
25.05.02 14:37
Mails:  in: 71   out: 48   intern: ?
mars#
```

5.4 Felder aufsummieren

Nachdem wir die Anzahl der Mails ermittelt haben, stellen wir uns die Frage, wie viel Daten-Volumen bei dem Versand übertragen worden ist. Nehmen Sie dieses Beispiel stellvertretend für alle Fälle, in denen Sie bestimmte Werte aus geeigneten Zeilen aufsummieren oder anderweitig verrechnen möchten.

Aber aufgepasst: Meistens bekommt man die interessanten Werte nicht auf dem Tablett serviert. Wie in unserem Beispiel muss man sie oft erst mühsam aus einem Feld isolieren. Bei uns steht das übertragene Volumen in den `from`-Zeilen:

```
Aug 8 15:34:30 firewall sendmail[16909]: PAA16909: from=root, size=6427,
class=0, pri=36427, nrcpts=1, msgid=<200008081334.PAA16909@saruman.de>,
relay=root@localhost
```

Wir benötigen die Zahl `6427` und müssen diese von dem Präfix `size=` befreien. Zwei awk-Funktionen kommen hier normalerweise zum Einsatz: `substr` oder `split`.

```
substr($8,6)    oder
split ($8,size,"=") ; print size[2]
```

Wir werden beide Methoden in unseren Beispielen verwenden. Das Summieren des erhaltenen Wertes geschieht über

```
sumraus += substr($8,6)  oder entsprechend
sumraus += size[2]
```

Um ausgehende Mails zu zählen und ihr Volumen zu summieren erhalten wir somit folgendes awk-Schnipsel:

```
# Wenn Mail von eigener Domaene kommt: -> raus
/sendmail.*from=/ && $7 ~ /saruman.de/ {
        raus ++
        split($8,size,"=")
        sumraus += size[2]
        }
```

3. Alle Skripte und Hilfs-Dateien, die Sie zum Testen benötigen, finden Sie auf der Buch-CD. Kopieren Sie sich die dortige Verzeichnis-Struktur (für Ihre UNIX-Version) auf Ihren Rechner unter /scripts, damit die verwendeten Pfade funktionieren.

OK? Mit der eingehenden Mail verfahren wir analog und zum Schluss müssen wir unsere Ausgabe um die neu ermittelten Werte `sumraus` und `sumrein` erweitern. Hier das fertige Programm. [4]

```
#!/bin/ksh

# mail2
# Summiere die Groessen fuer ein- und ausgehende Mail.
# Einfache Version: interne Mails werden nicht erfasst.
# Dazu muessen from- und to-Zeile verglichen werden. -> mail4

logfile=./daten/fw.log

nawk '
    # Wenn Mail von eigener Domaene kommt: -> raus
    /sendmail.*from=/ && $7 ~ /saruman.de/ {
            raus ++
            split($8,size,"=")
            sumraus += size[2]
            }

    # Wenn Mail von fremder Domaene kommt: -> rein
    /sendmail.*from=/ && $7 ~ /\./ && $7 !~ /saruman.de/ {
            rein ++
            split($8,size,"=")
            sumrein += size[2]
            }

    # Interne Mail kommt von eigener und geht an eigene Domaene.

    END { "date +\"%d.%m.%y %H:%M\"" | getline datum
        print datum
        format="Mails: in: %d / %d kB   out: %d / %d kB"
        format=format"   intern: ? / ? kB\n"
        printf format, rein, int(sumrein/1024),
               raus, int(sumraus/1024)
        }
    ' $logfile
```

Listing 5.4: mail1 – Ein- und ausgehende Mails zählen

Still und heimlich haben wir das Ergebnis noch durch 1024 geteilt, um es in KB angezeigt zu bekommen. Führen Sie solche Umrechnungen immer erst im END-Block durch, um nicht Rundungsfehler zu erhalten, die dann zu unerklärlichen Differenzen bei der Ausgabe führen.

```
mars# mail2
25.05.02 17:14
Mails: in: 71 / 1687 kB   out: 48 / 1972 kB   intern: ? / ? kB
mars#
```

4. LINUX: statt nawk einfach awk verwenden

5.5 Anzahl/Werte je Benutzer/Rechner

Bisher hatten wir die interessanten Daten über die gesamte Logdatei gezählt oder verrechnet. Schwieriger wird es, wenn man der Frage nachgeht, welcher Anteil davon auf jedes einzelne Element einer Klasse entfällt. Also etwa: Welcher Benutzer hat wie viel gesurft? Von welchem Rechner kamen wie viele Verbindungen? Welches Programm hat wie viele Prozesse laufen und verbraucht wie viel Arbeitsspeicher?

Die technische Schwierigkeit liegt darin, dass man nicht weiß, wie viele unterschiedliche Benutzer oder Rechner in der Logdatei genannt sind. Folglich kann man im Skript auch keine festen Namen für die Zähl- oder Summen-Variablen vergeben. `summars`, `sumpluto` etc. funktionieren für `mars` und `pluto`, aber was ist mit einem Rechner `hawai`, von dem man vorher nichts weiß?

Die Lösung liefert awk mit assoziativen Arrays: Feldvariablen, deren Indizes nicht unbedingt Integer-Zahlen sein müssen, sondern auch aus Strings bestehen dürfen. Im Zusammenspiel mit der automatischen Initialisierung ergibt sich die Möglichkeit, Variablen erst zur Laufzeit zu kreieren.

```
anz[user] ++
sum[host] += $4
```

Wenden wir uns beispielhaft den konkreten Fragen zu, welcher Rechner wie viel MB Transfervolumen durch Web-Verbindungen verursacht hat und von welchem Web-Server wie viel MB transferiert wurden. Unsere Firewall-Logdatei enthält überwiegend Zeilen, die solche HTTP-Verbindungen betreffen.

```
mars# grep http fw.log

Aug 8 15:33:47 firewall http[16830]: connect host=pcc125.saruman.de/
172.17.17.125 destination=185.233.46.215
Aug 8 15:33:48 firewall http[16830]: disconnect host=pcc125.saruman.de/
172.17.17.125 destination=185.233.46.215 in=159 out=448 duration=1
Aug 8 15:33:48 firewall http[16822]: disconnect host=pcmeier.saruman.de/
172.17.18.54 destination=211.39.228.13 in=819 out=1404 duration=3
Aug 8 15:33:48 firewall http[16831]: connect host=pcc125.saruman.de/
172.17.17.125 destination=185.233.46.215
Aug 8 15:33:48 firewall http[16832]: connect host=pcc125.saruman.de/
172.17.17.125 destination=185.233.46.215
Aug 8 15:33:49 firewall http[16831]: disconnect host=pcc125.saruman.de/
172.17.17.125 destination=185.233.46.215 in=159 out=458 duration=1
Aug 8 15:33:49 firewall http[16832]: disconnect host=pcc125.saruman.de/
172.17.17.125 destination=185.233.46.215 in=160 out=448 duration=1
Aug 8 15:33:49 firewall http[16833]: connect host=pcc125.saruman.de/
172.17.17.125 destination=185.233.46.215
Aug 8 15:33:49 firewall http[16827]: disconnect host=pcc125.saruman.de/
172.17.17.125 destination=185.233.46.215 in=159 out=458 duration=3
Aug 8 15:33:49 firewall http[16833]: disconnect host=pcc125.saruman.de/
172.17.17.125 destination=185.233.46.215 in=160 out=448 duration=0
Aug 8 15:33:49 firewall http[16834]: connect host=pcc125.saruman.de/
172.17.17.125 destination=185.233.46.215
Aug 8 15:33:49 firewall http[16835]: connect host=pcc125.saruman.de/
172.17.17.125 destination=185.233.46.215
Aug 8 15:33:50 firewall http[16834]: disconnect host=pcc125.saruman.de/
172.17.17.125 destination=185.233.46.215 in=247 out=516 duration=1
......
......
```

Offensichtlich werden für jede Verbindung zwei Zeilen geloggt, eine bei Erstellung und eine bei Beendigung der Verbindung. Erst die zweite, durch das Schlüsselwort `disconnect` gekennzeichnete Zeile enthält naturgemäß das übertragene Volumen.

```
Aug 8 15:33:49 firewall http[16833]: disconnect host=pcc125.saruman.de/
172.17.17.125 destination=185.233.46.215 in=160 out=448 duration=0
```

Wir müssen die Felder `$9` und `$10` (in `awk`) von ihren Präfixen trennen und anschließend zusammenziehen.

```
# Volumen
inbytes=substr($9,4)
outbytes=substr($10,4)
bytes=inbytes+outbytes
```

Nun müssen wir das Ergebnis in einer für den entsprechenden Host spezifischen Variablen speichern. Der Rechnername befindet sich in Feld `$7`, links begrenzt durch `=`, rechts durch `/`. Haben wir den Hostnamen erst isoliert, speichern wir ihn in einer Variablen und verwenden diesen Variablennamen als Index eines assoziativen Arrays.

```
# Host-Name
split($7,hosttmp,"=")
split(hosttmp[2],hostip,"/")
host=hostip[1]

# Volumen je Host
hostvol[host] += bytes
```

Die so gewonnenen Daten müssen schließlich in einem END-Block ausgegeben werden. Hierzu nutzen wir die zweite Form der `for`-Schleife in `awk`, die automatisch alle Indizes eines Arrays durchläuft.

```
END {
  for ( host in hostvol ) {
    printf "%-25s %4d \n", host, int(hostvol[host]/1024)
    summe += hostvol[host]
    }
  print "                          -------"
  printf "%30d \n", int(summe/1024)
}
```

Die letzte Zeile summiert nochmals die Beträge der einzelnen Rechner, um den Gesamt-Verbrauch ausgeben zu können. Fürs Erste sind wir am Ziel. Hier eine Vorab-Version des resultierenden Programms. Anschließend werden wir es noch etwas erweitern.

```
#!/bin/ksh

logfile=./daten/fw.log

grep http $logfile | grep disconnect |

nawk -v opt=$opt '
```

Listing 5.5: Megabytes je Host: erste Version

```
{
# Host-Name
split($7,hosttmp,"=")
split(hosttmp[2],hostip,"/")
host=hostip[1]

# Volumen
inbytes=substr($9,4)
outbytes=substr($10,4)
bytes=inbytes+outbytes

# Volumen je Host
hostvol[host] += bytes
}

# Ausgabe
END {
  print "\nRechner                  Volumen/KB"
  print "------------------------------"
  for ( host in hostvol ) {
    printf "%-25s %4d \n", host, int(hostvol[host]/1024)
    summe += hostvol[host]
    }
  print "                          -------"
  printf "%30d \n", int(summe/1024)
  }
} '
```

Listing 5.5: Megabytes je Host: erste Version(Fortsetzung)

```
mars# httpla

Rechner                 Volumen/KB
------------------------------
olaf.saruman.de                527
pcc96.saruman.de                 2
pcc119.saruman.de             2303
helena.saruman.de              301
pcc132.saruman.de             2418
pcmeier.saruman.de             481
pcc125.saruman.de              827
pcc79.saruman.de              1033
sancho.saruman.de                3
pcc115.saruman.de              749
pcc82.saruman.de               499
hera.saruman.de                  5
neptun.saruman.de             2600
```

```
                          -------
                            11752
```

Ohne viel Aufwand können wir die Addition der Einzel-Werte statt für die Quell-Hosts auch für die Ziel-Rechner durchführen.

```
# Destination
split($8,desttmp,"=")
dest=desttmp[2]

# Volumen je Web-Server
destvol[dest] += bytes
```

Wir lassen die Übergabe der Option `-dest` auf der Befehlszeile zu, mit der man angeben kann, dass man die Abrechnung pro Ziel-Host wünscht. Per Default liefern wir die Abrechnung pro Quell-Rechner.

```
opt=$1                # -host (dflt.)| -dest
......
if ( opt == "-dest" ) {
  .... Ausgabe der Abrechnung per Web-Server
  }
else {
  .... Ausgabe der Abrechnung per Quell-Rechner
   }
```

Eine weitere Verbesserung könnte die Reihenfolge der Ausgabe betreffen. Die einzelnen Rechner sollen sortiert und in der Reihenfolge ihres Verbrauchs aufgelistet werden. Da `awk` aber über keine eigene Sortier-Funktion verfügt, müssen wir die ursprüngliche Ausgabe zwischenspeichern und mit der externen `sort`-Funktion bearbeiten.

Hier nun das endgültige Ergebnis. [5]

```
#!/bin/ksh

# http1
# Errechnet aus einer http-Logdatei das uebertragene
# Daten-Volumen je Host oder je Web-Server.

logfile=./daten/fw.log
opt=$1                # -host | -dest

grep http $logfile | grep disconnect |

nawk -v opt=$opt '

    {
    # Host-Name
```

Listing 5.6: http1 – Übertragenes Daten-Volumen pro Host oder Web-Server

5. LINUX: statt nawk einfach awk verwenden, statt 'tail -r': 'tac' einsetzen

```
    split($7,hosttmp,"=")
    split(hosttmp[2],hostip,"/")
    host=hostip[1]

    # Destination
    split($8,desttmp,"=")
    dest=desttmp[2]

    # Volumen
    inbytes=substr($9,4)
    outbytes=substr($10,4)
    bytes=inbytes+outbytes

    # Volumen je Host
    hostvol[host] += bytes

    # Volumen je Web-Server
    destvol[dest] += bytes
    }

    # Ausgabe
    END {
    if ( opt == "-dest" ) {
      print "\nWeb-Server               Volumen/KB"
      print "-----------------------------"
      for ( host in destvol ) {
        printf "%-25s %4d \n", host, int(destvol[host]/1024)
        summe += destvol[host]
        }
      print "                       -------"
      printf "%30d \n", int(summe/1024)
      }
    else {
      print "\nRechner                  Volumen/KB"
      print "-----------------------------"
      for ( host in hostvol ) {
        printf "%-25s %4d \n", host, int(hostvol[host]/1024)
        summe += hostvol[host]
        }
      print "                       -------"
      printf "%30d \n", int(summe/1024)
      }
    } ' > http1.tmp

# Header
```

Listing 5.6: http1 – Übertragenes Daten-Volumen pro Host oder Web-Server(Fortsetzung)

```
head -3 http1.tmp

# Sortieren: Alles ausser die ersten 3 und die letzten 2
tail +4 http1.tmp | tail -r | tail +3 | sort -nr +1

# Trailer
tail -2 http1.tmp

rm http1.tmp
```

Listing 5.6: http1 – Übertragenes Daten-Volumen pro Host oder Web-Server(Fortsetzung)

```
mars# http1 -dest

Web-Server                 Volumen/KB
------------------------------
203.21.96.246                    2605
205.197.67.12                    2418
186.156.23.119                   2303
185.233.46.215                   1330
243.51.198.16                    1033
165.227.188.16                    749
231.219.34.6                      527
211.39.228.13                     481
192.245.213.34                    301
179.62.243.9                        2
                              -------
                                11752
```

5.6 Gruppierungen

Wie können wir die Ergebnisse statt für einzelne Benutzer für ganze Gruppen zählen oder aufaddieren, wenn die Zugehörigkeit zu dieser Gruppe nicht in den Daten selbst steckt? Gehen wir von der konkreten Frage aus: Welche Arbeitsgruppe hat welches Transfer-Volumen verursacht? Analog könnte es auch wieder heißen: Welche Kundenfirma hat welche Rechenzeit beansprucht? oder: Aus welcher Domäne wurde unser Web-Server wie häufig angesprochen?

Die Zugehörigkeit zur Gruppe muss irgendwo extern hinterlegt sein. Manchmal wird sie aus System-Dateien ermittelt, manchmal aus der Ausgabe von Befehlen wie ps oder prstat, oder man verfügt über eigens dazu erstellte Dateien. Nehmen wir an, wir verfügen über eine entsprechende Text-Datei.

```
pcc119.saruman.de    agbraun
pcc125.saruman.de    agbraun
neptun.saruman.de    labor
olaf.saruman.de      agschulz
pcc82.saruman.de     verwaltung
```

Listing 5.7: ags.txt: Zugehörigkeit der Rechner zu ihren Gruppen

```
pcc132.saruman.de      leitung
pcmeier.saruman.de     agschulz
helena.saruman.de      leitung
pcc79.saruman.de       leitung
sancho.saruman.de      agschulz
pcc115.saruman.de      agbraun
hera.saruman.de        labor
pcc96.saruman.de       verwaltung
```

Listing 5.7: ags.txt: Zugehörigkeit der Rechner zu ihren Gruppen(Fortsetzung)

Am besten, wir lesen die entsprechende Liste gleich zu Beginn unseres awk-Skriptes ein. Aber wie? Die zu verarbeitende Datei, die wir awk hinter dem schließenden Anführungszeichen übergeben, ist ja bereits durch fw.log festgelegt. Wenn wir aus einer weiteren Datei lesen möchten, müsse wir uns mit dem Befehl getline auseinander setzen.

```
agfile=ags.txt

# Gruppen-Tabelle einlesen
BEGIN {
  while ( getline < agfile ) {
    ag[$1]=$2 }
}
```

WICHTIG

Da wir den Dateinamen in einer Variablen halten, schreiben wir agfile ohne Anführungszeichen. Verwenden Sie immer Anführungszeichen, wenn Sie getline den Dateinamen direkt übergeben.

Wieder verwenden wir assoziative Arrays, um den Zusammenhang zwischen jeweils zwei Strings in einer gemeinsamen Klasse herzustellen. Assoziative Arrays, auch Hashes genannt, sind ein wahrer Segen für jeden Programmierer.

Zur Orientierung hier wieder eine der interessanten Logzeilen.

```
Aug 8 15:33:49 firewall http[16833]: disconnect host=pcc125.saruman.de/
172.17.17.125 destination=185.233.46.215 in=160 out=448 duration=0
```

Die Arbeitsgruppen sammeln nun Daten in genau der gleichen Art, wie es bereits die Rechner und die Web-Server erleben mussten. Von dem ermittelten Rechner schließen wir auf die Gruppe und mit diesem Gruppennamen wird wieder ein Element eines summierenden Hashes gebildet.

```
# Volumen je AG
gruppe=ag[host]
agvol[gruppe] += bytes
}
```

Voilà. Bauen wir dieses zusätzliche Feature in unser bestehendes Programm ein – erhältlich über eine Befehlszeilen-Option -ag – erhalten wir die folgende erweiterte Version. [6]

```
#!/bin/ksh
```

Listing 5.8: http2 – Übertragenes Daten-Volumen pro Rechner-Gruppe

```
# http2
# Errechnet aus einer http-Logdatei das uebertragene
# Daten-Volumen je Host oder je Web-Server.
# Fasst Rechner anhand einer Hilfsdatei zu Gruppen zusammen.

logfile=./daten/fw.log
opt=$1                # -host | -dest | -ag
agfile=./daten/ags.txt

grep http $logfile | grep disconnect |

nawk -v opt=$opt -v agfile=$agfile '

    # Gruppen-Tabelle einlesen
    BEGIN {
      while ( getline < agfile ) {
        ag[$1]=$2 }
    }


    {
    # Host-Name
    split($7,hosttmp,"=")
    split(hosttmp[2],hostip,"/")
    host=hostip[1]

    # Destination
    split($8,desttmp,"=")
    dest=desttmp[2]

    # Volumen
    inbytes=substr($9,4)
    outbytes=substr($10,4)
    bytes=inbytes+outbytes

    # Volumen je Host
    hostvol[host] += bytes

    # Volumen je Web-Server
    destvol[dest] += bytes

    # Volumen je AG
    gruppe=ag[host]
```

Listing 5.8: http2 – Übertragenes Daten-Volumen pro Rechner-Gruppe(Fortsetzung)

6. LINUX: statt nawk einfach awk und statt 'tail -r' tac verwenden

```
    agvol[gruppe] += bytes
    }

    # Ausgabe
    END {
    if ( opt == "-dest" ) {
      print "\nWeb-Server              Volumen/KB"
      print "-----------------------------"
      for ( host in destvol ) {
        printf "%-25s %4d \n", host, int(destvol[host]/1024)
        summe += destvol[host]
        }
      print "                        -------"
      printf "%30d \n", int(summe/1024)
      }
    else
    {
    if ( opt == "-ag" ) {
      print "\nGruppe                  Volumen/KB"
      print "-----------------------------"
      for ( gruppe in agvol ) {
        printf "%-25s %4d \n", gruppe, int(agvol[gruppe]/1024)
        summe += agvol[gruppe]
        }
      print "                        -------"
      printf "%30d \n", int(summe/1024)
      }
    else {
      print "\nRechner                 Volumen/KB"
      print "-----------------------------"
      for ( host in hostvol ) {
        printf "%-25s %4d \n", host, int(hostvol[host]/1024)
        summe += hostvol[host]
        }
      print "                        -------"
      printf "%30d \n", int(summe/1024)
      }
    }
    } ' > http1.tmp

# Header
head -3 http1.tmp

# Sortieren: Alles ausser die ersten 3 und die letzten 2
tail +4 http1.tmp | tail -r | tail +3 | sort -nr +1
```

Listing 5.8: http2 – Übertragenes Daten-Volumen pro Rechner-Gruppe(Fortsetzung)

```
# Trailer
tail -2 http1.tmp

rm http1.tmp
```

Listing 5.8: http2 – Übertragenes Daten-Volumen pro Rechner-Gruppe(Fortsetzung)

```
mars# http2 -ag

Gruppe                    Volumen/KB
------------------------------
agbraun                        3879
leitung                        3752
labor                          2605
agschulz                       1012
verwaltung                      501
                            -------
                              11752
```

5.7 Zeit- und andere Klassen

Eine weitere Variante: Wir sind daran interessiert, wie sich das übertragene Datenvolumen im Tagesverlauf verändert. Logzeilen sind stets mit einem Zeitstempel versehen. Die Auflösung beträgt meist eine Sekunde, womit sich zunächst wenig anfangen lässt. Wir müssen die Einzelwerte also wieder zusammenfassen; dieses Mal in zeitlichen Gruppen. Die im Folgenden gezeigte Technik können Sie immer dann anwenden, wenn es – abstrakt gesprochen – darum geht, irgendwelche Daten in vorgegebene Klassen zusammenzufassen.

Wir werden den zeitlichen Verlauf in zwei verschiedenen Auflösungen präsentieren, in Stunden sowie in den drei Tages-Abschnitten Vormittag, Nachmittag und Nacht.

Zunächst wieder unsere typische Logzeile, damit Sie nicht dauernd zurückblättern müssen.

```
Aug 8 15:33:49 firewall http[16833]: disconnect host=pcc125.saruman.de/
172.17.17.125 destination=185.233.46.215 in=160 out=448 duration=0
```

Die bei einer bestimmten Verbindung übertragene Datenmenge erhalten wir wie in den vorherigen beiden Beispielen.

```
# Volumen
inbytes=substr($9,4)
outbytes=substr($10,4)
bytes=inbytes+outbytes
```

Die erste Auflösung – in Stunden – ist keine eigentliche Klassifizierung, da die Stunde ja explizit im Zeitstempel enthalten ist. Wir müssen sie lediglich isolieren und als Index eines Arrays einsetzen.

```
# Volumen je Stunde
stunde=substr($3,1,2)
stundenvol[stunde] += bytes
```

Für die Auflösung in Tagesabschnitte müssen wir die erhaltene Stunde jeder Zeile daraufhin testen, in welchem zeitlichen Bereich sie sich befindet und dann die Transfer-Summe für diesen Bereich entsprechend erhöhen.

```
# Volumen je Zeitraum
stunde=substr($3,1,2) + 0
if ( stunde >= 7  && stunde < 12 )  class=1
if ( stunde >= 12 && stunde < 20 )  class=2
if ( stunde >= 20 || stunde < 7  )  class=3
zeitvol[class] += bytes
    }
```

Da wir die Stunde von einer String-Funktion geliefert bekommen, denkt awk nicht im Traum daran, dass es sich um eine Zahl handeln könnte. Man kann sie daher auch nicht numerisch vergleichen. Durch das Addieren einer Null klären wir awk auf. Wir bilden drei Klassen, um die Volumina in drei verschiedenen Array-Elementen zu speichern.

Nun zur Ausgabe. Wir könnten drei einzelne Zeilen separat ausgeben: `07-12: zeitvol[class]` etc., was aber nur für einige wenige Zeilen sinnvoll wäre. Der allgemeiner Ansatz besteht darin, die Daten wieder über eine Schleife auszugeben und auch die Erläuterungen (z.B. `07-12`) in einem eigenen Array zu speichern – entweder im BEGIN- oder im END-Block.

```
# Ausgabe fuer Zeitraeume vorbereiten
BEGIN {
zstring="07-12 12-20 20-07"
split (zstring, zeiten)
}
....
....
END {
print "\nZeitraum                Volumen/KB"
print "------------------------------"
  for (class=1; class <=3 ; class ++) {
    printf "%-25s %4d \n", zeiten[class], int(zeitvol [class]/1024)
        }
    }
```

Wir verzichten dieses Mal auf eine Befehlszeilen-Option und geben beide Auflösungenen nacheinander aus. Hier das fertige Produkt:[7]

```
#!/bin/ksh

# http3
# Errechnet aus einer http-Logdatei das uebertragene
# Daten-Volumen in bestimmten Zeitraeumen.
# Daten klassifizieren.

logfile=./daten/fw.log
```

Listing 5.9: http3 – Daten-Volumen in bestimmten Zeiträumen

7. LINUX: statt nawk einfach awk verwenden

```
opt=$1

grep http $logfile | grep disconnect |

nawk -v opt=$opt '

    # Ausgabe fuer Zeitraeume vorbereiten
    BEGIN {
    zstring="07-12 12-20 20-07"
    split (zstring, zeiten)
    }

    {
    # Volumen
    inbytes=substr($9,4)
    outbytes=substr($10,4)
    bytes=inbytes+outbytes

    # Volumen je Stunde
    stunde=substr($3,1,2) + 0
    stundenvol[stunde] += bytes

    # Volumen je Zeitraum
    stunde=substr($3,1,2) + 0
    if ( stunde >= 7  && stunde < 12 )  class=1
    if ( stunde >= 12 && stunde < 20 )  class=2
    if ( stunde >= 20 || stunde < 7  )  class=3
    zeitvol[class] += bytes
    }

    # Ausgabe
    END {
    print "\nZeitraum            Volumen/KB"
    print "------------------------------"
      for (class=1; class <=3 ; class ++) {
        printf "%-25s %4d \n", zeiten[class], int(zeitvol[class]/1024)
        }
    print "------------------------------"
      for ( st=0; st <=23; st ++) {
        printf "%02d-%02d %19s %4d \n",st,st+1,"",int(stundenvol[st]/1024)
        summe += stundenvol[st]
        }
      print "                       -------"
      printf "%30d \n", int(summe/1024)
    } '
```

Listing 5.9: http3 – Daten-Volumen in bestimmten Zeiträumen(Fortsetzung)

```
mars# http3

Zeitraum              Volumen/KB
------------------------------
07-12                       2809
12-20                       7635
20-07                       1307
------------------------------
00-01                         60
01-02                         54
02-03                         45
03-04                         51
04-05                         39
05-06                         48
06-07                         91
07-08                        152
08-09                        274
09-10                        396
10-11                        763
11-12                       1221
12-13                       1374
13-14                       1099
14-15                       1130
15-16                       1282
16-17                       1068
17-18                        824
18-19                        457
19-20                        396
20-21                        366
21-22                        244
22-23                        213
23-24                         91
                         -------
                           11752
```

5.8 Mehrzeiler: Verteilte Informationen

Nicht immer findet man alle Informationen, die man für einen Datensatz benötigt, in einer Zeile. Manchmal müssen Werte aus mehreren Zeilen isoliert und kombiniert werden und diese Zeilen folgen meistens nicht einmal direkt aufeinander.

Kehren wir zu unserem Mail-Beispiel zurück. Wir hatten in den bisherigen Ansätzen interne Mails außer Acht gelassen. Ausgehende Mails erkannten wir an der fremden Adresse in der `to`-, eingehende an der fremden Adresse in der `from`-Zeile. Interne Mails aber bedürfen eines Vergleichs der beiden Zeilen, denn in beiden muss die eigene Firmen-Adresse stehen. Hier noch einmal das Ergebnis unseres ersten Versuches:

```
mars# maill
Mails:  in: 71   out: 48   intern: ?
mars#
```

Der Clou besteht nun darin, die richtigen Zeilen miteinander in Verbindung zu bringen, denn auch hier folgen sie nicht direkt aufeinander. Kein triviales Problem!

```
Aug 8 15:36:06 firewall sendmail[17178]: PAA17178: from=<claris@emory.edu>,
size=1645, class=0, pri=31645, nrcpts=1,
msgid=<3.0.1.32.20000808095230.006a995c@pop3.service.emory.edu>,relay=fw@local
host
......
......
Aug 8 15:36:07 firewall sendmail[17179]: PAA17178: to=<bunde@saruman.de>,
delay=00:00:01, xdelay=00:00:01, mailer=relay, relay=commy.saruman.de.
[172.17.7.1], stat=Sent (PAA10512 Message accepted for delivery)
```

Wir müssen bei solchen Problemen immer nach einem verbinden Glied Ausschau halten. In diesem Fall handelt es sich um die ID in Feld Nr. 6, z.B. PAA17178. Nur wenn in beiden Zeilen mit der gleichen ID die eigene Firmen-Adresse auftaucht, handelt es sich um eine interne Mail. Allerdings folgen beide Zeilen nicht unmittelbar aufeinander. Wie geht man mit dieser Schwierigkeit um? Man könnte zunächst Informationen aus der ersten Zeile sammeln und immer dann, wenn die zweite passende Zeile auftaucht, entscheiden und den entsprechenden Zähler heraufsetzen. Ein solches Vorgehen führe in unserem speziellen Fall noch zum Erfolg, prinzipiell ist es jedoch zu aufwändig und fehleranfällig.

Normalerweise geht man solche Probleme mittels zwei getrennten Durchläufe an. Im ersten Durchlauf merken wir uns die Absender und die Adressaten für jede einzelne ID. Erneut verwenden wir assoziative Arrays: eines für from-, eines für to-Zeilen, mit der ID als Index.

```
nawk '
    /sendmail.*from=/ { from[$6]=$7 }
    /sendmail.*to=/   { to[$6]=$7 }
    ...
```

Im zweiten Durchlauf bringen wir dann die in beiden Arrays gespeicherten Daten miteinander in Verbindung. Da awk nur einen Durchlauf im Hauptgang absolviert, müssen wir für die zweite Schleife auf den End-Block ausweichen.

```
END {
 for ( id in from ) {
   if ( to[id] ~ /\./  &&  to[id] !~ /saruman.de/ ) { raus ++ }
   if ( from[id] ~ /\./  &&  from[id] !~ /saruman.de/ ){ rein ++ }
   if ((from[id] !~ /\./ || from[id] ~ /saruman.de/) && \
       (to[id] !~ /\./ || to[id] ~ /saruman.de/)) { intern ++ }
   }
}
```

Wie Sie sehen, haben wir als eigene Adresse sowohl saruman.de als auch simple Adressen ohne Punkt gelten lassen. Fremde Adressen verraten sich dadurch, dass sie einen Punkt, aber nicht saruman.de enthalten. Für die Ausgabe verwenden wir einen zweiten END-Block. Genauso gut hätten wir alles in einen einzigen END-Block packen können. [8]

8. LINUX: statt nawk einfach awk verwenden

```
#!/bin/ksh

# mail3
# Zaehlt getrennt ein- und ausgehende Mails.
# Komplexe Version: Vergleich von from- und to-Zeilen.
# Mehr-Zeilen-Problem

logfile=./daten/fw.log

nawk '
    /sendmail.*from=/ { from[$6]=$7 }
    /sendmail.*to=/   { to[$6]=$7 }

    END {
     for ( id in from ) {
       if ( to[id] ~ /\./  &&  to[id] !~ /saruman.de/ ) { raus ++ }
       if ( from[id] ~ /\./  &&  from[id] !~ /saruman.de/ ){ rein ++ }
       if ((from[id] !~ /\./ || from[id] ~ /saruman.de/) && \
           (to[id] !~ /\./ || to[id] ~ /saruman.de/)) { intern ++ }
       }
     }

    END { "date +\"%d.%m.%y %H:%M\"" | getline datum
         print datum
          format="Mails:  in: %d   out: %d   intern: %d \n"
          printf format, rein, raus, intern }
    ' $logfile
```

Listing 5.10: mail3 – Mails zählen – Vergleich von Zeilen

```
mars# mail3
26.05.02 11.13
Mails:  in: 71   out: 48   intern: 42
mars#
```

Die gleiche Methode können wir anwenden, um die durch E-mails übertragene Datenmenge zu bestimmen und dabei ebenfalls interne Mails zu berücksichtigen. Hier also die zu `mail2` passende Luxus-Variante `mail4`. [9]

```
#!/bin/ksh

# mail4
# Summiere die Groessen fuer ein- und ausgehende Mail.
# Komplexe Version: Vergleich von from- und to-Zeilen.
# Mehr-Zeilen-Problem
```

Listing 5.11: mail4 –Mail-Volumen summieren –Vergleich von Zeilen

9. LINUX: statt nawk einfach awk verwenden

```
logfile=./daten/fw.log

nawk '
    /sendmail.*from=/ { from[$6]=$7 ; size[$6]=substr($8,6)}
    /sendmail.*to=/   { to[$6]=$7 }

    END {
     for ( id in from ) {

       # Wenn Mail an fremde Domaene geht: -> raus
       if ( to[id] ~ /\./  &&  to[id] !~ /saruman.de/ ) {
            raus ++
            sumraus += size[id]
         }

       # Wenn Mail von fremder Domaene kommt: -> rein
       if ( from[id] ~ /\./  &&  from[id] !~ /saruman.de/ ){
            rein ++
            sumrein += size[id]
         }

       # Interne Mail kommt von eigener und geht an eigene Domaene.
       if ((from[id] !~ /\./ || from[id] ~ /saruman.de/) && \
           (to[id] !~ /\./ || to[id] ~ /saruman.de/)) {
            intern ++
            sumintern += size[id]
          }
       }
     }

    END { "date +\"%d.%m.%y %H:%M\"" | getline datum
       print datum
        format="Mails: in: %d / %d kB   out: %d / %d kB"
        format=format"   intern: %d / %d kB\n"
        printf format, rein, int(sumrein/1024),
        raus, int(sumraus/1024), intern, int(sumintern/1024)
        }
    ' $logfile
```

Listing 5.11: mail4 –Mail-Volumen summieren –Vergleich von Zeilen(Fortsetzung)

```
mars# mail4
26.05.02 11.13
Mails: in: 71 / 1687 kB   out: 48 / 1972 kB   intern: 42 / 386 kB
mars#
```

5.9 Mehrzeiler: Zeilen-Umbrüche

Gelegentlich hat man mit Logdateien zu kämpfen, bei denen eigentlich zusammengehörende Zeilen in mehrere Zeilen aufgesplittet sind. So etwas kann durch ein schlecht geschriebenes Logging-Modul oder durch einen schlecht gelaufenen Datei-Transfer verursacht werden, oder einfach dadurch, dass immer mehrere Logzeilen, die eine logische Einheit bilden, streng aufeinander folgen.

```
Aug 8 00:34:30 firewall sendmail[16909]: PAA16909: from=root, size=6427,
class=0, pri=36427, nrcpts=1, msgid=<200008081334.PAA16909@saruman.de>,
relay=root@localhost
Aug 8 00:34:32 firewall sendmail[16910]: PAA16909: to=www@sancho, ctladdr=root
(0/0), delay=00:00:02, xdelay=00:00:02, mailer=smtp, relay=sancho.saruman.de.
[172.17.7.6], stat=Sent (PAA27356 Message accepted for delivery)
Aug 8 00:36:06 firewall sendmail[17178]: PAA17178: from=<claris@emory.edu>,
size=1645, class=0, pri=31645, nrcpts=1,
msgid=<3.0.1.32.20000808095230.006a995c@pop3.service.emory.edu>,relay=fw@local
host
```

Dieses Mal scheinen die Zeilen nicht nur durch Newlines unterbrochen zu sein, sie sind es auch. Nun droht es kompliziert zu werden, denn übertragenes Volumen, Mail-ID und Adressat stehen nicht mehr in der gleichen Zeile. Am einfachsten ziehen wir uns in solchen Fällen aus der Affäre, wenn wir zusammenfügen was zusammengehört –in einem separaten, vorgeschalteten awk-Sript.

```
nawk ' {
        if ( $3 ~ /^..:..:..$/ ) {
           if ( NR != 1 ) print line
           line=$0
           }
        else { line=line" "$0}
        }
        END { print line }
      ' $logfile  > $logfile.tmp
```

Die Übersetzung in unsere Sprache lautet: Hänge die aktuelle Zeile an die Variable `line` an, wenn es sich nicht gerade um eine Zeile mit einer Uhrzeit in Feld 3 handelt (`else`-Zweig). Findest du aber eine solche Zeile, dann drucke die Variable `line` aus, denn in diesem Fall ist die vorherige logische Zeile vollständig. Beginne die Variable `line` wieder mit der aktuellen Zeile.

Haben wir die Fragmente erst einmal wieder zu vernünftigen Zeilen zusammengefügt, werten wir die resultierende Datei exakt so aus, wie wir es bereits gesehen haben. Der Rest des Skriptes unterscheidet sich daher nicht von der vorherigen Version. [10]

```
#!/bin/ksh

# mail5
# Summiere die Groessen fuer ein- und ausgehende Mail.
# Komplexe Version: Vergleich von from- und to-Zeilen.
# Mehr-Zeilen-Problem
```

Listing 5.12: mail5 –Mail-Volumen summieren –Zeilen-Umbrüche

10. LINUX: statt nawk einfach awk verwenden

```
# Logzeilen auf mehrere Zeilen aufgeteilt.

logfile=./daten/mail5.log       # Mails isoliert und zerhackt

nawk ' {
       if ( $3 ~ /^..:..:..$/ ) {
          if ( NR != 1 ) print line
          line=$0
          }
       else { line=line" "$0}
       }
       END { print line }
     ' $logfile  > $logfile.tmp

nawk '
    /sendmail.*from=/ { from[$6]=$7 ; size[$6]=substr($8,6) }
    /sendmail.*to=/   { to[$6]=$7 }

    END {
     for ( id in from ) {

       # Wenn Mail an fremde Domaene geht: -> raus
       if ( to[id] ~ /\./  &&  to[id] !~ /saruman.de/ ) {
            raus ++
            sumraus += size[id]
          }

       # Wenn Mail von fremder Domaene kommt: -> rein
       if ( from[id] ~ /\./  &&  from[id] !~ /saruman.de/ ){
            rein ++
            sumrein += size[id]
          }

       # Interne Mail kommt von eigener und geht an eigene Domaene.
       if ((from[id] !~ /\./ || from[id] ~ /saruman.de/) && \
           (to[id] !~ /\./ || to[id] ~ /saruman.de/)) {
            intern ++
            sumintern += size[id]
           }
       }
     }

    END { "date +\"%d.%m.%y %H:%M\"" | getline datum
       print datum
        format="Mails: in: %d / %d kB   out: %d / %d kB"
```

Listing 5.12: mail5 –Mail-Volumen summieren –Zeilen-Umbrüche(Fortsetzung)

```
        format=format"   intern: %d / %d kB\n"
        printf format, rein, int(sumrein/1024),
        raus, int(sumraus/1024), intern, int(sumintern/1024)
        }
    ' $logfile.tmp
```

Listing 5.12: mail5 –Mail-Volumen summieren –Zeilen-Umbrüche(Fortsetzung)

```
mars# mail5
26.05.02 19.44
Mails: in: 71 / 1687 kB   out: 48 / 1972 kB   intern: 42 / 386 kB
mars#
```

5.10 Zugriff auf eine laufende Logdatei

Üblicherweise verarbeitet man eine Logdatei offline, also nachdem sie geschrieben wurde. Datenbanken schreiben Logdateien oft im Tages-Rhythmus, erstellen also jeden Tag eine neue Datei, sodass man die Datei des Vortages verarbeiten kann. Oft, aber nicht immer. Was kann man tun, wenn die Logdatei fortlaufend geschrieben wird oder das vorgegebene Intervall zu groß ist? Wie kann man eine noch laufende Logdatei auswerten?

Die einfachste Herangehensweise besteht sicherlich darin, durch `mv` die Logdatei der Datenbank zum gewünschten Zeitpunkt zu entziehen. Diese beginnt dann eine neue Datei und wir haben eine ruhende Datenbasis zur Auswertung.

```
#!/bin/ksh

# movelog1
# Logdatei in einen definierten Zustand bringen
# Per cron regelmaessig umbenennen

logdir=./logs
cd $logdir
mv $1 $1.`date +%m.%d.%H:%M`
```

Listing 5.13: movelog1 –Logdatei in ruhenden Zustand bringen: mv

Per `cron` würden wir dieses Mini-Programm durch "`movelog1 logfile`" regelmäßig aufrufen. Wir erhalten eine durch das aktuelle Datum gekennzeichnete Version der Logdatei.

> **WICHTIG**
>
> Wenn Sie den `mv`-Befehl direkt in `cron` einbauen und das `date`-Kommando wie hier gezeigt verwenden, müssen alle %-Zeichen durch einen Backslash geschützt werden. Cron interpretiert das %-Zeichen und übergibt dem aufrufenden Programm alles hinter % als Standard-Input.

Dieses einfache Verfahren, der Logdatei einen neuen Namen zu geben, hat allerdings einen Haken: Nicht alle Programme akzeptieren das Verschwinden der Logdatei und legen automatisch eine neue an. Sie können auf diese Art das Logging oder sogar das gesamte Programm zum Stillstand bringen. Halten wir also Ausschau nach Alternativen. Wir müssten sofort nach dem Verschieben der Datei eine neue, leere Log-Datei erstellen. Aber auch in diesem Fall ist es nur eine Frage der Zeit, bis das schreibende Programm in die Zeit zwischen Entfernen und Neuerstellen trifft. Sicher wäre allerdings ein Vorgehen in umgekehrter Reihenfolge: Wir erstellen zuerst eine neue Version und verschieben die alte dann anschließend. Da man aber keine Datei mit einem Namen erstellen kann, den es bereits gibt, behelfen wir uns mit einem Hardlink.

```
#!/bin/ksh

# movelog2
# Sicheres Umbenennen durch ln statt move

logfile=file.log
logdir=./logs
cd $logdir

newfile="log.`date +%m.%d.%H:%M`"           # Hier landen die Daten
touch $newfile
ln $newfile $logfile                        # Logfile umlenken
```

Listing 5.14: movelog2 –Sicheres Umbenennen einer Logdatei durch ln

Wir erstellen also zunächst eine neue, leere Datei. Dann lenken wir das alte Logfile auf die neue Datei durch einen Hardlink um. Der Dateiname des Logfiles bleibt dadurch immer gleich, das schreibende Programm wird keine Veränderung bemerken. Doch hinter dem Namen verbergen sich immer neue Inodes und neue Blöcke, die die Daten aufnehmen.

```
mars# ls -li
total 35
264359 -rw-r--r--   2 root   other    17452 May 27 12:32 file.log
.....
mars# movelog2
mars# ls -li
total 84
264361 -rw-r--r--   2 root   other    21333 May 27 12:33 file.log
264361 -rw-r--r--   2 root   other    21333 May 27 12:33 log.05.27.12:31
.....
mars# movelog2
mars# ls -li
total 124
264363 -rw-r--r--   2 root   other    15370 May 27 12:35 file.log
264361 -rw-r--r--   1 root   other    30033 May 27 12:34 log.05.27.12:31
264363 -rw-r--r--   2 root   other    15370 May 27 12:35 log.05.27.12:34
.....
mars# movelog2
mars# ls -li
total 164
264366 -rw-r--r--   2 root   other     7965 May 27 12:37 file.log
264361 -rw-r--r--   1 root   other    30033 May 27 12:34 log.05.27.12:31
264363 -rw-r--r--   1 root   other    36681 May 27 12:36 log.05.27.12:34
264366 -rw-r--r--   2 root   other     7965 May 27 12:37 log.05.27.12:36
```

WICHTIG

Übrigens führt unsere Aktion zu keiner Mehrbelastung des Systems. Das Linken ist ein minimaler Vorgang innerhalb des Dateisystems, der im Bruchteil einer Sekunde geschieht.

Ein kleines Problem stellt sich noch. Wenn das Logging bereits läuft, verlieren wir die Daten, die bis zum Start unseres Skriptes bereits entstanden sind, denn das bisherige Logfile besitzt kein Datums-Suffix. Deshalb führen wir einmalig einen weiteren Link-Vorgang durch, in dem wir einen zweiten Dateinamen erzeugen, der auf die gleichen ursprünglichen Daten zeigt.

```
newfile="log.`date +%m.%d.%H:%M`"                # Hier landen die Daten
ln $logfile $newfile                             # Bisheriges Logfile
```

Dieser einmalige Link verläuft in umgekehrter Richtung! Führen Sie diese Aktion ein einziges Mal manuell aus und lassen Sie das regelmäßige Umlenken per `cron` erledigen.

5.11 Komprimieren und Archivieren

Nichts wie weg mit den Daten, denkt man sich als System-Administrator angesichts gigabyteschwerer Logfiles. Aus rechtlichen Gründen oder einfach aus Vorsicht möchte man die Original-Logdaten meistens zwar aufbewahren, allerdings so Platz sparend wie möglich und außerhalb des Systems. Also komprimiert man sie und schreibt sie auf Bänder. Parallel dazu möchte man aus den Daten die wichtigsten Informationen herausfiltern und weiterverarbeiten, z.B. Statistiken erstellen. Diese reduzierten Daten sollen innerhalb des Systems gespeichert werden, da man erwartet, auf sie häufig zurückgreifen zu müssen.

Wenn Sie sozusagen offline arbeiten, das Logfile also nicht mehr aktiv ist, gibt es überhaupt keine Probleme. Auf irgendeine Art müssen Sie sich den Namen der zu verarbeitenden Logdatei beschaffen, dann komprimieren Sie sie, schreiben sie auf Band und rufen das Verarbeitungs-Skript auf.

```
band=/dev/rmt/0n
gzip -c $logfile >$logfile.gz
tar -cf $band $logfile.gz
```

Hier wurde `gzip` verwendet, aber jedes andere Kompressions-Programm tut es natürlich auch. Die Pseudo-Datei `0n` steht für das erste Band-Laufwerk des Systems, welches ohne automatisches Zurückspulen angesprochen wird (n für norewind). So können mehrere Sicherungen hintereinander auf das gleiche Band erfolgen. Möchten Sie automatisch zurückspulen (manuell: `mt rewind`), verwenden Sie die Datei `/dev/rmt/0`. Sie können auch in einem Durchgang komprimieren und archivieren.

```
gzip -c $logfile > $band
```

Wichtig ist, dass Sie das Original der Logdatei zunächst bewahren. Schreiben Sie also nicht einfach "`gzip $logfile`", da dadurch das Original durch die komprimierte Fassung überschrieben wird. Denn als zweiten Schritt wollen wir ja Statistiken oder dergleichen erstellen. Erst danach wird die Logdatei entfernt.

```
# Weiterverarbeitung
logfilter $logfile                               # Beliebige Verarbeitung


# Aufraeumen
rm $oldfile
```

Wir haben die weitere Verarbeitung durch das Skript `logfilter` hier nur symbolisch angedeutet, da wir uns mit diesem Thema ja bereits ausgiebig in früheren Kapiteln beschäftigt hatten.

Wenn wir Komprimierung, Archivierung und Weiterverarbeitung gleich an das Umbenennen des Logfiles anschließen möchten, wie wir es in movelog2 gesehen haben, erhalten wir das unten abgebildete Skript. Den Namen des aktuellen Logs können wir beispielsweise über `ls -t` ermitteln, da es ja die neueste im Verzeichnis vorhandene Log-Datei sein müsste (wenn nicht sogar die einzige).

```
#!/bin/ksh

# movelog3
# Komprimieren der Teil-Dateien und Archivieren auf Band
# Logs weiterverarbeiten

logfile=file.log
logdir=./logs
cd $logdir
band=/dev/rmt/0n                                # no-rewind

oldfile=`ls -t log.*| head -1`                  # Laufendes, neustes Logfile
newfile="log.`date +%m.%d.%H:%M`"               # Neue Daten
touch $newfile
ln $newfile $logfile                            # Logfile umlenken

# Komprimieren und archivieren
gzip -c $oldfile >$oldfile.gz                   # -c um Original zu erhalten
tar -cf $band $oldfile.gz
# oder direkt: gzip -c $oldfile > $band

# Weiterverarbeitung
# logfilter $oldfile                            # Beliebige Verarbeitung

# Aufraeumen
rm $oldfile
```

Listing 5.15: movelog3 – sicheres Umbenennen, Komprimieren, Archivieren

5.12 Logfiles blockweise abarbeiten

Zur Abwechselung einmal etwas Exotisches. Gelegentlich benötigt man Teile einer großen Datei, ohne dass man sie komplett einlesen möchte – meist weil es zu lange dauern würde. read, sed, grep oder awk lesen eine Datei immer von der ersten bis zur letzten Zeile, tail eventuell auch von hinten nach vorn, aber ebenfalls sequenziell. Gibt es dennoch eine Möglichkeit, nur einen bestimmten Block aus einer Datei herauszukopieren?

Die gibt es und das dazu notwendige Tool heißt dd. Der folgende Befehl kopiert einen Block der Größe `$blocksize` (in Bytes) aus der Datei `$logfile` in eine temporäre Datei. Über die Option `-iseek` kann man bestimmen, auf den wievielten Block man zugreifen möchte.

```
dd if=$logfile bs=$blocksize iseek=$n count=1  > $tmpfile.$n
```

Unangenehm ist natürlich, dass auf diese Art zufällig ein Startpunkt mitten in der Zeile erwischt wird. Schön wäre es, wenn wir den Schnitt genau an den Zeilenanfang legen könnten und die temporäre Datei auch mit einem Zeilenende abschließen würden.

Durch `tail +2` erhalten wir unsere Datei erst ab der zweiten Zeile, wodurch das Fragment am Anfang der Datei verschwindet. Um den Schnitt am Ende zu realisieren, bestimmen wir die Anzahl `nlines` der Zeilen und geben nur die ersten `nlines-1` Zeilen aus. Das "`-1`" können wir uns sogar sparen, wenn wir den zweiten Schritt vor dem ersten machen.

```
dd if=$logfile bs=$blocksize iseek=$n count=1 >$tmpfile
nlines=`wc -l $tmpfile | awk '{print $1}'`
head -$nlines $tmpfile | tail +2
```

Sehen wir uns das Ergebnis für eine kleine Demo-Logdatei an.

```
mars# dd if=file.log bs=50 iseek=20 count=1 >file.tmp
1+0 records in
1+0 records out
mars# more file.tmp
8
Mon May 27 12:39:14 MET DST 2002 Typ: b - Meldung Nr. 1819
Mon May 27 12:39:14 MET DST 2002 Typ: c - Meldung Nr. 1820
Mon May 27 12:39:15 MET DST 2002 Typ: a - Meldung Nr. 1821
......
......
Mon May 27 12:39:21 MET DST 2002 Typ: b - Meldung Nr. 1849
Mon May 27 12:39:21 MET DST 2002 Typ: c - Meldung Nr. 1850
Mon May 27 12:39:22 MET DST 2002 Typ: a - Meldung Nr. 1851
Mon May 27 12:39:22 MET DST 2002 Typ: b - Meldung N
mars#
mars# nlines=`wc -l file.tmp | awk '{print $1}'`
mars# head -$nlines file.tmp | tail +2 >file.tmp2
mars#
mars# more file.tmp2
Mon May 27 12:39:14 MET DST 2002 Typ: b - Meldung Nr. 1819
Mon May 27 12:39:14 MET DST 2002 Typ: c - Meldung Nr. 1820
Mon May 27 12:39:15 MET DST 2002 Typ: a - Meldung Nr. 1821
......
......
Mon May 27 12:39:21 MET DST 2002 Typ: b - Meldung Nr. 1849
Mon May 27 12:39:21 MET DST 2002 Typ: c - Meldung Nr. 1850
Mon May 27 12:39:22 MET DST 2002 Typ: a - Meldung Nr. 1851
mars#
```

WICHTIG

Bedenken Sie, dass Sie auf diese Weise in Sekundenschnelle auf jeden beliebigen Teil einer Gigabytes großen Logdatei zugreifen können, wenn Sie nur irgendeinen Anhaltspunkt besitzen, wo ungefähr die interessanten Daten stehen könnten.

Wir schließen dieses Problemfeld mit einem Skript ab, das die Größe einer Logdatei überwacht und immer dann, wenn sie um einen bestimmten Betrag gewachsen ist, die neu hinzugekommenen Logs in eine separate Datei kopiert. Wir gehen von einer sehr großen und schnell wachsenden Logdatei aus, sodass wir nicht mit `tail`, `head` oder `wc -l` arbeiten können (`head` und `tail` sind zu langsam, `wc -l` liefert Ergebnisse, die eine Sekunde später wieder falsch sind). Stattdessen verwenden wir die oben dargestellte Methode. [11]

```
#!/bin/ksh

# ddlog
# Kopiert sukzessive immer einen beliebig grossen Block
# aus einer wachsenden Logdatei in eine stillhaltende kleine Datei.
# Achtet darauf, dass immer am Zeilen-Anfang und -Ende geschnitten wird.

logfile=file.log
tmpfile=file.tmp
blocksize=20000
n=1
cd ./logs

while true
do
  filesize=`ls -l $logfile | awk '{print $5}'`
  if (( $filesize > $n*$blocksize )) ; then

    # Block kopieren
    # Datei enthaelt bereits das End-Fragment des letzten Blocks
    dd if=$logfile bs=$blocksize iseek=$((n-1)) count=1  >> $tmpfile.$n

    # Das Fragment der letzten Zeile in die naechste Datei schreiben
    tail -1 $tmpfile.$n > $tmpfile.$((n+1))

    # Das Fragment der letzten Zeile entfernen
    nlines=`wc -l $tmpfile.$n | awk '{print $1}'`
    head -$nlines $tmpfile.$n > tmp.tmp
    mv tmp.tmp $tmpfile.$n

    # Verarbeitung
    # Eventuell hier nun $tmpfile.$n verarbeiten

    # Eventuell wieder Loeschen
    # rm $tmpfile.$n
    n=$((n+1))
```

Listing 5.16: ddlog – mit dd eine laufenden Logdatei zerlegen

11. LINUX: dd kennt hier die Option iseek nicht. Verwenden Sie skip: skip=$((n-1))

```
    fi
    sleep 300              # Kontrolliere alle 5 Minuten
done
```

Listing 5.16: ddlog – mit dd eine laufenden Logdatei zerlegen(Fortsetzung)

5.13 Große Logfiles und Named Pipes

Wir bleiben bei der Problematik großer und schnell wachsender Logdateien. Solche Protokolldateien konfrontieren uns mit zwei prinzipiellen Schwierigkeiten. Einerseits droht der verfügbare Festplatten-Platz ständig vollzulaufen, was einen Stillstand des Loggings und damit wahrscheinlich auch des eigentlichen Programms zur Folge hätte. Und andererseits kommt man mit der Verarbeitung der Logs nicht mehr nach. Das Reduzieren, Durchsuchen und Analysieren der Daten droht mehr Zeit in Anspruch zu nehmen, als bis zum Auftauchen der nächsten Datei zur Verfügung steht. In extremen Fällen werden Logdaten sogar schneller produziert, als sie überhaupt auf die Festplatte geschrieben werden können. Wie kann man sich in solchen Situationen behelfen?

Die reine Größe der Daten bekommt man am ehesten dadurch in den Griff, dass man sie schnellstmöglich von der Festplatte entfernt, komprimiert und auf Band schreibt. Wir haben im vorletzten Kapitel gesehen, wie das funktioniert.

Die Geschwindigkeit der Weiterverarbeitung kann gesteigert werden, indem man sorgfältig programmiert und vor allem keine unnötigen Programm-Aufrufe innerhalb von Schleifen einbaut. Auch der Einsatz von Perl- anstelle von Shell-Skripten bringt einen Performance-Schub.

Doch was, wenn diese Maßnahmen nicht genügen? Dann muss es darum gehen, die Datenmenge in einem möglichst frühen Stadium zu reduzieren. Bei einem gewöhnlichen Programm würden Sie eine Pipe an die Standard- oder Fehler-Ausgabe anhängen und zum Beispiel über `grep` die wichtigen von den unwichtigen Logdaten trennen.

```
programm 2>&1 | egrep 'connect|bytes|error' >file.log
```

Ihre Datenbank wird die Logdaten aber kaum auf einem der beiden Standardkanäle ausgeben, sondern in eine Datei, deren Namen in der Konfigurations-Datei festgelegt ist. Die Daten landen in einer Datei, wie kann man da noch eine Pipe dazwischenschieben?

Die Lösung liegt in der Verwendung einer Named Pipe. Named Pipes sehen für Programme aus wie gewöhnliche Dateien, sie haben einen Dateinamen, sind in einem Verzeichnis eingetragen und lassen sich wie jede andere Datei ansprechen. In Wirklichkeit handelt es sich jedoch um einen Puffer-Bereich im Arbeitsspeicher, eine FIFO, in die hineingeschrieben und aus der wieder gelesen werden kann. Beinahe also eine ganz normale Pipe. Die Ausgabe eines Programms, das in diese Datei schreibt, wird zur Eingabe eines anderen umgeleitet, das aus der Datei liest – ohne Festplatten-Beteiligung!

Named Pipes lassen sich sehr einfach über `mknod` erstellen.

```
mars# mknod file.log p
mars#
mars# ls -l
prw-r--r--   1 root     other            0 May 27 17:35 file.log
mars#
```

Das Logdaten schreibende Programm kann die Named Pipe nicht von einer gewöhnlichen Datei unterscheiden. Wir erstellen also statt einer gewöhnlichen Datei `file.log` eine Named Pipe gleichen Namens. Alle Daten, die in diese Pseudo-Datei geschrieben werden, puffert das System im Speicher und stellt sie lesenden Prozessen zur Verfügung.

Über ein Shell-, oder awk-Skript können wir die eingehenden Daten nun auslesen, filtern und die so reduzierten Daten in einer gewöhnlichen Datei speichern. [12]

```
#!/bin/ksh

# vorfilter
# Filtert die Original-Logdaten und gibt nur wichtige Zeilen weiter
# programm -> pipe -> datei -> weitere Skripten

inpipe=file.log
outfile=out.log
cd ./logs

nawk '
     # Hier beliebig komplexe Filter-Befehle einbauen.
     /connect/ {if (substr($4,5) != "saruman.de") {print} }
     ' $inpipe > $outfile
```

Listing 5.17: vorfilter – filtert Logdaten über eine Named Pipe

In diesem Beispiel werden Logzeilen, die kein `connect` enthalten oder von `saruman.de` stammen, die Festplatte nie berühren!

WICHTIG

Der schreibende Prozess hängt so lange, bis wenigstens ein Prozess aus der Pipe liest. Starten Sie also Ihr Skript immer gleich in Zusammenhang mit dem ursprünglichen Programm.

VORSICHT

Vorsicht vor Broken Pipes. Genau wie bei gewöhnlichen Pipes bricht das schreibende Programm ab, wenn sich der lesende Prozess beendet. Sorgen Sie also immer dafür, dass mindestens ein Prozess aus der Datei liest. Dies muss nicht unbedingt derjenige sein, der die Pipe auf der lesenden Seite geöffnet hat.

WICHTIG

Es dürfen beliebig viele Prozesse aus einer Named Pipe lesen. Bei Performance-Problemen helfen eventuell mehrere lesende Prozesse.

VORSICHT

Der lesende Prozess (oder die lesenden Prozesse in ihrer Summe) muss/müssen schneller arbeiten als der schreibende, sonst entsteht ein Stau im Puffer. Da dieser nur 5 oder 9 KB groß ist (systemabhängig, nicht konfigurierbar), läuft er schnell voll. Der schreibende Prozess verlangsamt sich dann auf das Tempo des lesenden. Er bricht allerdings nicht ab. Mit mehreren Named Pipes und einem vorgeschalteten einfachen Skript erhalten Sie entsprechend mehr Puffer.

12. LINUX: statt nawk einfach awk verwenden

5.14 Archivieren über Named Pipes

Durch den Einsatz von Named Pipes können große und schnell wachsende Logfiles praktisch vollkommen von der Festplatte ferngehalten werden. Auch Daten, die einen eventuell vorgeschalteten Filter passieren, müssen nicht auf der Harddisk landen.

Im folgenden Beispiel wollen wir den Datenstrom eines loggenden Programms über eine Named Pipe lesen, komprimieren und auf Band archivieren. Die größte technische Schwierigkeit wird darin bestehen, sinnvolle Paketgrößen zu schneidern. Der Rest ist einfach, da sich Named Pipes ja wie normale Dateien ansprechen lassen.

Wir stellen uns wieder vor, eine FIFO über `"mknod file.log p"` eingerichtet zu haben, die dem schreibenden Programm als Logdatei untergejubelt wird.

Über eine `while`-Schleife lesen wir Zeile für Zeile ein.

```
exec 3< file.log

while true
do
  read line <&3
  # irgend etwas mit $line tun
  echo $line
done
```

Das Einrichten eines Filedescriptors ist nicht wirklich nötig (`done<file.log` tut das Gleiche), dafür aber professionell. ;-)

Die Ausgabe komprimieren wir wie bereits in movelog3 mit `gzip` und archivieren das Ganze auf Tape.

```
...
done |
gzip  > log.$datum.gz
tar -cf $band log.$datum.gz
```

Im Unterschied zum damaligen Programm haben wir jedoch keine fertigen Dateien zu komprimieren, sondern einen Datenstrom, der per se nie abbricht. Wir müssen daher selbst Datei-Abschlüsse schaffen, eine Art Paketierung einbauen, welche, wie bereits angedeutet, ein wenig Arbeit macht.

Als Kriterium, wann wir den Datenstrom unterbrechen, ist vieles denkbar: Eine bestimmte Anzahl von Zeilen, das Auftauchen bestimmter Inhalte in den Logzeilen oder zeitliche Begrenzungen. Wir entscheiden uns hier für Letzteres. Wir werden alle 60 Minuten eine neue Datei auf Band schreiben.

Die laufende Minute des aktuellen Tages erhalten wir über

```
set `date +'%H %M'`
minute=$(( $1*60 + $2 ))
```

Wir lesen und schreiben so lange, bis sich die ursprüngliche Minutenzahl um 60 erhöht hat. `$start` enthält im folgenden Schnipsel die Start-Minute des momentanen Pakets.

```
while (($minute < $start + 60))
do
  read line <&3
  echo $line
  set `date +'%H %M'`
```

```
    minute=$(( $1*60 + $2 ))
  done  |
  .....
```

Sind die 60 Minuten abgelaufen, wird ein neues Paket geschnürt und die Start-Minute auf den aktuellen Wert gesetzt. Hier nun das komplette Skript.

```
#!/bin/ksh

# pipelog1
# Liest aus einer Named Pipe
# Komprimieren der Teil-Dateien und Archivieren auf Band
# ohne Weiterverarbeitung

intervall=60                        # Sample-Zeit in Minuten
logpipe=file.log
band=/dev/rmt/0n                    # no-rewind
cd ./logs

# Ankoppeln an die Named Pipe
exec 3<$logpipe

while true
do
  set `date +'%H %M'`
  start=$(( $1*60 + $2 ))
  minute=$start
  datum=`date +%m.%d.%H:%M`

  while (($minute >= $start)) && (($minute < $start + $intervall))
  do
    read line <&3
    echo $line
    set `date +'%H %M'`
    minute=$(( $1*60 + $2 ))
  done  |

  # Komprimieren und Archivieren
  gzip  > log.$datum.gz
  tar -cf $band log.$datum.gz
  rm log.$datum.gz
  # oder direkt: gzip > $band ; echo log.$datum.gz > protokoll
done
```

Listing 5.18: pipelog1 – Paketierung, Kompression und Archivierung über Named Pipes

Wie Sie sehen, haben wir das Paket-Intervall flexibel gehalten. Außerdem brechen wir ein Paket am Ende eines Tages ab und beginnen ein neues. Wenn Sie das stört, müssen Sie auch den aktuellen Jahrestag (`date +%j`) in die Rechnung der aktuellen Minute mit einbeziehen.

VORSICHT

Auf der Festplatte befinden sich lediglich die komprimierten Daten des aktuellen Paketes. Wenn Sie `gzip` und `tar` über eine Pipe verbinden, können Sie sogar dies vermeiden.

Wir lesen die Original-Daten über eine `while`-Schleife ein. Wie Sie wissen, sind `while`-Schleifen ihrerseits eher langsam. Während die äußere der beiden Schleifen kein Problem darstellt, könnte uns die innere ausbremsen, wenn die Daten hereinrauschen. An ihrer Stelle benötigt man dann ein `awk`- oder `perl`-Skript. Wenn keine weitere Verarbeitung benötigt wird, verwendet man direkt und alleine die Befehle `gzip` und `tar`.

Zum Vergleich (Solaris auf i86): Wenn man mit einer `while`-Schleife 1-2 MB/s verarbeiten kann, schafft es `awk` auf etwa 4, `perl` auf 15, `sed` auf 17 und `grep` auf 20 MB/s. Das sind grobe Vergleiche. Für die absoluten Werte spielen Prozessor, Taktrate, Zeilenlänge und die genauen Instruktionen eine Rolle. Doch zum Vergleich der Tools sind die Werte durchaus tauglich.

Wie Sie ebenfalls sehen, brauchen Sie sich auch bei einer `while`-Schleife normalerweise keine Gedanken über einen Engpass zu machen – solange Sie Named Pipes verwenden, natürlich. Mit einer while-Schleife von der Festplatte zu lesen ist bei der Verarbeitung von Logfiles hingegen absolut undenkbar (siehe `while`-Schleife in Kapitel 2).

Bisher enthält unser Skript noch keine weiterverarbeitenden Befehle. Solange solche Befehle auf die Daten angewendet werden sollen, die es anschließend auf Band zu schreiben gilt, lassen sie sich zwischen `read` und `echo` einflechten.

```
...
while (($minute >= $start)) && (($minute < $start + $intervall))
do
  read line <&3

  # Hier Zeilen filtern oder verarbeiten, z.B.
  [[ "$line" == *info* ]] && continue

  echo $line
  set `date +'%H %M'`
  minute=$(( $1*60 + $2 ))
done  |
.....
```

Statt konkrete Kommandos einzubauen, lässt sich sicherlich auch ein beliebiges Skript einbauen. Oder?

```
read line <&3

# Hier Zeilen filtern oder verarbeiten, z.B.
echo $line |  myscript |
```

Sehen Sie, wo der Hund begraben liegt? Sie rufen das Skript für jede Zeile erneut auf. Das kann unter solch extremen Umständen, über die wir gerade sprechen, hinsichtlich der Performance nie funktionieren.

Was wir hier benötigen ist eine Art Abzweigung zu einem asynchron laufendem externen Pogramm, das nur ein einziges Mal gestartet werden muss. Diesem schicken wir mit `echo` eine Zeile, welche dort verarbeitet und verändert wieder zurückgesendet wird. Genau zu diesem Zweck sind Co-Prozesse gedacht.

Vor der gleichen Problematik stehen wir, wenn die Daten, die komprimiert auf Band geschrieben werden, aus rechtlichen oder sonstigen Gründen unverändert bleiben sollen und zusätzlich Statistiken erstellt werden müssen. Ein durchaus übliches Verfahren. Auch hier benötigen wir wieder eine Abzweigung zu einem externen Programm. Im Unterschied zum obigen Fall werden wir die Zeilen jedoch nicht mehr zurücklesen.

Schreiben wir also eine Variante unseres `pipelog`-Programms für den gerade dargestellten Fall. Die Original-Daten werden archiviert, eine Kopie geht an ein weiterverarbeitendes Skript.

```
#!/bin/ksh

# pipelog2
# Liest aus einer Named Pipe
# Komprimieren der Teil-Dateien und Archivieren auf Band
# Mit Weiterverarbeitung durch Co-Prozess

intervall=60                          # Sample-Zeit in Minuten
logpipe=file.log
band=/dev/rmt/0n                      # no-rewind
cd ./logs

# Ankoppeln an die Named Pipe
exec 3<$logpipe

while true
do
  set `date +'%H %M'`
  start=$(( $1*60 + $2 ))
  minute=$start
  datum=`date +%m.%d.%H:%M`

  # Weiterverarbeitung: Co-Prozess starten
  # Dieser erhaelt die Zeilen als Kopie
  ../filter.scr |&
  exec 4>&p

  while (($minute >= $start)) && (($minute < $start + $intervall))
  do
    read line <&3
    echo $line
    set `date +'%H %M'`
    minute=$(( $1*60 + $2 ))

    # Weiterverarbeitung durch Co-Prozess
    echo $line >&4
  done  |

  # Komprimieren und Archivieren
```

Listing 5.19: pipelog2 – Named Pipes und Weiterverarbeitung durch Co-Prozess

```
    gzip  > log.$datum.gz
    tar -cf $band log.$datum.gz
    rm log.$datum.gz
    # oder direkt: gzip > $band ; echo log.$datum.gz > protokoll
done
```

Listing 5.19: pipelog2 – Named Pipes und Weiterverarbeitung durch Co-Prozess(Fortsetzung)

VORSICHT

Überflüssig zu erwähnen, dass auch hier die Festplatte kaum etwas von der ganzen Geschichte mitkriegt, wie groß das Datenvolumen auch sein mag.

5.15 Logs auf Festplatten und Hosts verteilen

Die vorgestellten Techniken lassen sich auch hervorragend dazu verwenden, Logdaten-Massen auf mehrere Festplatten, Bänder oder Rechner zu verteilen. Dadurch kann die Last der Speicherung oder Verarbeitung auf mehrere Schultern verteilt und ein eventueller Engpass vermieden werden.

Wieder sind natürlich viele Varianten denkbar. Wir knüpfen an die vorherigen Beispiele an und verwenden `pipelog1` als Vorlage, das Skript also, das über eine Named Pipe paketiert, komprimiert und archiviert.

Alles was wir nun hinzufügen, ist ein Mechanismus, der jedes n-te Paket auf Band A schreibt, jedes n+1-te auf Band B usw. Wir realisieren diese Idee über ein Array, das die unterschiedlichen Ziele speichert.

```
# Baender
set -A ziele /dev/rmt/0n /dev/rmt/1n /dev/rmt/2n
```

Für Festplatten sähe dieses Array so aus:

```
# Festplatten
set -A ziele /data1 /data2 /data2
```

Und für Rechner, deren Festplatten man per NFS mountet, genauso.

```
# NFS-gemountete Festplatten verschiedener Rechner
set -A ziele /data/mars /data/luna /data/pluto
```

Um die Pakete zu verteilen, führen wir eine laufende Nummer mit. Über die Modulo-Funktion können wir aus dieser Nummer eine Zahl erzeugen, die zwischen 1 und der Anzahl an Zielen hin- und herpendelt.

```
lfdnr=$((lfdnr+1))
nziele=${#ziele[*]}
ziel=${ziele[$((lfdnr % nziele))]}
```

Das wär's. Der Rest bleibt wie gehabt.

```
#!/bin/ksh

# pipelog3
# Aufteilung auf versch. Festplatten/Rechner/Tapes
```

Listing 5.20: pipelog3 – Aufteilung auf Festplatten, Tapes oder Rechner

```
# Liest aus einer Named Pipe
# Komprimieren der Teil-Dateien und Archivieren auf Band

intervall=60                        # Sample-Zeit in Minuten
logpipe=file.log
lfdnr=0                             # Laufende Nummer
cd ./logs

# Festplatten/Rechner(NFS)/Tapes, auf die aufgeteilt wird
set -A ziele /dev/rmt/0n /dev/rmt/1n /dev/rmt/2n

# Ankoppeln an die Named Pipe
exec 3<$logpipe

while true
do
  set `date +'%H %M'`
  start=$(( $1*60 + $2 ))
  minute=$start
  datum=`date +%m.%d.%H:%M`

  # Komprimieren und Archivieren vorbereiten
  lfdnr=$((lfdnr+1))
  nziele=${#ziele[*]}
  ziel=${ziele[$((lfdnr % nziele))]}

  while (($minute >= $start)) && (($minute < $start + $intervall))
  do
    read line <&3
    echo $line
    set `date +'%H %M'`
    minute=$(( $1*60 + $2 ))
  done  |

  # Komprimieren und Archivieren
  gzip  >  log.$datum.gz
  tar -cf $ziel log.$datum.gz
  rm log.$datum.gz
done
```

Listing 5.20: pipelog3 – Aufteilung auf Festplatten, Tapes oder Rechner

Somit wären wir am Ende unserer Beschäftigung mit Logdateien angelangt. Wir sind sehr tief in die Materie eingestiegen und mussten ebenso tief in der Kiste der Shell-Programmierung wühlen, um geeignete Lösungen für einige knifflige Fragen zu finden.

Derartig intensiv können wir natürlich nicht auf alle Gebiete eingehen, das versteht sich von selbst. Deshalb werden wir im nächsten Kapitel eine ganze Reihe von Themen nur streifen und uns jeweils nur ein oder zwei interessante Fragestellungen herausgreifen.

6 Shell-Skripte in der System-Administration

6.1 Einführung

In diesem Kapitel werden wir Shell-Skripte zu weiteren wichtigen Themen in der System-Administration entwickeln. Punktuell werden einige interessante Fragestellungen herausgegriffen und ausführlich besprochen. Wir verzichten auf Vollständigkeit und darauf, alles nur kurz anzusprechen, um da, wo es sich lohnt, in die Tiefe gehen zu können.

Bitte bedenken Sie immer, dass die hier vorgestellten Skripte vor allem didaktischen Zwecken dienen sollen. Es geht nie darum, die ultimative Lösung für ein Problem zu finden, sondern vielmehr darum, Ihnen konkrete Anwendungen der erlernten Techniken zu zeigen. Unsere Skripte bleiben daher überschaubar, sie decken jedoch selten alle Eventualitäten ab.

- Wir beginnen mit einigen Skripten zur Benutzerverwaltung, mit deren Hilfe wir Benutzer mit kleinstmöglichem Aufwand neu anlegen, die Einstellungen eines Benutzers auf einen anderen kopieren sowie einen Benutzer intelligent und mit allen von ihm angelegten Dateien wieder löschen können.
- Anschließend wenden wir uns der Frage zu, wie man Aktionen vereinfachen kann, die nacheinander identisch oder ähnlich an mehreren Rechnern durchgeführt werden müssen. Es entsteht ein Skript, das Dateien nacheinander auf mehrere Rechner kopiert, eines, das beliebige Skripten auf mehreren Hosts ausführt und ein drittes, das Software auf einer vorgegebenen Reihe von Maschinen installiert.
- Schließlich befassen wir uns mit Fragen der Datensicherheit. Zunächst entwickeln wir ein Programm zur differenziellen Sicherung von Verzeichnissen, also der Sicherung aller Dateien, die seit dem vorherigen Backup verändert wurden – ein Feature, das keines der üblichen UNIX-Tools bietet. Es folgt ein Skript, das wichtige System-Dateien ständig auf Veränderungen hin überwacht und solche Veränderungen sofort meldet. Und schließlich entwickeln wir einen Papierkorb, in dem Dateien und Verzeichnisse gesammelt werden, die über den `rm`-Befehl gelöscht worden sind – bei weitem kein triviales Problem, wie Sie sehen werden.

6.2 Benutzer effektiv anlegen

Beginnen wir mit einem Skript, das uns beim Anlegen eines neuen Benutzers hilft. Sie werden sicherlich nicht in Begeisterungsstürme ausbrechen, wenn Sie schließlich das fertige Skript in Händen halten werden. So viel gibt das Thema einfach nicht her. Aber zusammen mit den Programmen der beiden anschließenden Kapitel ergibt sich doch ein sinnvolles Set an kleinen Hilfs-Werkzeugen zur Benutzer-Verwaltung.

Was soll dieses Skript nun leisten? Zum einen wollen wir Default-Werte für Eigenschaften festlegen können, die oft konstant bleiben, wie z.B. die Login-Shell und die Gruppen-IDs. Zum Zweiten soll die User-ID automatisch berechnet, sprich die nächste freie ID genommen werden. Das Homeverzeichnis wird aus einem Basis-Verzeichnis und dem Benutzernamen zusammengesetzt. Das Passwort wird gelöscht, sodass der Benutzer beim ersten Login nach einem neuen Passwort gefragt wird, und beliebige zusätzliche Skripte werden ausgeführt, um die Arbeitsumgebung des Benutzers einzurichten.

Statt der etwas aufwändigen Arbeit mit einem grafischen Tool oder den üblichen zwei bis drei Aktionen auf der Kommandozeile soll also der Aufruf eines einzigen Skripts ausreichen, um den Benutzer komplett anzulegen.

Das eigentliche Anlegen des Benutzers werden wir mit `useradd` durchführen, das Passwort wird mit `passwd` gelöscht und die Skripte, die sich in einem dafür vorgesehenen Verzeichnis befinden, einfach aufgerufen. Um diese drei Aktionen bauen wir etwas Komfort herum.

Wir gehen von der folgenden Syntax für den Aufruf unseres Skriptes aus:

```
newuser [ useradd-Optionen ] <newuser>
```

Wir können zwar beliebige Optionen des `useradd`-Befehls angeben, um einzelne Eigenschaften festzulegen, müssen jedoch nichts weiter als den Login-Namen liefern, da alles andere automatisch oder über Defaults ermittelt wird.

Als Erstes gilt es, die Kommandozeile auszuwerten.

```
# Befehlszeile analysieren
while [[ $1 == -* ]]
do
  case "$1" in
     -u)   uid="$2"      ;;
     -g)   gid="$2"   ;;
     -G)   sgids="$2"  ;;
     -d)   home="$2"     ;;
     -c)   com="$2"     ;;
     -s)   shell="$2"    ;;
     -k)   profdir="$2"  ;;
      *)   echo "Optionen: -ugGdcsk (man useradd)" && exit 1 ;;
  esac
  shift 2
done
```

So lange das untersuchte Element mit einem Minus beginnt, testen wir es auf die unterschiedlichen Optionen und belegen eventuell eine Variable mit dem auf die Option folgenden Wert.

Der Login-Name wird direkt geliefert. Nach Entfernung der Befehlszeilen-Optionen erhalten wir ihn daher einfach durch

```
user=$1
```

Die User-ID soll berechnet werden als die nächste freie ID, ausgenommen System-IDs mit Nummern unter 100 oder über 60000. Mit Hilfe von awk können die bereits existierenden UIDs in dem in Frage kommenden Bereich aus der /etc/passwd gelesen und ausgegeben werden. Über ein numerisches Sortieren landet die größte Zahl am Ende, sodass sie über tail -1 herausgegriffen werden kann. Eins dazuzählen und die neue ID ist ermittelt.

```
uid=`awk -F: '$3<60000 {print $3}' /etc/passwd | sort -n | tail -1`
uid=$((uid+1))
```

Wenn wir noch die Möglichkeit berücksichtigen, dass wir auch eine ganz bestimmte ID auf der Kommandozeile übergeben dürfen, die bereits zu einem früheren Zeitpunkt in $uid landet, müssen wir $uid daraufhin kontrollieren, ob sie bereits belegt ist.

```
if [ -z "$uid" ] ; then
  uid=`awk -F: '$3<60000 {print $3}' /etc/passwd | sort -n | tail -1`
  uid=$((uid+1))
fi
```

Das Home-Verzeichnis setzt sich aus einem Basis-Verzeichnis und dem Benutzernamen zusammen. Das Basis-Verzeichnis, z.B. /home, wird vorher festgelegt.

```
home=$homebase/$user
```

Auch hier lassen wir wieder zu, dass ein Homeverzeichnis direkt auf der Befehlszeile angegeben wurde.

```
home=${home:-$homebase/$user}
```

Dies heißt so viel wie: Ist $home bereits belegt, dann verwende diesen Wert, ansonsten setze $homebase/$user dafür ein.

Die Login-Shell wird auf einen Default-Wert $d_shell gesetzt, der vorher festgelegt wurde, außer man hat sie auf der Befehlszeile explizit festgelegt.

```
shell=${shell:-$d_shell}
```

Mit dem Kommentar-Feld verfahren wir genauso, außerdem mit Primary Groups und Secondary Groups.

```
com=${com:-$d_com}
gid=${gid:-$d_gid}
sgids=${sgids:-$d_sgids}
```

Somit haben wir alle Daten beisammen, die useradd für das Anlegen eines neuen Benutzers benötigt.

```
useradd -u $uid -g $gid -G $sgids -c "$com" -s $shell -d $home -m -k $profdir
$user
```

Achten Sie auf die Anführungszeichen um $com. Sie sind nötig, da $com Leerzeichen enthalten kann. Die Option -m verlangt das Anlegen des Homeverzeichnisses (nicht nur den Eintrag in /etc/passwd) und -k gibt ein Verzeichnis an, in dem sich Start-Dateien wie .profile befinden, die useradd in das Homedirectory des neuen Users kopieren soll.

Ist der Benutzer angelegt, muss sein Passwort gelöscht werden, damit er gleich beim ersten Login nach einem neuen Passwort gefragt wird.

```
passwd -d $user
```

Zu erledigen wäre noch das automatische Ausführen von Skripten, um die Umgebung des Benutzers weiter anzupassen. Wenn wir festlegen, dass wir solche Skripte in einem besonderen Verzeichnis $scriptdir sammeln, können wir einfach alle Programme in diesem Directory ausführen. Je nachdem, ob wir die Variable `$scriptdir` gesetzt haben, kommt dieser Mechanismus zum Tragen oder eben nicht.

```
if [ -d "$scriptdir" ] ; then
  cd $home
  for script in `ls $scriptdir`
  do
    $scriptdir/$script
  done
  cd ~-
fi
```

Beachten Sie bei solchen Skripten, dass Sie als `root` arbeiten. Wenn Sie also neue Dateien anlegen oder kopieren, müssen Sie meistens anschließend den Besitzer dieser Dateien ändern, damit der Benutzer etwas damit anfangen kann.

Wenn Sie unterschiedliche Skripte z.B. in Abhängigkeit von der Gruppen-Zugehörigkeit des Benutzers ausführen möchten, können Sie die Skripte beispielsweise mit einem entsprechenden Präfix versehen (`all_scr1, all_scr2, 14_scr1, 23_scr1` etc.) und `$scriptdir` mit einem passenden Muster belegen:

```
scriptdir="/scripts/newuser/all_* /scripts/newuser/$gid_*"
```

Fertig! In dem resultierenden Skript wurde noch eine Test-Funktion eingebaut, die lediglich alle Parameter anzeigt, die durch das Zusammenspiel von Befehlszeile, Default-Werten und Berechnungen ermittelt würden.[1]

```
#! /bin/ksh

# newuser
# Legt einen neuen Benutzer mit Default-Werten
# und der naechsten freien UID an.

USAGE="newuser [-t] [ useradd-Optionen ] <newuser>
   -t: teste nur, tue nichts"

# Defaults
d_com="Normaler Benutzer"
d_shell="/bin/ksh"
d_gid=10
d_sgids=stats,grafik

# Konfiguration
homebase=/export/home                # Basis fuer Homedirectories
profdir=/etc/skel                    # zu kopierende Profil-Dateien
scriptdir=/etc/skelscr               # auszufuehrende Skripte
```

Listing 6.1: newuser – Neue Benutzer mit Default-Werten anlegen, Skripte ausführen

1. LINUX: homebase=/home

```
# Befehlszeile analysieren
# ------------------------

if [ "$1" == "-t" ] ; then
  test="yes"
  shift
fi

while [[ $1 == -* ]]
do
  case "$1" in
     -u)   uid="$2"      ;;
     -g)   gid="$2"   ;;
     -G)   sgids="$2"  ;;
     -d)   home="$2"     ;;
     -c)   com="$2"     ;;
     -s)   shell="$2"    ;;
     -k)   profdir="$2"  ;;
      *)   echo "Optionen: -ugGdcsk (man useradd)" && exit 1 ;;
  esac
  shift 2
done

# Es muss mindestens ein Argument uebrig bleiben
if (( $# < 1 )) ; then
  echo "USAGE: $USAGE"
  exit 1
fi


# Neuen Benutzer anlegen
# ---------------------

# Benutzer
user=$1

# User-ID
if [ -z "$uid" ] ; then
  uid=`awk -F: '$3<60000 {print $3}' /etc/passwd | sort -n | tail -1`
  uid=$((uid+1))
fi

# Home-Verzeichnis
home=${home:-$homebase/$user}
```

Listing 6.1: newuser – Neue Benutzer mit Default-Werten anlegen, Skripte ausführen(Fortsetzung)

```
# Kommentar
com=${com:-$d_com}

# Shell
shell=${shell:-$d_shell}

# Primary Group
gid=${gid:-$d_gid}

# Secondary Groups
sgids=${sgids:-$d_sgids}

# Nur Testen?
if [ -n "$test" ] ; then
  echo "\n    -- TEST -- "
  for opt in user olduser uid gid sgids com shell
  do
    eval value=\$$opt
    printf "%-10s %s \n" $opt: "$value"
  done
  exit 0
fi

# Benutzer einrichten
useradd -u $uid -g $gid -G $sgids -c "$com" -s $shell -d $home -m -k $profdir
$user
[ $? == 0 ] && echo $user erfolgreich angelegt.

# Passwort loeschen
passwd -d $user

# Skripts ausfuehren
if [ -d "$scriptdir" ] ; then
  cd $home
  for script in `ls $scriptdir`
  do
    $scriptdir/$script
  done
  cd ~-
fi
```

Listing 6.1: newuser – Neue Benutzer mit Default-Werten anlegen, Skripte ausführen(Fortsetzung)

Vielleicht haben Sie die ein oder andere Idee, wie Sie dieses Skript auf Ihre eigenen Bedürfnisse zurechtschneidern können. Nahe liegend wäre das Einfügen einer `for`-Schleife, um gleich mehrere Benutzer mit einem einzigen Befehl anlegen zu können. Oder Das Hinzufügen von Parametern zum Passwort-Aging, die ja teilweise über `useradd` und teilweise über `passwd` eingestellt werden müssen.[2]

```
mars# newuser schmidt
6 blocks
schmidt erfolgreich angelegt.
mars#
mars# newuser -G develop -c "Karl Kraus" kraus
6 blocks
kraus erfolgreich angelegt.
mars#
mars# tail -2 /etc/passwd
schmidt:x:204:10:Normaler Benutzer:/export/home/schmidt:/bin/ksh
kraus:x:205:10:Karl Kraus:/export/home/kraus:/bin/ksh
mars#
mars# egrep 'schmidt|kraus' /etc/group
stats::101:schmidt
grafik::106:schmidt
develop::110:kraus
mars#
```

6.3 Benutzer kopieren

Unser zweites Skript, das sich mit der Verwaltung von Benutzers befasst, erlaubt das Anlegen eines neuen Benutzers durch Kopie eines bereits bestehenden. Dieses Vorgehen lohnt sich vor allem, wenn man einen Benutzer aus der gleichen Arbeitsgruppe als Vorlage verwenden kann.

Konkret werden wir die Primary Group-ID, alle Secondary Group-IDs, die Login-Shell und das Kommentar-Feld des Vorlagen-Users kopieren. Die neue UID wird wie im vorherigen Skript ermittelt, ebenso das Homeverzeichnis. Für alle weiteren Eigenschaften werden Default-Werte verwendet, wir können also die entsprechenden Passagen aus newuser verwenden. Das Gleiche gilt für das eigentliche Anlegen mittels `useradd`, das Löschen des Passwortes und die Ausführung zusätzlicher Skripte. Selbstverständlich kann man auch wieder alle Benutzer-Eigenschaften direkt auf der Kommandozeile festlegen.

Alles was wir gegenüber dem Skript newuser ändern müssen, ist also das Kopieren von `$gid`, `$sgids`, `$shell` und `$com` aus den Werten des als Vorlage dienenden Benutzers.

Wenn wir von der folgenden Aufruf-Syntax ausgehen,

```
cpuser [-t] [ useradd-Optionen ] <olduser> <newuser>
```

erhalten wir die Loginnamen des neuen und des zu kopierenden Benutzers durch:

```
user=$2
olduser=$1
```

2. Alle Skripte und Hilfs-Dateien, die Sie zum Testen benötigen, finden Sie auf der Buch-CD. Kopieren Sie sich die dortige Verzeichnis-Struktur (für Ihre UNIX-Version) auf Ihren Rechner unter /scripts, damit die verwendeten Pfade funktionieren.

nachdem alle Optionen entfernt worden sind.

Um die Eigenschaften des bestehenden Benutzers kopieren zu können, müssen wir dessen passwd-Zeile isolieren.

```
oldpasswd=`grep "^$olduser:" /etc/passwd`
IFS=: ; set -A opwd "" $oldpasswd ; unset IFS
```

Die einzelnen Felder der gesuchten Zeile landen in einem Array opwd. Damit wir wie üblich von Feld Nr. 1 reden können, wenn wir den Loginnamen meinen, und nicht von Feld Nr. 0, mit dem ja ein Shell-Array beginnt, haben wir ein leeres Feld "" vorweg geschoben.

Das zu kopierende Kommentar-Feld befindet sich nun in ${opwd[5]}. Berücksichtigen wir wieder die mögliche Angabe auf der Befehlszeile, erhalten wir:

```
if [ -z "$com" ] ; then
  com=${opwd[5]}
fi
```

Analog ergibt sich für die Shell

```
if [ -z "$shell" ] ; then
  shell=${opwd[7]}
fi
```

Und für die Primary Group-ID

```
if [ -z "$gid" ] ; then
  gid=${opwd[4]}
fi
```

Um die Secondary Group-IDs zu ermitteln, benötigen wir die passenden Einträge aus der /etc/group. Aber Achtung: Hier ist die Anordnung eine andere als in der /etc/passwd. Die Einträge sind nach Gruppen geordnet. Wir müssen also alle Zeilen herausfiltern, die die UID des Vorlagen-Users enthalten, und aus diesen das jeweilige Group-ID-Feld (Nr.3) isolieren.

```
if [ -z "$sgids" ] ; then
  sgids=`grep -w "$olduser" /etc/group | awk -F: '{printf "%s,",$3}'`
  sgids=${sgids%,}
fi
```

Durch die Option -w (word) stellen wir sicher, dass der gesuchte Name exakt dem login-Feld entspricht und nicht bloß darin enthalten ist (z.B. mueller/neumueller). Alle weiteren Passagen bleiben, wie gesagt gleich. [3]

```
#! /bin/ksh

# cpuser
# Legt einen neuen Benutzer mit den gleichen Werten fuer
# shell, gid, sec.gids und comment eines bereits vorhandenen an.

USAGE="cpuser [-t] [ useradd-Optionen ] <olduser> <newuser>
```

Listing 6.2: cpuser – Neue Benutzer durch Kopie eines bestehenden anlegen

3. LINUX: homebase=/home

```
   -t: teste nur, tue nichts"

# Konfiguration
homebase=/export/home                # Basis fuer Homedirectories
profdir=/etc/skel                    # zu kopierende Profil-Dateien
scriptdir=/etc/skelscr               # auszufuehrende Skripten

# Befehlszeile analysieren

if [ "$1" == "-t" ] ; then
  test="yes"
  shift
fi

while [[ $1 == -* ]]
do
  case "$1" in
     -u)   uid="$2"      ;;
     -g)   gid="$2"   ;;
     -G)   sgids="$2"  ;;
     -d)   home="$2"     ;;
     -c)   com="$2"     ;;
     -s)   shell="$2"    ;;
     -k)   profdir="$2"  ;;
      *)   echo "Optionen: -ugGdcsk (man useradd)" && exit 1 ;;
  esac
  shift 2
done

# Es muessen genau zwei Argumente uebrig bleiben
if (( $# != 2 )) ; then
  echo "USAGE: $USAGE"
  exit 1
fi

# Benutzername
user=$2
olduser=$1

# User-ID
if [ -z "$uid" ] ; then
  uid=`awk -F: '$3<60000 {print $3}' /etc/passwd | sort -n | tail -1`
  uid=$((uid+1))
fi
```

Listing 6.2: cpuser – Neue Benutzer durch Kopie eines bestehenden anlegen(Fortsetzung)

```
# Home-Verzeichnis
if [ -z "$home" ] ; then
  home=$homebase/$user
fi

# passwd-Zeile des alten Benutzers
oldpasswd=`grep "^$olduser:" /etc/passwd`
IFS=: ; set -A opwd "" $oldpasswd ; unset IFS

# Kommentar
if [ -z "$com" ] ; then
  com=${opwd[5]}
fi

# Shell
if [ -z "$shell" ] ; then
  shell=${opwd[7]}
fi

# Primary Group
if [ -z "$gid" ] ; then
  gid=${opwd[4]}
fi

# Secondary Groups
if [ -z "$sgids" ] ; then
  sgids=`grep -w "$olduser" /etc/group | awk -F: '{printf "%s,",$3}'`
  sgids=${sgids%,}
fi

# Nur Testen?
if [ -n "$test" ] ; then
  echo "\n   -- TEST -- "
  for opt in user olduser uid gid sgids com shell
  do
    eval value=\$$opt
    printf "%-10s %s \n" $opt: "$value"
  done
  exit 0
fi

# Benutzer einrichten
useradd -u $uid -g $gid -G $sgids -c "$com" -s $shell -d $home -m -k $profdir
$user
[ $? == 0 ] && echo $user erfolgreich angelegt.
```

Listing 6.2: cpuser – Neue Benutzer durch Kopie eines bestehenden anlegen(Fortsetzung)

```
# Passwort loeschen
passwd -d $user

# Skripts ausfuehren
if [ -d "$scriptdir" ] ; then
  cd $home
  for script in `ls $scriptdir`
  do
    $scriptdir/$script
  done
  cd ~-
fi
```

Listing 6.2: cpuser – Neue Benutzer durch Kopie eines bestehenden anlegen(Fortsetzung)

```
mars# cpuser schmidt haupt
6 blocks
haupt erfolgreich angelegt.
mars#
mars# cpuser -c "Gerda Langen" kraus langen
6 blocks
langen erfolgreich angelegt.
mars#
mars# tail -4 /etc/passwd
schmidt:x:204:10:Normaler Benutzer:/export/home/schmidt:/bin/ksh
kraus:x:205:10:Karl Kraus:/export/home/kraus:/bin/ksh
haupt:x:206:10:Normaler Benutzer:/export/home/haupt:/bin/ksh
kraus:x:207:10:Gerda Langen:/export/home/kraus:/bin/ksh
mars#
mars# egrep 'grafik|stats|develop' /etc/group
stats::101:schmidt,haupt
grafik::106:schmidt,haupt
develop::110:kraus,langen
mars#
```

6.4 Benutzer intelligent löschen

Wenn ein Benutzer sich verabschiedet, hat man als Administrator die Wahl, ihn entweder sofort zu löschen oder noch ein paar Tage abzuwarten. Wie jeder Administrator weiß, wird im ersten Fall der User nach einer Woche erneut auftauchen, da er gegen seine ursprüngliche Beteuerung doch noch einige seiner ursprünglichen Daten benötigt. Im zweiten Fall vergisst man den Benutzer in der Regel völlig, sodass sich im Laufe der Zeit Kartei-Leichen ansammeln.

Wir wollen daher ein Skript schreiben, das den Benutzer zunächst nur sperrt, außer man verlangt das Löschen ausdrücklich. Crongesteuert sollen dann ohne unser Zutun seit n Tagen gesperrte Benutzer regelmäßig endgültig gelöscht werden.

Das Löschen soll dabei über das Entfernen durch `userdel` hinaus gehen. Wir suchen zusätzlich in einer vorgegebenen Liste von Directories nach Dateien, die dem User gehören, und entfernen sie, damit sich keine Dateien ehemaliger Benutzer auf dem System anhäufen. Um die Geschichte noch etwas reizvoller zu gestalten, erlauben wir die Angabe mehrerer zu löschender Benutzer auf der Befehlszeile.

Der Aufruf unseres Skriptes soll folgendermaßen aussehen.

```
rmuser [-y] [-rm ] <benutzer benutzer ...>
```

wobei die Option `-rm` erforderlich ist, um den Benutzer definitiv zu löschen. Ohne `-rm` wird er lediglich gesperrt. Die Option `-y` dient dazu, eine Sicherheitsabfrage, die vor dem endgültigen Löschen angezeigt werden soll, vorweg zu bejahen, sodass das Skript auch per `cron` aufgerufen werden kann.

Alternativ lassen wir eine zweite Form des Aufrufes zu:

```
rmuser [-y] -rm -old
```

Anstatt eines Benutzers wird hier die Option `-old` angegeben, wodurch alle Benutzer endgültig gelöscht werden, die seit n Tagen gesperrt sind. Genau in dieser Form würden wir dann unser Skript täglich in der `crontab` einplanen.

Im ersten Schritt müssen wir wieder die Kommandozeile zerlegen und analysieren.

```
while [[ "$1" == -* ]]
do
  case $1 in
    -rm)   rm=yes ;;
    -old)  old=yes ;;
      -y)  sicher=yes ;;
      *)   echo "USAGE: $USAGE" && exit 1
  esac
  shift
done
```

Je nach gewünschter Option setzen wir also ähnlich klingende Variablen und belegen sie mit `"yes"`.

Der zweite Schritt besteht darin, einen Benutzer zu sperren, wenn die Option `-rm` nicht angegeben worden ist. Das Sperren erledigen wir über

```
passwd -l $user    # (lock)
```

Um später einen Anhaltspunkt zu haben, seit wann der Benutzer gesperrt ist, schreiben wir eine entsprechende Notiz in sein Kommentar-Feld.

```
usermod -c "geloescht am `date +%d.%m.%y`" $user
```

Zwar wird durch `passwd -l` sowieso ein Zeitstempel in die `/etc/shadow` eingetragen, wir benötigen aber einen zusätzlichen spezifischen Eintrag, um nicht Benutzer, die aus anderen Gründen gelockt wurden, später versehentlich zu löschen. Das gesamte Fragment zum Sperren der User sieht nun folgendermaßen aus.

```
if [ "$rm" != "yes" ] ; then
  for user in $*
  do
    passwd -l $user
    usermod -c "geloescht am `date +%d.%m.%y`" $user
    echo "Benutzer $user wurde zunaechst nur gesperrt."
```

```
    done
  fi
```

Kommen wir also zum endgültigen Löschen der Benutzer. Wurden die Benutzer direkt angegeben, speichern wir ihre Namen einfach in einer Variablen (beachten Sie wieder die Quotes wegen eventueller Leerzeichen).

```
  userlist="$*"
```

Wurde stattdessen die Option `-old` verwendet, müssen wir alle Benutzer suchen, die seit `$wartezeit` Tagen gesperrt sind. Die Datei `/etc/shadow` enthält bereits einen geeigneten Zeitstempel des Lösch-Datums, nämlich die Anzahl der Tage seit dem 1.1.1970! Um dieses mit dem aktuellen Datum vergleichen zu können, müssen wir auch Letzteres in einen solchen absoluten Tageswert umwandeln.

```
  jahr=`date +%Y`
  jtag=`date +%j`
  heute=$(( (jahr-1970)*365 + jtag + (jahr-1970)/4 - 1 ))
```

Schrecklich, nicht wahr? Die beiden letzten Elemente beschreiben die Anzahl der Schalttage seit 1970 sowie ein Korrektiv von 1, da der 1.1.1970 als Tag 0 gewertet wird.

Ermitteln wir nun, welcher von den Benutzern, die in der `/etc/passwd` als gelöscht vermerkt sind, in der `/etc/shadow` einen Zeitstempel besitzen, der mehr als 30 Tage alt ist.

```
  grep 'geloescht am' /etc/passwd | awk -F: '{print $1}' |

  while read user
  do
    deltag=`grep "^$user:" /etc/shadow | awk -F: '{print $3}'`
    if (( $deltag <= $heute-$wartezeit )) ; then
      userlist="$userlist $user"
    fi
  done
```

Was wurde hier getan? Zunächst isoliert man den Loginnamen der passenden User und liest diese über eine while-Schleife ein. Für jeden Benutzer isoliert man das dritte Feld seiner Zeile in der `/etc/shadow`. Ist es um z.B. 30 Tage kleiner als der heutige Tag, fügt man den Loginnamen an die Variable `$userlist` an.

Hier noch einmal der komplette Teil zur Ermittlung der seit n Tagen gesperrten Benutzer.

```
  if [ "$old" == "yes" ] ; then

    # Aktuellen Tag als Tage seit dem 1.1.1970 (->/etc/shadow)
    jahr=`date +%Y`
    jtag=`date +%j`
    heute=$(( (jahr-1970)*365 + jtag + (jahr-1970)/4 - 1 ))

     grep 'geloescht am' /etc/passwd | awk -F: '{print $1}' |

    # Benutzer, die seit $wartezeit Tagen zu loeschen sind
    while read user
    do
```

```
      deltag=`grep "^$user:" /etc/shadow | awk -F: '{print $3}'`
      if (( $deltag <= $heute-$wartezeit )) ; then
        userlist="$userlist $user"
      fi
    done
    if [ "$userlist" == "" ] ; then
       echo "Keine alten Benutzer vorhanden."
       exit
    fi
  fi
```

Wir sind fast am Ziel. Wir verfügen nun über eine Benutzerliste in `$userlist`, die auf die eine oder die andere Art zustande gekommen ist. Alle Benutzer dieser Liste sollen gelöscht werden. Wir zeigen sie daher noch einmal an und fragen, ob wirklich gelöscht werden soll. Wurde aber die Option `-y` angegeben, unterdrücken wir diese Sicherheitsabfrage.

Nun geht es ans Löschen. Wir suchen in allen Verzeichnissen einer in `$searchdir` gespeicherten Directory-Liste nach Dateien, die den zu löschenden Usern gehören. Da das Kommando `find` sehr zeitaufwändig sein kann, rufen wir es nicht für jeden Benutzer einzeln auf, sondern nur ein einziges Mal und speichern das Ergebnis in einer temporären Datei. Bedenken Sie, dass man gerade am Monats-Ende oft eine ganze Reihe von Benutzern löscht.

```
  find $searchdir -print | xargs ls -ld |
       awk '{print $3, $9}' > /tmp/find.out
```

`$3` und `$9` enthalten Besitzer und Name der Datei. `xargs` wurde wieder aus Performance-Gründen den Alternativen `"find ... -ls"` vorgezogen. Für jeden einzelnen Benutzer wird anschließend nachgesehen, welche der gesichteten Dateien ihm gehören,

```
  for user in $userlist
  do
      grep "^$user " /tmp/find.out
  .....
```

und die gefundenen Dateien mit `rm` gelöscht? Fehlanzeige! Was ist mit Verzeichnissen? Die müssen über `rmdir` entfernt werden, falls sie leer sind. Dies funktioniert wiederum nur dann, wenn man vorher alle Dateien erwischt hat. Also müssen wir die Ausgabe von `grep` zunächst so sortieren, dass immer zuerst alle Dateien eines Verzeichnisses und erst dann das Verzeichnis selbst aufgelistet wird. Erst dann können wir `rm` und `rmdir` anwenden.

```
  for user in $userlist
  do
    grep "^$user " /tmp/find.out | sort -r |
    while read name file                                 do
      echo "`date +'%y/%m/%d %H:%M` loesche $name $file"
      if [ -d $file ]
        then  rmdir $file
        else  rm $file
      fi
    done
  done
```

Schließlich fügen wir noch das Löschen des Benutzeraccounts in die gezeigte `for`-Schleife ein. Zur Sicherheit lassen wir auch vom System noch einmal das Homedirectory löschen (`-r`).

```
userdel -r $user 2>/dev/null
echo "Benutzer $user mit allen Dateien geloescht. \n"
```

Um die Ausgabe der gelöschten Dateien und Benutzer nicht nur auf dem Bildschirm zu sehen, sondern gleichzeitig in einer Logdatei zu protokollieren, hängen wir den Befehl `tee` an die Ausgabe der `for`-Schleife an.

```
for user in $userlist
do
  ...
done | tee -a $logfile
```

Geschafft! Wie Sie selbst sehen, sind solche Skripten trotz der einfachen Fragestellungen häufig nicht trivial. Als besondere Schwierigkeiten hatten wir in diesem Fall mit der Umrechnung eines Datums in einen Tageswert zu kämpfen, sowie mit dem Löschen von Verzeichnissen, die vorher eventuell geleert werden mussten. Hier nun endlich das fertige Skript. [4]

```
#! /bin/ksh

# rmuser
# Loescht Benutzer vorlaeufig (sperren) oder endgueltig
# Aufruf in cron: rmuser -rm -old >/dev/null
# um seit 30 Tagen gesperrte Benutzer zu loeschen.

USAGE="rmuser [-y] [-rm ] <benutzer benutzer ...>
       rmuser [-y] -rm -old
       ohne -rm: Benutzer zunaechst sperren.
       mit  -rm: Benutzer komplett loeschen.
       -rm -old: Loesche alle seit 30 Tagen gesperrten Benutzer.
       -y:       Sicherheits-Abfrage mit yes beantworten.
      "

# Wartezeit in Tagen
wartezeit=30

# Verzeichnisse, in denen nach Dateien gesucht wird
searchdir="/export/home /var /tmp /usr/local /archive /.trash"

# Logfile
logfile=/var/log/rmuser.log

# Befehlszeile zerlegen
while [[ "$1" == -* ]]
```

Listing 6.3: rmuser – Sperrt oder löscht Benutzer und entfernt alle ihre Dateien

4. LINUX: searchdir="/home ....."

5. LINUX: Dies funktioniert nicht mit der ksh unter LINUX. Eine Alternative wird am Ende des Abschnittes gezeigt.

```
do
  case $1 in
    -rm)   rm=yes ;;
    -old)  old=yes ;;
      -y)  sicher=yes ;;
      *)   echo "USAGE: $USAGE" && exit 1
  esac
  shift
done

# -rm -old oder konkrete Benutzer erforderlich
if [ $# == 0 ] && [ "$rm$old" != "yesyes" ] ; then
  echo "USAGE: $USAGE"
  exit 2
fi


# Benutzer zunaechst nur sperren
# ------------------------------
if [ "$rm" != "yes" ] ; then
  for user in $*
  do
    passwd -l $user
    usermod -c "geloescht am `date +%d.%m.%y`" $user
    echo "Benutzer $user wurde zunaechst nur gesperrt."
  done
fi


# Benutzer endgueltig loeschen
# ----------------------------

if [ "$rm" == "yes" ] ; then

  # Benutzer auf Befehlszeile angegeben
  if [ "old" != "yes" ] ; then
    userlist="$*"
  fi

  # -old angegeben: Passende Benutzer suchen
  if [ "$old" == "yes" ] ; then

    # Aktuellen Tag als Tage seit dem 1.1.1970 (->/etc/shadow)
    jahr=`date +%Y`
    jtag=`date +%j`
```

Listing 6.3: rmuser – Sperrt oder löscht Benutzer und entfernt alle ihre Dateien(Fortsetzung)

```
  heute=$(( (jahr-1970)*365 + jtag + (jahr-1970)/4 - 1 ))

  grep 'geloescht am' /etc/passwd | awk -F: '{print $1}' |

  # Benutzer, die seit $wartezeit Tagen zu loeschen sind   5
  while read user
  do
    deltag=`grep "^$user:" /etc/shadow | awk -F: '{print $3}'`
    if (( $deltag <= $heute-$wartezeit )) ; then
      userlist="$userlist $user"
    fi
  done
  if [ "$userlist" == "" ] ; then
     echo "Keine alten Benutzer vorhanden."
     exit
  fi
fi

# Benutzer anzeigen
echo "\nFolgende Benutzer werden endgueltig geloescht:"
for user in $userlist ; do
  echo $user
done

# Sicherheits-Abfrage
if [ "$sicher" != "yes" ] ; then
  echo "Sicher? (y/n)  \c"
  read antwort
  if [[ "$antwort" != @(y|yes|j|ja) ]] ; then
    echo "OK, dann eben nicht. \n"
    exit 3
  fi
fi


# Dateien suchen und loeschen
echo "Suche nach Dateien in $searchdir ..."        # zeitaufwendig,
find $searchdir -print | xargs ls -ld |            # daher nur einmal
     awk '{print $3, $9}' > /tmp/find.out          # name, datei

for user in $userlist
do                                                 # sort: files vor dirs
  grep "^$user " /tmp/find.out | sort -r |         # schnell
  while read name file                             # wenige Zeilen
  do
```

Listing 6.3: rmuser – Sperrt oder löscht Benutzer und entfernt alle ihre Dateien(Fortsetzung)

```
        echo "`date +'%y/%m/%d %H:%M'` loesche $name $file"
        if [ -d $file ]
          then  rmdir $file
          else  rm $file
        fi
      done

      # Eintraege in passwd und shadow loeschen
      userdel -r $user 2>/dev/null
      echo "Benutzer $user mit allen Dateien geloescht. \n"

    done  | tee -a $logfile        # Fehler erhaelt root per Mail
    echo "---------" >> $logfile

fi
```

Listing 6.3: rmuser – Sperrt oder löscht Benutzer und entfernt alle ihre Dateien(Fortsetzung)

Übrigens kümmert sich das Skript nicht darum, ob die zu löschenden Daten irgendwann einmal auf Band gespeichert wurden. Wir gehen davon aus, dass dies unabhängig von unserer Lösch-Aktion in regelmäßigen Abständen geschehen ist.

```
mars# rmuser kraus
Benutzer kraus wurde zunaechst nur gesperrt.
mars#
mars# grep kraus /etc/passwd
kraus:x:205:10:geloescht am 28.05.02 Kraus:/export/home/kraus:/bin/ksh
mars#
mars# grep kraus /etc/shadow [6]
kraus:*LK*:11835::::::
mars#
mars# rmuser langen
Benutzer langen wurde zunaechst nur gesperrt.
mars#
mars# rmuser -rm kraus

Folgende Benutzer werden endgueltig geloescht:
kraus
langen
Sicher? (y/n) n
OK, dann eben nicht.

mars#
mars# vi rmuser -> $wartezeit zur Demo auf 0 setzen.
mars#
mars# rmuser -rm -old
```

6. LINUX trägt statt *LK* ein Ausrufezeichen ein.

```
Folgende Benutzer werden endgueltig geloescht:
kraus
langen
Sicher? (y/n) y
Suche nach Dateien in /export/home /var /tmp /usr/local /archive /.trash ...
02/05/28 18:27 loesche kraus /export/home/kraus/local.profile
02/05/28 18:27 loesche kraus /export/home/kraus/local.login
02/05/28 18:27 loesche kraus /export/home/kraus/local.cshrc
(.....)
Benutzer kraus mit allen Dateien geloescht.

02/05/28 18:27 loesche langen /export/home/langen/local.profile
02/05/28 18:27 loesche langen /export/home/langen/local.login
02/05/28 18:27 loesche langen /export/home/langen/local.cshrc
(.....)
Benutzer langen mit allen Dateien geloescht.

mars# egrep "kraus|langen" /etc/passwd /etc/shadow /etc/group
mars#
```

LINUX
Die `pdksh` (LINUX-Variante der `ksh`) führt auch den letzten Befehl einer Pipe in einer Subshell aus, weshalb die Variable `$userlist` nach unserer `while`-Schleife der übergeordneten Shell nicht bekannt ist. Deshalb muss man unter LINUX statt einer gepipeten `while`-Schleife eine `for`-Schleife einsetzen:

Statt:

```
grep 'geloescht am' /etc/passwd | awk -F: '{print $1}' |
  while read user
  do
    ...
```

müssen wir schreiben:

```
for user in `grep 'geloescht am' /etc/passwd | awk -F: '{print $1}'`
do
  ...
```

6.5 Dateien auf mehrere Rechner kopieren

Wir verlassen endgültig das Gebiet der Benutzer-Verwaltung und befassen uns in den folgenden Kapiteln mit der Frage, wie wir Aktionen, die wir an mehreren Rechnern durchführen müssen, durch Skripte vereinfachen können. Rechner-Pools sind meistens bereits weitestgehend optimiert in ihrer Verwaltungsstruktur, dennoch bleiben immer wieder Aufgaben zu erledigen, die uns zwingen, Arbeiten stumpfsinnig an mehreren Maschinen zu wiederholen. Wir werden also Skripte schreiben, die für uns von Rechner zu Rechner springen und die gewünschte Aktion jeweils erneut ausführen.

Auch wenn Sie nicht vor dem gerade skizzierten Problem stehen, werden Ihnen die hier vorgestellten Skripten einen Einblick geben, wie man prinzipiell Aktionen per Skript an fremden Rechnern durchführen kann.

Die erste Aufgabe, die wir uns in diesem Zusammenhang stellen, soll darin bestehen, Dateien auf mehrere Rechner jeweils ins gleiche Verzeichnis zu kopieren. Dieses Verfahren eignet sich besonders gut für das Synchronisieren von System- und Konfigurationsdateien auf einem Pool von Rechnern.

Wir werden die Liste der anvisierten Hosts zwar auch auf der Befehlszeile angeben können, zielen aber eigentlich eher auf die Verwendung einer Datei ab, die diese Liste enthält. So kann das Verteilen von Systemdateien auf eine feststehende Reihe von Rechnern möglichst einfach gestaltet werden.

Wir werden auch ganze Verzeichnisse rekursiv kopieren, erfordern hierfür zur Sicherheit jedoch die Angabe der Option `-r`, um das versehentliches Überschreiben vieler Dateien auszuschließen.

Somit ergeben sich folgende möglichen Formen des Aufrufs:

```
mcopy [-hosts "host1 host2 ..."] file1 file2 ...
mcopy -r [-hosts "host1 host2 ..."] dir1 dir2 ...
```

Wir starten wieder mit einer Analyse der Kommandozeile.

```
while [[ "$1" == -* ]]
do
  [[ $1 != -@(r|hosts) ]] && echo "\nUsage: $USAGE" && exit 1
  [[ $1 == "-r" ]] && recursiv=yes
  [[ $1 == "-hosts" ]] && hostlist="$2" && shift
  shift
done
```

Eine neue Variante! Die Konstruktion in der ersten Zeile bedeutet: Wenn $1 nicht aus genau einem der Muster `"-r"` oder `"-hosts"` besteht, gebe eine Fehlermeldung aus und verlasse das Programm. Immer dann, wenn eine Option ein Argument enthält, benötigen wir ein zweites `shift`, ansonsten genügt das eine am Ende der Schleife.

Nachdem alle Optionen entfernt sind, besteht $* aus der Datei- oder Verzeichnis-Liste.

```
files=$*
```

Sollen wir die Liste der anzusprechenden Hosts aus der Rechner-Datei laden? Nur dann, wenn keine Rechner auf der Befehlszeile angegeben wurden!

```
[ "$hostlist" ] || hostlist=`cat $hostfile`
```

Dass im einen Fall die Rechner durch Leerzeichen getrennt sind und im anderen durch Newlines, spielt übrigens keine Rolle. Sobald wir `$hostlist` ohne Anführungszeichen verwenden, liefert die Shell uns die enthaltenen Wörter durch Leerzeichen getrennt.

Sukzessive muss nun jeder Rechner angesprochen und auf jedem Rechner jede Datei oder jedes Verzeichnis behandelt werden.

```
for host in $hostlist
do
  for file in $files
  do
```

Wir akzeptieren sowohl absolute wie auch relative Pfadnamen von Dateien. Da wir gleich jedoch in die Verlegenheit kommen werden, eventuell ein neues Verzeichnis anlegen zu müssen, benötigen wir den Directory-Anteil der Dateien. Deshalb wandeln wir alle Angaben in absolute Namen um.

```
if [[ "$file" != /* ]] ; then
  file=`pwd`/$file
fi
```

Diese Korn-Shell-Muster sind Gold wert! Nun kontrollieren wir, ob das Verzeichnis, in das kopiert werden soll, bereits existiert. Wenn nicht, legen wir es an. Welches Verzeichnis? Nun, da die Datei im gleichen Verzeichnis landen soll wie auf dem ursprünglichen Rechner, handelt es sich um den Verzeichnis-Anteil unserer Datei.

```
dir=${file%/*}
```

Über `[ -d $dir ]` können wir nun prüfen, ob das Directory existiert, nicht wahr? Aber aufgepasst: wir befinden uns noch auf dem falschen Rechner. Daher müssen wir uns kurz auf dem Zielhost einloggen.

In einem Skript ist es uns nicht möglich, ein Passwort einzugeben, und `telnet` oder `rlogin` lassen sich auch nicht überlisten, indem wir ihnen eines auf die Standard-Eingabe schreiben. Sie kontrollieren, ob `stdin` auch wirklich ein Terminal ist. Deshalb müssen wir für solche Zwecke unbedingt den `rhost`-Mechanismus aktivieren! Für `root`! Das bedeutet, dass auf dem Zielrechner in der Datei `.rhosts` im Homeverzeichnis von `root` ein Eintrag für den Ursprungs-Rechner bestehen muss.

Nehmen wir beispielsweise an, wir befinden uns auf dem Rechner `mars` und wollen Dateien zu `pluto`, `jupiter` und `luna` kopieren, so muss auf all diesen Rechnern eine Datei `/.rhosts` (oder `/root/.rhosts` auf LINUX) existieren, mit dem Eintrag: `mars`.

```
pluto# cat /.rhosts
mars
pluto#
```

Ein Eintrag in `/etc/hosts.equiv` genügt für den Benutzer `root` übrigens nicht. Das Sicherheits-Risiko hält sich bei dieser Methode insofern in Grenzen, als alle Rechner dem gleichen Host `root`-Zugriff gewähren. Diesen sollten Sie dann allerdings sehr sorgfältig schützen.

Zurück zu unserem Programm. Wir müssen vorübergehend auf den Zielrechner wechseln, um zu testen, ob das benötigte Verzeichnis existiert. Bei Bedarf müssen wir es anlegen. Das Programm, mit dem man Befehle auf einem fremden Rechner ausführt, heißt `rsh`.

```
dirctrl=`rsh $host "[ -d "$dir" ] || echo dir_fehlt" `
if [ "$dir" ] && [ "$dirctrl" ] ; then
  rsh $host mkdir -p $dir
fi
```

Wir hätten auch beide Aktionen in einem einzigen `rsh`-Aufruf erledigen können. Die zusätzliche Bedingung `[ "$dir" ]` verhindert, dass versucht wird, / neu anzulegen, wenn es sich um Dateien aus dem `root`-Verzeichnis handelt.

Alles ist vorbereitet, wir können kopieren. Das notwendige UNIX-Tool heißt `rcp` und besitzt seinerseits eine Option `-r`, um Verzeichnisse rekursiv zu kopieren.

```
if [ "$recursiv" ] && [ -d "$file" ] ; then
  rcp -r -p $file $host:$dir
else
  rcp -p $file $host:$file
fi
```

Die `rcp`-Option `-p` sorgt dafür, dass Zeitstempel und Rechte der ursprünglichen Datei beibehalten werden. Wir sind wieder einmal am Ziel angelangt. Es folgt wieder das fertige Programm. [7]

7. LINUX: Sie müssen mcopy entweder mit Pfadangabe aufrufen (./mcopy) oder einen anderen Namen wählen. LINUX besitzt bereits einen Befehl mcopy (aus dem mtools-Paket) zum Transfer von Daten zu DOS-Filesystemen.

```
#!/bin/ksh

# mcopy
# Kopiert Dateien auf mehrere Rechner ins gleiche Verzeichnis.
# Dateien koennen mit absolutem oder relativem Pfad angegeben werden.
# Verzeichnisse erfordern die Option -r und werden rekursiv kopiert.
# Rechner stehen in hosts.dat oder werden direkt angegeben.

USAGE='
mcopy [-hosts "host1 host2 ..."] file1 file2 ...
mcopy -r [-hosts "host1 host2 ..."] dir1 dir2 ...
Verzeichnisse werden rekursiv kopiert.
'

hostfile=./daten/hosts.dat


# Befehlszeile analysieren
# ------------------------

while [[ "$1" == -* ]]
do
  [[ $1 != -@(r|hosts) ]] && echo "\nUsage: $USAGE" && exit 1
  [[ $1 == "-r" ]] && recursiv=yes
  [[ $1 == "-hosts" ]] && hostlist="$2" && shift
  shift
done

# Der Rest ist die Dateiliste
files=$*

# Rechner-Liste aus Datei lesen?
[ "$hostlist" ] || hostlist=`cat $hostfile`


# Die Schleife um die Rechner
# ===========================

for host in $hostlist
do
  for file in $files
  do

    echo "$host $file"
```

Listing 6.4: mcopy – Dateien und Verzeichnisse auf mehrere Rechner kopieren

```
    # Name in absoluten Pfad umwandeln.
    # ---------------------------------
    if [[ "$file" != /* ]] ; then
      file=`pwd`/$file
    fi

    # Existiert das Verzeichnis?
    # -------------------------
    dir=${file%/*}
    dirctrl=`rsh $host "[ -d "$dir" ] || echo dir_fehlt" `
    if [ "$dir" ] && [ "$dirctrl" ] ; then
      rsh $host mkdir -p $dir
    fi

    # Nun wird kopiert
    # ----------------
    if [ "$recursiv" ] && [ -d "$file" ] ; then
      rcp -r -p $file $host:$dir
    else
      rcp -p $file $host:$file
    fi
  done
done
```

Listing 6.4: mcopy – Dateien und Verzeichnisse auf mehrere Rechner kopieren(Fortsetzung)

```
mars# echo "193.234.29.33 bombadil" >> /etc/hosts
mars#
mars# tail -3 /etc/hosts
193.234.29.16 venus
193.234.29.19 pluto
193.234.29.33 bombadil
mars#
mars# rsh jupiter tail -3 /etc/hosts
193.234.29.15 merkur
193.234.29.16 venus
193.234.29.19 pluto
mars#
mars# cat ./daten/hosts.dat
jupiter
gargamel
helena
brutus
mars#
mars# mcopy /etc/hosts
jupiter /etc/hosts
gargamel /etc/hosts
```

```
helena /etc/hosts
brutus /etc/hosts
mars#
mars# rsh jupiter tail -3 /etc/hosts
193.234.29.16 venus
193.234.29.19 pluto
193.234.29.33 bombadil
mars#
mars# rsh brutus tail -3 /etc/hosts
193.234.29.16 venus
193.234.29.19 pluto
193.234.29.33 bombadil
mars#
```

Eine effektive Art, Dateien zu kopieren! Wenn Sie auf andere als die in `hosts.dat` stehenden Rechner kopieren möchten, können Sie diese ja auf der Befehlszeile über `-hosts` angeben.

```
mcopy -hosts "zeus hera" /etc/hosts
```

Wenn Sie aber mehrere Standard-Rechner-Listen benötigen, sollten Sie das Skript vielleicht lieber dahin gehend verändern, dass sie die entsprechende Host-Datei auf der Kommandozeile übergeben können.

6.6 Skripte auf mehreren Rechnern ausführen

Nachdem wir das mehrfache Kopieren von Dateien beherrschen, wagen wir uns an die Aufgabe, ein beliebiges Skript nacheinander auf mehreren Rechnern ausführen zu lassen. Genutzt werden kann diese Methode dann für die meisten Überwachungs- und Auswerte-Skripte, für das parallele Verwalten von Benutzern, Software-Installationen und vieles mehr. Wir werden wieder die gleichen Techniken verwenden wie im vorherigen Fall.

Wie soll unser Skript funktionieren? Wieder liefern wir ihm eine Liste von Rechnern über die Befehlszeile oder in einer Datei. Auf diesen Maschinen soll nun entweder ein Befehl oder ein Skript ausgeführt werden. Der Befehl darf auch zusammengesetzt oder mehrzeilig sein, auf jeden Fall aber muss er direkt auf der Kommandozeile angegeben werden. Er wird einfach per `rsh` nacheinander auf allen Hosts ausgeführt.

Übergeben wir stattdessen eine Skript-Datei, wird es schwieriger, denn die befindet sich zunächst nur auf dem lokalen Rechner. Um sie auf dem fremden Host per `rsh` ausführen zu können, müssen wir sie zuerst dorthin befördern. Wir haben dazu zwei Möglichkeiten.

Entweder wir kopieren sie mit `rcp` auf den Remote Host. Für diesen Fall müssen wir wissen, in welches Verzeichnis. Dieses Arbeitsverzeichnis geben wir als Default vor, wir können es aber auch auf der Kommandozeile angeben.

Die zweite Möglichkeit besteht darin, dass der fremde Rechner ein Verzeichnis unseres lokalen Hosts per NFS mountet. Ein solches Vorgehen müssen wir wählen, wenn es nicht mit dem Übertragen des eigentlichen Skriptes getan ist, sondern weitere Konfigurations- oder Hilfs-Dateien benötigt werden. Durch den NFS-Mount steht dem Remote-Host dann ein ganzer Verzeichnis-Zweig zur Verfügung. Als NFS-Mountpunkt wird das gerade angesprochene Arbeitsverzeichnis verwendet.

Nachdem die Skript-Datei auf dem entfernten Rechner zur Verfügung steht, wird sie schließlich wieder über `rsh` ausgeführt.

Unerwartet kompliziert? Die Schwierigkeiten kommen daher, dass sich das, was wir ausführen möchten, noch nicht auf dem anderen Rechner befindet. Die Erfinder von `rsh` wissen schon, warum sie nur Befehle und keine Skripte unterstützen. ;-)

Sehen wir uns als Erstes wieder die Aufruf-Syntax an, um den Überblick nicht zu verlieren.

```
mshell [-hosts ...] [-bg] [-wd <dir>] [-cp] [-mount <dir>] befehl/skript
```

`-wd` gibt das Arbeitsverzeichnis an, `-cp` oder `-mount` schließen sich aus und legen fest, ob kopiert oder per NFS gemountet wird. Über `-bg` werden wir ein zusätzliches Feature einbauen, nämlich, dass alle Hosts parallel angesprochen werden, quasi gleichzeitig, was eine Menge Zeit sparen kann.

Die Kommandozeile:

```
while [[ $1 == -* ]]
do
   [[ $1 != -@(bg|cp|mount|wd|hosts) ]] && echo "\nUsage: $USAGE" && exit 1
   [[ $1 == -bg ]] && bg=yes
   [[ $1 == -cp ]] && cp=yes
   [[ $1 == -mount ]] && mnt=yes && mntdir=$2 && shift
   [[ $1 == -wd ]] && wd=$2 && shift
   [[ $1 == "-hosts" ]] && hostlist="$2" && shift
   shift
done
```

Hoffentlich stören Sie sich nicht an den vielen logischen Unds. Über ausgeschriebene ifs bekämen wir alleine 20 Zeilen, die sich nur mit der Befehlszeile beschäftigen. Was übrig bleibt, ist der Befehl oder das Skript, das ausgeführt werden soll, und dessen Argumente.

```
set $*
cmd=$1 ; shift
args="$*"
```

Die Rechnerliste wird wieder beim Aufruf übergeben oder aus einer Datei gelesen.

```
if [ ! "$hostlist" ] ; then
   hostlist=`cat $hostfile`
fi
```

Wenn der entfernte Rechner ein Verzeichnis per NFS mounten soll, muss es zuerst auf dem lokalen Rechner freigegeben werden.

```
if [ "$mnt" ] ; then
   share $mntdir
fi
```

Wir starten die Schleife um die Liste der Hosts. Darin konfigurieren wir als erstes einige Parameter. Diese Konfiguration ziehen wir in die Schleife hinein, um sie bei Bedarf hostspezifisch gestalten zu können.

```
case "$host" in
   *)    workdir=/scripts
         RPATH=.:/usr/sbin:/usr/local/bin # remote-PATH
esac
workdir=${wd:-$workdir}
```

Die letzte Zeile besagt, dass wir das beim Aufruf übergebene Arbeitsverzeichnis bevorzugen; wenn es nicht gesetzt wurde, nehmen wir den Default-Wert. RPATH enthält die Pfad-Variable, die wir auf dem fremden Host setzen werden. Bedenken Sie, dass wir dort mit einer Minimal-Umgebung starten. Insbesondere wird das zu startende Skript im entfernten Arbeitsverzeichnis landen. Um es dort zu finden, brauchen wir den Punkt in der Pfad-Variablen.

Nun können wir entweder vom Remote Host aus das benötigte Verzeichnis mounten oder das Skript von unserem Rechner aus dorthin kopieren.

```
if [ "$mnt" ] ; then
  sourcehost=`uname -n`
  rsh $host mount $sourcehost:$mntdir $workdir
fi
```

Das Mounten sieht etwas umständlich aus, aber anders geht es nicht. Der Mount muss vom entfernten Rechner aus durchgeführt werden. Um dies zu bewältigen, müssen wir den entsprechenden Befehl per `rsh` ausführen. Und weil der fremde Rechner wissen muss, von wem er das Verzeichnis mounten soll, setzen wir unseren Rechnernamen über die Variablen `$sourcehost` ein.

```
if [ "$cp" ] ; then
    rcp $cmd $host:$workdir
fi
```

Beim Kopieren müssen wir darauf achten, dass das übergebene Kommando außer der Datei noch Optionen und Argumente enthalten kann, jedoch nur die Datei selbst kopiert werden darf.

Das Skript landet nach dem Kopieren im entfernten Arbeitsverzeichnis. Wir müssen es also aus Sicht des fremden Rechners von dort aus aufrufen. Der bisherige, lokale Pfad hat hier nichts mehr zu suchen, er wird abgeschnitten.

```
if [ "$mount" ] || [ "$cp" ] ; then
  rcmd=${cmd##*/}
else
  rcmd=$cmd
fi
```

Das Skript wird anschließend einfach über `$rcmd`, jetzt also ohne Pfad-Angabe aufgerufen. Das funktioniert, da wir der Pfad-Variablen den Punkt hinzugefügt haben.

Achtung beim Mounten: Hier funktioniert dieses Verfahren, solange sich das auszuführende Skript im gemounteten Verzeichnis befindet, was wohl der Normalfall ist. Befindet sich das Skript jedoch in einem Unterverzeichnis (z.B. in `/mydir/scripts`, wobei `/mydir` gemountet wird), wird es nicht mehr gefunden. Sie können auch keinen relativen Pfad angeben, da wir ja den kompletten Verzeichnis-Anteil abschneiden. In solchen Fällen müssen Sie stattdessen die Pfad-Variable um das benötigte Verzeichnis erweitern. (`mshell -mount /mydir "PATH=./scripts:$PATH ; myscript"`).

Damit sind die Vorbereitungen beendet. Wir können das Skript oder den Befehl ausführen. Wenn die Option `-bg` gesetzt wurde, tun wir dies im Hintergrund, so dass unser Skript sofort mit dem nächsten Host fortfahren kann. Ansonsten bleiben wir im Vordergrund.

```
if [ "$bg" ] ; then
  rsh $host " PATH=$PATH:$RPATH; cd $workdir ; $rcmd $args" &
else
  rsh $host " PATH=$PATH:$RPATH; cd $workdir ; $rcmd $args"
fi
```

Vor der eigentlichen Ausführung setzen wir noch die Pfad-Variable, um alle in dem auszuführenden Skript vorkommenden Befehle zu finden, und wechseln anschließend in das dafür vorgesehen Verzeichnis.

```
#!/bin/ksh

# mshell
# Fuehrt Befehle oder Skripten auf einer Liste von Rechnern aus.
# Einfache Befehle werden direkt mit rsh ausgefuehrt. Skripten
# werden zuerst per rcp kopiert oder das Verzeichnis gemountet.

hostfile=./daten/hosts.dat

USAGE='
mshell [-hosts ...] [-bg] [-wd <dir>] [-cp] [-mount <dir>] befehl/skript

-hosts "<host1 ...>" Rechner-Liste (Dflt: Rechner aus hosts.dat)
-bg:                 Alle Rechner parallel ansprechen.
-wd <dir>:           Alternatives Arbeitsverzeichnis.
-cp:                 Skript wird kopiert.
-mount <dir>:        Verzeichnis <dir> nach <workdir> mounten.

Fuer einfache Skripte genuegt oft -cp.
Skripte mit Hilfs-Dateien benoetigen -mount.
'



# Befehlszeile zerlegen
# --------------------
while [[ $1 == -* ]]
do
  [[ $1 != -@(bg|cp|mount|wd|hosts) ]] && echo "\nUsage: $USAGE" && exit 1
  [[ $1 == -bg ]] && bg=yes
  [[ $1 == -cp ]] && cp=yes
  [[ $1 == -mount ]] && mnt=yes && mntdir=$2 && shift
  [[ $1 == -wd ]] && wd=$2 && shift
  [[ $1 == "-hosts" ]] && hostlist="$2" && shift
  shift
done

# Der Rest: Befehl/Skript und Argumente
# ------------------------------------
set $*
cmd=$1 ; shift
args="$*"
```

Listing 6.5: mshell – Skripte und Befehle auf mehreren Rechnern ausführen

```
# Rechner-Liste aus Datei lesen?
# ------------------------------
if [ ! "$hostlist" ] ; then
  hostlist=`cat $hostfile`
fi


# Eventuell Verzeichnis freigeben
# -------------------------------
if [ "$mnt" ] ; then
  share $mntdir
fi


# Die Schleife um alle Rechner
# ============================

for host in $hostlist
do

  echo "\n$host: "
  echo "---------"

  # Konfiguration, eventuell individuell
  # ------------------------------------
  case "$host" in
    *)    workdir=/scripts
          RPATH=.:/usr/sbin:/usr/local/bin # remote-PATH
  esac
  workdir=${wd:-$workdir}

  # Eventuell Verzeichnis mounten
  # -----------------------------
  if [ "$mnt" ] ; then
    sourcehost=`uname -n`
    rsh $host mount $sourcehost:$mntdir $workdir
  fi

  # Eventuell Skript kopieren
  # -------------------------
  if [ "$cp" ] ; then
    rcp $cmd $host:$workdir
  fi

  # Bei Skripten hat der alte Pfad keine Bedeutung mehr.
```

Listing 6.5: mshell – Skripte und Befehle auf mehreren Rechnern ausführen(Fortsetzung)

```
    # ---------------------------------------------------------
    if [ "$mount" ] || [ "$cp" ] ; then
      rcmd=${cmd##*/}
    else
      rcmd=$cmd
    fi

    # Befehl/Skript ausfuehren
    # -----------------------
     if [ "$bg" ] ; then
       rsh $host " PATH=$PATH:$RPATH; cd $workdir ; $rcmd $args" &
     else
       rsh $host " PATH=$PATH:$RPATH; cd $workdir ; $rcmd $args"
     fi

    # Eventuell Verzeichnis umounten
    # ------------------------------
    if [ "$mnt" ] ; then
      rsh $host umount $sourcehost:$mntdir
    fi

done
echo
```

Listing 6.5: mshell – Skripte und Befehle auf mehreren Rechnern ausführen(Fortsetzung)

```
mars# cat ./daten/hosts.dat
jupiter
gargamel
helena
mars# mshell "ps -ef | wc -l | awk '{print \$1 \" laufende Prozesse\"}'"

jupiter:
---------
46 laufende Prozesse

gargamel:
---------
83 laufende Prozesse

helena:
---------
19 laufende Prozesse

mars#
mars# mshell -cp newuser hanni
```

```
jupiter:
---------
6 blocks
hanni erfolgreich angelegt.

gargamel:
---------
6 blocks
hanni erfolgreich angelegt.

helena:
---------
6 blocks
hanni erfolgreich angelegt.

mars#
mars# mshell -cp rmuser hanni

jupiter:
---------
Benutzer hanni wurde zunaechst nur gesperrt.

gargamel:
---------
Benutzer hanni wurde zunaechst nur gesperrt.

helena:
---------
Benutzer hanni wurde zunaechst nur gesperrt.

mars#
```

Ahnen Sie, welch tolles Programm wir da gerade geschrieben haben? Mal einen Blick werfen auf die Anzahl der laufenden Prozesse von 20 verschiedenen Rechnern? Kein Problem. Deren Filesystem-Belegung: einfach `"mshell df -k"` aufrufen. Den gleichen Benutzer an allen Rechnern anlegen: wie gesehen.

Komplexe Konstellationen mit Hilfs-Dateien, die aus ganz verschiedenen Verzeichnissen benötigt werden, oder dergleichen wird unser Skript in der aktuellen Form nicht bewältigen. Fühlen Sie sich frei, es für solche Zwecke nach Belieben zu verbessern und auf ihre Bedürfnisse anzupassen.

6.7 Software auf mehreren Rechnern installieren

Die interessanteste Anwendung unseres Programms `mshell` ist vielleicht die Installation neuer Software auf mehreren Rechnern. Da wir über die Option `-bg` solche Installationen sogar parallel starten können, ergibt sich ein enormer Effektivitäts-Gewinn gegenüber Einzel-Installationen.

Unser bisheriges Programm ist allerdings für sehr viel allgemeinere Fälle gestrickt und bei Software-Installationen etwas mühsam anzuwenden. Wir werden deshalb eine Spezial-Variante erstellen, die für verteilte Installationen maßgeschneidert und einfach zu bedienen ist.

Unser Skript soll auf folgende Art aufgerufen werden.

```
minst [-hosts ...] [-bg] pakete
```

Die Optionen `-hosts` und `-bg` haben wir bereits ausführlich besprochen.

Zunächst müssen wir uns darüber klar werden, wo sich die zu installierenden Pakete auf dem ursprünglichen Rechner befinden. Das entsprechende Verzeichnis schreiben wir nach `$pkgdir`; `/var/spool/pkg` wäre beispielsweise ein üblicher Ort. Wenn es nicht auf die Geschwindigkeit der Installation ankommt, kann auch die Software-CD selbst angegeben werden.

Dieses Verzeichnis muss freigegeben werden, da der entfernte Rechner es mounten soll. Nur NFS-Mounts kommen hier in Frage. Kopier-Aktionen wie bei `rshell` machen keinen Sinn, da das eigentliche Installations-Tool ja Bestandteil des Systems und somit auf dem fremden Host bereits vorhanden ist.

```
share $pkgdir
```

Innerhalb der Schleife um die einzelnen Hosts muss nun jeder Rechner über `rsh` dazu gebracht werden, dieses Verzeichnis zu mounten. Als Mountpunkt verwenden wir das gleiche Verzeichnis `$pkgdir` auf dem Zielrechner.

```
rsh $host mount $sourcehost:$pkgdir $pkgdir
```

Jetzt stehen dem Rechner die Software-Pakete zur Verfügung. Er muss sie nur noch installieren.

```
rsh "echo \"y\ny\" | pkgadd -d $pkgdir $pkglist"
```
[8]

Wir schreiben zwei y-Zeilen auf die Standard-Eingabe des `pkgadd`-Befehls, um seine Sicherheits-Fragen mit `"yes"` zu beantworten. Die `pkgadd`-Option `-d` gibt an, wo sich die Pakete befinden. Wenn wir die einzelnen `rsh`-Befehle zu einem einzigen zusammenziehen und die Möglichkeit der parallelen Verarbeitung hinzufügen, ergibt sich folgende Version der Rechner-Schleife.

```
for host in $hostlist
do
  sourcehost=`uname -n`
  rsh $host "PATH=$PATH:$RPATH
             mount $sourcehost:$pkgdir $pkgdir
             if [ "$bg" ] ; then
               echo \"y\ny\" | pkgadd -d $pkgdir $pkglist &
             else
               echo \"y\ny\" | pkgadd -d $pkgdir $pkglist
             fi
             umount $pkgdir
             "
done
```

8. LINUX: rpm -i $pkg Wir werden am Ende des Abschnittes eine Variante für LINUX zeigen.

Sehen wir uns das fertige Multihost-Installations-Programm an.

```
#!/bin/ksh

# minst
# Installiert Software-Pakete auf einer Reihe von Rechnern.
# Methoden: rsh und nfs-mount
# Client mountet $pkgdir des Admin-Hosts (enthaelt die Pakete)
# auf eigenes $pkgdir und installiert.

hostfile=./daten/hosts.dat
pkgdir=/var/spool/pkg

USAGE='
minst [-hosts ...] [-bg] pakete

-hosts "<host1 ...>" Rechner-Liste (Dflt: Rechner aus hosts.dat)
-bg:                 Alle Rechner parallel ansprechen.

'

# Befehlszeile zerlegen
# --------------------
while [[ $1 == -* ]]
do
  [[ $1 != -@(bg|hosts) ]] && echo "\nUsage: $USAGE" && exit 1
  [[ $1 == -bg ]] && bg=yes
  [[ $1 == "-hosts" ]] && hostlist="$2" && shift
  shift
done

# Der Rest sind die Pakete
pkglist="$*"

# Rechner-Liste aus Datei lesen?
# -----------------------------
if [ ! "$hostlist" ] ; then
  hostlist=`cat $hostfile`
fi

# Verzeichnis mit Paketen freigeben
# --------------------------------
share $pkgdir
```

Listing 6.6: minst – Installiert Software-Pakete auf verschiedenen Rechnern

```
# Die Schleife um alle Rechner
# ============================

for host in $hostlist
do

  echo "\n$host: "
  echo "---------"

  # Konfiguration, eventuell individuell
  # ------------------------------------
  case "$host" in
    *)   RPATH=.:/usr/sbin:/usr/local/bin # remote-PATH
  esac

  # Installieren
  # ------------
  sourcehost=`uname -n`
  rsh $host "PATH=$PATH:$RPATH
             mount $sourcehost:$pkgdir $pkgdir
             if [ "$bg" ] ; then
               echo \"y\ny\" | pkgadd -d $pkgdir $pkglist &
             else
               echo \"y\ny\" | pkgadd -d $pkgdir $pkglist
             fi
             umount $pkgdir
             "
done
```

Listing 6.6: minst – Installiert Software-Pakete auf verschiedenen Rechnern(Fortsetzung)

```
mars# minst SUNWaudio

jupiter:
---------

Processing package instance <SUNWaudio> from </var/spool/pkg>

Audio applications
(i386) 3.6.20,REV=1.1999.12.03
Copyright 2000 Sun Microsystems, Inc. All rights reserved.
Using </> as the package base directory.
## Processing package information.
## Processing system information.
   2 package pathnames are already properly installed.
## Verifying package dependencies.
## Verifying disk space requirements.
```

```
## Checking for conflicts with packages already installed.
## Checking for setuid/setgid programs.

This package contains scripts which will be executed with super-user
permission during the process of installing this package.

Do you want to continue with the installation of <SUNWaudio> [y,n,?] y

Installing Audio applications as <SUNWaudio>

## Installing part 1 of 1.

Installation of <SUNWaudio> was successful.

gargamel:
---------

Processing package instance <SUNWaudio> from </var/spool/pkg>

Audio applications
(i386) 3.6.20,REV=1.1999.12.03
Copyright 2000 Sun Microsystems, Inc. All rights reserved.
Using </> as the package base directory.
( ..... )

gargamel:
---------

Processing package instance <SUNWaudio> from </var/spool/pkg>

Audio applications
(i386) 3.6.20,REV=1.1999.12.03
Copyright 2000 Sun Microsystems, Inc. All rights reserved.
Using </> as the package base directory.
( ..... )

mars#
```

Mit einigen Veränderungen können Sie auch die Installation freier Software, die meistens über `gzip` und `tar` verpackt ist, unterstützen. Allerdings muss man nach dem Auspacken häufig ein weiteres Skript aufrufen, das die Dateien verteilt und anpasst. Hier kann man schlecht allgemeine Aussagen treffen, stattdessen muss man einen Blick in das konkrete Paket werfen, das entsprechende Skript ausfindig machen und innerhalb des `rsh`-Kommandos aufrufen.

Wenn es Sie stört, dass das `pkgdir`-Verzeichnis innerhalb des Skriptes festgelegt wird, sollten Sie zwei Zeilen hinzufügen, die seine Angabe auf der Kommandozeile erlaubt. Erstens bei der Verarbeitung der Befehlszeile:

```
[[ $1 == "-pkgdir" ]] && pkgdir="$2" && shift
```

Und zweitens bei der möglichen Zuweisung des Default-Wertes.

```
pkgdir=${pkgdir:-/var/spool/pkg}
```

Um Software wieder zu entfernen, bedarf es übrigens keines neuen Skriptes. `pkgrm` kann ohne Probleme per `mshell` aufgerufen werden:

```
mshell "echo \"y\ny\" | pkgrm SUNWaudio"  1
```

1. LINUX: rpm -e <package>

LINUX

Unter LINUX werden Pakete mit dem `rpm` package manager installiert. Außerdem werden Verzeichnisse hier nicht über `share` freigegeben, sondern über einen Eintrag in der Datei `/etc/exports` und anschließendes Durchstarten des NFS-Servers: `'/etc/init.d/nfsserver restart'`. Wir gehen hier davon aus, dass das Verzeichnis fest in `/etc/exports` steht und bereits freigegeben ist. Dann entfällt der oben gezeigte `share`-Befehl und der eigentliche Installations-Abschnitt wird zu:

```
    # Installieren
    # ------------
    sourcehost=`uname -n`
    rsh $host "PATH=$PATH:$RPATH
               mount $sourcehost:$pkgdir $pkgdir
               cd $pkgdir
               if [ "$bg" ] ; then
                 rpm -i $pkglist &
               else
                 rpm -i $pkglist
               fi
               cd /
               umount $pkgdir
               "
  done
```

6.8 Differenzielle Backups

Ein weiteres wichtiges Feld der System-Administration beschäftigt sich mit der Sicherheit der auf dem System befindlichen Daten. Regelmäßige Backups sind eine Grundvoraussetzung für ein erfolgreiches System-Management. Für diese Tätigkeit stehen uns einerseits eine Handvoll UNIX-Tools zur Verfügung und andererseits eine ganze Palette von kommerziellen Programmen, die für viel Geld eine Menge Fähigkeiten bieten, die die einfachen Tools vermissen lassen.

Kommerzielle Programme lassen im Gegensatz zu den UNIX-Befehlen eine ausgeklügelte Backup-Strategie zu. In größeren Zeitabständen werden ausgewählte Datenbereiche komplett gesichert, in den Tagen dazwischen jedoch nur diejenigen Dateien, die seit dem letzten Backup verändert wurden. Mit dieser Methode halten sich die zu sichernden Datenmengen bei jeder einzelnen Sicherung - außer natürlich bei der Vollsicherung - in Grenzen, sodass man es sich leisten kann, öfters zu sichern, wodurch wiederum das Risiko eines Datenverlustes reduziert wird.

Das einzige UNIX-Werkzeug, das eine solche Strategie beherrscht, ist `ufsdump`. Die Einschränkung bei `ufsdump` besteht aber darin, dass die Versions-Kontrolle nur für ganze Filesysteme funktioniert. Einzelne Verzeichnisse können zwar ebenfalls gesichert werden, jedoch immer nur als Vollsicherung.

Wir wollen nun also ein Shell-Skript entwickeln, das es erlaubt, beliebige Verzeichnisse, Verzeichnis-Bäume oder auch einzelne Dateien voll oder differenziell zu sichern. Kein einfaches Unterfangen, wie Sie gleich feststellen werden.

Falls Ihnen das folgende Skript zu aufwändig erscheint, Sie eher an einer einfacheren, wenn auch weniger mächtigen Lösung interessiert sind, dann schreiben Sie es einfach um! Nehmen Sie den Recovery-Teil heraus! Entfernen Sie die Verwaltung der Datei-Datenbank oder erlauben Sie nur die Angabe eines einzigen Verzeichnisses.

In unserer Vollversion erlauben wir zwei verschiedene Bezugspunkte für die differenzielle Sicherung: Das letzte Full-Backup oder einfach nur das letzte Backup, gleich welchen Typs dieses war. Man spricht im zweiten Fall auch häufig von einem inkrementellen Backup, allerdings werden die Bezeichnungen oft vermischt. Wählt man die letzte Vollsicherung als Bezugspunkt, (die meist länger zurückliegt), muss man eine größere Datenmenge sichern. Bei der Wiederherstellung eines Verzeichnisses tut man sich aber relativ leicht, da es nur das aktuelle Backup sowie die Vollsicherung zurückzuspielen gilt. Wählt man generell das letzte Backup, verringert sich das zu sichernde Volumen; bei einer Restaurierung muss man aber alle Sicherungen bis hin zurück zur letzten Vollsicherung einspielen, und das ist aufwändig. Wir erlauben jedenfalls beide Methoden in beliebiger Mischung.

Um eine Änderungs-Kontrolle durchführen zu können, müssen wir eine Datenbank führen, in der jedes Backup mit Zeitstempel vermerkt wird. Verlangt der Benutzer ein differenzielles Backup, suchen wir in dieser Datenbank nach dem letzten beliebigen oder dem letzten Full-Backup des entsprechenden Verzeichnisses – je nachdem was gewünscht ist – und sichern alle Dateien, die sich seit diesem Zeitpunkt verändert haben.

Verzeichnisse können sich überlappen. Wir bestimmen den Zeitpunkt des letzten Backups allerdings nur genau für das angegebene Verzeichnis. Über- oder untergeordnete Verzeichnisse werden der Einfachheit halber bei der Datums-Ermittlung nicht berücksichtigt.

Das Überlappen der Verzeichnisse ist der eigentliche Knackpunkt bei einem solchen Programm. Um das Zurückspielen für den Benutzer zu vereinfachen, führen wir eine zweite Datenbank, die für jede gesicherte Datei den Zeitpunkt und die Nummer des letzten Backups enthält.

Unser Programm soll folgendermaßen aufgerufen werden.

```
backup [-b] [-yevx] [-diff] [-half] <dateien|directories>
backup  -r  [-x] [-f <bck-file>]    <dateien|directories>
recover     [-x] [-f <bck-file>]    <dateien|directories>
```

Über `-b` (Default, kann weggelassen werden) und `-r` entscheiden wir uns für eine der beiden Hauptfunktionen `backup` oder `recovery`. Im Backup-Modus stehen uns drei Verfahren zur Verfügung: Wir können eine Vollsicherung durchführen (keine Option), eine differenzielle Sicherung mit dem letzten Backup als Bezugspunkt (`-diff`) oder eine mit dem letzten Full-Backup als Bezugspunkt (`-half`).

Die weiteren Optionen sind weniger wichtig. `-y` beantwortet eine Sicherheitsfrage mit "yes", sodass man auch per cron-Job sichern kann. `-e` (empty) führt keine Sicherung durch, wenn keine veränderten Dateien gefunden werden, was wichtig sein kann, wenn `-y` verwendet wird. `-v` (verbose) zeigt während der Sicherung jede einzelne Datei an und `-x` schaltet die Shell-Funktion `-x` an, um bei Problemen in den Debugging-Modus zu gelangen.

Für eine Wiederherstellung bieten wir zwei Stufen. Ohne die Angabe eines konkreten Backups suchen wir für den Benutzer die neuesten Backups heraus, die die angegebenen Dateien enthalten, und zeigen sie ihm an. Der Benutzer kann dann die jeweiligen Bänder einlegen und nacheinander wieder einspielen, indem er nun konkrete Backups über -f <bck-file> angibt. -x schaltet wieder das Debugging an.

Die Recovery-Funktion kann auch direkt über den Skriptnamen "`recover`" aufgerufen werden, welcher als symbolischer Link auf das eigentliche Skript realisiert wird. Innerhalb des Programms werden wir dann feststellen, wie das Skript aufgerufen wurde, und setzten gegebenenfalls die Option `-r`.

Wie immer zerlegen wir im ersten Schritt die Kommandozeile.

```
while [[ "$1" == -* ]]
do
  [[ "$1" == -diff ]] &&   method=diff && shift && continue
  [[ "$1" == -half ]] &&   method=half && shift && continue
  [[ "$1" == *f* ]] &&   recoverfile=$2 && shift2 && continue
  [[ "$1" == *x* ]] &&   set -x
  [[ "$1" == *b* ]] &&   backup=yes
  [[ "$1" == *r* ]] &&   recover=yes
  [[ "$1" == *y* ]] &&   confirm=yes
  [[ "$1" == *e* ]] &&   empty=yes
  [[ "$1" == *v* ]] &&   verbose=v
  [[ "$1" == *h* ]] &&  echo "$USAGE" && exit 0
  [[ "$1" != -+([xbryevf]) ]] && echo "$error1" && exit 1
  shift
done
```

Mächtig! Diese Variante unterscheidet sich noch einmal von den vorherigen. Wir testen jede einzelne Option nicht exakt, sondern auf ein Muster hin, z.B. *x*. Warum? Weil wir auf diese Weise zusammengezogene Optionen erkennen können! "`-b -y -v`" ist hier ebenso erlaubt wie "`-byv`" oder "`-yvb`". Für die Mehrzeichen-Optionen `-diff` und `-half` funktioniert diese Technik natürlich nicht; deshalb springen wir bei ihnen durch `continue` sofort zur nächsten Option.

Der Rest besteht aus den Dateien und Verzeichnissen, die es zu sichern gilt.

```
dirlist="$*"
```

Bereits jetzt müssen wir uns um die Zauberei mit dem zweiten Skriptnamen "`recover`" kümmern, da wir ja von Anfang an wissen müssen, ob gesichert oder wiederhergestellt werden soll. Der Name wird durch einen einfachen symbolischen Link im gleichen Verzeichnis erzeugt.

```
mars# ln -s backup recover
```

Innerhalb des Skriptes fangen wir den Namen, unter dem es aufgerufen wird, auf ebenso einfache Art ab.

```
[ $0 == "recover" ]  && recover=yes
```

Wurden weder `-b` noch `-r` angegeben, führen wir ein Backup durch. Wurde weder `-diff` noch `-half` angegeben, gibt es eine Vollsicherung.

```
[ ! "$recover" ]   && backup=yes
[ ! "$method" ]    && method=full
```

Diese einfache Technik funktioniert, da ein leerer String `falsch` liefert, ein nichtleerer String hingegen `wahr`.

Befassen wir uns zunächst mit dem Backup. Wir werden in einer Schleife jedes angegebene Verzeichnis bzw. jede Datei einzeln behandeln. (Ab jetzt wird nur noch von "Verzeichnis" gesprochen.)

```
for dir in $dirlist
do
```

Die erste interessante Herausforderung besteht darin, den richtigen Zeitpunkt des letzten Backups dieses Verzeichnisses zu bestimmen. Bei einem Full-Backup entfällt dieser Teil natürlich. Alle Backups werden in einer Datenbank `$dbfile` geloggt, welche folgendermaßen aussieht. (Auf das genaue Format gehen wir später ein.)

```
02/05/24 23:33.14 /bck/bck.49.tar full d /etc
02/05/25 23:30.35 /bck/bck.50.tar diff d /etc
02/05/26 17:36.27 /bck/bck.51.tar full f /data/db/file1
02/05/27 17:41.33 /bck/bck.52.tar full f /data/db/file2
02/05/28 23:30.13 /bck/bck.53.tar diff d /etc
02/05/29 23:30.45 /bck/bck.54.tar half d /etc
```

Für eine differenzielle Sicherung suchen wir aus dieser Datei das letzte Backup für das gerade behandelte Verzeichnis heraus und isolieren Datum und Uhrzeit.

```
if [ "$method" = "diff" ] ; then
  zeit=` grep " $dir\$" $dbfile |
         tail -1 | awk '{print $1,$2}'`
```

Für ein halbdifferenzielles Backup berücksichtigen wir nur die Vollsicherungen.

```
elif [ "$method" = "half" ] ; then
  zeit=` grep " $dir\$" $dbfile |
         grep ' full ' |
         tail -1 | awk '{print $1,$2}'`
```

Den Zeitpunkt des letzten relevanten Backups haben wir nun in `$zeit` stehen. Doch was tun wir damit? Wir werden über `find` alle Dateien suchen, die seither verändert wurden. `find` besitzt eine Option `-mtime`, die aber nur mit einer Auflösung von Tagen arbeitet. Stattdessen verwenden wir die Option `-newer`, die den Zeitstempel jeder Datei mit dem einer Referenz-Datei vergleicht und daher bis auf die Sekunde genau arbeitet.

Wir legen also eine Referenz-Datei mit dem Zeitstempel des letzten relevanten Backups an. Zeitstempel werden mit `touch` gesetzt und `touch` verlangt die Zeit in der Form `"yymmddHHMM"`. Das passt ganz gut, wenn wir nur alle Sonderzeichen aus unserem Zeitformat entfernen.

```
ttime=`echo $zeit | sed 's/[^0-9.]//g'`
touch -t $ttime timestamp
```

Nun können wir nach veränderten Dateien suchen.

```
if [ "$method" = "full" ] ;  then
  find $dir ! -type d | tee $tmpfile
else
  find $dir -newer timestamp ! -type d | tee $tmpfile
fi
```

Wie Sie sehen, lassen wir das Ergebnis von find einerseits auf dem Bildschirm erscheinen, andererseits leiten wir es über `tee` in eine Datei um. Letzteres benötigen wir, da der Benutzer noch einmal die Chance erhalten soll, abzubrechen. Wenn wir dann wirklich sichern werden, soll das aufwändige `find` nicht ein zweites Mal notwendig sein.

Was ebenfalls auffällt, ist das Ausklammern von Verzeichnissen. Darauf werden wir weiter unten eingehen.

Schnell noch die Anzahl gefundener Dateien zählen.

```
echo "`wc -l $tmpfile | awk '{print $1}'` Datei(en)."
```

Es folgt eine Rückfrage, ob gesichert werden soll, und wenn ja, wird dies getan. Hierzu benötigen wir eine Nummer, um das Backup zu kennzeichnen. Erfolgt das Backup in eine Datei auf Festplatte, verwenden wir diese laufende Nummer als Teil des Dateinamens. Sie können sie in dem oben gezeigten Ausschnitt der Backup-Datenbank sehen. Erfolgt das Backup auf Band, kann der Administrator das Band mit dieser Nummer kennzeichnen.

Wir könnten die laufende Nummer einfach ohne Kommentare in eine Datei schreiben. Reizvoller ist es jedoch, Kommentare in der Datei zuzulassen, damit man auf einen Blick erkennen kann, worum es sich eigentlich handelt.

```
mars# cat bck.lfnr
# Laufende Nummer des letzten Backups
lfnr: 54
mars#
```

Aus dieser Datei müssen wir die laufende Nummer isolieren, um 1 erhöhen und an die richtige Position zurückschreiben.

```
lfnr=`cat $lfnrfile | grep -v '^[  ]*#' | awk '{print $2}'`
lfnr=$((lfnr+1))
sed "s/^lfnr: [0-9]*/lfnr: $lfnr/" $lfnrfile >$lfnrfile.tmp
mv $lfnrfile.tmp $lfnrfile
```

Beachten Sie, dass Sie die Datei selbst anlegen müssen, bevor Sie mit dem ersten Backup starten können!

Endlich können wir das eigentliche Backup durchführen. Wir verwenden `tar` als Backup-Tool! Dies ist der Grund, warum wir Verzeichnisse bei der Suche mit `find` ausgeklammert haben. `tar` würde jedes dieser Verzeichnisse erneut rekursiv sichern, was wir natürlich vermeiden müssen.

`tar` ist das einzige Backup-Tool, das zuverlässig mit Hardlinks umgehen kann. Die Sicherung mit `cpio` ist etwas einfacher. Müssen jedoch Hardlinks zurückgespielt werden, entsteht stattdessen eine neue Datei. Stellen Sie sich vor, Sie müssen System-Startdateien zurückspielen, die ja mehrfach verlinkt sind. Wenn der Link zwischen den einzelnen Versionen gebrochen wird, erhalten Sie unabhängige Dateien, und je nach System-Funktion werden dann eventuell unterschiedliche Versionen aufgerufen. Wenn Sie ausschließlich Daten sichern müssen, bei denen Sie sicher sind, dass sie keine Hardlinks enthalten, können Sie dies auch mit `cpio` tun.

Soll das Backup auf Festplatte oder Band gehen? Auf Festplatte benötigen wir einen eindeutigen Dateinamen, auf Band verwenden wir natürlich immer den reinen Bandnamen – allerdings mit einem angehängten `n (norewind)`, falls mehrere Sicherungen auf das gleiche Band erfolgen sollen. Über das Tool `mt` wird dann irgendwann zurückgespult. Die zu sichernden Daten lesen wir aus `$tmpfile`.

```
basefile=/bck/bck       #auf Band: basefile=/dev/rmt/0n
(.....)
destfile=$basefile.$lfnr.tar
if [[ "$destfile" == /dev/rmt/* ]] ; then
  tar -c${verbose}f $basefile -I $tmpfile             # auf Band
else
  tar -c${verbose}f $destfile -I $tmpfile             # auf Disk
fi
```

Schließlich müssen wir unsere Backup-Datenbank updaten. Wir vermerken dort das gesicherte Verzeichnis, den Zeitpunkt, die Methode (`full/half/diff`) sowie ob es sich um ein Verzeichnis oder eine Datei handelt.

```
typ="d" ; [ -f "$dir" ] && typ="f"
jetzt=`date +'%y/%m/%d %H:%M.%S'`
echo "$jetzt $destfile $method $typ $dir" >> $dbfile
```

Außerdem führen wir, wie bereits angedeutet, eine zweite Datenbank, in der wir das neueste Backup für jede einzelne Datei festhalten.

```
cat $tmpfile | nawk -v jetzt="$jetzt" -v bck="$destfile" '
                              {print jetzt,bck,$0}' >> $allfiles
sort -r +3 $allfiles | uniq -f 3 > $allfiles.new
mv $allfiles.new $allfiles
```

Dabei sortieren wir zunächst rückwärts nach dem Dateinamen, wodurch für jede Datei alle eingetragenen Backups direkt aufeinander folgen. `uniq` liefert uns von diesen immer die erste Zeile, also das neuste Backup.

Den Recovery-Teil werden wir nicht mehr detailliert besprechen. Nur die grundlegende Idee sei kurz erläutert. Müssen Dateien zurückgespielt werden, zeigt ein einfaches `grep <datei>` auf unserer Datei-Datenbank `$allfiles`, welches Backup wir einlegen müssen. Das exakte Auftauchen in dieser Datenbank zeigt uns auch, dass es sich um eine Datei handelt. Wir können es ja nicht einfach durch `[ -f datei ]` überprüfen, da die Datei ja eventuell gar nicht mehr vorhanden ist.

Handelt es sich um ein Verzeichnis, durchsuchen wir `$allfiles` nach diesem Verzeichnis und listen alle betroffenen Backups mitsamt der Anzahl der darin enthaltenen Dateien auf. Der Benutzer kann sich nun selbst entscheiden, über welche Backups er das Verzeichnis wiederherstellen möchte. Dabei hat er eventuell mehr als eine Möglichkeit.

Das eigentliche Zurückspielen erfolgt dann, wenn der Benutzer per Option `-f` eine Backup-Datei oder ein Bandlaufwerk angibt.

```
tar -xvf $recoverfile $dirlist
```

Fertig! Etwas umfangreich geworden, zugegeben, andererseits aber auch recht leistungsfähig.[9]

```
#!/bin/ksh

# backup
# Volle oder differenzielle Backups beliebiger Dateien,
# Vezeichnisse und Verzeichnis-Baeume

# Differenz zum letzten Backup oder zum letzten Full-Backup.
# Backup-Tool: tar (Band oder Festplatte)
# Pfadangabe absolut oder relativ
```

Listing 6.7: backup – Differenzielles Backup von Verzeichnissen

9. LINUX: Verwenden Sie beim Update der Backup-Datenbank awk statt nawk. tar benötigt die Datei mit den zu sichernden Objekten über die Option -T (statt -I).
Achtung beim Recovery: LINUX-tar entfernt beim Sichern die führenden Slashes. Daher müssen Sie auch beim Recovery die Datei ohne führenden Slash angeben. Zudem muss man im richtigen Verzeichnis stehen, damit die relativ angegebene Datei am richtigen Ort landet.

```
# Recovery mehrerer einzelner Dateien oder Verzeichnisse.
# backup -r -f <bckfile> dateien : Recovery
# backup -r dateien : Zeigt passende Backup-Dateien.


basefile=/bck/bck                #basefile=/dev/rmt/0n
dbdir=/bck
dbfile=$dbdir/bck.db
allfiles=$dbdir/bck.all
tmpfile=$dbdir/bck.tmp
lfnrfile=$dbdir/bck.lfnr

USAGE="
backup [-b] [-yevx] [-diff]       <dateien|directories>
backup  -r  [-x] [-f <bck-file>]    <dateien|directories>
recover     [-x] [-f <bck-file>]    <dateien|directories>

-b:        Volles Backup (dflt.)
-b -diff: Differenzielles Backup zum letzten Backup des gleichen Dirs.
-b -half: Differenzielles Backup zum letzten Full-Backup des gleichen Dirs.
-y:        Nicht-Interaktives Backup.
-ye:       Wie -y, aber kein Backup, wenn keine Dateien vorhanden.
-v:        Verbose. tar -v -> gesicherte Dateien werden angezeigt.
-x:        Debugging: set -x
-h:        Hilfe

-r:           Recovery: Zeige Backups an, die Datei(en) enthalten.
-r -f <file>: Stelle Datei(en) aus Backup <file> wieder her.
"

error1="\nFalsche Option.  Usage: \n$USAGE"
error2="\nKeine Verzeichnisse/Dateien angegeben. Usage: \n$USAGE"

rm $tmpfile 2>/dev/null

# Befehlszeile zerlegen
# --------------------
while [[ "$1" == -* ]]
do
  [[ "$1" == -diff ]] &&   method=diff && shift && continue
  [[ "$1" == -half ]] &&   method=half && shift && continue
  [[ "$1" == *f* ]] &&   recoverfile=$2 && shift2 && continue
  [[ "$1" == *x* ]] &&   set -x
  [[ "$1" == *b* ]] &&   backup=yes
  [[ "$1" == *r* ]] &&   recover=yes
```

Listing 6.7: backup – Differenzielles Backup von Verzeichnissen(Fortsetzung)

```
  [[ "$1" == *y* ]] &&   confirm=yes
  [[ "$1" == *e* ]] &&   empty=yes
  [[ "$1" == *v* ]] &&   verbose=v
  [[ "$1" == *h* ]] &&  echo "$USAGE" && exit 0
  [[ "$1" != -+([xbryevf]) ]] && echo "$error1" && exit 1
  shift
done

# Der Rest ist die Verzeichnisliste
dirlist="$*"
[ "$dirlist" ] || { echo "$error2" ; exit 2; }

# Wenn ueber einen Link "recover" aufgerufen:
[ $0 == "recover" ]  && recover=yes

# Defaults
[ ! "$recover" ]   && backup=yes         # Dflt: backup
[ ! "$method" ]    && method=full        # Dflt: full



# Backup
# ======

if [ "$backup" ] ; then
  for dir in $dirlist                        # Jedes Verzeichnis einzeln.
  do

    # Referenz-Zeitpunkt
    # ------------------
    if [ "$method" = "diff" ] ; then
      zeit=` grep " $dir\$" $dbfile |        # letzter Eintrag in $dbfile
             tail -1 | awk '{print $1,$2}'`
                                             # Nichts gefunden: -> neu
    elif [ "$method" = "half" ] ; then
      zeit=` grep " $dir\$" $dbfile |        # letztes full-Backup
             grep ' full ' |
             tail -1 | awk '{print $1,$2}'`  # Nichts gefunden: -> neu
    else
      zeit=""                                # Full-Backup
    fi

    if [ "$zeit" ] ; then                    # Dateien speichern.
      ttime=`echo $zeit | sed 's/[^0-9.]//g'`
      touch -t $ttime timestamp              # Vergleichs-Datei fuer find
```

Listing 6.7: backup – Differenzielles Backup von Verzeichnissen(Fortsetzung)

```
else
  method="full"                          # -diff gewaehlt, aber kein
  zeit="full-backup"                     # frueheres Backup vorhanden.
fi


# Dateien suchen und anzeigen
# ---------------------------
echo "\nDateien:"
echo "--------------------------------"
if [ "$method" = "full" ] ;  then
  find $dir ! -type d | tee $tmpfile
else
  find $dir -newer timestamp ! -type d | tee $tmpfile
fi

# Dateien zaehlen
# ---------------
if [ -s $tmpfile ]
  then    echo "`wc -l $tmpfile | awk '{print $1}'` Datei(en)."
  else    echo "Keine veraenderten Dateien."
fi


# Sicherheits-Abfrage
# -------------------
if [ ! "$confirm" ] ; then
  echo "-----------------------------------------------------"
  echo "Dir/File: $dir   veraendert seit: $zeit"
  echo "Backup durchfuehren? ([y]/n/q) \c"
  read antw
  [[ "$antw" == "q" ]] && echo "Abruch! Keine Backups." && exit 1
  [[ "$antw" != @(y|yes|"") ]] && echo "Kein Backup." && continue
fi


# Nicht-Interaktiv und keine veraenderten Dateien (-e ?)
# -----------------------------------------------------
[ ! -s "$tmpfile" ] && [ "$confirm" ] && [ "$empty" ] && continue


# Laufende Nummer: Vornehme Version
# Wir lassen Kommentare und leere Zeilen zu!
# -------------------------------------------
lfnr=`cat $lfnrfile | grep -v '^[ ]*#' | awk '{print $2}'`
```

Listing 6.7: backup – Differenzielles Backup von Verzeichnissen(Fortsetzung)

```
    lfnr=$((lfnr+1))
    sed "s/^lfnr: [0-9]*/lfnr: $lfnr/" $lfnrfile >$lfnrfile.tmp
    mv $lfnrfile.tmp $lfnrfile


    # Backup - endlich
    # ----------------
    destfile=$basefile.$lfnr.tar
    if [[ "$destfile" == /dev/rmt/* ]] ; then
      tar -c${verbose}f $basefile -I $tmpfile           # Bck. auf Band
    else
      tar -c${verbose}f $destfile -I $tmpfile           # Bck. auf Disk
    fi
    echo "Backup erstellt: $destfile"

    # Hinweis: Baender muessen entsprechend beschriftet werden ($lfnr).

    # Backup-Datenbank und Datei-Datenbank updaten
    # --------------------------------------------
    typ="d" ; [ -f "$dir" ] && typ="f"
    jetzt=`date +'%y/%m/%d %H:%M.%S'`
    echo "$jetzt $destfile $method $typ $dir" >> $dbfile
    cat $tmpfile | nawk -v jetzt="$jetzt" -v bck="$destfile" '
                             {print jetzt,bck,$0}' >> $allfiles
  done

  # Nur die neuesten Backups in $allfiles bewahren
  # ----------------------------------------------
  sort -r +3 $allfiles | uniq -f 3 > $allfiles.new
  mv $allfiles.new $allfiles
fi



# Recovery
# =======

# Werden Backup-Dateien angegeben, wird zurueckgespielt.
# Ansonsten werden alle betroffenen Files aus $allfiles angezeigt,
# damit der Benutzer die richtigen Backups auswaehlen kann.


# Echtes Zurueck-Spielen
# ----------------------
if [ "$recover" ] && [ "$recoverfile" ] ; then
```

Listing 6.7: backup – Differenzielles Backup von Verzeichnissen(Fortsetzung)

```
  # Mehrere Dateien und Verzeichnisse koennen angegeben werden,
  # wenn sie in einer Datei enthalten sind.
  tar -xvf $recoverfile $dirlist
  echo
fi

# Hinweis: Band muss eingelegt und per mt an die richtige Stelle gespult sein.

# Nur das passende Backup anzeigen
# -------------------------------
if [ "$recover" ] && [ ! "$recoverfile" ] ; then

  echo
  echo "Backups mit den neusten Versionen:"
  echo "---------------------------------\n"

  for element in $dirlist
  do
    # Directory oder File? -f/-d unmoeglich, da Objekt nicht existiert.
    # Dateien und Links sind in $allfiles, Verzeichnisse nicht.
    # ----------------------------------------------------------------
    line=`grep " $element\$" $allfiles`


    # Dateien und Links
    # -----------------
    if [ "$line" ] ; then
      echo "$line \n"


    # Verzeichnisse
    # ------------
    # Wir zeigen die erste Datei jedes betroffenen Backups
    # und die Anzahl der Dateien in diesem Backup.
    else
      grep " $element" $allfiles | sort |
      while read line
      do
        set $line
        if [ "$3" != "$old3" ] ; then
          [ "$n" ] && echo ........ $n Dateien. "\n"   # zeige Anzahl
          echo $line ; n=1                            # zeige erste Zeile
        else
          ((n=$n+1))
        fi
```

Listing 6.7: backup – Differenzielles Backup von Verzeichnissen(Fortsetzung)

```
        old3=$3
      done
      echo ........ $n Dateien. "\n"
    fi
  done

  echo "Mehr Details:    grep <datei> $allfiles"
  echo "        oder     cat $dbfile"
  echo "Zurueckspielen:  backup -r -f /bck/bck<n>.tar <datei> \n"
fi
```

Listing 6.7: backup – Differenzielles Backup von Verzeichnissen(Fortsetzung)

In der folgenden Demo wird ein kleines Verzeichnis zunächst voll, dann differenziell gesichert, gelöscht und anschließend wiederhergestellt.

```
mars# date
Thu May 30 11:12.20 MET DST 2002
mars#
mars# backup /etc/default

Dateien:
--------------------------------
/etc/default/sys-suspend
/etc/default/cron
/etc/default/fs
/etc/default/inetinit
/etc/default/passwd
/etc/default/tar
/etc/default/utmpd
/etc/default/init
/etc/default/login
/etc/default/su
10 Datei(en).
--------------------------------------------------
Dir/File: /etc/default   veraendert seit: full-backup
Backup durchfuehren? ([y]/n/q) y
Backup erstellt: /bck/bck.55.tar
mars#
mars# vi /etc/default/login  ( -> verändern, abspeichern)
mars#
mars# backup -diff /etc/default

Dateien:
--------------------------------
/etc/default/login
1 Datei(en).
--------------------------------------------------
```

```
Dir/File: /etc/default   veraendert seit: 02/05/30 11:13.14
Backup durchfuehren? ([y]/n/q) y
Backup erstellt: /bck/bck.56.tar
mars#
mars# touch /etc/default/passwd /etc/default/su
mars#
mars# backup -diff /etc/default

Dateien:
--------------------------------
/etc/default/passwd
/etc/default/su
2 Datei(en).
--------------------------------------------------
Dir/File: /etc/default   veraendert seit: 02/05/30 11:15.28
Backup durchfuehren? ([y]/n/q) q
Abruch! Keine Backups.
mars#
mars# backup -half /etc/default

Dateien:
--------------------------------
/etc/default/passwd
/etc/default/login
/etc/default/su
3 Datei(en).
--------------------------------------------------
Dir/File: /etc/default   veraendert seit: 02/05/30 11:13.14
Backup durchfuehren? ([y]/n/q) y
Backup erstellt: /bck/bck.57.tar
mars#
mars#
mars# rm -r /etc/default
mars#
mars# ls -l /etc/default
/etc/default: No such file or directory
mars#
mars# tail -5 bck.db
02/05/28 23:30.13 /bck/bck.53.tar diff d /etc
02/05/29 23:30.45 /bck/bck.54.tar half d /etc
02/05/30 11:13.14 /bck/bck.55.tar full d /etc/default
02/05/30 11:15.28 /bck/bck.56.tar diff d /etc/default
02/05/30 11:17.09 /bck/bck.57.tar half d /etc/default
mars#
mars# grep /etc/default/ bck.all
02/05/30 11:13.14 /bck/bck.55.tar /etc/default/utmpd
```

```
02/05/30 11:13.14 /bck/bck.55.tar /etc/default/tar
02/05/30 11:13.14 /bck/bck.55.tar /etc/default/sys-suspend
02/05/30 11:17.09 /bck/bck.57.tar /etc/default/su
02/05/30 11:17.09 /bck/bck.57.tar /etc/default/passwd
02/05/30 11:17.09 /bck/bck.57.tar /etc/default/login
02/05/30 11:13.14 /bck/bck.55.tar /etc/default/init
02/05/30 11:13.14 /bck/bck.55.tar /etc/default/inetinit
02/05/30 11:13.14 /bck/bck.55.tar /etc/default/fs
02/05/30 11:13.14 /bck/bck.55.tar /etc/default/cron
mars#
mars# backup -r /etc/default/login

Backups mit den neusten Versionen:
----------------------------------

02/05/30 11:17.09 /bck/bck.57.tar /etc/default/login

Mehr Details:    grep <datei> /scripts/k7/bck/bck.all
        oder     cat /scripts/k7/bck/bck.db
Zurueckspielen:  backup -r -f /bck/bck<n>.tar /etc/default

mars#
mars# recover /etc/default/login

Backups mit den neusten Versionen:
----------------------------------

02/05/30 11:17.09 /bck/bck.57.tar /etc/default/login

Mehr Details:    grep <datei> /scripts/k7/bck/bck.all
        oder     cat /scripts/k7/bck/bck.db
Zurueckspielen:  backup -r -f /bck/bck<n>.tar /etc/default

mars#
mars# recover /etc/default/

Backups mit den neusten Versionen:
----------------------------------

02/05/30 11:13.14 /bck/bck.55.tar /etc/default/cron
......... 7 Dateien.

02/05/30 11:17.09 /bck/bck.57.tar /etc/default/login
......... 3 Dateien.

Mehr Details:    grep <datei> /scripts/k7/bck/bck.all
```

```
        oder     cat /scripts/k7/bck/bck.db
Zurueckspielen:  backup -r -f /bck/bck<n>.tar /etc/default

mars#
mars# recover -f /bck/bck.55.tar /etc/default
x /etc/default/sys-suspend, 609 bytes, 2 tape blocks
x /etc/default/cron, 55 bytes, 1 tape blocks
x /etc/default/fs, 10 bytes, 1 tape blocks
x /etc/default/inetinit, 367 bytes, 1 tape blocks
x /etc/default/passwd, 74 bytes, 1 tape blocks
x /etc/default/tar, 526 bytes, 2 tape blocks
x /etc/default/utmpd, 16 bytes, 1 tape blocks
x /etc/default/init, 455 bytes, 1 tape blocks
x /etc/default/login, 1080 bytes, 3 tape blocks
x /etc/default/su, 703 bytes, 2 tape blocks

mars#
mars# recover -f /bck/bck.57.tar /etc/default
x /etc/default/passwd, 74 bytes, 1 tape blocks
x /etc/default/login, 1080 bytes, 3 tape blocks
x /etc/default/su, 703 bytes, 2 tape blocks

mars#
mars# ls -l /etc/default
total 22
-r-xr-xr-x   1 bin     bin          55 May 25  2001 cron
-r--r--r--   1 bin     bin          10 Jan 11  2000 fs
-r--r--r--   1 root    sys         367 Jan 11  2000 inetinit
-r-xr-xr-x   1 root    sys         455 Jan 11  2000 init
-r--r--r--   1 root    sys        1080 May 30 11:15 login
-r--r--r--   1 root    sys          74 May 30 11:16 passwd
-r--r--r--   1 root    sys         703 May 30 11:16 su
-r--r--r--   1 root    sys         609 Jan 22  1998 sys-suspend
-r--r--r--   1 root    sys         526 Jan 11  2000 tar
-r--r--r--   1 root    sys          16 Jan 11  2000 utmpd
mars#
```

6.9 Systemdateien überwachen

Nach dem vorangegangenen aufwändigen Backup-Skript gönnen wir uns eine kleine Verschnauf-Pause. Wir werden uns mit etwas Spannendem aber einfacher zu Realisierendem beschäftigen.

Die Integrität von Systemdateien – oder natürlich auch beliebiger anderer Dateien – soll überwacht werden. Stündlich zum Beispiel. Sofort wenn eine Änderung festgestellt wird, wollen wir alarmiert werden. Erhalten wir keinen Alarm, können wir uns darauf verlassen, dass alle überwachten Dateien unverändert geblieben sind. Eine sinnvolle Maßnahme bei der Überwachung von Rechnern, die im Zugriff von spielfreudigen Benutzern liegen oder dem Internet ausgesetzt sind, denn für einen Hacker ist es schwer, einen Rechner zu übernehmen, ohne irgendwelche Spuren an wichtigen Systemdateien zu hinterlassen.

Wie können wir prinzipiell an die gestellte Aufgabe herangehen? Was identifiziert den Zustand einer Datei? Da ist zunächst ihre Größe. In der Regel verändert sich die Größe einer Datei, wenn sie verändert wird, sie muss es aber nicht. Dann der Zeitstempel. Er wird bei jeder Veränderung automatisch angepasst. Mit dem Befehl `touch` kann man ihn allerdings zurücksetzen. Wenn wir jedoch eine Checksumme über den Inhalt einer Datei bilden, können wir praktisch sicher sein, dass sich auch die Checksumme ändert, sobald die Datei selbst manipuliert worden ist.

Wir verwenden also Größe, Zeitstempel und Checksumme zur Identifikation des Zustandes einer Datei. Zeit und Größe liefert uns `ls -l`, die Checksumme das UNIX-Tool `cksum`. Da die Berechnung der Checksumme relativ aufwändig ist, können wir sie auch weglassen, wenn es nur darum geht, versehentliche Veränderungen zu überwachen, kriminelle Taten also nicht im Fokus stehen. Oder wir berechnen Checksummen nur für kleine Dateien, zu denen ja praktisch alle wichtigen Konfigurations-Files gehören.

Die gesammelten Eigenschaften aller überwachter Dateien werden wir in einer eigenen Kontroll-Datei festgehalten, eine Zeile pro getesteter Datei. Von dieser Kontroll-Datei, die also Größe, Zeit und Checksumme aller einzelnen Dateien enthält, erstellen wir eine schreibgeschützte Kopie, die den Soll-Zustand repräsentiert. Bei jedem Aufruf unseres Überwachungs-Skriptes werden alle Dateien neu gecheckt und somit eine neue Fassung der Kontroll-Datei erstellt. Diese wird mit der ursprünglichen Fassung per `diff` verglichen und eventuell gefundene Unterschiede an den Administrator gemailt.

Raffiniert, nicht wahr?

Das Skript soll nur über eine einzige Option verfügen: `-i` (initialize), die anzeigt, dass wir wissentlich Veränderungen durchgeführt haben und die Referenz-Datei neu erstellt werden soll.

```
ckdir
ckdir -i
```

Wir benötigen ein System zur genauen Benennung der Kontroll-Datei. Es empfiehlt sich, die Kontrolle auf der Basis von Verzeichnissen durchzuführen, also beispielsweise ganz `/etc` zu testen. Die Kontrolldatei erhält dann den Namen des Verzeichnisses. Allerdings müssen die Slashes im Namen ersetzt werden. Aus `/etc` stellen wir eine Datei `_etc` her, aus `/data/config` eine Datei `_data_config`. Die Referenz-Fassungen werden in einem Verzeichnis `$origdir` gespeichert.

Die Liste der zu überwachenden Verzeichnisse übergeben wir aus Sicherheitsgründen nicht auf der Kommandozeile, sondern speichern sie direkt innerhalb des Skriptes in einer Variablen `$dirlist`. Wollen wir zusätzlich einzelne Dateien überwachen, schreiben wir deren Namen in eine Datei `filelist.txt`, die wie ein eigenes Verzeichnis behandelt wird.

```
dirlist="/etc /data/config"
[ -s filelist.txt ] && dirlist="$dirlist $filelist.txt"
```

In einer Schleife wird nun jedes einzelne Verzeichnis abgearbeitet. Zunächst wird der Name der passenden Kontroll-Datei gebildet.

```
file=`echo $dir | sed s':/:_:'g`
```

Dann werden alle Dateien im Verzeichnis und in allen Unterverzeichnissen gesucht, wobei Pseudo-Dateien (Geräte, Pipes) übergangen werden.

```
find $dir -type f -o -type d -o -type l > $file
```

Wir bilden anschließend die Checksumme für jede einzelne Datei.

```
cat $file | xargs cksum | sort +2 > $file.1
```

Wir verwenden wieder `xargs`, statt `` `...` ``, um keine Fehler wegen einer zu langen Kommandozeile zu erhalten. Auf die Sortierung kommen wir gleich zu sprechen. Das Tool `cksum` produziert dabei folgende Ausgabe pro Datei. In der ersten Spalte erscheint die Checksumme, in der zweiten die Dateigröße.

```
mars# cksum /etc/passwd
1598414244        757       /etc/passwd
```

Was noch fehlt ist die Ausgabe von `ls -l` für jede Datei.

```
cat $file | xargs ls -ld | sort +8 > $file.2
```

Nun sollen sowohl die Ausgabe von `ls` wie auch die Checksumme für jede Datei in einer einzigen Zeile vereint werden – gar nicht so einfach! Wir verwenden das Spezial-Tool `paste`, das genau dies tut, nämlich jeweils die beiden n-ten Zeilen zweier Dateien aneinander zu fügen. Voraussetzung für einen sinnvollen Einsatz von `paste` ist natürlich, dass in der n-ten Zeile von `$file.1` und `$file.2` auch jeweils die gleiche Datei aufgelistet ist. Deshalb die vorangegangene Sortierung nach Dateinamen.

```
paste $file.1 $file.2 > $file
```

Wir hätten statt der drei getrennten Durchgänge `cksum/ls/paste` auch für jede einzelne Datei `cksum` und `ls` ausführen können. Dadurch wären uns das Sortieren und der Befehl `paste` erspart geblieben. Die hier vorgestellte Version ist jedoch sehr viel schneller, was wichtig ist, wenn man bedenkt, dass man solche Kontrollen in möglichst kleinen Zeitintervallen durchführen möchte.

Die Vorbereitungen sind beendet. Wir können nun die entstandene Kontroll-Datei mit der entsprechenden Referenz-Datei vergleichen. Hierzu speichern wir die Ausgabe von `diff` in einer Variablen `$fehler`. Oder besser gesagt, wir hängen sie an diese Variable an, da wir den Vergleich ja für mehrere Directories durchführen können und sich die Fehler eventuell ansammeln.

```
fehler="$fehler`diff $origdir/$file.orig $file`"
```

Nach der Verarbeitung aller Verzeichnisse werden die Unterschiede an `root` gemailt, falls welche gefunden wurden. Wenn die verglichenen Fassungen übereinstimmen, produziert `diff` keinen Output.

```
if [ -n "$fehler" ] ; then
  echo "$fehler" | mailx -s "ckdir: Fehler " root
fi
```

Wie wir vorgehen, um neue Referenz-Dateien zu erzeugen, sehen Sie dann im fertigen Programm.[10]

```
#!/bin/ksh

# ckdir
# Integritaet wichtiger Dateien testen.
# Checksumme, Groesse, Zeit, Mode, Besitzer
# Einplanen in cron taeglich, wichtige Dateien stuendlich

USAGE="
ckdir
ckdir -i                    # Initialisierung
"
```

Listing 6.8: ckdir – Veränderungen an wichtigen Dateien überwachen

10. LINUX: siehe Änderungen am Ende des Kapitels.

```
if [ "$1" ] && [ "$1" != "-i" ] ; then
  echo "Falsche Option. $USAGE"
fi

cd /tmp

# Hier liegen die Originale
# origdir=/cdrom/cdrom0/ckdir
origdir=/data/pluto/secdir          # read-only, NFS von pluto

# $dirlist enthaelt die zu testenden Verzeichnisse
# Einzelne Dateien in filelist.txt eintragen.
dirlist="/etc /data/config"
[ -s filelist.txt ] && dirlist="$dirlist $filelist.txt"

for dir in $dirlist
do

  # Dateien erfassen
  # Verzeichnisse
  if [ -d $dir ] ; then
    file=`echo $dir | sed s':/:_:'g`
    find $dir \( -type f -o -type d -o -type l \) -print > $file
  else
  # Einzelne Dateien
    file=$dir
    cp $origdir/$file $file
  fi

  # Checksumme
  cat $file | xargs cksum | sort +2 > $file.1

  # ls
  cat $file | xargs ls -ld | sort +8 > $file.2

  # Zusammen fuehren
  paste $file.1 $file.2 > $file

  # Initialisierung.
  # Dateien anschliessend manuell in sicheres Verz. verschieben
  if [[ "$1" == "-i" ]] ; then
    cp $file $file.orig
    rm $file $file.[12]
    echo "Die Datei $PWD/$file.orig nun nach $origdir verschieben!"
    continue
```

Listing 6.8: ckdir – Veränderungen an wichtigen Dateien überwachen(Fortsetzung)

```
  fi

  # Neue Version mit Original vergleichen
  fehler="$fehler`diff $origdir/$file.orig $file`"

  rm $file $file.[12]
done

# root benachrichtigen, wenn sich etwas veraendert hat.
if [ -n "$fehler" ] ; then
  echo "$fehler" | mailx -s "ckdir: Fehler " root
fi
```

Listing 6.8: ckdir – Veränderungen an wichtigen Dateien überwachen(Fortsetzung)

```
mars# ckdir -i
Die Datei /tmp/_etc.orig nun nach /data/pluto/secdir kopieren!
Die Datei /tmp/_data_config.orig nun nach /data/pluto/secdir kopieren!
mars#
( Nun die beiden Dateien in das entsprechende Directory kopieren.)
mars# egrep "/etc/passwd|/etc/default/login/" /data/pluto/secdir/_etc.orig
793838452   1080   /etc/default/login   -r--r--r--   1 root     sys          1080
May 29 20:31 /etc/default/login
1598414244   757   /etc/passwd   -r--r--r--   1 root     sys          757 May 30
11:27 /etc/passwd
mars#
mars# ckdir
mars#
mars# mailx
No mail for root
mars#
mars# vi /etc/passwd
( UID von schmidt auf 0 stellen. )
mars#
mars# touch /etc/login
mars#
mars# ckdir
mars#
mars# mailx
mailx version 5.0 Tue Oct  6 01:11:27 PDT 1998  Type ? for help.
"/var/mail/root": 1 message 1 unread
>U  1 Super-User          Thu May 30 15:15   21/776   ckdir: Fehler
? 1

Message  1:
From root Thu May 30 15:15:17 2002
Date: Thu, 30 May 2002 15:15:17 +0200 (MET DST)
From: Super-User <root>
```

```
To: root
Subject: ckdir: Fehler

41c41
< 793838452   1080   /etc/default/login   -r--r--r--   1 root    sys
1080 May 29 20:31 /etc/default/login
---
> 793838452   1080   /etc/default/login   -r--r--r--   1 root    sys
1080 May 30 15:15 /etc/default/login
276c276
< 1598414244   757   /etc/passwd   -r--r--r--   1 root    sys        757 May
30 11:27 /etc/passwd
---
> 1129187958   755   /etc/passwd   -r--r--r--   1 root    sys        755 May
30 15:14 /etc/passwd

? q
Held 1 message in /var/mail/root
mars#
```

Natürlich wird `ckdir` normalerweise nicht von Hand, sondern per `cron`-Job aufgerufen.

Achten Sie darauf, dass die Referenz-Dateien in einem schreibgeschützten Bereich liegen. Das kann eine CD-ROM sein, eine Floppy mit aktiviertem Schreibschutz oder ein per NFS-gemountetes Verzeichnis, welches der NFS-Server nur `read-only` frei gibt.

Es gibt Gründe, dem Frieden zu misstrauen, wenn sich das Programm längere Zeit nicht meldet. Ist wirklich alles in Ordnung, oder hat ein Angreifer unser Programm entdeckt und abgeschaltet? Eine Möglichkeit, solche Bedenken zu berücksichtigen, bestünde darin, auch dann eine Mail zu senden, wenn alles OK ist. Bei kleinen Zeitintervallen (stündlich) entsteht so jedoch eine unangenehme Flut von Mails.

Was kann man tun? Verwenden Sie die zweite Variante, also in jedem Fall eine Mail zu senden, schalten Sie aber ein zweites Programm auf einem anderen Rechner ein, das diese Mails auswertet. Enthalten die Mails gefundene Unterschiede, werden sie weitergeleitet, wenn nicht, verworfen. Das gleiche können Sie auch durch eine zusätzliche Logdatei erreichen, die wieder von einem zweiten Programm regelmäßig gecheckt wird. Um es einem Eindringling aber nicht zu ermöglichen, gleich beide Programme abzuschalten, sollten diese immer auf unterschiedlichen Rechnern liegen.

Auch hier wieder der Hinweis: Betrachten Sie unsere Programme nicht als fertige Tools. Verändern Sie sie nach Ihren eigenen Vorstellungen. Kürzen Sie, fügen Sie hinzu. Werfen Sie sie weg und schreiben Sie ihre eigene, bessere Version. Nehmen Sie sie zum Ausgangspunkt für eigene Ideen in ähnlichen Problemfällen.

LINUX

Unter LINUX kommt `cksum` nicht mit Verzeichnissen zurecht. Sie verursachen Fehlermeldungen, die wir zwar ignorieren können, die es aber unmöglich machen, die beiden Ausgaben von `cksum` und `ls` über `paste` zu einer einzigen Zeile zusammenzufassen. Wir verzichten deshalb auf die einzeilige Lösung und hängen die beiden Outputs einfach hintereinander. Auf keinen Fall sollten Sie versuchen, über eine `for`-Schleife `cksum` und `ls` für jede einzelne Datei zusammenzufassen; es dauert viel zu lange.

```
# Checksumme
cat $file | xargs cksum 2>/dev/null | sort +2 > $file.1

# ls
cat $file | xargs ls -ld | sort +8 > $file.2
```

```
# Zusammen fuehren
cat $file.1 $file.2 >$file
```

6.10 Ein Papierkorb

Wir werden einen Papierkorb entwickeln, der gelöschte Dateien bei Bedarf wiederherstellt. Was für grafische Oberflächen Standard ist, bedarf auf der Kommandozeile eines besonderen Skriptes.

Sie können dieses Skript – vielleicht unter dem Namen `del` oder `trash` – parallel zu `rm` verfügbar machen und in Zukunft Dateien nicht mehr durch `rm`, sondern durch jenes `trash` löschen. Oder, und das ist wohl die effektivere Variante. Sie setzen einen Alias namens `rm`, der unser Skript aufruft, wann immer rm verwendet wird.

```
alias rm="/scripts/trash"
```

Eine dritte Möglichkeit besteht darin, das originale `rm` umzubenennen oder zu verschieben und stattdessen unser Skript nach `/bin/rm` zu linken.

Im Prinzip ist es schrecklich einfach einen solchen Papierkorb zu erzeugen: Statt die Datei zu entfernen, verschiebt man sie in ein dafür vorgesehenes Verzeichnis. Um sie zurückzuholen, verschiebt man in der entgegengesetzten Richtung. Der Teufel steckt aber wieder einmal im Detail.

Haben Sie schon einmal eine Datei über Filesystem-Grenzen hinwegbewegt? Das kann dauern! Denn `mv` kopiert Dateien, wenn sie das Filesystem wechseln müssen. Der normale Weg, einfach den Verzeichnis-Eintrag zu löschen und in einem neuen Verzeichnis wiederherzustellen, ist bei einem Filesystem-Wechsel nicht möglich, da ein Verzeichnis-Eintrag nie auf einen Inode eines anderen Filesystems zeigen kann. In vielen Fällen würden also aufwändige Kopier-Aktionen entstehen. Lange würde sich das sicherlich niemand antun und schnell das gute alte `rm` zurückfordern.

Ein zweiter Nachteil betrifft wieder Hardlinks. (Symbolische Links sind einfache kleine Textdateien, die machen keine Schwierigkeiten.) Zwei Dateien zeigen auf den gleichen Inode. Sie entfernen die eine mit `mv` und spielen sie anschließend wieder mit `mv` zurück. Die Verbindung bleibt so lange erhalten, wie Sie das Filesystem beibehalten. Bei einem Wechsel des Filesystems bricht der Link und nach dem Zurückspielen besitzen Sie zwei getrennte Dateien.

Was können wir tun? Wir verschieben zwar die zu löschende Datei in ein Trash-Verzeichnis, sorgen aber dafür, dass wir immer innerhalb des Filesystems bleiben. Dies bedeutet, dass wir in jedem Filesystem einen eigenen Papierkorb benötigen. Nehmen wir an, unser System verfüge über drei Filesysteme, gemountet auf `/`, `/opt` und `/data`. Das jeweilige Verzeichnis für den Papierkorb verstecken wir und nennen es `.trash`, damit es möglichst wenig auffällt.

```
mars# mkdir /.trash
mars# mkdir /opt/.trash
mars# mkdir /data/.trash
```

Nun wollen wir dennoch nur ein einziges Papierkorb-System verwalten, das sich unter `.trash` befinden soll. Folglich stellen wir symbolische Links der einzelnen Trash-Verzeichnisse nach `.trash` her.

```
mars# ln -s /opt/.trash /.trash/opt
mars# ln -s /data/.trash /.trash/data
```

Unter `.trash` befindet sich nun ein Abbild unserer Filesystem-Struktur.

```
mars# ls /.trash
data opt
```

Wann immer wir eine Datei aus einem Verzeichnis unter `/opt` löschen, verschieben wir sie unter Beibehaltung des gesamten Pfads nach `/.trash`. `/data/db/file1` würde z.B. in `/.trash/data/db/file1` landen. Da nun aber `/.trash/data` auf `/data/.trash` gelinkt ist, verbleibt die Datei physikalisch in ihrem Filesystem.

Faszinierend! Selbst eine 100 MB große Datei werden wir so in einer einzigen Sekunde in den Papierkorb verschieben. Und Hardlinks können immer als Hardlinks zurück verschoben werden. Sehen wir uns zunächst diese Wirkungsweise an einem Beispiel an, bevor wir uns an das eigentliche Skript wagen. Alle oben gezeigten Vorbereitungen seien bereits vollzogen.

```
mars# cd /data/db
mars# ls -l
total 8
drwxr-xr-x   2 root     other          512 May 30 17:04 dir1
-rw-r--r--   1 root     other          755 May 30 18:10 file1
-rw-r--r--   2 root     other          240 May 30 17:01 file2
-rw-r--r--   2 root     other          240 May 30 17:01 file3
mars#
mars# ls -i
    122752 dir1      35075 file1      35074 file2      35074 file3
mars#
mars# rm file1 file2
mars#
mars# rm dir1
dir1 ist ein Verzeichnis. Verwenden Sie rm -r.
mars#
mars# rm -r dir1
mars#
mars# ls
file3
mars#
mars# ls /.trash
data       opt       tmp       trash.log
mars# ls /.trash/data/db
dir1    file1    file2
mars#
mars# ls -l /.trash/data
lrwxrwxrwx  1 root  other    12 May 30 16:48 /.trash/data -> /data/.trash
mars#
mars# ls /data/.trash
db
mars# ls /data/.trash/db
dir1    file1    file2
mars#
( Dateien wieder zurueckspielen. )
```

```
mars# mv /.trash/data/db/* /data/db
mars#
mars# pwd
mars# /data/db
mars#
mars# ls -l
drwxr-xr-x   2 root     other            512 May 30 18:23 dir1
-rw-r--r--   1 root     other            755 May 30 18:10 file1
-rw-r--r--   2 root     other            240 May 30 17:01 file2
-rw-r--r--   2 root     other            240 May 30 17:01 file3
mars#
mars# ls -i
    122752 dir1      35075 file1      35074 file2      35074 file3
mars#
```

Alles wiederhergestellt! Sogar mit den richtigen Inodes, was auch keine Kunst ist, da an denen nie etwas verändert wurde. Hat sich überhaupt nichts verändert? Doch, der Zeitstempel des Directories `dir1`, weil dessen Vater-Verzeichnis bei der Verschiebung gewechselt wurde und somit auch der Eintrag für `".."`.

Wie wird ein solcher Papierkorb nun im Detail realisiert? Nennen wir unser Skript, das explizit aufgerufen oder als Alias definiert wird, `trash`. Es kann entweder einfach oder mit der Option `-r` für Verzeichnisse gestartet werden.

```
trash <datei> ...
trash -r <dir> ...
```

Die Kommandozeilen-Verarbeitung fällt recht schlicht aus.

```
if [[ "$1" == "-r" ]] ; then
    recursiv="yes"
    shift
fi
```

In einer `for`-Schleife werden die Dateien und Verzeichnisse einzeln abgearbeitet. Vor die erste Herausforderung stellt uns der Pfad der angegebenen Datei. Da die Datei in `.trash` exakt unter dem bisherigen Pfad zu liegen kommen muss – sonst findet man sie beim Zurückspielen nicht –, benötigen wir ihren bisherigen absoluten Pfad. Der Benutzer wird aber häufig auch einen relativen Pfad angeben oder überhaupt keinen. Wir wandeln alles nach "absolut" um.

```
  reldir=`dirname $file`
  name=`basename $file`
  case "$reldir" in
    /*) directory=$reldir ;;
     .) directory=$pwddir ;;
     *) directory=$pwddir/$reldir
  esac
```

Bei Pfaden mit beginnendem Slash sind wir bereits am Ziel, bei fehlendem Verzeichnis handelt es sich um das aktuelle Verzeichnis und in allen anderen Fällen ist der Pfad relativ, bezieht sich also auf das aktuelle working directory.

Nun können wir die betroffene Datei verschieben. `$trashdir` enthalte das Basis-Verzeichnis des Papierkorbes, also bei uns `/.trash`.

```
mkdir -p $trashdir/$directory  2>/dev/null
mv $file $trashdir/$directory
```

Zunächst stellen wir sicher, dass das Ziel-Verzeichnis existiert, dann wird verschoben. Warum haben wir überhaupt `dirname` und `basename` bemühen müssen, um Verzeichnis- von Dateinamen zu trennen? Hätten wir nicht einfach den gesamten Original-Namen nach `$trashdir` verschieben können? Nein, wegen der Verzeichnisse! Um ein Verzeichnis in den Papierkorb zu befördern, bedarf es ebenfalls lediglich eines `mv`-Befehls. Allerdings muss man darauf achten, dass keine Kaskadierung entsteht. Wenn Sie das Directory `/data/db` nach `/.trash/data/db` verschieben, entsteht ein Unterverzeichnis `/.trash/data/db/db`. Um dies zu vermeiden, dürfen wir nur nach `/.trash/data` verschieben.

Das Ergebnis wäre ein Mini-Programm, wenn wir uns mit diesen Features zufrieden gäben, ein Zehnzeiler. Wir haben also noch Luft für etwas Komfort.

Wenn eine Datei aus dem Trash-Verzeichnis gelöscht wird, hat das sicherlich seinen Grund. Die Datei soll also wirklich verschwinden und nicht erneut im Papierkorb landen.

```
if [[ `cd $directory 2>/dev/null; pwd` != $trashdir* ]] ; then
  ...( -> in den Trash verschieben, wie oben gesehen. )
else
  if [ -d $file ]
    then /bin/rm -r $file
    else /bin/rm $file
  fi
fi
```

Es ist gar nicht so einfach festzustellen, wo sich die angegebene Datei wirklich befindet (im Trash oder außerhalb). Am besten, wir gehen kurz an ihren Platz und rufen `pwd` auf.

Die zweite Verbesserung ist schon spektakulärer. Wir fügen eine Versions-Verwaltung ein. Eine Datei, die ein zweites Mal gelöscht wird, soll im Trash nicht automatisch ihre Vorgängerin überschreiben. Stattdessen benennen wir Letztere um und geben ihr das Suffix `".1"`.

```
if [ -e $trashdir/$directory/$name ]; then
  /bin/rm -r $trashdir/$directory/$name.1  2>/dev/null
  mv $trashdir/$directory/$name $trashdir/$directory/$name.1
fi
```

Wieder genügt wegen der möglichen Kaskadierung von Verzeichnissen kein einfaches `mv`. Wir müssen die alte Version zunächst entfernen. Dateien würden durch `mv` zwar eh überschrieben, Verzeichnisse würden jedoch wieder ein Unterverzeichnis bilden.

Sie können natürlich auch mehrere Versionen einer Datei vorhalten, indem Sie dieses einfache System durch weitere `rm`/`mv`-Doubletten ausbauen. Bedenken Sie aber auch den Plattenplatz, den die nicht gelöschten Dateien belegen.

Wir sind am Ziel angelangt. Hier das fertige Programm:

```
#!/bin/ksh

# trash
# Features:
```

Listing 6.9: trash – Ein Papierkorb für die Kommandozeile

```
# Alias fuer 'rm' oder 'del'.
# Verschiebt Dateien in Papierkorb.
# Innerhalb des Papierkorbs wird richtig geloescht.
# Mit Versionskontrolle

# $trash und $trashlog muessen schreibbar fuer alle sein.

trashdir=/.trash
trashlog=/.trash/trash.log    # Logging endgueltig entfernter Dateien
pwddir=$PWD
datum=`date +'%y/%m/%d %H:%M'`

# Optionen
# --------
if [[ "$1" == "-r" ]] ; then
    recursiv="yes"
    shift
fi


# Hauptteil
# ---------

for file in $*
do
  # Ziel-Directory bestimmen
  # ------------------------
  reldir=`dirname $file`
  name=`basename $file`
  case "$reldir" in
    /*)  directory=$reldir ;;
     .)  directory=$pwddir ;;
     *)  directory=$pwddir/$reldir
  esac

  # Zur Sicherheit: Verzeichnis nur mittels -r loeschbar
  # ----------------------------------------------------
  if [ -d $file ] && [ "$recursiv" != "yes" ] ; then
    echo "$file ist ein Verzeichnis. Verwenden Sie rm -r."
    continue
  fi

  # Verschieben oder Loeschen
  # -------------------------
  if [[ `cd $directory 2>/dev/null; pwd` != $trashdir* ]]
```

Listing 6.9: trash – Ein Papierkorb für die Kommandozeile(Fortsetzung)

```
  then
    # 2 Versionen erhalten
    if [ -e $trashdir/$directory/$name ]; then
      /bin/rm -r $trashdir/$directory/$name.1 2>/dev/null
      mv $trashdir/$directory/$name $trashdir/$directory/$name.1
    fi
    # In den Trash verschieben
    # -----------------------
    mkdir -p $trashdir/$directory  2>/dev/null
    mv $file $trashdir/$directory
  else
    # Richtiges Loeschen im Trashcan
    # ------------------------------
    if [ -d $file ]
      then /bin/rm -r $file
      else /bin/rm $file
    fi
    echo "$file entfernt $datum" >> $trashlog
  fi
done
```

Listing 6.9: trash – Ein Papierkorb für die Kommandozeile(Fortsetzung)

Nun haben wir einen Papierkorb konstruiert, der wächst und wächst. Wäre nicht schlecht, wenn Sie ihn ab und zu leeren würden. Schade nur, dass durch ein vollständiges Leeren unser Papierkorb vorrübergehend seinen Sinn verliert, da ja anschließend nichts mehr gerettet werden kann.

Viel schöner wäre es, wenn ein `cron`-Job täglich die ältesten Dateien aus dem Papierkorb löschen würde, bis seine Größe wieder unter eine vorgegebene Schwelle gesunken ist.

Eine zeitliche Sortierung der Dateien im Trash erreicht man durch `ls -ltr`. In einer Schleife kann man Datei für Datei löschen und jeweils die Größe der gelöschten Datei von der vorher gemessenen Gesamtgröße des Trash-Verzeichnisses abziehen. Liegt die verbleibende Größe unter einem Schwellenwert, beendet man die Aktion.

Hier ein Vorschlag, der getrennte Maximalgrößen für die verschiedenen Trash-Verzeichnisse erlaubt.[11]

```
#!/bin/ksh

# emptytrash
# Regelmaessig von cron ausfuehren lassen.
# Leert die Trash-Verzeichnisse, wenn sie Maximalgroessen uebersteigen.

trashlog=/.trash/trash.log                 # entfernte Dateien loggen
datum=$(date +'%y/%m/%d %H:%M')
tmpfile=/tmp/emptytrash.tmp
```

Listing 6.10: emptytrash – regelmäßig die ältesten Dateien des Trashs löschen

11. LINUX: Die Option -d des Befehls du, die dafür sorgt, dass beim Ermitteln der Verzeichnis-Größe die Filesystem-Grenze nicht überschritten wird, muss unter LINUX durch -x ersetzt werden.

```
# Maximale Groessen in Bytes
maxsizes=" /.trash       50000000
           /data/.trash  50000000
           /opt/.trash   50000000 "

echo "$maxsizes" |

# Schleife um Trash-Verzeichnisse
while read trash maxsize
do

  realsize=`du -sd $trash | awk '{print $1}'`
  realsize=$((realsize*1024))                  # jetzt in Bytes

  find $trash | xargs ls -ldtr > $tmpfile    # zeitlich sortiert
  while (( $realsize > $maxsize )) &&  read x x x x fsize x x x file
  do
      [ "$file" == "$trashlog" ] && continue
      ((realsize-=$fsize))
      if [ -d $file ]
        then rmdir $file 2> /dev/null
        else rm $file    2> /dev/null
      fi
      [ "$?" == "0" ] && echo $file "entfernt $datum" >> $trashlog
  done < $tmpfile

done
```

Listing 6.10: emptytrash – regelmäßig die ältesten Dateien des Trashs löschen(Fortsetzung)

7 Shell-Skripte zur System-Überwachung

7.1 Einführung

Die System-Überwachung ist wohl das größte und komplexeste Aufgabenfeld, auf dem Shell-Skripte verwendet werden. Ebenso wie in Kapitel 5 bei der Beschäftigung mit Logdateien werden wir uns auch bei der System-Überwachung intensiv mit jedem Detail befassen. Es bringt überhaupt nichts, die wichtigsten Aspekte nur grob zu skizzieren. Der Teufel steckt auch hier wieder in den kleinen Dingen. Daher werden wir für ausgewählte Fragen leistungsfähige Skripte von der ersten bis zur letzten Zeile entwickeln.

Die entstehenden Programme übersteigen an Komplexität alles bisher in diesem Buch Gesehene bei weitem. Bitte haben Sie daher etwas Geduld, wenn viel über ein durchgehendes Konzept und ausgelagerte Module gesprochen wird. Aktuelle Parameter zur System-Überwachung zu ermitteln ist oft gar nicht so schwierig. Denken Sie nur an `df`, `du`, `ps`, `who`, `finger`, `so haben` Sie bereits die Hälfte der wichtigsten Informations-Lieferanten.

Die Kunst besteht darin, etwas aus den Daten zu machen, sie geschickt auszuwerten und ein Optimum an Informationen aus ihnen herauszuholen. Ein großer Teil der dazu benötigten Techniken lässt sich – bei geschickter Programmierung – praktisch in allen Überwachungs-Skripten einsetzen, sodass es sich lohnt, sie als eigenständige Module zu schreiben und anschließend in die Skripte einzulesen. Ohne dieses Verfahren würden die Programme ins Uferlose wachsen.

Alle in diesem Kapitel vorgestellten Programme sind zunächst als Kommandozeilen-Tools gedacht. Wir loggen uns auf einem Server ein und rufen in einem Terminal-Fenster die entsprechenden Tools auf, um uns die gewünschten Informationen anzeigen zu lassen. Gegen Ende des Kapitels werden wir dieses Konzept um die Fähigkeit erweitern, bequem von einem einzigen Administrations-Host aus die Daten aller anderen Rechner zu verwalten. In einem letzten Schritt werden wir dann ein webbasiertes Frontend für unsere Skripte entwickeln, mit dessen Hilfe es möglich ist, alle Rechner über einen beliebigen Browser von einem beliebigen Rechner – also auch von einem PC aus – zu überwachen.

- Wir werden mit prinzipiellen Überlegungen zu einem proaktiven System-Management beginnen. Es folgt die Darstellung eines Gesamtkonzeptes, das deutlich macht, welche Funktionalitäten ein Überwachungs-System bieten sollte und aus welchen Elementen sich jedes einzelne Überwachungs-Modul zusammensetzen muss. Es ist wichtig, alle Skripte nach einem gemeinsamen Schema aufzubauen, wenn wir verhindern wollen, dass wir uns in der Tiefe der Materie verlieren.
- Dann entwickeln wir ein Modul zur Auslösung von Alarmen bei Überschreitung von Schwellenwerten, ein weiteres zur Selektion und Ausgabe gesammelter Daten im zeitlichen Verlauf sowie ein Grafik-Modul zur visuellen Darstellung beliebiger Status- und Performance-Daten.

- Erst nachdem diese funktionellen Module erstellt sind, wenden wir uns konkreten Überwachungs-Aufgaben zu. Wir beginnen mit Aspekten zu Festplatten, Partitionen, Verzeichnissen und Dateien. Wie verläuft die Belegung der Filesysteme? Welche Filesysteme drohen überzulaufen? Wie schnell wächst ein bestimmtes Verzeichnis? Welche Dateien scheinen in ihrer Größe zu explodieren?
- In der Folge befassen wir uns mit der Messung von Performance-Parametern: Wie entwickelt sich der Memory-Verbrauch des Systems? Wie die CPU-Auslastung? Muss zu häufig auf den Swap-Bereich zurückgegriffen werden? Wie häufig wird auf die Festplatten geschrieben? Wie viele Prozesse laufen? Wie viele Prozesse einer Art, z.B. HTTP-Prozesse? Welchen Anteil an Memory und CPU verbraucht eine bestimmte Prozess-Art?
- Auch die Beobachtung von Benutzern wird behandelt. Wir gehen der Frage nach, welcher Benutzer wie viel Prozent von Memory und CPU-Aktivität verbraucht, und werfen einen Blick auf diejenigen Benutzer, die den größten Anteil beanspruchen. Außerdem skizzieren wir, wie man herausfindet, welcher Benutzer wann eingeloggt war und welche Prozesse er in dieser Zeit gestartet hat.
- Anschließend wenden wir uns dem Gebiet der Netzwerk-Überwachung zu. Wir schreiben Skripte zur Kontrolle der Erreichbarkeit von Rechnern und der Verfügbarkeit von Diensten. Viel Freude wird Ihnen sicherlich auch die Entwicklung eines HTML-Netzwerkplans bereiten, auf dem zu sehen ist, welche Rechner gerade laufen.
- Wie bereits dargestellt, werden wir schließlich ein Interface entwickeln, das es uns erlaubt, alle Rechner von einer zentralen Stelle aus zu verwalten. Wir schreiben dieses Interface zunächst in einer Kommandozeilen- und dann in einer Web-Version.
- Lernen Sie anhand dieses komplexen Beispiels, wie man systematisch an große Shell-Skript-Projekte herangeht, für jede Aufgabe ein einzelnes Modul schreibt und diese Module schließlich in einem übergreifenden Konzept zusammenfasst und verwaltet.

7.2 Proaktives System-Management

Fehler vermeiden

Der Alltag vieler Administratoren besteht auch heute noch häufig darin, von einem Brandherd zum nächsten zu eilen. Hier fällt eine Festplatte aus, da ist ein Server nicht erreichbar, dort benötigt ein Benutzer seine Daten vom letzten Monat. Die Internet-Anbindung stockt, Herr Schulz hat seit Tagen keine Mail erhalten und der Chef kann nicht drucken.

Proaktives Management bedeutet, den meisten Fehlern zuvorzukommen, indem man Engpässe und Anomalien erkennt, bevor sie zu Ausfällen führen.

Hierzu müssen laufend Daten über Erreichbarkeit, Verfügbarkeit, Auslastung und Performance der Systeme gesammelt und ausgewertet werden. Wir werden uns mit jedem einzelnen dieser Aspekte beschäftigen: Wie produzieren wir überhaupt solche Daten? In welcher Form sammeln und speichern wir sie und wie werten wir sie aus?

Aus der Auswertung der Daten müssen Konsequenzen getroffen werden. Reports und Grafiken werden erstellt und im Fehler-Fall oder wenn sich ein solcher andeutet wird ein Alarm erzeugt. Auch hierum werden wir uns detailliert kümmern, von der einfachen Text-Ausgabe über ins Web gestellte Grafiken bis hin zur Benachrichtigung per SMS.

Fehler analysieren

Tritt der Fehlerfall dennoch ein, hilft uns die aufgebaute Datenbasis bei der Suche nach den Ursachen. Es macht einen gewaltigen Unterschied, ob man bei Null starten muss oder auf einen Blick sieht, welche Rechner bis zu welchem Zeitpunkt erreichbar waren, welche Festplatte wann voll gelaufen ist, oder wie viele Prozesse zu welchem Zeitpunkt aktiv waren.

Kapazitätsplanung

Proaktives Management dient auch dazu, benötigte Kapazitäten richtig einzuschätzen, wenn neue Systeme angeschafft werden sollen. Auch hier dienen die gesammelten Daten als Entscheidungshilfe. Lahmte das alte System an zu geringem Hauptspeicher, an zu langsamen oder zu wenigen Prozessoren oder an einer schlechten I/O-Performance?

Mit Hilfe von Shell-Skripten können wir die benötigten Daten produzieren, auswerten und die notwendigen Konsequenzen treffen.

Shell-Skripte und Management-Programme

Der Verwalter eines EDV-Systems kann heute auf eine ganze Reihe professioneller, meist kommerzieller Administrations- und Überwachungs-Tools zurückgreifen, die ständig Daten sammeln, auswerten und anzeigen. Auf einen Blick kann man sich über den Zustand seines Systems oder Netzwerks informieren.

Andererseits sind diese Systeme teuer und/oder aufwändig. Sie lohnen sich immer dann, wenn eine umfassende Überwachung des gesamten Netzwerkes gefordert ist. Für kleinere, isolierte Probleme sind sie überdimensioniert. Hier ist Handarbeit gefragt. Auf der anderen Seite haben selbst derart komplexe System ihre Grenzen. Sie konzentrieren sich naturgemäß auf typische Fragestellungen. Für Erweiterungen müssen Sie wieder selbst in die Tasten greifen.

So oder so haben sowohl professionelle Management-Programme wie auch selbst geschriebene Skripte ihre Daseinsberechtigung. Oft beginnt man mit eigenen Skripten, wechselt bei zunehmenden Anforderungen irgendwann zu fertigen Programmen und deckt wiederum mit eigenen Skripten Fragestellungen ab, um die sich das fertige Tool nicht kümmert.

7.3 Schritt für Schritt zur System-Überwachung

Die gewissenhafte Überwachung eines Servers besteht darin, die wichtigsten System-Parameter, wie sie in der Einführung erwähnt wurden, zu beobachten und auszuwerten. Am besten, man schreibt für jedes Themengebiet ein eigenes Modul, also ein eigenes Skript. Nur so lässt sich der Überblick über ein derart komplexes Gebiet bewahren und nur so kann das gesamte Projekt jederzeit angepasst und erweitert werden. Innerhalb der einzelnen Module geht man prinzipiell stets nach dem gleichen Schema vor:

- Zunächst werden die Messdaten erfasst.
- Meistens speichert man sie in bereinigter Form in einer Datei ab.
- In regelmäßigen Abständen oder bei Bedarf werden sie ausgewertet.
- Die Ergebnisse werden in einem Info-Report zusammengefasst.
- Bei der Überschreitung vorgegebener Schwellenwerte wird ein Alarm ausgelöst.
- Man stellt den zeitlichen Verlauf der Daten als History-Report dar.
- Man erstellt Grafiken über den aktuellen Zustand oder den zeitlichen Verlauf.

Daten erfassen

Vorraussetzung für ein vorrausschauendes System-Management ist die Verfügbarkeit von aussagekräftigen Daten. Woher kommen diese Daten? Zum Teil befinden sie sich in Logdateien, die von anderen Programmen oder unseren eigenen Skripten erstellt wurden. Zum Teil erzeugen wir sie aber auch on-the-fly durch den Aufruf geeigneter Tools.

In jedem Fall müssen aus der Datenquelle die richtigen Zeilen und daraus wieder die gewünschten Felder isoliert werden. Hier einige Eckpunkte, die helfen sollen, den Überblick zu bewahren.

- Daten aus Logdateien durch `read`, `grep`, `sed` oder `awk` einlesen.
- Zu große Dateien ausschließlich mit `awk` oder `perl` verarbeiten.

- Aktuelle Daten über UNIX-Tools und Skripte erzeugen.
- Interessante Zeilen durch `head`, `tail`, `sed`, `grep` und `awk` herausfiltern.
- Die Reihenfolge mittels `tail -r` und `sort` verändern.
- Zeilen eventuell mittels `sed` bearbeiten und Teile löschen oder ersetzen.
- Gewünschte Felder durch `awk` isolieren und weiterverarbeiten.

Daten auswerten

Nachdem wir Daten gesammelt, gefiltert und isoliert haben, erfolgt die eigentliche Auswertung.

Wir zählen Spalten zusammen oder bestimmte Felder. Wir berechnen Mittelwerte, prozentuale Anteile oder Abweichungen und bestimmen Maxima und Minima. Wir testen, ob einzelne Daten oder indirekt berechnete Werte vorgegebene Schwellenwerte überschreiten.

Den Löwenanteil dieser Arbeit erledigen wir durch `awk`. Dies ist nahe liegend, da wir mit Hilfe von `awk` an die einzelnen Felder gelangen und uns gleichzeitig alle benötigten mathematischen Funktionen zur Verfügung stehen.

Wir kennen die typischen Aktionen in `awk` bereits. Hier nochmals einige von ihnen kurz zusammengefasst.

awk ' {anzahl ++} '	Zählen
awk ' { sum += line[3] } '	Addieren
awk ' { anzahl[$3] ++ } '	Statistik/Accounting
awk ' { sum[$3] += line[3] } '	Statistik/Accounting
awk ' END { mean=sum/count } '	Mittelwert
awk ' { abw = 100 * ($3 - mean)/mean } '	Prozentuale Abweichung

Daten speichern

In den meisten Fällen lohnt es sich, mühsam gesammelte und aufbereitete Daten zu speichern. Häufig können die Daten für mehr als nur eine Aufgabe als Grundlage herangezogen werden.

Wenn Sie beispielsweise Snapshots des momentanen Memory-Verbrauchs erstellen, um dessen Verlauf während des Tages zu ermitteln, können Sie sich darauf verlassen, dass Sie einige Tage später an dem Verlauf über die verschiedenen Wochentage interessiert sind. Werfen Sie Ihre Daten also nicht weg!

In der Regel werden wir die Daten in einfachen, zeilenorientierten Text-Dateien speichern. Eine echte Datenbank wie `mysql` würde sich erst bei sehr vielen Daten lohnen und auch dann nur in Fällen, in denen man überwiegend direkt auf einzelne Datensätze zugreifen muss.

Meist wird ein Datensatz in einer Zeile gespeichert. Dabei werden normalerweise Leerzeichen als Trenner zwischen den Feldern verwendet. Enthalten die Daten allerdings selbst bereits Leerzeichen, bietet sich ein anderes Zeichen als Trenner an.

Reports generieren

Häufig werden wir aus den ausgewerteten Daten einen Report generieren, den wir anschließend ausdrucken, uns per E-Mail zusenden oder – im Normalfall – abspeichern und nie wieder anschauen.

- Reports mit `echo`, `printf` und `awk` erstellen.
- Feste Kenndaten wie Datum, Name, IP-Adresse oder Konfiguration hinzufügen.

Jeder Report sollte einige Kenndaten zur Identifikation enthalten. Dazu gehören normalerweise das aktuelle Datum und der Rechnername, eventuell aber auch Elemente aus der Konfiguration des Rechners wie IP-Adresse, Betriebssystem oder Memory-Konfiguration.

```
❏ date +'%y/%m/%d %H:%M'              # Datum und Uhrzeit
❏ uname -n                            # Rechnername
```

```
❑ uname -s -r                              # OS und Version
❑ prtconf | grep Memory                    # Eingebautes Memory
❑ swap -s | awk '{print $(NF-1)}'          # Swap-Space
❑ df -k | grep '^/dev'                     # Disk-Space
❑ grep `uname -n`/etc/hosts | head -1 | cut -f 1# IP-Adresse
❑ grep 'domainname' /etc/resolv.conf | cut -f 1# Domäne
```

Tests und Alarme

Reports müssen durchgelesen werden, will man aus den gelieferten Informationen seine Schlüsse ziehen. Allerdings ist es ineffektiv, Systeme ständig im Auge behalten zu müssen, die an sich zuverlässig laufen. Viel geschickter wäre es, wenn wir uns nur in kritischen Situationen mit dem System beschäftigen müssten, wenn die Bewertung der Daten automatisch erfolgte und wir nur bei nahenden oder festgestellten Fehlern alarmiert würden. Prinzipiell stehen uns folgende Varianten einer Alarmierung zur Verfügung.

- In kritischen Situationen eine E-Mail versenden.
- Die E-Mail per SMS zu einem Handy weiterleiten.
- Benachrichtigungen ausdrucken.
- Ein Fenster auf der Administrations-Konsole öffnen.

Das Senden einer E-Mail ist technisch gesehen kein Problem. E-Mails stellen den Standard dar, wenn es um Alarm-Systeme geht, und auch wir werden diese Technik in unserem Überwachungs-System verwenden.

Wenn Sie sich bei besonders dringlichen Problemen direkt über das Handy alarmieren lassen möchten, bietet sich eine Weiterleitung der E-Mail per SMS an.

Über die Web-Seite Ihres Mobilfunk-Anbieters erfahren Sie, an welche E-Mail-Adresse (SMS-Gateway) die Mail gesendet werden muss. Meist handelt es sich um ihre Telefonnummer, gefolgt von @sms.anbieter.de.

Weniger leistungsstark, aber billiger sowie einfacher einzurichten und zu testen (z.B. bei web.de) ist ein so genannter SMS-Benachrichtigungs-Service, der bei Eingang einer E-Mail das Subjekt als SMS sendet.

Eine weitere Möglichkeit, Alarme auszulösen, besteht natürlich in einem Ausdruck auf einem dafür vorgesehenen Drucker.

In besonders kritischen Situationen möchten Sie vielleicht, dass sich ein Alarm-Fenster auf ihrer Workstation öffnet und den festgestellten Fehler anzeigt. Damit dies funktioniert, müssen Sie dem überwachten Rechner erlauben, auf das Grafik-System ihres Rechners zuzugreifen. Geben Sie hierzu an Ihrem Rechner die folgende Freigabe ein:

```
set DISPLAY :0.0
xhost +servername
```

In dem Skript, das auf dem zu überwachenden Rechner läuft und einen Fehler entdeckt hat, öffnen Sie dann ein Fenster auf Ihrer Workstation:

```
xterm -display $adminhost:0.0 -e ksh -c "echo \"$fehler\"; read x"
```

Der `read`-Befehl wird hinzugefügt, um das Fenster offen zu halten.

In Abschnitt 7.5 werden wir ein eigenes Alarmsystem entwickeln, das mit Hilfe eines übersichtlichen Regelwerks E-Mails versendet, sobald die Überschreitung eines Schwellenwertes festgestellt wird. Dieses Alarm-System werden wir dann in allen unseren Überwachungs-Modulen einsetzen.

History-Report und Trends

Nicht nur der aktuelle Zustand des Systems ist interessant. Auch der zeitliche Verlauf vieler Parameter gibt uns Auskunft darüber, ob das System in Zukunft weiter stabil laufen wird oder sich einem kritischen

Zustand nähert. Deshalb ist es wichtig, die gesammelten Daten im zeitlichen Verlauf zeigen zu können und über geeignete Selektions-Verfahren sowohl unterschiedliche Zeit-Abschnitte als auch unterschiedliche Zeiträume verfügbar zu machen.

Grafiken

Grafiken sind unschlagbar, wenn es darum geht, möglichst schnell ein Gefühl für den Zustand oder den Verlauf von quantitativen Daten zu erhalten. Man kann auf einen Blick sehen, ob der Platz auf einer Festplatte zur Neige geht, sich das Daten-Volumen aus dem Internet in Grenzen hält oder die Anzahl laufender Prozesse sprunghaft angestiegen ist.

Inhaltlich lassen sich immer wieder zwei Arten von Grafiken unterscheiden. Entweder man stellt den momentanen Zustand eines Wertes im Vergleich zwischen verschiedenen Rechnern, Benutzern, Festplatten etc. dar oder man zeigt den zeitlichen Verlauf eines Wertes für einen einzigen Rechner etc.

Wir werden Grafiken mit Hilfe des Public Domain Tools `gnuplot` erstellen. In Abschnitt 7.6 entwickeln wir ein eigenes Grafik-Modul, das wir in allen Überwachungsskripten einsetzen werden.

7.4 Komponenten eines Überwachungs-Skriptes

Wir werden unsere Überwachungs-Skripte modular aufbauen. Zunächst einmal ist festzuhalten, dass ein Skript jeweils eine einzige oder einige wenige eng verwandte Fragestellungen abdeckt. Wir werden also eine ganze Palette kleinerer Skripte (wir nennen sie in der Folge oft auch Module) erstellen.

Außerdem werden wir möglichst viele Funktionen, die man in allen Skripten benötigt, auslagern, also in separaten Skripten abspeichern. Dadurch sparen wir Arbeit, halten die eigentlichen Module überschaubar und können diese ausgelagerten Teile einfacher pflegen. Ausgelagert werden vor allem das Alarm-System und das Grafik-Modul, aber auch Funktionen zum Selektieren und Sortieren von Daten.

Wir erhalten somit folgende Konzeption zum Aufbau eines Überwachungs-Systems.

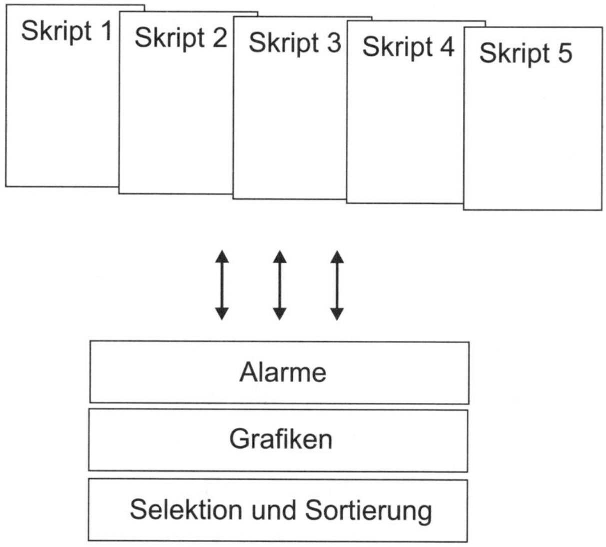

Abbildung 7.1: Überwachungs-Skripte und ausgelagerte Module

Innerhalb eines Überwachungs-Skriptes ergibt sich eine grobe Dreiteilung.

- Ein Header-Bereich, in welchem wir Ausgabe-Header, Fehlermeldungen und Hilfetexte sammeln.
- Ein Vorbereitungs-Teil, der die Befehlszeile analysiert, Default-Werte setzt und ausgelagerte Module einliest.
- Und der Hauptteil mit der eigentlichen Funktionalität.

Der Hauptteil enthält wiederum mehrere funktionale Abschnitte:

- Zunächst werden die Daten erfasst oder neu eingelesen, je nachdem ob aktuelle oder bereits gesammelte Daten verarbeitet werden sollen.
- Aktuelle Daten werden anschließend abgespeichert, falls dies erwünscht ist.
- Aktuelle Daten werden dem Alarmsystem zugeführt, falls dies erwünscht ist.
- Es wird ein Info-Report der aktuellen Daten erstellt, falls erwünscht.
- Es wird ein History-Report gesammelter Daten erstellt, falls erwünscht.
- Es wird eine Grafik aktueller Werte erstellt, falls erwünscht.
- Es wird eine Grafik historischer Werte erstellt, falls erwünscht.
- Allerdings werden wir nicht alle Funktionen in jedem Skript implementieren, sondern jeweils nur diejenigen, die im gegebenen Zusammenhang sinnvoll erscheinen.
- Zusätzlich werden den Ausgabe-Funktionen gesammelter (also nicht aktueller) Daten Selektions- und Sortier-Funktionen vorangestellt, damit der Benutzer auswählen kann, welche Daten er in welcher Reihenfolge zu sehen bekommt.
- Es ergibt sich somit folgende Grund-Struktur für das einzelne Skript, wobei, wie gesagt, nicht in jedem Fall jedes Element vorhanden sein muss:

```
# Ausgabe-Header
...

# Fehler-Meldungen
...

# Hilfe-Texte
...

# Befehlszeile analysieren
while [[ "$1" == -* ]] ; then
...

# Module einlesen
. alarm
. grafik
. selection

# Hauptteil

if [ aktuelle Daten ]
  then
    ... Daten erfassen
  else
    ... Daten aus Datei einlesen
```

```
fi

if [ Speichern erwuenscht ] ; then
    ... speichern
fi

if [ Alarm erwuenscht ] ; then
    ... alarm
fi

if [ Info-Report erwuenscht ] ; then
    ... info-report
fi

if [ History-Report erwuenscht ] ; then
    ... selektieren und sortieren
    ... history-report
fi

if [ Info-Grafik erwuenscht ] ; then
    ... grafik
fi

if [ History-Grafik erwuenscht ] ; then
    ... selektieren und sortieren
    ... grafik
fi
```

Die Individualität des einzelnen Skriptes wird sich vor allem in demjenigen Teil zeigen, in dem neue Daten erfasst werden. Allerdings lassen sich auch die anderen Funktionalitäten nicht vollständig vereinheitlichen, sodass wir jeweils eigene vorbereitende Schritte für Alarme, Reports und Grafiken brauchen werden.

7.5 Alarme auslösen

Das erste konkrete Modul, dem wir uns widmen, ist ein einfaches, aber effektives Alarm-System. Immer dann, wenn aktuelle Daten über Filesysteme, Memory-Verbrauch, Prozess-Anzahl oder dergleichen ermittelt werden, sollen diese Daten –falls erwünscht – auf die Überschreitung vorher festgelegter Grenzwerte hin überprüft werden.

Eine solche Alarm-Funktion ist themenübergreifend und wird daher in ein eigenes Modul ausgelagert. Die einzelnen Skripte lesen das Alarm-Modul dann zur Laufzeit über

```
. alarm
```

ein und verwenden die darin enthaltene Funktion gleichen Namens. Die Auslagerung hat allerdings zur Folge, dass das Modul an sich relativ abstrakt gehalten werden muss. Sie werden darin keine einzige konkrete Variable, keinen konkreten Vergleichswert finden. Alles wird erst beim Aufruf übergeben.

Wir haben in Abschnitt 7.3 über die möglichen Techniken gesprochen, Alarme auszulösen. In dem hier vorgestellten Modul werden E-Mails versendet, wann immer ein Alarm ausgelöst wird. Sie werden jedoch sehen, dass es sehr einfach ist, stattdessen oder zusätzlich eine SMS zu schicken, Ausdrucke auf Papier zu produzieren oder X-Fenster auf einem Administrations-Host öffnen zu lassen.

Wie bauen wir nun unser Alarm-Modul auf? Über eine einfache `if`-Konstruktion wird ein ermittelter Testwert daraufhin überprüft, ob er über einem definierten Grenzwert liegt. Wir können hier auch von einem einstufigen Alarm-System reden. In vielen Situationen ist dies genau das, was wir brauchen. In anderen Fällen ist dieses einfache System zu grob. Da wäre es geschickter, ein Soft- und ein Hardlimit setzen zu können und bei Überschreitung des Softlimits z.B. einen Eintrag in eine Logdatei zu schreiben und erst bei Überschreitung des Hardlimits eine E-Mail zu versenden. Auf diese Art ergibt sich eine Art Vorwarn-System, auf das man reagieren kann, aber vorerst noch nicht muss.

Wir werden beide Varianten zulassen, indem wir aus den Überwachungs-Skripten heraus die Alarmfunktion mit folgender Syntax aufrufen:

```
alarm "wert1:max:smax:hmax:info" ["werte2:max:..."] ...
```

Wir geben also zunächst den zu testenden Wert an, dann einen einstufigen Grenzwert, gefolgt von einem Soft- und einem Hardlimit. Zuletzt folgt eine Nachricht, die gE-Mailt oder geschrieben wird, falls eines der Limits überschritten ist. Dabei können wir mehrere verschiedene Werte durch einen einzigen Aufruf testen lassen, z.B. sowohl die prozentuale Belegung eines Filesystems als auch die absolute Größe, wobei natürlich jeweils unterschiedliche Grenzwerte erforderlich sind. In der Regel werden wir nicht alle möglichen Grenzwerte belegen. Ein einstufiger Alarm-Test wird dann einfach durch

```
alarm "wert:max:::info"     aufgerufen.
```

Je nachdem, welches der Limits überschritten ist, wird eine der drei folgenden Aktionen ausgeführt.

```
al_action="echo | mailx -s \"Achtung! $host: \$al_info\" root"
al_saction="echo \"$datum Warnung: $host: \$al_info\" >> alarm.log"
al_haction="echo | mailx -s \"Achtung! $host: \$al_info\" root"
```

Die vielen Backslashs sind nötig, da die Quotes und Variablennamen bis zur endgültigen Ausführung überleben müssen. Sie sehen selbst, wie einfach Sie dieses System verändern oder erweitern können.

In einem ersten Schritt muss unser Modul die übergebene Kommandozeile in ihre einzelnen Komponenten zerlegen.

```
al_info=${element#*:*:*:*:}
element=${element%$al_info}
IFS=: ; set $element ; unset IFS
testwert=$1 al_max=$2 al_smax=$3 al_hmax=$4
```

Es ist wichtig, zunächst die Nachricht abzutrennen, da sie eventuell ihrerseits Doppelpunkte enthalten könnte, was die Aufsplittung der übrigen Elemente erschweren würde. Der Anteil, der übrig bleibt, wird in Testwert, Maximum, Soft- und Hardlimit aufgesplittet.

Nun kann man auf einfache Weise testen, ob ein Schwellenwert überschritten ist.

```
if [ "$al_max" ] ; then
  if (( $testwert >= $al_max ))  ;  then
     eval $al_action
  fi
fi
if [ "$al_smax" ] ; then
  if (( $testwert >= $al_smax ))  ;  then
```

```
      eval $al_saction
    fi
fi
if [ "$al_hmax" ] ; then
    if (( $testwert >= $al_hmax ))  ;  then
      eval $al_haction
    fi
fi
```

Wie Sie sehen, führen wir die vorgesehene Alarm-Funktion über `eval` aus, ein Tribut an den Luxus, die Aktionen in einem separaten Block vorher zu definieren.

Hier das fertige Modul:

```
#!/bin/ksh

# alarm
# Schwellenwerte testen und Alarme ausloesen.
# Ein- oder zweistufiges Konzept.
# Wird ueber . alarm eingelesen.

# Aufruf der Funktion:
# alarm "wert1:max:smax:hmax:info" ["werte2:max:..."] ...


# Schleife um zu testende Werte
# ------------------------------
alarm() {

  for element in "$@"
    do

    host=`uname -n`
    datum=`date +'%y/%m/%d %H:%M'`

    # Default-Aktionen, ein- und zweistufig
    al_action="echo | mailx -s \"Achtung! $host: \$al_info\" root"
    al_saction="echo \"$datum Warnung: $host: \$al_info\" >> alarm.log"
    al_haction="echo | mailx -s \"Achtung! $host: \$al_info\" root"

    # Zerlegung in Messwert und Alarme
    # Format:   wert:max:smax:hmax:info
    al_info=${element#*:*:*:*:}
    element=${element%$al_info}
    IFS=: ; set $element ; unset IFS
    testwert=$1 al_max=$2 al_smax=$3 al_hmax=$4
```

Listing 7.1: alarm – Ein- oder zweistufiges Alarm-System.

```
    # Ist irgendein Grenzwert definiert?
    if [ ! "$al_max$al_smax$al_hmax" ] ; then
      echo "Fehler: Alarm-Test nicht moeglich. Grenzwert fehlt." >&2
      continue
    fi

    # Die verschiedenen Tests
    if [ "$al_max" ] ; then
      if (( $testwert >= $al_max ))  ;  then
         eval $al_action
      fi
    fi
    if [ "$al_smax" ] ; then
      if (( $testwert >= $al_smax ))  ;  then
         eval $al_saction
      fi
    fi
    if [ "$al_hmax" ] ; then
      if (( $testwert >= $al_hmax ))  ;  then
         eval $al_haction
      fi
    fi
done
}
```

Listing 7.1: alarm – Ein- oder zweistufiges Alarm-System.(Fortsetzung)

Sehen wir uns seine Verwendung anhand eines kleinen Beispiels an.

```
#/bin/ksh

# alarmtest
# Test fuer das Alarm-System
# Checkt die Anzahl der laufenden Prozesse.
# Aufruf: alarmtest -a

# Befehlszeile
[[ $1 == -a ]] && opt_a=yes

# Hauptteil
psanz=`ps -ef | wc -l | awk '{print $1}'`
psanz=$((psanz-1))

# Schwellenwerte pruefen
if [ "$opt_a" ] ; then
  . alarm          # Alarm-Modul einlesen
  info="Anzahl laufender Prozesse: $psanz"
```

Listing 7.2: alarmtest – Testet das Alarm-Modul

```
  alarm "$psanz::80:100:$info"
fi
```

Listing 7.2: alarmtest – Testet das Alarm-Modul(Fortsetzung)

Was wir hier zeigen wollen, steckt in den letzten Zeilen des Skriptes. Wenn dieses Mini-Programm mit der Option -a aufgerufen wird, liest es das Alarm-Modul ein, definiert eine Alarm-Meldung und ruft die Alarm-Funktion auf, wobei es als Soft-Limit 80 und als Hardlimit 100 übergibt. Wir wollen es gleich testen.

```
mars# date +%T
15:03:29
mars# ps -ef | wc -l
      88
mars#
mars# alarmtest -a
mars# mailx
No mail for root.
mars#
mars# tail -1 alarm.log
02/06/02 15:04 Warnung: mars: Anzahl laufender Prozesse: 89
mars#
.....
mars# date +%T
15:33:42
mars# ps -ef | wc -l
      103
mars#
mars# alarmtest -a
mars# mailx
mailx version 5.0 Tue Oct  6 01:11:27 PDT 1998  Type ? for help.
"/var/mail/root": 1 message 1 new
>N  1 Super-User         Sun Jun  2 15:34   13/367   Achtung! schlumpf: Anzahl
? 1
Message  1:
From root Sun Jun  2 15:34:00 2002
Date: Sun, 2 Jun 2002 15:34:00 +0200 (MET DST)
From: Super-User <root>
To: root
Subject: Achtung! schlumpf: Anzahl laufender Prozesse: 104

? q
Held 1 message in /var/mail/root
mars#
mars#
mars# tail -1 alarm.log
02/06/02 15:04 Warnung: mars: Anzahl laufender Prozesse: 89
02/06/02 15:33 Warnung: mars: Anzahl laufender Prozesse: 104
mars#
```

Wie Sie sehen, haben wir den Aufruf des Alarm-Systems extrem einfach gestaltet. Wie sieht es aus, wenn es mehrere Instanzen eines zu testenden Wertes gibt, also z.B. die prozentuale Belegung der Filesysteme / , /data, /opt und /var? In diesem Fall rufen wir die Alarm-Funktion in einer Schleife für jede Instanz erneut auf.

```
# Auszug aus ckdisk_fs
# -------------------
# Die unten erwähnten $1 und $2 liefern Name und Belegung der Filesysteme
if [ "$opt_a" ] ; then
  # Alarm-Funktion testet prozentuelle Belegung fuer jedes FS
  awk '{print $NF,$4}' $tmpfile |
  while read fs prozent
  do
    info="Belegung des Filesystems $fs: $prozent %"
    alarm "$prozent::80:90:$info"
  done
fi
```

Hätten wir zusätzlich einen zweiten Parameter für jedes Filesystem testen wollen, wie z.B. die absolute Belegung in Megabytes, hätten wir einen zweiten Satz an Limits übergeben.

```
while read fs prozent
do
  info1="Belegung des Filesystems $fs: $prozent %"
  info2="Belegung des Filesystems $fs: $belegt MB"
  alarm "$prozent::80:90:$info1" "$belegt::3500:4000:$info2"
done
```

Möchte man für unterschiedlichen Instanzen (z.B. Partitionen) unterschiedliche Grenzwerte übergeben, kann man diese Grenzwerte über einen case-Befehl zuweisen.

```
while read fs prozent
do
  info="Belegung des Filesystems $fs: $prozent %"
  case $fs in
    c0t0d0s0)   smax=90 ; hmax=95 ;;
           *)   smax=80 ; hmax=90 ;;
  esac
  alarm "$prozent::$smax:$hmax:$info"
done
```

Wenn Sie individuelle Aktionen definieren möchten, sollten Sie die Zeilen, in denen die bisherigen Aktionen stehen, derart verändern, dass berücksichtigt wird, ob eine Aktion bereits definiert ist. Die individuelle Aktion kann dann vor Aufruf der Alarm-Funktion festgelegt werden.

```
al_dflt_action="echo | mailx -s \"Achtung! $host: \$al_info\" root"
al_action=${al_action:-$al_dflt_action}
```

So weit unser Alarm-System. Wir haben ein einfach zu verwendendes Modul geschaffen, das ein- oder zweistufig arbeitet, das beliebige Instanzen eines Wertes beherrscht, gleiche oder individuelle Grenzwerte für jede Instanz akzeptiert und sogar mehrere Einzel-Werte einer Test-Instanz prüfen kann. Nicht schlecht!

7.6 Grafiken erstellen

Grafiken sind unschlagbar, wenn es darum geht, möglichst schnell ein Gefühl für den Zustand oder den Verlauf von quantitativen Daten zu erhalten. Man kann auf einen Blick sehen, ob der Platz auf einer Festplatte zur Neige geht, sich das Daten-Volumen aus dem Internet in Grenzen hält oder die Anzahl laufender Prozesse sprunghaft angestiegen ist.

Auch die grafischen Funktionen werden themenübergreifend benötigt und daher in ein eigenes Modul ausgelagert. Alle Überwachungs-Skripte werden es über

```
. grafik
```

einlesen und anschließend die darin enthaltene Funktion gleichen Namens aufrufen.

Die zu zeichnenden Daten werden vorher in einer temporären Datei gespeichert. Der Name der Datei, Informationen zu ihrem Aufbau sowie zusätzliche Elemente wie Titel und Beschriftungen übergeben wir beim Aufruf an die Funktion. Diese ist daher – genauso wie das Alarm-Modul – ziemlich abstrakt gehalten.

Als Grafik-Programm werden wir `gnuplot` einsetzen, welches sich auf UNIX-Systemen zum Quasi-Standard für die Darstellung von Datenreihen entwickelt hat. Es ist frei und praktisch für alle Plattformen erhältlich, leistungsstark und geradlinig zu bedienen. Es verfügt über alle Features, die wir für unsere Zwecke benötigen, und erlaubt es sowohl die erzeugten Grafiken direkt unter X-Windows zu betrachten als auch sie in einer Datei abzuspeichern.

Für abgespeicherte Grafiken verwenden wir das pbm-Format, welches anschließend über das Tool `ppmtogif` aus dem ebenfalls freien `netpbm`- (oder `pbmplus`-) Paket nach GIF konvertiert wird. Je nachdem, welche Version von `gnuplot` Sie einsetzen und welche Zusatz-Libraries Ihnen beim Kompilieren zur Verfügung stehen, können Sie auch direkt Bilder im GIF- oder im png-Format ohne anschließende Konvertierung erzeugen. Mehr zu diesem Thema finden Sie in Kapitel 4, wo wir `gnuplot` ausführlich vorgestellt haben.

Alle hier verwendeten Programme finden Sie auf der beiliegenden CD entweder in kompilierter Form oder als Source-Code.

Was soll unser Skript alles können? Wir werden ihm eine Datei mit den darzustellenden Werten liefern. Die Datei wird spaltenweise aufgebaut sein. Eine Spalte steht für die x-Werte, beliebige andere Spalten sollen die y-Werte enthalten. Unser Modul soll also sowohl eine wie auch mehrere Kurven in eine Grafik zeichnen können! Mehrere Kurven werden entweder direkt übereinander gelegt, oder sie werden leicht versetzt gezeichnet, um sie besser unterscheiden zu können. Für die meisten Einstellungen wird es sinnvolle Default-Einstellungen geben, welche jedoch jederzeit durch Befehlszeilenargumente überschrieben werden können. Beschriftungen und Titel sollen beim Aufruf übergeben werden.

Wenden wir uns der eigentlichen Funktion zu. Sie soll über folgende Syntax aufgerufen werden.

```
grafik [-x11] <datei> [var=val var=val ...]
```

Die Option `-x11` gibt an, dass wir uns die Grafik sofort am Bildschirm ansehen möchten. Fehlt die Option, wird eine `Gif`-Grafik erzeugt und abgespeichert. Sie kann dann später z.B. mit Hilfe eines Browsers angesehen werden. Weitere Argumente wie Titel, Legende etc. werden in der Form `var=val` übergeben.

Zunächst wird wieder die Befehlszeile zerlegt.

```
[[ "$1" == "-x11" ]] && x11="yes" && shift
datafile=$1                        # darzustellende Datei
shift ; args="$*"                  # der Rest
```

Sind die Option `-x11` und die übergebene Datei entfernt, verbleiben in der Befehlszeile nur noch Zuweisungen für die restlichen Argumente. Bevor wir diese Zuweisungen ausführen, setzen wir eine Reihe von Default-Werten, die wir später `gnuplot` übergeben werden.

```
if [ "$x11" == "yes" ] ; then    # Bilder direkt ansehen
  terminal="x11"
  size="1,1"
else                             # Bilder uebers Web ansehen
  terminal="pbm small color"     # Ausgabe-Treiber pbm
  size="0.75,0.55"               # Verkleinerungs-Faktor
fi

xdata=time                       # x-Werte sind Datum/Zeit
timefmt="%y/%m/%d %H:%M"         # Format der Zeit-Spalte
xcol="timecolumn(1)"             # x-Spalte
ycol=3                           # y-Spalte
yrange=[0:]                      # y-Bereich
style="impulses"                 # senkrechte Linien
```

Über `terminal` wird der Ausgabe-Treiber eingestellt, der sich nach der Option `-x11` richtet. Es hat sich herausgestellt, dass die ursprüngliche Größe der Bilder etwas überdimensioniert ist, wenn man sie mit dem Browser betrachtet, daher die Verkleinerung.

In der Regel werden wir Zeitstempel als x-Werte benutzen, was wir `gnuplot` über das Schlüsselwort `xdata` mitteilen. Das Format dieser Zeitstempel folgt in `timefmt`. `gnuplot` wird diese Stempel in Sekunden seit dem 1.1.1970 umrechnen, und so die richtige Distanz zwischen x-Werte setzen, auch wenn diese in unregelmäßigen Zeit-Abständen folgen. Die Angabe `timecolumn` für die x-Achse erlaubt es uns, sogar Offsets zu den x-Werten hinzuzurechnen, wenn wir Datenreihen gegeneinander verschieben möchten. Normalerweise werden die darzustellenden Werte in Spalte 3 stehen, was mit `ycol` übergeben wird. Die yAchse soll bei 0 beginnen und als Form der Darstellung wählen wir nicht Linien sondern senkrechte Impuls-Striche, die einzelne Datenpunkte besser hervorheben. Tragen Sie hier einfach `"lines"` ein, um dies zu ändern.

Wir können beim Aufruf der Grafik-Funktion all diese Werte überschreiben oder auch neue hinzufügen. Damit dies funktioniert, erfolgt erst jetzt, nach dem Setzen von Default-Werten, die Zuweisung der auf der Befehlszeile übergebenen Argumente.

```
eval $args                         # z.B. ycol="2 3"
```

Nun wird ein Spezialfall abgedeckt, der doch relativ häufig vorkommt. Wenn wir diskrete Daten darstellen möchten, wie etwa die Belegung aller Filesysteme zu einem bestimmten Zeitpunkt, macht eine zeitlich organisierte x-Achse keinen Sinn. In diesem Fall werden wir einfache, automatisch erzeugte Integer-Zahlen als x-Werte verwenden, was man durch xcol=0 erreicht. Da wir im Plot-Programm prinzipiell einen Offset hinzuaddieren (um mehrere Zeitreihen nebeneinander darstellen zu können), müssen wir allerdings die etwas kompliziertere Variante `xcol="column(0)" wählen.`

```
if [ "$einzel" ] ; then
  xcol="column(0)+1"
  xdata=
  offset=1,1,0,0
fi
```

Wie Sie sehen, haben wir den x-Wert noch um 1 erhöht, um bei 1 statt bei 0 zu starten. Ein zusätzlicher Offset links und rechts ist sinnvoll, damit nicht zwei der meistens recht wenigen Werte direkt auf den Rändern landen.

Als Nächstes werden die Beschriftungen der Kurven analysiert. Sie müssen ebenfalls auf der Kommandozeile per `legend="....."` angegeben werden. Zeichnet man mehrere Kurven, müssen alle Legenden in diesen einen String geschrieben werden, mit Leerzeichen getrennt. Leerzeichen innerhalb einer Beschriftung müssen durch _ ersetzt werden. Dies klingt zwar etwas kompliziert, vereinfacht aber die Übergabe beliebig vieler Legenden enorm. Da die Beschriftungen in den gleich folgenden `plot`-Befehl eingeflochten werden müssen, splitten wir sie vorrübergehend in ein Array `legarray` auf.

```
set -A legarray $legend                # Beschriftungs-String
```

Es folgt der schwierigste Teil: Die Erstellung des eigentlichen `plot`-Befehls für `gnuplot`. Er ist simpel, wenn es darum geht, eine Kurve zu zeichnen. Wenn wir jedoch auch mehrere Kurven in einem Bild darstellen möchten, wird es schwierig, denn die Anweisungen für die einzelnen Kurven will `gnuplot` in einer kommaseparierten Liste sehen. Also fügen wir diese Stück für Stück zusammen. Der Befehl zum Plotten einer einzelnen Kurve sieht folgendermaßen aus:

```
plot "$datafile" using $xcol:$ycol title "$legend"
```

Wenn mehrere Kurven gegeneinander verschoben werden sollen, damit man die Impuls-Striche auseinander halten kann, benötigt man einen Offset auf der x-Achse.

```
plot "$datafile" using ($xcol+$xoff):$col title "$legend"
```

Möchte man, dass sich dieser Offset von Kurve zu Kurve erhöht, soll zugleich jede Kurve ihre eigene Beschriftung erhalten und der gesamte plot-Befehl zunächst in einer Variablen gespeichert werden, erhält man folgende Schleife.

```
local i=0 xoff=0

for col in $ycol
do
  leg=`echo ${legarray[$i]} | sed 's/_/ /g'`
  plot="$plot \"$datafile\" using ($xcol+$xoff):$col title \"$leg\" ,"
  xoff=`echo $xoff + $inc | bc`      # Sets verschieben.
  ((i=i+1))
done
plot=${plot% ,}                      # Letztes Komma entfernen
```

Zugegeben, man muss ein wenig darüber meditieren, aber dann versteht man allmählich, was da geschieht.

Hat man einmal das `plot`-Kommando zusammengestellt, kann man `gnuplot` aufrufen und die Grafik erzeugen lassen.

```
gnuplot -persist << END_DATA   #2>/dev/null
  set xdata $xdata
  set timefmt "$timefmt"
  set terminal $terminal
  set offset $offset
  set output "$output"
  set size $size
  set yrange $yrange
  set title "$title"
  set data style $style
  set xlabel "$label"                # Beschriftung
  set bmargin 3 ; set tmargin 3     # Etwas Rand oben und unten
```

```
    plot $plot
END_DATA
```

Die Option `-persist` ist notwendig, um bei direkter Betrachtung (-x11) das eingeblendete Grafik-Fenster offen zu halten.

Es ist wahrlich ein harter Brocken, den Sie da zu schlucken bekommen, aber bedenken Sie, wie überaus leistungsfähig unser Programm geworden ist. Wir werden Überwachungs-Skripte für die unterschiedlichsten Bereiche erstellen und sehr unterschiedliche Anforderungen an unser Grafik-Modul stellen. Dieses Modul hier wird sie alle erfüllen können und gleichzeitig einfach aufzurufen sein. Die Arbeit des Programmierens haben wir nur einmal. Verwenden werden wir es unzählige Male.

Am Ende des Skriptes sehen Sie noch die Umwandlung der pbm-Grafik in das GIF-Format.

```
#!/bin/ksh

# grafik
# Grafiken zeichnen
# Wird ueber . grafik eingelesen.

# Aufruf der Funktion:
# grafik datei [-x11] [var=val var=val ...]

PATH=$PATH:/usr/local/bin:/usr/local/netpbm/bin
imgdir=/scripts/img
mkdir -p $imgdir 2>/dev/null

grafik() {

  cd $imgdir

  # Kommandozeile zerlegen
  # ----------------------
  [[ "$1" == "-x11" ]] && x11="yes" && shift     # Grafik direkt ansehen
  datafile=$1                       # darzustellende Datei
  shift ; args="$*"                 # der Rest


  # Defaults setzen
  # ---------------
  if [ "$x11" == "yes" ] ; then     # Bilder direkt ansehen
    terminal="x11"
    size="1,1"
  else                              # Bilder uebers Web ansehen
    terminal="pbm small color"      # Ausgabe-Treiber png
    size="0.75,0.55"                # Verkleinerungs_Faktor
  fi
```

Listing 7.3: grafik – Grafik der aktuellen oder historischen Daten erstellen

```
xdata=time                        # x-Werte sind Datum/Zeit
timefmt="%y/%m/%d %H:%M"          # Format der Zeit-Spalte
xcol="timecolumn(1)"              # x-Spalte
ycol=3                            # y-Spalte
yrange=[0:]                       # y-Bereich
style="impulses"                  # senkrechte Linien
inc="0"                           # Keine x-Verschiebung der Sets


# Eigene Einstellungen
# --------------------
eval $args                           # z.B. ycol="2 3"

# Alte Dateien loeschen
# ---------------------
rm -f $output 2>/dev/null

# Diskrete Werte darstellen
# -------------------------
if [ "$einzel" ] ; then
  xcol="column(0)+1"
  xdata=
  offset=1,1,0,0
fi


# Beschriftung der Kurven
# -----------------------
set -A legarray $legend            # Beschriftungs-String aufsplitten


# plot-Befehl zusammenstellen
# ---------------------------
# Alle Spalten plotten, die im String ycol angegeben sind.
# Wir stellen einen einzigen langen Plot-Befehl her.
# Jedes Set muss etwas weiter rechts gedruckt werden,
# als der Vorgaenger ($inc -> $xoff).

local i=0 xoff=0

for col in $ycol
do
  leg=`echo ${legarray[$i]} | sed 's/_/ /g'`
  plot="$plot \"$datafile\" using ($xcol+$xoff):$col title \"$leg\" ,"
  xoff=`echo $xoff + $inc | bc`      # Sets verschieben.
```

Listing 7.3: grafik – Grafik der aktuellen oder historischen Daten erstellen(Fortsetzung)

```
    ((i=i+1))
  done
  plot=${plot% ,}                                 # Letztes Komma entfernen


  # Grafik zeichnen
  # ---------------
  gnuplot -persist << END_DATA    #2>/dev/null
    set xdata $xdata
    set timefmt "$timefmt"
    set terminal $terminal
    set offset $offset
    set output "$output"
    set size $size
    set yrange $yrange
    set title "$title"                  # Hier bei Bedarf
    set data style $style               # weitere Parameter einfuegen.
    set xlabel "$label"                 # Beschriftung
    set bmargin 3 ; set tmargin 3       # Etwas Rand oben und unten
    plot $plot
END_DATA


  if [ "$x11" != "yes" ] ; then
    imgname=${output%.pbm}
    rm -f $imgname.gif 2>/dev/null
    ppmtogif $imgname.pbm > $imgname.gif
  fi
}
```

Listing 7.3: grafik – Grafik der aktuellen oder historischen Daten erstellen(Fortsetzung)

Ein erstes Beispiel: Wir zeichnen eine Grafik für die Werte der folgenden kleinen Datei, welche die regelmäßig gezählte Anzahl von laufenden HTTP-Prozessen enthält.

```
mars# cat grtest1.dat
02/06/02 19:05 20
02/06/02 20:05 17
02/06/02 21:05 19
02/06/02 22:05 23
02/06/02 23:05 25
02/06/03 00:05 26
02/06/03 01:05 24
02/06/03 02:05 22
02/06/03 03:05 21
02/06/03 04:05 18
02/06/03 05:05 20
mars#
```

Wie Sie sehen, enthält die dritte Spalte die darzustellenden Werte. Hier das dazu passende Test-Skript. Wird es mit der Option -g aufgerufen, erstellt es die gewünschte Grafik. Simpel, nicht wahr? [1]

```
#!/bin/ksh
# grafiktest1
# Testet das Grafik-Modul
# Aufruf: grafiktest1 -g
host=` uname -n`
if [[ $1 == -g ]] ; then
  . grafik
  tmpfile=./daten/grtest1.dat
  title="Test Daten-Reihe 1 fuer Rechner $host"
  legend="Anzahl_HTTP-Prozesse"
  grafik -x11 $tmpfile output=grtest1.pbm
  # grafik $tmpfile output=grtest1.pbm
fi
```

Listing 7.4: grafiktest1 – Testet das Grafik-Modul

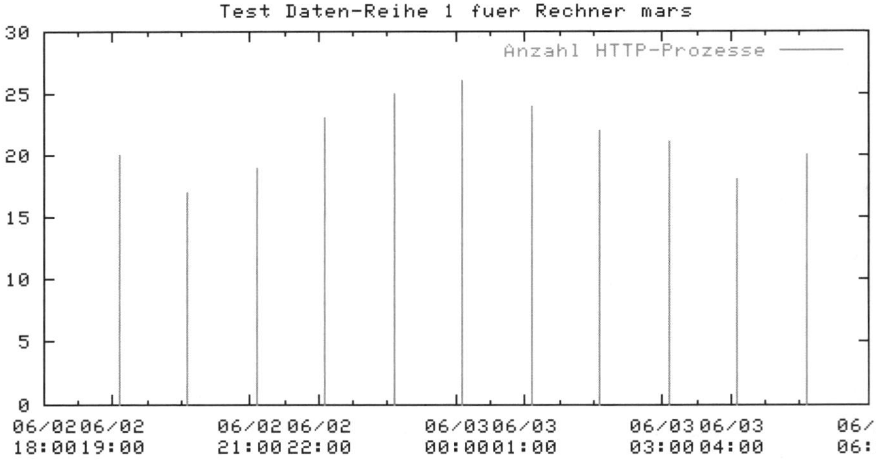

Abbildung 7.2: Test-Grafik

Zum Vergleich betrachten wir das gleiche Skript für den Fall, dass mehrere Kurven gezeichnet werden sollen. Hierzu verwenden wir `test2.tmp` als Datenbasis. Zusätzlich wurde hier auch die Anzahl der laufenden FTP-Prozesse gesammelt (Spalte 4).

```
mars# cat grtest2.dat
02/06/02 19:05 20 5
02/06/02 20:05 17 9
02/06/02 21:05 19 14
02/06/02 22:05 23 13
```

1. Alle Skripte und Hilfs-Dateien, die Sie zum Testen benötigen, finden Sie auf der Buch-CD. Kopieren Sie sich die dortige Verzeichnis-Struktur (für Ihre UNIX-Version) auf Ihren Rechner unter /scripts, damit die verwendeten Pfade funktionieren.

```
02/06/02 23:05 25 11
02/06/03 00:05 26 10
02/06/03 01:05 24 11
02/06/03 02:05 22 9
02/06/03 03:05 21 7
02/06/03 04:05 18 7
02/06/03 05:05 20 10
mars#
```

Das entsprechende Skript muss beim Aufruf der Grafik-Funktion nun explizit angeben, welche Spalten gezeichnet werden sollen, und zwei separate Legenden übergeben. Beachten Sie die Ersetzung der Leerzeichen durch _ in den Legenden. Da wir Impulse als Darstellungs-Art gewählt haben, würden eigentlich die Striche beider Kurven übereinander gezeichnet. Ein Effekt, den wir durchaus gelegentlich bewusst einsetzen werden. Hier verwenden wir jedoch einen Abstand (`inc`) von 300 Sekunden zwischen den beiden Kurven.

```
#!/bin/ksh

# grafiktest2
# Testet das Grafik-Modul
# Aufruf: grafiktest2 -g

host=` uname -n`

if [[ $1 == -g ]] ; then
  . grafik
  tmpfile=./daten/grtest2.dat
  title="Test Daten-Reihe 2 fuer Rechner $host"
  legend="Anzahl_HTTP-Prozesse Anzahl_FTP-Prozesse"
  grafik -x11 $tmpfile output=grtest2.pbm ycol=\"3 4\" inc=300
  # grafik $tmpfile output=grtest2.pbm ycol=\"3 4\" inc=300
fi
```

Listing 7.5: grafiktest2 – Testet das Grafik-Modul

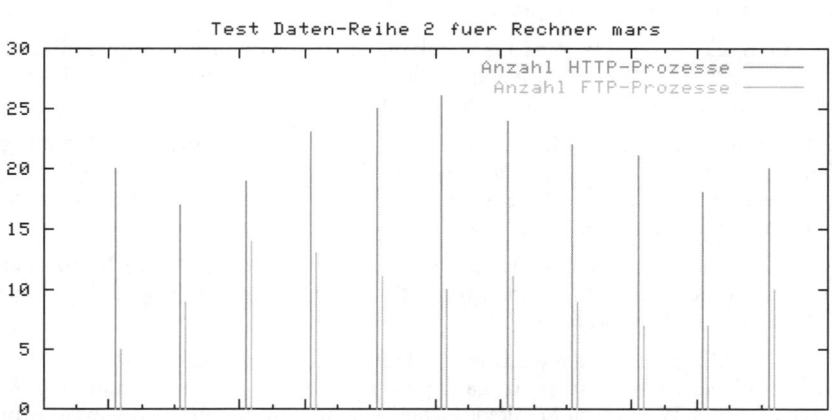

Abbildung 7.3: Grafik-Test

Die sichtbaren kleineren Defekte wie die etwas schlechte Farb-Übersetzung, abgeschnittene x-Beschriftung oder ungünstig gesetzte x-Labels können mit etwas Aufwand korrigiert werden. Wir verzichten hier jedoch darauf, um das Grafik-Modul überschaubar zu halten.

Was halten Sie von unserem Modul? Seine Programmierung war sicherlich kein Kinderspiel, dafür ist es aber erfreulich einfach zu verwenden. Wir werden in unseren Überwachungs-Skripten noch viel Mühe haben, die gesammelten Daten überhaupt in ein passendes spaltenweise aufgebautes Format zu bringen. Selbst die Beschriftungen sind nicht immer leicht zu erstellen, denken Sie nur an eine unbekannte Anzahl von Partitionen oder überwachten Prozessen. Das wird alles nicht einfach. Da ist es umso wichtiger, dass wir wenigstens die Komplexität der Grafik-Erstellung aus unseren Skripten heraushalten können.

Unsere beiden Beispiele zeigen Grafiken über den zeitlichen Verlauf eines bzw. zweier Werte. Dies ist meistens genau das, was uns interessiert. Wir werden solche Darstellungen in Zukunft History-Grafiken nennen. Bei einigen Fragestellungen bietet sich auch eine Grafik für aktuelle Werte an, wobei meistens mehrere Instanzen der gleichen Kategorie miteinander verglichen werden, also mehrere Filesysteme, Rechner, Prozesse etc. In solchen Fällen werden wir von Info-Grafiken sprechen.

Übrigens können Sie wirklich fast alle Parameter über die Befehlszeile einstellen. Beschäftigen Sie sich einfach ein wenig mit `gnuplot`, es ist eine wahre Fundgrube für hübsche grafische Effekte.

Zum Abschluss dieses Abschnittes sei noch darauf hingewiesen, dass wir nicht nur quantitative Daten grafisch darstellen können, sondern auch qualitative. Ein grünes Rechner-Icon kann symbolisieren, dass ein Rechner läuft, ein rotes, dass er nicht erreichbar ist. Ein grünes Festplatten-Icon kann zeigen, dass eine Partition noch genügend Platz besitzt, ein gelbes, dass das Softlimit, und ein rotes, dass das Hardlimit überschritten ist.

Am einfachsten realisiert man solche grafischen Darstellungen, indem man die Icons in den verschiedenen Farben vorrätig hat, eine einfache Web-Seite erstellt und je nach Lage der Daten unterschiedliche Icons einbindet.

In Abschnitt 7.20 werden wir mit dieser Technik arbeiten, um einen HTML-Netzwerk-Plan zu entwickeln.

7.7 History- und Trend-Reports

Wir werden noch ein drittes und letztes Modul entwickeln, bevor wir uns den eigentlichen Überwachungs-Skripten zuwenden. Darin sollen einige Funktionen zur Auswahl und Sortierung zusammengefasst werden, auf die wir immer wieder zurückgreifen werden, wenn es darum geht, gesammelte Daten auf der Zeit-Achse als Report oder Grafik darzustellen.

Die erste Funktion, `dayselect`, wird es uns erlauben, nur Daten der letzten n Tage zu selektieren. Dies ist wichtig, wenn man bedenkt, dass sich im Laufe der Zeit Daten von Wochen oder Monaten ansammeln und Reports viele Seiten lang und Grafiken immer unübersichtlicher würden.

Die zweite Funktion, `idselect`, wird aus Dateien, in denen Werte für mehrere Rechner gesammelt werden, die Zeilen für den oder die gewünschten Rechner isolieren. Wir werden diese Funktion genauso verwenden, um bestimmte Partitionen, Prozesse oder Benutzer zu isolieren, wenn die benötigten Daten in einer gemeinsamen Datei gesammelt wurden.

Als Drittes werden wir die selektierten Daten sortieren: `sortselect`. Bei zeitlich geordneten Daten kann man entscheiden, ob sie zeitlich auf- oder absteigend angezeigt werden sollen. Andere Daten können nach einer beliebigen Spalte sortiert werden.

Wenn wir nun die richtige Partition ausgewählt und die Anzahl von Tagen festgelegt haben, für die wir die Daten zurückverfolgen möchten, stört uns häufig noch die zu hohe zeitliche Auflösung. Um einen Überblick über die letzten 4 Wochen zu erhalten, eignet sich ein Sample-Intervall von 30 Minuten sicherlich schlecht. Deshalb werden wir eine vierte Funktion, `recselect`, erstellen, die nur jeden n-ten Datensatz aus den vorselektierten und sortierten Daten zurückliefert. Zusätzlich kann man einen Startpunkt oder

Offset angeben, ab welchem das Intervall von n Records gezählt wird, damit man genau die gewünschten Werte erhält. Da nicht alle Daten über die Angabe eines Tages in `dayselect` sinnvoll vorselektiert werden können, bauen wir in `recselect` noch die prinzipielle Möglichkeit ein, die Anzeige auf n Zeilen zu beschränken.

Wieder heißt es, etwas Arbeit zu investieren, um die so geschaffenen Funktionalitäten in allen Überwachungs-Skripten einsetzen zu können. Nennen wir das gesamte Paket `selection`, so werden die vier darin enthaltenen Funktionen durch

```
. selection
```

in einem beliebigen Skript verfügbar gemacht.

Nun also zur ersten Funktion `dayselect`, die dafür sorgen soll, dass nur Daten der letzten n Tage angezeigt werden sollen. Orientieren wir uns wieder an der Syntax des Aufrufes.

```
dayselect <datei> <tage> [<datums-spalte>]
```

Wie können wir testen, ob das Datum eines Eintrages weniger als n Tage zurückliegt? Immerhin gibt es Monats- und Jahres-Wechsel. Die einzige Chance besteht darin, auf ein einfacheres als das Kalender-System auszuweichen, z.B. auf die Anzahl der Tage, die seit einem bestimmten Tag – wir nehmen hier den 1.1.2000 – vergangen sind.

Wir berechnen diesen Tageswert zunächst für das aktuelle Datum.

```
set -A month "" 0 31 59 90 120 151 181 212 243 273 304 334
set -A dat `date +'%y %m %d'`
heute=$((dat[0]*366 + month[${dat[1]}] + dat[2]))
```

Die ominösen Zahlen im Array `month` stellen quasi den Monats-Offset in Tagen dar. Wir benötigen dieses Array, um der unterschiedlichen Anzahl von Tagen in einem Monat Rechnung zu tragen und gleichzeitig einer aufwändigen case-Konstruktion auszuweichen. Am 1.2. sind beispielsweise bereits month[2], also 31 Tage vergangen. Wir haben ein leeres Feld vorangestellt, weil Shell-Arrays bei 0 beginnen.

Ab welchem Tag interessieren wir uns nun für die gesammelten Daten?

```
tag=$((heute - $2 + 1))
```

Nun isolieren wir die richtigen Zeilen aus der angegebenen Datei. Effektiv können wir große Dateien nur mit `awk` einlesen. `awk` muss die eingelesenen Zeitstempel ebenfalls in Tage umrechnen, um bestimmen zu können, ob ein Eintrag passt. Auch hier benötigen wir ein Hilfs-Array.

```
BEGIN {  mostr="0,31,59,90,120,151,181,212,243,273,304,334"
         split (mostr,mo,",")}
```

`awk`-Arrays beginnen bei 1, daher gibt es hier kein vorangestelltes leeres Feld. Wir möchten alle Zeilen isolieren, deren berechneter Tageswert >= $tag ist.

```
tail -r $1 |
  nawk -v tag=$tag -v sp=$3 '
  BEGIN {  mostr="0,31,59,90,120,151,181,212,243,273,304,334"
           split (mostr,mo,",")}
  substr($sp,1,2)*366+mo[substr($sp,4,2)+0]+ \
  substr($sp,7,2) >= tag {print} ' |
tail -r
```

Da die interessanten Daten am Ende der Datei stehen, haben wir zwei Mal `tail` eingesetzt. Das macht sich vor allem bei großen Dateien bezahlt. Die mit `substr()` isolierten String-Bereiche enthalten die Jahres-, Monats- und Tageszahl. Zur Monatszahl muss man 0 dazu addieren, damit awk weiß, dass es sich z.B. bei 02 um die Zahl 2 handelt.

Wenn Sie es bei ähnlichen Problemen gerne etwas einfacher hätten, nehmen Sie einfach an, alle Monate besäßen 31 Tage. Sie können dann auf das Hilfs-Array verzichten, was sich in awk noch stärker auswirkt als in der Shell. Meistens ist es völlig egal, ob man wirklich wie gewünscht 20 Tage anzeigt oder 21 wegen eines Berechnungs-Fehlers.

Hier die komplette Funktion auf einen Blick. Wir konstruieren sie so, dass sie die Original-Datei zurück gibt, falls keine Tages-Anzahl angegeben wird.[2]

```
# Tageswahl (Berechnung: Tageszahl seit 1.1.2000)
# ----------------------------------------------
# Aufruf: dayselect <datei> <tage> <datums-spalte>
dayselect(){
  if [ "$2" ] ; then
    local spalte=${3:-1} heute tag

    # Monats-Offset
    set -A month "" 0 31 59 90 120 151 181 212 243 273 304 334

    # Heutiger Tag
    set -A dat `date +'%y %m %d'`
    heute=$((dat[0]*366 + month[${dat[1]}] + dat[2]))

    # Fruehester Tag
    tag=$((heute - $2 + 1))

    # Suche von hinten, bis fruehester Tag erreicht ist.
    tail -r $1 |
      nawk -v tag=$tag -v sp=$spalte '
      BEGIN {mostr="0,31,59,90,120,151,181,212,243,273,304,334"
             split (mostr,mo,",")}
      substr($sp,1,2)*366+mo[substr($sp,4,2)+0]+ \
      substr($sp,7,2) >= tag {print} ' |
    tail -r
  else
    cat $1
  fi
}
```

Listing 7.6: dayselect – Zeige nur die letzten n Tage an.

```
mars# cat testsel.dat
fuchs    02/05/28    3.00  1.07    2.00  0.20    1.00  0.87       0     0
balu     02/05/28    1.95  1.64    1.95  1.64       0     0       0     0
```

2. LINUX: nawk durch awk ersetzen und tail -r durch tac.

```
wolf      02/05/28    9.30  7.81    1.95  1.64    7.35  6.17     0    0
fuchs     02/05/29    3.00  1.02    2.00  0.20    1.00  0.82     0    0
balu      02/05/29    1.95  1.43    1.95  1.43       0     0     0    0
wolf      02/05/29    9.30  7.40    1.95  1.38    7.35  6.02     0    0
fuchs     02/05/30    3.00  0.93    2.00  0.18    1.00  0.75     0    0
balu      02/05/30    1.95  1.33    1.95  1.33       0     0     0    0
wolf      02/05/30    9.30  6.61    1.95  1.18    7.35  5.43     0    0
fuchs     02/05/31    3.00  0.84    2.00  0.13    1.00  0.71     0    0
balu      02/05/31    1.95  1.26    1.95  1.26       0     0     0    0
wolf      02/05/31    9.30  6.42    1.95  1.20    7.35  5.22     0    0
fuchs     02/06/01    3.00  0.76    2.00  0.13    1.00  0.63     0    0
balu      02/06/01    1.95  1.26    1.95  1.26       0     0     0    0
wolf      02/06/01    9.30  6.32    1.95  1.10    7.35  5.22     0    0
fuchs     02/06/02    3.00  0.74    2.00  0.11    1.00  0.63     0    0
balu      02/06/02    1.95  1.21    1.95  1.21       0     0     0    0
wolf      02/06/02    9.30  5.60    1.95  1.05    7.35  4.55     0    0
fuchs     02/06/03    3.00  0.65    2.00  0.10    1.00  0.55     0    0
balu      02/06/03    1.95  1.18    1.95  1.18       0     0     0    0
wolf      02/06/03    9.30  5.53    1.95  1.05    7.35  4.48     0    0
mars#
mars#
mars# date
Mon Jun 3 11:44:47 MET DST 2002
mars#
mars# . selection
mars#
mars# dayselect testsel.dat 1 2
fuchs     02/06/03    3.00  0.65    2.00  0.10    1.00  0.55     0    0
balu      02/06/03    1.95  1.18    1.95  1.18       0     0     0    0
wolf      02/06/03    9.30  5.53    1.95  1.05    7.35  4.48     0    0
mars#
mars# dayselect testsel.dat 4 2
fuchs     02/05/31    3.00  0.84    2.00  0.13    1.00  0.71     0    0
balu      02/05/31    1.95  1.26    1.95  1.26       0     0     0    0
wolf      02/05/31    9.30  6.42    1.95  1.20    7.35  5.22     0    0
fuchs     02/06/01    3.00  0.76    2.00  0.13    1.00  0.63     0    0
balu      02/06/01    1.95  1.26    1.95  1.26       0     0     0    0
wolf      02/06/01    9.30  6.32    1.95  1.10    7.35  5.22     0    0
fuchs     02/06/02    3.00  0.74    2.00  0.11    1.00  0.63     0    0
balu      02/06/02    1.95  1.21    1.95  1.21       0     0     0    0
wolf      02/06/02    9.30  5.60    1.95  1.05    7.35  4.55     0    0
fuchs     02/06/03    3.00  0.65    2.00  0.10    1.00  0.55     0    0
balu      02/06/03    1.95  1.18    1.95  1.18       0     0     0    0
wolf      02/06/03    9.30  5.53    1.95  1.05    7.35  4.48     0    0
mars#
```

Die zweite Funktion unseres Moduls, `idselect`, soll die passenden Zeilen für ausgewählte Rechner, Filesysteme, Benutzer oder Prozesse auswählen. Die Liste mit den auszuwählenden Instanzen gibt der Benutzer auf der Befehlszeile an. Die einzelnen Elemente sind zu dem Zeitpunkt, da sie auf `idselect` treffen, durch Leerzeichen voneinander getrennt[3]. Umschließende Anführungszeichen sind deshalb erforderlich!

```
idselect <datei> <liste>
```

Wie können wir mit wenig Aufwand gleich mehrere Elemente aus einer Datei heraussuchen? Mit `egrep`! Da die einzelnen Elemente durch Leerzeichen getrennt sind, `egrep` jedoch Pipe-Symbole zwischen den alternativen Such-Strings benötigt, bedarf es einer Umwandlung.

```
greplist=`echo $list | sed 's/ /|/g'`
```

Nun ist alles vorbereitet. Wir filtern die richtigen Zeilen heraus und liefern das Ergebnis auf die Standard-Ausgabe.

```
# Auswahl der Rechner, Filesysteme, Benutzer, ...
# ---------------------------------------------
# Aufruf: idselect <datei> <Liste>
idselect() {
  if [ "$2" ] ; then
    local list="$2" greplist
    greplist=`echo $list | sed 's/ /|/g'`
    egrep "$greplist" $1
  else
    cat $1
  fi
}
```

Listing 7.7: idselect – Zeige nur Daten für bestimmte Rechner, Filesysteme oder Benutzer an.

```
mars# . selection
mars#
mars# hosts="wolf balu"
mars# idselect testsel.dat "$hosts"
balu     02/05/28    1.95  1.64    1.95  1.64       0     0      0    0
wolf     02/05/28    9.30  7.81    1.95  1.64    7.35  6.17      0    0
balu     02/05/29    1.95  1.43    1.95  1.43       0     0      0    0
wolf     02/05/29    9.30  7.40    1.95  1.38    7.35  6.02      0    0
balu     02/05/30    1.95  1.33    1.95  1.33       0     0      0    0
wolf     02/05/30    9.30  6.61    1.95  1.18    7.35  5.43      0    0
balu     02/05/31    1.95  1.26    1.95  1.26       0     0      0    0
wolf     02/05/31    9.30  6.42    1.95  1.20    7.35  5.22      0    0
balu     02/06/01    1.95  1.26    1.95  1.26       0     0      0    0
wolf     02/06/01    9.30  6.32    1.95  1.10    7.35  5.22      0    0
balu     02/06/02    1.95  1.21    1.95  1.21       0     0      0    0
wolf     02/06/02    9.30  5.60    1.95  1.05    7.35  4.55      0    0
balu     02/06/03    1.95  1.18    1.95  1.18       0     0      0    0
```

3. Der Benutzer kann eine leerzeichen- oder kommaseparierte Liste angeben. Wir wandeln aber bereits zu einem frühen Zeitpunkt Kommas zu Leerzeichen um.

```
wolf      02/06/03     9.30  5.53    1.95  1.05    7.35  4.48     0    0
mars#
mars#
mars# dayselect testsel.dat 2 2 > test.tmp
mars# idselect test.tmp "wolf balu"
balu      02/06/02     1.95  1.21    1.95  1.21       0     0     0    0
wolf      02/06/02     9.30  5.60    1.95  1.05    7.35  4.55     0    0
balu      02/06/03     1.95  1.18    1.95  1.18       0     0     0    0
wolf      02/06/03     9.30  5.53    1.95  1.05    7.35  4.48     0    0
mars#
```

Weiter geht's. Die selektierten Daten müssen sortiert werden. Der Benutzer wird die Möglichkeit erhalten, sowohl die Richtung der Sortierung zu bestimmen als auch die Spalte, nach der sortiert wird. Ob es sich um Strings oder Zahlen handelt, die als Schlüsselfeld verwendet werden, versuchen wir automatisch zu ermitteln.

Die Form des Aufrufs:

```
sortselect <datei> [<methode> <spalte>]
```

Default-Spalte ist Spalte Nr. 1.

```
local datei=$1 method=$2 spalte=$3 teststring num
spalte=${spalte:-1}
```

Soll numerisch sortiert werden?

```
teststring=`tail -1 $1 | nawk -v sp=$spalte '{print $sp}'`
[[ "$teststr" == +([0-9]) ]] && num="-n"
```

Fertig. Jetzt wird sortiert.

```
    case "$method" in
      up)   sort -b $num -k $spalte $datei  ;;
      down) sort -b $num -r -k $spalte $datei ;;
    esac
```

Die komplette Sortier-Funktion auf einen Blick:[4]

```
# Sortieren
# ---------
# Aufruf: sortselect <datei> [<methode> <spalte>]
sortselect() {
  if [ "$2" ] ; then
    local datei=$1 method=$2 spalte=$3 teststring num
    spalte=${spalte:-1}

    # Numerisch?
    teststring=`tail -1 $1 | nawk -v sp=$spalte '{print $sp}'`
```

Listing 7.8: sortselect – Selektierte Daten sortieren

4. LINUX: nawk durch awk ersetzen.

```
    [[ "$teststr" == +([0-9]) ]] && num="-n"

    # Sortieren
    case "$method" in
      up)   sort -b $num -k $spalte $datei  ;;
      down) sort -b $num -r -k $spalte $datei ;;
    esac
  else
    cat $1
  fi
}
```

Listing 7.8: sortselect – Selektierte Daten sortieren(Fortsetzung)

```
mars# . selection
mars#
mars# dayselect testsel.dat 1 2
fuchs    02/06/03    3.00  0.65    2.00  0.10    1.00  0.55      0     0
balu     02/06/03    1.95  1.18    1.95  1.18       0     0      0     0
wolf     02/06/03    9.30  5.53    1.95  1.05    7.35  4.48      0     0
mars#
mars#
mars# dayselect testsel.dat 1 2 >test.tmp
mars# sortselect test.tmp down 3
wolf     02/06/03    9.30  5.53    1.95  1.05    7.35  4.48      0     0
fuchs    02/06/03    3.00  0.65    2.00  0.10    1.00  0.55      0     0
balu     02/06/03    1.95  1.18    1.95  1.18       0     0      0     0
mars#
```

Eine letzte Funktion fehlt uns noch. Sie soll von den vorselektierten Datensätzen nur jeden n-ten auswählen, mit einem einstellbaren Offset. Von der dadurch resultierenden Ausgabe sollen nur die ersten x angezeigt werden, damit man nicht ungewollt riesige Listen erhält.

```
recselect <datei> <anzahl> [<intervall> <start-record>]
```

Den Offset `$start` erhalten wir durch ein einfaches

```
tail +$start $datei
```

Wenn wir insgesamt `$anzahl` Zeilen erhalten wollen, müssen wir diese Zahl mit dem gewünschten Intervall multiplizieren, damit schließlich alle gewünschten Zeilen geliefert werden.

```
[ "$iv" ] && ((anzahl=anzahl*iv))
tail +$start $datei | head -$anzahl |
```

Das Herauspicken jeder `$iv`-ten Zeile realisieren wir mit Hilfe einer Modulo-Funktion in awk.

```
... | nawk -v iv=$iv '(NR-1) % iv == 0 {print}'
```

Fertig. Es folgt wieder die komplette Funktion.

```
# Endgueltige Auswahl der Records
# ------------------------------
# Aufruf: recselect <datei> <anzahl> [<intervall> <start-record>]
recselect() {
  if [ "$2" ] ; then
    local datei=$1 anzahl=$2 iv=$3 start=$4
    iv=${iv:-1} ; start=${start:-1}
    [ "$iv" ] && ((anzahl=anzahl*iv))

    tail +$start $datei | head -$anzahl |
    nawk -v iv=$iv '(NR-1) % iv == 0 {print}'
  else
    cat $1
  fi
}
```

Listing 7.9: recselect – nur jede n-te Zeile und insgesamt nur m Zeilen anzeigen

```
mars# . selection
mars#
mars# idselect testsel.dat wolf
wolf     02/05/28    9.30  7.81    1.95  1.64    7.35  6.17     0    0
wolf     02/05/29    9.30  7.40    1.95  1.38    7.35  6.02     0    0
wolf     02/05/30    9.30  6.61    1.95  1.18    7.35  5.43     0    0
wolf     02/05/31    9.30  6.42    1.95  1.20    7.35  5.22     0    0
wolf     02/06/01    9.30  6.32    1.95  1.10    7.35  5.22     0    0
wolf     02/06/02    9.30  5.60    1.95  1.05    7.35  4.55     0    0
wolf     02/06/03    9.30  5.53    1.95  1.05    7.35  4.48     0    0
mars#
mars#
mars# idselect testsel.dat wolf >test.tmp
mars#
mars# recselect test.tmp 3
wolf     02/05/28    9.30  7.81    1.95  1.64    7.35  6.17     0    0
wolf     02/05/29    9.30  7.40    1.95  1.38    7.35  6.02     0    0
wolf     02/05/30    9.30  6.61    1.95  1.18    7.35  5.43     0    0
mars#
mars# recselect test.tmp 3 2
wolf     02/05/28    9.30  7.81    1.95  1.64    7.35  6.17     0    0
wolf     02/05/30    9.30  6.61    1.95  1.18    7.35  5.43     0    0
wolf     02/06/01    9.30  6.32    1.95  1.10    7.35  5.22     0    0
mars#
mars# recselect test.tmp 3 2 2
wolf     02/05/29    9.30  7.40    1.95  1.38    7.35  6.02     0    0
wolf     02/05/31    9.30  6.42    1.95  1.20    7.35  5.22     0    0
wolf     02/06/02    9.30  5.60    1.95  1.05    7.35  4.55     0    0
mars#
```

Bei einem solchen Paket von Auswahl-Möglichkeiten dürften kaum noch Wünsche offen bleiben. Die eigentlichen Überwachungs-Skripte werden enorm von diesen Fähigkeiten profitieren.

Wie bereits erwähnt, packen wir alle vier Programme in ein gemeinsames Modul `selection`, welches über `. selection` eingelesen werden muss, damit die darin enthaltenen Funktionen zur Verfügung stehen.

Zum Schluss nun das gesamte Modul noch einmal auf einen Blick.[5]

```
# selection
# Auswahl-Modul
# Einlesen ueber . selection

# Tageswahl (Berechnung: Tageszahl seit 1.1.2000)
# ---------------------------------------------
# Aufruf: dayselect <datei> <tage> <datums-spalte>
dayselect(){
  if [ "$2" ] ; then
    local spalte=${3:-1} heute tag

    # Monats-Offset
    set -A month "" 0 31 59 90 120 151 181 212 243 273 304 334

    # Heutiger Tag
    set -A dat `date +'%y %m %d'`
    heute=$((dat[0]*366 + month[${dat[1]}] + dat[2]))

    # Fruehester Tag
    tag=$((heute - $2 + 1))

    # Suche von hinten, bis fruehester Tag erreicht ist.
    tail -r $1 |
      nawk -v tag=$tag -v sp=$spalte '
      BEGIN {mostr="0,31,59,90,120,151,181,212,243,273,304,334"
             split (mostr,mo,",")}
      substr($sp,1,2)*366+mo[substr($sp,4,2)+0]+ \
      substr($sp,7,2) >= tag {print} ' |
    tail -r
  else
    cat $1
  fi
}


# Auswahl der Rechner, Filesysteme, Benutzer, ...
```

Listing 7.10: selection – Auswahl-Modul

5. LINUX: nawk durch awk ersetzen und tail -r durch tac.

```
# ------------------------------------------------
# Aufruf: idselect <datei> <Liste>
idselect() {
  if [ "$2" ] ; then
    local list="$2" greplist
    greplist=`echo $list | sed 's/ /|/g'`
    egrep "$greplist" $1
  else
    cat $1
  fi
}


# Sortieren
# ---------
# Aufruf: sortselect <datei> [<methode> <spalte>]
sortselect() {
  if [ "$2" ] ; then
    local datei=$1 method=$2 spalte=$3 teststring num
    spalte=${spalte:-1}

    # Numerisch?
    teststring=`tail -1 $1 | nawk -v sp=$spalte '{print $sp}'`
    [[ "$teststr" == +([0-9]) ]] && num="-n"

    # Sortieren
    case "$method" in
      up)   sort -b $num -k $spalte $datei  ;;
      down) sort -b $num -r -k $spalte $datei ;;
    esac
  else
    cat $1
  fi
}


# Endgueltige Auswahl der Records
# --------------------------------
# Aufruf: recselect <datei> [<anzahl> <intervall> <start-record>]
recselect() {
  if [ "$2" ] ; then
    local datei=$1 anzahl=$2 iv=$3 start=$4
    iv=${iv:-1} ; start=${start:-1}
    [ "$iv" ] && ((anzahl=anzahl*iv))
```

Listing 7.10: selection – Auswahl-Modul(Fortsetzung)

```
    tail +$start $datei | head -$anzahl |
    nawk -v iv=$iv '(NR-1) % iv == 0 {print}'
  else
    cat $1
  fi
}
```

Listing 7.10: selection – Auswahl-Modul(Fortsetzung)

7.8 Festplatten und Partitionen

Das erste unserer Überwachungs-Skripte soll als Einstieg dienen und ist dementsprechend einfach gehalten. Wir müssen keine raffinierten Techniken anwenden, um die gewünschten Daten zu beschaffen, und als Ausgabe-Methode verwenden wir ausschließlich ein einfaches Listing, sodass wir zunächst noch keines der vorgefertigten Module einbinden werden. In diesem Skript geht es uns darum, den strukturellen Aufbau kennen zu lernen, den wir in allen folgenden Programmen beibehalten werden.

Dieses erste Skript soll uns die im System vorhanden Festplatten auflisten, die Partitionstabellen für diese Festplatten, aus denen wir ersehen können, ob alle Partitionen verwendet werden, und die per NFS gemounteten Filesysteme.

Wir können es entweder manuell aufrufen, um den aktuellen Stand der Dinge zu kontrollieren, oder täglich per `cron`-Job ausführen lassen, um Veränderungen im Laufe der Zeit zu dokumentieren. Auch als Teil eines umfassenden täglichen System-Reports macht es sich sicherlich gut.

```
ckdisk_fp [ -opts] [variable=wert ... ]
```

Als Optionen werden lediglich `-fp`, `-part` und `-nfs` ausgewertet, über die man die gewünschten Informationen einzeln erhält. Ohne Option werden alle drei Teile angezeigt.

Wie bereits in Abschnitt 7.4 gezeigt, besteht der grobe Aufbau der Skripte aus einem Header-Teil, der Analyse der Kommandozeile und dem eigentlichen funktionellen Part. Die Befehlszeilen-Zerlegung ist hier bereits vollständig vorhanden, obwohl wir die meisten Optionen noch nicht verwenden. Es ist aber einfacher, den gesamten Block für alle Skripte zu übernehmen, als ihn immer wieder neu zu schreiben.

Aus ähnlichen Gründen wird manchmal mehr getan als unbedingt nötig wäre, wie z.B. Werte in eine temporäre Datei geschrieben, die anschließend gleich wieder ausgelesen wird. Auch hier wird versucht, eine homogene Struktur beizubehalten. Wir tun lieber etwas Unnötiges, erkennen aber auf den ersten Blick den Programmteil wieder, den wir in allen anderen Skripten ebenfalls verwendet haben.

Das Skript enthält nur wenige Stellen, die Fragen aufwerfen könnten. Bei der Analyse der Befehlszeile brechen wir die Tests für die gerade untersuchte Option ab, wenn es sich um eine Option handelt, die nicht mit anderen kombiniert werden darf. Daher die etwas aufwändigen Zeilen wie

```
[[ "$1" == -fp ]]       && opt_fp=yes   && shift && continue
```

Übrigens werden die Header-Zeilen deshalb an den Anfang des Skriptes gestellt, weil der Code zu Beginn noch nicht eingerückt ist. Mehrzeilige Headers müssten Einrückungen unterbrechen, was zu unübersichtlichem Code führen würde.

Wie testet man auf einfache Weise, ob wenigstens eine von drei Optionen gesetzt ist?

```
if [ ! "$opt_fp$opt_part$opt_nfs" ] ; then ...
```

Um das interaktive `format`-Tool zu überlisten und nur dessen erste Ausgabe-Seite zu erhalten, senden wir ihm ein `echo` auf die Standard-Eingabe.

```
echo | format | grep '<.*>' | sed 's/^ *//' > $tmpfile
```

`format` ist sehr gesprächig, deshalb filtern wir alle Zeilen heraus, die das Muster `<...>` enthalten. Führende Leerzeichen werden gelöscht.[6]

Anstatt drei einzelne Befehle umzuleiten, fassen wir sie zu einer Gruppe zusammen und leiten die gesamte Gruppe um.

```
{ echo "$disk \n------"
  prtvtoc -s /dev/rdsk/${disk}s0
  echo ; } >> $tmpfile
```

Alles Weitere dürfte sich von selbst erklären.[7]

```
#!/bin/ksh
# ckdisk_fp
# Kontrolle von Festplatten und Partitionen

scriptdir=/scripts
datadir=/scripts/data
tmpdir=/scripts/data
PATH=$scriptdir:/usr/sbin/:$PATH
datum=`date +'%y/%m/%d %H:%M'`

mkdir -p $datadir $tmpdir 2>/dev/null

# Ausgabe-Header und Hilfe-Text
# ============================

head_fp="
Festplatten    $datum
-----------"

head_part="
Partitionen    $datum
-----------"

head_nfs="
NFS-Filesysteme  $datum
---------------"

USAGE='
ckdisk_fp
```

Listing 7.11: ckdisk_fp – Festplatten, Partitionen, NFS-Filesysteme auflisten

6. LINUX: Statt format den Befehl fdisk verwenden.
7. LINUX: Statt prtvtoc ebenfalls fdisk verwenden. Die LINUX-Version entwickeln wir am Ende des Kapitels.

```
Kontrolle von Festplatten und Partitionen
-----------------------------------------
ckdisk_fp [ -opts]

Optionen:
-fp           Nur Festplatten anzeigen.
-part         Nur Partitionen anzeigen.
-nfs          Nur NFS-Filesysteme anzeigen.
-h            Hilfe:     Diesen Text anzeigen.
'


# Die Befehlszeile
# ================

# Optionen
# --------
while [[ "$1" == -* ]]
do
  [[ "$1" == -fp ]]     && opt_fp=yes   && shift && continue
  [[ "$1" == -part ]]   && opt_part=yes && shift && continue
  [[ "$1" == -nfs ]]    && opt_nfs=yes  && shift && continue
  # --------------------------------------------------------
  [[ "$1" == *h* ]]     && echo "$USAGE"  && exit
  [[ "$1" == *i* ]]     && opt_i=yes
  [[ "$1" == *r* ]]     && opt_r=yes
  [[ "$1" == *a* ]]     && opt_a=yes
  [[ "$1" == *s* ]]     && opt_s=yes
  [[ "$1" == *g* ]]     && opt_g=yes
  [[ "$1" == *G* ]]     && opt_G=yes
  [[ "$1" == *x* ]]     && x11="-x11"
  [[ "$1" == *[iasG]* ]] && opt_erf=yes          # Daten erfassen
  shift
done

# Default-Funktion
# ----------------
if [ ! "$opt_fp$opt_part$opt_nfs" ] ; then
  opt_fp=yes opt_part=yes opt_nfs=yes
fi


# Noch einige Vorbereitungen
# ==========================
# Alte temporaere Dateien loeschen
```

Listing 7.11: ckdisk_fp – Festplatten, Partitionen, NFS-Filesysteme auflisten(Fortsetzung)

```
rm -f $tmpdir/* 2>/dev/null


# Und nun der Hauptteil
# ====================


# Festplatten des Systems auflisten.
# ---------------------------------
if [ "$opt_fp" ] ; then
  tmpfile=$tmpdir/fp.tmp

  # Daten erfassen
  # --------------
  echo | format | grep '<.*>' | sed 's/^ *//' > $tmpfile

  # Info-Report
  # -----------
  echo "$head_fp"
  cat $tmpfile
fi



# Partitionstabellen aller Festplatten
# ----------------------------------
if [ "$opt_part" ] ; then
  tmpfile=$tmpdir/part.tmp

  # Daten erfassen
  # --------------
  disklist=`echo | format | grep '<.*>' | awk '{print $2}'`
  for disk in $disklist
  do
    { echo "$disk \n------"
      prtvtoc -s /dev/rdsk/${disk}s0
      echo ; } >> $tmpfile
  done

  # Info-Report
  # -----------
  echo "$head_part"
  cat $tmpfile
fi
```

Listing 7.11: ckdisk_fp – Festplatten, Partitionen, NFS-Filesysteme auflisten(Fortsetzung)

```
# NFS Filesysteme
# ---------------
if [ "$opt_nfs" ] ; then
  tmpfile=$tmpdir/nfs.tmp

  # Daten erfassen
  # --------------
  { df -k | head -1
    df -k | grep '^[A-z]*:'
  } > $tmpfile

  # Info-Report
  # -----------
  echo "$head_nfs"
  cat $tmpfile
fi
echo
```

Listing 7.11: ckdisk_fp – Festplatten, Partitionen, NFS-Filesysteme auflisten(Fortsetzung)

```
mars# ckdisk_fp -fp

Festplatten    02/06/03_12:38
-----------
0. c0t0d0 <DEFAULT cyl 9899 alt 2 hd 16 sec 63>

mars#
mars# ckdisk_fp

Festplatten    02/06/03_12:40
-----------
0. c0t0d0 <DEFAULT cyl 9899 alt 2 hd 16 sec 63>

Partitionen    02/06/03_12:40
-----------
c0t0d0
------
*                          First     Sector    Last
* Partition  Tag  Flags    Sector     Count    Sector  Mount Directory
       0      2    00           0   3237696   3237695   /
       1      3    01     3237696    263088   3500783
       2      5    00           0   9979200   9979199
       3      0    00     7697088    164304   7861391   /var
       4      0    00     7861392    101808   7963199
       5      0    00     3501792   4195296   7697087   /data
```

```
        6      0     00     7963200     100800   8063999
        7      8     00     8064000    1914192   9978191    /opt


NFS-Filesysteme  02/06/03_12:40
---------------
Filesystem              kbytes    used   avail capacity  Mounted on
balu:/var/spool          76767   14627   54464     22%    /mnt

mars#
```

LINUX

Unter LINUX verwenden wir den Befehl `fdisk` statt der Kombination von `format` und `prtconf`. Für die Auflistung der Festplatten ergibt sich folgende Änderung:

```
# Daten erfassen
# --------------
fdisk -l | grep '^Disk' >$tmpfile
```

Für Anzeige der Partitionstabellen:

```
# Daten erfassen
# --------------
disklist=`fdisk -l | grep '^Disk' | tr -d ':' | awk '{print $2}'`
for disk in $disklist
do
  { echo "$disk \n------"
    fdisk -l $disk | tail +5
    echo ; } >> $tmpfile
done
```

WICHTIG

Die LINUX-Versionen der Skripte finden Sie stets im entsprechenden Verzeichnis auf der Buch-CD.

7.9 Belegung der Filesysteme

Im ersten, doch recht einfachen Beispiel konnten wir uns mit dem prinzipiellen Aufbau unserer Überwachungsskripte vertraut machen. Nun wagen wir uns an ein komplexeres Beispiel, das die ganze Palette der vorbereiteten Module für Grafik, Alarme und Datensatz-Selektion nutzt. Wir werden den Einsatz jedes einzelnen Moduls ausführlich erläutern und jede Menge Beispiele zeigen. In den danach folgenden Kapiteln wird dann davon ausgegangen, dass Sie mit dem Umgang der Module vertraut sind, sodass sich die Erläuterungen immer mehr auf die funktionellen Aspekte beschränken werden.

In diesem Kapitel untersuchen wir die Belegung der Filesysteme eines Rechners. Dreh- und Angelpunkt ist der Befehl `df`, welcher den aktuellen Füllgrad der einzelnen Partitionen angezeigt. Aus nichts weiter als einer hübsch formatierten Ausgabe von `df -k` wird daher auch unser Info-Report bestehen.

Aber wir wollen mehr. Wir werden einen Block zum Abspeichern dieser Ausgabe in eine eigens dafür vorgesehene Datei `fs.dat` schreiben. Rufen wir unser Skript also täglich per `cron`-Job mit der Option `-s` auf, erhalten wir eine ständig wachsende Daten-Basis, die es uns erlaubt, das Wachstum der Filesysteme im Laufe der Zeit zu verfolgen.

Einen Überblick über diesen zeitlichen Verlauf können wir uns jederzeit mit Hilfe eines History-Reports verschaffen. Er liest die gesammelten Daten aus `fs.dat` aus und zeigt sie in Form einer Liste an. Hier kommen nun alle Funktionen unseres Selektions-Moduls zum tragen: Wir können ein einzelnes Filesystem auswählen (`list=/data`), die ausgegebenen Daten auf die letzten n Tage reduzieren (`n=20`), nur einen Eintrag pro Woche auswählen (`iv=7`), den genauen Wochentag festlegen (`start=3`) oder die Ausgabe auf n Zeilen reduzieren. Außerdem kann die Ausgabe nach einer bestimmten Spalte (`sp=4`) auf- oder absteigend sortiert werden (`sort=down`).

Neben diesem History-Report bieten wir eine History-Grafik an, die den zeitlichen Verlauf per `gnuplot` darstellt und auf die gleiche Weise von allen Selektions-Funktionen profitiert. Hier kommt unser Grafik-Modul zum Einsatz.

Eine zweite Form der Grafik wird den momentanen Stand der Filesysteme im Vergleich zeigen, sie ist sozusagen die grafische Variante zum Info-Report.

Und nicht zuletzt führen wir auf Wunsch alle neu ermittelten Daten unserm Alarm-Modul zu, das überprüft, ob ein Filesystem voll zu laufen droht.

Eine Menge Features, die auch in den folgenden Modulen immer wieder eingebaut werden. Hier werden sie, wie gesagt das einzige Mal, ausführlich besprochen.

Eine solche Fülle an Funktionalitäten spiegelt sich natürlich auch in der Komplexität der Aufruf-Syntax wieder.

```
mars# ckdir_fs -h

ckdisk_fs
Belegung der Filesysteme
------------------------
ckdisk_fs [ -opts] [ arg=val ... ]

Optionen:
-h           Hilfe:      Diesen Text anzeigen.
-i           Info:       Info ueber den momentanen Stand.
-s           Speichern: Daten sammeln und speichern.
-r           Report:     Einen History-Report erstellen.
-a           Alarm:      Grenzwerte pruefen.
-g           Grafik:     Eine History-Grafik erzeugen.
-G           Grafik:     Eine Info-Grafik erzeugen.
-x           -gx:        Grafik sofort unter X11 ansehen (kein .gif).

Argumente:
list=<fs1>,<fs2>,...     Liste der Filesysteme.
tage=<n>                 Daten <n> Tage zurueck verfolgen.
sort=up|down             Sortierung auf/absteigend.
sp=<n>                   Spalte, fuer Sortierung und Grafik.
n=<n>                    Anzahl angezeigter Zeilen.
iv=<n>                   Nur jede n-te Zeile anzeigen. (Dflt:1)
start=<n>                Startzeile der Anzeige. (Dft:1)
```

```
mars#
```

Beeindruckend! Ganz analog gestaltet sich die Analyse der Befehls-Zeile. Wir zeigen Sie hier zum letzten Mal.

```
while [[ "$1" == -* ]]
do
  [[ "$1" == -fs ]]     && opt_fs=yes   && shift && continue
  # -----------------------------------------------------------
  [[ "$1" == *h* ]]      && echo "$USAGE"  && exit
  [[ "$1" == *i* ]]      && opt_i=yes
  [[ "$1" == *r* ]]      && opt_r=yes
  [[ "$1" == *a* ]]      && opt_a=yes
  [[ "$1" == *s* ]]      && opt_s=yes
  [[ "$1" == *g* ]]      && opt_g=yes
  [[ "$1" == *G* ]]      && opt_G=yes
  [[ "$1" == *x* ]]      && x11="-x11"
  [[ "$1" == *[iasG]* ]] && opt_erf=yes          # Daten erfassen
  shift
done
```

Die Option `-fs` legt die auszuführende Funktion fest und ist nicht ernst gemeint, da wir sowieso nur über eine einzige Funktion verfügen. Falls Sie aber eine weitere hinzufügen möchten, ist bereits alles vorbereitet. Hier wird `opt_fs` (etwas später) immer auf `yes` gesetzt.

Die Variable `opt_erf` wird gesetzt, wenn ein Info-Report, eine Alarm-Überprüfung, das Speichern oder eine Info-Grafik gefordert werden. In all diesen Fällen müssen aktuelle Daten neu erfasst werden. In allen übrigen, also bei einem History-Report oder einer History-Grafik, werden früher gesammelte Daten aus einer Datei gelesen.

Elemente der Befehlszeile, die nicht mit einem Minus beginnen, sind Variablen-Zuweisungen in der Form `var=val`. Wir führen sie einfach aus, damit die Variablen innerhalb des Programms zur Verfügung stehen.

```
for arg in $*              # z.B. list="...." ausfuehren
do
  [[ "$arg" == *=* ]] && eval $arg
done
```

Nun lesen wir unsere drei vorgefertigten Module ein. Stellen Sie sich vor, es würde an dieser Stelle der in den Modulen enthaltene Programm-Code aufgelistet; wir würden nur mit Mühe den Überblick bewahren können. Die Auslagerung macht sich auf jeden Fall bezahlt.

```
. alarm
. grafik
. selection
```

In der kommaseparierten Liste der Filesysteme werden die Kommas durch Leerzeichen getrennt, um die Liste einfacher in for-Schleifen einsetzen zu können.

```
list=`echo "$list" | sed 's/,/ /g'`
```

Wenn überhaupt kein Filesystem angegeben wurde, möchte der Benutzer sicherlich alle angezeigt bekommen.

```
if [[ "$list" == "" ]] ; then
  list=`df -k | grep '^/dev' | sed 's:/dev/dsk/::' |
        awk '{printf "%s ",$1}'`
fi
```

Wir filtern die "echten" Filesysteme heraus und löschen den immer gleichen Anteil `/dev/dsk`. Dieser Block wird in vielen Überwachungs-Skripten wiederkehren, jeweils abgewandelt, sodass `$list` alle Rechner, alle Prozesse oder alle Benutzer enthält.

Alle Vorbereitungen sind erledigt, der Hauptteil kann beginnen. Wenn wir aktuelle Daten erfassen sollen, rufen wir `df -k` auf und isolieren Partition, Gesamtgröße, freien Platz (beide in MB), prozentuale Belegung und den Namen des Filesystems. Sollen bereits vorhandene Daten ausgewertet werden, lesen wir aus der entsprechenden Datei die in Frage kommenden Zeilen über die Funktion `dayselect` heraus.

```
if [ "$opt_erf" ] ; then
  # Ausgabe von df verarbeiten
  df -k | grep '^/dev' | sed 's/%//; s:/dev/dsk/::' |
    nawk '{
      printf "%-10.10s %7d %7d %7d %%    %s\n",
      $1, int($2/1024), int($4/1024), $5, $6
      }' >$tmpfile
else
  # Daten aus Datei lesen (History)
  dayselect $datafile $tage >$tmpfile
fi
```

Auf diese Art werden wir dies immer tun. Ebenso die nun folgende Auswahl der richtigen Filesysteme.

```
if [ "$list" ] ; then
  idselect $tmpfile "$list" >$tmpfile.1
  mv $tmpfile.1 $tmpfile
fi
```

Wenn ein `cron`-Job unser Skript aufruft, wird er dies wohl mit der Option `-s` tun, um regelmäßig Daten zu sammeln: `ckdir_fs -s`

```
if [ "$opt_s" ] ; then
  sed "s.^.$datum   ." $tmpfile >> $datafile
fi
```

Keine schlechte Idee, dabei alle Daten gleich auf vorgegebene Grenzwerte hin zu überprüfen: `ckdir_fs -sa`

```
if [ "$opt_a" ] ; then
  # Alarm-Funktion testet prozentuelle Belegung fuer jedes FS
  awk '{print $NF,$4}' $tmpfile |
  while read fs prozent
  do
    info="Belegung des Filesystems $fs: $prozent %"
    alarm "$prozent::80:90:$info"
  done
fi
```

Wir wollen unsere Daten sortieren und die gewünschten Datensätze auswählen. In der Regel macht dies nur für gesammelte Daten wirklich Sinn. In manchen Fällen kann man aber auch für aktuelle Daten davon profitieren. Daher werden die beiden Blöcke vor dem gleich folgenden Info-Report ausgeführt.

```
# Sortieren
# ---------
if [ "$sort" ] ; then
  sortselect $tmpfile $sort $sp >$tmpfile.1
  mv $tmpfile.1 $tmpfile
fi

# Zeilen-Anzahl, Intervall, Offset
# --------------------------------
recselect $tmpfile ${nlines:-5000} ${iv:-1} $start >$tmpfile.1
mv $tmpfile.1 $tmpfile
```

Wir packen `recselect` nicht in eine `if`-Konstruktion, da seine drei möglichen Argumente unabhängig voneinander angegeben werden dürfen. Keines muss, jedes kann. Stattdessen übergeben wir Default-Werte für den Fall, dass ein Argument nicht gesetzt ist.

Es folgen die beiden Reports. Eine einfache Aufgabe, wenn alles vorbereitet ist.

```
# Info-Report: aktuelle Werte anzeigen
# ------------------------------------
if [ "$opt_i" ] ; then
  echo "$head_fs1"
  cat $tmpfile
  echo
fi

# History-Report: gesammelte Werte anzeigen
# -----------------------------------------
if [ "$opt_r" ] ; then
  echo "$head_fs2"
  cat $tmpfile
  echo
fi
```

Wie sieht es mit den Grafiken aus? Zunächst zur History-Grafik. Wir übergeben unserer `grafik`-Funktion Titel, Spalte und Beschriftung, wie wir es bereits aus Abschnitt Grafiken erstellen kennen. Wir legen fest, dass eine Grafik der prozentualen Belegung erstellt wird, daher `ycol=6`. Wenn Sie alternativ den freien Platz zeigen möchten, können Sie die entsprechenden Zeilen einfach hinzufügen. Die Ausgabe-Datei geben wir für den Fall an, dass eine Grafik nicht direkt auf dem Bildschirm gezeigt werden, sondern in einer Datei abgespeichert werden soll. Anschließend wird sie dann ins Gif-Format umgewandelt.

```
if [ "$opt_g" ] ; then
  title="Filesystem-Belegung in %"
  grafik $x11 $tmpfile title=\"$title\" ycol=6  \
         legend=\"$list\" yrange=[0:100] output=fs.pbm
fi
```

Komplizierter wird es bei der Info-Grafik. Alle Filesysteme sollen mit ihrem aktuellen Wert nebeneinander dargestellt werden. Dass wir keine zeitlich organisierte x-Achse wünschen, teilen wir der Grafik-Funktion über `einzel=yes` mit. Wir zeigen wieder die prozentuale Belegung; da es sich hier aber um aktuelle Werte handelt, enthält `$tmpfile` noch keinen Zeit-Stempel. Statt Spalte 6 müssen wir somit Spalte 4 plotten.

Interessant ist die Frage, wie wir innerhalb der Grafik deutlich machen, welcher Impuls-Strich für welches Filesystem steht. Hierzu fügen wir über `label=` eine zusätzliche Beschriftung ein, die die Integerwerte der x-Achse dem jeweiligen Filesystem zuordnet. Aus Platz-Gründen wird nach jedem achten Eintrag ein Zeilen-Wechsel erzeugt, eine Maßnahme, die erst später bei Prozessen und Benutzern zum Tragen kommt.

```
if [ "$opt_G" ]; then
  title="Filesystem-Belegung in %"
  # Zuordnung der Zahlen zu Rechnernamen.
  label=`awk '{printf "%s:%s ", NR,$NF}
             NR%8==0 {print "\\\n"}' $tmpfile`
  grafik $x11 $tmpfile einzel=yes ycol=4 title=\"$title\" \
        label=\"$label\" yrange=[0:100] output=fs.pbm
fi
```

Es folgt das Listing des gesamten Programms sowie ausgiebige Beispiele. Es sei nochmals darauf hingewiesen, dass das gesamte Drumherum nur dieses einzige Mal ausführlich besprochen und gezeigt wird. In Zukunft werden wir uns auf die Besprechung der Techniken konzentrieren, die nötig sind, um die jeweiligen Daten zu ermitteln und sinnvoll abzuspeichern, sowie auf Stellen, die vom hier gezeigten Standard abweichen.[8]

```
#!/bin/ksh
# ckdisk_fs
# Belegung der Filesysteme

scriptdir=/scripts
datadir=/scripts/data
tmpdir=/scripts/tmp
PATH=$scriptdir:/usr/sbin/:$PATH
datum=`date +'%y/%m/%d %H:%M'`

mkdir -p $datadir $tmpdir 2>/dev/null


# Ausgabe-Header und Hilfe-Text
# ============================

head_fs1="
Filesystem-Belegung  $datum
            (MB)     (MB)     (%)
Partition   gesamt   frei     belegt   Mountpoint
-----------------------------------------------------"
```

Listing 7.12: ckdisk_fs – Belegung der Filesysteme

8. LINUX: nawk wird durch awk ersetzt.

```
head_fs2="
Filesystem-Belegung
                              (MB)      (MB)      (%)
Datum             Partition  gesamt     frei     belegt    Mountpoint
--------------------------------------------------------------------"

USAGE='
ckdisk_fs
Belegung der Filesysteme
------------------------
ckdisk_fs [ -opts] [ arg=val ... ]

Optionen:
-h            Hilfe:     Diesen Text anzeigen.
-i            Info:      Info ueber den momentanen Stand.
-s            Speichern: Daten sammeln und speichern.
-r            Report:    Einen History-Report erstellen.
-a            Alarm:     Grenzwerte pruefen.
-g            Grafik:    Eine History-Grafik erzeugen.
-G            Grafik:    Eine Info-Grafik erzeugen.
-x            -gx:       Grafik sofort unter X11 ansehen (kein .gif).

Argumente:
list=<fs1>,<fs2>,...     Liste der Filesysteme.
tage=<n>                 Daten <n> Tage zurueckverfolgen.
sort=up|down             Sortierung auf/absteigend.
sp=<n>                   Spalte, fuer Sortierung und Grafik.
n=<n>                    Anzahl angezeigter Zeilen.
iv=<n>                   Nur jede n-te Zeile anzeigen. (Dflt:1)
start=<n>                Startzeile der Anzeige. (Dft:1)
'


# Die Befehlszeile
# ================

# Optionen
# --------
while [[ "$1" == -* ]]
do
  [[ "$1" == -fs ]]     && opt_fs=yes   && shift && continue
  # ------------------------------------------------------
  [[ "$1" == *h* ]]      && echo "$USAGE"  && exit
  [[ "$1" == *i* ]]      && opt_i=yes
```

Listing 7.12: ckdisk_fs – Belegung der Filesysteme(Fortsetzung)

```
  [[ "$1" == *r* ]]      && opt_r=yes
  [[ "$1" == *a* ]]      && opt_a=yes
  [[ "$1" == *s* ]]      && opt_s=yes
  [[ "$1" == *g* ]]      && opt_g=yes
  [[ "$1" == *G* ]]      && opt_G=yes
  [[ "$1" == *x* ]]      && x11="-x11"
  [[ "$1" == *[iasG]* ]] && opt_erf=yes          # Daten erfassen
  shift
done

# Argumente
# ---------
for arg in $*            # z.B. list="...." ausfuehren
do
  [[ "$arg" == *=* ]] && eval $arg
done
nlines=$n                # n wird zu haeufig benutzt.

# Default-Funktion
# ----------------
if [ ! "$opt_fs" ] ; then
  opt_fs=yes
fi


# Noch einige Vorbereitungen
# ==========================
# Alte temporaere Dateien loeschen
rm -f $tmpdir/* 2>/dev/null

# Hilfs-Module einlesen
. alarm
. grafik
. selection

# Liste von Rechnern, Filesystemen, Benutzern, ...
list=`echo "$list" | sed 's/,/ /g'`

# Alle Filesysteme
if [[ "$list" == "" ]] ; then
  list=`df -k | grep '^/dev' | sed 's:/dev/dsk/::' |
        awk '{printf "%s ",$1}'`
fi

# Fuer History: Warnung
```

Listing 7.12: ckdisk_fs – Belegung der Filesysteme(Fortsetzung)

```
if ( [ "$opt_r" ] || [ "$opt_g" ] ) && [[ "$list" == *\ * ]] ; then
   echo "\nVorsicht: Mehr als ein Filesystem angegeben."
fi



# Und nun der Hauptteil
# ====================

# Belegung der Filesysteme
# ------------------------
if [ "$opt_fs" ] ; then

  datafile=$datadir/fs.dat
  tmpfile=$tmpdir/fs.tmp

  # Daten erfassen
  # --------------
  if [ "$opt_erf"  ] ; then
    # Ausgabe von df verarbeiten
    df -k | grep '^/dev' | sed 's/%//; s:/dev/dsk/::' |
      nawk '{
        printf "%-10.10s %7d %7d %7d %%    %s\n",
        $1, int($2/1024), int($4/1024), $5, $6
        }' >$tmpfile
  else
    # Daten aus Datei lesen (History)
    dayselect $datafile $tage >$tmpfile
  fi


  # Filesysteme auswaehlen
  # ----------------------
  if [ "$list" ] ; then
    idselect $tmpfile "$list" >$tmpfile.1
    mv $tmpfile.1 $tmpfile
  fi


  # Daten speichern
  # ---------------
  if [ "$opt_s" ] ; then
    sed "s.^.$datum   ." $tmpfile >> $datafile
  fi
```

Listing 7.12: ckdisk_fs – Belegung der Filesysteme(Fortsetzung)

```
# Grenzwerte ueberpruefen
# ----------------------
if [ "$opt_a" ] ; then
  # Alarm-Funktion testet prozentuelle Belegung fuer jedes FS
  awk '{print $NF,$4}' $tmpfile |
  while read fs prozent
  do
    info="Belegung des Filesystems $fs: $prozent %"
    alarm "$prozent::80:90:$info"
  done
fi


# Sortieren
# ---------
if [ "$sort" ] ; then
  sortselect $tmpfile $sort $sp >$tmpfile.1
  mv $tmpfile.1 $tmpfile
fi


# Zeilen-Anzahl, Intervall, Offset
# --------------------------------
recselect $tmpfile ${nlines:-5000} ${iv:-1} $start >$tmpfile.1
mv $tmpfile.1 $tmpfile


# Info-Report: aktuelle Werte anzeigen
# ------------------------------------
if [ "$opt_i" ] ; then
  echo "$head_fs1"
  cat $tmpfile
  echo
fi


# History-Report: gesammelte Werte anzeigen
# -----------------------------------------
if [ "$opt_r" ] ; then
  echo "$head_fs2"
  cat $tmpfile
  echo
fi
```

Listing 7.12: ckdisk_fs – Belegung der Filesysteme(Fortsetzung)

```
    # Info-Grafik: aktuelle Werte darstellen
    # -------------------------------------
    if [ "$opt_G" ]; then
      title="Filesystem-Belegung in %"
      # Zuordnung der Zahlen zu Rechnernamen.
      label=`awk '{printf "%s:%s ", NR,$NF}
                  NR%8==0 {print "\\\n"}' $tmpfile`
      grafik $x11 $tmpfile einzel=yes ycol=4 title=\"$title\" \
             label=\"$label\" yrange=[0:100] output=fs.pbm
    fi


    # History-Grafik: gesammelte Werte darstellen
    # -------------------------------------------
    if [ "$opt_g" ] ; then
      title="Filesystem-Belegung in %"
      grafik $x11 $tmpfile title=\"$title\" ycol=6  \
             legend=\"$list\" yrange=[0:100] output=fs.pbm
    fi

fi
```

Listing 7.12: ckdisk_fs – Belegung der Filesysteme(Fortsetzung)

Sehen wir uns zunächst einen Info-Report an. Achten Sie bitte im zweiten Beispiel darauf, wie wir erreichen, dass bei Angabe von / nur das root-Filesystem herausgefiltert wird (`egrep`).[9]

```
mars# ckdisk_fs -i

Filesystem-Belegung  02/06/04 17:23
              (MB)     (MB)      (%)
Partition   gesamt     frei    belegt    Mountpoint
---------------------------------------------------
c0d0s0        1529      370      75 %    /
c0d0s3          74       53      22 %    /var
c0d0s5        2004     1512      23 %    /data
c0d0s7         877      302      64 %    /opt

mars# ckdisk_fs -i list=/$,/data

Filesystem-Belegung  02/06/04 17:32
              (MB)     (MB)      (%)
Partition   gesamt     frei    belegt    Mountpoint
---------------------------------------------------
c0d0s0        1529      370      75 %    /
```

9. Selbst ausprobieren: Daten gibt's auf der CD.

```
c0d0s5          2004    1512        23 %     /data

mars#
```

Nun spielen wir Cron und speichern einige Werte in der Datei fs.dat ab.

```
mars# ckdisk_fs -s list=/$,/data
mars#
mars# tail ./data/fs.dat
02/06/03 00:15  c0d0s0          1529     437       71 %    /
02/06/03 00:15  c0d0s3            74      25       66 %    /var
02/06/03 00:15  c0d0s5          2004    1571       21 %    /data
02/06/03 00:15  c0d0s7           877     301       64 %    /opt
02/06/04 00:15  c0d0s0          1529     436       71 %    /
02/06/04 00:15  c0d0s3            74      45       39 %    /var
02/06/04 00:15  c0d0s5          2004    1567       21 %    /data
02/06/04 00:15  c0d0s7           877     301       64 %    /opt
02/06/04 17:33  c0d0s0          1529     370       75 %    /
02/06/04 17:33  c0d0s5          2004    1512       23 %    /data
mars#
```

Funktioniert das Alarm-System überhaupt? Um dies zu testen, haben wir das Softlimit von 80 auf 20 und das Hardlimit von 90 auf 60 heruntergeschraubt.

```
if [ "$opt_a" ] ; then
  .....
  alarm "$prozent::80:90:$info"
fi
```

```
mars# ckdisk_fs -a list=/$,/data
mars#
mars# cat alarm.log
02/06/04 17:37 Warnung: balu: Belegung des Filesystems /: 75 %
02/06/04 17:37 Warnung: balu: Belegung des Filesystems /data: 23 %
mars#
mars# mailx -H
O  1 root@balu.saruman. Tue Jun 4 17:37 14/387  Achtung! balu: Belegung d
mars#
mars# echo 1 | mailx | grep Subject
Subject: Achtung! balu: Belegung des Filesystems /: 75 %
mars#
```

Es funktioniert tadellos. Die Überschreitung des Soft-Limits wird geloggt, die des Hardlimits wird gE-Mailt. Beschäftigen wir uns mit dem History-Report. Mal sehen, wie sich die einzelnen Selektions-Methoden hier auswirken.

```
mars# ckdisk_fs -r list=/data

Filesystem-Belegung
                                  (MB)      (MB)      (%)
```

```
Datum            Partition   gesamt     frei    belegt    Mountpoint
--------------------------------------------------------------------
02/01/01 00:15   c0d0s5        2004     1958       2 %    /data
02/01/02 00:15   c0d0s5        2004     1957       2 %    /data
02/01/03 00:15   c0d0s5        2004     1953       2 %    /data
02/01/04 00:15   c0d0s5        2004     1948       2 %    /data
02/01/05 00:15   c0d0s5        2004     1945       2 %    /data
02/01/06 00:15   c0d0s5        2004     1941       3 %    /data
02/01/07 00:15   c0d0s5        2004     1936       3 %    /data
02/01/08 00:15   c0d0s5        2004     1936       3 %    /data
02/01/09 00:15   c0d0s5        2004     1936       3 %    /data
02/01/10 00:15   c0d0s5        2004     1935       3 %    /data
.....
.....
(ctrl-c)

mars#
mars# ckdisk_fs -r tage=5 list=/data

Filesystem-Belegung
                               (MB)     (MB)      (%)
Datum            Partition   gesamt     frei    belegt    Mountpoint
--------------------------------------------------------------------
02/05/31 00:15   c0d0s5        2004     1576      21 %    /data
02/06/01 00:15   c0d0s5        2004     1574      21 %    /data
02/06/02 00:15   c0d0s5        2004     1572      21 %    /data
02/06/03 00:15   c0d0s5        2004     1571      21 %    /data
02/06/04 00:15   c0d0s5        2004     1567      21 %    /data
02/06/04 17:33   c0d0s5        2004     1512      23 %    /data

mars#
mars# ckdisk_fs -r tage=60 n=5 list=/data

Filesystem-Belegung
                               (MB)     (MB)      (%)
Datum            Partition   gesamt     frei    belegt    Mountpoint
--------------------------------------------------------------------
02/04/06 00:15   c0d0s5        2004     1717      14 %    /data
02/04/07 00:15   c0d0s5        2004     1715      14 %    /data
02/04/08 00:15   c0d0s5        2004     1711      14 %    /data
02/04/09 00:15   c0d0s5        2004     1709      14 %    /data
02/04/10 00:15   c0d0s5        2004     1707      14 %    /data

mars#
mars# ckdisk_fs -r tage=60 iv=7 list=/data
```

```
Filesystem-Belegung
                              (MB)      (MB)      (%)
Datum           Partition   gesamt    frei     belegt     Mountpoint
-------------------------------------------------------------------
02/04/06 00:15   c0d0s5       2004    1717       14 %     /data
02/04/13 00:15   c0d0s5       2004    1702       15 %     /data
02/04/20 00:15   c0d0s5       2004    1689       15 %     /data
02/04/27 00:15   c0d0s5       2004    1673       16 %     /data
02/05/04 00:15   c0d0s5       2004    1654       17 %     /data
02/05/11 00:15   c0d0s5       2004    1637       18 %     /data
02/05/18 00:15   c0d0s5       2004    1616       19 %     /data
02/05/25 00:15   c0d0s5       2004    1595       20 %     /data
02/06/01 00:15   c0d0s5       2004    1574       21 %     /data

mars#
mars# ckdisk_fs -r tage=60 iv=7 start=2 list=/data

Filesystem-Belegung
                              (MB)      (MB)      (%)
Datum           Partition   gesamt    frei     belegt     Mountpoint
-------------------------------------------------------------------
02/04/07 00:15   c0d0s5       2004    1715       14 %     /data
02/04/14 00:15   c0d0s5       2004    1700       15 %     /data
02/04/21 00:15   c0d0s5       2004    1687       15 %     /data
02/04/28 00:15   c0d0s5       2004    1667       16 %     /data
02/05/05 00:15   c0d0s5       2004    1649       17 %     /data
02/05/12 00:15   c0d0s5       2004    1631       18 %     /data
02/05/19 00:15   c0d0s5       2004    1610       19 %     /data
02/05/26 00:15   c0d0s5       2004    1589       20 %     /data
02/06/02 00:15   c0d0s5       2004    1572       21 %     /data

mars#
```

Nachdem uns das erste Listing etwas lang geraten ist, haben wir uns beim zweiten auf die letzten 5 Tage konzentriert. Anschließend auf die letzten zwei Monate und davon die ersten 5 Zeilen. Es folgte ein Listing über einen größeren Zeitraum, dafür aber mit einem Raster von 7 Tagen. Im letzten Beispiel haben wir das vorangegangene Listing dann quasi um einen Tag verschoben.

Zum Schluss werfen wir noch einen Blick auf die grafischen Fähigkeiten unseres Programms.

```
mars# ckdisk_fs -gx iv=7 list=/dat
mars#
```

```
mars# ckdisk_fs -Gx
mars#
```

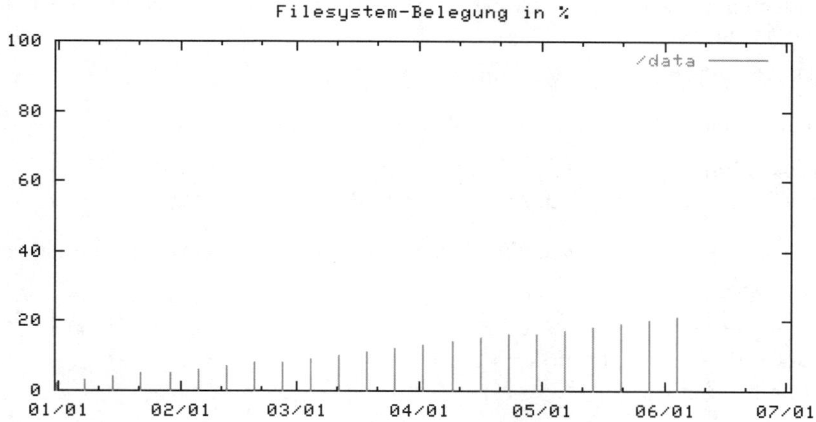

Abbildung 7.4: Belegung der Filesysteme

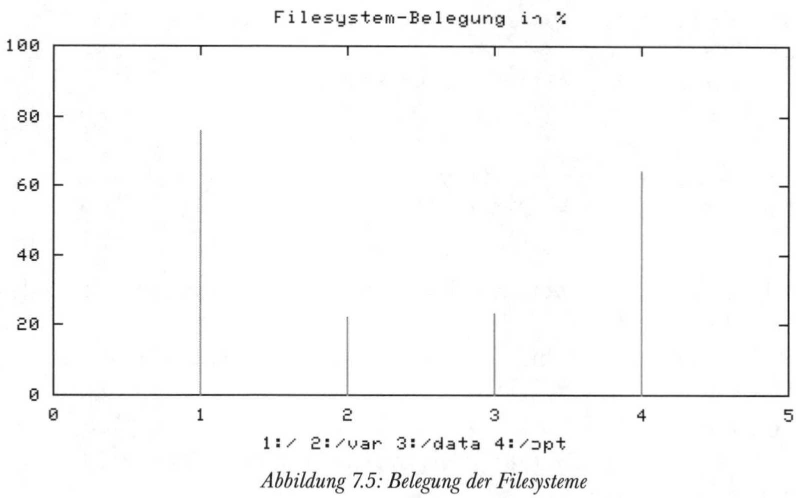

Abbildung 7.5: Belegung der Filesysteme

7.10 Kenndaten eines Verzeichnisses

Das Volllaufen eines Filesystem kann eventuell vermieden werden, wenn man die potenziellen Vielschreiber ausfindig macht. Meistens handelt es sich um Log- oder Spool-Bereiche, die schnell aus den Fugen geraten. Lange bevor das Filesystem an seine Grenzen stößt, macht sich eine Aufblähung an der Größe einzelner Dateien oder Verzeichnisse bemerkbar. Deshalb werden wir uns in den nächsten beiden Skripten mit diesem Thema beschäftigen.

Als Erstes werden wir ein Programm schreiben, um bestimmte Verzeichnisse regelmäßig und automatisch auf ihre Größe hin zu kontrollieren. Wir wollen jederzeit den Überblick über den aktuellen Stand und die Dynamik des Verzeichnis-Wachstums behalten.

Aufruf-Syntax, Hilfe-Text und die Analyse der Befehlszeile entsprechen weitestgehend dem, was wir bereits im letzten Abschnitt gesehen haben. Wenden wir uns also direkt dem eigentlichen Kern des Skriptes zu. Welche Daten benötigen wir und wie ermitteln wir diese Daten?

Wichtigstes Element ist sicherlich die Größe des Verzeichnisses, die wir über den Befehl `du -k` erhalten und gleich in MB umrechnen.

```
dirsize=`du -sk $dir | awk '{print int($1/1024)}'`
```

Auch ganz interessant ist die Anzahl der enthaltenen Dateien und Subdirectories.

```
dirfiles=`find $dir -type f -print | wc -l | awk '{print $1}'`
dirsubs=`find $dir -type d -print | wc -l | awk '{print $1}'`
```

Wie Sie sehen, ist die eigentliche Daten-Beschaffung nicht besonders schwierig. Hier der gesamte Block.

```
# Daten erfassen
# -------------
if [ "$opt_erf"  ] ; then
  for dir in $list
  do
    dirsize=`du -sk $dir | awk '{print int($1/1024)}'`
    dirfiles=`find $dir -type f -print | wc -l | awk '{print $1}'`
    dirsubs=`find $dir -type d -print | wc -l | awk '{print $1}'`
    printf "%5d %9d %9d       %s\n" \
           $dirsize $dirfiles $dirsubs $dir
  done  > $tmpfile
else
  # Daten aus Datei lesen (History)
  dayselect $datafile $tage >$tmpfile
fi
```

Auch die vier Funktionen `dayselect`, `idselect`, `sortselect` und `recselect` werden wieder in der herkömmlichen Art eingesetzt.

Neu ermittelte Daten können auch hier – am besten regelmäßig per cron-Job – in einer eigenen Datei abgespeichert werden.

```
# Daten speichern
# ---------------      format: datum vorh. benutz frei %voll
if [ "$opt_s" ] ; then
  sed "s.^.$datum   ." $tmpfile >> $datafile
fi
```

Das Alarm-System soll uns eine Mail senden, wenn ein Verzeichnis eine bestimmte Größe übersteigt. Natürlich hängen die Grenzwerte in diesem Fall davon ab, um welches Verzeichnis es sich handelt, sodass wir sie über eine `case`-Anweisung individuell festlegen müssen.

```
# Grenzwerte ueberpruefen
# -----------------------
if [ "$opt_a" ] ; then
  # Alarm-Funktion testet Groesse des Verzeichnisses
  awk '{print $NF,$1}' $tmpfile |
  while read dir size
  do
    info="Groesse des Verzeichnisses $dir: $size MB"
    case $dir in
```

```
          /export/home/*) max=200 ;;
          *) max=99999 ;;
      esac
      alarm "$size::$max:$max:$info"
   done
fi
```

Der explizite Default-Wert (99999) ist nötig, um nicht dauernd Fehlermeldungen wegen nicht vorhandener Schwellenwerte zu erhalten. Wie Sie sehen, haben wir dieses Mal Soft- und Hardlimit auf den gleichen Wert gesetzt, was natürlich ebenfalls Sinn machen kann. Wir erhalten bei Überschreitung eines Grenzwertes also immer sowohl einen Log als auch eine Mail.

Info-Report und History-Report laufen wieder nach Schema F ab. Schenken wir unsere Aufmerksamkeit stattdessen der Grafik-Funktion. Wir bieten dieses Mal keine Info- sondern lediglich eine History-Grafik an. Wenn Sie das stört: Einfach das Programm erweitern! Diese History-Grafik haben wir allerdings im Vergleich zum letzten Kapitel ein wenig aufpoliert.

```
# History-Grafik: gesammelte Werte darstellen
# ------------------------------------------
if [ "$opt_g" ] ; then
   set -A titlearr "" "" "" "Verzeichnis-Groesse in MB"\
   "Anzahl Dateien " "Anzahl Subdirectories"
   grafik $x11 $tmpfile title=\"${titlearr[${sp:-3}]}\" \
          ycol=${sp:-3} legend=\"$list\" output=dir.pbm
fi
```

Was wird hier getan? Je nach angegebener Spalte – Default ist Spalte 3, die Datei-Größe – wird der Grafik ein anderer Titel und eine andere Spalte für die y-Werte mitgegeben. Abstrakt gesprochen haben wir unsere Grafik-Funktion um einen Freiheitsgrad erweitert ;-) Tun Sie das Gleiche für die Grafik im vorangegangenen Kapitel, wenn Sie dort nicht nur an der prozentualen Belegung, sondern auch an der absoluten Größe des freien oder belegten Platzes interessiert sind.

Fertig ist unser Programm. Regelmäßig ausgeführt über Cron, erhalten wir zuverlässige Warnungen, sobald sich ein Verzeichnis aufzublähen beginnt. Mit einem einzigen Blick auf die entsprechende Grafik erkennen wir dann, ob dieses Wachstum plötzlich oder ganz allmählich vonstatten ging – ideale Vorraussetzungen also für ein Erkennen und Beheben der dafür verantwortlichen Fehlerquelle.

WICHTIG

Aus Platzgründen können wir leider nicht zu allen Beispielen das komplette Listing zeigen. Insbesondere bei Skripten, die sich nur in wenigen Teilen von den vorher besprochenen Programmen unterscheiden, begnügen wir uns deshalb mit der Ausgabe der interessanten bzw. veränderten Teile. Sie finden das komplette Skript jedoch stets auf der beiliegenden CD – im aktuellen Fall unter dem Namen `ckdisk_dir`.

Wie gewohnt nun wieder ein paar Beispiele, die zeigen, wie wir unser Skript einsetzen können. Der History-Funktion liegt eine Daten-Sammlung von drei Verzeichnissen zugrunde, die bis zum 1.1.2002 zurückreicht.

```
mars# ckdisk_dir -gx iv=7 list=/data/img
```

```
mars#
mars# ckdisk_dir -gx sp=4 iv=7 list=/data/img
```

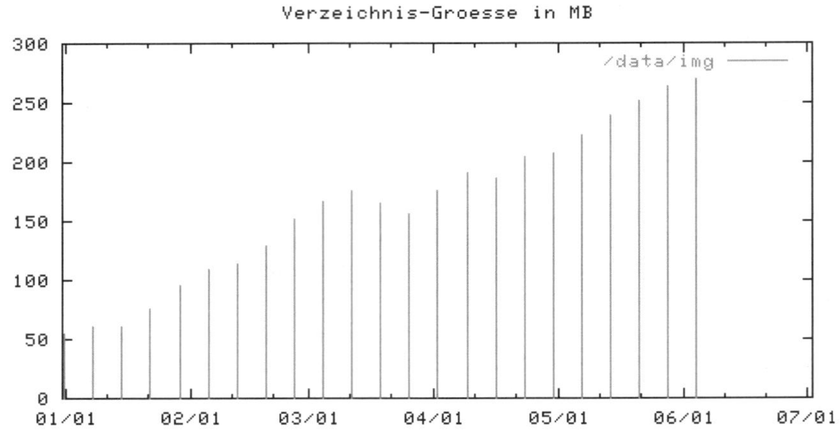

Abbildung 7.6: Größe eines Verzeichnisses in MB

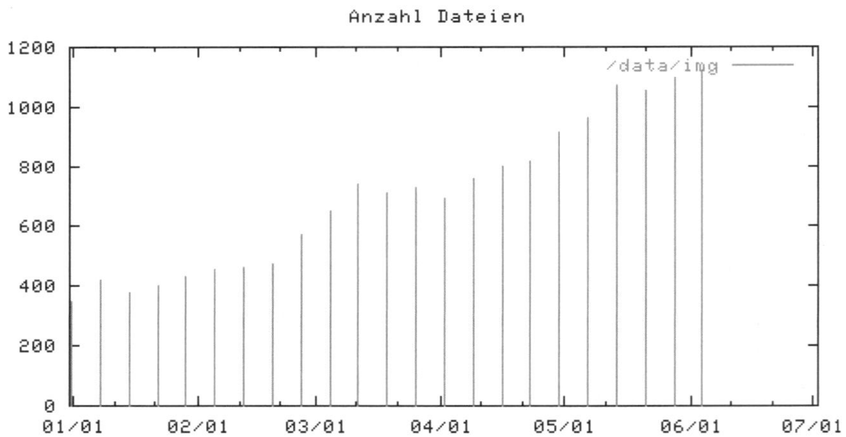

Abbildung 7.7: Anzahl Dateien in einem Verzeichnis

Übrigens können Daten über beliebige Verzeichnisse in der gleichen Datei `dir.dat` gesammelt werden, unabhängig davon, mit welcher Frequenz welches Verzeichnis gespeichert wird. Da wir bei jeder Auswertung immer die Liste der gewünschten Verzeichnisse angeben, werden über `egrep` stets nur die gerade interessierenden Zeilen herausgegriffen.

7.11 Die größten und die neusten Dateien

Zum Abschluss unserer Beschäftigung mit Filesystemen und Verzeichnissen richten wir unser Augenmerk auf einzelne Dateien. Wenn ein Filesystem voll zu laufen droht, ist es hilfreich, die potenziellen Übeltäter auf einen Blick zu entdecken. Die Dateien, welche den Engpass verursachen, zeigen sich an mindestens einer von zwei Eigenschaften: Entweder sie sind besonders groß oder das Datum ihrer Veränderung liegt noch nicht lange zurück.

Sinnvoll wäre also ein Programm, das uns die <n> größten und die <n> neusten Dateien eines Verzeichnisses liefert. Hier machen Grafiken, Alarme und History-Report keinen Sinn, es genügt ein einfaches Listing in Form eines Info-Reports. Wir skizzieren im Folgenden lediglich die Vorgehensweise.

Um die größten Dateien herauszusuchen, verwendet man `find` mit der Option `-size`. Sinnvollerweise sortiert man die Ausgabe gleich nach der Größe der Dateien.

```
nlines=${nlines:-9999}          # Anzahl angezeigter Zeilen
fsize=${fsize:-100}             # Default-Grenze in kB

if [ "$opt_erf"  ] ; then
  fsize=$((fsize*2))              # find braucht Bloecke
  for dir in $list
  do
    { echo "\nin $dir"
      find $dir -type f -size +$fsize -exec ls -l {} \; |
        sort -rn -k 5 | head -$nlines
    } >> $tmpfile
  done
fi
```

Die neusten Dateien findet man wieder über `find`, jedoch mit der Option `-mtime`.

```
tmpfile=$tmpdir/newfiles.tmp
nlines=${nlines:-9999}          # Anzahl angezeigter Zeilen
tage=${tage:-7}                 # Maximales Alter in Tagen

if [ "$opt_erf"  ] ; then
  for dir in $list
  do
    { echo "\nin $dir"
      find $dir -type f -mtime -$tage -print > $tmpfile.f
      if [ -s $tmpfile.f ] ; then
        ls -lt `cat $tmpfile.f` | head -$nlines
      fi
    } >> $tmpfile
  done
fi
```

Hier müssen wir das Ergebnis jedes einzelnen Verzeichnisses in einer Datei zwischenspeichern, um die Dateien dann über `ls -lt` zeitlich zu sortieren. Man kann `ls -lt` nicht über eine Pipe (`xargs`) oder direkte Kommandosubstitution anschließen, da der vorherige Befehl eventuell gar kein Ergebnis liefert und `ls` ohne Argumente dann das aktuelle Verzeichnis auflisten würde. Über das Einschalten einer temporären Datei kann man eine Abfrage einbauen, ob diese Datei überhaupt einen Inhalt besitzt.

WICHTIG

Mit Hilfe dieser Informationen dürfte es Ihnen nicht schwer fallen, das entsprechende Skript fertig zu stellen. Sie finden aber auch ein fertiges Skript auf der beiliegenden CD unter dem Namen ckdisk_file.

Somit wären wir am Ende der ersten Gruppe von Überwachungs-Skripten angelangt. Je nach Ihren speziellen Bedürfnissen können Sie sicherlich das eine Skript mehr, das andere weniger gut gebrauchen. Auf jeden Fall haben Sie gesehen, wie man verschiedene Fragen zu einem Themengebiet unter das Dach eines gemeinsamen Konzeptes bringen kann, um möglichst viel von Synergie-Effekten profitieren zu können.

7.12 Memory- und Swap-Verbrauch

Wir verlassen nun das Gebiet der Filesysteme, Verzeichnisse und Dateien und wenden uns einem ganz anderen Thema zu. Das zweite zentrale Element einer System-Überwachung ist sicherlich die Kontrolle von Memory- und Performance-Werten. Sobald das physikalisch eingebaute Memory aufgebraucht ist und die Maschine zu swappen beginnt, wird sie langsam. Das mag kein Problem sein, solange das Auslagern von Speicher-Seiten nur ab und zu geschieht. Befindet sich der Rechner allerdings über einen längeren Zeitraum in dieser Situation, fällt seine Performance dramatisch ab. Deshalb wird sich das erste Skript aus diesem Bereich mit der Ermittlung und regelmäßigen Kontrolle der Memory-Situation beschäftigen.

Wir werden das gesamte, also das so genannte virtuelle Memory bestimmen, welches sich aus RAM und Swap zusammensetzt, das physikalische Memory sowie den Swap-Space. Für alle drei Teile geben wir an, wie viel Memory insgesamt zur Verfügung steht, wie viel belegt ist und welchen Prozentsatz dies ausmacht. Hier vorab eine Ausgabe des entsprechenden Info-Reports, damit deutlich wird, worauf wir hinauswollen.

```
mars# ckperf_mem -i

Memory und Swap (MB)
--------------------
 virt. Memory      physik. Memory        Swap
 ges  bel    %     ges  bel    %     ges  bel    %
 -----------------------------------------------
 217   43   19%    128   43   33%    128    0    0%

mars#
```

Die Größe des eingebauten RAM erfahren wir in einer Zeile des Befehls `prtconf`.[10]

```
mars# prtconf | grep Memory
Memory size: 128 Megabytes
mars#
```

Die Größe des zur Verfügung stehenden Swap-Spaces erhalten wir durch den Befehl `swap -l`.

```
mars# swap -l
swapfile             dev  swaplo blocks   free
/dev/dsk/c0d0s1     102,1       8 263080 263080
mars#
```

Hier muss allerdings noch gerechnet werden. Zum einen kann es mehrere Swap-Bereiche geben, sodass wir die einzelnen Werte zusammenrechnen müssen. Zum andern zeigt die Ausgabe die Anzahl in 512-Byte-Blöcken an.

Ein dritter Befehl, `swap -s`, informiert uns über den zurzeit wirklich belegten Arbeitsspeicher.

```
mars# swap -s
total: 31260k bytes allocated + 12520k reserved = 43780k used, 180408k
available
mars#
```

10. LINUX: Hier benötigt man lediglich den Befehl free (statt prtconf + swap). Die LINUX-Variante wird am Ende des Kapitels gezeigt.

Stück für Stück müssen wir die gewünschten Informationen isolieren und zusammenstellen.

```
set -A swap_s `swap -s | sed s/k//g | awk '{print $9,$11}'`
set -A swap_l `swap -l | sed s/k//g | awk '{ all+=$4; free+=$5 }
                                          END { print all,free }'`

# Virtuelles Memory (phys. + swap)
(( vmem_used = ${swap_s[0]} / 1024 ))
(( vmem_free = ${swap_s[1]} / 1024 ))
(( vmem_all  = $vmem_used + $vmem_free ))
(( vmem_proz = 100 * $vmem_used / $vmem_all ))
```

Was wird da getan? Wir berechnen den virtuellen Arbeitsspeicher in MB und Prozent aus Informationen von `swap -s`, welches das belegte und das freie virtuelle Memory ausgibt. Wir hätten theoretisch auch RAM und Swap zusammenzählen können, erhielten aber einen zu großen Wert, da Teile davon für verschiedene Puffer verwendet werden und daher nicht als Memory zur Verfügung stehen.

Den Swap-Space berechnen wir aus den Spalten 4 und 5 der Ausgabe von `swap -l`.

```
# Swap
(( swap_all  = ${swap_l[0]} / 2048 ))
(( swap_free = ${swap_l[1]} / 2048 ))
(( swap_used = $swap_all - $swap_free ))
(( swap_proz = 100 * $swap_used / $swap_all ))
```

Das uns am meisten interessierende physikalische Memory erhalten wir aus der Differenz zwischen verbrauchtem virtuellem Memory und belegtem Swap-Space.

```
# Physikalisches Memory
(( pmem_all=`prtconf | grep Memory | awk '{print $3}'` ))
(( pmem_used = $vmem_used - $swap_used ))
(( pmem_proz = 100 * $pmem_used / $pmem_all ))
```

Es gibt sicherlich auch andere Wege, diese Werte zu bestimmen, allerdings muss man in allen Fällen eine Menge herumrechnen, bevor man die einfache Aussage tätigen kann, wie viel physikalisches Memory und wie viel Swap-Space belegt ist.

So viel zum eigentlichen Kern unseres Programms. Im Listing weiter unten sehen Sie die gesamte Erfassungs-Prozedur am Stück. Kommen wir zu einigen anderen Teilen des Skriptes. Gegenüber den Standard-Elementen aus Abschnitt 7.9 und 7.10 ergeben sich einige Veränderungen. So entfallen alle Blöcke, die mit der Auswertung der Variablen `$list` zu tun hatten. Es macht hier keinen Sinn, irgendeine Liste angeben zu können. Aus dem gleichen Grund wird `idselect` nicht aufgerufen.

Die Alarm-Funktion kontrolliert die prozentualen Belegungen des virtuellen, physikalischen und ausgelagerten Memories. Um jeweils mit unterschiedlichen Nachrichten reagieren zu können, übergeben wir `alarm` drei einzelne Kontroll-Strings.

```
if [ "$opt_a" ] ; then
  # Testet die prozentuelle Belegung der versch. Memory-Typen
  set `awk '{print $3,$6,$9}' $tmpfile | tr -d '%'`
  info1="Belegung des virtuellen Memories:$1 %"
  info2="Belegung des physikalischen Memories:$2 %"
  info3="Belegung des Swap-Bereiches:$3 %"
  smax=20 ; hmax=30
```

```
    alarm "$1::$smax:$hmax:$info1" "$2::$smax:$hmax:$info2" \
          "$3::$smax:$hmax:$info3"
fi
```

Auch in Sachen Grafik haben wir etwas Neues zu bieten. Einen neuen Freiheitsgrad! Wir zeichnen in unserer History-Grafik (eine Info-Grafik gibt's auch hier wieder nicht) für jeden Zeitpunkt nicht nur einen, sondern drei Werte. Und das auch noch in zwei Varianten, nämlich die absoluten oder prozentualen Werte. Die Variante wählt der Benutzer über die Spalte mit `sp=...` aus. Gibt er eine der drei Prozent-Spalten an, liefern wir ihm die erste, ansonsten die zweite Variante. In jedem Fall erhält er jedoch die Werte für virtuelles, physikalisches und Swap-Memory dicht nebeneinander gezeichnet. Damit dies funktioniert, legen wir durch `inc=900` einen Abstand von 15 Minuten zwischen den drei Strichen fest.

```
if [ "$opt_g" ] ; then
  title1="Prozentuale Belegung des Memory"
  title2="Absolute Belegung des Memory"
  legend="virtuelles_Memory physik._Memory Swap-Space"

  case "$sp" in
    5|8|11)
    grafik $x11 $tmpfile ycol=\"5 8 11\" inc=900 \
           title=\"$title1\" legend=\"$legend\" output=mem1.pbm
    ;;
    *)
    grafik $x11 $tmpfile ycol=\"4 7 10\" inc=900 \
           title=\"$title2\" legend=\"$legend\" output=mem2.pbm
    ;;
  esac
fi
```

Sie können das Ergebnis im unten gezeigten Beispiel bewundern. Übrigens ergibt auch das Überlagern zweier Striche manchmal sehr schöne Effekte. Sie geben `gnuplot` hierzu zwei y-Spalten an, jedoch keinen Abstand (`inc=0`). Wenn Sie den größeren Strich zuerst zeichnen, deckt der zweite ihn teilweise zu – das passt vor allem dann ganz gut, wenn der erste Strich irgend einen Gesamt-Betrag darstellt und der zweite den dazu passenden verbrauchten Betrag.

Hier nun das gesamte Programm. Wenn wir es wieder regelmäßig, z.B. stündlich, als cron-Job mit den Optionen `-sa` laufen lassen, erhalten wir sofort einen Alarm, wenn das Memory auszugehen droht. Mit einem Blick auf eine Grafik, die den Verlauf des letzten Tages darstellt, sehen wir, wie sehr sich der Engpass zeitlich ausdehnt. Eine Betrachtung des dazu passenden Reports zeigt uns schließlich die genauen Messwerte. Was wollen wir mehr? [11]

```
#!/bin/ksh
# ckperf_mem
# Memory- und Swap-Verbrauch

scriptdir=/scripts
datadir=/scripts/data
tmpdir=/scripts/tmp
```

Listing 7.13: ckperf_mem – Memory- und Swap-Verbrauch

11. LINUX-Version folgt am Ende des Kapitels.

```
PATH=$scriptdir:/usr/sbin/:$PATH
datum=`date +'%y/%m/%d %H:%M'`

mkdir -p $datadir $tmpdir 2>/dev/null


# Ausgabe-Header und Hilfe-Text
# ==============================

head_mem1="
Memory und Swap (MB)
--------------------
 virt. Memory     physik. Memory       Swap
 ges  bel    %    ges  bel    %    ges  bel    %
------------------------------------------------"

head_mem2="
Memory und Swap (MB)
--------------------
Datum              virt. Memory     physik. Memory       Swap
                   ges  bel    %    ges  bel    %    ges  bel    %
-------------------------------------------------------------------"

USAGE='
ckperf_mem
Memory- und Swap-Verbrauch
-------------------------
ckperf_mem [ -opts] [ arg=val ... ]

Optionen:
-h            Hilfe:     Diesen Text anzeigen.
-i            Info:      Info ueber den momentanen Stand.
-s            Speichern: Daten sammeln und speichern.
-r            Report:    Einen History-Report erstellen.
-a            Alarm:     Grenzwerte pruefen.
-g            Grafik:    Eine History-Grafik erzeugen.
-G            Grafik:    Eine Info-Grafik erzeugen.
-x            -gx:       Grafik sofort unter X11 ansehen (kein .gif).

Argumente:
tage=<n>                 Daten <n> Tage zurueckverfolgen.
sort=up|down             Sortierung auf/absteigend.
sp=<n>                   Spalte, fuer Sortierung und Grafik.
n=<n>                    Anzahl angezeigter Zeilen.
iv=<n>                   Nur jede n-te Zeile anzeigen. (Dflt:1)
```

Listing 7.13: ckperf_mem – Memory- und Swap-Verbrauch(Fortsetzung)

```
start=<n>                    Startzeile der Anzeige. (Dft:1)
'


# Die Befehlszeile
# ================

# Optionen
# --------
while [[ "$1" == -* ]]
do
  [[ "$1" == -mem ]]     && opt_mem=yes   && shift && continue
  # ---------------------------------------------------------
  [[ "$1" == *h* ]]      && echo "$USAGE"  && exit
  [[ "$1" == *i* ]]      && opt_i=yes
  [[ "$1" == *r* ]]      && opt_r=yes
  [[ "$1" == *a* ]]      && opt_a=yes
  [[ "$1" == *s* ]]      && opt_s=yes
  [[ "$1" == *g* ]]      && opt_g=yes
  [[ "$1" == *G* ]]      && opt_G=yes
  [[ "$1" == *x* ]]      && x11="-x11"
  [[ "$1" == *[iasG]* ]] && opt_erf=yes          # Daten erfassen
  shift
done

# Argumente
# ---------
for arg in $*               # z.B. list="...." ausfuehren
do
  [[ "$arg" == *=* ]] && eval $arg
done
nlines=$n                   # n wird zu haeufig benutzt.

# Default-Funktion
# ----------------
if [ ! "$opt_mem" ] ; then
  opt_mem=yes
fi


# Noch einige Vorbereitungen
# ==========================
# Alte temporaere Dateien loeschen
rm -f $tmpdir/* 2>/dev/null
```

Listing 7.13: ckperf_mem – Memory- und Swap-Verbrauch(Fortsetzung)

```
# Hilfs-Module einlesen
. alarm
. grafik
. selection



# Und nun der Hauptteil
# ====================

# Memory- und Swap-Verbrauch
# -------------------------
if [ "$opt_mem" ] ; then

  datafile=$datadir/mem.dat
  tmpfile=$tmpdir/mem.tmp

  # Daten erfassen
  # --------------
  if [ "$opt_erf"  ] ; then

    set -A swap_s `swap -s | sed s/k//g | awk '{print $9,$11}'`
    set -A swap_l `swap -l | sed s/k//g | awk '{ all+=$4; free+=$5 }
                                        END { print all,free }'`

    # Virtuelles Memory (phys. + swap)
    (( vmem_used = ${swap_s[0]} / 1024 ))
    (( vmem_free = ${swap_s[1]} / 1024 ))
    (( vmem_all  = $vmem_used + $vmem_free ))
    (( vmem_proz = 100 * $vmem_used / $vmem_all ))

    # Swap
    (( swap_all  = ${swap_l[0]} / 2048 ))
    (( swap_free = ${swap_l[1]} / 2048 ))
    (( swap_used = $swap_all - $swap_free ))
    (( swap_proz = 100 * $swap_used / $swap_all ))

    # Physikalisches Memory
    (( pmem_all=`prtconf | grep Memory | awk '{print $3}'` ))
    (( pmem_used = $vmem_used - $swap_used ))
    (( pmem_proz = 100 * $pmem_used / $pmem_all ))

    # Zusammenfassung
    datalist="$vmem_all $vmem_used $vmem_proz $pmem_all $pmem_used"
    datalist="$datalist $pmem_proz $swap_all $swap_used $swap_proz"
```

Listing 7.13: ckperf_mem – Memory- und Swap-Verbrauch(Fortsetzung)

```
  format="%4d %4d %4d%%  %4d %4d %4d%%  %4d %4d %4d%% \n"
  printf "$format" $datalist > $tmpfile

else
  # Daten aus Datei lesen (History)
  dayselect $datafile $tage >$tmpfile
fi


# Daten speichern
# ---------------
if [ "$opt_s" ] ; then
  sed "s.^.$datum   ." $tmpfile >> $datafile
fi


# Grenzwerte ueberpruefen
# -----------------------
if [ "$opt_a" ] ; then
  # Testet die prozentuelle Belegung der versch. Memory-Typen
  set `awk '{print $3,$6,$9}' $tmpfile | tr -d '%'`
  info1="Belegung des virtuellen Memories:$1 %"
  info2="Belegung des physikalischen Memories:$2 %"
  info3="Belegung des Swap-Bereiches:$3 %"
  smax=20 ; hmax=30
  alarm "$1::$smax:$hmax:$info1" "$2::$smax:$hmax:$info2" \
        "$3::$smax:$hmax:$info3"
fi


# Sortieren
# ---------
if [ "$sort" ] ; then
  sortselect $tmpfile $sort $sp >$tmpfile.1
  mv $tmpfile.1 $tmpfile
fi


# Zeilen-Anzahl, Intervall, Offset
# --------------------------------
recselect $tmpfile ${nlines:-5000} ${iv:-1} $start >$tmpfile.1
mv $tmpfile.1 $tmpfile


# Info-Report: aktuelle Werte anzeigen
```

Listing 7.13: ckperf_mem – Memory- und Swap-Verbrauch(Fortsetzung)

```
    # ------------------------------------
    if [ "$opt_i" ] ; then
      echo "$head_mem1"
      cat $tmpfile
      echo
    fi


    # History-Report: gesammelte Werte anzeigen
    # -----------------------------------------
    if [ "$opt_r" ] ; then
      echo "$head_mem2"
      cat $tmpfile
      echo
    fi


    # History-Grafik: gesammelten Werte darstellen
    # --------------------------------------------
    if [ "$opt_g" ] ; then
      title1="Prozentuale Belegung des Memory"
      title2="Absolute Belegung des Memory in MB"
      legend="virtuelles_Memory physik._Memory Swap-Space"

      case "$sp" in
        5|8|11)
        grafik $x11 $tmpfile ycol=\"5 8 11\" inc=900 \
               title=\"$title1\" legend=\"$legend\" output=mem1.pbm
        ;;
        *)
        grafik $x11 $tmpfile ycol=\"4 7 10\" inc=900 \
               title=\"$title2\" legend=\"$legend\" output=mem2.pbm
        ;;
      esac
    fi

fi
```

Listing 7.13: ckperf_mem – Memory- und Swap-Verbrauch(Fortsetzung)

```
mars# ckperf_mem -i [12]

Memory und Swap (MB)
--------------------
 virt. Memory      physik. Memory        Swap
 ges  bel    %     ges  bel    %     ges  bel    %
------------------------------------------------
 217   43   19%    128   43   33%    128    0    0%

mars#
mars# ckperf_mem -a
( Zuvor wurde zur Demo die Alarm-Grenze auf 20:30 heruntergestellt. )
mars#
mars# tail alarm.log
02/06/04 17:37 Warnung: balu: Belegung des Filesystems /: 75 %
02/06/04 17:37 Warnung: balu: Belegung des Filesystems /data: 23 %
02/06/06 08:52 Warnung: balu: Belegung des physikalischen Memories:33 %
mars#
mars# ckperf_mem -r n=12 iv=2 tage=2
( Den gestrigen Tag ansehen. )

Memory und Swap (MB)
--------------------
Datum                 virt. Memory      physik. Memory        Swap
                      ges  bel    %     ges  bel    %     ges  bel    %
-------------------------------------------------------------------
02/06/05 00:01        217   49   22%    128   49   38%    128    0    0%
02/06/05 02:01        217   75   34%    128   75   58%    128    0    0%
02/06/05 04:01        217   97   44%    128   97   75%    128    0    0%
02/06/05 06:01        217  126   58%    128  121   94%    128    5    3%
02/06/05 08:01        217  134   61%    128  121   94%    128   13   10%
02/06/05 10:01        217  142   65%    128  121   94%    128   21   16%
02/06/05 12:01        217  145   66%    128  121   94%    128   24   18%
02/06/05 14:01        217  152   70%    128  121   94%    128   31   24%
02/06/05 16:01        217  131   60%    128  121   94%    128   10    7%
02/06/05 18:01        217  127   58%    128  121   94%    128    6    4%
02/06/05 20:01        217  102   47%    128  102   79%    128    0    0%
02/06/05 22:01        217   83   38%    128   83   64%    128    0    0%

mars#
mars#
mars# ckperf_mem -gx n=24 tage=2
```

```
mars# ckperf_mem -gx n=24 tage=3 iv=2
```

12. Zu Testzwecken dienende Daten finden Sie wieder auf der Buch-CD.

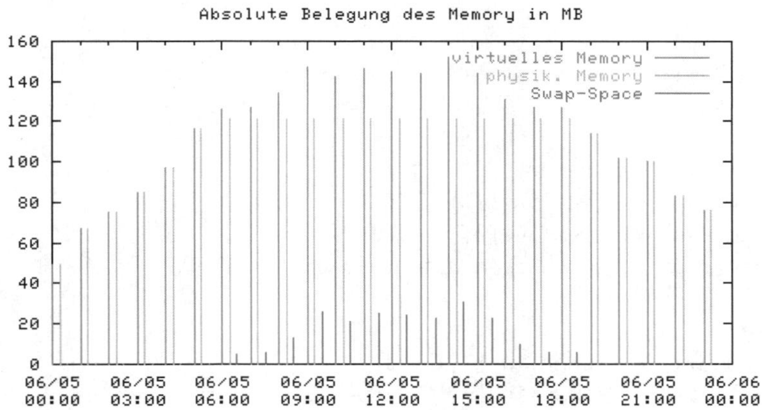

Abbildung 7.8: Memory-Verbrauch in MB

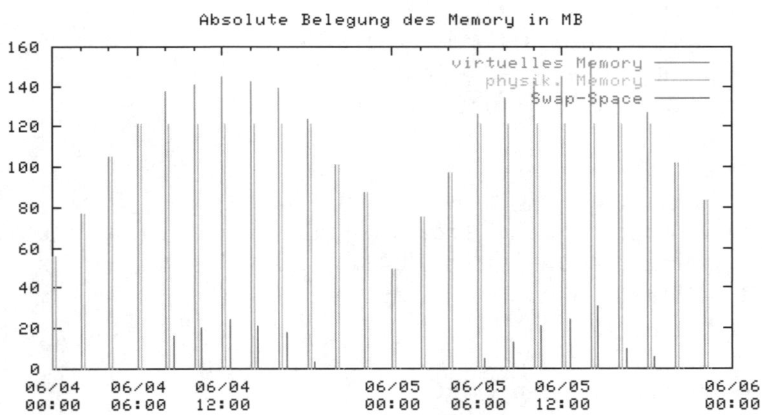

Abbildung 7.9: Memory-Verbrauch in MB

Unergründlich sind die Wege von `gnuplot`, wenn es darum geht, die X-Achse zu labeln!

LINUX

Unter LINUX kann man die gewünschten Memory-Daten bequem über den Befehl `free` erhalten. Hier eine Ausgabe von `free`:

```
pingu# free
                total      used       free     shared    buffers     cached
Mem:           126388    123028       3360          0       1816      60004
-/+ buffers/cache:        61208      65180
Swap:          131064         0     131064
```

Die Memory- und die Swap-Zeile liefern uns direkt die benötigten Werte. Wir erhalten folgenden Daten-Erfassungs-Block (der Rest bleibt unverändert):

```
# Daten erfassen
# --------------
if [ "$opt_erf"  ] ; then
```

```
    free=`free`
    set -A memline `echo "$free" | grep '^Mem:'`
    set -A swapline `echo "$free" | grep '^Swap:'`

    # Physikalisches Memory
    (( pmem_all  = ${memline[1]} / 1024 ))
    (( pmem_used = ${memline[2]} / 1024 ))
    (( pmem_proz = 100 * $pmem_used / $pmem_all ))

    # Swap
    (( swap_all  = ${swapline[1]} / 1024 ))
    (( swap_used = ${swapline[2]} / 1024 ))
    (( swap_proz = 100 * $swap_used / $swap_all ))

    # Virtuelles Memory (phys. + swap)
    (( vmem_all  = $pmem_all + $swap_all ))
    (( vmem_used = $pmem_used + $swap_used ))
    (( vmem_proz = 100 * $vmem_used / $vmem_all ))

    # Zusammenfassung
    datalist="$vmem_all $vmem_used $vmem_proz $pmem_all $pmem_used"
    datalist="$datalist $pmem_proz $swap_all $swap_used $swap_proz"
    format="%4d %4d %4d%%  %4d %4d %4d%%  %4d %4d %4d%% \n"
    printf "$format" $datalist > $tmpfile

  else
    # Daten aus Datei lesen (History)
    dayselect $datafile $tage >$tmpfile
  fi
```

7.13 CPU-Auslastung, Paging und I/O-Performance

Die Benutzer beschweren sich, die Unternehmens-Datenbank habe viel zu lange Reaktionszeiten. Woran liegt es? Die Untersuchungen des vorangegangenen Kapitels können immerhin den ersten Hinweis liefern, denn wenn zu wenig physikalischer Hauptspeicher vorhanden ist, muss die Maschine pagen.

Was ist mit der CPU-Belastung? Die darf gerne des Öfteren auf 100% steigen, doch sollte dies nicht der Dauer-Zustand sein. Wenn doch, braucht man stärkere oder mehr CPUs. Oder hängt es an den Festplatten? Kommen die Harddisks womöglich nicht mehr mit Lese- oder Schreib-Aktionen hinterher? Dann müsste man versuchen, die Datenbank-Puffer besser einzustellen, oder, wenn das nicht hilft, vielleicht über ein schnelleres Festplatten-System nachdenken.

Um solche Fragen beantworten zu können, braucht man handfestes Daten-Material. Deshalb ermitteln wir im nächsten Skript die momentane CPU-Auslastung (Insgesamt, im User-Modus und im System-Modus), die Paging-Aktivität (in KB/s, getrennt für Page-Ins und Page-Outs) sowie die Disk-I/O-Aktivität (auch hier in KB/s und getrennt in Lese- und Schreib-Vorgänge).

Zwei Zauber-Befehle verschaffen uns Einblicke in dieses komplexe Gebiet: `vmstat` und `iostat`. Ersterer liefert Daten über CPU-Belastung und Paging, der zweite über Disk-I/O. [13]

```
mars# vmstat 30 2
 procs     memory            page            disk          faults      cpu
 r b w   swap  free re  mf pi po fr de sr cd f0 s0 --   in  sy  cs us sy id
 0 0 0 190624 76864 68 285 99  0  0  0  0 33  0  0  0  200 874 271  5 11 84
 0 0 0 170288 47208 89 573 14  0  0  0  0  5  0  0  0  225 398 928 23 11 66
mars#
```

Die beiden Befehle verfügen über eine Ausgabe-Technik, die optisch zwar gewöhnungsbedürftig ist, sich aber gut durch Skripte verarbeiten lässt. Uns interessieren an dieser Ausgabe lediglich die Spalten 8 und 9 (page-in, page-out), welche die beiden Paging-Raten enthalten, sowie 20 und 21 (cpu-sys, cpu-user), welche die beiden CPU-Werte anbieten. Dabei ist die zweite Daten-Zeile ausschlaggebend. Nur sie enthält die Werte für das angegebene Intervall von 30 Sekunden. Die erste Zeile beinhaltet hingegen Daten, die sich seit dem letzten System-Start angesammelt haben. Die Sample-Zeit sowie die Anzahl der Sammel-Zyklen übergibt man `vmstat` auf der Befehlszeile.

Und so lesen wir die Ausgabe von `vmstat` in unser Skript ein:

```
set -A cpustat `vmstat $dauer 2 | tail -1`

cpu_user=${cpustat[19]}
cpu_sys=${cpustat[20]}
(( cpu_all = cpu_user + $cpu_sys ))

page_in=${cpustat[7]}
page_out=${cpustat[8]}
```

Was noch fehlt, sind Daten über das I/O-Verhalten. Wenden wir uns also `iostat` zu.

```
mars# iostat -xn 30 2
                    extended device statistics
    r/s    w/s   kr/s   kw/s wait actv wsvc_t asvc_t  %w  %b device
   28.8    3.9  180.1   24.0  1.1  0.4   33.0   12.0   8  27 c0t0d0
    0.0    0.0    0.0    0.0  0.0  0.0    0.0    0.0   0   0 fd0
    0.0    0.0    0.0    0.0  0.0  0.0    0.0    0.0   0   0 c1t0d0
    0.0    0.0    0.0    0.0  0.0  0.0    0.0    0.0   0   0 c1t1d0
    0.0    0.0    0.0    0.0  0.0  0.0    0.0    0.0   0   0 mars:vold(pid244)
                    extended device statistics
    r/s    w/s   kr/s   kw/s wait actv wsvc_t asvc_t  %w  %b device
    0.4    1.6    2.0    7.3  0.0  0.0    0.0    3.7   0   1 c0d0
    0.0    0.0    0.0    0.0  0.0  0.0    0.0    0.0   0   0 fd0
    0.0    0.0    0.0    0.0  0.0  0.0    0.0    0.0   0   0 c1t0d0
    0.0    0.0    0.0    0.0  0.0  0.0    0.0    0.0   0   0 c1t1d0
    0.0    0.0    0.0    0.0  0.0  0.0    0.0    0.0   0   0 mars:vold(pid244)
mars#
```

13. LINUX: Hier genügt uns vmstat. Die LINUX-Version folgt wieder am Ende des Kapitels.

Wie Sie spätestens hier sehen, gibt es gute Gründe, ein Skript für die Verarbeitung dieser Daten zu schreiben. (Damit man nie wieder etwas mit ihnen zu tun hat). `iostat` verbirgt die interessanten Werte, nämlich die Lese- und die Schreibrate der Festplatten (in KB/s) in den Spalten 3 und 4. Erst die Option `-x` liefert uns diese detaillierten Daten. `-n` zeigt den Festplatten-Namen in der üblichen Form an. Auf der Befehlszeile folgen wieder das Sample-Intervall und die Anzahl der Zyklen. Auch hier ist es wieder die Ausgabe des zweiten Zyklus, der die richtigen Daten enthält.

Wenn Sie sich für die einzelnen Werte der verschiedenen Festplatten interessieren, können Sie die obige Ausgabe für jede Zeile getrennt verarbeiten. In dem nachfolgenden Skript werden wir hingegen die Werte für alle Festplatten zusammenzählen, um eine Aussage über das I/O-Verhalten des gesamten Systems zu bekommen.

```
anz=$((`iostat -xn | grep -v ':' | wc -l` - 2 ))
set -A iostat `iostat -xn $dauer 2 | grep -v ':' | tail -$anz |
       awk '{kb_r += $3; kb_w += $4} END {print kb_r, kb_w}'`
kb_r=${iostat[0]}
kb_w=${iostat[1]}
```

Die Problematik besteht darin, dass wir nicht wissen, wie viele Zeilen eine Ausgabe von `iostat` besitzt. Wir müssen sie deshalb zunächst zählen, indem wir `iostat` mit nur einem Zyklus aufrufen. Erst dann können wir von der Ausgabe des `iostat`-Befehls mit zwei Zyklen die richtige Anzahl von Zeilen und damit den zweiten Zyklus herausfiltern.

Dieses Mal liegt die Schwierigkeit der Aufgabe in der Ermittlung der Daten. Die beiden verwendeten Befehle sind überaus komplex. Der Rest des Skriptes entspricht wieder im Großen und Ganzen unserem Standard. Der gesamte Erfassungs-Block sieht wie folgt aus:

```
# Daten erfassen
# --------------
if [ "$opt_erf"  ] ; then

  set -A cpustat `vmstat $dauer 2 | tail -1`

  # CPU
  cpu_user=${cpustat[19]}
  cpu_sys=${cpustat[20]}
  (( cpu_all = cpu_user + $cpu_sys ))

  # Paging
  page_in=${cpustat[7]}
  page_out=${cpustat[8]}

  # I/O-Aktivitaet
  # Nur die letzten n Zeilen der zweiten Ausgabe
  anz=$((`iostat -xn | grep -v ':' | wc -l` - 2 ))
  set -A iostat `iostat -xn $dauer 2 | grep -v ':' | tail -$anz |
         awk '{kb_r += $3; kb_w += $4} END {print kb_r, kb_w}'`
  kb_r=${iostat[0]}
  kb_w=${iostat[1]}

  # Zusammenfassung
  datalist="$cpu_all $cpu_user $cpu_sys $page_in $page_out $kb_r $kb_w"
```

```
    format="%4d %4d %4d      %5d %5d      %5d %5d \n"
    printf "$format" $datalist > $tmpfile

  else
    # Daten aus Datei lesen (History)
    dayselect $datafile $tage >$tmpfile
  fi
```

Zu erwähnen bleibt, dass wir keine Alarm-Funktion einbauen. Die hier vorgestellten Werte dürfen jederzeit jede beliebige Schwelle überschreiten, ohne dass es Grund gäbe, den Administrator zu alarmieren. Unser Skript ist eher dazu gedacht, dass man sich mit wenig Aufwand jederzeit einen Eindruck von dem momentanen Zustand und der zeitlichen Entwicklung dieser Daten verschaffen kann.

Einen Blick werfen wir allerdings noch auf den Grafik-Block. Wie im vorherigen Kapitel wird auch hier wieder die komplexe Version verwendet, bei der mehrere Grafik-Varianten möglich sind. Je nachdem, welche Spalte der Benutzer angibt (`sp=...`), wird entweder die CPU-Auslastung (alle drei Werte), das Paging (zwei Werte) oder die Festplatten-Aktivität gezeigt.

```
  # History-Grafik: gesammelte Werte darstellen
  # ------------------------------------------
  if [ "$opt_g" ] ; then

    title1="CPU-Auslastung in %"
    title2="Paging KB/s"
    title3="Disk I/O in KB/s"
    legend1="gesamt user system"
    legend2="in out"
    legend3="read  write"

    case "$sp" in
      6|7)
      grafik $x11 $tmpfile ycol=\"6 7\" inc=120 \
             title=\"$title2\" legend=\"$legend2\" output=cpu2.pbm
      ;;
      8|9)
      grafik $x11 $tmpfile ycol=\"8 9\" inc=120 \
             title=\"$title3\" legend=\"$legend3\" output=cpu3.pbm
      ;;
      *)
      grafik $x11 $tmpfile ycol=\"3 4 5\" inc=120 \
             title=\"$title1\" legend=\"$legend1\" output=cpu1.pbm
      ;;
    esac
  fi
```

Ein Hoch auf unsere performante Grafik-Funktion! Das Auslagern eines abstrakt geschriebenen Grafik-Moduls macht sich mehr und mehr bezahlt.

Das fertige Skript `ckperf_cpu` finden Sie (wie immer als Solaris- und LINUX-Version) auf der Buch-CD.

Wie üblich ein paar Beispiele. Die gezeigte Grafik beginnt erst um 15:00, da nicht durchgehend, sondern eben erst ab 15:00 Daten gesammelt wurden.

```
mars# ckperf_cpu -i

CPU-Auslastung, Paging und I/O
------------------------------
      CPU %             Paging KB/s     Disk I/O KB/s
gesamt user system        in    out      read  write
------------------------------------------------------
  38   12   26           614     0       218     0

mars# ckperf_cpu -r tage=1 n=10

CPU-Auslastung, Paging und I/O
------------------------------
Datum                  CPU %             Paging KB/s     Disk I/O KB/s
                gesamt user system         in    out        read  write
--------------------------------------------------------------------
02/06/06 15:15     11    5    6             0     0          65     0
02/06/06 15:30     20    8   12             0     0          89     0
02/06/06 15:45      2    0    2             0     0           0     0
02/06/06 16:00      4    0    4             0     0           0    45
02/06/06 16:15     19    6   13             0     0          74     0
02/06/06 16:30     29    3   26             0     0          34     0
02/06/06 16:45      9    0    9             0     0           0     0
02/06/06 17:00     13    2   11             0     0           0     0
02/06/06 17:15     47   12   35            28    12         162    86
02/06/06 17:30     25    8   17            12     0         126     0

mars# ckperf_cpu -gx tage=1
```

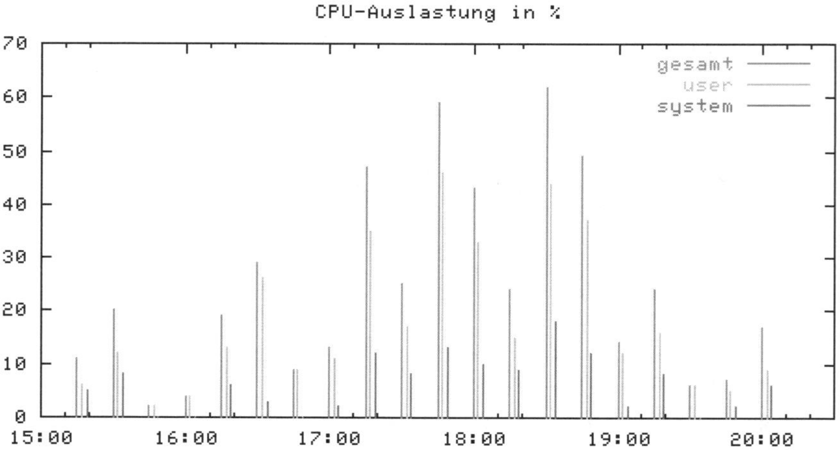

Abbildung 7.10: CPU-Auslastung in %

Über "ckperf_cpu -gx tage=1 sp=6" würden wir eine Grafik über das Paging und über die Option sp=8 eine über die Festplatten-Aktivität erhalten.

LINUX

Unter LINUX haben wir es wieder etwas einfacher. vmstat liefert uns hier alles was wir wollen. iostat gibt es und braucht es nicht, sodass dessen komplizierte Auswertung entfällt. Zunächst eine Ausgabe von vmstat:

```
pingu# vmstat
  procs                    memory    swap        io     system          cpu
 r  b  w  swpd  free  buff cache  si so    bi bo   in  cs  us  sy  id
 4  0  0 10224  2836  3260 55060   0  1    21 34  123 475   2   1  98
```

Und nun der Daten-Erfassungs-Block, der entsprechend angepasst werden muss.

```
# Daten erfassen
# --------------
if [ "$opt_erf"  ] ; then

  set -A vmstat `vmstat $dauer 2 | tail -1`

  # CPU
  cpu_user=${vmstat[13]}
  cpu_sys=${vmstat[14]}
  (( cpu_all = cpu_user + $cpu_sys ))

  # Paging
  page_in=${vmstat[7]}
  page_out=${vmstat[8]}

  # I/O-Aktivitaet
  kb_r=${vmstat[9]}
  kb_w=${vmstat[10]}

  # Zusammenfassung
  datalist="$cpu_all $cpu_user $cpu_sys $page_in $page_out $kb_r $kb_w"
  format="%4d %4d %4d      %5d %5d      %5d %5d \n"
  printf "$format" $datalist > $tmpfile

  else
  # Daten aus Datei lesen (History)
  dayselect $datafile $tage >$tmpfile
fi
```

7.14 Anzahl laufender Prozesse

Das waren schon schwere Geschütze, die wir im letzten Abschnitt aufgefahren haben. Zur Erholung deshalb wieder etwas Einfacheres: die Anzahl laufender Prozesse. Interessant wird diese Information immer dann, wenn der System-Administrator feststellt, dass Hunderte von Prozessen laufen und die Maschine in die Knie zwingen. Ursache ist meistens entweder ein schlecht geschriebenes Programm, das aufgrund irgendwelcher Bedingungen immer wieder neu gestartet wird. Oder man hat es mit Angriffen oder wenigstens Belästigungen aus dem Internet zu tun, die z.B. FTP- oder HTTP-Dämonen zum ständigen Neustart von Prozessen bringen.

Hat man so etwas einmal erlebt, hofft man normalerweise darauf, dass es das einzige Mal war. Geschieht es aber zum zweiten Mal, wünscht man sich ein Kontroll-System. Und eben dies konstruieren wir jetzt.

Die gesamte Daten-Erfassung erfolgt über die beiden folgenden Zeilen. Raffiniert, wie wir da Kommando-Substitution und Arithmetik kombinieren, nicht wahr?[14]

```
nproc=$((`ps -ef | wc -l` - 1))
echo $nproc > $tmpfile
```

Das war's! Der Rest ist Standard. Wir zeigen nun den funktionellen Block; das gesamte Skript finden Sie auf der CD.

```
#!/bin/ksh
# ckperf_nproc
# Anzahl laufender Prozesse

.....
.....

# Anzahl laufender Prozesse
# -------------------------
if [ "$opt_nproc" ] ; then

  datafile=$datadir/nproc.dat
  tmpfile=$tmpdir/nproc.tmp

  # Daten erfassen
  # --------------
  if [ "$opt_erf"  ] ; then
    nproc=$((`ps -ef | wc -l` - 1))
    echo $nproc > $tmpfile
  else
    # Daten aus Datei lesen (History)
    dayselect $datafile $tage >$tmpfile
  fi
```

Listing 7.14: ckperf_nproc – Anzahl laufenderProzesse

14. Unter älteren LINUX-Varianten benötigt man 'ps aux' statt 'ps -ef'.

```
# Daten speichern
# ---------------
if [ "$opt_s" ] ; then
  sed "s.^.$datum   ." $tmpfile >> $datafile
fi


# Grenzwerte ueberpruefen
# -----------------------
if [ "$opt_a" ] ; then
  info="Anzahl laufender Prozesse: $nproc"
  alarm "$nproc::250:500:$info"
fi


# Sortieren
# ---------
if [ "$sort" ] ; then
  sortselect $tmpfile $sort $sp >$tmpfile.1
  mv $tmpfile.1 $tmpfile
fi


# Zeilen-Anzahl, Intervall, Offset
# --------------------------------
recselect $tmpfile ${nlines:-5000} ${iv:-1} $start >$tmpfile.1
mv $tmpfile.1 $tmpfile


# Info-Report: aktuelle Werte anzeigen
# ------------------------------------
if [ "$opt_i" ] ; then
  echo "$head_nproc"
  cat $tmpfile
  echo
fi


# History-Report: gesammelte Werte anzeigen
# -----------------------------------------
if [ "$opt_r" ] ; then
  echo "$head_nproc"
  cat $tmpfile
  echo
fi
```

Listing 7.14: ckperf_nproc – Anzahl laufenderProzesse(Fortsetzung)

```
    # History-Grafik: gesammelte Werte darstellen
    # ---------------------------------------------
    if [ "$opt_g" ] ; then
      title="Anzahl laufender Prozesse"
      grafik $x11 $tmpfile title=\"$title\" ycol=3 output=nproc.pbm
    fi

  fi
```

Listing 7.14: ckperf_nproc – Anzahl laufenderProzesse(Fortsetzung)

```
mars# ckperf_nproc -gx
```

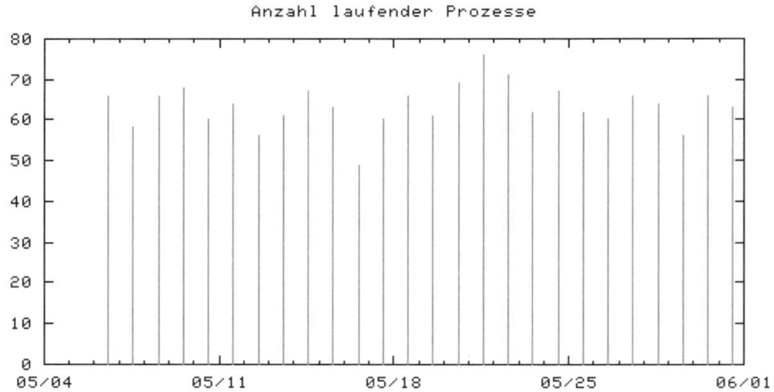

Abbildung 7.11: Anzahl laufender Prozesse

7.15 Ausgewählte Prozesse beobachten

Eine zu hohe Anzahl laufender Prozesse kann einen deutlichen Hinweis darauf liefern, dass mit dem Prozess-System etwas nicht in Ordnung ist. Etwas detailliertere Informationen wären allerdings hilfreich. Meistens sind es ganz bestimmte Prozesse, wie der HTTP- oder der FTP-Server, die für solche Prozess-Fluten in Frage kommen. Wenn wir nun diese Prozesse regelmäßig einer gründlicheren Kontrolle unterziehen, werden wir schneller gewarnt und können im drohenden Fehler-Fall besser reagieren.

Wir werden deshalb ein Skript entwickeln, das für eine gewünschte Prozess-Art die Anzahl der laufenden Prozesse zählt (also z.B. wie viele HTTP-Prozesse laufen), den Arbeitsspeicher ermittelt, den diese Prozesse insgesamt verbrauchen, die absolute CPU-Zeit, die sie bisher verbraucht haben, und den Anteil der CPU-Zeit, den sie zurzeit benötigen.

Strukturell betrachtet ist dieses Skript eine Kopie von `ckdisk_dir`, in dem wir Kenndaten ausgewählter Verzeichnisse ermittelt haben, nur dass es dieses Mal nicht um Verzeichnisse, sondern um Prozesse geht.

Wir beginnen wieder mit dem interessantesten Teil: Der Erfassung aktueller Daten. Das UNIX-Tool `prstat` liefert alle hier benötigten Werte. Sehen wir uns deshalb zunächst seine Ausgabe an.[15]

15. LINUX kennt top statt prstat. Es funktioniert genauso, lediglich die Abfolge der Spalte ändert sich. Die LINUX-Version finden Sie auf der Buch-CD.

```
mars# prstat 1 1
   PID USERNAME  SIZE   RSS STATE  PRI NICE      TIME  CPU PROCESS/NLWP
   324 root       13M   10M sleep   59    0   0:00.19 0.4% Xsun/1
  5133 root      852K  660K cpu0    59    0   0:00.00 0.1% prstat/1
   421 root     1456K  824K run     58    0   0:00.00 0.1% ksh/1
   413 root     5632K 3508K sleep   59    0   0:00.01 0.1% dtterm/1
   194 root     2856K 1276K sleep   55    0   0:00.00 0.0% syslogd/8
   178 root     1536K  840K sleep   50    0   0:00.00 0.0% lockd/1
   220 root     2692K  724K sleep   58    0   0:00.00 0.0% lpsched/1
   180 daemon   2068K 1264K sleep   50    0   0:00.00 0.0% statd/4
   181 root     2024K 1244K sleep   58    0   0:00.00 0.0% inetd/1
   182 root     2404K 1404K sleep   58    0   0:00.00 0.0% automountd/5
   198 root     1540K  760K sleep   54    0   0:00.00 0.0% cron/1
   122 root     1304K  456K sleep   58    0   0:00.00 0.0% in.routed/1
   286 root     1532K  848K sleep   53    0   0:00.00 0.0% nfsd/1
    60 root     1808K  676K sleep   51    0   0:00.00 0.0% devfsadm/4
    58 root      968K  592K sleep   22    0   0:00.00 0.0% devfseventd/7
Total: 64 processes, 141 lwps, load averages: 0.02, 0.03, 0.04
```

Alles drin, was wir brauchen! Die beiden Argumente geben an, dass wir eine Sample-Zeit von einer Sekunde und nur einen einzigen Zyklus wünschen. Die Ausgabe bricht allerdings nach 15 Prozessen ab. Um dies zu verhindern – wir sind ja an allen Prozessen interessiert – werden wir eine fiktive Anzahl angezeigter Prozesse von 9999 angeben.

```
data=`prstat -n 9999 1 1`
```

Die Ausgabe von `prstat` wird in einer Variablen gespeichert, da wir sie mehrmals benötigen werden. In einer Schleife werden nun für jede angegebene Prozess-Art die angesprochenen Werte ermittelt.

```
# Daten erfassen
# --------------
if [ "$opt_erf"  ] ; then    i=0
  data=`prstat -n 9999 1 1`
  for proc in $list
  do
    # prstat auswerten
      dataline=`echo "$data" | grep "$proc" |
            sed -e 's/K//g' -e 's/%//g' |
            awk 'BEGIN { n=0;size=0;min=0;sec=0;cpu=0 }
                 { n ++ ; size += $4 ; time = $8 ; cpu += $9; \
                 split(time,t_arr,":")
                 min += t_arr[1] ; sec += t_arr[2] }
                 END { min += int(sec/60); sec = sec%60
                       print n, size, min, sec, cpu }'`
     # Zusammenfassung
    format="%4d    %7d     %4d:%05.2f  %6s     %s \n"
    printf "$format" $dataline $proc >> $tmpfile
  done
else
```

```
  # Daten aus Datei lesen (History)
  dayselect $datafile $tage >$tmpfile
fi
```

Mit den bekannten Methoden zählen und summieren wir in awk die unterschiedlichen Werte. Etwas Arbeit macht dabei die Uhrzeit. Wir müssen sie gezwungenermaßen in Minuten und Sekunden zerlegen und beide Teile einzeln summieren. Erst zum Schluss kann der Übertrag von Sekunden auf Minuten erfolgen. Wir hätten übrigens auch auf eine Schleife verzichten und stattdessen in awk mit assoziative Arrays arbeiten können.

Ohne Angabe einer Prozess-Liste soll die Analyse für alle laufenden Prozess-Typen durchgeführt werden.

```
# Alle Prozesse
if [[ "$list" == "" ]] ; then
  list=`prstat -n 9999 1 1 | awk '{print $NF}' |
        sed 's/\/.*//' | sort -u`
fi
```

Wenn wir unser Skript regelmäßig per Cron einplanen, bietet es sich wieder an, die ermittelten Daten mit Schwellenwerten zu vergleichen. Die Maximalwerte müssen eventuell prozessspezifisch eingestellt werden.

```
# Grenzwerte ueberpruefen
# ----------------------
if [ "$opt_a" ] ; then
  # Alarm-Funktion testet Anzahl der Prozesse
  awk '{print $NF,$1}' $tmpfile |
  while read proc anz
  do
    info="Anzahl laufender $proc-Prozesse: $anz"
    case $proc in
         httpd) smax=50 ; hmax=100 ;;
         *)     smax=5  ; hmax=10  ;;
    esac
    alarm "$anz::$smax:$hmax:$info"
  done
fi
```

Werfen wir noch einen Blick auf den Grafik-Block. Wir bieten wieder die Möglichkeit an, über die Angabe einer Spalte (sp=...) festzulegen, ob die Anzahl, der Arbeitsspeicher, die CPU-Zeit oder der CPU-Anteil grafisch dargestellt werden soll. Wird keine Spalte angegeben, zeigen wir die Prozess-Anzahl.

```
# History-Grafik: gesammelten Werte darstellen
# -------------------------------------------
if [ "$opt_g" ] ; then
  # Umrechnung wegen Doppelpunkt in CPU-Zeit.
  nawk '{ split ($5,t,":")
          $5=sprintf ("%.1f", t[1]+t[2]/60)
          print }' $tmpfile >$tmpfile.1
  set -A titlearr "" "" "" "Anzahl Prozesse" "Gesamtgroesse in KB" \
  "gesamte CPU-Zeit (min)" "Prozentuale CPU-Belastung"
```

```
    grafik $x11 $tmpfile.1 title=\"${titlearr[${sp:-3}]}\" \
            ycol=${sp:-3} legend=\"$list\" output=proc.pbm
fi
```

Etwas Mühe haben wir wieder mit der Darstellung des Zeit-Wertes (`sp=5`). Damit die Sekunden richtig dargestellt werden, müssen sie dezimal umgerechnet werden. Aus 1:30 wird so z.B. zu 1.5.

Das gesamte Skript finden Sie auf der CD unter dem Namen `ckperf_proc`.

Wieder sind wir am Ende unserer Betrachtung angelangt und dieses Mal auch am Ende einer Gruppe von Skripten, die sich um Performance-Parameter und Prozesse kümmerte. Vielleicht war die ein oder andere Fragestellung dabei, die auch bei Ihnen auftritt, vielleicht haben Sie wenigstens einige Anregungen für Ihr eigenes Administrations-Umfeld gewinnen können. Verstehen Sie die hier gezeigten Beispiele immer nur als Vorschläge, als Ausgangspunkt für eigene Verbesserungen oder ganz eigene Skripte.

```
mars# ckperf_proc -r list=httpd tage=2 iv=2 n=12

Kenndaten eines Prozesses im zeitlichen Verlauf
-----------------------------------------------
Datum           Anzahl  Groesse/K   CPU-Zeit/m:s    %CPU    Prozess
-----           ------  ---------   ------------    ----    -------
02/06/05 00:15      19      18392        3:52.00       8    httpd
02/06/05 02:15      31      30008        5:00.00      14    httpd
02/06/05 04:15      49      47432        8:41.00      22    httpd
02/06/05 06:15      82      79376       14:18.00      37    httpd
02/06/05 08:15      85      82280       15:20.00      39    httpd
02/06/05 10:15      96      92928       17:22.00      44    httpd
02/06/05 12:15      89      86152       16:10.00      40    httpd
02/06/05 14:15      74      71632       13:10.00      34    httpd
02/06/05 16:15      88      85184       15:56.00      40    httpd
02/06/05 18:15      74      71632       13:06.00      34    httpd
02/06/05 20:15      51      49368        9:52.00      23    httpd
02/06/05 22:15      44      42592        7:19.00      20    httpd
```

```
mars# ckperf_proc -gx list=httpd tage=2 sp=6
```

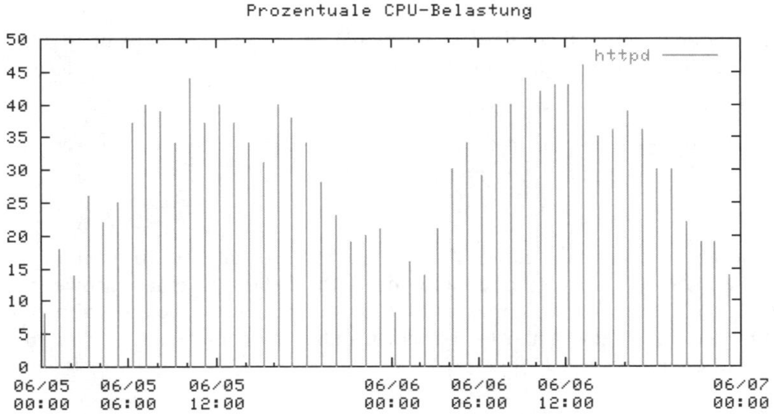

Abbildung 7.12: CPU-Belastung der HTTP-Prozesse

7.16 Ressourcen-Verbrauch von Benutzern

Unser nächstes Überwachungs-Skript beschäftigt sich mit der Überwachung von Benutzern. Konkret fragen wir uns: Welcher Benutzer verbraucht welche Ressourcen, also wie viel Festplatten-Platz, wie viel Arbeitsspeicher, welchen Anteil an der CPU-Belastung? Und: Welches sind die Top-Verbraucher in diesen Kategorien? Am Ende des Kapitels werden wir außerdem skizzieren, wie man der Frage nachgeht, welcher Benutzer wann eingeloggt war und welche Prozesse er wann gestartet hat.

Wenden wir uns zunächst dem Ressourcen-Verbrauch zu. Lieferant für den belegten Festplatten-Platz ist `find`, gekoppelt mit anschließendem Aufsummieren der gefundenen Datei-Größen. Die Liste der zu durchsuchenden Verzeichnisse legen wir fest. Ein Durchsuchen des gesamten Filesystems würde ewig dauern.

```
dirlist="/export/home /tmp /var/tmp"
dspace=`find $dirlist -user $user -ls |
    awk '{dspace+=$7} END {print int(dspace/1024/1024)}'`
dspace=${dspace:-0}
```

Das Ganze spielt sich innerhalb einer Schleife um die per `list=...` angegebenen User ab. Gibt man keine Benutzer an, werden alle untersucht, die momentan laufende Prozesse besitzen. Der ermittelte Festplatten-Platz wird in MB angegeben.

Die anderen Parameter erhalten wir wieder über `prstat`. Wir isolieren die Anzahl laufender Prozesse, Memory-Verbrauch und prozentuale CPU-Belastung.[16]

```
data=`prstat -n 9999 1 1`
.....
n_size_cpu=`echo "$data" | grep $user |
      sed -e 's/K//g' -e 's/%//g' |
      awk 'BEGIN { n=0;size=0;cpu=0 }
           { n ++ ; size += $4 ; cpu += $9 }
           END { print n, size, cpu }'`
```

Wie immer werden die so gewonnenen Daten formatiert in eine temporäre Datei geschrieben, von wo aus sie weiterverarbeitet werden können.

```
format=" %3d     %7d       %4.1f  %6d     %-8s \n"
printf "$format" $n_size_cpu $dspace $user >> $tmpfile
```

Die Liste aller Benutzer mit aktiven Prozessen beschaffen wir uns ebenfalls über `prstat`. Die ersten beiden und die letzte Zeile der Ausgabe von `prstat` müssen hierzu verworfen werden.

```
if [[ "$list" == "" ]] ; then
  list=`prstat -n 9999 1 1 | awk '{print $2}' |
        tail +2 | tail -r | tail +2 | sort -u`
fi
```

Etwas voluminöser als üblich fällt dieses Mal der Alarm-Block aus. Wir möchten gewarnt werden, wenn entweder die Anzahl der Prozesse oder aber die CPU-Belastung einen Schwellenwert überschreiten. Dadurch erhalten wir zwei Alarm-Strings. Außerdem benötigen wir benutzerabhängige Schwellenwerte. Werte, die uns bei einem gewöhnlichen Benutzer stutzig machen, können für root oder den HTTP-Dämon vollkommen normal sein.

16. LINUX: top statt prstat, tac statt tail -r, /home statt /export/home. LINUX-Variante folgt am Ende des Kapitels.

```
    if [ "$opt_a" ] ; then
      # Alarm-Funktion testet Anzahl der Prozesse und CPU-%
      awk '{print $1,$3,$NF}' $tmpfile |
      while read anz cpu user
      do
        info1="Anzahl Prozesse von Benutzer $user: $anz"
        info2="CPU-Belastung von Benutzer $user: $cpu %"
        case $user in
             root|nobody) anz_smax=50 ; anz_hmax=50
                          cpu_smax=50 ; cpu_hmax=80  ;;
             *)           anz_smax=20  ; anz_hmax=30
                          cpu_smax=10 ; cpu_hmax=25  ;;
        esac
        alarm "$anz::$anz_smax:$anz_hmax:$info1" \
              "$cpu::$cpu_smax:$cpu_hmax:$info2"
      done
    fi
```

Der Grafik-Block entspricht wieder in etwa dem der letzten Skripte. Je nachdem, welche Spalte man angibt (`sp=...`), erhält man History-Grafiken der unterschiedlichen Daten. Per Default wird der Memory-Verbrauch gezeigt.

Übrigens haben wir schon länger keine Info-Grafik mehr eingebaut. Wenn Sie interessiert sind an einer vergleichenden Darstellung der aktuellen Werte für verschiedene Benutzer, können Sie einfach selbst den entsprechenden Block hinzufügen. Die aktuellen Daten stehen ja bereits in `$tmpfile`, Sie können also beinahe den Block der History-Grafik kopieren. Die Titel werden geändert und natürlich die Beschriftung. Hier liegt die einzige Schwierigkeit. Sehen Sie einfach in Abschnitt 7.9 über Filesysteme nach, wie wir es dort gemacht haben.

Zur Abwechslung bauen wir mal wieder eine zweite Funktion ein, die uns die Top-Verbraucher in Sachen Memory-Verbrauch, CPU-Belastung etc. ausgibt. Ebenfalls eine nützliche Hilfe bei der Suche nach Verursachern von Ausfällen oder Blockaden. Um es nicht zu übertreiben, belassen wir die Funktionalität dieses Features bei der simplen Ausgabe. Keine History, keine Alarme, keine Grafiken.

Wie gehen wir vor? Wir rufen einfach die soeben erstellte Funktion auf und lassen uns für die gewünschten Benutzer den Ressourcen-Verbrauch ausgeben. Die so ermittelten Daten werden anschließend nach den einzelnen Kategorien sortiert und jeweils die n ersten (`n=...`) ausgegeben.

```
    anz=${nlines:-5}
    if [ "$opt_erf"  ] ; then
      top_data=`ckuser_mem -mem -i | tail +6`
      top_anz=`echo  "$top_data" | sort -nr +1 | head -$anz`
      top_mem=`echo  "$top_data" | sort -nr +2 | head -$anz`
      top_cpu=`echo  "$top_data" | sort -nr +3 | head -$anz`
      top_disk=`echo "$top_data" | sort -nr +4 | head -$anz`
    fi
```

Wenn wir die Ausgabe der Top-Verbraucher wünschen, müssen wir die Option `-top` angeben, ansonsten erhalten wir die eigentliche Haupt-Funktionalität unseres Skriptes, also die unsortierte Liste über alle angegebenen Benutzer.[17]

17. LINUX: top statt prstat, tac statt tail -r, /home statt /export/home. LINUX-Variante folgt am Ende des Kapitels.

```
#!/bin/ksh
# ckuser_mem
# Ressourcen-Verbrauch ausgewaehlter Benutzer

scriptdir=/scripts
datadir=/scripts/data
tmpdir=/scripts/tmp
PATH=$scriptdir:/usr/sbin/:$PATH
datum=`date +'%y/%m/%d %H:%M'`

mkdir -p $datadir $tmpdir 2>/dev/null

# Ausgabe-Header und Hilfe-Text
# ============================

head_mem1="
Aktueller Ressourcen-Verbrauch ausgewaehlter Benutzer   $datum
-----------------------------------------------------
Prozesse  Memory/KB    %CPU   Disk/MB  Benutzer
--------  ---------    ----   -------  --------"

head_mem2="
Ressourcen-Verbrauch eines Benutzers im zeitlichen Verlauf
----------------------------------------------------------
Datum             Prozesse  Memory/KB    %CPU   Disk/MB  Benutzer
-----             --------  ---------    ----   -------  --------"

head_top0="
-----------------------------------------------
Prozesse  Memory/KB    %CPU   Disk/MB  Benutzer
--------  ---------    ----   -------  --------
"

head_top1="\nAnzahl laufender Prozesse: Top"
head_top2="\nMemory-Verbrauch (KB): Top"
head_top3="\nCPU-Verbrauch (%): Top"
head_top4="\nDisk-Belegung (MB): Top"

USAGE='
ckuser_mem
Ressourcen-Verbrauch ausgewaehlter Benutzer
-----------------------------------------
ckuser_mem [ -opts] [ arg=val ... ]

Optionen:
```

Listing 7.15: ckuser_mem – Ressourcen-Verbrauch ausgewählter Benutzer

```
-h          Hilfe:     Diesen Text anzeigen.
-i          Info:      Info ueber den momentanen Stand.
-s          Speichern: Daten sammeln und speichern.
-r          Report:    Einen History-Report erstellen.
-a          Alarm:     Grenzwerte pruefen.
-g          Grafik:    Eine History-Grafik erzeugen.
-x          -gx:       Grafik sofort unter X11 ansehen (kein .gif).
-top        Zeige Werte der aktuellen Top-Verbraucher an.

Argumente:
list=<user1>,<user2>,... Liste der Benutzer.
tage=<n>                 Daten <n> Tage zurueckverfolgen.
sort=up|down             Sortierung auf/absteigend.
sp=<n>                   Spalte fuer Sortierung und Grafik.
n=<n>                    Anzahl angezeigter Zeilen.
iv=<n>                   Nur jede n-te Zeile anzeigen. (Dflt:1)
start=<n>                Startzeile der Anzeige. (Dft:1)
'


# Die Befehlszeile
# ================

# Optionen
# --------
while [[ "$1" == -* ]]
do
  [[ "$1" == -mem ]]    && opt_mem=yes   && shift && continue
  [[ "$1" == -top ]]    && opt_top=yes   && shift && continue
  # ------------------------------------------------------------
  [[ "$1" == *h* ]]     && echo "$USAGE"  && exit
  [[ "$1" == *i* ]]     && opt_i=yes
  [[ "$1" == *r* ]]     && opt_r=yes
  [[ "$1" == *a* ]]     && opt_a=yes
  [[ "$1" == *s* ]]     && opt_s=yes
  [[ "$1" == *g* ]]     && opt_g=yes
  [[ "$1" == *G* ]]     && opt_G=yes
  [[ "$1" == *x* ]]     && x11="-x11"
  [[ "$1" == *[iasG]* ]] && opt_erf=yes        # Daten erfassen
  shift
done

# Argumente
# ---------
for arg in $*            # z.B. list="...." ausfuehren
```

Listing 7.15: ckuser_mem – Ressourcen-Verbrauch ausgewählter Benutzer(Fortsetzung)

```
do
  [[ "$arg" == *=* ]] && eval $arg
done
nlines=$n                    # n wird zu haeufig benutzt.

# Default-Funktion
# ----------------
if [ ! "$opt_mem$opt_top" ] ; then
  opt_mem=yes
fi


# Noch einige Vorbereitungen
# ==========================
# Alte temporaere Dateien loeschen
rm -f $tmpdir/* 2>/dev/null

# Hilfs-Module einlesen
. alarm
. grafik
. selection

# Liste von Rechnern, Filesystemen, Benutzern, ...
list=`echo "$list" | sed 's/,/ /g'`

# Alle Benutzer
if [[ "$list" == "" ]] ; then
  list=`prstat -n 9999 1 1 | awk '{print $2}' |
        tail +2 | tail -r | tail +2 | sort -u`
fi

# Fuer History: Warnung
if ( [ "$opt_r" ] || [ "$opt_g" ] ) && [[ "$list" == *\ * ]] ; then
   echo "\nVorsicht: Mehr als einen Benutzer angegeben."
fi


# Und nun der Hauptteil
# =====================

# Ressourcen-Verbrauch ausgewaehlter Benutzer
# -----------------------------------------
if [ "$opt_mem" ] ; then

  datafile=$datadir/umem.dat
```

Listing 7.15: ckuser_mem – Ressourcen-Verbrauch ausgewählter Benutzer(Fortsetzung)

```
tmpfile=$tmpdir/umem.tmp
dirlist="/export/home /tmp /var/tmp"

# Daten erfassen
# --------------
if [ "$opt_erf"  ] ; then
  data=`prstat -n 9999 1 1`
  for user in $list
  do
    # CPU, Memory, Anzahl Prozesse
    n_size_cpu=`echo "$data" | grep -w $user |
          sed -e 's/K//g' -e 's/%//g' |
          awk 'BEGIN { n=0;size=0;cpu=0 }
               { n ++ ; size += $4 ; cpu += $9 }
               END { print n, size, cpu }'`

    # Disk-Space
    dspace=`find $dirlist -user $user -ls |
        awk '{dspace+=$7} END {print int(dspace/1024/1024)}'`
    dspace=${dspace:-0}

    # Zusammenfassung
    format="  %3d     %7d      %4.1f  %6d    %-8s \n"
    printf "$format" $n_size_cpu $dspace $user >> $tmpfile
  done
else
  # Daten aus Datei lesen (History)
  dayselect $datafile $tage >$tmpfile
fi


# Benutzer auswaehlen
# -------------------
if [ "$list" ] ; then
  idselect $tmpfile "$list" >$tmpfile.1
  mv $tmpfile.1 $tmpfile
fi


# Daten speichern
# ---------------
if [ "$opt_s" ] ; then
  sed "s.^.$datum   ." $tmpfile >> $datafile
fi
```

Listing 7.15: ckuser_mem – Ressourcen-Verbrauch ausgewählter Benutzer(Fortsetzung)

```
# Grenzwerte ueberpruefen
# -----------------------
if [ "$opt_a" ] ; then
  # Alarm-Funktion testet Anzahl der Prozesse und CPU-%
  awk '{print $1,$3,$NF}' $tmpfile |
  while read anz cpu user
  do
    info1="Anzahl Prozesse von Benutzer $user: $anz"
    info2="CPU-Belastung von Benutzer $user: $cpu %"
    case $user in
         root|nobody) anz_smax=50 ; anz_hmax=50
                      cpu_smax=50 ; cpu_hmax=80  ;;
         *)           anz_smax=20  ; anz_hmax=30
                      cpu_smax=10 ; cpu_hmax=25  ;;
    esac
    alarm "$anz::$anz_smax:$anz_hmax:$info1" \
          "$cpu::$cpu_smax:$cpu_hmax:$info2"
  done
fi


# Sortieren
# ---------
if [ "$sort" ] ; then
  sortselect $tmpfile $sort $sp >$tmpfile.1
  mv $tmpfile.1 $tmpfile
fi


# Zeilen-Anzahl, Intervall, Offset
# --------------------------------
recselect $tmpfile ${nlines:-5000} ${iv:-1} $start >$tmpfile.1
mv $tmpfile.1 $tmpfile


# Info-Report: aktuelle Werte anzeigen
# ------------------------------------
if [ "$opt_i" ] ; then
  echo "$head_mem1"
  cat $tmpfile
  echo
fi
```

Listing 7.15: ckuser_mem – Ressourcen-Verbrauch ausgewählter Benutzer(Fortsetzung)

```
    # History-Report: gesammelte Werte anzeigen
    # -----------------------------------------
    if [ "$opt_r" ] ; then
      echo "$head_mem2"
      cat $tmpfile
      echo
    fi


    # History-Grafik: gesammelte Werte darstellen
    # -------------------------------------------
    if [ "$opt_g" ] ; then
      set -A titlearr "" "" "" "Anzahl Prozesse" "Memory-Verbrauch in KB" \
            "CPU-Anteil in %" "Festplatten-Belegung in MB"
      grafik $x11 $tmpfile title=\"${titlearr[${sp:-4}]}\" \
             ycol=${sp:-4} legend=\"$list\" output=umem.pbm
    fi

  fi



  # Die anspruchvollsten Benutzer
  # -----------------------------
  if [ "$opt_top" ] ; then

    anz=${nlines:-5}

    # Daten erfassen
    # -------------
    if [ "$opt_erf"  ] ; then
      top_data=`ckuser_mem -mem -i | tail +6`
      top_anz=`echo  "$top_data" | sort -nr +0 | head -$anz`
      top_mem=`echo  "$top_data" | sort -nr +1 | head -$anz`
      top_cpu=`echo  "$top_data" | sort -nr +2 | head -$anz`
      top_disk=`echo "$top_data" | sort -nr +3 | head -$anz`
    fi

    # Info-Report: aktuelle Werte anzeigen
    # ------------------------------------
    if [ "$opt_i" ] ; then
      echo "$head_top1 $anz   $datum $head_top0""$top_anz"
      echo "$head_top2 $anz   $datum $head_top0""$top_mem"
      echo "$head_top3 $anz   $datum $head_top0""$top_cpu"
      echo "$head_top4 $anz   $datum $head_top0""$top_disk"
```

Listing 7.15: ckuser_mem – Ressourcen-Verbrauch ausgewählter Benutzer(Fortsetzung)

```
    echo
  fi

fi
```

Listing 7.15: ckuser_mem – Ressourcen-Verbrauch ausgewählter Benutzer(Fortsetzung)

Wie nicht anders zu erwarten, folgen einige Anwendungs-Beispiele.[18]

```
mars# ckuser_mem -i

Aktueller Ressourcen-Verbrauch ausgewaehlter Benutzer    02/06/07 15:10
-----------------------------------------------------
Prozesse  Memory/KB   %CPU   Disk/MB  Benutzer
--------  ---------   ----   -------  --------
    1        1264      0.0        0   daemon
    3        1400      0.0       45   ditchen
    2        5448      0.0      389   meier
    5        7996      0.0        0   nobody
   58       86764      0.5       22   root

mars# ckuser_mem -r list=nobody tage=14

Ressourcen-Verbrauch eines Benutzers im zeitlichen Verlauf
----------------------------------------------------------
Datum             Prozesse  Memory/KB    %CPU   Disk/MB  Benutzer
-----             --------  ---------    ----   -------  --------
02/05/25 01:01        13       10439      1.8         6  nobody
02/05/26 01:01         7        6104      0.7         5  nobody
02/05/27 01:01        41       30996     11.4         6  nobody
02/05/28 01:01        25       19450      0.4         5  nobody
02/05/29 01:01        30       25770      1.8         6  nobody
02/05/30 01:01        39       31941      0.7         6  nobody
02/05/31 01:01        18       14004      4.2         5  nobody
02/06/01 01:01        13        8632      8.4         5  nobody
02/06/02 01:01         8        6280      5.4         5  nobody
02/06/03 01:01        31       24924      8.0         5  nobody
02/06/04 01:01        26       22542      1.6         5  nobody
02/06/05 01:01        45       39960      5.4         5  nobody
02/06/06 01:01        37       27454      1.7         5  nobody

mars# ckuser_mem -gx list=nobody tage=30
```

18. Test-Daten gibt's wieder auf der CD.

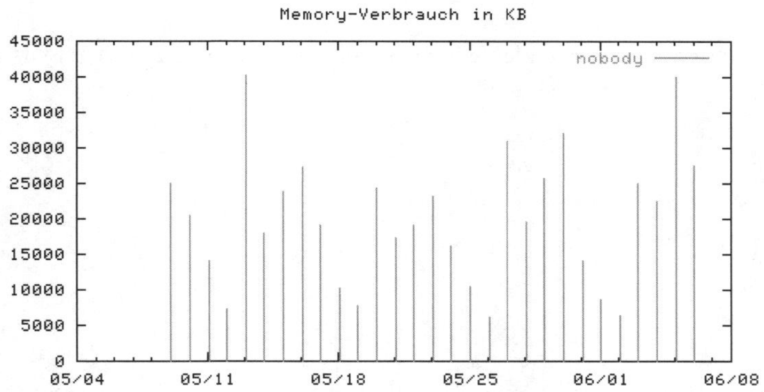

Abbildung 7.13: Ressourcen-Verbrauch eines Benutzers

```
mars# ckuser_mem -i -top n=3

Anzahl laufender Prozesse: Top 3   02/06/07 17:41
-----------------------------------------------
Prozesse  Memory/KB    %CPU   Disk/MB  Benutzer
--------  ---------    ----   -------  --------
   74       98504       2.0      22    root
   15       26588       0.0       0    nobody
   10        7272       0.4      45    ditchen

Memory-Verbrauch (KB): Top 3   02/06/07 17:41
-----------------------------------------------
Prozesse  Memory/KB    %CPU   Disk/MB  Benutzer
--------  ---------    ----   -------  --------
   74       98504       2.0      22    root
   10        7272       0.4       0    ditchen
   15       26588       0.0       0    nobody

CPU-Verbrauch (%): Top 3   02/06/07 17:41
-----------------------------------------------
Prozesse  Memory/KB    %CPU   Disk/MB  Benutzer
--------  ---------    ----   -------  --------
   74       98504       2.0      22    root
   15       26588       0.0       0    nobody
   10        7272       0.4       0    ditchen

Disk-Belegung (MB): Top 3   02/06/07 17:41
-----------------------------------------------
Prozesse  Memory/KB    %CPU   Disk/MB  Benutzer
--------  ---------    ----   -------  --------
    3        7427       0.0     389    meier
   10        7272       0.4      45    ditchen
   74       98504       2.0      22    root
```

LINUX

Wie bereits bei ckperf_mem verwenden wir auch hier wieder top statt prstat. tail -r wird durch tac ersetzt. Die Home-Directories liegen unter /home.

```
# Alle Benutzer
if [[ "$list" == "" ]] ; then
  list=`top -b -n 1 | awk '{print $2}' |
        tail +10 | sort -u`
fi

.....

dirlist="/home /tmp /var/tmp"

.....

# Daten erfassen
# -------------
if [ "$opt_erf"  ] ; then
  data=`top -b -n 1 | tail +10`

.....
```

7.17 Wer war wann eingeloggt?

Wenn Sie sich intensiv mit der Verwaltung von Benutzern beschäftigen (müssen), taucht gelegentlich die Frage auf, welche Benutzer zu einem bestimmten Zeitpunkt eingeloggt waren. Sie möchten z.B. abklären, wer durch einen System-Ausfall eventuell Schaden erlitten haben könnte oder wer als Verursacher eines Fehlers in Frage kommt.

Der Schlüssel-Befehl für Fragestellungen in diese Richtung ist last.

```
mars# last
root      console                    Fri Jun  7 13:25   still logged in
ditchen   pts/0    balu.saruman.de   Fri Jun  7 11:04   still logged in
root      console                    Fri Jun  7 10:37 - 10:39  (00:02)
.....
```

Aus dem Output von last können Sie login- und logout-Zeitpunkt isolieren und mit der interessierenden Uhrzeit vergleichen. Erschwert wird die Auswertung allerdings durch Einträge für Benutzer, die nach wie vor eingeloggt sind ("still logged in") oder mehr als vierundzwanzig Stunden im System waren (statt einfach "04:12" für vier Stunden und 12 Minuten z.B. "1+02:36" für 26 Stunden und 36 Minuten). Von solch langen login-Zeiten ist dann sogar das Datums-Feld betroffen! Also leider kein Kinderspiel. Mit etwas Geduld wird Ihnen die Auswertung jedoch sicherlich gelingen.

WICHTIG

Aus Platzgründen wollen wir und hier auf die Skizzierung des Problems beschränken. Sie finden jedoch ein fertiges Skript auf der beiliegenden CD unter dem Namen ckuser_login.

7.18 Accounting: Was hat ein Benutzer wann getan?

Diese Fragestellung geht natürlich wesentlich weiter als die vorangegangene. Welcher Benutzer hat wann welchen Prozess ausgeführt? Jedes UNIX-System verfügt über die Möglichkeit, Start, Laufzeit und Attribute jedes Prozesses mitzuprotokollieren. Da dieses so genannte Prozess-Accounting aus Datenschutz- und Performancegründen normalerweise abgeschaltet ist, müssen Sie es zunächst explizit aktivieren.

Das Accounting-System wird entweder über ein Start-Skript oder direkt gestartet.

```
/etc/init.d/acct start
oder
/usr/lib/acct/startup
```

Die Protokoll-Datei ist in einem kompakten Binär-Format geschrieben und für uns nicht lesbar. Verwenden Sie deshalb das Zusatz-Programm `acctcom`, welches die gewünschten Datensätze in das ASCII-Format umwandelt.

```
mars# acctcom | head -2 ; | tail -20
COMMAND                        START    END              REAL     CPU     MEAN
NAME        USER     TTYNAME   TIME     TIME             (SECS)   (SECS)  SIZE(K)
more        root     vt00      11:56:07 11:58:54         167.84     0.45   701.60
sh          root     vt00      11:56:07 11:58:54         167.84     0.01  1004.00
man         root     vt00      11:56:07 11:58:54         167.92     0.03   741.33
ksh         root     vt00      12:02:48 12:02:48           0.01     0.01   840.00
.....
```

Mehr Informationen über das UNIX-Accounting-System finden sie in einer Palette von `man`-Pages, wobei Sie am besten bei `acct(1)` und `acctcom(1M)` beginnen und sich bei Bedarf über die Hinweise unter "SEE ALSO" weiterhangeln.

Sie müssen nicht einmal besondere Anstrengungen zur Weiterverarbeitung der gelieferten Datensätze unternehmen, da Sie `acctcom` direkt den Zeitpunkt oder Zeitraum übergeben können, für den es die damals laufenden Prozesse auflisten soll.[19]

WICHTIG

Aus Platzgründen wollen wir und hier auf die Skizzierung des Problems beschränken. Sie finden jedoch ein fertiges Skript auf der beiliegenden CD unter dem Namen ckuser_login.

7.19 Netzwerke: Erreichbarkeit von Rechnern

Nachdem sich die bisherigen Skripte mit der Überwachung eines einzelnen Rechners befasst haben, wenden wir uns nun für einige Kapitel der Beobachtung des gesamten Netzwerkes zu. Aus dem riesigen Gebiet möglicher Anwendungen greifen wir drei der wichtigsten Fragestellungen exemplarisch heraus. Wir erstellen

- ein Skript, das die Erreichbarkeit von Rechnern testet,

19. LINUX: Das Accounting-Paket heißt hier `acct_6.<ver>` und stammt von GNU. Sie finden es wahrscheinlich auf Ihrer LINUX-CD. Ansonsten können Sie es aus dem Internet von www.gnu.org herunterladen. Die Protokoll-Daten werden in /var/account/pacct gespeichert, das User-Interface heißt lastcomm (Infos: man acct, man lastcomm).

- einen HTML-Netzwerk-Plan, der die Erreichbarkeit über farbige Icons anzeigt,
- ein Skript, das die Verfügbarkeit von Diensten (Mail, Web, FTP etc.) checkt.

Wieder sei darauf hingewiesen, dass es weitaus Besseres auf dem kommerziellen und dem Public Domain-Markt gibt, als das, was wir uns hier erarbeiten. Uns geht es vor allem darum, Techniken und Methoden zu erlernen, damit wir für spezielle Probleme, für die es keine fertige Software gibt, eigene Skripten schreiben können.

Wir beginnen mit einem Skript, das testet, welche Rechner momentan erreichbar sind. Zur Datenerfassung dient uns der Befehl `ping`. Folgende Features sollen implementiert werden:

- Info-Report: Liste der momentan laufenden Rechner.
- History-Report: Wann war ein bestimmter Rechner erreichbar?
- History-Grafik: Zeit-Diagramm der Erreichbarkeit eines Rechners.

Ein Auszug aus unserer USAGE-Meldung zeigt uns die Art des Aufrufes:

```
cknet
Netzwerk-Ueberwachung
---------------------
cknet [ -opts] [ arg=val ... ]

Optionen:
-ping          Erreichbarkeit von Rechnern.
-h              Hilfe:     Diesen Text anzeigen.
.....
```

`-ping` wird als Default-Option festgelegt, weshalb man es auch weglassen kann. Später werden wir weitere Optionen hinzufügen.

Die Liste der anzupingenden Rechner wird über `list=....` angegeben, entweder über Hostnamen oder IP-Adressen. Um nicht bei jedem Aufruf eine riesige Kommandozeile produzieren zu müssen, hinterlegen wir eine oder mehrere Default-Listen, z.B.

```
if [ ! "$list" ] ; then
  list="172.17.17.255"
fi
```

Sie können stattdessen auch Listen-Aliase definieren, deren konkreten Inhalt Sie über `case` zuweisen.

```
case "$list" in
  server)   list="mars www mailhost" ;;
  agbraun)  list="brutus maja nino zeus" ;;
  .....
  "")       list="172.17.17.255" ;;
esac
```

Eine weitere Alternative wäre das Speichern der Listen in separaten Dateien, deren Namen man auf der Befehlszeile übergibt. Wählen Sie einfach die für Sie am besten geeignete Methode aus.

Kommen wir zur eigentlichen Datenerfassung. Wir pingen nacheinander alle Rechner der Liste an. Gerade außerhalb der Arbeitszeiten wird ein Großteil der Rechner nicht laufen, was bei jedem einzelnen `ping` lange Wartezeiten verursacht. Dies kann leicht zu Laufzeiten von vielen Minuten oder sogar Stunden führen. Was kann man dagegen unternehmen? Eine Möglichkeit besteht in der Ausführung der einzelnen Pings im Hintergrund, sodass sie alle parallel laufen. Außerdem sollte man `ping` einen Timeout-Wert oder die Anzahl der zu sendenden Pakete vorgeben.

```
for ip in $list
do
  ping $ip 2 &                    # Timeout 2s
  # Alternativ: ping -s 0 1       # Paketinhalt 0 Bytes, Anzahl 1
done >ping.out
sleep 1
grep "alive" ping.out | awk '{print $1}' > $tmpfile
```

Bei großen Netzwerken erzeugt die parallele Ausführung eventuell zu viele gleichzeitig laufende Prozesse. In diesem Fall müssen Sie die Pings paketweise ausführen, also einen Zähler `i` mitlaufen lassen, der dafür sorgt, dass z.B. alle 10 Pings eine Pause von einer Sekunde eingelegt wird: `(( $i % 10 == 0 )) && sleep 1`.

Eine weitere elegante Methode, die Vielzahl von Pings zu bewältigen, besteht in der Verwendung von Broadcast-Adressen. `ping` kann seine Anfrage beispielsweise an 172.17.123.255 senden, wovon sich alle Rechner im entsprechenden Netzwerk angesprochen fühlen, sofern ihre Netzwerkmaske auf 255.255.255.0 eingestellt ist. `ping` wird dann alle Antworten durch einen einzigen Prozesse verarbeiten. Wenn Sie diese Technik verwenden möchten, müssen Sie unbedingt vorher testen, ob auch wirklich alle Rechner auf die Broadcast-Anfrage reagieren. Insbesondere PCs können hier Probleme bereiten. Rechner, die darauf nicht reagieren, müssen dann gesondert, so wie oben beschrieben, angepingt werden.[20]

```
for ip in $list
do
  if [[ "$ip" == *255 ]]
    then ipcount=512
    else ipcount=1
  fi
  ping -s $ip 0 $ipcount | sort -u +3 -4 |
    grep icmp | sed 's/[():]//g' |
    awk '{printf "%-14s %-16s \n",$4,$5}' >> $tmpfile
done
```

Wie Sie sehen, verwenden wir hier das Broadcasting. Die Anzahl der gesendeten und empfangenen Pakete muss entsprechend hochgesetzt werden, damit auch alle Antworten eingehen können. Obwohl wir theoretisch 256 Rechner anpingen, warten wir das Eintreffen von 512 Paketen ab, um langsameren Rechnern entgegenzukommen. Passen Sie diesen Wert auf Ihre Verhältnisse an. Bei 50 Rechnern sollten 100 Pakete genügen. Es wird jeweils ein Broadcast pro Sekunde gesendet (nicht einstellbar), wir füllen den Paket-Rahmen mit 0 Bytes Inhalt auf.

Die Antworten werden durch `'grep icmp'` von Headern und Statistik-Ausgaben befreit, Klammern und Doppelpunkte werden entfernt, Name und IP-Adresse der antwortenden Rechner in eine temporäre Datei gespeichert. `sort -u` sorgt dafür, dass nur eine Zeile pro Rechner behalten wird.

Das war's. Für einen Info-Report der momentan laufenden Rechner wird diese Datei – mit Überschriften versehen – einfach ausgegeben.

```
Rechner        IP-Adresse
-------        ----------
balu           172.17.17.11
louis          172.17.17.13
```

20. LINUX: Broadcast-Ping über die Option -b: ping -b -c $count $ip. In neueren Distributionen bricht ping trotz -c nicht ab, dann: -w sec.

Um die Erreichbarkeit eines Rechners im zeitlichen Verlauf zu erhalten, genügt es hier jedoch nicht, die so gewonnenen Daten mit Datum und Uhrzeit abzuspeichern. Da wir von nicht laufenden Rechnern überhaupt keine Antworten erhalten, fehlen uns die jeweiligen Zeilen für diesen Zeitpunkt. Eine spätere Ausgabe sähe vielleicht folgendermaßen aus.

```
11:15 balu
11:30 balu
12:15 balu
12:30 balu
```

Dass der Rechner eine halbe bis Dreiviertelstunde nicht lief, fiele auf diese Weise kaum auf. Geschickter wären natürlich entsprechende Zeitangaben mit dem Hinweis auf fehlende Antworten. Um dies zu erreichen, fügen wir beim Abspeichern eine Zeile hinzu, die nichts als einen reinen Zeitstempel enthält.

```
# Daten speichern
if [ "$opt_s" ] ; then
  echo $datum >> $datafile
  sed "s.^.$datum     ." $tmpfile >> $datafile
fi
```

Dies resultiert z.B. in folgenden Zeilen:

```
02/06/25 10:15
02/06/25 10:15     balu            172.17.17.11
```

Wenn wir die Daten später für einen Info-Report wieder einlesen, müssen wir darauf achten, dass wir sowohl Zeilen für den gewünschten Rechner berücksichtigen als auch solche, die den reinen Zeitstempel enthalten.

```
# History: Die Werte der letzten n Tage
dayselect $datafile $tage >$tmpfile
nawk -v list="$list" '
         {if ($3 == "" || $3 == list ) {ip[$1" "$2]=$0}}
      END {for (i in ip) {print ip[i]}}
       ' $tmpfile  | sort  > $tmpfile.1
mv $tmpfile.1 $tmpfile
```

Was wird hier getan? Wir legen ein assoziatives Array an, dessen Indizes aus Datum, Leerzeichen und Uhrzeit zusammengesetzt sind. Handelt es sich um eine ansonsten leere Zeile oder um eine Zeile des gewünschten Rechners, wird die gesamte Zeile gespeichert. Da bei der Ausgabe durch `awk` alle Zeilen durcheinander geraten, werden sie anschließend von Neuem sortiert.

```
Datum              Rechner        IP-Adresse
-----              -------        ----------
02/06/25 11:15     balu           172.17.17.11
02/06/25 11:30     balu           172.17.17.11
02/06/25 11:45
02/06/25 12:00
02/06/25 12:15     balu           172.17.17.11
02/06/25 12:30     balu           172.17.17.11
```

Einige Gedanken müssen wir uns noch darüber machen, wie wir eine History-Grafik aus diesen Angaben erstellen können. `gnuplot` besteht auf numerische Werte, was die y-Achse betrifft. Das Auftauchen oder

Fehlen von `balu` wird ihm nicht genügen. Ersetzen wir also für `gnuplot` das dritte Feld durch eine 1 oder eine 0, je nachdem, ob der Rechnername auftaucht oder nicht.

```
nawk -v list="$list" '{ if ($0 ~ list) { print $1,$2,"1" }
         else {print $1,$2,"0"}}' $tmpfile > $tmpfile.1
grafik $x11 $tmpfile.1 .....
```

Geschafft! Es folgt der entscheidende Teil des Skriptes. Das gesamte Programm zeigen wir dann zum Ende des übernächsten Kapitels, wenn wir auch die restlichen Module entwickelt haben.[21]

```
#!/bin/ksh
# cknet
# Netzwerk-Ueberwachung

.....
.....

# Erreichbarkeit von Rechnern
# ----------------------------
if [ "$opt_ping" ] ; then

  datafile=$datadir/net_ping.dat
  tmpfile=$tmpdir/net_ping.tmp

  if [ ! "$list" ] ; then
    list="172.17.17.255"
  fi

  # Daten erfassen
  # --------------
  if [ "$opt_erf" ] ; then
    # Info: Rechner anpingen
    for ip in $list
    do
      if [[ "$ip" == *255 ]]
        then ipcount=512
        else ipcount=1
      fi
      ping -s $ip 0 $ipcount | sort -u +3 -4 |
        grep icmp | sed 's/[():]//g' |
        awk '{printf "%-14s %-16s \n",$4,$5}' >> $tmpfile
    done
  else
    # History: Die Werte der letzten n Tage
    dayselect $datafile $tage >$tmpfile
```

Listing 7.16: cknet -ping – Erreichbarkeit von Rechnern

21. LINUX: siehe Anmerkungen am Ende des Kapitels.

```
  nawk -v list="$list" '
         $0 !~ list {$3=""; $4=""}
               {if ($3 != "" || ip[$1" "$2] == "" ) {ip[$1" "$2]=$0}}
               END {for (i in ip) {print ip[i]}}
       ' $tmpfile  | sort  > $tmpfile.1
   mv $tmpfile.1 $tmpfile
fi


# Daten speichern
# ---------------
if [ "$opt_s" ] ; then
  echo $datum >> $datafile
  sed "s.^.$datum     ." $tmpfile >> $datafile
fi


# Sortieren
# ---------
if [ "$sort" ] ; then
  sortselect $tmpfile $sort $sp >$tmpfile.1
  mv $tmpfile.1 $tmpfile
fi


# Zeilen-Anzahl, Intervall, Offset
# --------------------------------
recselect $tmpfile ${nlines:-5000} ${iv:-1} $start >$tmpfile.1
mv $tmpfile.1 $tmpfile


# Info-Report: aktuelle Werte anzeigen
# ------------------------------------
if [ "$opt_i" ] ; then
  echo "$head_ping1"
  cat $tmpfile
  echo
fi


# History-Report: Werte im zeitlichen Verlauf anzeigen
# ----------------------------------------------------
if [ "$opt_r" ] ; then
  echo "$head_ping2"
  cat $tmpfile
```

Listing 7.16: cknet -ping – Erreichbarkeit von Rechnern(Fortsetzung)

```
    echo
  fi


  # History-Grafik: Werte im zeitlichen Verlauf darstellen
  # -------------------------------------------------------
  if [ "$opt_g" ] ; then
    nawk -v list="$list" '{ if ($0 ~ list) { print $1,$2,"1" }
                     else {print $1,$2,"0"}}' $tmpfile > $tmpfile.1
    title="Erreichbarkeit des Rechners  $list"
    grafik $x11 $tmpfile.1 title=\"$title\" ycol=3 \
           yrange=\"[0:2]\" legend=\"$list\" output=netping.pbm
  fi

fi
```

Listing 7.16: cknet -ping – Erreichbarkeit von Rechnern(Fortsetzung)

Ein paar kleine Beispiele.

```
mars# cknet -ping -i

Folgende Rechner sind momentan erreichbar    02/06/25 13:07
-----------------------------------------------------------
Rechner         IP-Adresse
-------         ----------
balu            172.17.17.11
helena          172.17.17.34
maja            172.17.17.57
jupiter         172.17.17.18
mars            172.17.17.21
uranus          172.17.17.26
pluto           172.17.17.13

mars#
mars# cknet -ping -r list=balu tage=1 n=20 start=39


Erreichbarkeit von Rechnern
---------------------------
Datum                Rechner         IP-Adresse
-----                -------         ----------
02/06/25 09:30
02/06/25 09:45
02/06/25 10:00
02/06/25 10:15       balu            172.17.17.11
02/06/25 10:30       balu            172.17.17.11
02/06/25 10:45       balu            172.17.17.11
```

```
02/06/25 11:00     balu          172.17.17.11
02/06/25 11:15     balu          172.17.17.11
02/06/25 11:30     balu          172.17.17.11
02/06/25 11:45
02/06/25 12:00
02/06/25 12:15     balu          172.17.17.11
02/06/25 12:30     balu          172.17.17.11
02/06/25 12:45     balu          172.17.17.11
02/06/25 13:00     balu          172.17.17.11
02/06/25 13:15     balu          172.17.17.11
02/06/25 13:30     balu          172.17.17.11
02/06/25 13:45     balu          172.17.17.11
02/06/25 14:00     balu          172.17.17.11
02/06/25 14:15     balu          172.17.17.11

mars#
mars# cknet -ping -gx list=balu tage=1 start=21
```

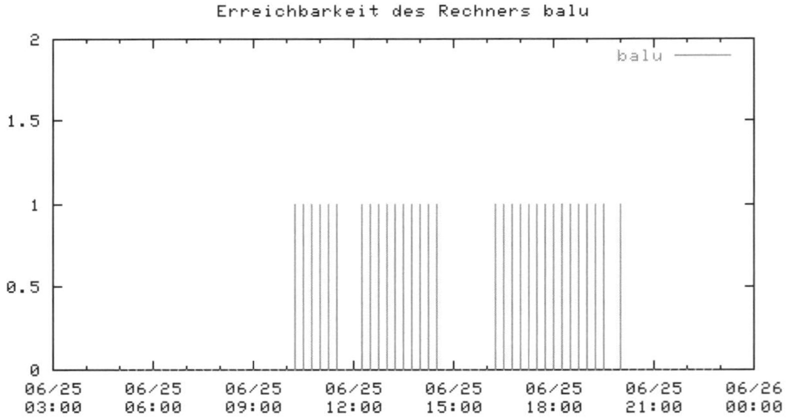

Abbildung 7.14: Erreichbarkeit eines Rechners

LINUX

Im Prinzip müssen Sie für eine Portierung nach LINUX lediglich die Syntax für `ping` ändern.

```
ping -c <count> <host>
```

Für Broadcast-Pings nehmen Sie die Option `-b`. Dabei müssen Sie die Meldung, dass es sich um einen Broadcast handelt, verwerfen.

```
ping -b -c $count $ip 2>/dev/null
```

Allerdings enthält die Ausgabe von `ping` nicht die Namen der Ziele, sondern lediglich deren IP-Adressen, sofern man beim Aufruf nur IP-Listen (oder Broadcast-Adressen) angegeben hat. Dadurch passen unsere Header-Zeilen nicht mehr zur Ausgabe. Auch die in den folgenden Kapiteln gezeigten Netzwerk-Pläne arbeiten mit den Rechner-Namen. Übergeben Sie also entweder Listen mit Rechnernamen an `ping` oder ermitteln Sie über eine zusätzliche Config-Datei (oder den Befehl `nslookup`) erst nachträglich die Rechnernamen zu den erfolgreich angepingten IP-Adressen.

7.20 Netzwerke: Ein HTML-Netzwerkplan

Im vorangegangenen Kapitel wurde auf eine Info-Grafik verzichtet, die anzeigt, welche Rechner gerade laufen. Es wird Ihnen nicht schwer fallen, den entsprechenden Grafik-Block bei Bedarf selbst zu schreiben. Wir gehen hier einen anderen Weg: Wir stellen die Erreichbarkeit der Rechner über ein HTML-Schaubild dar. Kleine grüne und rote Rechner-Icons zeigen an, ob ein Rechner läuft oder nicht. Über einen Browser können Sie sich dann jederzeit bequem von einem beliebigen Rechner aus den Zustand Ihres Netzes ansehen.[22]

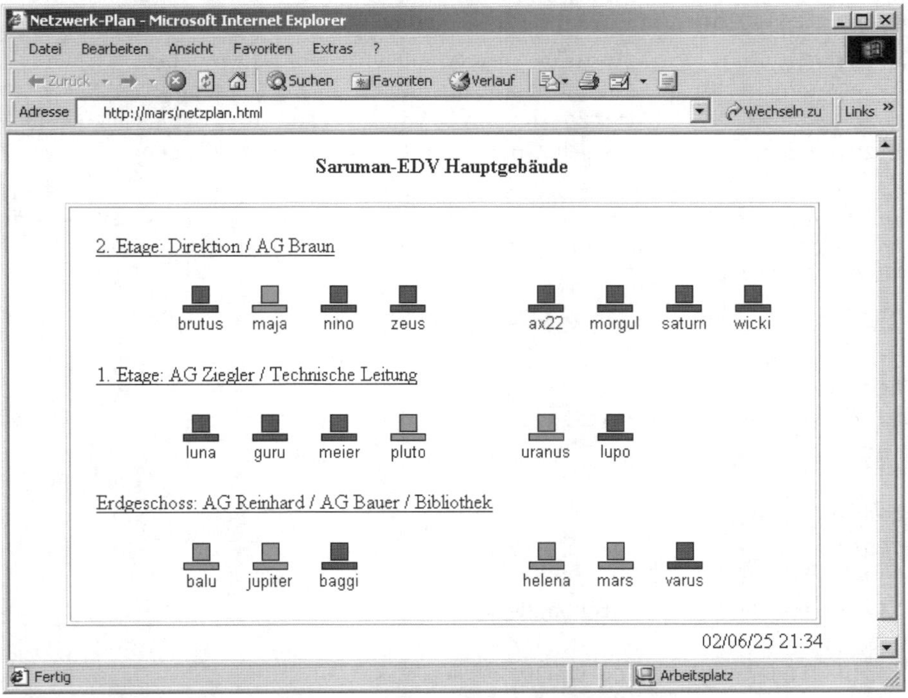

Abbildung 7.15: Einfacher Netzwerk-Plan in HTML

Schick, nicht wahr? Ein lohnenswertes Ziel und der Aufwand wird sich in Grenzen halten. Wie können wir einen solchen Plan erstellen? Zunächst muss eine Grund-Version erzeugt werden, die nur rote Icons enthält. Dann werden wir eine kleine Routine zu unserem Skript `cknet` hinzufügen, die regelmäßig unser Diagramm updatet. Dabei wird für alle Rechner, die erfolgreich angepingt wurden, das rote Icon durch das grüne ersetzt. Die Aktualität unserer Seite wird dadurch gewährleistet, dass wir das Update regelmäßig von `cron` ausführen lassen.

Die ästhetische Gestaltung des Plans bleibt natürlich Ihnen überlassen. Vielleicht möchten Sie mehrere Gebäude andeuten oder mehrere Filialen auf unterschiedlichen HTML-Seiten darstellen. Toben Sie sich aus, die grundsätzliche Funktionalität bleibt immer die gleiche. Auch werden Sie bald erkennen, dass es keinen großen Aufwand erfordert, weitere Informationen innerhalb des Diagramms zu platzieren oder durch einen Klick auf ein Icon zugänglich zu machen.

22. Hierzu benötigen Sie einen lauffähigen Web-Server, z.B. den frei erhältlichen Apache-Server. Installation und Konfiguration von Web-Servern sind nicht Gegenstand dieses Buches. Die hier und in den folgenden Kapiteln erstellten HTML-Seiten werden dann jeweils in das Dokumenten-Verzeichnis des Servers kopiert. Zum Testen genügt es auch, die Web-Seiten lokal zu speichern und mit dem lokalen Browser darauf zuzugreifen.

Bei jeder Änderung der Rechner-Konstellation, wenn also Rechner wegfallen, umbenannt werden oder neue hinzukommen, muss die HTML-Datei, die als Vorlage dient, neu editiert werden. Wir entscheiden uns für ein dreistufiges Konzept:

Wir starten mit einer Original-HTML-Datei `netzplan.orig`, die nur die Struktur enthält, also beispielsweise die Überschriften der Etagen und die Anordnung der Rechner. Die Computer selbst enthält sie jedoch nur in Form von Nummern. Aus dieser Datei wird eine zweite Version, `netzplan.neu`, erstellt, in der die Nummern durch konkrete Rechnernamen ersetzt sind. Die Zuordnung von Nummer zu Namen pflegen wir in einer Config-Datei, `hostids.txt`. Das Erstellen übernimmt ein kleines Skript, `netzplan.config`, welches immer dann aufgerufen wird, wenn sich etwas an der Rechner-Konstellation geändert hat. Per cron-Job gewinnen wir schließlich regelmäßig aus der Vorlage `netzplan.neu` die eigentliche Ziel-Datei `netzplan.html`, indem wir rote gegen grüne Icons austauschen.

- `netzplan.orig` Abstrakte Version, enthält keine Rechnernamen.
- `netzplan.neu` Mit Rechnernamen. Alle Icons rot. Wird über Skript `netzplan.config` und Datei `hostids.txt` erstellt.
- `netzplan.html` Aktuell. Grüne Icons für erreichbare Hosts. `cknet -u`

Beginnen wir mit unserer Struktur-Datei `netzplan.orig`. In der Regel werden Sie einen HTML-Editor verwenden, um diese Datei zu erstellen. Die Arbeit mit solchen Editoren ist bequem, das Ergebnis meist sehr ansehnlich. Wir begnügen uns hier mit einfachen Text-Editoren, damit man noch sieht, was hinter den Kulissen geschieht.

```
<html>

<header>
<title>Netzwerk-Plan</title>
</header>

<body bgcolor=#FFFFFF>
<center>

<h4> Saruman-EDV   Hauptgebäude </h4>

<table border=1 cellpadding=20><tr><td>

  <u> 2. Etage: Direktion / AG Braun </u> <p>

  <table border=0><tr align=center>
  <td width=50>
  <td width=50 align=center><font face="Arial" size=-1>
    <img name=0201 src="/redhost.gif"><br>host-0201</td>
  <td width=50 align=center><font face="Arial" size=-1>
    <img name=0202 src="/redhost.gif"><br>host-0202</td>
  <td width=50 align=center><font face="Arial" size=-1>
    <img name=0203 src="/redhost.gif"><br>host-0203</td>
  <td width=50 align=center><font face="Arial" size=-1>
    <img name=0204 src="/redhost.gif"><br>host-0204</td>
  <td width=50></td>
  <td width=50 align=center><font face="Arial" size=-1>
```

Listing 7.17: netzplan.orig – HTML-Vorlage für den Netzwerk-Plan

```
  <img name=0211 src="/redhost.gif"><br>host-0211</td>
<td width=50 align=center><font face="Arial" size=-1>
  <img name=0212 src="/redhost.gif"><br>host-0212</td>
<td width=50 align=center><font face="Arial" size=-1>
  <img name=0213 src="/redhost.gif"><br>host-0213</td>
<td width=50 align=center><font face="Arial" size=-1>
  <img name=0214 src="/redhost.gif"><br>host-0214</td>
</tr></table>

<br>
<u> 1. Etage: AG Ziegler / Technische Leitung </u> <p>

<table border=0><tr align=center>
<td width=50>
<td width=50 align=center><font face="Arial" size=-1>
  <img name=0101 src="/redhost.gif"><br>host-0101</td>
<td width=50 align=center><font face="Arial" size=-1>
  <img name=0102 src="/redhost.gif"><br>host-0102</td>
<td width=50 align=center><font face="Arial" size=-1>
  <img name=0103 src="/redhost.gif"><br>host-0103</td>
<td width=50 align=center><font face="Arial" size=-1>
  <img name=0104 src="/redhost.gif"><br>host-0104</td>
<td width=50></td>
<td width=50 align=center><font face="Arial" size=-1>
  <img name=0111 src="/redhost.gif"><br>host-0111</td>
<td width=50 align=center><font face="Arial" size=-1>
  <img name=0112 src="/redhost.gif"><br>host-0112</td>
</tr></table>

<br>
<u> Erdgeschoss: AG Reinhard / AG Bauer / Bibliothek </u> <p>

<table border=0><tr align=center>
<td width=50>
<td width=50 align=center><font face="Arial" size=-1>
  <img name=0001 src="/redhost.gif"><br>host-0001</td>
<td width=50 align=center><font face="Arial" size=-1>
  <img name=0002 src="/redhost.gif"><br>host-0002</td>
<td width=50 align=center><font face="Arial" size=-1>
  <img name=0003 src="/redhost.gif"><br>host-0003</td>
<td width=50></td>
<td width=50></td>
<td width=50 align=center><font face="Arial" size=-1>
  <img name=0011 src="/redhost.gif"><br>host-0011</td>
<td width=50 align=center><font face="Arial" size=-1>
```

Listing 7.17: netzplan.orig – HTML-Vorlage für den Netzwerk-Plan(Fortsetzung)

```
    <img name=0012 src="/redhost.gif"><br>host-0012</td>
  <td width=50 align=center><font face="Arial" size=-1>
    <img name=0013 src="/redhost.gif"><br>host-0013</td>
  </tr></table>

</td></tr></table>

<table width=600><tr><td align=right>datum_zeit</td></tr></table>

</body>
</html>
```

Listing 7.17: netzplan.orig – HTML-Vorlage für den Netzwerk-Plan(Fortsetzung)

Eine sehr einfache HTML-Datei! Die Länge ergibt sich schlicht daraus, dass wir es mit drei Etagen und 20 Rechnern zu tun haben. Lassen Sie sich davon nicht einschüchtern. Die Datei besteht aus zig gleichen Zeilen, bei denen sich lediglich die abstrakte Nummer des Rechners ändert.

```
<img name=0002 src="/redhost.gif"><br>host-0002</td>
```

In diesen Zeilen werden wir im ersten Schritt die Rechner-Nummer durch den Namen des Rechners ersetzen. Wenn Ihnen ein solcher Zwischenschritt als zu aufwändig erscheint, können Sie die Hostnamen natürlich auch direkt in die Vorlage eintragen.

Die notwendige Config-Datei soll in unserem Fall folgendermaßen aussehen:

```
host-0001 balu
host-0002 jupiter
host-0003 baggi
host-0011 helena
host-0012 mars
host-0013 varus

host-0101 luna
host-0102 guru
host-0103 meier
host-0104 pluto
.....
```

Listing 7.18: hostids.txt – Config-Datei für Rechnernamen

Das kleine Skript `netzplan.config` soll die Namen einfügen und `netzplan.neu` erstellen.

```
#!/bin/ksh

cd ./daten
html=`cat netzplan.orig`

while read dummy host
do
  [ ! "$dummy" ] && continue
```

Listing 7.19: netzplan.config – Rechnernamen einfügen

```
  html=`echo "$html" | sed "s/$dummy/$host/"`
done < hostids.txt

echo "$html" > netzplan.neu
```

Listing 7.19: netzplan.config – Rechnernamen einfügen(Fortsetzung)

Wir werfen einen Blick auf die entstehenden Zeilen in `netzplan.neu`:

```
<td width=50 align=center><font face="Arial" size=-1>
  <img name=0001 src="/redhost.gif"><br>balu</td>
<td width=50 align=center><font face="Arial" size=-1>
  <img name=0002 src="/redhost.gif"><br>jupiter</td>
```

Die aktuelle Version `netzplan.html` soll jeweils bei Aufruf des Skriptes `cknet` (siehe vorherigen Abschnitt) über die Option `-u` (update) erstellt werden. Dabei werden in der Datei `netzplan.neu` alle Zeilen herausgesucht, in denen Namen erfolgreich angepingter Rechner stehen, und das rote durch das grüne Icon ersetzt. Zuletzt fügen wir noch Datum und Uhrzeit ein.[23]

```
# Netzplan updaten
# ----------------
if [ "$opt_u" ] ; then
  hostlist=`tail +5 $tmpfile | awk '{print $1}'`
  # hostlist="balu jupiter pluto helena" # zum Testen
  html=`cat ./daten/netzplan.neu`
  for host in $hostlist
  do
    html=`echo "$html" | sed "/$host/ s/redhost/greenhost/"`
  done
  html=`echo "$html" | sed "s.datum_zeit.$datum."`
  echo "$html" > ./daten/netzplan.html
  cp netzplan.html /var/apache/htdocs
  chmod 666 ./daten/netzplan.html /var/apache/htdocs/netzplan.html
fi
```

Listing 7.20: cknet -ping -u – Update des HTML-Netzwerk-Plans

Damit das Ganze funktioniert, müssen die beiden Bildchen `redhost.gif` und `greenhost.gif` einmalig in das gleiche Verzeichnis kopiert werden, in dem auch die HTML-Datei landet. Wenn Sie einen Apache-Server laufen haben also nach `/var/apache/htdocs` (dort liegen alle HTML-Dateien). Falls Sie sich die Web-Seite nur lokal ansehen möchten, ersetzen Sie im gezeigten Update-Block `/var/apache/htdocs` durch ein beliebiges anderes Verzeichnis.

Damit sind wir an unserem Ziel angekommen. Wenn wir `'cknet -ping -u'` per `crontab` alle 15 Minuten einplanen bzw. `-us` verwenden, da wir das Ergebnis der Pings sicherlich gleich speichern wollen, erhalten wir alle 15 Minuten eine aktualisierte Version des Netzwerk-Planes.

Das gesamte Skript `cknet` mitsamt des Update-Blockes können Sie sich im nächsten Kapitel ansehen.[24]

Wie kann das oben vorgestellte Konzept weiter ausgebaut werden? Vielleicht möchten Sie zusäztliche Informationen nach einem Klick auf die verschiedenen Rechner-Icons anzeigen. Solange diese Daten

23. Die LINUX-Variante folgt am Ende des Kapitels.

24. Zum Testen können Sie wieder die Dateien von der Buch-CD verwenden.

offline ermittelt werden, also nicht erst im Augenblick des Mausklicks, müssen Sie lediglich alle Zeilen der Art

```
<img name=0001 src="/redhost.gif"> <br>balu</td>
```

durch

```
<a href="balu.html"><img name=0001 src="/redhost.gif"></a> <br>balu</td>
```

ersetzen.

Etwas anders geht man vor, wenn man Informationen online erzeugen möchte, also auf Anfrage per Mausklick. Ein Beispiel hierfür wäre das gezielte Anpingen eines einzelnen Rechners bei einem Klick auf dessen Icon. In solchen Fällen muss man CGI-Skripte schreiben und deren Aufruf in der HTML-Zeile angeben:

```
<a href="/cgi-bin/ping.ksh?host=balu"><img name=0001 src="/redhost.gif"></a>
<br>balu</td>
```

Wie man CGI-Skripte schreibt und was es dabei zu beachten gibt, werden wir im übernächsten Abschnitt erfahren.

LINUX

Unter LINUX befinden sich die HTML-Dokumente des Apache-WWW-Servers in `/usr/local/httpd/htdocs`. Der Update-Block muss entsprechend angepasst werden. Auch die beiden GIF-Dateien muss man dorthinkopieren.

Beachten Sie, dass Sie unter LINUX nur dann von `ping` eine Host-Liste mit Rechner-Namen nach `$tmpfile` geliefert bekommen, wenn die Rechner-Liste, die Sie `ping` übergeben haben, ihrerseits bereits aus Namen bestand. Haben Sie dort IP-Adressen angegeben, werden auch nur solche zurückgeliefert. Dann funktioniert aber das Update der Netzplan-HTML-Datei nicht, denn dieses basiert auf Rechner-Namen.

```
# Netzplan updaten
# ----------------
if [ "$opt_u" ] ; then
  hostlist=`tail +5 $tmpfile | awk '{print $1}'`
  # hostlist="balu jupiter pluto helena" # zum Testen
  html=`cat ./daten/netzplan.neu`
  for host in $hostlist
  do
    html=`echo "$html" | sed "/$host/ s/redhost/greenhost/"`
  done
  html=`echo "$html" | sed "s.datum_zeit.$datum."`
  echo "$html" > ./daten/netzplan.html
  cp netzplan.html /var/apache/htdocs
  chmod 666 ./daten/netzplan.html /var/apache/htdocs/netzplan.html
fi
```

7.21 Netzwerke: Verfügbarkeit von Diensten

Ein funktionierendes Netzwerk basiert auf der Bereitstellung wichtiger Dienste durch die verschiedenen Server. Daher ist es wichtig, in regelmäßigen Abständen zu kontrollieren, ob alle vorgesehenen Dienste noch laufen.

Auch hier werden wir wieder einen Info-Report über den aktuellen Zustand produzieren sowie History-Report und History-Grafik über den zeitlichen Verlauf. Das Hinzufügen eines Alarm-Blocks bleibt Ihnen überlassen, sollte aber keine Probleme aufwerfen.

Was `ping` für die Erreichbarkeits-Tests darstellt, ist `telnet`, wenn es um das Ansprechen bestimmter Dienste geht.

```
telnet <host> <port>
```

Immer wenn `telnet` eine Antwort von einen angewählten Dienst erhält, meldet es sich mit den Worten:

```
Connected to <host>.
```

Schlug die Anfrage fehl, erhält man

```
telnet: Unable to connect to remote host.
```

Wir können also einfach den gewünschten Dienst per `telnet` anwählen, und die Ausgabe daraufhin überprüfen, ob das Wörtchen `Connected` darin vorkommt.

Um nicht interaktiv in der `telnet`-Kommunikation hängen zu bleiben, "füttern" wir `telnet` mit einer einfachen `'echo'`-Eingabe.

```
result=`echo | telnet $host $svc 2>&1`

if echo $result | grep Connected > /dev/null ; then
  printf "%-12s %4s    %-10s %-4s \n" $host $svc $svcname "up"
else
  printf "%-12s %4s    %-10s %-4s \n" $host $svc $svcname "down"
fi
```

Anders als beim reinen Anpingen von Rechnern erhalten wir hier auch im negativen Fall ein Ergebnis. Das wird die spätere Auswertung vereinfachen.

Die Namen der Rechner sowie die Ports der gewünschten Dienste werden entweder auf der Befehlszeile übergeben oder durch Default-Werte festgelegt. Über eine `case`-Konstruktion kann man wieder Aliase für mehrere Default-Werte hinterlegen.

Die verschiedenen Rechner trennen wir durch Komma voneinander, die anzuwählenden Dienste jeweils durch einen Doppelpunkt. Per Default geben wir einen Rechner mit einer Liste von Diensten vor, Sie können aber auch wieder über `case` mehrere Aliase definieren.

```
mars# cknet -svc -i list=balu:21:23,www:80:21:23:25
if [ ! "$list" ] ; then
  # Dflt: http ftp telnet smtp
  list="balu:80:21:23:25"
fi
```

Das Ansprechen der Dienste erfolgt über eine Schleife, in der ein Rechner nach dem anderen kontaktiert wird. Für jeden Server zerlegen wir die Liste der Dienste und starten für jeden Dienst separat eine `telnet`-Session. Der besseren Lesbarkeit wegen versuchen wir vorher noch den Namen des Dienstes aus der

Datei `/etc/services` zu bestimmen. Finden wir dort keinen Namen, schreiben wir ein schlichtes `"-"` hin.

```
for id in $list
do
  host=${id%%:*}
  svcs=${id#*:}
  svcs=`echo $svcs | sed 's/:/ /g'`
  for svc in $svcs
  do
    svcname=`grep "\<$svc/" /etc/services | awk '{print $1}'`
    svcname=${svcname:-"-"}
    result=`echo | telnet $host $svc 2>&1`
    .....
  done
done
```

Viel mehr muss man nicht erklären. Für die Grafik ersetzten wir wieder `ups` durch `1` und `downs` durch `0`.

Wir realisieren die neu geschaffene Funktionalität nicht als eigenes Skript, sondern als zusätzlichen Block in `cknet`, der über die Option -svc aufgerufen wird.

```
#!/bin/ksh
# cknet
# Netzwerk-Ueberwachung

scriptdir=/scripts
datadir=/scripts/data
tmpdir=/scripts/tmp
PATH=$scriptdir:/usr/sbin/:$PATH
datum=`date +'%y/%m/%d %H:%M'`

mkdir -p $datadir $tmpdir 2>/dev/null


# Ausgabe-Header und Hilfe-Text
# ============================

head_ping1="
Folgende Rechner sind momentan erreichbar    $datum
-----------------------------------------------------------
Rechner        IP-Adresse
-------        ---------- "

head_ping2="
Erreichbarkeit von Rechnern
---------------------------
Datum                  Rechner          IP-Adresse
```

Listing 7.21: cknet – Erreichbarkeit, Verfügbarkeit, Netzwerk-Plan

```
-----           -------          ---------- "

head_svc1="
Erreichbarkeit von Diensten    $datum
---------------------------------------------
Rechner       Port   Service
-------       ----   ------- "

head_svc2="
Erreichbarkeit von Diensten  -  Verlauf
---------------------------------------
Datum                Rechner       Port   Service
-----                -------       ----   ------- "



USAGE='
cknet
Netzwerk-Ueberwachung
---------------------
cknet [ -opts] [ arg=val ... ]

Optionen:
-ping         Erreichbarkeit von Rechnern.
-svc          Verfuegbarkeit von Diensten.
-h            Hilfe:     Diesen Text anzeigen.
-i            Info:      Info ueber den momentanen Stand.
-s            Speichern: Daten sammeln und speichern. (Cron)
-r            Report:    Einen History-Report erstellen.
-g            Grafik:    Eine History-Grafik erzeugen.
-G            Grafik:    Eine Info-Grafik erzeugen.
-x            -gx:       Grafik sofort unter X11 ansehen (kein .gif).

Argumente:
list=<host1>:svc1:svc2...,<host2>:... Liste der Rechner (Name oder IP).
tage=<n>                 Daten <n> Tage zurueckverfolgen.
sort=up|down             Sortierung auf/absteigend.
sp=<n>                   Spalte, fuer Sortierung und Grafik.
n=<n>                    Anzahl angezeigter Zeilen.
iv=<n>                   Nur jede n-te Zeile anzeigen. (Dflt:1)
start=<n>                Startzeile der Anzeige. (Dft:1)
'


# Die Befehlszeile
```

Listing 7.21: cknet – Erreichbarkeit, Verfügbarkeit, Netzwerk-Plan(Fortsetzung)

```
# ===============

# Optionen
# --------
while [[ "$1" == -* ]]
do
  [[ "$1" == -ping ]]     && opt_ping=yes   && shift && continue
  [[ "$1" == -svc ]]      && opt_svc=yes    && shift && continue
  # ------------------------------------------------------------
  [[ "$1" == *h* ]]      && echo "$USAGE"  && exit
  [[ "$1" == *i* ]]      && opt_i=yes
  [[ "$1" == *r* ]]      && opt_r=yes
  [[ "$1" == *a* ]]      && opt_a=yes
  [[ "$1" == *s* ]]      && opt_s=yes
  [[ "$1" == *g* ]]      && opt_g=yes
  [[ "$1" == *G* ]]      && opt_G=yes
  [[ "$1" == *x* ]]      && x11="-x11"
  [[ "$1" == *u* ]]      && opt_u=yes
  [[ "$1" == *[uisG]* ]] && opt_erf=yes        # Daten auslesen
  shift
done

# Argumente
# ---------
for arg in $*              # z.B. list="...." ausfuehren
do
  [[ "$arg" == *=* ]] && eval $arg
done
nlines=$n                  # n wird zu haeufig benutzt.

# Default-Funktion
# ----------------
if [ ! "$opt_ping$opt_svc" ] ; then
  opt_ping=yes
fi


# Noch einige Vorbereitungen
# ==========================
# Alte temporaere Dateien loeschen
rm -f $tmpdir/* 2>/dev/null

# Hilfs-Module einlesen
. alarm
. grafik
```

Listing 7.21: cknet – Erreichbarkeit, Verfügbarkeit, Netzwerk-Plan(Fortsetzung)

```
. selection

# Liste von Rechnern, Filesystemen, Benutzern, ...
list=`echo "$list" | sed 's/,/ /g'`

# Fuer History: Warnung
if ( [ "$opt_r" ] || [ "$opt_g" ] ) && [[ "$list" == *\ * ]] ; then
  echo "\nVorsicht: Mehr als einen Rechner/Service angegeben."
  exit 1
fi



# Und nun der Hauptteil
# ====================


# Erreichbarkeit von Rechnern
# --------------------------
if [ "$opt_ping" ] ; then

  datafile=$datadir/net_ping.dat
  tmpfile=$tmpdir/net_ping.tmp

  if [ ! "$list" ] ; then
    list="172.17.17.255"
  fi

  # Daten erfassen
  # -------------
  if [ "$opt_erf" ] ; then
    # Info: Rechner anpingen
    for ip in $list
    do
      if [[ "$ip" == *255 ]]
        then ipcount=512
        else ipcount=1
      fi
      ping -s $ip 0 $ipcount | sort -u +3 -4 |
        grep icmp | sed 's/[():]//g' |
        awk '{printf "%-14s %-16s \n",$4,$5}' >> $tmpfile
    done
  else
    # History: Die Werte der letzten n Tage
    dayselect $datafile $tage >$tmpfile
```

Listing 7.21: cknet – Erreichbarkeit, Verfügbarkeit, Netzwerk-Plan(Fortsetzung)

```
  nawk -v list="$list" '
         $0 !~ list {$3=""; $4=""}
               {if ($3 != "" || ip[$1" "$2] == "" ) {ip[$1" "$2]=$0}}
               END {for (i in ip) {print ip[i]}}
        ' $tmpfile  | sort  > $tmpfile.1
   mv $tmpfile.1 $tmpfile
fi


# Netzplan updaten
# ----------------
if [ "$opt_u" ] ; then
  hostlist=`tail +5 $tmpfile | awk '{print $1}'`
  html=`cat netzplan.neu`
  for host in $hostlist
  do
    html=`echo "$html" | sed "/$host/ s/redhost/greenhost/"`
  done
  html=`echo "$html" | sed "s.datum_zeit.$datum."`
  echo "$html" > netzplan.html
  cp netzplan.html /var/apache/htdocs
  chmod 666 netzplan.html /var/apache/htdocs/netzplan.html
fi


# Daten speichern
# ---------------
if [ "$opt_s" ] ; then
  echo $datum >> $datafile
  sed "s.^.$datum     ." $tmpfile >> $datafile
fi


# Sortieren
# ---------
if [ "$sort" ] ; then
  sortselect $tmpfile $sort $sp >$tmpfile.1
  mv $tmpfile.1 $tmpfile
fi


# Zeilen-Anzahl, Intervall, Offset
# --------------------------------
recselect $tmpfile ${nlines:-5000} ${iv:-1} $start >$tmpfile.1
mv $tmpfile.1 $tmpfile
```

Listing 7.21: cknet – Erreichbarkeit, Verfügbarkeit, Netzwerk-Plan(Fortsetzung)

```
  # Info-Report: aktuelle Werte anzeigen
  # ------------------------------------
  if [ "$opt_i" ] ; then
    echo "$head_ping1"
    cat $tmpfile
    echo
  fi


  # History-Report: Werte im zeitlichen Verlauf anzeigen
  # ----------------------------------------------------
  if [ "$opt_r" ] ; then
    echo "$head_ping2"
    cat $tmpfile
    echo
  fi


  # History-Grafik: Werte im zeitlichen Verlauf darstellen
  # ------------------------------------------------------
  if [ "$opt_g" ] ; then
    nawk -v list="$list" '{ if ($0 ~ list) { print $1,$2,"1" }
                     else {print $1,$2,"0"}}' $tmpfile > $tmpfile.1
    title="Erreichbarkeit des Rechners  $list"
    grafik $x11 $tmpfile.1 title=\"$title\" ycol=3 \
          yrange=\"[0:2]\" legend=\"$list\" output=netping.pbm
  fi

fi



# Verfuegbarkeit von Diensten
# ---------------------------
if [ "$opt_svc" ] ; then

  datafile=$datadir/net_svc.dat
  tmpfile=$tmpdir/net_svc.tmp

  if [ ! "$list" ] ; then
    # Dflt: http ftp telnet smtp
    list="balu:80:79:21:23:24:25"
  fi
```

Listing 7.21: cknet – Erreichbarkeit, Verfügbarkeit, Netzwerk-Plan(Fortsetzung)

```
# Daten erfassen
# --------------
if [ "$opt_erf" ] ; then

  # Info: Dienste per telnet ansprechen

  for id in $list
  do
    host=${id%%:*}
    svcs=${id#*:}
    svcs=`echo $svcs | sed 's/:/ /g'`
    for svc in $svcs
    do
      svcname=`grep "\<$svc/" /etc/services |head -1 |awk '{print $1}'`
      svcname=${svcname:-"-"}
      result=`echo | telnet $host $svc 2>&1`
      if echo $result | grep Connected > /dev/null ; then
        printf "%-12s %4s    %-10s %-4s \n" $host $svc $svcname "up"
      else
        printf "%-12s %4s    %-10s %-4s \n" $host $svc $svcname "down"
      fi
    done
  done > $tmpfile
else

  # History: Die Werte der letzten n Tage
  host=${list%%:*} ; svc=${list#*:}
  dayselect $datafile $tage |
  grep " $host " | grep " $svc " >$tmpfile
fi


# Daten speichern
# ---------------
if [ "$opt_s" ] ; then
  sed "s.^.$datum     ." $tmpfile >> $datafile
fi


# Sortieren
# ---------
if [ "$sort" ] ; then
  sortselect $tmpfile $sort $sp >$tmpfile.1
  mv $tmpfile.1 $tmpfile
```

Listing 7.21: cknet – Erreichbarkeit, Verfügbarkeit, Netzwerk-Plan(Fortsetzung)

```
    fi


    # Zeilen-Anzahl, Intervall, Offset
    # --------------------------------
    recselect $tmpfile ${nlines:-5000} ${iv:-1} $start >$tmpfile.1
    mv $tmpfile.1 $tmpfile


    # Info-Report: aktuelle Werte anzeigen
    # ------------------------------------
    if [ "$opt_i" ] ; then
      echo "$head_svc1"
      cat $tmpfile
      echo
    fi


    # History-Report: Werte im zeitlichen Verlauf anzeigen
    # ----------------------------------------------------
    if [ "$opt_r" ] ; then
      echo "$head_svc2"
      cat $tmpfile
      echo
    fi


    # History-Grafik: Werte im zeitlichen Verlauf darstellen
    # ------------------------------------------------------
    if [ "$opt_g" ] ; then
      sed -e 's/up/1/' -e 's/down/0/' $tmpfile > $tmpfile.1
      title="Verfuegbarkeit des Dienstes  $list"
      grafik $x11 $tmpfile.1 title=\"$title\" ycol=6 \
             yrange=\"[0:2]\" legend=\"$list\" output=netsvc.pbm
    fi

  fi
```

Listing 7.21: cknet – Erreichbarkeit, Verfügbarkeit, Netzwerk-Plan(Fortsetzung)

7.22 Ein zentrales Überwachungs-Interface

Alle unsere Skripte laufen bisher nur einwandfrei, wenn wir auf dem Rechner, auf dem wir sie ausführen möchten, eingeloggt sind und unter X11 arbeiten. Wenn wir lediglich per `telnet` oder `rlogin` eingeloggt sind, funktionieren alle Module bis auf die Grafiken. Nach einer Umleitung der grafischen Ausgabe auf den lokalen Rechner würden dann auch diese wieder funktionieren. Möchten wir also beispielsweise die zeitliche Entwicklung der Festplatten-Belegung zweier Rechner miteinander vergleichen, bleibt uns nichts anderes übrig, als uns nacheinander bei beiden Rechnern einzuloggen und dort das entsprechende Überwachungsskript aufzurufen. Möchten wir die dazu passenden Grafiken sehen, müssen wir vorher noch aufwändig die Umleitung von X11 auf das lokale Display einstellen.

Ein solches Vorgehen ist zu aufwändig, wenn es darum geht, lediglich einen kurzen Blick auf aktuelle oder historische Daten zu werfen. Deshalb werden wir in diesem Kapitel ein Interface entwickeln, das es uns erlaubt, alle Überwachungs-Skripte zentral von einem beliebigen UNIX-Rechner aus durchzuführen. Bei der Gestaltung des Interfaces achten wir darauf, dass man die Skripte nicht nur remote, sondern auch auf dem lokalen Rechner ausführen kann, sodass wir schließlich zu einer einzigen zentralen Kommandostelle für unsere Überwachungs-Skripte gelangen.

Haben Sie überhaupt noch den Überblick über die bisherigen Skripte? Wahrscheinlich nicht. Beginnen wir also mit einem Hilfe-Text, der alle zur Verfügung stehenden Programme auflistet. Die spezielle Syntax der einzelnen Skripte wird nicht beschrieben, da man diese sie ja über `'<ckscript> -h'` erhält. Unser Interface soll `radmin` heißen.

```
USAGE='
radmin - Ueberwachungs-Skripte remote ausfuehren

radmin -h                        Hilfe zu radmin.
radmin -h  befehl                Hilfe zum Befehl.
radmin befehl                    Befehl lokal ausfuehren.
radmin <host> befehl             Befehl auf <host> ausfuehren.
radmin -r <host>                 radmin ohne rhosts. (1)
radmin -d <localhost> befehl     radmin ohne rhosts. (2)

Befehle:
  ckdisk_fp                      Festplatten und Partitionen.
  ckdisk_fs                      Filesystem-Belegung.
  ckdisk_file                    Grosse und neue Dateien.
  ckdisk_dir                     Kenndaten von Verzeichnissen.
  ckperf_mem                     Memory- und Swap-Verbrauch.
  ckperf_cpu                     CPU-Auslastung, Paging, I/O.
  ckperf_nproc                   Anzahl laufender Prozesse.
  ckperf_proc                    Memory und CPU von Prozessen.
  ckuser_mem                     Ressourcen-Verbrauch von Benutzern.
  ckuser_login                   Wer war wann eingeloggt?
  ckuser_acc                     Wer tat wann was?
  cknet [-ping] [-u] [-svc]      Ping auf Rechner/telnet auf Dienste.
'
```

Endlich besitzen wir eine Zusammenfassung aller Skripte! Es fällt auf, dass wir die frühen Programme noch mit einer einzigen Funktionalität, die späteren dann multifunktional gestaltet haben. Wenn Sie gerne alle Skripten im gleichen Design hätten oder zumindest deren Aufruf, schreiben Sie einfach ein Zwischenstück, das die gewünschte Syntax auf die eigentlich erforderliche anpasst. Einige wenige Zeilen sollten genügen.

Was muss unser Interface `radmin` alles leisten? Seine wichtigste Funktion besteht darin, dass über `'radmin befehl'` oder `'radmin <host> befehl'` das entsprechende Skript (`befehl`) lokal bzw. remote ausgeführt wird. Für die remote-Ausführung sollte der `rhosts`-Mechanismus aktiviert sein (muss es aber nicht, s.u.), da wir ansonsten interaktiv nach einem Passwort gefragt werden und ein skriptbasiertes Vorgehen schwierig wird.

Um den `rhosts`-Mechanismus für den Benutzer `root` nutzen zu können, müssen Sie im Homeverzeichnis von `root` auf dem entfernten Rechner (wo das Skript läuft) eine Datei `.rhosts` anlegen, und dort den Namen des lokalen Hosts eintragen (wo `radmin` gestartet wird). `.rhosts` enthält einfach einen Rechnernamen pro Zeile.

Befinden wir uns z.B. auf dem Rechner `mars` und starten `radmin`, um das Skript `cknet` auf dem Rechner `balu` auszuführen, muss auf `balu` in `/.rhosts` der Name `mars` stehen.

Wenn wir diesen `rhosts`-Mechanismus nutzen können, wird der entfernte Aufruf der Skripte sehr elegant zu realisieren sein. Was aber, wenn Sie aus Sicherheits-Gründen keine `.rhosts` anlegen möchten? Im Grunde muss man dann den oben skizzierten "steinigeren" Weg gehen: das grafische Display freigeben für den entfernten Rechner (`xadd`), sich dort einloggen (`rlogin/telnet`), das Display des entfernten Hosts auf den lokalen Rechner umlenken (`DISPLAY=...`), den Befehl ausführen, ausloggen und den `xadd`-Eintrag wieder entfernen. Wir können dieses umständliche Vorgehen nicht gänzlich vermeiden, werden aber zumindest versuchen, es etwas zu vereinfachen. Hierzu sollen die `radmin`-Optionen `-r` und `-d` dienen. Wie gesagt, man benötigt sie nur, wenn `rhosts` nicht aktiv ist.

Als letztes Feature bauen wir noch eine Möglichkeit ein, direkt über `radmin` den Hilfetext eines speziellen Überwachungs-Skriptes zu bekommen.

Beginnen wir mit der Anzeige der Hilfe-Texte. Je nachdem, ob der Option `-h` noch ein Befehl folgt oder nicht, wird die Hilfe für diesen Befehl oder für `radmin` geliefert.

```
if [[ "$1" = "-h"  &&  "$2" == "" ]] ; then
  echo "$USAGE"
  exit
fi

if [[ "$1" == "-h" &&  "$2" != "" ]] ; then
$2 -h
# alternativ: radmin balu $2 -h
  exit
fi
```

Die alternative Zeile bezieht sich auf den Fall, dass Sie `radmin` auf einem Rechner ausführen möchten, auf dem keine Überwachungs-Skripte liegen.

Ebenfalls recht einfach gestaltet sich natürlich der lokale Aufruf der Skripte.

```
if  [[ $1 == @(ckdisk*|ckperf*|ckuser*|ckpc|cknet) ]] ; then
  PATH=.:$PATH
  cd /scripts/admin
  $*
  exit
fi
```

Kommen wir zur remote-Ausführung mit aktivem `rhosts`-Mechanismus. Hier können wir das Überwachungs-Skript auf dem entfernten Rechner einfach über `rsh` starten. Lokal muss über `xadd` der Zugriff des fremden Rechners auf unser Grafik-System freigegeben und remote das Display umgelenkt werden.

```
# Befehl remote ausfuehren
# ----------------------
host=$1 ; shift
xhost +$host >/dev/null

rsh $host "
  PATH='.:$PATH'
  export DISPLAY=`hostname`:0.0
  cd /scripts/admin
  $*"

xhost -$host >/dev/null
```

Bei eingeschaltetem `rhosts` können wir also alle erforderlichen Einstellungen im Skript vornehmen. Der Benutzer muss sich um nichts kümmern.

Zuletzt sorgen wir dafür, dass auch ohne den `rhosts`-Mechanismus unser Interface `radmin` dem Benutzer möglichst viel Einstellungs-Arbeit abnimmt. In diesem Fall muss man radmin zweimal aufrufen. Zunächst vom lokalen Rechner aus:

```
mars# radmin -r balu
```

`radmin` wird über `xadd` das Grafik-System vorbereiten, `rlogin` aufrufen und nach dessen Beendigung `xadd` wieder rückgängig machen. Der Benutzer sieht lediglich die Passwort-Abfrage von `rlogin`.

```
if  [[ "$1" == -r ]] ; then
  host=$2
  xhost +$host >/dev/null
  rlogin $host
  xhost -$host >/dev/null
  exit
fi
```

Auf dem fremden Rechner eingeloggt, muss der Benutzer nun erneut `radmin` aufrufen, um den eigentlichen Befehl zu starten. Dabei teilt er ihm mit, wohin das grafische Display (`-d`) umgelenkt werden soll.

```
balu# radmin -d <localhost> befehl
```

Die eigentliche Umlenkung besorgt wieder `radmin`. Somit erfolgt die Bedienung zwar nicht ganz so einfach wie über die `rhosts`-Freigabe, aber doch immerhin mit einiger Bequemlichkeit.

```
if [[ "$1" == -d ]] ; then
  export DISPLAY=$2:0.0
  shift 2
  PATH=.:$PATH
  cd /scripts/admin
  $*
  exit
fi
```

Mit wenig Aufwand haben wir uns ein Interface geschaffen, über das wir alle Überwachungs-Skripte zentral bedienen können. Auf die gleiche Weise können Sie auch in vielen anderen Fällen vorgehen, wenn es darum geht, eine Reihe von Tätigkeiten, die auf unterschiedlichen Rechnern durchgeführt werden können, zentral zu bündeln.

```
#!/bin/ksh
# radmin

USAGE='
radmin - Ueberwachungs-Skripte remote ausfuehren

radmin -h                         Hilfe zu radmin.
radmin -h  befehl                 Hilfe zum Befehl.
radmin befehl                     Befehl lokal ausfuehren.
radmin <host> befehl              Befehl auf <host> ausfuehren.
radmin -r <host>                  radmin ohne rhosts. (1)
radmin -d <localhost> befehl      radmin ohne rhosts. (2)

Befehle:
  ckdisk_fp                       Festplatten und Partitionen.
  ckdisk_fs                       Filesystem-Belegung.
  ckdisk_file                     Grosse und neue Dateien.
  ckdisk_dir                      Kenndaten von Verzeichnissen.
  ckperf_mem                      Memory- und Swap-Verbrauch.
  ckperf_cpu                      CPU-Auslastung, Paging, I/O.
  ckperf_nproc                    Anzahl laufender Prozesse.
  ckperf_proc                     Memory und CPU von Prozessen.
  ckuser_mem                      Ressourcen-Verbrauch von Benutzern.
  ckuser_login                    Wer war wann eingeloggt?
  ckuser_acc                      Wer tat wann was?
  cknet [-ping] [-u] [-svc]       Ping auf Rechner/telnet auf Dienste.
'

# Hilfe-Funktionen
# ----------------
if [[ "$1" = "-h"  &&  "$2" == "" ]] ; then
  echo "$USAGE"
  exit
fi

if [[ "$1" == "-h" &&  "$2" != "" ]] ; then
  $2 -h
  exit
fi
```

Listing 7.22: radmin – zentrales Interface für Überwachungs-Skripte

```
# Befehl lokal ausfuehren
# -----------------------
if  [[ $1 == @(ckdisk*|ckperf*|ckuser*|cknet) ]] ; then
  PATH=.:$PATH
  cd /scripts/admin
  $*
  exit
fi


# telnet und rlogin unterstuetzen
# -------------------------------
if  [[ "$1" == -r ]] ; then
  host=$2
  xhost +$host >/dev/null
  rlogin $host
  xhost -$host >/dev/null
  exit
fi


# Lokal, aber per telnet oder rlogin eingeloggt
# ---------------------------------------------
if [[ "$1" == -d ]] ; then
  export DISPLAY=$2:0.0
  shift 2
  PATH=.:$PATH
  cd /scripts/admin
  $*
  exit
fi


# Befehl remote ausfuehren
# -----------------------
host=$1 ; shift
[[ $* == @(*gx*|*Gx*) ]] && xhost +$host >/dev/null

rsh $host "
  PATH='.:$PATH'
  export DISPLAY=`hostname`:0.0
  cd /scripts/admin
  $*"

[[ $* == @(*gx*|*Gx*) ]] && xhost -$host >/dev/null
```

Listing 7.22: radmin – zentrales Interface für Überwachungs-Skripte(Fortsetzung)

Die Ausführung von `radmin` läuft unterschiedlich ab, je nachdem ob man lokal oder remote arbeitet und der `rhosts`-Mechanismus aktiv ist oder nicht.[25]

1. Lokale Ausführung

```
mars# radmin ckdisk_fs -gx list=/data tage=30
( --> Grafik wird angezeigt)
```

2. Entfernte Ausführung mit `rhosts`

```
mars# radmin balu ckdisk_fs -gx list=/data tage=30
( --> Grafik wird angezeigt)
```

3. Entfernte Ausführung ohne `rhosts`

```
mars# radmin -r balu
Password:  (...Eingabe)
Last login: Thu Jun 27 11:11:55 from mars
Sun Microsystems Inc.   SunOS 5.8       Generic February 2000
balu#
balu# radmin -d mars ckdisk_fs -gx list=/data tage=30
( --> Grafik wird angezeigt)
```

7.23 Ein Web-Überwachungs-Interface

Zum guten Schluss wollen wir uns für unsere Geduld und unser Durchhalte-Vermögen noch einmal selbst belohnen mit etwas Zauberei. Wir konstruieren auf Basis des im letzten Kapitel erstellten `radmin`-Interfaces und des in Abschnitt 7.20 beschriebenen Netzwerk-Planes ein Web-Interface, über das wir von einem beliebigen Rechner aus alle unsere Überwachungs-Skripte ausführen können.

Und wieder der Hinweis: Es gibt sicherlich Besseres, als das, was wir hier schreiben werden, doch es geht uns nicht darum, mit anderen Produkten zu konkurrieren, sondern darum, zu lernen, wie man solche Web-Interfaces realisiert.

Der Aufwand wird übrigens erheblich sein, denn CGI-Programmierung ist kein Kinderspiel, gerade was die Details (z.B. bezüglich der Rechte) betrifft. Aber schließlich werden Sie die grundlegenden Konzepte hinter Web-Interfaces verstehen und in der Lage sein, auch kompliziertere CGI-Programme zu erstellen.

Erinnern Sie sich an unseren Netzwerk-Plan? Zunächst erweitern wir ihn um zwei Links: Einen, über den wir ein Update des Plans, also ein erneutes Anpingen aller Rechner erzwingen, und einen, über den wir zu den Überwachungs-Skripten gelangen.

25. TESTEN: Wenn Sie radmin selbst testen möchten, müssen Sie beachten, dass radmin alle benötigten Skripte (ck*) in /scripts/admin sucht. Sie können also dieses Verzeichnis anlegen und alles hineinkopieren, oder Sie legen einfach einen Link an: cd /scripts; ln -s k7 admin.

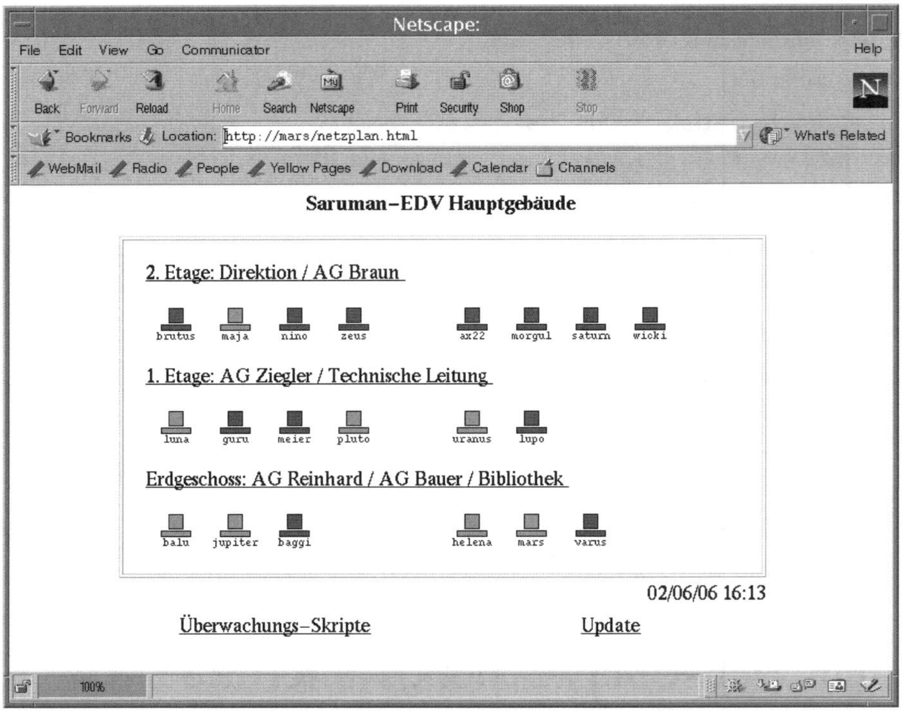

Abbildung 7.16: Netzwerk-Plan mit Update-Funktion und Link zu den Skripten

Die Veränderungen, die wir hierfür in der HTML-Datei durchführen müssen, sind recht einfach. Wir zeigen den entscheidenden Ausschnitt am Ende des Dokuments. Vergleichen Sie ihn am besten mit Listing 7.17.

```
.....
  <td width=50 align=center><font face="Arial" size=-1><img name=0012 src="/
greenhost.gif"><br>mars</td>
  <td width=50 align=center><font face="Arial" size=-1><img name=0013 src="/
redhost.gif"><br>varus</td>
  </tr></table>

</td></tr></table>

<table width=600><tr><td align=right>02/06/06 15:26</td></tr></table>

<table><tr>
  <td width=300 align=center><font face="Times" size=3>
  <a href="http://mars/radmin.html">Überwachungs-Skripte</a></td>
  <td width=300 align=center><font face="Times" size=3>
  <a href="http://mars/cgi-bin/netzplan_upd.cgi">Update</a></td>
</table>

</body></html>
```

Listing 7.23: Auszug aus der erweiterten netzplan.html

Der erste Link <a href="http://mars/radmin.html"> verweist auf eine weitere HTML-Seite, `radmin.html`, die als Web-Interface für unsere Überwachungs-Skripte dienen wird. Mit dieser Seite werden wir uns noch ausführlich beschäftigen.

Der zweite Link dient dem Update der Seite. Wenn hierauf geklickt wird, werden alle Rechner erneut angepingt. Das Anpingen ist keine Web-Funktionalität und kann daher nicht über HTML erledigt werden. Stattdessen müssen wir ein Shell-Skript anbinden, ein so genanntes CGI-Skript. Wir verwenden das Updaten des Netzwerk-Planes als Einstieg in die Kunst, CGI-Skripte zu schreiben.

```
<a href="http://mars/cgi-bin/netzplan_upd.cgi">Update</a>
```

Wir rufen ein Programm aus dem `cgi-bin`-Verzeichnis des Web-Servers auf. Nur Programme aus diesem Directory können vom HTTP-Dämon ausgeführt werden.

CGI-Programme können mit jeder beliebigen Programmier-Sprache geschrieben werden. Shell-Skripte findet man wegen ihrer schlechten Performance gar nicht so häufig, üblicher sind Perl, PHP und C. Für unsere Belange genügt ein Shell-Skript aber allemal. Ein CGI-Skript ist einfach ein beliebiges Programm, das sich an den CGI-Standard hält, und der besagt, in welcher Form das Programm Daten von einem Web-Browser erhält und in welcher Form es wiederum Daten an den Web-Browser zurückgibt. Der Rest, also die eigentliche Arbeit des Skriptes, ist frei und wird vom CGI-Standard nicht festgelegt.

Zurück zu unserer Update-Funktion. Sie erhält überhaupt keine Daten als Eingabe vom Web-Browser, sondern wird ohne Parameter aufgerufen. Das ist gut so, denn das macht die Sache sehr viel einfacher. Die Ausgabe eines CGI-Skriptes ist folgendermaßen geregelt: Es muss – vereinfacht ausgedrückt – eine vollständige Web-Seite zurückliefern. Zur Not genügt allerdings auch ein Bild oder eine Sound-Datei, eben irgendetwas, was ein Browser garantiert versteht.

Wir werden innerhalb unseres Skriptes also zunächst alle Rechner anpingen. Das kann über `'cknet -ping -u'` geschehen. `cknet` wird dabei die Seite `netzplan.html` erneuern. Anschließend geben wir diese Seite auf der Standard-Ausgabe aus! Das ist der Witz bei der Sache. CGI verlangt, dass etwas Lesbares für den Browser auf stdout ausgegeben wird. Der Web-Server leitet es dann an den Browser weiter. Üblicherweise stellt man eine neue Web-Seite über eine Abfolge von `echo`-Befehlen oder ein `Here`-Dokument zusammen. Ist die Seite aber schon fertig, wie in unserem Fall, gibt man sie mit `cat` aus. Als Vorspann muss allerdings noch die Information gesendet werden, um welche Art von Daten es sich handelt (HTML, GIF, Sound etc.). Auch dies erledigt man z.B. durch ein einfaches `echo`. Genug geredet. Hier ist unser erstes CGI-Skript:[26]

```
#!/bin/ksh
# netzplan_upd.cgi

echo 'Content-type: text/html \n'
PATH=.:$PATH
cd /scripts/admin
cknet -ping -u
cat /var/apache/htdocs/netzplan.html
```

Listing 7.24: netzplan_upd.cgi – CGI-Skript zum erneuten Anpingen der Rechner

Beachten Sie bitte das nachgestellte `\n` im echo-Befehl. Ohne diese Leerzeile geht gar nichts! Und Fehlermeldungen am Browser sind eine Katastrophe; aus ihnen erkennt man in den seltensten Fällen die Ursache eines Fehlers. Also `\n` nicht vergessen!

Kopieren Sie die Datei in das `cgi-bin`-Verzeichnis Ihres Servers. Achten Sie darauf, dass das Programm für alle ausführbar ist, denn Sie arbeiten normalerweise als root, der Web-Server jedoch als nobody oder unter einer anderen speziellen UID (`chmod 755 netzplan_upd.cgi`).

26. LINUX: Ersetzen Sie /var/apache/htdocs durch /usr/local/httpd/htdocs bzw. Ihr Web-Root-Verzeichnis.

Wie Sie sehen, wechseln wir zuerst in das Skript-Verzeichnis, bevor wir `cknet` aufrufen. Wieder ein Stolperstein: Der Web-Server verfügt weder über die Pfad-Variable, die wir uns als root normalerweise zusammenstellen, noch steht er in dem Verzeichnis, in dem wir ihn gerne sähen (sondern im `cgi-bin`-Verzeichnis).

Auch die indirekt aufgerufenen Skripte machen nun Probleme, da sie von nobody aufgerufen werden. Die Datei `netzplan.html` kann von `nobody` nicht überschrieben werden (sie wurde ursprünglich von `root` angelegt), deshalb muss in dem Skript `cknet`, in der sie erstellt wird, im Update-Block folgende Zeile stehen:

```
chmod 666 netzplan.html /var/apache/htdocs/netzplan.html
```

Und analog:

```
chmod 777 /scripts/tmp
chmod 777 /scripts/img
```

In aller Regel gelingt das Ausführen eines CGI-Skriptes erst im dritten bis siebten Anlauf, haben Sie also Geduld! Hier die wichtigsten Tipps auf einen Blick.

- 'Content-type: text/html \n' per `echo` vorausschicken.
- CGI-Skripte ins `cgi-bin`-Verzeichnis kopieren.
- `nobody` muss Ausführungsrechte am Skript besitzen.
- `nobody` muss auf alle benötigten Dateien und Verzeichnisse zugreifen dürfen.
- Beachten Sie, dass Sie mal als `root`, mal als `nobody` auf Dateien zugreifen.
- Pfad-Variable setzen (mindestens . hinzufügen).
- Bei Bedarf in das Verzeichnis aufgerufener Skripten wechseln.
- Im Fehlerfall unter `/var/apache/logs/error_log` nachsehen.
- Im Fehlerfall das CGI-Skript auf der Befehlszeile als User `nobody` testen.

So weit zur Update-Funktion. Wenn Sie übrigens das gezielte Anpingen eines einzelnen Rechners ermöglichen möchten, zum Beispiel durch einen Klick auf dessen Icon, ersetzen Sie im Netzwerk-Plan die Zeilen

```
<img name=0001 src="/redhost.gif"><br>balu</td>
```

durch

```
<a href="/cgi-bin/ping.ksh?host=balu"><img name=0001 src="/greenhost.gif"></a>
<br>balu</td>
```

Nun können Sie ein kleines CGI-Skript `ping.ksh` schreiben, das nicht wie oben alle Rechner anpingt, sondern nur diesen einen. Den Rechner-Namen finden sie in der Variablen $QUERY_STRING in der Form `'host=balu'`. Anschließend müssen Sie eventuell das entsprechende Icon in der Datei `netzplan.html` ändern (grün oder rot) und die erneuerte HTML-Datei per `cat` ausgeben.

Wenden wir uns der komplexeren Aufgabe zu, ein Web-Interface für unsere Überwachungs-Skripte zu schreiben. Über einen Klick auf den unten stehenden Link im Netzwerk-Plan gelangen wir zu der Seite `radmin.html`, welche folgendermaßen aussehen soll:[27]

27. Alles, was Sie zum Testen benötigen, finden Sie auf der beigelegten CD.

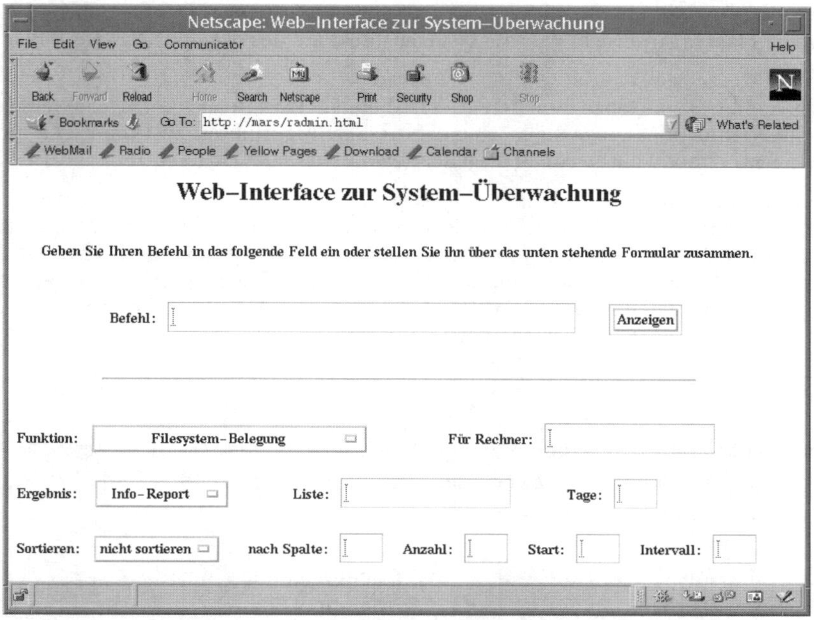

Abbildung 7.17: radmin.html – Web-Interface zur System-Überwachung

Zugegeben, den Preis für das ausgefeilteste Design werden wir nicht gewinnen. Dafür kann man jede Zeile der HTML-Datei verstehen.

Was soll dieses Interface leisten? Das Feld hinter "Befehl:" lässt die Eingabe eines kompletten `radmin`-Kommandos zu. Dieses Kommando wird an ein CGI-Skript weitergeleitet, welches es ausführt und uns das Ergebnis im Browser anzeigt. Da wir über `radmin` wiederum an die komplette Palette von Überwachungs-Skripten gelangen, benötigen wir nur die Kopplung dieses einen Feldes an das CGI-Skript, mehr nicht.

Alternativ bieten wir ein Web-Formular an, über das der `radmin`-Befehl zusammengestellt werden kann. Hier muss man sich die Syntax von `radmin` nicht merken. Außerdem sieht man durch einen Klick auf das Auswahl-Feld hinter "Funktion:" sofort alle zur Verfügung stehenden Funktionen auf einen Blick.

Abbildung 7.18: radmin.html – Auswahl-Feld "Funktion"

Falls Ihnen diese Variante zu verspielt ist, lassen Sie sie einfach weg. Das eigentliche Befehls-Feld nimmt dann so wenig Platz in Anspruch, dass Sie es sogar direkt auf der Seite des Netzwerk-Planes einfügen können.

Wie Sie sehen, gibt es eine letzte Funktion "UNIX-Befehl". Warum auch nicht? Niemand hindert uns, statt eines radmin-Kommandos einen beliebigen UNIX-Befehl ausführen zu lassen. Die Sicherheits-Risiken sind gering, denn `nobody` darf weniger als jeder gewöhnliche UNIX-Benutzer.

Bei einem Klick auf "Anzeigen" soll ein CGI-Skript aufgerufen werden, das den entsprechenden `radmin`-Befehl startet. Bevor wir uns diesem CGI-Skript zuwenden, müssen wir verstehen, an welcher Stelle im Web-Formular der Aufruf eingetragen ist. Werfen wir also einen Blick in die HTML-Datei `radmin.html`. Lassen Sie sich nicht verunsichern, wenn Sie kein fließendes HTML sprechen; versuchen Sie einfach nur in etwa die einzelnen Elemente des Source-Codes dem oben dargestellten Formular zuzuordnen. (Die vielen ` ` stellen übrigens Leerzeichen dar.)

```
<!- radmin.html ->
<html>
<head><title>Web-Interface zur System-Überwachung</title></head>
<body bgcolor="#FFFFFF" text="#000060" link="#000060" vlink="#000060">
<table width=700 border=0><tr><td>

<center><h2>Web-Interface zur System-Überwachung</h2><br>
<h5>Geben Sie Ihren Befehl in das folgende Feld ein oder stellen Sie ihn über
das unten stehende Formular zusammen. </h5> <br>

<font face="Times" size=2><b>

<form method="GET" action="http://mars/cgi-bin/radmin.cgi" >

  Befehl:  
  <input type=text name=befehl size=50 >
        
  <input type=submit value="Anzeigen">
  <br><br><br><hr width=600><br><br>
  </center>

  Funktion:  
  <select name="fkt">
  <option value="ckdisk_fs" selected>Filesystem-Belegung</option>
  <option value="ckdisk_fp">Festplatten und Partitionen</option>
  <option value="ckdisk_file">Grosse und neue Dateien</option>
  <option value="ckdisk_dir">Kenndaten von Verzeichnissen</option>
  <option value="">------------------</option>
  <option value="ckperf_mem">Memory- und Swap-Verbrauch</option>
  (... und so weiter ...)
  </select>
         
          
```

Listing 7.25:radmin.html – Source-Code

```
    Für Rechner:  
    <input type=text name=host size=20><br><br>

    Ergebnis:   
    <select name="art">
    <option value="-i"selected>Info-Report</option>
    <option value="-r">History-Report</option>
    <option value="-G">Info-Grafik</option>
    <option value="-g">History-Grafik</option>
    </select>
          
         

    Liste:  
    <input type=text name=list size=20>
          
         

    Tage:  
    <input type=text name=tage size=4>
           <br><br>

    Sortieren:  
    <select name="sort">
    <option value="" selected>nicht sortieren</option>
    <option value="up">aufsteigend</option>
    <option value="down">absteigend</option>
    </select>    

    nach Spalte:  
    <input type=text name=sp size=4>       

    Anzahl:  
    <input type=text name=n size=4>        

    Start:  
    <input type=text name=start size=4>       

    Intervall:  
    <input type=text name=iv size=4>

  </form>

  </td></tr></table>
  </body></html>
```

Listing 7.25:radmin.html – Source-Code(Fortsetzung)

Der Clou liegt in der Definition des Formulars:

```
<form method="GET" action="http://mars/cgi-bin/radmin.cgi" >
```

Die hier erwähnte Aktion, also das CGI-Skript, wird aufgerufen, wenn der Submit-Button gedrückt wird. In unserem Fall ist dies der Schalter "Anzeigen".

```
<input type=submit value="Anzeigen">
```

Auf diese Art werden Formulare an CGI-Skripte angebunden. Klickt der Benutzer auf eine mit `'type=submit'` definierte Schaltfläche, wird das CGI-Skript aufgerufen und die in die Formular-Felder eingetragenen Daten werden an das Skript übergeben. Dabei werden Feld-Name und Feld-Inhalt über "=" verbunden. Die Feldnamen stehen in der Definition der Felder, hier z.B. "start":

```
<input type=text name=start size=4>
```

Wurde das Feld mit einer "4" ausgefüllt, wird der String `'start=4'` übergeben.

Wir wechseln nun die Perspektive und befassen uns mit der Empfänger-Seite. In welcher Form erhält das CGI-Skript die Daten? Der CGI-Standard erlaubt zwei verschiedene Arten: Versand und Empfang über die GET- oder die POST-Methode. Wenn keine Methode in der Formular-Definition angegeben ist, wird GET verwendet. Bei GET werden die Daten als Anhängsel an den URL, also die Web-Adresse versendet, bei POST stehen sie im Body der versendeten Nachricht. POST ist diskreter, bei GET sieht man alle Daten im Adress-Feld des Browsers. Außerdem ist die Länge der per GET übergebbaren Daten bei manchen Systemen auf einige KB beschränkt. POST kennt keine Längen-Beschränkung.

Bei GET landen die Daten in Umgebungs-Variablen (daher die Längen-Beschränkung). Von dort aus können sie bequem in das Skript übernommen werden. Bei POST erhält das Skript die Daten auf `stdin`. Es muss sie von dort einlesen, was gar nicht so einfach ist, da kein end-of-file mitgesendet wird. Stattdessen steht die Länge der Nachricht in einer weiteren Umgebungs-Variablen. Da `read` wegen des fehlenden `eof` nicht funktioniert, müssen wir bei der POST-Methode mit dem `dd`-Befehl arbeiten! Wie Sie sehen, funktioniert GET wesentlich einfacher. Welche Methode verwendet wird, erfährt das CGI-Skript über eine dritte Variable: REQUEST_METHOD. Noch einmal das Wichtigste auf einen Blick:

GET	POST
Default-Methode	-
$REQUEST_METHOD: GET	$REQUEST_METHOD: POST
Daten in $QUERY_STRING	Daten über `stdin`
-	Länge in $CONTENT_LENGTH
Länge der Daten beschränkt	Länge der Daten nicht beschränkt

Tabelle 7.1: GET- und POST-Methode im Vergleich

Bei der GET-Methode kann das CGI-Skript die Daten also einfach durch

```
data=$QUERY_STRING
```

einlesen. Leider sind diese jedoch noch ein wenig kodiert. Wie bereits erwähnt sind Feldname und Feld-Inhalt über "=" verbunden. Mehrere Feld-Pärchen sind durch & voneinander getrennt. Man erhält also folgendes Schema in `$QUERY_STRING`:

```
feld1=inhalt1&feld2=inhalt2&feld3=inhalt3....
```

Und so etwas dürfen Sie nun zerlegen! Nicht zu vergessen sind die Leerzeichen, die als "+" kodiert sind, sowie die Umlaute, das ß und weitere Sonderzeichen, die über %hex mit zwei-ziffrigen Hexadezimal-Zahlen übergeben werden. ;-)

Verlieren Sie gerade die Lust am Thema? So geht es Vielen! Vergessen Sie die Geschichte einfach und merken Sie sich: Man benötigt irgendein Programm, das den kodierten String wieder in normale Zeichen umwandelt. Derartige Programme gibt es viele; hier ist unsere Version.

```
# Web-CGI-Daten aufbereiten
# =========================

# Aufruf: . parse_cgi ; parse
# Die uebergebenen Variablen stehen anschliessend in der
# Umgebung des Skripts zur Verfuegung.


# Aufbau der uebergebenen Daten in $QUERY_STRING:
# key1=val1&key2=val2&....
# Leerzeichen wurden in + umgewandelt.
# Alle andern Nicht-ASCII-Zeichen sowie &=+ sind Hex-codiert.
# Aus ae-Umlaut wird z.B. %E4

# Korn-Shell kann aber Sonderzeichen nur in Oktal-Form erkennen,
# z.B. echo "\0344" fuer ae-Umlaut.


# Funktion parse()
# ================

parse () {

  # Debugging
  [[ "$1" == "-x" ]] && set -x && exec 2>parse.dbg

  # Lokale Variablen benutzen, da Skript per . eingelesen wird.
  # Alternative: typeset var1 var2 ...
  local vars var i str pair spacestr new


  if [ "$REQUEST_METHOD" == "POST" ] ; then
    method=POST
    len=$CONTENT_LENGTH
    cont=`dd bs=1 count=$n`
    return
  fi
```

Listing 7.26: parse_cgi – Dekodierung von CGI-Daten

```
  # String (key=val&key=val&...) in einzelne Paare aufspalten.
  # -----------------------------------------------------------
  IFS="&"; set -A vars $QUERY_STRING ; unset IFS

  for var in ${vars[*]}
  do
    # Jedes Key-Value-Paar (key=value) ausplitten.
    # -------------------------------------------
    IFS="="; set -A pair $var ; unset IFS

    # Kodierung entfernen
    # -------------------
    for i in 0 1                    # 0:key 1:val
    do

      # Hex-Codes durch Leerzeichen zugaenglich machen.
      spacestr=`echo ${pair[i]} | sed 's/%../ & /g'`
      new=""

      # Jeden Teil separat umwandeln
      for str in $spacestr

      do
        if [[ "$str" == %* ]] ; then
          # z.B. E4 (hexad.) in 344 (octal) umwandeln.
          str="\0"`echo "ibase=16 ;obase=8 ; ${str#\%}" | bc`
          # z.B. 344 in \0344 und damit zum ae umwandeln.
          str=`echo $str`
        fi
        # Alles wieder aneinander haengen.
        new=$new"$str"
      done

      # Jetzt noch + zu Leerz. umwandeln.
      pair[$i]=`echo $new | tr '+' ' ' `
    done

    # Variable mit Wert belegen
    eval ${pair[0]}='${pair[1]}'
  done
}
```

Listing 7.26: parse_cgi – Dekodierung von CGI-Daten(Fortsetzung)

`parse_cgi` beherrscht sowohl GET wie auch POST. Es liefert die Daten als einzelne Variablen, wobei der Variablenname dem ursprünglichen Feldnamen entspricht und der Variablen-Inhalt dem Feld-Inhalt. Den

Inhalt unseres Befehls-Feldes finden wir also nach dem Aufruf von `parse_cgi` zum Beispiel in der Variablen `$befehl`.

Damit dies funktioniert, muss `parse_cgi` vom CGI-Skript zunächst in seine aktuelle Shell über

```
. parse_cgi
```

eingelesen werden. Anschließend wird die Funktion `parse` aufgerufen.

Verlassen wir dieses leidige Thema. Wir wenden uns nun endlich dem eigentlichen CGI-Skript zu. Wie besprochen rufen wir die `parse`-Funktion auf, um die einzelnen Feld-Inhalte des Web-Formulars in separaten Variablen zu erhalten.

```
. parse_cgi ;  parse  # debug: parse -x
```

Wenn wir die Befehls-Zeile des Web-Formulars benutzt haben, landet deren Inhalt `$befehl`. Führen wir sie also einfach aus.

```
eval $befehl
```

Wir verwenden `eval` für den Fall, dass es sich um einen zusammengesetzten Befehl (mit `;` oder && etc.) handelt. Ansonsten hätte man `eval` auch weglassen können. Erinnern Sie sich noch daran, dass wir immer eine komplette HTML-Seite zurückliefern müssen? Aus diesem Grunde umhüllen wir die Ausgabe von `'eval befehl'` mit einem HTML-Kopf und einem HTML-Ende.

```
echo 'Content-type: text/html \n
      <html><head><title>Ergebnis</title></head>
      <body bgcolor="white"><h3><pre>'

. parse_cgi
eval $befehl

echo "</body></html>"
```

Auch wenn wir noch nicht wirklich am Ziel sind, sehen wir uns einmal an, welche Seite wir auf dem Browser erhalten, wenn wir auf "Anzeigen" klicken, nachdem wir folgende Zeile in das Befehls-Feld unseres Web-Formulars eingegeben haben:

```
radmin ckperf_mem -r tage=1
```

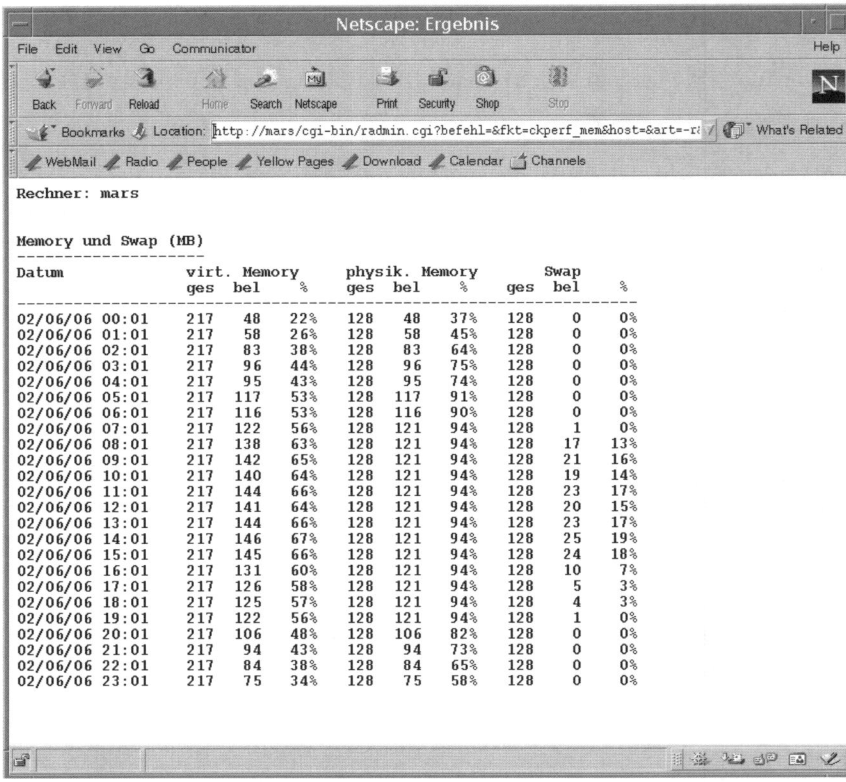

Rechner: mars

Memory und Swap (MB)

Datum	virt. Memory ges	bel	%	physik. Memory ges	bel	%	Swap ges	bel	%
02/06/06 00:01	217	48	22%	128	48	37%	128	0	0%
02/06/06 01:01	217	58	26%	128	58	45%	128	0	0%
02/06/06 02:01	217	83	38%	128	83	64%	128	0	0%
02/06/06 03:01	217	96	44%	128	96	75%	128	0	0%
02/06/06 04:01	217	95	43%	128	95	74%	128	0	0%
02/06/06 05:01	217	117	53%	128	117	91%	128	0	0%
02/06/06 06:01	217	116	53%	128	116	90%	128	0	0%
02/06/06 07:01	217	122	56%	128	121	94%	128	1	0%
02/06/06 08:01	217	138	63%	128	121	94%	128	17	13%
02/06/06 09:01	217	142	65%	128	121	94%	128	21	16%
02/06/06 10:01	217	140	64%	128	121	94%	128	19	14%
02/06/06 11:01	217	144	66%	128	121	94%	128	23	17%
02/06/06 12:01	217	141	64%	128	121	94%	128	20	15%
02/06/06 13:01	217	144	66%	128	121	94%	128	23	17%
02/06/06 14:01	217	146	67%	128	121	94%	128	25	19%
02/06/06 15:01	217	145	66%	128	121	94%	128	24	18%
02/06/06 16:01	217	131	60%	128	121	94%	128	10	7%
02/06/06 17:01	217	126	58%	128	121	94%	128	5	3%
02/06/06 18:01	217	125	57%	128	121	94%	128	4	3%
02/06/06 19:01	217	122	56%	128	121	94%	128	1	0%
02/06/06 20:01	217	106	48%	128	106	82%	128	0	0%
02/06/06 21:01	217	94	43%	128	94	73%	128	0	0%
02/06/06 22:01	217	84	38%	128	84	65%	128	0	0%
02/06/06 23:01	217	75	34%	128	75	58%	128	0	0%

Abbildung 7.19: History-Report des Memory-Verbrauchs

Die Mühe scheint sich zu lohnen.

Übrigens können wir auf diese Art alle überwachten Rechner über einen einzigen Web-Server administrieren. Das `radmin`-Skript hatten wir ja so konstruiert, dass man ihm den Namen des Rechners übergeben kann, auf dem das eigentliche Überwachungs-Skript ausgeführt werden soll. Versuchen wir es also auch hier. Wir geben in die Befehlszeile ein:

```
radmin louis ckdisk_fs -i
```

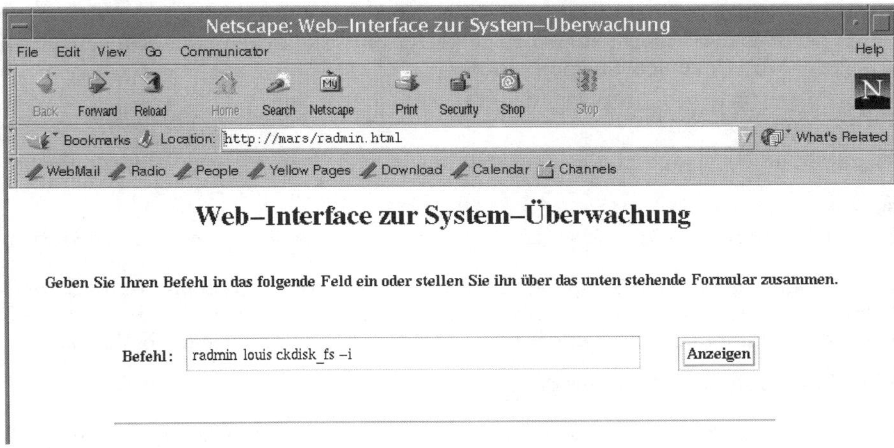

... Auf "Anzeigen" klicken...

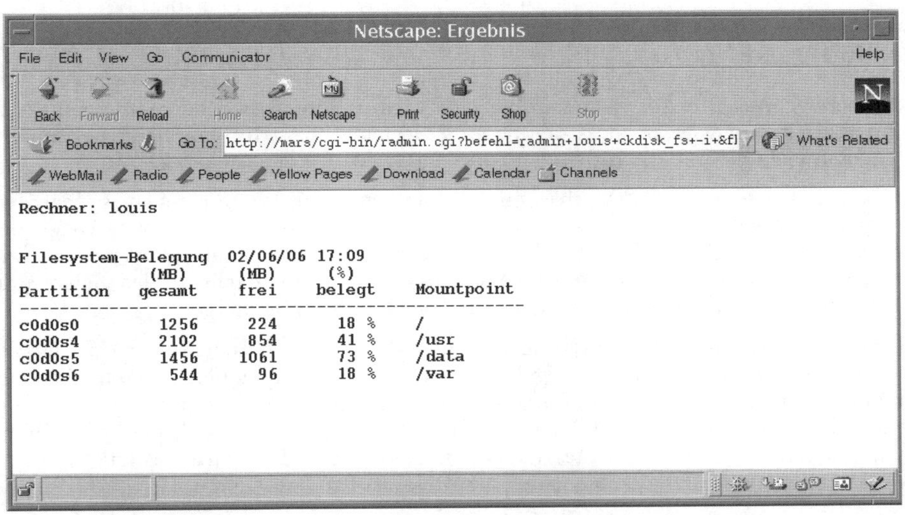

Abbildung 7.20: Info-Report der Filesystem-Belegung auf dem Rechner louis

Und das alles von jedem beliebigen Browser aus!

Falls Sie nicht möchten, dass jeder Benutzer an diese Informationen herankommt, müssen Sie die entsprechenden HTML-Dateien und CGI-Skripte über eine Authentifizierung schützen. Das heißt, dass vor der ersten Anforderung einer solchen Seite das bekannte Passwort-Fenster geöffnet wird. Die Konfiguration dieses Mechanismus ist nicht schwierig und wird in den meisten HTML-Büchern beschrieben.

Fehlt noch etwas? Sind wir nicht schon vollauf zufrieden? Nein, leider nicht. Da bleiben noch die Grafiken, die unsere Überwachungs-Skripte erzeugen. Wie können wir diese nun wieder per CGI einbinden und auf dem Browser anzeigen?

Eine Grafik wird dem Web-Browser in Form eines Links geliefert. Der Browser folgt dem Link automatisch, lädt die Grafik-Datei und blendet sie innerhalb der HTML-Seite anstelle des Links ein. Das CGI-Skript muss daher über `echo` eine Zeile der folgenden Art ausgeben:

```
<img src=$imgdir/fs.gif>
```

Vorher muss das von dem Überwachungs-Skript erzeugte GIF-Bild allerdings an die richtige Stelle kopiert werden, da der Web-Server nicht auf beliebige Verzeichnisse zugreifen darf. Nehmen wir an, das Haupt-Verzeichnis der Web-Dokumente befinde sich in

```
documentroot="/var/apache/htdocs" ,
```

dann legen wir ein Unterverzeichnis `/var/apache/htdocs/img` an, das die Bilder aufnehmen soll.

```
imgdir="img"
mkdir $documentroot/$imgdir                    # einmalig, nicht im Skript
```

Da die Information `<img src=$imgdir/fs.gif>` für den Browser bestimmt ist, müssen alle Pfade relativ zu `$documentroot` angegeben werden. Achten Sie darauf, dass der Web-Server volle Zugriffsrechte auf dieses Verzeichnis erhält, damit er darin Dateien neu anlegen und wieder löschen kann.

```
chmod 777 $documentroot/$imgdir
```

Wir müssen nun also alle entstehenden Grafiken in dieses Verzeichnis kopieren. Die Grafiken kommen entweder vom fremden Rechner oder vom eigenen, werden in jedem Fall aber durch den aktuellen Benutzer – das ist wieder `nobody` – erzeugt. Dies bedeutet nun wieder, dass auch das eigentliche `img`-Verzeichnis der `ck`-Skripte von `nobody` beschreibbar sein muss.

```
absimgdir="/scripts/img"
chmod 777 $absimgdir                           # einmalig, nicht im Skript
```

Da wir über den Web-Browser nicht die Möglichkeit haben, interaktiv auf dem fremden Rechner zu arbeiten, müssen wir voraussetzen, dass der `rhosts`-Mechanismus aktiv ist. Die Arbeit mit `radmin` ohne `rhosts` kann nicht mehr in der bisherigen Form unterstützt werden (siehe 7.22).

Wir arbeiten mit dem `rhosts`-Mechanismus? Unter `nobody`? Wie Sie sehen, stolpern wir von einer Schwierigkeit zur nächsten. Bisher haben wir den fremden Rechner in die `.rhosts`-Datei von `root` eingetragen. Nun muss das Gleiche für die `.rhosts`-Datei im Homeverzeichnis des www-Benutzers geschehen. Dessen Homedirectory finden Sie in der `/etc/passwd`. Oder Sie aktivieren den gleichen Mechanismus, indem Sie in der `/etc/hosts.equiv` eine Zeile `'mars nobody'` eintragen.

Wenn Sie unbedingt ohne `rhosts` arbeiten möchten, müssen Sie für den Transfer der Grafiken auf Anonymous-FTP ausweichen, was aufwändiger ist, jedoch durchaus funktioniert. Sie schreiben ein FTP-Skript, das auf den fremden Rechner zugreift und die Grafik herunterlädt. Der entfernte Host muss dazu allerdings die Grafik in einem dem FTP-Benutzer zugänglichen Verzeichnis abspeichern. Dieses FTP-Skript wird dann innerhalb des CGI-Skriptes aufgerufen, anstelle des gleich zu sehenden `rcp`-Befehls. Mehr zu der Verskriptung von FTP finden Sie in den `man`-Pages zu `ftp` und `ftpd`.

Wir gehen also davon aus, dass `rhosts` funktioniert. Deshalb kopieren wir die fremde Datei über `rcp` auf den lokalen Rechner. Welche Datei, wie heißt sie??? Bisher haben wir keine Möglichkeit, an den Namen der Grafik zu gelangen. Wir kommen nicht umhin, unser Grafik-Modul zu verändern (siehe 7.6). Immer, wenn ein GIF-Bild erzeugt wird, soll es den Namen der erstellten Grafik in einer dafür vorgesehenen Text-Datei ablegen.

```
.....
    plot $plot
END_DATA


if [ "$x11" != "yes" ] ; then
  imgname=${output%.pbm}
```

Listing 7.27: Zusatz zum Grafik-Modul grafik

```
    rm -f $imgname.gif newimage.txt 2>/dev/null     # neu
    ppmtogif $imgname.pbm > $imgname.gif
    echo $imgname.gif > newimage.txt                # neu
fi
```

Listing 7.27: Zusatz zum Grafik-Modul grafik(Fortsetzung)

Nun kann unser CGI-Skript den Namen der Grafik auslesen (Achtung: `newimage.txt` befindet sich noch auf dem fremden Rechner) und die dort genannte Datei auf den lokalen Host kopieren. Den Namen des fremden Rechners müssen wir aus dem `radmin`-Befehl isolieren. Im CGI-Skript sieht das dann wie folgt aus.

```
cd $documentroot/$imgdir
set $befehl

if [[ "$2" != ck* ]] ; then
  rcp $2:$absimgdir/newimage.txt .
  rcp $2:$absimgdir/`cat newimage.txt` .
fi
```

Das waren anderthalb Seiten Erklärung für 6 Zeilen im Skript! Aber die haben es eben in sich. Fertig? Nein, immer noch nicht. Die Grafiken machen uns das Leben schwer. Browser cachen Grafiken und vergessen in der Regel nachzusehen, ob sie sich seit dem letzten Laden verändert haben; Grafiken werden als etwas Unveränderliches angesehen. Sehen wir uns beispielsweise zunächst eine Grafik über den Memory-Verbrauch der letzten drei Tage an und anschließend über den der letzten sieben Tage, liefert uns der Browser erneut die erste Grafik, da der Name der beiden Dateien gleich ist.

Wir müssen diesem Sachverhalt dadurch begegnen, dass wir den Dateinamen bei jedem Durchgang verändert. Wir stellen ihm innerhalb des CGI-Skripts einfach eine Zufallszahl voran. Endlich haben wir den Block zur Behandlung von Web-Grafiken komplett.

```
# Grafik einbauen bei Option -g
if [[ $befehl == @(*-g*|*-G*) ]] ; then

  cd $documentroot/$imgdir
  set $befehl

  if [[ "$2" != ck* ]] ; then
    rcp $2:$absimgdir/newimage.txt .
    rcp $2:$absimgdir/`cat newimage.txt` .
  fi

  img=`cat newimage.txt`
  zahl=$((RANDOM % 9999))
  mv $img $zahl.$img
  echo "<img src=\"/$imgdir/$zahl.$img\">"
fi
```

Nicht zu glauben, aber wir sind am Ziel angekommen. Unser CGI-Skript ist praktisch komplett. Als Zugabe bauen wir noch die Verarbeitung des Falles ein, dass der `radmin`-Befehl nicht in die Befehls-Zeile eingegeben, sondern über das Formular zusammengestellt wurde. Erinnern Sie sich, dass die Feld-Inhalte nach dem Aufruf von `parse_cgi` in einzelnen Variablen stehen? Diese separaten Teile fügen wir zu einem einzigen Befehl zusammen.

```
if [[ "$befehl" != +(radmin*|*ck*) && "$fkt" != "unix" ]] ; then
  befehl="radmin $host $fkt $art list=$list tage=$tage sort=$sort \
          sp=$sp n=$n start=$start iv=$iv $befehl"
fi
```

Wie Sie sehen, hängen wir den Inhalt der Befehlszeile dennoch an. Damit erschlagen wir alle Parameter, für die kein Formular-Feld vorgesehen ist, wie zum Beispiel die Datums-Grenzen im Accounting-Skript. Formular-Felder und Befehlszeilen-Argumente werden also gemischt.

Zuletzt fügen wir noch zwei Debugging-Hilfen ein. Wenn Sie auf die Fehlersuche gehen, können Sie diese Zeilen aktivieren und bekommen die Debugging-Ausgabe im Browser zu sehen.

```
# set -x ; exec 2>&1 ; set
...
# echo $befehl
```

Voilà, unser zweites CGI-Skript; das erste, das Formular-Daten verarbeitet. Es führt `radmin`-Skripte auf dem lokalen oder einem entfernten Rechner aus, kopiert on-the-fly Grafiken des anderen Rechners herüber und erzeugt ebenfalls im Vorrübergehen eindeutige Dateinamen.[28]

```
#!/bin/ksh
# radmin.cgi

documentroot="/var/apache/htdocs"     # Web-Dokumente
imgdir="img"                          # Bilder relativ zu $documentroot
absimgdir="/scripts/img/"             # Bilder als absoluter Pfad

rm -f $documentroot/$imgdir/*.*.gif   # Alte Web-Bilder entfernen

PATH=.:/scripts/admin:/bin:/usr/local/bin:$PATH

# HTML-Kopf ausgeben
echo 'Content-type: text/html \n
      <html><head><title>Ergebnis</title></head>
      <body bgcolor="white"><h3><pre>'

# Debugging - bei Bedarf aktivieren
# set -x ; exec 2>&1 ; set

# Uebergebene Daten einlesen
. parse_cgi ;  parse  # debug: parse -x

# Rechner anzeigen
echo "Rechner: ${host:-`hostname`} \n"

# Befehl eventuell zusammenstellen
if [[ "$befehl" != +(radmin*|*ck*) && "$fkt" != "unix" ]] ; then
```

Listing 7.28: radmin.cgi – CGI-Interface zur System-Überwachung

28. LINUX: documentroot=/usr/local/httpd/htdocs bzw. anderes Web-Root-Verzeichnis.

```
  befehl="radmin $host $fkt $art list=$list tage=$tage sort=$sort \
          sp=$sp n=$n start=$start iv=$iv $befehl"
fi

# Befehl ausfuehren
# echo $befehl
eval $befehl

# Grafik einbauen bei Option -g
if [[ $befehl == @(*-g*|*-G*) ]] ; then

  cd $absimgdir
  set $befehl

  if [[ "$2" != ck* ]] ; then
    rcp $2:$absimgdir/newimage.txt .
    rcp $2:$absimgdir/`cat newimage.txt` .
  fi

  img=`cat newimage.txt`
  zahl=$((RANDOM % 9999))
  mv $img $documentroot/$imgdir/$zahl.$img
  echo "<img src=\"/$imgdir/$zahl.$img\">"
fi

echo "</body></html>"
```

Listing 7.28: radmin.cgi – CGI-Interface zur System-Überwachung(Fortsetzung)

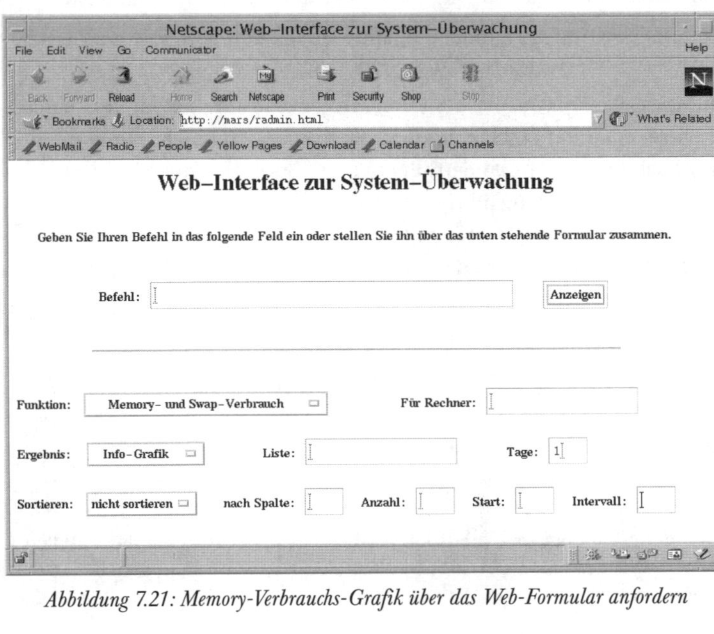

Abbildung 7.21: Memory-Verbrauchs-Grafik über das Web-Formular anfordern

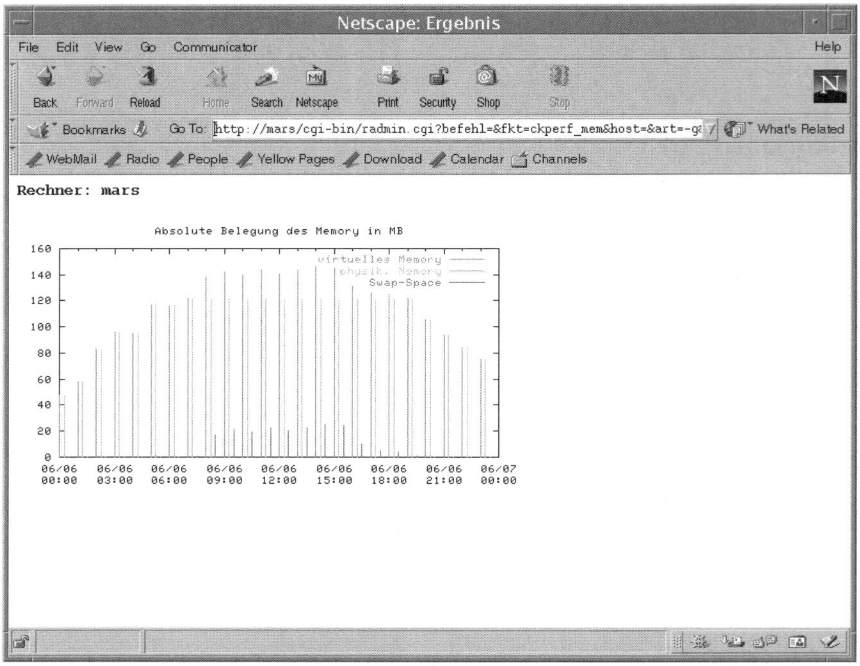

Abbildung 7.22: Memory-Verbrauch als Web-Grafik

Sie ahnen es vielleicht noch nicht, aber wir haben da etwas Komplexes und Kostbares geschaffen, was auch versierte Web-Programmierer ernst nehmen würden. Wie bei den meisten Beispielen in diesem Buch haben wir uns an ein praxisorientiertes Problem gewagt und den Aufwand auf uns genommen, es von A bis Z zu behandeln und zu lösen. Wenn Sie die hier entwickelten Konzepte verstanden haben, sind Sie für eine große Palette von Web-Problemen gewappnet. Wieder sollten Sie sich ermutigt fühlen, die hier vorgestellte Lösung zu zerlegen und für Ihre eigenen Zwecke weiterzuentwickeln.

Wenn Sie das Interface selbst testen möchten (alle Dateien befinden sich auf der CD), hier noch einmal die wichtigsten Schritte, die Sie zur Vorbereitung benötigen:[29]

- radmin.html nach /var/apache/htdocs kopieren (bzw. ins Web-Root-Verzeichnis)
- radmin.cgi, parse_cgi und netzplan_upd.cgi nach /var/apache/cgi-bin kopieren
- alle drei CGI-Skripte über `chown` dem Benutzer `nobody` zuordnen
- alle drei Skripte über `chmod` ausführbar machen
- `chmod 777 /scripts/img /scripts/tmp`
- `cd  /var/apache/htdocs ; mkdir img ; chown nobody img`

29. LINUX: Verwenden Sie immer Ihr Web-Root-Verzeichnis. In der Regel ist dies /usr/local/httpd/htdocs. CGI-Verzeichnis ist /usr/local/httpd/cgi-bin. Der Web-Server läuft normalerweise unter dem Benutzer wwwrun, also statt 'chown nobody' immer 'chown wwwrun'.

Stichwortverzeichnis

Symbole

A

B

C

D

E

F

G

H

I

J

K

L

M

N

O

P

Q

R

S

T

U

V

W

X

Z